喀什老城里的维吾尔少女。

lonely planet

IN

新 疆

本书作者
黎瑾 董驰迪 范佳翌 何望若
尼佬 袁亮 楼学 蚪滢

视觉中国 提供

中国地图出版社
北京

目 录

计划你的行程

你好,新疆 4
17顶级
旅行体验 6
行前参考 24
初次到访 26
最佳行程 28
每月热门 38
新线报 42
获得灵感 44
省钱妙计 46
如果你喜欢 48
负责任的旅行 51
徒步游 54
自驾游 58
摄影之旅 62
丝绸之路 68

新疆中部 72
乌鲁木齐 **84**
乌鲁木齐周边 **103**
南山风景区 103
博格达峰 106
达坂城 106
柴窝堡湖 108
硫磺沟和庙尔沟 109
昌吉和周边 **109**
昌吉 110
呼图壁 110
吉木萨尔 111
五彩湾 113
奇台 116
木垒 118
石河子 **119**

哈密和吐鲁番 130
哈密 **142**
哈密周边 **151**
东天山风景区 151
伊吾胡杨林景区 153
白杨沟佛寺遗址 154
巴里坤 154
吐鲁番 **160**
吐鲁番周边 **172**
高昌故城 173
阿斯塔那古墓 174
柏孜克里克千佛洞 174
火焰山 174
艾丁湖 175
鄯善 176
吐峪沟 180
柳中古城 181

新疆北部 190
阿勒泰地区 **200**
青河 200
可可托海 202
阿勒泰市 206
布尔津 209
贾登峪 212
喀纳斯 212
禾木 218
白哈巴 221
哈巴河 224
吉木乃 226
塔城地区 **226**
塔城市 226
裕民 231
托里 233
额敏 233
和布克赛尔 234

克拉玛依 235
乌尔禾 240
天山北麓 **241**
乌苏 242
独山子 243
沙湾 245

伊犁和博尔塔拉 254
伊宁 266
伊宁周边 279
博乐 285
特克斯 288
昭苏 294
新源 300

南疆 308
阿克苏地区 **320**
库车 320
库车周边 326
拜城 332
阿克苏 336
阿克苏周边 341
喀什地区 **342**
喀什市 342
喀什周边 356
中巴公路 358
塔什库尔干 362
巴楚 369
英吉沙 373
莎车 374
莎车周边 377
叶城 378
和田地区 **380**
和田市 382
和田周边 390
于田 393
于田周边 394

民丰	399
民丰周边	400 |“
克孜勒苏柯尔克孜自治州	**402**
阿图什及周边	402
乌恰及周边	406

巴音郭楞蒙古自治州......... 416

库尔勒	426
库尔勒周边	430
巴音布鲁克	436
且末	439
且末周边	442
若羌	444
阿尔金山国家级自然保护区	449

生存指南

出行指南	457
交通指南	464
健康指南	468
幕后	472
索引	473
如何使用本书	477
我们的作者	478

特别策划

新疆味道	94
盛世才与马仲英	146
维吾尔人的庭院生活	168
流转的行吟牧歌	204
成吉思汗西征与今日新疆蒙古族	272
新疆石窟艺术	328
"混血"的西域	346
"喀什老城"还是"喀什新城"？	348
塔吉克族的婚礼	366
丝绸之路名词解释	384
细水长流的死亡之海	434
斯文·赫定与罗布泊	442

- 190页 新疆北部
- 伊犁和博尔塔拉 254页
- 72页 新疆中部
- 130页 哈密和吐鲁番
- 416页 巴音郭楞蒙古自治州
- 308页 南疆

你好，新疆

如果喀什机场可以起降大飞机，你会惊奇地发现，从这儿飞往开罗，比飞往青岛还要少花那么一点点时间。新疆是真正的旧世界地理中心，它壮阔的河山分割了缔造人类世界观的地中海、波斯、印度和中华文明，却又悄悄通过丝路几千年未间断的旅人，将世界连在了一起。

甜蜜的文明嫁接

在探险家的日记和历史学家的著作里，极其干旱的塔克拉玛干大沙漠周围的那一串串绿洲，不仅是东西交汇的商道驿站，也参与了一种横跨了地球上万里的绿洲文明的创建。典型的如坎儿井，它在伊朗高原出现以后，很快就西传撒哈拉，东传天山，让新疆的农耕文明从出发时就与内地截然不同。

无数商人、朝圣者、冒险家和流亡者来来去去，让几乎所有旧时代的珍宝都遗撒在这片绿洲和沙漠之中，至今你仍然能找到地中海和恒河的宗教都曾在这儿生根发芽的证据。即使是天山以北的哈萨克-蒙古草原腹地带，在引进了定居农业之后，亦成为中华文明和东欧文化的交锋地带。新疆人今天的日常饮食正是文明嫁接的活证据，庞大的馕和甜蜜的抓饭（pulo），与塔什干、德黑兰和旁遮普一脉相承，而拉条子和筷子，却是由玉门关内的春风带进来的。

喀纳斯的骑马人。

雄伟的大陆中心

乌鲁木齐是世界上距离海洋最远的城市。新疆那些自冰川而下的河流几乎都无力流到海洋,而是湮没在广阔的沙漠和草原之中,仅有西伯利亚边缘的几条例外。巍峨的天山,南部接近7500米,几乎触及天际的喀喇昆仑山和西部高耸寒冷的帕米尔高原,牢牢地把塔克拉玛干沙漠包裹起来,使得它成为地球上罕见的、发展出古老文明的干旱极地。

可无论是"进得去出不来"的塔克拉玛干,还是冰雪终年不化的帕米尔、昆仑山和天山,都没能阻止古代亚欧两边的旅人来往。我们今天全副武装爬到冰川下看到雪莲和红花盛开的景象,可能玄奘和马可·波罗早就看过。

草原之上,葡萄架下

严酷新疆的最迷人之处,可能正是沙漠和冰雪的间隙处,那些有雪水灌溉的绿洲和高山草原的生活。无论是喀什、和田,还是吐鲁番和伊宁,在夏天敲开一户维吾尔庭院的门,你都能收获超越一整年能量的甜蜜,那种浸染了中亚阳光和天山冰雪的芬芳是你从未尝过的经验;由夏转秋时,不妨奔到北方缤纷针叶林的阿尔泰山,或是风吹麦浪的伊犁河谷,无论是徒步还是驾车,你都可能会遇见成千上万的羊群,被骑在高头大马上骄傲的牧羊人,赶到另一处水草丰美的天堂。追上去,在毡房里大口吃肉,大碗喝酒,听他用冬不拉弹出的千年歌谣吧。

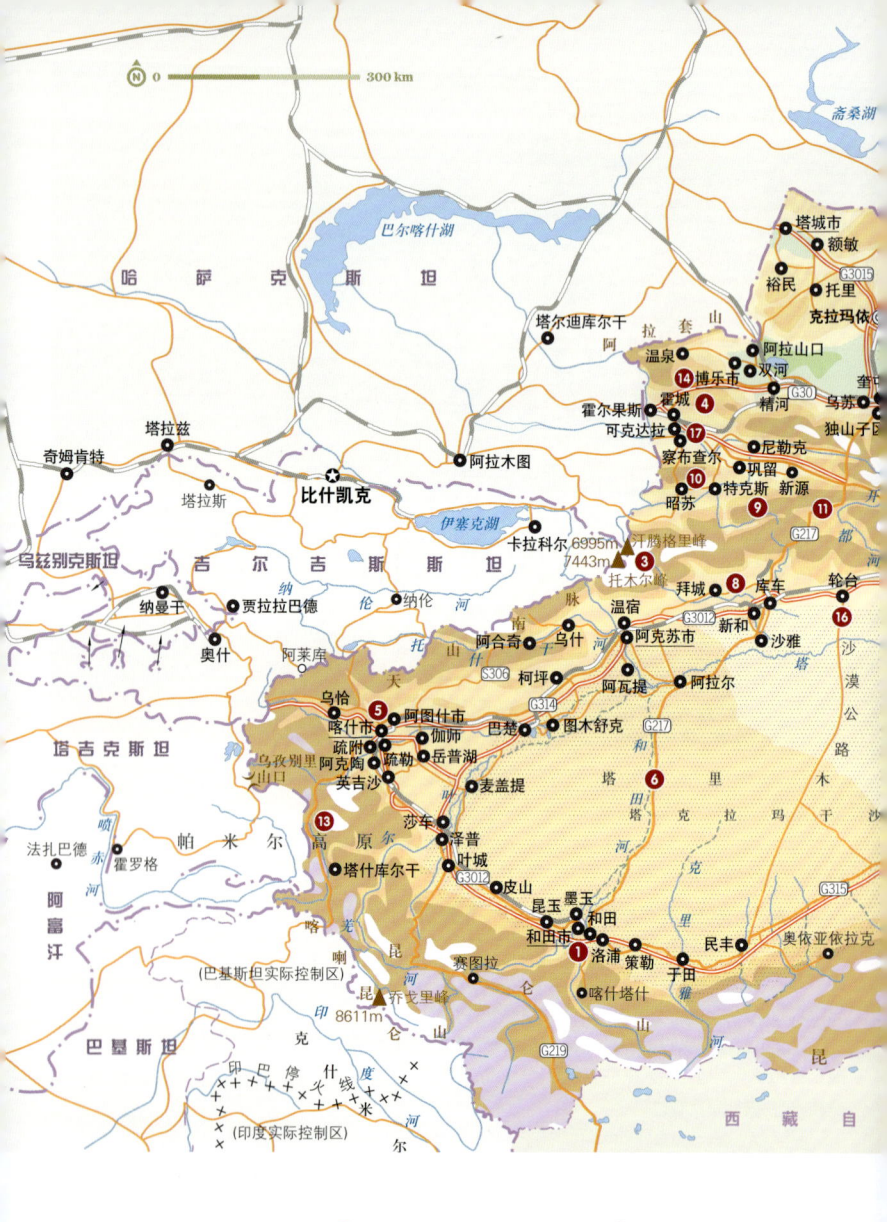

17 顶级旅行体验

1. 南疆巴扎
2. 冬日喀纳斯
3. 天山穿越
4. 伊犁看花
5. 喀什老城
6. 沙漠公路
7. 漫步丝路故城
8. 石窟艺术

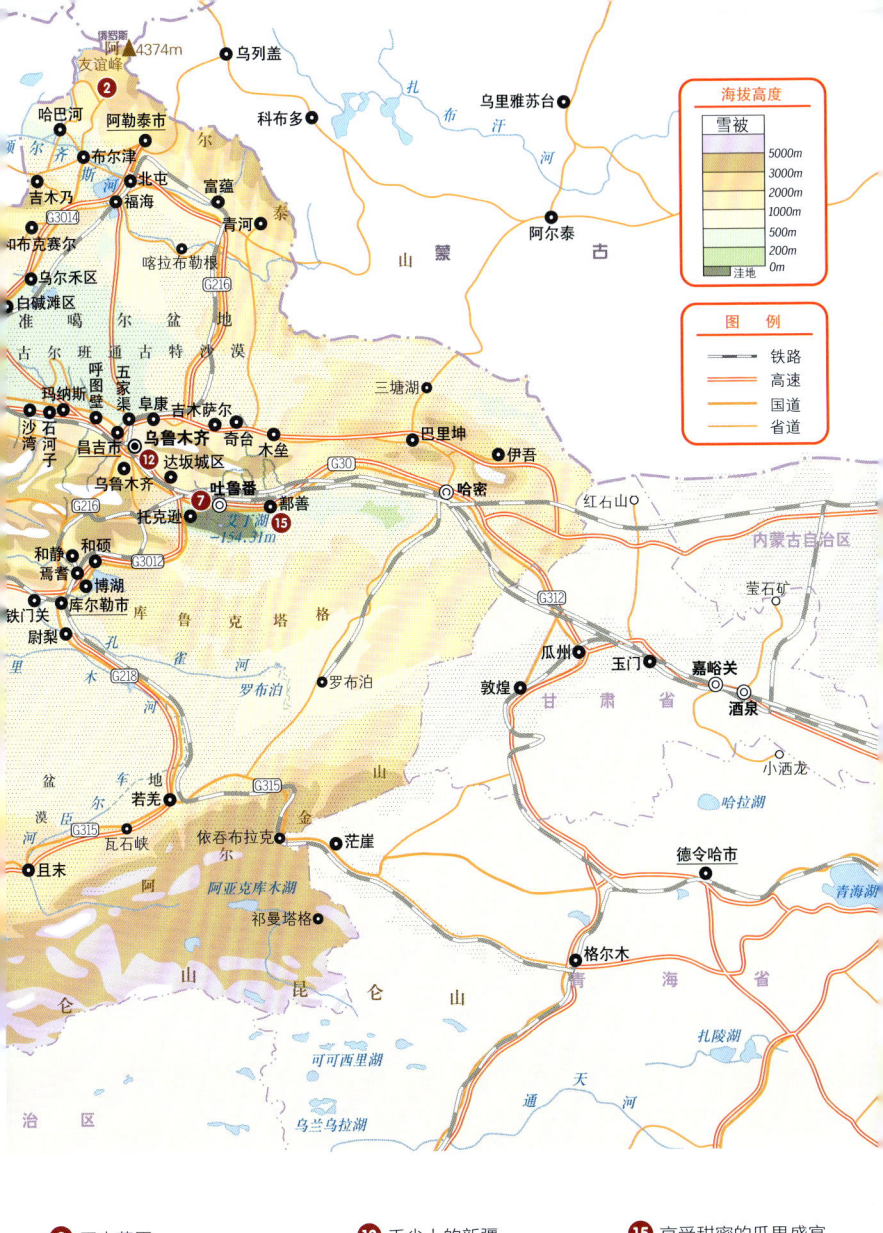

⑨ 天山草原
⑩ 哈萨克牧民转场
⑪ 独库公路
⑫ 舌尖上的新疆
⑬ 慕士塔格峰
⑭ 赛里木湖
⑮ 享受甜蜜的瓜果盛宴
⑯ 奔赴金秋胡杨狂欢
⑰ 蓝色伊宁

计划你的行程
17顶级旅行体验

南疆巴扎

"Bazar"(巴扎)是个读起来都快乐的单词。巴扎不仅有琳琅满目的商品和衣着绚烂的当地人,更是集中领略消失的行当、古老价值规律和诚信法则的好地方。喀什老城(见342页)一步一巴扎,五行八作在此云集;星期日的和田艾提卡大巴扎(见383页)和库车喇叭口巴扎的盛况更让人惊讶,荒地乡的牛羊巴扎(见345页)令人大开眼界。于田老城的巴扎不大,头戴"太力拜克"的当地人是最大看点,星期六千万别忘了去先拜巴扎镇(见393页),那里是有名的"吃巴扎"。

17顶级旅行体验 计划你的行程 9

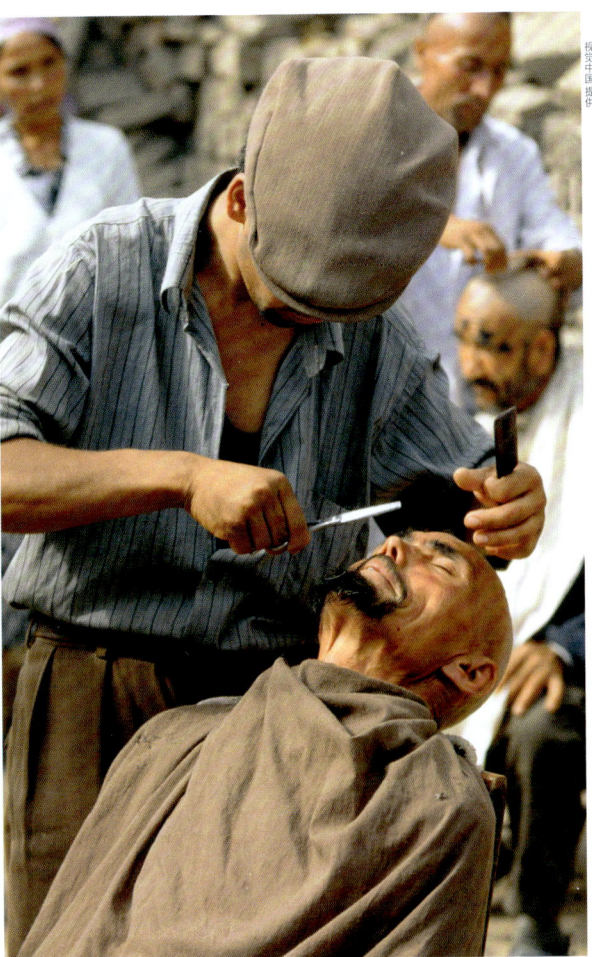

视觉中国提供

1

10 计划你的行程 **17顶级旅行体验**

张耀东摄

冬日喀纳斯

如果你能克服严寒，在大雪及腰的冬天亲近一次喀纳斯，就会相信"人间净土""东方小瑞士"这些烂俗的标签所言不虚。上帝在这个季节暂时将调色板收回，森林银装素裹，琼枝雾凇晶莹，在日光照射下呈现出幽幽蓝调。变色湖此时只有一种白色，河滩上鹅卵石覆着雪，像一颗颗棉花糖般可爱。除了静看这幅写意山水画，你还可以体验马拉爬犁、滑雪、射箭。冬季的喀纳斯，宁静而不单调。（见212页）
冬日喀纳斯上演的叼羊。

2

17顶级旅行体验 计划你的行程

视觉中国 提供

天山穿越

　　穿越6000多米高的天山屏障,几千年来一直是那些勇敢的冒险者才能达到的成就。在今天,从东天山到西天山,冰川下沉寂千年的古道越来越多地被挖掘出来,成为户外爱好者又爱又惧的天堂路线。无论是乌鲁木齐附近的博格达峰穿越,还是从伊犁河谷沿着乌孙古道翻越天山到塔克拉玛干沙漠的绿洲,你都会永远记得在绚烂的高山草原和森林上面,4000米达坂吹着凌厉寒风时,那壮丽无边的天山雪线。
夏塔古道的徒步者。

3

12 计划你的行程 **17顶级旅行体验**

视觉中国 提供

视觉中国 提供

伊犁看花

　　冰雪依然覆盖的4月，伊犁河谷的杏花已经粲然盛放在寒冷的山沟间，就此迎来了长达半年的花季。5月的春天里，是天山红花开启了天山野花的盛季，一直到6月底的初夏，那时也正是河谷上薰衣草最壮观的季节。但不要以为伊犁只是中国的普罗旺斯，7月以后，天山的雪线下，特克斯河谷一望无尽的油菜花、紫苏和各色野花都用尽全力开放，在河谷各地的葡萄园和西瓜田边，耀眼的向日葵总会让你目不转睛。
（上图）天山的野花；（下图）新源县杏花沟。

4

17顶级旅行体验 计划你的行程 13

喀什老城

"不到喀什,就不算到过新疆。"尽管它霸道而直白,却没有人能否定喀什独一无二的西域风情。作为古代丝绸之路上的贸易重镇,老城保留着中国唯一的伊斯兰特色的迷宫式街区,巷子依然沿用着维吾尔语的旧名,各种巴扎里尽是维吾尔族人最真实的生活缩影,牛羊同行的街道上,空气中永远弥漫着馕和烤肉的浓香,一张张西域风情的脸庞让人恍惚自己所处的国度,而每当清真寺的钟声敲响,四面八方守时而来的穆斯林又会成为喀什风情的另一种诠释。(见342页)喀什老城里的小女孩。

5

14 计划你的行程 **17顶级旅行体验**

7

漫步丝路故城

在吐鲁番盆地，在火焰山脚下，交河故城（见162页）与高昌故城（见173页）共同见证了丝绸之路的千年辉煌。它们曾经是丝路古道上的"超级"城市，有着四通八达的街巷、鳞次栉比的房屋与雄伟的宫殿和佛寺，时光流逝，虽然只剩残垣断壁，但历史却铭记其中。你可以在月光下漫步这迷宫一般的废墟，在民间艺人的琴声中静静聆听交河往事，或者试着让思绪回到盛唐，在佛塔前想象高昌城中佛号吟唱的庄严。

高昌故城。

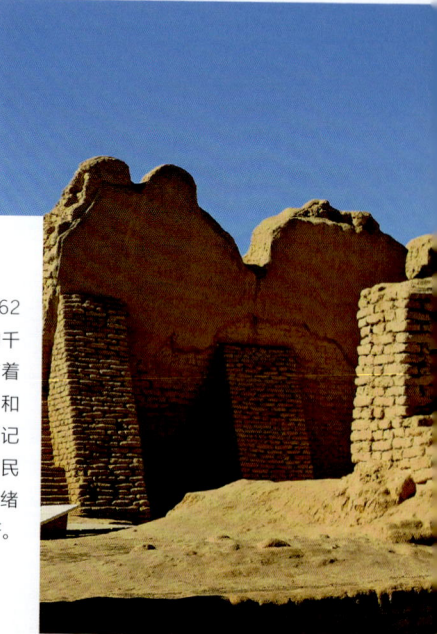

沙漠公路

东西长约1000公里,南北宽约400公里,这就是浩瀚的塔克拉玛干。柏油公路已在茫茫大漠上织出"皿"字形的路网,沿途沙丘、胡杨、落日——满足你对沙漠自驾的一切想象。处于腹地的"中间两竖"(和田—阿拉尔,民丰—轮台)更成为旅行者乐此不疲的自驾线路。前者将热瓦克佛寺(见391页)、麻扎塔格山(见392页)等串成一线,后者则显示着石油开发的惊人成就。此外,也不要忽略沙漠东缘的G218国道,塔里木河景观和罗布泊的传说让这里渐渐热门起来。时间不够?那就看看我们为你精心设计的沙漠小环线(见401页)。

8

石窟艺术

佛教沿丝绸之路东传，将最完整最原始的佛教石窟群留存在西域。鄯善的吐峪沟千佛洞（见180页）壁画上佛像下座为胡床，题记采用汉文，历经了从晋到唐的漫长时期，高昌文化的艺术交融在此显露无遗。在龟兹石窟集中的库车和拜城，如克孜尔千佛洞（见328页）和克孜尕尔哈石窟（见331页），你将能看到原汁原味的犍陀罗、秣菟罗造像风格，以及它们在结合中原汉地传统之后所创造出的被誉为"中亚艺术顶峰"的龟兹艺术。克孜尔千佛洞。

17顶级旅行体验 计划你的行程 **17**

沈鹏飞 摄

天山草原

　　雄伟的天山不仅制造了无尽的冰川和森林,更创造了曼妙的高山立体草原,刷新了你对草原"一望无际"的刻板认识。骑马奔驰在这些山形迤逦、纵深起伏超越千米落差的草原上,你很容易迷失在悬崖旁或高坡下,但不要紧,记得去拜访那些勇敢的哈萨克人,他们会带你奔向冰川下6月璀璨的花海。无论是草原低处的毡房,还是接近森林地带的木屋,总有一餐温暖的馕、奶茶和马肉,以及万丈星空等着你。喀拉峻草原。

视觉中国提供

哈萨克牧民转场

  秋天来北疆，当遭遇交通大堵塞时，十有八九是迎头撞上转场大军了。车窗外尘烟漫天，牧民骑在马上，手执长鞭；骆驼背负着所有家当，大蹄子迈出的每一步都很沉重；牛羊最贪吃，走一路吃一路，留下一堆肥料在公路上。这浩浩荡荡的景象，无异于百万雄师过大江。你着急也没用，若摁喇叭，胆小的羊惊得左冲右突，彻底乱了方阵，只能是忙中添乱。你能做的只有停车、让道，待它们扬尘而去。可别忘了拿起相机，为哈萨克族记录下这幕迁徙牧歌。

10

17顶级旅行体验 计划你的行程

视觉中国 提供

独库公路

　　解放军工程兵花了九年多时间才修通这条天险，一百多人为之献出了生命，如今一年之中你也只有4个月时间能踏上这条公路建设史上的丰碑，却能在一天之内经历春夏秋冬，看遍新疆最精彩的地貌风光。从伊犁盆地的最东端，跨过莽莽天山，来到巴音布鲁克的广袤草原，翻越终年积雪的达坂，最后迎来南疆的红色山河和巍峨峡谷。穿越雪山、冰川、草原、河谷，你将感受到人类工程如何与自然结合得天衣无缝，艰险与美景如何被演绎到极致。（见332页）

11

舌尖上的新疆

　　新疆绝对是肉食爱好者的天堂,你所有减肥的誓言都会被忘得一干二净。烤羊肉串、烤鱼、羊头、胡辣羊蹄随处可见,抓饭上加几块羊排你说了算。口味清淡的一定会爱上回族的丸子汤,内脏爱好者可以试试烤羊腰、烤塞皮、面肺子,猎奇的话不妨尝尝哈萨克族爱吃的马肉。各民族的面食小吃也层出不穷,烤馕、烤包子、拉条子、纳仁等十数种吃法足以让你倾倒。若觉得有点油腻,那么冬日里的一碗热奶茶、夏日里的一份酸奶刨冰会让你大呼过瘾。(上图)刚出炉的馕;(左下图)烤好的羊肉;(右下图)烤包子。

12

17顶级旅行体验 计划你的行程

慕士塔格峰

人们把"慕士塔格阿塔"称为"冰山之父"。它是目前唯一能够提供成熟商业攀登服务的雪山,也是"昆仑三雄"中最为人所熟知的一座。引领你来到它脚下的是有着"世界第八奇迹"之称的中巴友谊公路,在以民族风情著称的南疆,它同时还是一条穿越帕米尔高原的立体景观大道。冰山脚下,湖泊、草原次第舒展,塔合曼湿地四面环山,夏季鲜花四野、牛羊遍野。如果你体力够,还能在帕米尔高原完成一趟从喀拉库勒湖到慕士塔格大本营的徒步之旅。(见359页)

赛里木湖

赛里木湖是新疆乃至中亚的一个例外。与那些深陷于低地和沙漠中的湖泊不同,超过2000米海拔的它有着惊人的澄净蓝色,被完美的森林和草原包围,一直是哈萨克人和蒙古人最珍视的夏季家园。可以自驾或包车环游赛里木湖,如果愿意多花点钱在景区里歇一夜,日出时在湖畔跟天鹅打过招呼后,骑马到鲜花满山的森林中、山崖上,南边一侧的青山翠谷和北边的碧水蓝天将同时被你占有。

22 计划你的行程 **17顶级旅行体验**

享受甜蜜的瓜果盛宴

丝绸之路不仅带来了经济与文化的交融,也带来了中原和西方的瓜果,它们在新疆热烈的阳光下变得更加香甜。天山南北的梨白桃红和葡萄架下热情的麦西来甫都只是甜蜜的序曲,以各种瓜果命名的节日才是延续全年的重头戏,从东疆到南疆,从3月到11月,库尔勒香梨、库车小白杏、石河子蟠桃、阿克苏冰糖心苹果、吐鲁番葡萄、鲁克沁甜瓜、哈密大枣相继成熟,接下来就是尽情享受瓜果的盛宴,甜蜜似乎没有尽头。

15

奔赴金秋胡杨狂欢

这仿佛是西域大地发出的一道金色集结令,只需要几个秋高气爽的阳光天,塔里木河两岸(见439页)恣意生长的胡杨林就迎来了一年一度的狂欢,它们在蓝天与黄沙间尽情挥洒着绚丽的色彩;在木垒(见118页),形态各异的胡杨等你赴一场秋日约会;在伊吾淖毛湖(见153页),古老的胡杨林则向人们展示着千万年顽强的生命力。这同时也是摄影人的节日,他们从各地而来,奔赴这场流光溢彩的视觉盛宴。

塔里木河畔胡杨。

蓝色伊宁

伊犁州的首府不过300多年的发展史,却将300多年间的文化、民族融合完整地保留了下来。生活在此的维吾尔族有着自己的名字——塔兰奇,他们居住的房子有着亚欧融汇的风范。相对于南疆的古城,伊宁街巷间的色彩更丰富。躲在白杨树后的,是深浅不一、造型各异的蓝色木门木窗;葡萄藤下的蓝色院子里,有时髦的维吾尔族青年跳着传统的舞蹈。你还能在这座城市找到以斯大林命名的马路、百年前践行田园城市理论的六边形街区。(见266页)

计划你的行程
行前参考

何时去

- 全年寒冷
- 冬季较冷，夏季较热
- 冬季严寒，夏季凉爽

- 新疆北部 5月至10月初
- 伊犁和博尔塔拉 4月至10月中旬
- 新疆中部 4月初至10月底
- 哈密和吐鲁番 3月底至11月
- 巴音郭楞蒙古自治州 3月底至11月
- 南疆 3月底至10月底

旺季（5月至10月）

➡ 春夏的赏花季，以及秋天的胡杨和彩林，是随手拍风光大片的好时候。

➡ 夏天是新疆的旅游旺季，多数景点都会迎来高峰，各地住宿都会有不同程度的价格上浮。

➡ 秋季瓜果丰收，各地的节日活动也较多。

平季（3月至4月）

➡ 乍暖还寒时，帕米尔山谷、新源吐尔根、吐鲁番各地的杏花怒放。

➡ 4月的南疆有沙尘暴。

➡ 常规景区游客相对较少，住宿价格合理。

淡季（11月至次年2月）

➡ 全疆降温降雪，住宿和机票降到全年最低。

➡ 部分景区会暂时关闭或借机整修，也有一些夏季昂贵的景区免费或半价。

➡ 北疆地区迎来滑雪季，阿勒泰、乌鲁木齐、巴里坤都有不错的滑雪场。

简称

新

世居少数民族

12个

证件

身份证必不可少，带上其他能享受打折优惠的有效证件，例如学生证、记者证、教师证和军人证。

语言

普通话基本能保证沿途的交流。在南疆部分地区，当地人很少能听懂汉语，可能要配合肢体语言来沟通。

现金

手机支付越来越普遍，但依然要随身备点现金，以防支付时手机无信号。
银行网点很多，乡镇以邮政储蓄和农业银行为主。较大市县的繁华地段ATM随处可见。

手机

大多数地区都有移动、联通、电信信号，但进入深山、沙漠、戈壁中就有可能收不到信号。

上网

大部分区域为4G网络，偏远地区可能只有3G或2G信号。大多数酒店和餐馆都提供免费宽带和Wi-Fi，机场、车站也在逐渐覆盖免费Wi-Fi。

每日预算

经济 300元以下
- 青旅床位50~100元。
- 午餐、晚餐以简单的抓饭或拌面为主(拌面15~30元)。
- 尽量利用公共交通。
- 不去门票昂贵的景点和包车才能到达的偏远地区,但别错过免费的博物馆。

中档 300~500元
- 住快捷酒店、商务酒店(150~250元)。
- 进餐馆点菜吃饭;晚上在夜市吃烧烤,喝瓶乌苏或卡瓦斯。
- 依然以公共交通为主,部分偏远景点跟人拼车前往。
- 若去门票昂贵的景点,当天最好有200~300元的预算弹性空间。

高档 500元以上
- 可以享受精品酒店(400元起)。
- 吃喝随意,不妨去带民族歌舞表演的餐厅吃回大餐。
- 除了吃逛夜市,也可享受下酒吧夜生活。
- 可以在城镇内乘出租车,包车走偏远路线控制好预算。

重要号码

在拨打报警和医疗救护电话时,记得加上区号,能帮助对方更快定位。

报警求助	☎110
医疗救护	☎120
新疆旅游服务热线	☎(0991)12301

网络资源

- **天山网**(www.ts.cn)是新疆门户网站,提供新疆各地旅游、文化时讯。
- 通过微信公众号**新疆旅游协会**可了解新疆应季旅游的热点资讯,以及疫情期间疆内各地的防疫政策。
- 微信公众号**新疆客运联网售票**(xjkeyun)可查询和购买疆内大部分城市客运站的车票。
- 微信公众号**独库小科**(xjwest01)有独库公路的每日路况信息。

抵达新疆

飞机
- **乌鲁木齐机场** 有地铁、公交车直达,也有机场快线往返市区,票价15元。乘出租车30~40元。
- **伊宁机场** 有公交车直达,还有机场巴士往返市区,票价10元。乘出租车到市区15~25元。
- **喀什机场** 有旅游观光公交车线和机场快线,乘出租车20~30元。
- **哈密机场** 从机场乘出租车至市区约40元。
- **克拉玛依机场** 机场巴士免费,乘出租车去市区约50元。
- **库尔勒机场** 机场巴士10元,乘出租车去市区约50元。

火车
- **乌鲁木齐站** 全疆最大的客运车站,也是进出新疆的主要门户。
- **伊宁站** 与乌鲁木齐之间开通了城际列车。

长途汽车
- 有频繁的省际班车往来于甘肃、陕西和新疆,也有班车从青海和西藏开往库尔勒和叶城。

当地交通

- 新疆境内可从乌鲁木齐乘飞机往返伊宁、喀什、克拉玛依、哈密、吐鲁番、库尔勒、阿克苏、和田、塔城、阿勒泰、富蕴、库车、那拉提、博乐、且末和喀纳斯。
- 兰新线是新疆唯一的高速列车线路,连通乌鲁木齐和哈密、吐鲁番;北疆铁路往西北直抵博乐;乌伊铁路连通了伊犁河谷;南疆铁路终点为喀什,去阿克苏、库车、和田均可乘坐火车。
- 长途汽车是主要交通工具,但班车仅抵达城镇和部分乡村,大量景点都在城镇之外几十至数百公里,只能包车前往。
- 自驾是新疆旅行最省时省力的方式,但地形、路况和天气复杂多变,必须注意安全。

更多信息请参见第464页"交通指南"

计划你的行程
初次到访

重要推荐
➡ 去喀什、和田等地的夜市觅食，尝尝最地道的维吾尔族美食。
➡ 去南疆的巴扎逛逛，精致的手工艺品和漂亮的当地人服饰都能让你目不转睛。
➡ 住一晚哈萨克毡房，和牧民一起享用奶茶。
➡ 参加一次少数民族的节庆，融入狂欢的气氛。
➡ 根据你的能力，进行一段草原、戈壁或是雪山上的徒步，旖旎风光保证你不虚此行。
➡ 不妨先飞机至兰州，机票更便宜，再乘高铁进入新疆，沿着古丝绸之路玩转哈密和吐鲁番。

穿什么
　　新疆的夏冬季较为分明，春秋季短暂，无论何时昼夜温差都比较大。而且新疆面积广阔、地貌类型多样，根据纬度和海拔不同，气温差异很大。所以哪怕是春夏出行，也得带上厚衣服。
　　若是前往新疆中部、北疆和伊犁，只需考虑天气变化，带上你平日的衣服即可。若打算游览南疆，一些地区对伊斯兰教义的遵守较为严格，虽然并不会限制旅行者的穿着，不过为了减少不必要的关注，最好不要穿得过于暴露，尤其是参观清真寺的时候。女性无须戴头巾。

住宿
　　在旅游旺季一定要提前预订，特别是十一黄金周的喀纳斯、暑假的伊犁草原、10月的轮台胡杨林等季节性明显的目的地。平季和淡季无须预订也能轻松找到住处，不过网络预订或团购通常有折扣。
　　办理入住严格采取身份证登记制度，退房时记得确保前台已经将你的身份证信息登出，否则无法在下一家酒店办理入住。退房时间通常是下午2点。

➡ **酒店** 可以从奢华的五星级酒店、注重设计感的精品酒店、实惠的商务宾馆和高效的连锁酒店中做选择。
➡ **青年旅舍** 乌鲁木齐、喀什、伊宁、喀纳斯、哈密、库尔勒等旅游城市才有，背包客之选。

检查清单
➡ 将你的旅行计划告知家人朋友
➡ 购买旅行保险
➡ 旺季出行，提前预订好机票或火车票
➡ 预订热门目的地酒店
➡ 安排行程时注意新疆本地时间与北京时间的两小时时差

带什么
➡ 身份证
➡ 带少量现金，以应对不时之需（可参考2日花费），以及主流银行的储蓄卡
➡ 能享受打折优惠的有效证件
➡ 驾照，如果你打算在新疆租车自驾
➡ 方便穿脱和长途行走的鞋子
➡ 常用药品
➡ 照相机，新疆有无数出大片的机会

➡ **家庭旅馆** 在禾木、布尔津和伊犁地区比较流行，村民将自家房屋改建成客房，价格便宜。

➡ **小旅馆** 聚集在小城镇的客运站附近，设施差强人意，客源复杂，仅做中转一晚的选择。

➡ **哈萨克毡房** 草原类景区特有的住宿选择，设施简陋，但能体验一晚游牧民族的生活。

礼仪

➡ **宗教** 进入清真寺和麻扎前需获得允许，尤其是女性；在寺内保持安静肃穆，衣着得体。

➡ **人际交往** 不要和当地人讨论宗教、政治话题，避免产生误解。

➡ **就餐** 不要带酒精饮料进入清真餐厅，带猪肉成分的零食也不适宜招摇过市；因为时差，中午12点之前大多数餐厅不营业。

➡ **购物** 若不打算购买，在巴扎不要随便砍价。

➡ **摄影** 拍摄当地人之前获得对方允许，若答应寄送照片，记得一定要做到。

➡ **好客** 愉快地接受哈萨克族或维吾尔族一起喝茶的邀请吧。

讨价还价

讨价还价在巴扎很常见，尤其是内地游客较多的巴扎，商人报出的价格都做好了让你砍价的准备。特别是玉石、古董等贵重物品，报价都很玄乎，砍价是必备技能，还得自己懂行。但若不是真打算买，别随便在巴扎砍价，内地那套周旋的交易方式在此不适用。若是在伊犁或北疆向哈萨克牧民购物，他们的报价比较实际，还价也就砍个零头。

淡季的住宿也可以讲价。而包车则需要一些讨价还价的技巧，包车费用通常是根据路程和路况来计算，汉族司机可能会报得稍高一些，哈萨克族司机则实在得多。你需要对目的地有一些了解以便估算出合理价格，并且在出发前谈好是否包含等待时间和空调。徒步时包马匹和骆驼也是同理，虽然景区可能有定价，但热门路线的马夫通常会开出高价或途中加价，务必在交涉时多个心眼，掏钱前把费用、细节都敲定，且让对方开票。

语言

在新疆中部、东部和北部，普通话普及率很高。景区的哈萨克牧民也大多会说普通话，普通话足以保证沿途的交流。

然而在南疆，除了最热门的几个景点周边，说普通话的人不多。当地的交流以维吾尔语为主，如果不会讲，也没有当地朋友做翻译，在克孜勒苏柯尔克孜自治州、喀什地区、和田地区旅行会有些困难。比如莎车、叶城、和田、喀什等县市，景点的工作人员和巴扎里的商人大多只会几句简单的普通话，而且口音较重。若是问路和包车，路人和司机大多只讲维吾尔语。

当地的汉族人大多会讲维吾尔语，旅游局的工作人员和双语学校的小学生普通话也讲得比较好，询问他们或是请他们翻译一下能减少你不少麻烦。其余时候你就得充分发挥身体语言的技能了。你也不妨试着学几句与旅行相关的维吾尔语，比如打招呼，当地人会很高兴的。

更多信息请参见第456页"生存指南"

计划你的行程
最佳行程
11天

精华南疆线

我们选取的这条路线用三条景观大道串联了南疆最不可错过的城市，起点和终点都有来往国内各大城市的航班，对于非自驾的旅行者，完全可以借由班车、火车和适当的包车、拼车来完成。唯一需要注意的是独库公路的开放时间。

第1天，从乌鲁木齐乘火车到**奎屯**，乘班车时间更久车票也更贵。奎屯站往南就是**独山子区**，找好包车司机，准备独库的行程。

第2天，正式踏上独库之旅，翻越**哈希勒根达坂、玉希莫勒盖达坂**，可以先暂别独库，拐**那拉提**感受草原磅礴，或者趁早抵达**巴音布鲁克**，在夕阳西下时抵达九曲十八弯拍下最经典的日落景致。

第3天，从巴音布鲁克出发，向真正的南疆进发，壮观的**天山神秘大峡谷**就在途中。抵达**库车**后去夜市好好犒劳一下自己。

第4天，包车一天可将库车周围的遗址全部看尽，拼车也很容易找到，**克孜尔千佛洞**、

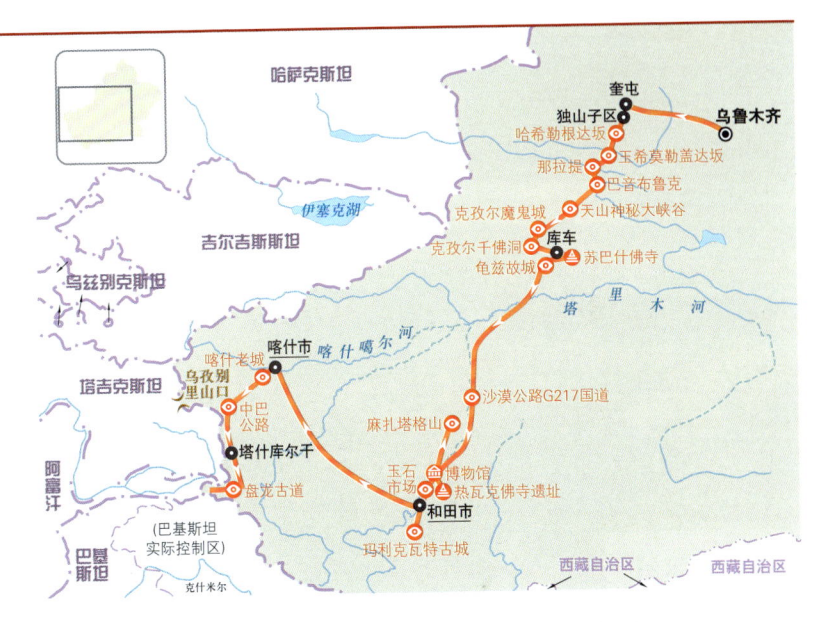

克孜尔魔鬼城、苏巴什佛寺等可以根据喜好选择。返城之后记得去寻觅下**龟兹故城**。

第5天,包车或者去阿克苏坐班车走**沙漠公路G217国道**去往和田,为此你会花上一整天时间体会"船行于海"般的孤寂。

第6天,逗留和田,逛一下**博物馆**和**玉石市场**。包车去**热瓦克佛寺遗址**和**玛利克瓦特古城**,或是更远的**麻扎塔格山**。

第7天,从**和田**到**喀什**可乘坐火车,5.5小时的车程在新疆已能称得上短。

第8天,好好享受**喀什老城**的西域风情,看一下香妃墓,挤一下人头攒动的东巴扎,再去火爆的夜市里陶醉一番。

第9天,班车即可带你沿着**中巴公路**将白沙湖、喀拉库勒湖、慕士塔格峰一一看尽,最后抵达**塔什库尔干**。

第10天,在**塔什库尔干**逗留一天,走走县城里的石头城、金草滩,自驾或包车去有208个弯道的**盘龙古道**。若是10月,去县城周边村子里碰碰运气看能不能偶遇一场婚礼吧。

第11天,从塔什库尔干返回**喀什**。

如果时间紧张,可以将独库公路一天走完。如果时间充裕,建议将库车的行程分为两天,并将时间尽可能地留给喀什。

(左图)喀什夜市上调剂冰奶的人。

计划你的行程
最佳行程
8天

阿勒泰环线

阿勒泰是大多数旅行者来新疆的首选目的地,旅游配套设施成熟,春夏秋三季可以依靠公共交通轻松走完环线,冬天最好携越野车自驾前来,做好美丽冻人的准备,但一定不虚此行。

从**乌鲁木齐**飞抵**富蕴**,或坐长途夜班车去富蕴,次日一早前往可可托海,正式开始**第1天**的行程。游览**额尔齐斯大峡谷**可花去半天,下午去**可可托海地质陈列馆**了解此地的矿史,去不去三号矿脉随你,但不要错过额尔齐斯河傍晚柔美的光线,是日住可可托海。

第2天,需要转3趟车,可可托海—富蕴—阿勒泰—布尔津,午餐可在**阿勒泰**解决。傍晚前抵达**布尔津**,放下行李就找车去**五彩滩**赏日落,回到布尔津后在河堤夜市吃吃逛逛,并为次日进喀纳斯采购干粮。

第3天,前往**禾木**,下午可去上村的白桦林、禾木山庄附近的观景栈道,随意在村内走走也总有不俗的摄影题材。

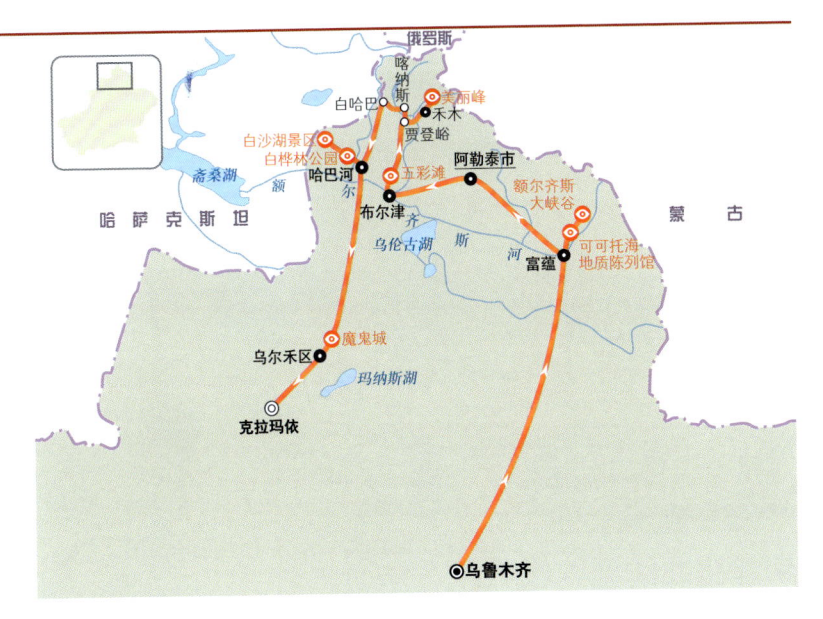

第4天，别贪睡，厚衣手套全副武装后，上观景台赏日出晨雾，之后可以骑马去趟**美丽峰**。然后坐前往**贾登峪**的区间车，再转车进**喀纳斯**。到达后，上观鱼台欣赏喀纳斯湖全景，再沿湖边栈道走到吐鲁克岩画，近距离欣赏喀纳斯湖。

第5天，依然得早起赴晨雾之约，待神仙湾的晨雾结束后，坐区间车至卧龙湾，然后一路沿栈道步行至月亮湾。下午沿换乘中心至喀纳斯湖码头的栈道走走，欣赏喀纳斯河风光。赶上去**白哈巴**的末班车，晚上投宿白哈巴。若是9月，"黄金大道"美不胜收，赶在日落前爬上老村后面的山坡，静待大片上演。

第6天，坐车到**哈巴河**，如果找到前往克拉玛依的私营小车就直接离开，没车就在哈巴河住一晚，下午可以去**白沙湖景区**、**白桦林公园**。

第7天，前往克拉玛依，直接在**乌尔禾**下车，赏完**魔鬼城**的日落，再拼车到**克拉玛依**入住。

第8天，就此结束行程的话，可以从克拉玛依飞，或坐火车回乌鲁木齐。如果打算切入其他线路，可以坐大巴前往伊宁，游览伊犁（见254页），也可从克拉玛依到独山子，沿独库公路南下，走一段精华南疆线（见28页），或直接坐火车前往喀什。

(左图)禾木之晨。

计划你的行程
最佳行程
14天

从丝路北线到中线

从丝路北线踏上旅程，经乌鲁木齐切换到丝路中线，自东而西穿越新疆，自北而南翻越天山，沙漠、森林、草原、雪山等地貌景观不停切换，庙宇、民居、服饰、集市等人文风情接踵而来。

第1天，从**哈密**开始丝路北线的行程，花小半天时间参观**哈密博物馆**、**哈密非物质文化遗产保护中心**，下午包车去**哈密大海道**，看看大自然鬼斧神工的创造。

第2天，乘坐上午的班车前往**奇台**，当晚赶到半截沟镇住宿，住在镇上或是直接住到江布拉克景区里。

第3天，徜徉在**江布拉克**无论何时都异常迷人的天山麦海，神奇的天山怪坡也等你来探索。之后返回奇台，再乘车前往**吉木萨尔**住宿。

第4天，上午去北庭故城遗址参观尚存的精美雕塑与壁画。接着经阜康转车去**天山天池**，在雪峰环抱中的一池碧水畔放松身心。游览完直接坐车去**乌鲁木齐**。

最佳行程 计划你的行程 | 33

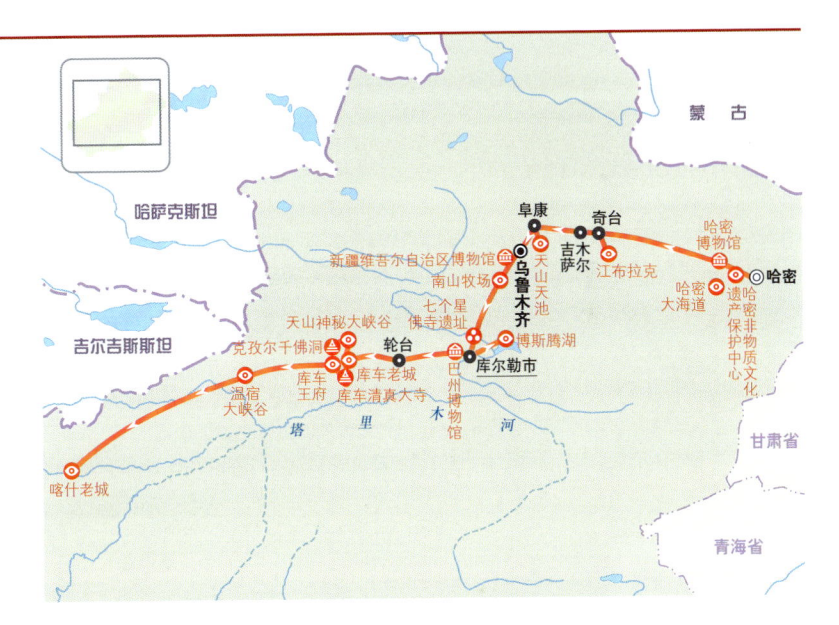

第5天，去**南山牧场**一日游，傍晚回到乌鲁木齐后，去楼兰秘烤大快朵颐。

第6天，在**新疆维吾尔自治区博物馆**逛上半天，别错过精彩的干尸展。下午沿着我们为你规划的步行路线逛逛乌鲁木齐老城，并在领馆巷逛吃逛吃。

第7天，前往**库尔勒**，由此转入丝路中线的行程。抵达后去团结路一带的老城区逛逛，在夜市吃着烤肉，欣赏维吾尔族男女欢快的舞蹈。

第8天，上午去**巴州博物馆**，下午去**七个星佛寺遗址**，回顾古焉耆国曾经的辉煌。

第9天，包车游览**博斯腾湖**，为"一半海水，一半沙漠"的奇异美景而惊艳。

第10天，由库尔勒往西去往**轮台**，赴一场金秋绚烂的胡杨之约。当夜宿轮台。

第11天，乘车去库车，漫步**库车老城**，拜访漂亮的**库车清真大寺**和**库车王府**，晚上去夜市大快朵颐。

第12天，花一天时间包车游览**天山神秘大峡谷**和**克孜尔千佛洞**。

第13天，一大早就赶去阿克苏，包车游览**温宿大峡谷**。

第14天，抵达这条线路的终点喀什，逛逛**喀什老城**，晚上去热闹的夜市犒劳自己一番。

如果打算切入其他路线，则可以在阿克苏结束行程，走沙漠公路去往和田，探索塔克拉玛干沙漠南缘；或者走独库公路，开始在伊犁或者北疆的旅行。

(左图)哈密魔鬼城。

计划你的行程
最佳行程
15天

伊犁南北线

想要完美地游览伊犁河谷的风景，你最好拿出两个星期的时间。

第1天，乘坐早班机抵达**伊宁**后，逛逛伊宁迷人的**喀赞其**和**六星街**，享受一餐美好的维吾尔大餐后，下午乘坐博乐班车向**赛里木湖**出发，环湖后可选择住在景区内或果子沟。

第2天，上午看了日出离开，搭过路班车到芦草沟镇顺便看**解忧公主薰衣草农场**，再到霍尔果斯口岸看**国门**，游览**吐虎鲁克麻扎**和**惠远古城**后，回到伊宁看伊犁河日落。

第3天，上午去**察布查尔锡伯自治县**，参观**锡伯古城**后品尝特别的锡伯菜，回到伊宁，搭线路车经伊昭公路翻越乌孙山到昭苏（也可以在察县直接包车过去），当晚宿**昭苏**。

第4天，早上游览**草原石人**和**格登碑**，居高临下地看哈萨克斯坦的牧场。下午一路游览壮美的河谷风景到**夏塔古道国家级森林公园**，

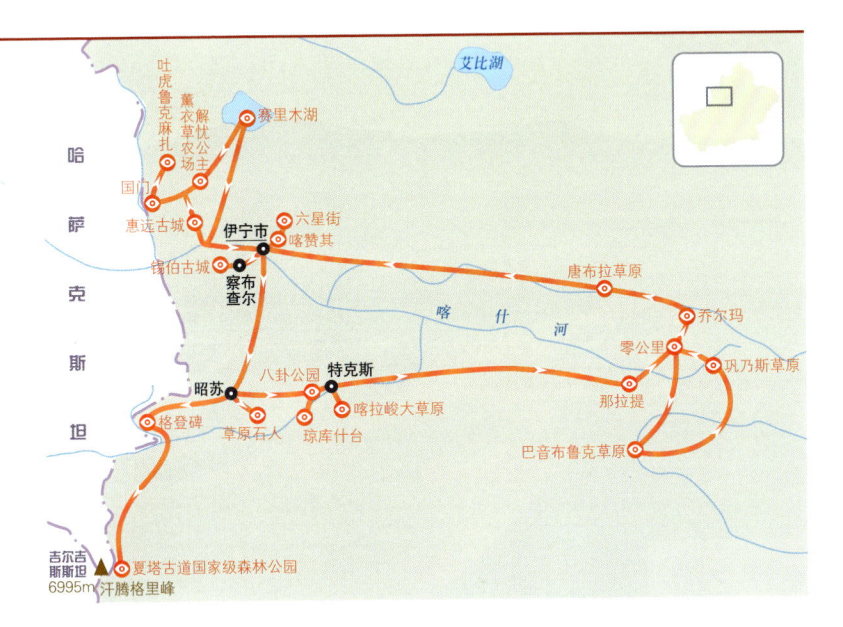

宿夏塔温泉。

第5天，早上远观天山雪峰后，从温泉开始，徒步一天至**汗腾格里峰**下，看天山雄壮的冰川，出景区返回昭苏住宿。

第6天，坐车前往**特克斯**，去八卦公园的摩天轮看看八卦城后，下午坐车到天山下的哈萨克村庄**琼库什台**。

第7天，在琼库什台体验高山草原上的木屋生活，坐车或徒步4~6小时到**喀拉峻大草原**，宿于喀拉峻的毡房。

第8天，用足一天时间游览喀拉峻景区，后回到特克斯住宿。

第9天，从特克斯直奔那拉提，视预算决定住在镇上还是**那拉提**景区里。

第10天，游览**那拉提草原**的空中草原和盘龙古道两条线路。

第11天，搭车经**零公里**翻越天山至**巴音布鲁克草原**，去看壮观的草原日落。

第12天，坐车到和静，一路饱览草原风光，再搭车往伊犁方向到漂亮的**巩乃斯草原**和林场，歇一晚。

第13天，回到零公里后，沿独库公路北上到**乔尔玛**，再左拐进有如百里画廊般的喀什河河谷，当晚宿在**唐布拉草原**的毡房或宾馆。

第14天，沿喀什河一路回到**伊宁**，路上参观喀什河漂亮的次生林。

第15天，早上在伊宁那些独特的哈萨克巴扎和塔塔尔商店采购礼品，下午乘飞机离开。

(左图)骑马从喀拉峻穿越到琼库什台。

计划你的行程
最佳行程
5天

高铁之旅

兰新高铁的开通,为人们提供了更加轻松的旅行方式,而这恰好也是自东向西进入新疆的一条黄金线路。高铁沿线的哈密、鄯善、吐鲁番和乌鲁木齐,都有成熟的旅游景区和舒适的食宿,比较适合初次进疆的旅行者。当然,如果你是资深户外玩家,同样能在这里找到天山古道徒步、沙漠穿越等刺激的活动。

第1天,乘坐高铁抵达**哈密**,花半天时间去看看**哈密博物馆、哈密非物质文化遗产保护中心**和**哈密回王墓、哈密回王府**,这几个点都在城区南边,相距不远。再去大十字旅游商业街逛逛,晚饭去七一夜市或皇后天街夜市,像当地人一样吃吃喝喝。

第2天,建议包车出行,先往北穿越东天山,一路游玩**寒气沟、鸣沙山**和**白石头**等景点,回程时建议沿老公路翻越东天山,在最高处远眺松林、草原、沙山和远处的雪山。下午往西去到**哈密魔鬼城**,在雅丹地貌群中欣赏大

最佳行程 计划你的行程 37

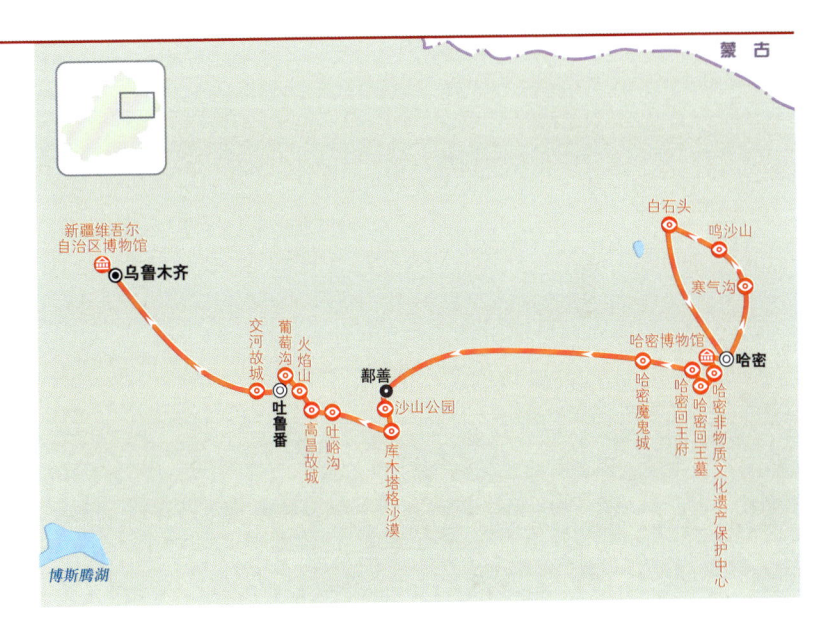

自然的鬼斧神工。不用担心时间不够，新疆日落比内地晚2小时，晚上8点才是拍摄魔鬼城日落的最佳时刻。

第3天，乘坐高铁到达**鄯善**，首先去**沙山公园**，一路走进城市边缘的**库木塔格沙漠**。下午可去鲁克沁镇外的**吐峪沟**，古老的维吾尔族村庄和千年石窟都藏身沟中，春天沟中开满野杏花，格外漂亮。

第4天，乘坐高铁到达**吐鲁番**，**火焰山**和**葡萄沟**算是招牌景点，**交河故城**和**高昌故城**都是丝绸之路上的重要遗址，包一辆车，这些景点基本可以在一天之内走完。市区的柏孜克里克街是吐鲁番有名的美食街，可以品尝到豆豆面、大盘斗鸡、葡萄干抓饭等当地美食。

第5天，乘坐高铁到达乌鲁木齐，去**新疆维吾尔自治区博物馆**看看众多丝绸之路上的国宝级藏品。然后去二道桥逛逛小巷子和巴扎，晚上就在领馆巷敞开肚子吃几家老店美食，然后去人民公园北街找家酒吧喝一杯，听听现场音乐。

(左图)库木塔格沙漠冲浪。

计划你的行程
每月热门

1月至2月

冬季的新疆各处都冰天雪地,迎来一年一度的滑雪季。此时北疆的少数民族还有丰富多彩的节庆活动。

🎿 滑雪季

每年12月至次年2月,乌鲁木齐的丝绸之路冰雪风情节、阿勒泰国际冰雪节、巴里坤冰雪文化旅游节同时举办,可以尽享滑雪的快感。

✿ 图瓦人的节日

农历十月二十五日是图瓦人纪念马赫卡拉活佛的邹鲁节,也是庆祝入冬的节日,整晚灯火不熄。农历春节也是图瓦人的春节,称为查干节,人们身着盛装,在冰雪中举行赛马、射箭、摔跤等比赛。

3月至4月

乍暖还寒时,南疆、东疆、伊犁河谷逐渐入春,野杏花次第开遍。

✿ "沙漠之春"主题旅游文化节

3月中下旬在库木塔格沙漠举行,有赏杏花、沙漠徒步越野寻宝比赛、汽车摩托车越野表演、骆驼赛跑等活动。

✿ 肖公巴哈尔节

3月21日,是塔吉克族的春节,每家每户都要烤制大馕,同时要在房顶上杀一只羊,村里会自发组织赛马和叼羊比赛。

👁 杏花盛开似海

4月的新疆大地,野杏花漫山遍野,从哈密、鄯善到库尔勒、库车,再到新源、伊宁、喀什,都能看到似云霞一般的杏花海。

5月

北疆的春天比其他地方来得要晚一些,各地都气候宜人,赏花是此时的主打。

◉ 天山红花

5月初,在唐布拉草原深处和一些天山脚下的高山草原,你有机会见到可谓昙花一现的天山红花。

◉ 于田玫瑰

每年5~6月的花期里,于田老城街头便弥漫起玫瑰花的馥郁芬芳,在阿热勒乡可以买到村民自制的玫瑰制品。

◉ 百日山花节

每年4月底5月初,裕民的百日山花节持续100天,巴尔鲁克山草原姹紫嫣红,还会举办赛马、山地自行车等活动。

最佳节会

- 肉孜节,伊斯兰教历十月一日
- 古尔邦节,伊斯兰教历十二月十日
- 查干节,农历春节
- 吐鲁番葡萄节,8月
- ☆塔吉克族婚礼季,9、10月

肉孜节(开斋节)

伊斯兰教历十月一日(2022年为公历5月3日),庆祝一个月的斋戒期结束。穆斯林都会前往清真寺参加会礼。家家户户制作油香、馓子等,走亲访友。在喀什等穆斯林聚居城市,都可加入这热闹的庆祝活动中。

(左图)赛里木湖花海;(右图)于田玫瑰。

6月

天气已经转暖,炎热尚未到来,各大景区逐渐热闹起来,但游客还不太多。

◎ 伊犁河谷赏花

喀拉峻、赛里木湖、琼库什台和夏塔等草原地区全部迎来草原野花盛放季。人工养殖的薰衣草也在6月盛放。

✿ 沃其贝

6月8日,达斡尔族会举办沃其贝,即斡包节。人们穿上传统服饰,准备丰盛的食品,先去斡包举行祭祀祈福仪式,然后载歌载舞庆祝。

✿ 撒班节

6月中旬举行,农忙中的塔塔尔族会举办撒班节,也叫"犁头节",有赛马、摔跤、拔河等活动。

7月

草原进入了最美丽的季节。

◎ 昭苏油菜花田

点缀着向日葵的油菜花田铺陈在蓝天白云之下,连绵的雪山做背景,色彩浓烈得似一幅油画。

◎ 草原牧场

喀拉峻、那拉提和唐布拉的草原上处处野花,巴音布鲁克水草丰美,牛羊成群。

✿ 古尔邦节

又称宰牲节,伊斯兰教历的十二月十日喀什叼羊。

（2022年为公历7月10日）。它是伊斯兰教一年中最盛大的节日，你能在穆斯林聚居地欣赏到最大规模的礼拜场景。

8月至9月

瓜果飘香的季节，正好一饱口福，还能一路体验各民族庆祝丰收的喜悦。各地的旅游节庆活动也是丰富多彩。

吐鲁番葡萄节

每年8月在葡萄沟举行，可以体验葡萄丰收和采摘的喜悦，还能欣赏到传统的维吾尔族歌舞表演。

那达慕

每年7月底8月初，在江格尔宫后面的赛马场，你将能欣赏到蒙古族男儿三艺：摔跤、赛马、射箭。巴音布鲁克草原的那达慕在农历六月初四至初六举行。

九歌音乐节

克拉玛依水节的一部分，每年8月举行，可以听到新疆本土独立乐队的原创音乐作品。

10月

喀纳斯秋季色彩绚丽，戈壁滩上的胡杨林呈现出最美的一面。

喀纳斯

9月底10月初是喀纳斯最热门的时候，秋风中层林尽染，金桦、红柳、绿松色彩越发浓郁。

塔吉克族婚礼季

每年的9月、10月是塔吉克族的婚礼季，每周周末都会有热闹的婚礼。除了有可能被邀请参加婚礼之外，还有望看一场赛马。

若羌楼兰文化旅游节（红枣节）

每年的10月举行，以楼兰文化和红枣产地为主题举办各种活动，可以品尝到本地美食，尤其是各类红枣制品。

胡杨林

轮台胡杨林、伊吾胡杨林、木垒胡杨林皆璀璨金黄，摄影爱好者不可错过。

11月至12月

新疆进入旅游淡季，一些景区会推出折扣价，此时游客相对较少，可以独享白雪茫茫的清净世界。

天山神秘大峡谷

峡谷内多数时间寂静无人，短暂的降雪会带来一个与平时完全不同的"血红雪白"世界。

阿勒泰

冬季的阿勒泰是一片银装素裹的纯白世界，此时游人稀少的喀纳斯、禾木、白哈巴犹如人间净土。

计划你的行程
新线报

新G219国道

G219国道的历史已经改写,叶城的"零公里"公路碑移到了喀纳斯,全新的G219国道在新疆境内穿越阿勒泰、塔城、博州、伊犁、阿克苏和喀什地区,集齐了雪山、峡谷、森林、草原、湖泊等多重景观和四种气候带,可谓中国公路当中的"超级天团"。

新疆首条沙漠高速公路

2021年12月25日,纵穿准噶尔盆地和古尔班通古特沙漠的S21阿乌高速通车,从乌鲁木齐至阿勒泰的福海县,全长342.5公里,将原来两地之间超过10个小时的车程提速到了4小时。同期通车的还有G575国道巴里坤至哈密的巴哈公路。另外,尉犁至若羌、若羌至民丰两条高速公路也已通车。

去赛里木湖滑雪

冬季的赛里木湖除了可以欣赏蓝冰、气泡冰,如今有了新玩法。2021年底,位于景区旁的赛里木湖国际滑雪场全新建成,建有2条初级雪道、2条中级雪道和15条高级雪道,并有7条滑雪缆车。

新机场

南疆新增3座机场,分别是若羌楼兰机场、图木舒克机场和于田万方机场,多为省内航线。另外,两座山区高原机场——昭苏天马机场和塔什库尔干红其拉甫机场预计也会在2022年通航。

环塔克拉玛干沙漠铁路"闭环"

2022年6月,环绕塔里木盆地一圈的南疆铁路建成通车。南疆环线铁路由南疆铁路、喀和铁路、和若铁路、格库铁路4条铁路线组成,其中,和若铁路连接和田、若羌,格库铁路连接库尔勒与青海格尔木,并在米兰遗址设站。从此,进疆铁路又多一条。

S101省道铺装升级

2021年冬，S101省道这条被废弃了半个多世纪的国防公路，告别了砂石土路的"黑历史"，全部完成铺装升级。今后自驾者可以从乌鲁木齐出发，走完308公里的S101省道，在终点接上独库公路，将公路之旅进行到底。

盘龙古道

2019年竣工的盘龙古道，位于塔什库尔干县前往瓦恰乡的途中，陡峭的盘山公路拥有208个弯道，犹如巨龙盘旋在高山上。这条网红公路仅在每年5月至10月开放。

哈密大海道

昔日的哈密魔鬼城已与全新打造的哈密大海道景区连体，形成约4000平方公里的景区。大海道是丝绸之路古道的一部分，如今虽为景区，却依然四野荒寂，没有信号，也没有明确的道路，需要沿着车辙而行。自驾穿越这片无人区，可以露营或在火星基地投宿一晚。

新疆美术馆

2021年春，规模庞大的新疆美术馆全新开馆，你可以在此尽情欣赏新疆主题的各种形式的艺术作品，也有不少高品质的临展。

伊犁草原新热点

通往琼库什台的公路已经铺设完毕，琼库什台和特克斯建起了大量民宿。特克斯附近的阿克塔斯草原和塞克云端草原，成为自驾游客的新宠，两处草原皆免费，但对车和车技要求颇高，而景色毫不逊色于收费景点。

(左图)哈密大海道雅丹地貌；
(右图)盘龙古道。

计划你的行程
获得灵感

沈鹏飞 摄

书籍

《斯坦因西域考古记》（斯坦因著）斯坦因是一名考古探险家和东方学学者，也是尼雅遗址的发现者。本书详细记录了斯坦因在西域的考古发现和见闻。

《游移的湖》（斯文·赫定著）探险家斯文·赫定曾独闯罗布荒原无人区，发现楼兰古国，本书是他将近七十岁之际的游历之作，记述了他在罗布泊的一段历险。

《重返喀什噶尔》（贡纳尔·雅林著）作者回忆了1929年和1978年的喀什噶尔和新疆，在对相隔半个世纪的两次游历的记述中，描绘了真实的喀什噶尔生活风貌与变化。

《丝绸之路——一部全新的世界史》（彼得·弗兰科潘著）从贸易、宗教、战争、文化、地缘政治与丝绸之路的关系等方面，提供了解读世界历史的新视角，史料扎实。

《我的阿勒泰》（李娟著）一部描写阿勒泰生活和风情的散文集。她的《阿勒泰的角落》《冬牧场》同样是了解阿勒泰地区哈萨克族日常生活的很好读物。

《我从新疆来》（库尔班江·赛买提著）作者是一位维吾尔族摄影师，他探访了一百位普通的、在内地工作和生活的新疆人，用影像和他们的自白讲述了一百个真实的新疆故事。

《一个人的村庄》（刘亮程著）一个出生在古尔班通古特沙漠边缘的农民与作家的散文集，所有文字都关于自己生活多年的一个村子。

电影

《无人区》（宁浩导演）一部关于人性与罪恶的公路片，在新疆的哈密、吐鲁番、克拉玛依等地的戈壁沙漠等无人地带取景拍摄。

《新疆味道》（石峰、李志民导演）新疆十多个民族、近八十种美食的纪录片，照着去吃包你不会失望。

《追风筝的人》（马克·福斯特导演）根据同名小说改编，影片中很多场景在喀什老城拍摄，可以回顾改造前的老城风貌。

《一个勺子》(陈建斌导演)"勺子"在新疆话中就是"傻子"的意思。导演是新疆人,影片讲了一个"好人难当"的故事,背景设定在西北农村,对白都是新疆方言。

《最后的沙漠守望者》(池上达则、沈鹏飞导演)纪录片,讲述了在被称为"死亡之海"的塔克拉玛干沙漠中,仍有一群住民以生活本色传承着自己的文化。

音乐

《Eagle》(马木尔&IZ乐队)哈萨克族音乐家马木尔和他的IZ乐队早年的作品,以哈萨克语演唱,仿佛能感受到草原上的风。

《扎巴依的春天》(王洋)"扎巴依"是维吾尔语"酒鬼"之意,歌词中运用了大量的新疆方言土语,风趣幽默。

《维吾尔十二木卡姆》维吾尔族的传统民间古典歌舞音乐,汇集歌、诗、乐、舞、唱、奏于一身。

网站

新浪微博**新疆发布**和微信公众号**掌上新疆**(zhangshangvip)无论当地动态还是实用资讯,都应有尽有。

没时间?

时间太少?就把它们作为你了解新疆的敲门砖。

《新疆词典》(沈苇著)111个词条,使用日记、书信、诗歌、散文、小剧本等多种文体,构造出一个浓缩的新疆。

王洛宾的民歌《达坂城的姑娘》激起了不知多少人对新疆的向往,《掀起你的盖头来》《阿拉木汗》也充满了浓郁的维吾尔族风情。

《阿凡提的故事》重温一遍儿时的经典,对阿凡提使人忍俊不禁的笑话说不定会有新的体会。

(左图)伊宁老城里赶着驴车的维吾尔人;(右图)喀什高台民居制作土陶的艺人。

计划你的行程
省钱妙计

视觉中国提供

想玩转新疆,荷包总是要付出相当的代价。遥远的路程、热门的景区、旺季涨价都是避不开的固定开支。不过,精明的旅行者总能找到各种办法跑赢物价,我们的作者在调研中收集了种种省钱之道,应该能为你的新疆之行节省一点银子。

门票
➡ 如果你是学生、军人、记者,别忘了带好证件,有时候摄影家协会会员也有免票待遇。

➡ 在美团或者其他旅游网站上提前一天购买门票,通常有一定折扣。

➡ 避开旺季,享受淡季打折门票。天山天池、赛里木湖、那拉提草原和喀纳斯等热门景点冬季都有折扣,置身人烟稀少的白雪天地也很惬意。

免费游览
➡ 别错过新疆的博物馆,无论是自治区博物馆、哈密博物馆还是且末县博物馆、楼兰博物馆,都收藏着大量古丝路遗址挖掘出的珍贵文物,有的还提供讲解和主题活动。最重要的是,以上全都免费。

➡ 中巴公路、独库公路、沙漠公路各有风情,省道S101两旁的丹霞丝毫不逊色于收费景点。

➡ 自驾的话,塔克拉玛干沙漠有很多免费的胡杨景观,奇台有不收费的魔鬼城。伊犁河谷随处都有草原牧场,不一定非得进景区。长途汽车经过果子沟大桥时可俯瞰大半个果子沟美景,而从果子沟隧道出口处驶出高速公路,可停车欣赏赛里木湖。

➡ 扎进南疆的老城和巴扎吧,不仅免费,也是体验当地民俗风情的最佳机会。

交通
➡ 较远的目的地,夜班火车或者卧铺大巴值得考虑,既不影响白天的宝贵时间,又可省去一晚的住宿费。

➡ 包车是一笔不小的开销,尽量多找几个人拼车。

➡ 提前一个月甚至更久预订,常有特价机票。若是直

飞乌鲁木齐太贵,不妨考虑从兰州中转一次,常有惊喜折扣。

住宿

➡ 最热门也最昂贵的目的地或景点,夏季通常都有营业的青年旅舍,其他多数地区住宿仍以快捷连锁酒店和商务宾馆为主。一张品牌快捷连锁酒店会员卡会为你节省房费及时间。

➡ 通过美团、携程旅行、飞猪旅行、去哪儿网等手机App预订房间,能拿到一定折扣。尽量选择优惠活动期间入住,享受团购特价。

➡ 遇上暑期、十一黄金周时,酒店价格一路飙升,预订越早,心痛越少。冬季的旅游淡季正是新疆滑雪季,若打算畅享天山滑雪的乐趣,一定要提前预订周边酒店。

餐饮

➡ 越来越多的餐馆推出了网上团购、扫微信享折扣等活动,拿起手机就能占便宜。

➡ 很多深藏在小巷里、看似破破烂烂的小店,深受本地人推崇,味道地道,价格平民。

➡ 夜市是遍尝美食的好去处,而且便宜。

➡ 去规模较大的景区游玩,不妨自己带足食物与水,避免被景区高物价痛宰。

购物

➡ 南疆的巴扎依然能淘到不少好东西,建议从手工艺作坊直接购买,质量有保证,而且比景区的纪念品便宜。

➡ 不懂行的话,购买和田玉或者哈密奇石很容易上当,不如加入捡石头大军,收获未必价值高,但一定令自己满意。

➡ 乌鲁木齐的巴扎充斥着来去匆匆的旅游团,不如逛逛二道桥,淘几件物美价廉的民族特产。市区几个干果市场价格也比巴扎便宜,还能代发快递。

(左图)冬日喀纳斯;
(右图)喀什东巴扎夜市上卖杏子的爷孙。

计划你的行程
如果你喜欢

视觉中国提供

自然风光

有一个遥远的地方，那就是美丽的新疆。冰川峡谷与戈壁沙漠共生，草原湖泊如诗如画，绝对是视觉享受。

伊犁草原 这里广袤无垠的草原上，繁花似锦，灿若群星，牛羊遍野。

塔克拉玛干沙漠 在"死亡之海"的边缘行走，感受一望无际的沙漠戈壁带来的恐惧和希望。

金色的胡杨林 秋天去轮台、淖毛湖、古乡图镇、塔里木河、克里雅河或者木垒，赶赴一场金色的胡杨盛会。

帕米尔高原 "冰山之父"投影在"黑湖"中，金草滩衬托着石头城，5000米高的红其拉甫口岸扼守着高原门户。

魔鬼城 走进哈密、乌尔禾、奇台的魔鬼城，大自然的鬼斧神工令人惊叹。

赛里木湖 它无可争议是新疆最美丽的一片湖泊，无论冬夏，都以最纯粹的蓝打动你。（见264页）

火焰山 赤红的山体有巨大的褶皱，如同正在向上升腾、熊熊燃烧的火焰，其高温与酷热将刷新你的认知。（见174页）

喀纳斯 没有人能拒绝喀纳斯的湖光山色，从春夏的百花争艳到秋季的层林尽染，再到冬天的冰雪世界，这里的美纯粹又多姿。（见212页）

艺术人文

作为东西方文明的交汇地，这片大地的各个角落留下了无数的文化遗存和手工技艺。

清真寺 艾提尕尔清真寺、库车清真大寺、于田艾提卡清真大寺等的穹窿尖顶、精美砖雕、琉璃镶砖纹饰，堪称伊斯兰艺术精品。

喀什的手工艺 老城内的各种巴扎中都有不少传承了几代人的老手工艺作坊，比如第六代铜匠木合塔尔·马木提铜壶制造大师工作室、阿塔米拉斯六代钎焊店、乐器制作大师阿布力米提·艾萨

视觉中国提供

工作室。(见353页)

和田地毯博物馆 新疆唯一一个以地毯为主题的博物馆,有不少从民间收集、具有上百年历史的地毯。(见384页)

艾德莱斯绸 直奔生产地吉亚乡,在艾德莱斯绸工厂观看纺织、扎染的整个流程。(见388页)

英吉沙小刀 去英吉沙县喀拉巴什兰干村看看,这里是英吉沙手工小刀的生产地。(见373页方框)

十二木卡姆 如今想看全套的十二木卡姆有点困难,但在南疆依然有机会伴着木卡姆的琴声与维吾尔族人一同欢歌热舞。(见374页)

民族风情

新疆是少数民族的汇集地,13个世居民族竞相演绎着各自的风情。

古尔邦节 伊斯兰教最重要的节日,喀什艾提尕尔清真寺、于田艾提卡清真大寺等有规模盛大的集体大礼拜,人们盛装出门,举行各种狂欢活动。

巴扎 巴扎不仅是采购的好地方,吸引你眼球的还有最一色生香的当地人生活。

塔吉克族的婚礼 一个家庭的婚礼是全村人的节日,人们吹起鹰笛、打起手鼓,双双对舞,帅气的塔吉克男子从叼羊比赛中获胜归来。(见366页)

于田风情 戴世界上最小的

如果你喜欢博物馆

新疆维吾尔自治区博物馆(见84页)收藏了大量珍贵文物,包括镇馆之宝彩绘天王踏鬼木俑,以及数具千年不腐的古干尸,如著名的"楼兰美女"。

帽子"太力拜克",将两条眉毛画得相连,于田人的风情在维吾尔族中独树一帜。(见395页)

哈萨克族的转场 "逐水草而居"是哈萨克牧民的生存法则,一年四季人和牲畜都在永不停歇的奔走中繁衍生息。

(左图)乌尔禾魔鬼城;
(右图)于田戴小帽的妇人。

图瓦人 你可以去他们的尖顶小木屋家访，聆听"苏尔"悠扬的乐音，或是加入查干节的狂欢中。（见221页方框）

丝路遗迹

它们在被历史遗忘的角落，默默地保留了古丝绸之路的荣光。

高昌故城 沿木栈道细细观赏这座火焰山下矗立了2000余年的巨大古城。（见173页）

交河故城 走进世界上最大的、有着1700多年历史的生土城市。（见162页）

龟兹石窟 在比敦煌石窟更老的克孜尔千佛洞，能欣赏到独特的龟兹石窟艺术。

苏巴什佛寺遗址 曾经的龟兹国皇家寺庙现已面目全非，斑驳的佛塔与大殿述说着近2000年的风雨沧桑。（见326页）

北庭故城遗址 故城只余断壁残垣，然而北庭高昌回鹘佛寺遗址依然保留有清晰的格局、优美的塑像与鲜艳的壁画。（见111页）

柏孜克里克千佛洞 尽管已残破异常，但这里曾是丝路上最精美的石窟之一，就凭着如今仅剩的色彩与笔触，也能想见这些壁画当年的绚丽。（见174页）

米兰遗址 标志性的佛塔傲然耸立，城墙清晰可辨，带你穿越到千年前的鄯善国。（见445页）

户外探险

新疆拥有种类丰富的户外活动，带上勇气和智慧，在冰火两重天中接受各种考验吧。

徒步慕士塔格大本营 从喀拉库勒湖徒步前往大本营，置身冰川耀目的世界，全程需3天。（见361页方框）

穿越夏塔古道 行走在古丝绸之路上最为险峻的隘道，从夏塔牧场向南穿越至阿克苏地区温宿县的破城子，与冰川、冰缝、冰河相伴，翻越天山南北。（见299页）

喀纳斯环线徒步 零基础的户外菜鸟也能享受的徒步，从贾登峪经过禾木、喀纳斯抵达白哈巴，一路山林秀美、水波粼粼。（见198页）

亲近博格达峰 试试传统的3日穿越路线，翻过达坂、越过冰河，经过冰川围绕的博格达峰大本营，最终抵达天池。（见114页）

徒步车师古道 花3~4天从吐鲁番徒步至吉木萨尔，沿途风光美不胜收，还能看见不同时代遗留下来的堡垒、烽燧、墓葬、草原石人。（见178页方框）

美食

丰富的地理气候条件与繁多的少数民族造就了无数的美食，在新疆就忘记减肥这码事吧。

瓜果 别错过鄯善的哈密瓜、吐鲁番的葡萄、和田的大枣、若羌的小枣、英吉沙的杏、石河子的蟠桃……各色瓜果将丰富你一路的行程。

大盘鸡 沙湾的大盘鸡和柴窝堡的大盘鸡到底哪家强，只有你亲自试过了才知道。

夜市 在喀什、和田、伊宁、哈密、吐鲁番、库车、布尔津和库尔勒，夜市是吃遍新疆美食的最佳选择。沿街铺开一连串地道民族美食，无论是烤肉、烤鱼、抓饭、拉条子还是羊头、羊杂，应有尽有。最后再来一碗酸奶刨冰解腻。

烤肉 签子肉、架子肉、红柳烤肉、馕坑肉，以及库车长达1米的肉串，新疆的烤肉极为丰富。它能独自成菜，也是百搭品，点份抓饭可以搭两串烤肉，也可以喝着大乌苏或卡瓦斯撸上一大串。（见94页）

转场大塞车。

负责任的旅行

新疆壮丽的自然景观、多样的生物以及绚丽的民族风情,吸引旅行者前往,同时也需要旅行者身体力行地保护。我们走过每一步,都应该怀有一种尊重当地文化、环境、居民的心态,并以实际行动对当地文化、环境及居民有所裨益。

对环境负责

保持环境干净 使用环保、可降解的用品,不把城市垃圾带到乡村和自然环境里;在伊犁草原徒步、穿越天山古道和沙漠越野露营等户外活动中,随身携带可降解垃圾袋,打包随行产生的垃圾并随手捡拾途中垃圾,尤其是女性卫生用品,请深埋或打包带走;自驾途中不要将垃圾扔到车外公路两边;废旧电池、塑料袋、塑料瓶等,最好带回城市集中处理。

保护野生动植物 在自然环境中不要随手采摘花草;不要破坏动物的巢穴;拒绝购买野生动物、珍稀植物及其制品,如野骆驼、塔里木兔、蒙古野驴、雪豹等;拒绝进野味餐馆或食用以野味为食材的菜肴;拒绝参与打猎行为,遇到非法猎捕(采集)、出售、收购国家保护野生动植物的违法行为,请及时向新疆维吾尔自治区林业厅森林公安局(0991 6267 7421)举报。

保护生态平衡 在沙漠、戈壁和雅丹、冰川等地,不要随意进入未开发地区,不要踩踏植物生长地,不要捡拾、挖掘石头等。尽量步行、骑车或乘坐公共交通工具到达那些偏远的自然

疯狂的石头

新疆是中国最大的奇石产地和集散地,散落在戈壁与沙漠间的玛瑙、硅化木、风凌石等从20世纪80年代起便引发了一股股采石、交易和收藏热潮。人们深入荒漠,期望发现更多的奇石,地表散落的奇石被捡拾一空之后,甚至掘地三尺,疯狂寻找深埋地底的宝藏。然而一个不争的现实是:寻宝热潮在一定程度上破坏了当地的生态环境,导致了自然资源的枯竭。

在新疆旅行,如果有机会进入盛产奇石的地区,最好不要做一个渴望奇遇的捡石者,还是让那些美丽的石头,静静地待在原地吧。

景观和原生态村寨,在直接感知目的地风土人情的同时,又能减少汽车尾气排放所带来的大气污染。

尽量节约能源 新疆地区水土流失、沙漠化现象严重,水资源匮乏,旅行中请节约用水用电。自带卫生用品,不使用旅店和餐馆提供的一次性用品。

对文化负责

了解目的地 出行前多读一些关于新疆的读物,以包容和平等的心态去理解这片土地的历史、政治、宗教和民俗。

尊重当地文化与传统 新疆少数民族众多,在旅行中请尊重民族风俗习惯,尊重当地宗教文化,未经许可请勿擅闯寺院和清真寺。进入寺院和清真寺要遵守规定,衣着得体,请勿大声喧哗、抽烟及随便拍摄。

善用沟通的艺术 在旅行途中,多看,多听,多

喀纳斯—白哈巴徒步沿途。

问,带着你的善意和好奇而不是偏见与当地人交流。随身携带一些小礼品,分给需要的人。大多数当地人对待旅行者都很热情,会很乐于向你介绍当地的风土人情,如果遇到不那么热情的当地人,也要学会理解。

负责任的摄影 未经允许不得进入寺院和清真寺大殿进行摄影或录像,在许可之后也不能开闪光灯,聚焦时的红光也会对文物造成损坏。除非获得允许,否则不要拍摄私人或者宗教活动,如果答应要寄送照片请务必履行诺言。拍摄动物时,不应做出影响甚至伤害它们的不当行为。

办理相关证件 旅行中如需进入边境、自然保护区、雪山等区域,请提前办理相关证件,如边境通行证、登山证等。不要贸然进入相关地区,以免带来不必要的麻烦。

对当地人负责

尽量确保当地人直接获益 在旅游热点地区,当地人是环境成本的主要承担者,所以,在购买旅游纪念品时请尽量选择当地人制作的手工艺品;去当地人开的饭馆和旅店消费,品尝本地美食,喝本地产的酒水饮料,确保你的付出能回到当地人手中;购买当地瓜果,不仅可以支持当地人的生计,也为农民的绿色种植创造一个受重视的市场,对维护当地农作物的多样性也很重要;使用当地人的交通工具,在很多地方乘拖拉机也是一种交通方式。

不要太吝啬 有可能的话,挑选购买真正的手工产品,并且不过分压价。这是帮助传统工艺继续传承的过程中你所能做到的事情。不考虑制作者的时间成本而拼命压价的行为是不受鼓励的,因为这会促使制作者抛弃精美的制作,而改用粗糙简单的机器制作,从而使一些

公益旅行,随手做公益

在新疆,公益旅行正在兴起,旅行者在服务当地的同时,也能更加深入地体验当地。但首先你要考虑清楚你的技能能否为当地提供具体帮助,切实考虑你能抽出多少时间来参与项目,而不是仅仅在公益旅行中打个酱油。此外,你需要在出发前先做一番调查,确保你将选择的组织具有良好口碑和透明度,看看自己将要付出的时间和金钱是否会到达真正需要它们的人手中。你可以在新疆本土公益项目网站上查看合适的志愿者活动,也可以选择申请一些内地发起的针对新疆的项目或科研、扶贫、支教机会,在旅行中实地调查当地学校教育现状和整理贫困学生资料,或者在行李里多带一本字典、一套文具,这都是随手做公益。以下网站可能有你感兴趣的公益信息:

➡ **西部爱心公益社**(weibo.com/lsdca001)关注西部贫困地区,改善教育与生活现状。

➡ **中国发展简报**(www.chinadevelopmentbrief.org.cn)中国境内公益组织的黄页,也提供一些公益组织的志愿者招募信息。

➡ **环球公益**(hope.huanqiu.com)提供全面的公益组织、基金会名录。

传统工艺失传。

不要挑剔生活的不便 你是来体验西部的自然美景和传统生活的,不是来享受城市生活的,不要用城市标准来挑剔旅行中的不便,也不要以某种与当地相悖的生活方式或价值观为傲,入乡随俗才是好的方式。

徒步者与慕士塔格山。

徒步游

　　毫无疑问，新疆是中国徒步资源最丰富的省区之一，阿尔泰山、天山、昆仑山和帕米尔高原的重峦叠嶂吸引着全国乃至世界所有高山爱好者的目光，包括世界第二高峰——乔戈里峰（K2），也在新疆与巴基斯坦的边界上。更难得的是，除了高山，新疆还拥有中国顶尖的沙漠、高山草原、雅丹地貌等复杂多元的地貌景观，从冰川和草原下来之后，如果仍有精力，你甚至可以沿着和田河徒步深入塔克拉玛干，体会寒冷与炎热交替的冰与火之歌。

　　由于新疆的城市人口集中在天山北一线，也由于天山本身地貌和植被的多元性，目前在户外爱好者开发的徒步线路中，天山占据了最大的份额，夏塔、乌孙和狼塔徒步等穿越天山南北的路线都以难度大而闻名。以喀纳斯与禾木为代表的阿尔泰山则是广受欢迎的"低山"徒步路线。南疆的路线由于海拔更高，更偏远，当地支援有限，成为新疆高海拔徒步的进阶选择。

　　和西藏、川西等徒步重地一样，新疆绝大部分的徒步线路深藏在荒野自然之中，沿线缺乏食宿补给，但喀纳斯和部分天山草原短途徒步是其中少见的例外。所以，当你决定向新疆的冰川和森林出发时，不要忘记带上自己的帐

最佳文化体验路线

喀纳斯—禾木徒步 你不仅能饱览五彩的阿尔泰森林风光,还有一路的牧人、羊群和毡房的游牧生活。(见198页)

最佳山景路线

夏塔古道穿越 跟随千年前玄奘的脚步翻过天山,进入中亚之巅的心脏地带。(见299页)

最佳长途路线

克勒青河谷徒步 从叶城与骆驼一起深入喀喇昆仑山的最深处十八天,与K2相遇。

最佳短途路线

琼库什台—喀拉峻徒步 从天山森林到天山草原,天苍苍,野茫茫。(见291页)

最佳中程路线

博格达峰传统穿越 三天的行程始终与东天山的最高雪峰相伴。(见114页)

最佳冰川路线

慕士塔格冰川徒步 冰川之父海拔虽高却平缓,正常体力的徒步者都能花数小时抵达璀璨的数条冰川近旁。

篷和睡袋,并提前联络好新疆的户外俱乐部(它们大部分位于乌鲁木齐,很少一部分分散在伊宁等地),组成一个可以互相协作并有识途老马的负责任的团队再出发。

注意留意新疆的户外消息,有时候因为环境保护或者意外事故,政府会宣布关闭一些已开发的线路。

何时去

通常来说,新疆山地徒步游的最佳时间是6月到9月和10月中旬之后,高海拔地区开始被冰雪覆盖,冒险去徒步是极其危险的行为,但同时,10月到次年4月却是徒步塔克拉玛干沙漠地带的最佳时节。

若遇上当地少数民族的节日会为这趟徒步增色不少。8月在北疆的草原地区徒步,你有可能碰上蒙古族的赛马或那达慕大会。夏秋之间在天山草原徒步,也有可能遇见哈萨克族热闹的古尔邦节。

徒步游种类

徒步游种类多样,旅行者可以根据自己的预算、体力、时间和经验来进行选择。乌鲁木齐、伊宁和喀纳斯都有户外俱乐部组织徒步。如果你不想进行大负重长线徒步,不妨报名参加这些俱乐部的周末一日或两日徒步,这是你探索新疆那些没有被划入景点的漂亮山野的好机会。

徒步游对身体素质有一定的要求。建议提前做一些准备,即便是短途徒步游也不例外。你需要足够的毅力和一定的体力去应付陡峭的山路,尤其是在高海拔的喀喇昆仑、帕米尔和天山地区。最好在徒步游开始前一两个月就开始进行有针对性的身体锻炼。

大部分的新疆徒步路线可以称得上是纯粹的自然和山野,走在其中你才能体会到条件有多艰苦。没有医疗设施,就连你平时认为是理所当然的一张舒适的床也是那么遥不可及。对于绝大部分人来说,这正是徒步游的魅力所在,但是对另一部分人来说,可能会因为要对自己的健康负责而倍感压力。请确保自己在出行时健康壮实。

独立的徒步游

在新疆的绝大部分地区,绝不要一个人独自上路徒步。不过在很少的地方,几人同行,不依赖户外俱乐部还是可行的。譬如喀纳斯到禾木,琼库什台到喀拉峻,但雇请一个当地牧民做向导是必要的。

向导和马匹

如果你不能(或不想)自己背着大背包,如果徒步游队伍中有老人或儿童,或者你徒步的区域必须自带食物、燃料和帐篷,你就应该考虑雇一个向导和几匹马(有时候是骆驼)来扛沉重的行李。

像天山穿越这种艰难的路线,你通常需要从乌鲁木齐和其他城市的户外俱乐部寻找经验丰富的向导。在徒步起点的村落也可以找到向导,但要确保他们会说基本的汉语。马匹和骆驼一般都在起点的村落雇用,新疆大部分线路租马的费用为300~400元/天,有时需要支付一定的空返费,所有费用必须行前谈好,最好签字。

带什么
衣物和鞋具
你应根据徒步游的地点和时间来决定带什么衣物。如果是雪线之上的高山徒步,保暖内衣裤、羽绒服(或者抓绒衣)、冲锋衣、手套、帽子和能护住脚踝的徒步鞋是必须的。如果是夏天的草原短途徒步游,速干衣加绒面夹克以抵御夜晚的低温就足够了。

徒步鞋很重要,必须设法让双脚保持干爽,像乌孙古道这样的高难度徒步路线还要为途中数次涉水做好准备。

购买或租赁装备
自带装备当然最好。如果来不及,那就在乌鲁木齐采购。伊宁和喀什勉强可以满足采购所需,不要指望更小的城市。

乌鲁木齐和伊宁的户外俱乐部提供帐篷和睡袋的租赁,但如果走长线的话,你还不如买个新的。在乌鲁木齐和伊宁可以买到户外所需的气罐。

实用信息
互联网信息
鉴于新疆登山协会没有内容丰富的网站,新疆徒步和登山最好的信息来源仍然是8264户外旅行网(bbs.8264.cn)的新疆板块和磨房论坛(www.doyouhike.net)的户外板块。很多新疆当地的户外俱乐部会在8264上发布商业团队的信息,磨房则以户外爱好者约伴为主。

你也可以提前关注本书各目的地章节里户外俱乐部的微信订阅号,他们常常有当地最新鲜的路线发布。

天山草原上吃草的羊群。

费用

除了进入高山地带需要给登山管理中心的注册费用,有可能还需要向当地政府指定的部门缴纳300元的环保费。有些徒步路线处于开发景区的范围内,像喀纳斯、夏塔、喀拉峻等地的徒步,就需要交纳门票甚至交通车费。

负责任的徒步游

天山被列为世界遗产,却也面临许多环境问题,作为一个负责任的旅行者,你最好遵循下面的建议。

➡ 尽量减少使用木柴,使用煤油炉做饭,确保所有成员都穿戴足够的衣物,从而减少生火取暖。

➡ 带上几个垃圾袋,将你在山道上发现的垃圾装起来,带到城市进行降解。

➡ 将你的电池都带走,因为它们会释放有毒物质。

白哈巴的秋色。

视觉中国 提供

➡ 不要用肥皂在溪边洗衣服。使用碗或桶盛水,不要将脏水倒入河道。

安全徒步游

不要忘记,山岭地区充满各种危险。在新疆那些无人的偏远地区,救援是一个巨大的困难。除了政府救援外,目前新疆有两支有规模的民间救援组织——新疆红十字蓝天救援队、新疆山友救援队,在进行户外徒步之前,你的队伍应该尽可能与之联络报备。当然,更重要的是确保你的旅行保险单中包含了登山或"登高山"的内容。尽管在徒步过程中你不会进行这些活动,但向保险公司证明你没有进行过登山或"登高山"活动可能会存在一定困难。目前像平安保险等数家公司都提供新疆户外徒步保险的一年计划。

新疆的徒步游路线海拔时高时低,进行翻越天山这样的"大项目"时,你有可能从海拔1000米直上到海拔4000米甚至5000米之上。当线路大于海拔3000米以上时,高度增加值应限定在每天500米。"在高处行走,到低处睡觉"是非常不错的建议。注意带上肌苷片等缓解高山症的药物,如果发生严重的高山反应,下撤到更低的海拔是最有效的解决方法。

在新疆登山

由于自然条件的得天独厚,新疆已经成为国内登山的热点。经过十多年的发展,一般的旅行者也能通过商业登山服务登顶雪山。其中最成熟的是帕米尔高原7509米的慕士塔格峰,科学的行程安排,豪华的大本营服务,高山协作和背夫通力协助,使得登顶率达到90%以上,费用看起来比珠峰便宜,参与当地的登山团,通常3万元起。

但实际上,在新疆登山,费用比四川和云南高得多。在区内攀登海拔3500米以上的山峰,就需要到当地登山管理中心注册并缴纳费用,这使得拥有无数雪峰的新疆反而显得选择不多。

自驾游

对不起,我们想不出中国还有什么地方比新疆更适合自驾。昔日丝绸之路的驼铃为这片亚洲腹地带来了繁荣、留下了回忆。今日路网发达、车辆先进,天山南北、沙漠内外,都不再是令人畏惧的旅程。自驾新疆让我们走得更快,也更深入。

为何去

在新疆驾车本身就令人愉悦。这里有高效快捷的高速公路网、迸发驾驶激情的盘山公路、原始粗犷的越野穿越线路。多数路段都平直宽阔、车辆稀少,这让平时在城市车流中蠕动的你,突然有了油门踩到底的冲动。多数地区加油站和汽车服务分布广泛、质优价廉;城镇、乡村停车方便,也让自驾者鲜有后顾之忧。

更何况那些震人心魄的美景和绮丽多彩的风情呢?从雪山到沙漠,从草原到绿洲,从哈萨克人的毡房到维吾尔人的庭院……车窗外的风景常换常新,遇到的人迥然不同。你要做的只是在天山的崎岖中全神贯注,在绿洲的浓荫里摇下车窗,在沙丘间与深埋的历史对话,透过彩叶仰望湛蓝的天空。用车轮亲近这片大地的绿草、黄沙、积雪和顽石吧。

何时去

广袤的新疆四季皆有美景,多数人选择6~10月自驾新疆。

沿天山公路自驾。

最佳风景路段

- 独库公路,乔尔玛到巴音布鲁克
- S315省道,尼勒克到乔尔玛
- 民丰沙漠公路,轮台到民丰
- 喀喇昆仑公路,奥依塔格到塔什库尔干

热门线路

- 北疆环线
- 南疆大环线
- 独库公路
- 新藏线

小众精华

- 伊昭公路,伊宁到昭苏
- 塔莎古道,塔什库尔干到莎车
- S101省道,乌鲁木齐到独山子
- G218国道,库尔勒到若羌

6月和7月高山草场花红草绿,是前往那拉提、巴音布鲁克、赛里木湖等地纵马驰骋的最佳时节,露营野餐也再合适不过。独库公路和伊昭公路也会在此时开启,不过随着自驾游客年年增多,沿线堵车在所难免,也要时刻关注新疆本地的路况信息,可能会有限行封路的情况。注意避开南疆沙漠地带的暑热。

8月,全疆瓜果开始飘香。库尔勒的香梨、鄯善的哈密瓜、阿克苏的苹果、吐鲁番的葡萄。把它们装满后备厢,开启甜蜜之旅吧。不过,较多的降雨会导致山洪,中断道路——就连沙漠中也是一样。

9月,色彩开始涌动。北疆可可托海、喀纳斯、禾木的秋色在9月中下旬达到巅峰。热门景区可能面临严重堵车。

10月,高海拔地区已经降雪,如要前往,最好准备防滑链。南疆沙漠秋意正浓,沙漠逐步降温,胡杨林开始呈现最美的色彩。若羌大枣成熟,继续满足你的味蕾。

5月和11月会有潮来潮去前的片刻宁静,风景同样不差,适合错峰出行。

热门线路

北疆大环线 从乌鲁木齐出发、北上可可托海至禾木、喀纳斯,从白哈巴向南折返,经艾比湖向西至赛里木湖,从霍尔果斯口岸向东至伊宁,穿越唐布拉草原,再南下独库公路,经巴音布鲁克至库车,最后经轮台、和静回到乌鲁木齐——这条近4000公里的北疆大环线,一路从雪山到草原,通常需要15天,说这条路线囊括了全中国的最佳风景也毫不夸张。如果你时间不够,从乌鲁木齐北上玩完喀纳斯后,可以从福海走新贯通的S21阿乌沙漠高速，纵穿准噶尔盆地的古尔班通古特沙漠，返回乌鲁木齐，仅需4个小时车程。

南疆大环线 如果你想感受沙漠的震撼，就来这条环绕塔克拉玛干沙漠的路线。从乌鲁木齐出发向西经库车、阿克苏到喀什，之后决定是否沿喀喇昆仑公路到塔什库尔干往返一趟。从喀什继续出发经莎车、叶城、和田，沿沙漠南缘行进，最后可以选择从民丰到轮台的沙漠公路穿回沙漠北边，或是继续向东经且末、若羌返回库尔勒，最终回到乌鲁木齐。这条路线风景相对单调，但胜在南疆浓浓的民族风情和引人入胜的古代遗迹。根据路线不同，全程需要10~15天。

独库公路 越来越多的自驾者慕名前来拜会这条翻越天山的绝美公路。全长561公里、连接南北疆的独库公路绝对是你终生难忘的驾驶体验。从独山子出发向南，大片的草场、林地和远处天边雪山充满诱惑，沿狭窄崎岖的公路盘旋而上，翻越积雪的垭口，山间平坦旷阔的巴音布鲁克草原是最好的歇脚处。第二天继续出发，离开草原并穿越火红色的库车大峡谷，两天的公路之旅圆满结束。

新藏线 这条战备公路像一道防线般守护着中国边境最敏感的地区。从叶城至西藏狮泉河，1100公里的路程要翻越5座5000米以上的高山，沿途稀薄的空气是身体的炼狱，却也是眼睛的天堂。从叶城出发，翻越险要的库地

新疆自驾锦囊

➡ **租车** 最合适的租车地莫过于乌鲁木齐，几大租车公司在机场和市区均有网点，价格与内地基本持平。由于新疆地域广大，异地借还通常会收取高昂的手续费，建议走一条环线在乌鲁木齐原地还车。行驶证、租赁合同等一定随身带齐，以应对沿途不计其数的检查。

➡ **加油** 全疆各地遍布加油站，柴油和95/97号汽油也完全不用担心。液化天然气（LNG）的供应点也随处可见，双燃料汽车在新疆行驶非常划算。加油前需先进行身份验证。

➡ **停车** 只有少数大城市市区停车会按时收取停车费，几乎所有宾馆都提供免费停车服务。在乡镇和农村，不要把车停在僻静或无人看管的地方。

➡ **危险与麻烦** 数不胜数的公安、边防检查站对自驾者来说是最大的"麻烦"。为了安全，请耐心配合。

独库公路、伊昭公路、喀喇昆仑公路等高山路段受地质、气候影响大。行驶前请先向当地交警、司机询问可否通行。

部分沙漠、高山公路沿途没有信号和加油站。注意检查车况和油料，准备好应急工具和生活物资。

广阔的地貌和优质的路况很容易让人不自觉地"飙车"。这样做除了可能面临高额的罚单，更有可能付出生命代价。

➡ **自驾贴士** 从内地至新疆的自驾通常会超过5000公里，应提前规划好汽车保养时间和地点。

风沙会降低进气效率、损坏发动机。出发前最好更换优质空气滤清器、空调滤清器。

更换高沸点的刹车油，以免频繁踩刹车造成刹车短暂失灵。

新疆温差、海拔变化大，最好携带胎压表和气泵，经常检查，保持合理胎压。

秋冬季柴油车一定要加高标号的柴油，免得夜里冻结，第二天汽车无法发动。

最好配备行车记录仪，遇到事故有助于责任认定。

达坂，接下来就是麻扎达坂接近5000米海拔的考验，这里也是眺望乔戈里峰的最佳地点，接下来会经过含氧量极低的"死人沟"（泉水沟），通过5248米的界山达坂后就进入了西藏境内。多数自驾者选择从叶城一天开到狮泉河，避免中途在高海拔地区过夜的痛苦。如今，在全新规划的G219国道里，"零公里"已经从叶城迁至喀纳斯，在爬上世界屋脊之前，从阿尔泰山的泰加林，到水草丰美的伊犁大草原，翻越天山，又盘上帕米尔高原。新疆境内还余博乐—霍尔果斯、夏塔—温宿两段未建成，后者需要穿越南天山，规划中将部分与著名的夏塔古道重合。

小众精华

伊昭公路，伊宁到昭苏 这是古代丝绸之路"弓月道"中的一段，从伊宁到昭苏全程约120公里，中途会翻越天山山脉海拔3000多米的安格列特达坂。全程道路险峻蜿蜒，如行在云中。到昭苏后你还可以继续向南前往夏塔，而后从特克斯返回伊宁，这样串联起伊犁地区的精华，形成环线。

塔莎古道 多数人认为帕米尔高原是一条"死胡同"，进出塔什库尔干必须从喀什往返。实际上，你可以沿着横穿昆仑山脉的塔莎古道，在葱岭深处跟随叶尔羌河，经塔尔乡、大同乡、库斯拉甫乡、喀群乡，抵达沙漠边缘的莎车。沿途会经过许多桃花源般的塔吉克族村庄，春季开满山谷的杏花更为这里镀上浪漫的色彩。这条路线对车辆要求较高，只建议硬派越野车或皮卡行驶。

S315省道，尼勒克到乔尔玛 当夏天游客在那拉提等草原景区忍受着拥挤和昂贵时，这条少有人走的路就更显珍贵。这段230公里的公路全程无须门票和过路费，一路穿过辽阔草原和蒙古包，恍若进入了成吉思汗的时代。到乔尔玛之后便汇入独库公路，险峻的天山风光又在迎接你。

青海道

多数自驾者都借由河西走廊进出新疆。事实上，从古代开始，丝绸之路开枝散叶，通往西域的道路又何止一条。如果你不想走回头路，不妨试一试柴达木盆地以西的"青海道"。

早在两汉时期，张骞出使西域，归国途中为避免与北部的匈奴相遇，"并南山，欲从羌中归"——"青海道"由此成形，并逐步形成从西宁经青海湖，穿越柴达木盆地到达若羌的路径。进入现代，连接青海、新疆的G315国道成为新时代的"青海道"。很长一段时间内，这段戈壁、雅丹、湖泊美景一路相伴的公路都是"鸟飞绝、人踪灭"的无人区，往来司机必须携带燃油才能通过。随着公路建设的发展，如今若羌到青海德令哈，1050公里的无人地带路况优良，中途涩北加油站的建立更使自驾者再无后顾之忧。不想太过辛苦，可以在两省交界的"石油城"花土沟休息一晚。

G218国道，库尔勒到若羌 不少南疆环线的自驾者因选择民丰沙漠公路返回库尔勒而与G218国道失之交臂。这段连接库尔勒和若羌、450公里的公路紧贴塔克拉玛干东缘，伴随着最大的内陆河塔里木河一路南下。沿途有壮观的沙漠风光，广阔的湖泊和水鸟又为这幅画面带来突如其来的生机，不知不觉好像经历了罗布泊人的前世与今生。

S101省道 曾经以景美路烂著称的S101省道，刚完成铺装，自驾者终于可以稍微放松下神经，多看看公路两边的风景了。这条路始于乌鲁木齐南边的西山牧场，终于独山子巴音沟的独库公路山口处，全长308公里，沿途拥有丹霞、草原、峡谷、湖泊等绝佳风光。

以上线路详细的介绍，请参见Lonely Planet《中国西北自驾》。

摄影之旅

简单的一句"北疆看风景,南疆看风情"并不足以概括新疆的美,从东到西,盆地拔起至高原,有着沙漠、雅丹、峡谷、草原、雪山、湖泊等多种风光,十来个少数民族诠释了"西域"和"游牧"两大文化内涵。取之不尽的摄影题材当前,不必担心灵感耗尽,相机内存倒随时可能发出警报。

为何去

只有在新疆的广袤土地上,美景才不会被景区所困,明信片般的风光随时都有可能毫无预兆地侵入视线,即使用手机随手咔嚓一下,都能让朋友圈里的远方朋友惊叹不已。

新疆在视觉表现上是浓墨重彩的。赛里木湖与天空角逐着通透的蓝;喀纳斯每季都在蓝绿中渐变;天山峡谷、火焰山一路走红;帕米尔高原上的雪山主打冷色系;塔克拉玛干沙漠的色调由光影调控。四季轮回也在为自然界着色,春夏时的草原是花儿的托盘;夏日的森林走绿色清新之风;金秋确实不假,森林有白桦、沙漠有胡杨,无一不在挥洒"金"色。生活在此的民族,北有驰骋草原的马背民族,南有大漠边赶着驴车的"阿凡提"们,他们有着偏欧罗巴的五官,是最亮丽的西域风情。

如果你喜欢拍摄宏大的自然风光和个性鲜明的人文景观,新疆是不二之选。

禾木秋色。

最美公路大片

➡ 独库公路，从北疆到南疆，雪山过渡到草原

➡ 喀喇昆仑公路，帕米尔高原的风光与古丝绸之路的遗址

➡ 沙漠公路，欣赏塔克拉玛干沙漠最偷懒的方式

➡ 新藏公路，壮丽的雪山，丰富的野生动物

必备摄影器材

➡ 广角镜头：沙漠、草原等都需要广角来表现其宏大的自然风光

➡ 长焦镜头：拍摄南疆人文民俗、北疆牧民转场、野生动物非常有用

➡ 偏振镜和半灰镜：准确还原蓝天，增加色彩饱和度

➡ 三脚架：拍摄夜景、星空时不可或缺的好帮手

➡ 镜头笔、气吹和UV镜：为相机在戈壁、沙漠中良好防尘

何时去

4月至8月，是欣赏伊犁草原的好时候，每个月都有不同的鲜花点缀。6月底，阿尔泰山里的金莲花开了，8月的森林只有一种颜色——绿。9月，白桦和胡杨各自领衔森林和沙漠的金色交响曲。古尔邦节一年才一次，挤到水泄不通的周日巴扎每周都上演。牧民转场可遇不可求，但你在秋天往北疆走一走，看到前方交通停滞或漫天尘土，便可以端起相机准备了。

除非你想被烤熟，否则夏季最好远离沙漠。北疆的冬天是一片雪白的童话世界，抵御住严寒便能收获摄影的天堂。对于季节性不强的大多数景点来说，一天中尽量把握晨与昏，这两个时段的自然光影胜过修图软件的百般费力，几乎没有一个摄影师会喜欢正午的强光。

负责任的摄影

新疆旅行中的一些注意事项，同样适用于摄影，在敏感的多民族聚居区行摄，尊重当地习俗是摄影师的基本节操。请至少遵守以下细节，做一个友好的摄影者。

➡ 街拍人物前尽可能取得对方同意，不要以为用手机偷拍对方不会察觉，使用长焦镜头在较远处拍摄更合适。

➡ 尊重当地人的宗教习惯、风俗禁忌。不要拍摄正在做礼拜的人和其他宗教仪式。遵守清真寺内"禁止拍照"的警告。

➡ 少数民族举办婚礼时相对会更欢迎你为他们记录下幸福欢乐的时光，不过若答应了寄照片给对方，要言出必行。

➡ 拍摄野生动物时不应惊扰它们，不要开车追赶，也要注意自身安全。

摄影点

题材	摄影点	最佳时间	拍摄内容
草原	巴音布鲁克(见436页)	6~9月	九曲十八弯,天鹅
	喀拉峻(见288页)	5~6月	草原花海、牧民转场、丘陵草原的层次感、雪山
	那拉提(见301页)	6~9月	随山峦起伏的草原曲线
	昭苏(见294页)	6月底至8月	油菜花海、紫苏田、汗腾格里峰、草原石人
	杏花沟(见301页)	4月20日左右	开满山沟的杏花
湖泊	赛里木湖(见264页)	5~9月	日出、夕阳时的西海草原,璀璨星辰,6~7月湖畔草原的繁花
	喀纳斯(见212页)	9月	阿尔泰层林尽染的森林,喀纳斯湖、喀纳斯河、晨雾
	喀拉库勒湖(见360页)	6~10月	公格尔峰、公格尔九别峰、慕士塔格峰,慕士塔格峰日出、湖中倒影、夏日湖边的繁花
胡杨	轮台胡杨林公园(见433页)	10~11月	造型各异的胡杨树
	克里雅河(见397页)	10月底至11月中	克里雅河两岸的沙漠胡杨,克里雅人的婚礼
	麻扎塔格山(见392页)	10月底至11月中	和田河对岸壮观的胡杨林
人文	老城	全年	古建、民居、街头美味、当地人的日常生活
	巴扎	全年、周日	丰富的商铺、维吾尔族的交易形式
	古尔邦节	伊斯兰教历新年	盛大的礼拜仪式、通宵达旦的狂欢
峡谷	天山神秘大峡谷(见327页)	全年	天山红层地貌、幽深狭窄的峡谷
	温宿大峡谷(见341页)	全年	天山红层地貌、开阔的峡谷、千奇百怪的岩石
	额尔齐斯大峡谷(见202页)	7~10月	峡谷秋色、花岗岩山峰、牧民转场
	安集海大峡谷(见245页)	全年	峡谷的色彩、形状
风蚀地貌	乌尔禾魔鬼城(见240页)	全年	日出、日落
	哈密魔鬼城(见140页)	全年	日落
丝路遗址	交河故城(见162页)	全年	层层下挖的生土建筑
	米兰遗址(见445页)	全年	丝绸之路遗址

观景点	备注
山坡上可以拍摄九曲十八弯全景	日落时最适合拍九曲十八弯；农历六月初四至初六有那达慕盛会
叠浪谷、五花草甸、鲜花台	5~6月整个伊犁草原都遍布野花，8~9月都能邂逅向日葵
空中草原、天界台	同上
伊昭公路白石峰观景台、小洪纳海草原	同上
新源吐尔根乡野杏林	8:00~10:00的光线最适合摄影
松树头、西海草原、点将台、果子沟大桥	湖边的牧民毡房、牛羊牧归等是赛里木湖一大点缀
月亮湾、卧龙湾、神仙湾、观鱼台	同属于喀纳斯国家公园的禾木、白哈巴，除了拥有同样美丽的秋色，村庄本身就很上镜
喀拉库勒湖畔、G314国道边	日出时温度很低，注意防寒
	公园往前7公里的塔里木河大桥周边的胡杨也不逊色
达里雅布依村庄	到达不易，需越野车深入沙漠
麻扎塔格山上	同上
喀什高台民居、库车老城、伊宁喀赞其	不要将相机对准做礼拜者，近距离街拍人物也很不礼貌
喀什牛羊巴扎、喀什鸽子巴扎	喀什有多个主题巴扎，周日南疆各地的巴扎都很热闹，巴扎是了解维吾尔族生活的窗口
喀什艾提尕尔广场、伊宁	伊宁还有姑娘追、叼羊活动
没有特定的拍摄点，但也随处都有出彩的角度	从天山神秘大峡谷到库车沿途的峡谷景色同样漂亮
同上	冬季积雪覆盖山体后特别漂亮
同上	景区10月之后可自驾进入，不过冬天下雪后会很难走
红山煤矿	问路最好问红山大峡谷
区间车第二站附近有一处最高的观景台	晨昏两个时段之外，魔鬼城视觉效果很平淡，不容易出片
艾斯克霞尔遗址前的土台上、海市蜃楼	日落前30分钟是最佳拍摄时机
无固定拍摄点	航空母舰式的古城全景只有依托航拍才能实现
佛塔、唐代戍堡	塔克拉玛干沙漠中的丝路遗址中，米兰属于相对便宜且容易到达的一个

穿艾德莱斯绸衣服的维吾尔少女。

摄影之旅 计划你的行程 **67**

喀纳斯神仙湾日照金山。

库车大峡谷。

禾木的村庄。

罗布泊太阳墓地。

黄佾淳 摄

丝绸之路

　　数个世纪以来,丝绸之路连接着截然不同的东西方文明,这条道路东起汉唐帝国的首都长安,向西到达西亚、北非和欧洲,中途横跨欧亚大陆,蜿蜒穿越亚洲的高山和荒漠,分支遍布欧亚各大文明的分布区域。商人、朝圣者、外交官、探险家来往于此道,让商品、技术、智慧和文明在两个地域间渗透交融。

　　所谓的"丝绸之路"不止一条路,历朝历代的路线走向也会因地制宜不断改变,在如今的新疆境内,最为清晰的路线可以由北至南分为三条。

丝路北线

哈密—巴里坤—吉木萨尔—乌鲁木齐—伊宁—察布查尔—昭苏

　　丝路北线是一条沿天山走势穿越沙漠、戈壁和草原的线路。沿途除了乌鲁木齐、哈密和伊宁外,其他城市的规模都不大,任何一个城市只要离开城区便可直接进入草原或森林,甚至是人迹罕至的戈壁荒漠。

　　途中可以探访一下电影《无人区》的拍摄地,哈密五堡乡的**魔鬼城**;到巴里坤的**满汉古城**感受边疆人民的生活;去吉木萨尔,看看当年纪晓岚发现的**北庭故城**,以及西大寺的精美木卡姆演出。

壁画；走一小段**夏塔古道**，看广袤无垠的**伊犁草原**；在**赛里木湖**坐看雪山环绕的湖水倒映着星空。最后搭火车到**霍尔果斯口岸**，挑选异国情调的纪念品。

　　北线最适合的季节是5月至10月。沿线各县之间交通发达，飞机和火车同样方便，就连最末端的霍尔果斯口岸也已开通了客运列车。对于自驾者来说这里的路况良好，除了少数山路外，大部分公路会穿过草原和戈壁，窗外的美景会让人忘记旅途中的烦忧。

丝路中线

焉耆—库尔勒—轮台—库车—阿克苏—喀什

　　丝绸之路中线穿过吐鲁番盆地，翻过苍茫天山，最后进入了天山山脉和塔克拉玛干沙漠之间的一片绿洲。历史上这里是南北文明持续争夺的对象，同时也是东西方文化交汇和碰撞的"十字路口"。

　　距库尔勒城区约30公里的**七个星佛寺遗址**，记载着古焉耆国佛寺曾经的辉煌，唐朝著名高僧法显和玄奘都曾驻留此地。如逢秋日，轮台的胡杨林公园能见到最为集中的金色画面。龟兹国的中心库车，有着最值得推敲的**龟兹石窟**，**天山神秘大峡谷**和阿克苏的**温宿大峡谷**可择一游玩，之后到达丝路重镇——喀什。除了**喀什噶尔古城**，一定要踏上群山之巅的中巴公路，前往**克州冰川公园**赏冰川看瀑布，欣赏相互依偎的**白沙湖与白沙山**，以及倒映着"昆仑三雄"的**喀拉库勒湖**。到达塔什库尔干之后，继续前往中国最高的口岸——海拔5000米的**红其拉甫**，途中有一岔道通向**公主堡**和丝绸之路著名的**瓦罕走廊**。

丝路中线沿线以铁路贯穿,是交通最便利的一条,除了最后一段冬季可能会遭遇大雪封山,其他均受季节影响较小,这也是在整个丝绸之路的发展中它最后成为主道的原因。

丝路南线
若羌—且末—民丰—于田—和田—叶城—莎车—喀什

丝路南线是古商道上最孤独、最悲凉而又最为浪漫的一段路。这条路的风景是粗犷而足具野性的,它会以一种极端与决绝的姿态时刻提醒着你对生命的敬畏之心。

若羌的**米兰遗址**会带你穿越到千年前的鄯善国;金秋时节,沿**克里雅河**深入沙漠便可尽情欣赏凛然的胡杨;你可以去**达里雅布依**感受独特的于田风情,在和田的**玉石市场**围观玉石交易;接着走一趟**沙漠公路**,去最容易到达的**热瓦克佛寺**看于阗国佛教的遗存,爬上**麻扎塔格山**俯瞰塔克拉玛干沙漠与和田河。

然后经叶城、莎车抵达喀什。

这条线已全线贯通铁路班车,依然能带你到达南疆的大多数城镇,这里的三条沙漠公路,分别连接民丰至轮台、和田至阿拉尔和且末至轮台,你可以将南线和中线串联起来一起游览。不过如果选择自驾,这条道路对车的性能要求会比较高。6~8月沙漠炎热难耐,不宜深入探险。9~10月正处于最好的状态,尤其当胡杨褪黄时。

如果你喜欢
自然探险

丝绸之路沿途集合了戈壁、沙漠、冰川、草原、峡谷、湖泊,视觉享受自然不在话下,要是带上勇气和智慧,它也立刻可以摇身成为让户外爱好者疯狂的极限地带。

想要深入塔克拉玛干沙漠,除了三条**沙漠公路**,你还可以用一周的时间,从麻扎塔格山

吐鲁番博物馆内收藏的柏孜克里克千佛洞出土的吐鲁番文书。

沈鹏飞 摄

徒步至达里雅布依,相比1个世纪前,它已不再充满未知,却依然艰险。**罗布泊**始终带着神秘色彩,即使已经可以包车前往,徒步仍是最冒险的决定。如果你向往世外桃源,从塔什库尔干到莎车的**塔莎古道**不容错过。

夏季的巴音布鲁克、那拉提、昭苏、特克斯,广袤无垠的草原上繁花似锦、牛羊遍野。天山南北的多条古道走起来不容易,好在有壮丽美景陪伴。若逢秋季,那就去见识一下沙漠历练而生的胡杨,往轮台、沙雅、巴楚、克里雅河、麻扎塔格山赶赴一场金色的视觉盛宴。

雪山是新疆不可绕过的关键词,在帕米尔高原花2~3天便可从喀拉库勒湖徒步前往"冰山之父"**慕士塔格峰**的大本营,置身冰川耀目的世界。或者尝试亲近**博格达峰**,从天池南岸,翻越三个达坂,到达博格达峰大本营,一路有冰山草甸相伴。绵延2500多公里的天山山脉,托木尔峰是它的制高点,想要看到它的真身必须靠你的双脚经历一场持续6天的高强度户外徒步。顶级的挑战是经历十几天的徒步到达K2登山大本营,因为任何常规路线都无法让你看到**乔戈里峰**的尊容。

丝路遗址

丝绸之路也带来了佛教的东传,在伊斯兰文化传入之前,佛教思想统领着西域三十六国,纵然历史抛弃了它们,土地却将它们保存了下来,游览遗址、石窟,是你了解丝绸之路的最佳切入点。

汉代精绝国的**尼雅遗址**被誉为"东方庞贝城",它的发现惊动了世界,虽千里迢迢、费用昂贵,你依然会对这个塔克拉玛干沙漠中最大的遗址群赞不绝口。**米兰遗址**名气和规模也毫不逊色,却容易到达且便宜许多,这里最早曾是伊循城的所在地,游走其中带你穿越到千年前的鄯善国。库车的**苏巴什佛寺遗址**被考古学认为是玄奘西行途中停留的昭怙厘寺,这个接待过鸠摩罗什的大寺,曾是龟兹国的王室寺院。以**克孜尔千佛洞**为代表的龟兹石窟是中国最早开凿的石窟,被认为是中原石窟的鼻祖。它的建筑和壁画艺术留存着犍陀罗艺术、秣菟罗艺术、波斯艺术,并且在融合了中原汉地风格之后,创造了独具特色的龟兹佛教艺术模式,而身处火焰山的**柏孜克里克千佛洞**和**吐峪沟千佛洞**曾风光无限,如今却一片凄凉。

民俗风情

丝绸之路沿线是少数民族的汇聚地,维吾尔族、哈萨克族、塔吉克族等世代生活在这里,竞相演绎着各自的风情。

经商的维吾尔族在和田和喀什的巴扎上展现着最生动的一面,在喀什老城的各种巴扎里能发现传承了几代的手艺——土陶制作、民族乐器、冷砸铜器、刺绣花帽、艾德莱斯绸,以及当地人引以为傲的英吉沙小刀。和田玉声名在外,同时你可以去和田地毯厂看看织毯工人如何娴熟地完成一张精美的手工地毯。于田人的风情在维吾尔族中独树一帜,他们头戴世界上最小的帽子,穿箭服,将两条眉毛画得相连。最值得关注的是伊斯兰教的古尔邦节,喀什艾提尕尔广场上壮观的集体大礼拜,是宗教力量的最佳诠释。

哈萨克族过着逐水草而居的游牧生活,他们的日常生活中,处处可以看到精美绝伦的刺绣和骨制品雕饰。在哈密、巴里坤、昭苏和伊宁的汉人街、喀赞其民俗旅游区,异彩纷呈的民族工艺品让人大开眼界。除此之外,哈萨克族被称为"阿肯"的民间诗歌演唱者,擅长边弹边唱的即兴创作。盛夏,天山草原上的阿肯弹唱会上你能遇到他们和他们不离身的冬不拉。

生活在海拔最高处的塔吉克族崇拜着高山雄鹰,鹰笛和鹰舞是他们最传统的庆祝方式。每年的肖公巴哈尔节,或者9~10月的婚礼季,你将有机会目睹英姿飒爽的赛马少年,以及吹起鹰笛、跳起鹰舞,迎接叼羊比赛夺冠归来的人们。

在路上
本书作者 黎瑾

　　自驾车坏在荒无人烟也没有信号的将军戈壁时,我感到一丝绝望,然而走出戈壁的过程又令我感觉如同古丝路上的探险者。后来我看见的魔鬼城与硅化木林,大概就是这次探险的嘉奖。

进一步了解我们的作者,见478页。

百里丹霞。

新疆中部

纪韩 摄

新疆中部

自清朝建迪化城，新疆中部就逐渐成为新疆最繁华富庶的地方。虽然大多数旅行者都从这里开始新疆的旅行，但逛完乌鲁木齐后，便匆忙赶往下一站，许多景色和风情因此被错过。

纵使草原不如伊犁广袤，湖泊未及喀纳斯多彩，但深山中藏着的丹霞、高山农场的滔滔麦浪、沙漠里形态各异的胡杨，也足以谋杀你不少快门。古丝绸之路在这片地区留下了数个值得探访的古城遗迹，而驻足在埋藏着大量恐龙化石的戈壁滩，稀少的游人让你更有沧海桑田之感。

乌鲁木齐市无疑是整个新疆的心脏。穿梭在繁华商区的13个民族的帅哥美女绝对吸睛，二道桥的小巷子里则藏着他们的生活与信仰；博物馆里的藏品述说着丝路千年的历史，木卡姆老艺人如今在热闹的餐厅弹唱；而随处可见的美食与丰富多彩的夜生活，则能让你在尽情吃喝玩乐之余，顺便了解了各民族的传统与习俗。

新疆中部不如北疆抢眼，也没有南疆厚重的历史渊源，但不妨品味一番日常生活的烟火气，享受雪山、沙漠、草原上可一日往返的美景，这里的轻松与丰富将吸引你忍不住多留上几天。

☑ 精彩呈现

天山天池 82页
新疆维吾尔自治区博物馆 84页
乌鲁木齐老城区 90页
南山牧场 103页
达坂城 106页
北庭故城遗址 111页
江布拉克 116页

何时去

➡ **4月至8月** 4月初春乍暖还寒，5月起南山逐渐开满野花，7月、8月最盛。暑期食宿行费用最高，天池人满为患。

➡ **9月** 瓜果俱熟，江布拉克的麦田已是一片金黄，去沙漠和戈壁看魔鬼城和丹霞，也不会太热。

➡ **10月** 木垒胡杨林金黄灿烂，日落时摄影最佳。

➡ **11月至次年3月** 机票、住宿降到最低，银装素裹的天山山脉有数个不错的滑雪场。二道桥小巷子里的美食无论什么季节都有。

新疆中部 75

★ **新疆中部亮点** （见78页）
1. 丝绸之路的遗宝 2. 天山天池 3. 自驾S101省道
4. 烤肉与抓饭 5. 江布拉克

有用的微信公众号

➜ **乌鲁木齐本地宝** 了解乌市隔离政策、防疫热线、乌鲁木齐核酸采集点，以及机场交通、主要景点的门票预约等。

➜ **乐游乌鲁木齐** 关于乌鲁木齐及周边的应季旅游信息。

➜ **新疆旅游协会** 及时发布前往疆内各地的防控政策、关于新疆应季旅游的热点资讯，包括主要景点的暂停或重启，最新交通信息（例如独库公路）等。

➜ **智慧健康乌鲁木齐** 可查询核酸检测结果。

危险和麻烦

➜ 随身携带身份证，进入任何公共场所都可能安检，乌鲁木齐尤其严格，没有身份证寸步难行。

➜ 乌鲁木齐各民族混居，昌吉州以回族为主，请尊重他们的信仰。

➜ 进入清真寺前须征得同意，未经允许不要拍摄大殿内做礼拜的人群。

➜ 沙漠、戈壁、雪山内鲜有手机信号，建议进入之前向亲友告知自己的行踪。

➜ 许多通往景区的道路未经铺砌，建议自驾者选择底盘较高的车辆。

当地人推荐
深度体验乌鲁木齐

吴娱,"80后"新疆伊宁人,现居乌鲁木齐,策展人兼宏美术馆副馆长。

乌鲁木齐近年来最大的变化是什么?

最明显的变化就是安全感的提升和游览内容越来越丰富,再就是明显感觉到旅行者们正在回归。

很多旅行者进入新疆的第一站就是乌鲁木齐,你对他们有什么建议?

乌鲁木齐几个常规景点附近都有不错的延伸去处。比如大巴扎逛饿了,可以向南走几百米到领馆巷吃上一路当地美食;爬完红山,可以去不远的人民公园看一看接地气的民族舞蹈广场舞;自治区博物馆逛累了,可以过马路去美美百货,找个地方坐下数一数经过的帅哥美女,13个世居民族总能看到不同的帅和美。最重要的是休整,为你的下一个目的地做好准备。

能推荐些特别的玩法或体验吗?

大巴扎有个"阿凡提烧烤乐园",可以与"阿凡提和巴依老爷"来场时光偶遇,晚上还有歌舞表演。二道桥大巴扎二楼的非遗馆和归迹·马文化沉浸式艺术馆,可以穿着非遗少数民族服饰在民俗场景中自拍。如果刚好赶上周末,打听一下有没有宴会厅有可以观礼的少数民族婚礼,了解风俗礼节,送上祝福,和他们一起唱歌跳舞到深夜是最好的体验了。还有几个二道桥夜市。

不错的夜生活区域；延安路、新华南路和大湾恒昌附近有很多中亚风情浓厚的网红餐厅、咖啡馆和酒吧；公园北街酒吧一条街上的般若世界美食公园是特色店家和美景、美食完美结合的舒适去处；长青四队巷子里的嬉游客栈也常有很棒的现场音乐演出。

对于喜欢艺术的旅行者，乌鲁木齐有什么好去处？

我特别推荐新疆艺术剧院的剧目《新疆是个好地方》《张骞》《葡萄熟了》和木卡姆剧院的剧目《木卡姆的春天》《丝路乐魂》，不过不是固定时间演出，想看得碰运气。南湖广场上的国际名家雕塑的集邮很有趣，新落成的新疆美术馆有大量新疆题材的艺术作品。野马美术馆内的塔吉克族题材油画作品和中亚国家艺术家作品也非常值得一看。

☑ 不要错过

🛏 最佳住宿

➡ **嬉游客栈** 从挂着传统乐器的墙壁到设施贴心的房间，处处充满设计感，还有极好的Live House。（见92页）

➡ **康莱德酒店** 乌鲁木齐最高端的酒店，设施一流，设计高级，服务用心。（见93页）

➡ **八音和酒店** 音乐主题的精品酒店，透过玻璃幕墙可以俯瞰乌鲁木齐繁华的市景。（见93页）

➡ **江布拉克木屋别墅** 体验漫天星空下静谧的草原之夜。（见116页）

🍴 最佳餐饮

➡ **楼兰秘烤** 在新疆烧烤圈的头牌品尝签子肉、馕坑肉、架子肉、烤羊腰、烤羊脾等。（见94页）

➡ **领馆巷** 一整条巷子的老字号，几乎将全疆最具特色的美食一网打尽。（见91页）

➡ **四十九丸子汤** 回族美食的代表之一，不油不腻、料足汤鲜。（见99页）

➡ **马老五特色羊脖** 招牌的羊脖子肉鲜嫩无比，入口即化。（见111页）

📷 最佳摄影点

➡ **江布拉克** 8月底的风吹麦浪和冬日雪后的童话森林，都无须借助滤镜。（见116页）

➡ **肯斯瓦特水库** 找到通往山顶的路，你将能拍下山环水绕的全景。（见111页方框）

➡ **木垒秋季胡杨林** 一片金黄的胡杨林矗立在沙漠中，日出日落时的光线最佳。（见118页）

新疆中部亮点

❶ 丝绸之路的遗宝

新疆丝绸之路遗址中出土的珍贵文物，多数都收藏在自治区博物馆（见84页）里，数具千年不腐的古尸令人惊叹。乌鲁木齐市郊的乌拉泊古城（见90页）是古代白水涧道的起点，这条古道上还留有峡口古城遗址。而位于车师古道上的吉木萨尔，唐朝设立的北庭都护府遗址（见112页）尚存，高昌回鹘王室佛寺（见112页）里保存有大型精美佛像，壁画虽有破损，但色彩鲜艳、造型生动。

❷ 天山天池

纵使每年夏季人潮涌动，天池（见82页）本身依然是一派清冽高冷，依偎在常年积雪的博格达峰山腰，西王母的传说更增添一丝神秘。碧绿湖水倒映着洁白高山，湖畔野花烂漫、古树参天，其纯净足以让你的眼与心都甚感愉悦。你可以沿环湖步道，移步换景欣赏天池波光；也可乘船漫游，看雪山吹来的风皱起几许波纹；或者登上马牙山，俯瞰雪峰环抱中的一池碧色。

❸ 自驾S101省道

这条废弃了半个多世纪的国防公路，最近刚完成铺装，你终于可以在驾驶时转移出部分注意力，看看车窗外摄人心魄的美景。一路上

(左图)自治区博物馆的"五星出东方利中国"锦护臂(非原件);(右图)彩绘天王踏鬼木俑。

山峦起伏,沟壑丛丛,从赤红的硫磺沟,到几乎赤橙黄绿青蓝紫相间的百里丹霞,再到绿如碧玉的高峡平湖,随手一拍皆是大片,奇幻的山体间还藏着古老神秘的岩画。

❹烤肉与抓饭

你或许很难一次性玩遍南北疆,但你可以在乌鲁木齐一站式尝遍南北疆的美食。吃盐碱地草、喝天山雪水长大的羊,用"鲜"征服每一个怕膻的食客,撒上一把孜然,用大漠里的红柳穿成串,成就了西域香料与新疆羊肉这对最佳搭档。渗透着红黄胡萝卜和洋葱香甜的羊肉抓饭,色泽光亮,令人食指大动。开怀畅吃是对美味的最大尊重,至于燃烧卡路里那件烧脑的事留待回程时再考虑吧。

❺江布拉克

千万别错过新疆难得一见的高山农场风光。春夏时的江布拉克(见116页)绿意盎然,麦苗如绿绒毯铺满整片山坡。到了9月入秋,则是一整片金色麦海,随风起伏,舒展迷人。坐在麦垛上放空,躺在麦田里小睡,怎样享受都不为过。

冬日的天山天池。

新疆中部亮点 81

S101 省道。

烤肉与抓饭。

收割时的江布拉克草原。

★ 最佳景点

天山天池

　　传说周穆王西巡、与西王母相会的瑶池，就是天山天池。这个高山湖泊海拔1910米，倚在博格达峰山腰。与博格达峰相伴的还有两座海拔5000米以上的山峰，三座雪峰倒映在碧绿湖水之中，风光出尘脱俗。

　　天池为高山融雪汇集而成，湖水清冽。夏日景致最为明艳，湖畔绿草青翠，野花遍地，牛羊成群，哈萨克族人世代在此放牧。冬季游人稀少，两岸群山的云杉披上了白色的霜衣，湖面晶莹剔透，在薄雾的笼罩下仿佛遗世独立。

海北主景区

　　从游客中心乘坐区间车，沿盘山公路而上，会经停一个流于形式的哈萨克民族风情园。再度换乘区间车到达海北主景区，步行七八分钟或乘坐电瓶车（10元/人）即可抵达半月形的天池湖畔。夏季湖面碧绿、平静如镜，倒映着正对面的雪山三峰。若是冬季湖面结冰，冰面一直延伸到视野尽头的雪山，寂静中更有一种壮观。

　　环湖栈道走一圈需要至少半天，大部分人只是去一棵被誉为"定海神针"的大榆树打个卡，最多走到西王母祖庙（门票10元）。你还可以乘船游湖，游艇和画舫价格一样（100元/人），游船终点便是西王母祖庙。天池畔800多年前就建有娘娘庙，后毁于战乱，如今的庙为1999年重建，前往需爬上一段长长的台阶。庙内并无古迹，但高踞湖上的位置是俯瞰天池的好角度。

　　在环湖栈道的西南段，一路穿梭在湖畔树林之中，高低错落，可以欣赏到三峰倒映夏日天池。

见75页地图；4008 706 110；微信公众号"天山天池之窗"；门票旺季（4月至10月）95元，淡季（11月至次年3月）45元，区间车全年60元；旺季8:30~19:00，淡季9:30~19:00；乌鲁木齐高铁国际汽车客运站有发往景区的直通车（60元/往返；去程9:30、11:00，返程17:30、18:30；1.5小时），车程翻倍但省钱的方案是先乘车前往阜康（见100页），下车后不出站换乘小巴（10元）至景区。

亮点速览

➡ **环湖步道** 一路贴着湖水行走，无疑是最亲近天池的方式。

➡ **博格达峰** 海北正对雪山三峰，马牙山顶东望博格达峰，都是欣赏碧水白雪相映的好角度。

➡ **潜龙渊步道** 木栈道连通了秀丽的西小天池与天池海北，冬日雪景如同童话世界。

水面的胜景。1.2公里处的观景台是摄影的好位置。

东、西小天池

天池的东西两侧还有两片规模较小的湖泊，不同于天池的壮阔浩渺，东、西小天池更显秀丽之姿。西小天池又名玉女潭，距天池西北约2公里，相传是西王母洗脚的地方。玉女潭状如圆月，翠松环绕，池水幽深碧绿，山上有瀑布飞流直下。一条潜龙渊步道连接西小天池和天池主湖景区。如果没时间前往，不妨在坐区间车上山时选个右侧座位，便可隔窗遥望一番。

东小天池又名黑龙潭，位于天池以东500米，传说是西王母沐浴梳洗之地，潭边瀑布飞泻，水珠四溅，潭下为百丈悬崖，被誉为"悬泉飞瀑"。乘车抵达天池边，环湖步道往东有通往东小天池的飞龙瀑步道。

若打算先玩东、西小天池，再去天池主湖，区间车上行经两峰夹峙、一线中通的石门后不远，有一处站点，可以要求在这里下车，沿潜龙渊步道经过西小天池步行上山，约需40分钟，或沿飞龙潭步道经过东小天池步行上山，约需1小时。

马牙山

天池西南的马牙山，海拔3056米，是由成排的古冰川刨蚀留下的杰作，也是整个天池景区的制高点。回到海北之后，乘坐区间车和索道（220元/往返）可以登上马牙山。在索道之上，随着海拔逐渐升高，你将俯瞰到群山抱碧水的天池美景。

出索道上站（海拔2780米）后，沿山间木栈道循路而上，两旁怪石嶙峋，在薄雾笼罩中如牛羊、如老人。攀登半小时后，将抵达一个观景平台。从此处鸟瞰，连绵山脉之间的天池在日光照耀下更显静美。接下来的山势变陡，再顺着步道走上半个多小时，就可登顶，在山巅向东遥望雪山三峰，峰顶冰川积雪银光闪烁，峰下湖水澄澈、绰约多姿。高山与深湖、雪白与碧绿，自然之美会让你不由得屏住呼吸。旅游旺季时，马牙山观景台的游客很多，谁都不愿意错过与博格达峰同框入镜的机会。

乌鲁木齐

电话区号 0991

当1000多年前,骆驼商人与僧侣艰难跋涉在古丝绸之路上,乌鲁木齐一带还只是连接北线与中线的一个屯田屯兵之地。公元640年,唐朝在天山北麓设置庭州,辖4县,如今乌市东南郊的乌拉泊古城遗址,即为当时轮台县。

直到18世纪,清政府为加强边防,才鼓励乌鲁木齐的大规模开发,一时间"繁华富庶,甲于关外"。乾隆平定准噶尔叛乱后,在现乌鲁木齐九家湾一带驻兵,称此地为乌鲁木齐——在古准噶尔语中,意为"优美的牧场"。1758年,清军在如今南门外修筑一座土城,这就是乌鲁木齐城的前身,乾隆定名为迪化。1884年,清政府在新疆设行省,迪化成为省府,逐渐成为西部重镇。民国时期,这里始终是新疆的政治中心。1954年,迪化正式恢复使用原名乌鲁木齐。

如今的新疆首府乌鲁木齐已经是中亚最大的现代化、国际化城市。这也是一座生气勃勃的"混血"城市,红墙碧瓦类似汉族宫殿的清真寺矗立在高楼大厦之间,二道桥的小巷子传来欢快的叫卖声和羊肉与烤馕的香味,国际大巴扎里国内外旅行者人头攒动,挑选着来自亚欧各地的丰富产品——处处彰显着作为第二座亚欧大陆桥中国西部桥头堡的地理优势,以及丝路流传至今的商贸传统。

大多数旅行者将乌鲁木齐作为进出新疆的第一站和最后一站。市区和周边的景点不多,不过存有大量丝路珍贵文物的自治区博物馆、少数民族聚居的二道桥、随处可见的各民族美食和几家音乐不错的酒吧,都会让你体会到乌鲁木齐的精彩,预热你未来的行程。而离开新疆之前,千万别忘了去大巴扎和干果市场采购一番。

◉ 景点

★ 新疆维吾尔自治区博物馆   博物馆

(见126页地图;453 6436;微信公众

自治区博物馆的干尸。

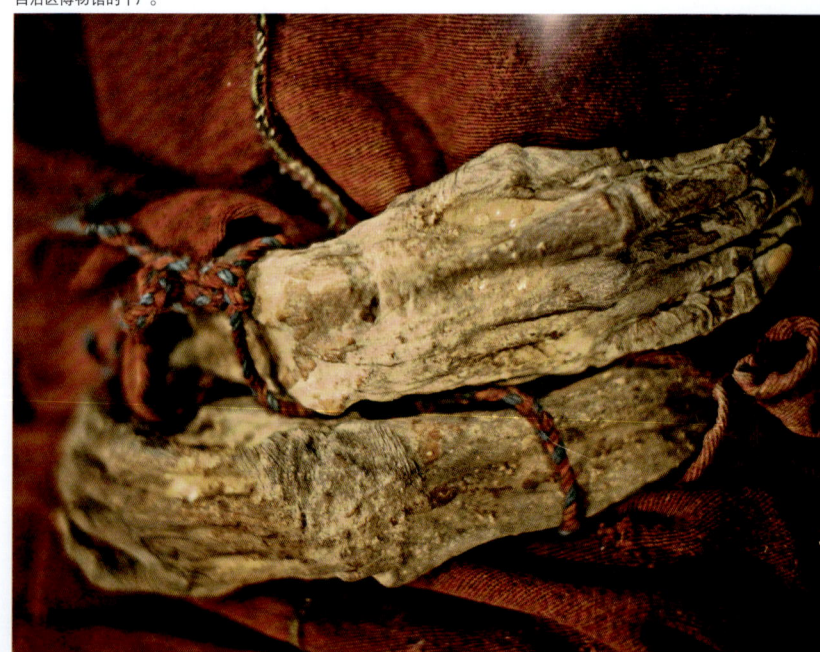

号"新疆维吾尔自治区博物馆";西北路581号;微信公众号预约后凭有效身份证件免费入场;⊘4月15日至10月15日10:00~18:00,10月16日至次年4月14日10:30~18:00,17:00停止进馆,周一闭馆)作为新疆唯一的自治级综合博物馆,这里珍藏着各类文物和标本4万多件,分为5个常设展厅,来自**丝绸之路**的诸多宝贝都在这里。博物馆开放日每天有4场**免费讲解**(⊘4月15日至10月15日 10:00、11:00、15:00、16:00,10月16日至次年4月14日10:30、11:30、15:00、16:00)。微信公众号上也提供语音导览。在开始你的新疆之旅前,不妨在这里花上大半天时间。

一楼的**西域历史的记忆——新疆历史文物陈列**按年代分为12个单元,集中了新疆各地出土的各类精品文物,包括镇馆之宝——出土于阿斯塔那墓葬的**彩绘天王踏鬼木俑**,天王威风凛凛,小鬼面容戚戚,形

保存完好的干尸头部。

象生动,制作精美,令人惊叹。这里还展出有来自阿斯塔那墓葬的带有汉文化印记的**彩绘伏羲女娲绢画**,出土于唐代的焉耆文**《弥勒会见记》剧本残片**,各类汉文、龟兹文、焉耆文、回鹘文等简牍、文书、信件、经文,以及造型各异、种类齐全的出土货币,从中可一窥古代丝绸之路的繁荣景象、东西方古代文明在此碰擦出的绚丽火花。国宝级文物"五星出东方利中国"锦护臂是一件两千余年前的汉代织锦,结构复杂,工艺精湛,但原件已不适宜展出,如今可以在这里看见图片。

最吸引参观者的**逝者越千年——新疆古代干尸陈列**位于二楼,展出了数具千年不腐的古尸,辅助陈列了大量随葬精品文物,还原出当年的生活场景。你可以近距离观看罗布泊铁板河古墓出土的**楼兰美女干尸**,而根据干尸复原的美女像,更让人惊异于她有别于中亚人的欧罗巴血统;你还可以仔细观察小河墓地出土的**成年女性干尸**,她鬓发尚存,面庞上可看出文身图案,双手指甲保存完好,令人叹为观止。展厅里还有一具汉族人干尸,即**张雄大将军干尸**,他的腿部因多年戎马生涯而变形;张雄是高昌国历史上的一位重要人物,张雄墓的发掘,有力佐证了丝绸之路上高昌国的重要地位。

同在二楼的还有**新疆古代服饰的记**

如果你有

➡ **1天** 花一上午的时间参观新疆维吾尔自治区博物馆(见84页),然后把其余的时光都留给老城区(见90页),探索从南门到二道桥一带的小巷子,逛逛国际大巴扎(见88页)。晚饭在领馆巷吃。

➡ **3天** 第一天同上。第二天走远一点,去江布拉克(见116页)欣赏天山麦海,当晚回奇台县住。第三天返回乌鲁木齐的途中顺便去趟天山天池(见82页),遥望博格达峰(见106页)。晚上回到乌市,吃顿大盘鸡收尾。Ⓛ Ⓟ

忆,汇聚了新疆丝绸之路沿线考古发掘出土的毛、棉、麻、皮革等纺织物珍品,包括3000年前的刺绣毛布裤、来自唐代的云头锦鞋、织成于2000多年前的艾德莱斯绸片等,这些西域服饰大多图案丰富、绣工精美,有些甚至与如今的时尚单品同款。

回到一楼,**新疆民俗风情陈列**则以场景展示的方式展出了维吾尔族、哈萨克族、柯尔克孜族、锡伯族、回族等12个少数民族的日常,各民族的住房、服饰和生活用品以及风俗都有体现。那些制作精美的民族乐器和纹饰绚丽的民族服饰尤其吸引人们的眼球,光是维吾尔族的小花帽,就展出了数十种样式和花纹。

博物馆经常举办"丝路学堂"活动,内容涉及各民族的语言、民俗、美食等,很适合带孩子一起参与。

市区7、51等多路公交车可直达博物馆门口。BRT5号线西北桥站下,步行约十分钟可达。

新疆地质矿产博物馆　　博物馆

（见126页地图；481 2066；友好北路430号；凭有效身份证件免费入场；10:30~17:00,周一闭馆）博物馆共有七个展厅,从一楼到四楼,一步步往上参观,你能直观体会到新疆的地大物博。**宇宙·地球厅**介绍了新疆地区在整个地球历史演变过程中的种种变化；**生命演化厅**则体现了新疆地区的生物多样性；**金属厅**、**非金属厅**和**能源矿产厅**展出了数百种矿石标本,包括来自罗布泊的钾盐盐华结晶体、细如发丝的石棉等。**宝玉石厅**内则有大量的宝石和玉石,海蓝宝石、紫水晶、碧玺原石等都在灯光下熠熠生辉,上百件观赏石及玉雕作品,足以让你心跳加速。对旅行者而言最有用的则是**旅游地质厅**,来自天山峡谷、沙漠戈壁、国家地质公园的精美图片,配合立体沙盘,呈现大美新疆的惊艳风光,再加上详细的地质旅游景点列表,是你计划未来行程的好参考。

市区多路公交车可到,在友好路站下。

南门和大十字

黎瑾

在乌鲁木齐旅行,你会发现市中心的地名形象又有趣。解放北路和中山路交会的十字路口叫作"大十字",以南不远处的"南门"却并没有城门。这一带是乌鲁木齐最繁华的商业区之一,有大量百货公司、商店、银行。而这种格局的形成,可以追溯至两百余年前。

1766年,清军建迪化城,设东(惠孚)、南(肇阜)、西(丰庆)、北(景惠)四大正门,彼时的南门不仅有门,还有城墙。城中心的十字街口周边商店日渐增多,形成了大十字商业区的雏形。1876年刘锦棠率清军收复北疆后,关外行商纷纷在大十字置房设店。1884年,迪化成为新疆首府,商业昌兴,大十字的南北修建了两座华丽壮观的木结构牌坊。商贩扩大经营,形成津、晋、湘、鄂、豫等八帮商务,尤以来自天津杨柳青的津帮为最。

远望乌鲁木齐城市高楼。视觉中国 提供

最早的津帮商人多为左宗棠西征时的随军商贩,据茅盾《新疆风土杂记》所述:"新疆汉族商人,以天津帮为巨擘。……新疆之土产经由彼等之手而运销于内地,复经由彼等之手,内地工业品乃流入于新疆。……据言此为今日新疆汉族巨商之始祖。"至20世纪初,津帮占乌鲁木齐商户量90%以上,最盛者号称津帮"八大家",大十字成为迪化最繁华的商业中心,不仅有各民族、各省商人的商铺,还有俄国商人的商行。

相比于南门内的商贾林立、车水马龙,南门外则是穷人和外来人口居住地,被城内人称为"南关"。有些进不了城的人就在城外安顿做买卖,南门外也逐渐形成繁华的街市。到了20世纪30年代至50年代初,南门出现了人市,类似于如今的劳务市场,没有技术的外来人员来此找些上房泥、拉柴火、拉煤的小工做。

随着时代发展,标志性的大十字牌坊于1936年被拆除,以便汽车通行。不远处,南门大银行于1943年竣工,这栋华丽的欧式风格建筑是当时新疆省银行、新疆省商业银行的所在。1957年,南门的城门和城墙被推倒。同年,人民剧场落成。尽管老城格局已不在,迪化也恢复原名乌鲁木齐,但大十字至南门一带依然是商业、金融、文化中心。

20世纪90年代,由人防工程改建的南门地下街开业,其地面上仿巴黎卢浮宫的金字塔形建筑与东端的人民剧场相呼应,成为乌鲁木齐新的地标。南门地下街以小商品为主,新潮时尚、价格便宜;不远处的大十字则是堪比上海南京路、北京王府井的繁华商区,老字号如凝德堂大药房依然还在,新的百货公司、专卖店、吃喝玩乐场所更是鳞次栉比。

未来,已运营的地铁1号线和在建中的2号线在南门站交会,可以想见,南门与大十字的周边将随着地铁经济获得更迅速的发展。

距自治区博物馆也不远,步行20分钟可到。

新疆国际大巴扎 市场

（见126页地图;解放南路8号;⏰24小时）这是世界规模最大的巴扎之一,建筑极具伊斯兰风情,所有外墙都用黄砖铺就,新疆各民族的特产都能在巴扎里找到,还有宴艺大剧院、清真寺等。哪怕不为购物,只是来体验民族风情也不错。大巴扎里有近万间商铺,琳琅满目的商品主要来自西亚和新疆各地,红彤彤的大枣铺满你的视野,卖土耳其冰淇淋的小哥变着戏法吓唬你,走几步空气里传来花香便是到了薰衣草精油的商铺前了。售卖干果、民族乐器、奥斯曼眉笔等旅游纪念品的商铺集中在一楼,品质和价格大同小异。广场上那座高耸的**丝绸之路塔**（门票25元;⏰10:00~20:00）是大巴扎的标志,登塔可俯瞰二道桥一带全景。市区多趟公交车、BRT3路和地铁1号线在二道桥站下。

新疆民街 市场、博物馆

（见126页地图;龙泉街）一栋典型的伊斯兰风格的大型建筑,地上地下共6层,4条空中廊桥将5座楼宇连接在一起,内部汇集了新疆13个世居民族的餐饮、特产等。商品与国际大巴扎雷同,但略显萧条,人流更少。5楼设有展示民族服饰、乐器的民俗博物馆,以及展示了全疆地形地貌、名胜古迹、城市建设的微缩景观。602路公交车到民街站下,离国际大巴扎、二道桥大巴扎步行约10分钟。

陕西大寺 清真寺

（见126页地图;永和正巷10号;⏰8:00~16:00）第一眼看到碧色琉璃瓦与朱红色柱子的大殿,你可能意识不到这竟是一座清真寺。这座始建于清朝乾隆嘉庆年间的回族清真大寺,在1906年由陕西回民集资重建,所以又称陕西大寺。大寺颇似中原宫殿,

人民公园跳舞的人。

庭院东、南、北均有厅堂，主体建筑是西面大殿，其前部为单檐歇山式，铺琉璃瓦顶，走廊支撑有红圆木柱，后部的望月楼则为上八下四的重檐式的"八角楼"。但入口中式门楼上的新月则是显著的伊斯兰风格。游客仅限于在非礼拜时间参观。

市区多路公交车、BRT3路和地铁1号线在南门站下，大寺在小巷子里，下车即可望见大殿的绿顶。距二道桥步行约10分钟。

红山公园   公园

（见126页地图；红山路北一巷40号；⏰24小时）免费 这个绿意盎然的公园是当地人休闲登高的好去处。红山曾经是乌鲁木齐的地标和制高点，海拔910米，西端断崖呈赭红色。峭壁之上矗立着九层高的宝塔，建于1788年，至今完好，为乌鲁木齐的标志和象征。塔下有一座林则徐纪念石像，塔对面则是高耸的远眺楼（登楼门票10元），登高能欣赏到市区高楼林立、车水马龙的繁华景象。红山在清代曾有古庙群，可惜在1933年因战火焚毁，仅存大佛寺山门一座。现在公园东北处的大佛寺（免费）为新建，唯有山门为古建原样搬迁。

红山公园就在市区，35、61等多路公交车可到。

人民公园   公园

（见126页地图；⏰7:30~22:30）免费 人民公园是乌鲁木齐历史最悠久的一座公园，最早叫鉴湖公园，曾为清政府官员休憩之所，后来又改名叫迪化公园、西公园，如今是市民悠闲活动的地方。公园下午最热闹，有许多人跳"广场舞"，但与内地不同的是，这里有很多维吾尔族人身着鲜艳的民族服饰跳麦西来甫，吸引了大量汉族人跟着学。

公园北门进来西侧有一座小巧玲珑的园林，是民国时期新疆都督杨增新为纪念清代文人纪晓岚而建（1995年重建），内有纪晓岚塑像和其诗作碑刻，取名"阅微草堂"。纪晓岚曾被贬至新疆两年，后来写过《乌鲁木齐杂诗》160首。此外，公园最大的

正在消失的近现代老建筑

从民国到20世纪50年代，乌鲁木齐建造了大量欧式建筑和苏式建筑，这些老建筑是开发建设新疆过程中的重要实物例证。如今随着城市的发展改造，大量近现代老建筑被拆除，余下可供一观的已不多。

八层高的**昆仑宾馆中楼**（友好北路146号）是根据苏联方面留下的图纸建造的，曾是乌鲁木齐最高的建筑和最早的高级宾馆。

同年建成的**乌鲁木齐红山邮政大楼**（扬子江路4号）也是当时乌市的标志性建筑之一。大楼正面的6根大立柱、拱形窗框都颇具欧式风格。

建于1954年的**新疆医科大学一附院建筑群**（鲤鱼山南路137号）是苏联援建项目，这批苏式建筑是20世纪50年代中苏关系的见证。

同在高校的还有新疆大学北校区的**崇能楼**（西北路448号），左右呈中轴对称，中间的主楼高耸，两边的回廊伸展，采用檐部、墙身、勒脚"三段式"结构，墙壁很厚，是典型的苏式建筑风格。

如今工商银行乌鲁木齐分行所在地曾被称为**南门大银行**（明德路1号），这栋宏伟的回廊式建筑建于1943年，可谓乌鲁木齐最华丽的欧式风格建筑。西南角的入口由6根塔斯干柱子支撑，西墙和南墙每两个窗户之间嵌两根与墙连为一体的塔斯干半圆形柱子，东面建有回廊，设上下两层连续的砖砌壁柱。作为昔日新疆唯一能发行货币的银行，南门大银行见证过一段荒诞的通货膨胀史，在1949年5月10日甚至发行了中国货币史上最大面额的纸币——60亿元券。

同样宏伟的**人民剧场**（建中路2号）是20世纪50年代苏联援建的，到现在还保存着原汁原味的苏式风格和民族特色，2013年被列为全国重点文物保护单位。

建筑朝阳阁前还矗立着另一位诗人李白的雕塑。

人民公园与红山公园隔桥相对，可一并游览。

水磨沟风景区　　　　　　　　　　公园

（见126页地图；水磨沟路472号；⏰夏季7:30~22:00，冬季8:00~21:30）这处水流淙淙、亭台楼阁都颇具江南风韵的园林式景区，在气候干旱的新疆显得尤为特别。水磨沟是一条1公里多长的山涧，19世纪末当地官员利用这里的天然水利资源修建了一座官水磨，而后民众纷纷效仿建磨，渐成规模，水磨沟由此得名。如今的水磨河上游还建有一座仿古式水磨房以重现当年景观。夏季绿树成荫，流水潺潺；冬季清泉不冻，泉中仍有锦鲤争食。半山上的清泉寺是一座汉传佛教寺院，修建于1988年，红墙碧瓦，香火不断。

风景区位于乌鲁木齐东郊，可在火车南站或西大桥坐8路公交车前往。

乌拉泊古城　　　　　　　　　　遗址

（市郊乌拉泊水库旁）乌拉泊古城位于乌鲁木齐南郊，扼守着翻越天山通往南疆的白水涧古道，是乌市发现的年代最早的一座古城遗址，距今约有千年历史，考古学家认为其可能是唐至元时期的轮台县城，不过目前仍存争议。如今古城虽已建成遗址公园，并建有仿古大门，但调研期间并无人看守。古城呈方形，周长约2公里，建有围栏环绕，不能踏入古城内。沿着城墙行走，能看到的只有一些保存还算完好的城垣残段，平均残高约4米，基本能看出当年的古城轮廓，城角处还有当年士兵镇守的角楼遗迹。城内曾出土大量唐宋时期的陶瓷残片，以及清代钱币。

古城曾建成遗址公园，加建了一座仿古大门，不过本书调研期间，遗址所在地被列入水源保护地范围，沿途不再放行。

❀ 节日和活动

肉孜节　　　　　　　　　　宗教节日

肉孜节又称开斋节，为穆斯林的传统节

🚶 步行游览
乌鲁木齐老城区

起点： 汗腾格里清真寺
终点： 领馆巷
距离： 2.5公里
需时： 1小时（不含游览时间）

从解放南路至胜利路（南门到二道桥），是乌鲁木齐历史最悠久的城区，隐藏着古老的中亚风情和地道的维吾尔族美食，还分布着本市最主要的几座清真寺。

从解放南路北端的 ❶ **汗腾格里清真寺** 开始，"汗腾格里"在维吾尔语中意为"王中之王"，大寺有醒目的黄砖外墙和高大的新月高塔。参观完拐入旁边的巷子，去 ❷ 米

吉提烤包子 买几个刚出炉还烫手的烤包子吃吃。回到解放南路,过马路进入建中路,然后在永和正巷左转,便到了形似中原宫殿的 ❸**陕西大寺**。游览后,经建中路、新市路回到解放南路,继续向南至龙泉街右转,即可望见 ❹**新疆民街**。

从民街出来,过街走进龙泉街南巷,这里也有一座中原亭阁与伊斯兰风格结合的清真寺 ❺**老南坊坑坑大寺**。随后从巷子里穿回解放南路,会看到通体洁白的 ❻**白大寺**。然后在路口左转,就到了 ❼**撒拉寺**。这座清真寺为撒拉族修建,始建于1865年,1948年翻修后沿用至今。

再次回到解放南路,往南走就是 ❽**二道桥大巴扎**,也是一处采购旅行纪念品的好去处,二楼有个大巴扎非遗馆和归迹·马文化沉浸式艺术馆,可以去看看。巴扎南侧有一座采用中原建筑风格的宏伟清真寺 ❾**南大寺**。大寺始建于1919年,后经三次重修,礼拜大殿由朱红色柱子支撑,屋顶前部檐作歇山式,盖琉璃瓦。大寺对面就是 ❿**新疆国际大巴扎**。

逛完巴扎之后继续向南走,过马路就到了胜利路。前行5分钟可以看见 ⓫**洋行清真寺**高耸的塔楼。清真寺始建于1897年,由塔塔尔族人士捐资兴建,礼拜堂前廊柱有不少雕花彩绘,堂内的房顶、垂檐、门窗装饰着几何图案的砖雕和木刻,堂内铺满地毯,可供千人同时做礼拜。洋行清真寺旁的 ⓬**领馆巷**聚集了大量老字号维吾尔族餐馆,在此大快朵颐一番吧。

二道桥市场。
视觉中国 提供

在乌鲁木齐观展

新疆美术馆（见126页地图；☎551 5752；友好北路167号；免费；⊙11:00~19:00，提前1小时停止入馆，周一闭馆）共3层，分7个展厅，展出了大量国画、油画、版画等艺术作品，主题围绕新疆的风光、人文、风俗和丝路古迹等。参观需提前在美术馆同名微信公众号预约。

新疆古生态园（门票69元；⊙11:00~19:30）隶属于**野马丝路驿站文化主题沙龙酒店**（☎768 8888；昆明路158号；标间约150元）旗下，其内有一个野马美术馆，收藏了600多幅新疆风情的油画，住店客人可免费参观。水磨沟附近的7坊街创意园区和位于此的**新疆当代美术馆**（温泉西路716号）也将于2022年重新亮相。⑰

日，时间为伊斯兰教历十月一日。穆斯林在伊斯兰教历九月全月斋戒，期间许多经营活动也会暂停。到了肉孜节当天，穆斯林将到清真寺参加会礼和庆祝活动，二道桥及周边的许多民族餐厅将免费提供开斋饭。

古尔邦节　　　　　　　　　　宗教节日

古尔邦节又称宰牲节，是穆斯林的重大节日，时间为伊斯兰教历的十二月十日。节日清晨，穆斯林将前往清真寺参加会礼，然后宰牲宴请亲友宾客。每逢古尔邦节，新疆会放假3~5天，期间乌鲁木齐大量民族餐厅将歇业，你也可能在街边看到宰羊的场景。

新疆国际艺术双年展　　　　　艺术节

新疆国际艺术双年展自2014年来已成功举办两届，举办时间、主题、地点每届不同，内容涉及绘画、影像、装置、摄影、雕塑等，参展艺术家来自世界各地。不过本书调研期间，受疫情影响，新疆国际艺术双年展停办中。

丝绸之路冰雪风情节　　　　　旅游节

每年一届的丝绸之路冰雪风情节通常在12月或1月举行。节日期间，滑雪场将免费向市民和游客发放体验卡，市区也将有花展、美食节、冰上游乐项目等活动。

🛏 住宿

乌鲁木齐的酒店宾馆比比皆是，但从旅游城市的角度来看，大多数酒店缺乏特色，性价比高的经济型旅店不多。若想省钱又足够舒适的话，位置优越的连锁快捷酒店是不错的选择，全季、亚朵、丽枫、希岸等中高端品牌都是靠谱之选。这里列出的都是旺季价格，淡季价格会打个七八折。若你到访时新冠疫情尚未结束，乌鲁木齐的不少酒店可提供核酸检测服务。

★ 嬉游客栈　　　　青年旅舍/精品客栈¥¥

（见126页地图；☎416 1818；南湖东路北6巷83号；铺79元，标单/双 369/409元起；❄ 🛜 🅿）这家艺术气息浓郁的客栈是个安静独立的四合院，进门之后的大厅有阳光玻璃屋顶，公共空间满是绿植，以民族乐器、黑胶唱片、老物件、烟盒作为装饰，常有艺术品展览。

房间采用不同主题，墙面装饰有黑胶唱片及音乐电影的设计海报。这里的床位房可能是背包客能在新疆找到的最佳选择，都是高低铺四人间，各种细节十分贴心——独立卫浴干湿分离，提供洗浴用品，每个铺位都有看书灯、插座，以及刷房卡开启的储物柜，桌面上摆放着加湿器。网上经常有团购价（69元）。

所有房间（包括床位间）都含早餐。要不是位置略偏，堪称完美。客栈内还有一间在乌鲁木齐可算首屈一指的**Live House嬉游声场**，常有本土和外地乐队呈现不同风格的现场音乐，可通过微信公众号"自在嬉游"（hi-joy-inn-）获取演出信息及购票。

停泊青年旅舍　　　　　　　青年旅舍¥

（见126页地图；☎469 6000；西虹东路

399号；铺60元起，标双160元起；🛜）地理位置绝佳的一家青旅，步行至机场大巴停靠点、BRT红山站和新兴街地铁站不过两三分钟，周边餐馆很多，酒吧街也在附近。青旅氛围不错，很适合约伴拼车等。床位间分四人、六人、八人间，男女分开，都带独立卫浴，但房间的空气流通不好。

北山7号 　　　　　　　　精品酒店 ¥¥

（📞332 7777；红山路北7巷186号；标间377元起；❄@🛜P）酒店在一处狭窄的小巷子里，旁边是军区，让人很有安全感。虽然院内有宴会厅等设施，但房间依然显得安静而私密。一打开房门，屋内配备的蓝牙音箱就会自动播放音乐。宽敞的房间精心布置过，显得优雅整洁，配有新风系统和地暖。洁白的床铺很舒适。卫浴间很大，干湿分离，还配有开放式的大浴缸。

昆仑宾馆 　　　　　　　　　酒店 ¥¥

（见126页地图；📞519 0000；友好北路146号；标单/双360元起；❄🛜P）这是一家颇有历史的宾馆，刀郎那著名的"停靠在八楼的2路汽车"，唱的就是这里。昆仑宾馆最早是一幢8层的苏式建筑，是当时新疆第一高楼，也是乌鲁木齐市的一处地标，被当地人亲切地称为"八楼"并流传至今。房间是老派宾馆的风格，宽敞气派。如今昆仑宾馆已经扩建，如果想体验"八楼"住宿的话，记得选中楼的房间。宾馆门口便是地铁站。

康莱德酒店 　　　　　　　豪华酒店 ¥¥¥

（见126页地图；📞699 9999；友好北路669号；标间1800元起；❄🛜P🏊）2021年新开业的豪华酒店，也是乌鲁木齐目前最好（最贵）的酒店。房间很素，卫浴间又是强烈的黑白对比色，床品非常舒适。硬件和服务都无可挑剔。

八音和酒店 　　　　　　　　酒店 ¥¥

（📞753 8888；文化路71号；标间含双早428元起；❄🛜P）地处市区最繁华的地带，

左宗棠和"一炮成功"

1865年，中亚浩罕国军官阿古柏纠集兵马入侵新疆，建立侵略政权"哲德沙尔汗国"，先后占领喀什、和田、库车、吐鲁番、乌鲁木齐（原迪化）地区，采取重税政策和严苛的伊斯兰教法统治达12年之久。1875年，左宗棠率领清军进入新疆，开始了收复新疆之战。次年，清军登上六道湾山梁，架起大炮朝迪化城轰了一炮，阿古柏匪军闻风而逃，将士迅速登城，胜利光复了迪化。后来，人们在六道湾山梁上修建了"一炮成功"纪念地，这座山梁也被称为"一炮成功"。

百余年后，原炮台早已不复存在，如今的**"一炮成功"**（☀夏季8:00~23:00，冬季9:30~22:00）为重建，位于原址以东的水塔山上。仿古炮台的一层展示有清兵服饰、兵器等，上层的露天平台摆放着铸铁大炮，炮台正前方有大型汉白玉浮雕，再现了当年反抗侵略的场景。"一炮成功"所在的水塔山是水磨沟风景区的一部分，树林繁茂、环境清幽。从水磨沟风景区大门对面乘坐8路车到玫瑰园下，再沿山路步行15分钟即到。也可从市区乘坐533路直达"一炮成功"景区。Ⓛ

酒店以音乐为主题，大堂摆放着古董八音盒、吉他等。房间装修时尚精致，随处可见钢琴键盘元素，贴心地配备有加湿器、数码播放设备。卫浴干湿分离，采用全智能洁具。同楼的八音咖啡厅提供精致早餐。

怡家城市饭店 　　　　　　连锁酒店 ¥

（📞250 7777；新华北路432号；标单/双含早209元起；❄🛜P）酒店在繁华的市中心，出门5分钟就有BRT3号线和地铁南门站，交通很方便。周边商场、餐馆都很多。最便宜的精致标间面积不大但五脏俱全。房间氛围温馨舒适，打扫得一尘不染，性价比不错。

喆·啡酒店　　　　　　　　　酒店￥￥

（见126页地图；☎462 2777；新民东路2号；标间350元起；❄ ⓦ Ⓟ）出门就是地铁站和BRT，非常便利。房间融入了复古材质和色调的装饰元素，感觉非常温馨。所有房间都是大床房，都含早餐，每天还赠送坚果和酸奶。特价房无窗，其他格局都一样，同样含早餐。酒店服务也令人如沐春风。

宝盈酒店　　　　　　　　　酒店￥￥￥

（见126页地图；☎467 2211；昆仑东路318号；标单/双498元起；❄ ⓦ Ⓟ）虽然不在繁华的市中心，离景点稍远，不过环境安静，交通也还算方便。房间非常宽敞，家具都是浅色实木，显得简约时尚。床铺都很宽大，床品洁净舒适。卫浴间设施齐全，干湿分离。

❌ 就餐

在乌鲁木齐最不愁的就是寻觅美食，大街小巷随处可见来自全国各地甚至欧亚各国的美食。重庆火锅、川菜馆子、陕西面食等应有尽有，当然，最值得品尝的还是新疆各民族的地道美食。从简陋狭窄的街边小店到装潢华丽的音乐餐厅，从烤肉、手抓饭到丸子汤、奶茶，你只会感慨选择太多，胃容量不够。

开帝锐抓饭　　　　　　　　抓饭￥

（见126页地图；和田街33号；人均30元起；☉9:00~24:00）如果你问乌鲁木齐抓饭哪家强，在本地人私藏的抓饭列表中，必有开帝锐一个位置。抓饭分碎肉、羊腿、羊排三种，羊肉柔嫩多汁，红黄相间的萝卜将米饭点缀得油光锃亮，米饭粒粒分明，有嚼劲。搭配的脆胡萝卜丝小菜是解腻好帮手，酸奶也很开胃。

楼兰秘烤　　　　　　　　　烧烤￥￥

（见126页地图；☎828 5888；七道湾南路1247号南湖创造园区内；人均100元；☉13:00~15:30和18:00~23:00）楼兰秘烤有

🏷 新疆味道

尼佬

新疆的饮食在整个中国来说并不是最丰富的，但可能是最特别的。一旦你来过之后，就再也不会忘记那种在内地怎么也无法复制的，一种豪迈、复合了西域香料的甜蜜口感。

甜，是新疆的诸多滋味中，最令人难以忘怀的。它的妙处在于，新疆人并不使用糖和添加剂增加甜味，而是那些食材自然的糖分和鲜味导致。羊肉抓饭的甜味，往往来自葡萄干、红枣甚至皮芽子（洋葱）的浸染。不要小看新疆饮食中永远不可缺少的洋葱、西红柿和青椒，它们身上充裕丰沛的糖分，让你能尝得出塔克拉玛干沙漠上骄阳似火的热量。所以同样的配方拿到内地去做抓饭和拉面，形是似模似样了，可没有吐鲁番的葡萄干、伊犁河谷的洋葱和喀什绿洲的西红柿，就永远似是而非，失却了天山南北独有的甜

(左图)馕坑烤馕;(上图)正在制作中的羊肉抓饭。(左图)常远摄;(上图)黎瑾摄

蜜感。也许一碗香甜的羊肉抓饭吃下去会稍微有点腻,不要紧,冰镇过的新鲜酸奶会一下子让你回过神来,口舌又荡漾起丰富的酸与甜。

抓饭之外,庞大的、厚薄不一的、有着天然谷物芳香的馕,是新疆在中国最独特的主食象征。面食其实主导了新疆人的肠胃,各式新鲜浇头的拌面,肥美香甜肉馅的烤包子、蒸包子或是一把抓,无论是作为正餐还是零食,都有一种丰腴甜美的满足感,配上一杯清香的罗布麻茶更得回味。

在夏天来到新疆,会比其他季节更难忘新疆的滋味,因为瓜果实在是太香甜了。内地称之为哈密瓜的甜瓜实际盛产于东疆、南疆和伊犁河谷各地,几乎在每一个街角、每一个市镇甚至每一块农场的路边,都有一辆车停着售卖最新鲜的甜瓜、西瓜,几块钱就可以香甜地大快朵颐。如果你想像个当地人,不妨试试买一块刚刚烤出的馕,就着汁水欲滴的香软甜瓜吃下去,保准你再也不会对城里餐厅的所谓水果比萨感兴趣。自然,这些水果摊儿也会售卖各种各样的葡萄和香梨,可最好的体验,还是在一个微风吹拂的维吾尔院子里,摘下头顶的葡萄直接吃,而这并不必专程到吐鲁番,天山南北的绿洲家园里都会给客人摘下最好最甜的葡萄。而冰淇淋和酸奶店里提供的鲜红的鲜榨石榴汁冰凉清甜,与新疆当地乳香十足的手工冰淇淋最为相配。

水果当然不只是现吃,如果你错过了盛夏乳白的葡萄和金黄的无花果,你很可能会在抓饭里碰到晒干而更加醇香的它们。也许你也错过了新鲜的杏子,但是牧民家制的酸甜的杏酱也会让你难以忘怀,尤其和天然蜂蜜和烤馕一起享用。

很明显,比水果更般配豪迈巨大的烤馕的,还是一串又一串焦香嫩滑的烤羊肉。事实上,新疆的羊肉串通常只放盐、辣椒粉和孜然,却有着独一无二的香,原因还是羊肉新鲜,只

← 用当天现宰的绵羊肉，与新疆独有的鲜甜的洋葱同腌，炭火上滋烤，撒上同样新鲜的孜然，就是夏夜的最好搭配。

好酒配好肉，羊肉的鲜、孜然的香和卡瓦斯的清甜是新疆夏夜最好的搭配，这种来自俄罗斯的低酒精饮料已经成为新疆的象征之一。不过一旦入了蒙古包和毡房，牧民自酿的乳白色清凉可口的马奶酒，陪同小山一样的手抓羊肉，才是让你酩酊大醉到天明的草原记忆。LP

两家分店，都不在市区，不过论环境、味道、人气，堪称乌鲁木齐烧烤界的天花板，也是游客必打卡的店。签子肉、架子肉、烤羊腰子、烤鸡翅都是点单率很高的菜品，有冒险精神的不妨挑战一下"黑暗料理"馕坑焖塞皮——将羊脾脏掏空洗净，塞进碎洋葱、碎羊肉、碎羊肝，填满后封口，然后穿以铁扦烤制。虽然看起来黑乎乎的，但内脏爱好者估计会欲罢不能。冬瓜做的西域紫葡萄酸甜解腻。

血站大盘鸡　　　　　　　　　新疆菜¥¥

（见126页地图；☎483 0146；西北路2号；人均80元；⏰10:30~16:00, 18:00~23:00）乌鲁木齐吃大盘鸡最出名也最有历史的地方，因对面有个血液站而得名。大盘鸡色泽诱人，汤汁浓郁，辣感清晰，土豆炖得酥软。当你感觉接近半饱，再加一份皮带面，倒入大盘鸡里，让每一根面都裹满汤汁，保证又能激发你继续再战的好胃口。

丝路有约　　　　　　　　　创意菜¥¥

（见126页地图；☎199 9012 3781；解放北路222号万豪城2楼；人均100元；⏰13:00~16:00, 18:00~22:00）融合了南北疆的特色美食，并稍加改良和创意，营业前一小时就开始拿号等位了。和田的鸽子汤在这里衍生出了烤鸽子，烤包子有了小龙虾馅，卡瓦斯里有黄油味，你可以说它很"网红"，但味道又令人服气。当然也少不了各类传统烤肉、抓饭等，12道招牌菜都可试试。

穆沙烧烤　　　　　　　　　　烧烤¥¥

（见126页地图；西八家户路53号金马花园沿街商铺；人均100元；⏰12:30~22:30）穆沙已经开到北京了，不过论地道、新鲜，值得你在发源地再吃一遍。各种烤肉盲点不踩雷。烤包子比街头铺子贵了一倍，但馅料大，肥瘦合适。还有和田特色的酸奶粽子、沙湾的大盘鸡和石河子的凉皮子。一个人就餐，一份抓饭，一串烤肉、一个烤包子，就够你扶墙而出了。

魏家羊羔肉　　　　　　　　清真餐¥¥

（见126页地图；☎159 9908 8073；新市路210号；人均80元；⏰11:00~21:00）老字号餐馆，如今已传承至第四代。羊羔肉是这里的招牌，选用新疆当地周岁以内的羯羊为主料，小火慢煮，汤汁鲜美，羊肉味甘而不腻，肉质细腻，做法是西北回族传统的手抓肉，不妨点一壶地道三炮台搭配。羊肉可以自选部位称重（140元/公斤）。羊肉馄饨也广受好评。

海尔巴格餐饮美都　　　　　清真餐¥¥

（见126页地图；☎287 1818；延安路2号；人均50~100元；⏰12:00~24:00）在这栋楼里，你几乎可以享用到欧亚大陆的全部代表性美食。新疆菜、土耳其菜、西北菜、西式简餐和火锅一应俱全，薄荷茶、纳仁、缸缸肉、油塔子都很有特色。餐厅装潢也都很具民族风情。

红冠椒麻鸡　　　　　　　　清真餐¥

（见126页地图；☎452 1753；西北路1207号，近红山市场后门；人均50元；⏰11:00~24:00）老字号名店，椒麻鸡是每桌必点，鲜嫩的鸡肉配上绿葱、红辣椒，入口则是花椒的麻味占了上风，可谓色香味俱全。不习惯辣味的人可以提前跟服务员说明。吃完了鸡肉还可以加面，再配上另一道热门菜炝莲白，就是令人满足的一餐。

吾吾子羊羔肉专卖店　　　　清真餐¥¥

（见126页地图；新民路374号美食街内；人均80元；12:30~22:30）这家创始于1907年的百年老字号，对于煮羊该放多少水、肉煮到什么程度放调料、各种调料比例都有一套标准流程。餐厅装饰充满伊斯兰风情，羊羔肉（150元/公斤）肥而不腻、入口即化，可自选部位。

所处的美食街囊括了塔城风味、伊犁美食、昌吉小吃等，选择颇丰，但整体较冷清，**阿社面肺子丸子汤**的爆炒面肺子也值得一尝。

吾斯满珍珠抓饭王　　　　抓饭¥

（见126页地图；南昌路362号；人均22元起；10:00~22:00）不少乌鲁木齐人声称是吃着这家店的抓饭长大的，20多年来味道始终如一。大块大块的羊肉简直是对碎肉抓饭之名的挑衅，大盘鸡的分量也在向你的胃容量宣战，缸子肉的汤极鲜。

伊孜海迩冰淇淋　　　　甜品¥¥

（见126页地图；领馆巷99号；人均10元起；10:00~24:00）仰赖于新疆优质的高山牧场，本地冰淇淋奶味纯正，价格还相当便宜。没有精美的包装，选一种口味，老板直接盛出扎实的一碗，形式粗犷，味道耐品。冰淇淋上淋的果酱为手工自制，可以单买。

饮品和娱乐

除了人民公园北街的十余家酒吧之外，自酿酒吧也逐渐兴起，再加上国际大巴扎一带的数家民族歌舞宴会厅，乌鲁木齐的夜生活正越发丰富。独立咖啡馆也开始在这座城市发芽，或许品质还不如北上广一线城市，不过已是新疆的翘楚。

枫叶自酿　　　　音乐餐吧

（见126页地图；建设路177号院内；19:00至次日4:00）乌鲁木齐比较有名气的

椒麻鸡。

一家自酿酒吧，主打自酿啤酒，黑啤醇厚，口碑相当好。店内还提供西式简餐，每晚有歌手驻唱。不过，或许是受疫情影响，酒、菜水准和人气都有所下降。

三杯精酿　　　　　　　　　　酒吧
（见126页地图；新民东街186号内街；人均30元起；⏲19:00至次日4:00）小小的门内别有洞天，这家美式工业风的酒吧是在乌鲁木齐喝精酿的不二之选。吧台后有齐刷刷的37个龙头，墙上写满了每款酒的酒精浓度（ABV）和苦度（IBU），可以喝到杭州、北京和比利时、英国的优秀精酿。店名传递了老板对喝酒的态度：三杯微醺为最佳。晚上9点半有驻唱歌手表演。

MAKE DOFFEE　　　　　　　咖啡馆
（长沙路三六八号院内；⏲10:30~23:00）乌鲁木齐最早的独立咖啡馆之一，据说也是乌鲁木齐本地咖啡师的摇篮。S.O.E美式的果酸口感独特，Dirty独家调制的奶底很不一样，丝绒拿铁很适合冬天喝。

国际大巴扎宴艺大剧院　　　　剧院
（见126页地图；☎855 5485；解放南路8号，国际大巴扎4号楼4层）在这里可以欣赏到精彩的新疆各民族歌舞，舞美和编排很精彩。20:00入场，20:30~21:40演出，票价按座位不同（夏季299元起，冬季低于100元）。疫情期间纯表演，不含餐。

与之类似的还有对面二道桥大巴扎4楼的**二道桥大剧院**（见126页地图；☎286 2666），价格稍便宜一些（239~329元/位），每晚7点进场，8点演出开始。

人民剧场　　　　　　　　　电影院
（见126页地图；☎887 2255；建中路2号）人民剧场的高大立柱和金色拱顶都显示出这座建筑的欧式风格，这里经常有民族歌舞剧和音乐会等文艺演出。有空来这栋半个世纪前建造的宏伟剧场看场电影，绝对值回票价。周边还有阳光书城和新华书店，值得一逛。

🔒 购物

新疆的特产几乎都可以在乌鲁木齐买到。想买干果的话，建议去市区的几个大型干果市场，物美价廉，买好之后由店家直接快递，省力省事。想买民族风情特产的话，二道桥区域最多。**国际大巴扎**有专门的旅游纪念品商场，除了干果，玉器、英吉沙小刀、维吾尔族小花帽、薰衣草精油、地毯等都可以在这里买到。

乌鲁木齐小吃大搜罗

乌鲁木齐的小吃多种多样，这里介绍的多是当地人推荐的老字号，或是最常光顾的小吃店，味道正宗，价格实惠，只是有的环境不太理想。

从街头走到街尾不出10分钟的领馆巷内藏着不少本地特色美味。**领馆巷原来原味肉馕**（见126页地图；新华南路第三十二小学旁；肉馕12元；⏲10:30~14:00，16:30~21:00）的打馕师傅边做边卖，随着牛羊肉粒被烤得吱吱响，色泽金黄的肉馕出炉，香味四溢。出炉15分钟后口感最好，一口咬下去，热气腾腾、满口生香。**本帮本色手搓拌面**（见126页地图；领馆巷28号；人均20元；⏲12:00~22:30）的特别之处在于，面条不是常见的拉面，而是手搓而成，口感更扎实筋道。

阿布拉的馕（见126页地图；西北路104号；馕5元；⏲10:00~22:00）可谓乌鲁木齐最知名、最受欢迎的店了，无论何时去总是排着长队。新出炉的油馕带着芝麻香，薄脆可口。想多买的话，店家还可帮你发快递，回家用烤箱也能还原现场吃的口感。

二道桥大巴扎　　　　　　　市场

（见126页地图；☏8538093；解放南路37号；◎10:00~20:00）就在国际大巴扎对面，所售货品和价格也类似，中亚地毯、干果、民族服饰和乐器等都有明确的分区设摊。规模比国际大巴扎小，但也是一站式购物的不错选择，很多人在这里逛着逛着也顺便饱餐了一顿。

红山市场　　　　　　　　　市场

（见126页地图；◎10:00~20:00）市场内有百余家店铺，红枣、葡萄干等干果普遍比大巴扎价格便宜，大多数店家都可代发快递。此外，也可前往**北园春干果市场**（见126页地图）和**华凌干果市场**选购。

班的书店　　　　　　　　　书店

（见126页地图；解放北路222号万宴城1楼；◎周一至周五11:00~21:00；周六和周日11:00~21:30）乌鲁木齐最具文艺气息的书店之一，也是新疆第一家具有空间美学的新型实体书店。近2000平方米的空间明亮开阔，无论色调、格局、书架造型或是书籍的摆放，处处彰显设计感。书籍品种齐全，分类清晰，一些新疆特色的手办和文创产品是一大亮点。书店内经常举办作家签售会和文化沙龙等。

哈萨克式下午茶

人民剧场旁有家老字号哈萨克风味餐厅**伊宁伊香酥油奶茶馆**（见126页地图；建中路20号，人民剧场旁；人均20元起；◎8:00~24:00）。这里的奶茶（6元/碗，20元/壶）最出名，香甜解腻，配上一份类似油饼子的小吃包尔萨克（10元），就是正宗的哈萨克式"下午茶"。你还可以试试马奶和骆驼奶，马肉、马肠也都是哈萨克族特色，本地哈萨克族很认可这里的味道。Ⓛ

左边右边书店　　　　　　　书店

（见126页地图；长江路25号果业大厦17楼；◎周一至周五10:30~20:00，周六、日12:30~19:30）这家小小的独立书店已经开了二十多年，2015年改名之前叫作"广告人书店"，在乌鲁木齐的口碑很好。书籍以广告和设计类为主，也能看到不少国内外小众杂志。店内还有很多个性十足的文创产品。

❶ 实用信息

危险和麻烦

总体而言，乌鲁木齐对旅行者而言是一

米吉提烤包子（见126页地图；汗腾格里清真寺旁育才巷22号；烤包子3.5元/个）和**凯撒烤包子**（北五巷46号；烤包子4元/个）都是老字号了，有众多拥趸。烤包子外焦里嫩、馅料饱满。

味燃香米粉（见126页地图；南昌路与南昌北路路口；人均35元起；◎周二至周日12:30~15:30）只有鸡肉炒米粉（35元）和牛肉炒米粉（56元）两种，虽价格不菲，但特别受当地姑娘的欢迎，每天都爆满，不排上一两个小时甭想吃上。肉和米粉量都超多，很豪很够味。

面旗子是一种传统民间小吃，用刀将大圆饼划碎成小旗子的形状，像下面条一样煮着吃。**胡子王扁豆面旗子**有多家分店，价格实惠（面旗子15元/碗），汤酸酸的，很开胃。

专做回族特色丸子汤的**四十九丸子汤**（丸子汤 25元），1986年从312国道边49公里处发家，如今已开多家分店，丸子外酥里嫩，汤鲜浓郁，吃腻了大油大肉之后，来上一碗十分惬意。Ⓛ

奥斯曼草

为什么维吾尔族姑娘的眉毛又黑又浓、睫毛又长又卷？据她们自己说，这是因为自出生便使用奥斯曼草的汁液描眉画目。奥斯曼草叶子榨取的汁液为墨绿色，长期使用可以促进毛发生长并变得浓黑。奥斯曼草成分制成的眉笔和睫毛膏也是旅行者购物清单上热门的一项。

大巴扎和许多小店都会向你兜售廉价的奥斯曼眉笔，但都不是正品，想买正宗的奥斯曼产品可以去**友好商场**（见126页地图；友好北路14号）负一楼的专柜。有时街边会有维吾尔人摆摊售卖奥斯曼草汁液，哪种效果更好，只能你亲身试试了。

个安全的城市。这里居住着大量穆斯林，与他们接触时需要注意一些宗教禁忌。清真寺通常大门敞开，但进入参观之前最好先询问一下，尤其是女性。给少数民族拍照之前，建议先获取他们同意。在任何清真餐厅就餐都不要带入非清真的食品。

乘坐BRT时不允许携带任何液体，包括饮用水。有人会在路上拦私家车乘坐，很多私车也会停下来问你是否需要用车。在不熟悉路况和价格的情况下，建议谨慎乘坐。

和许多大城市一样，小偷小摸在火车站、繁华商业区比较普遍，需随时小心。在乌市进入车站、商场及电影院等，一般会要求开包检查。车站也会要求出示身份证，在这里遗失身份证后会寸步难行。

新疆本地时间与北京时间有两小时时差。多数服务机构与政府部门的上下班时间与内地不同，早上上班时间一般在10:00或11:00，中午休息时间较长，一般在15:00之后才上班。另外，虽然客运站都以北京时间为准，但当地少数民族司机习惯说"新疆时间"，在包车、乘车时尤其要注意确认时间。

医疗服务

新疆维吾尔自治区人民医院（见126页地图；856 2209；天池路91号）是乌鲁木齐较大的综合类三甲医院。

银行

乌鲁木齐市区各大银行网点密布，一般都有24小时自动柜员机，取钱、转账都不是问题。银行营业时间一般为10:00~18:00。

邮局

解放南路邮政支局（见126页地图；856 9170；解放南路97号；10:00~18:00）

❶ 到达和离开

飞机

乌鲁木齐地窝堡国际机场（机场防疫咨询380 9274）现有三个航站楼，航站楼之间有旅客通勤车。机场与国内超过百座主要城市通航，它还是前往中亚的重要空中枢纽，与伊斯兰堡、阿拉木图、阿斯塔纳、杜尚别、伊斯坦布尔、德黑兰等城市通航，同时与自治区内十几个支线机场有航班往返。

由于乌鲁木齐机场安检级别高，需要至少提前2小时抵达机场。

长途汽车

乌鲁木齐最大的长途汽车站俗称**乌鲁木齐高铁汽车站**（587 8614；乌鲁木齐站北广场；微信公众号"天山行新疆公路客运"），由原来的碾子沟长途客运站搬迁于此，位于乌鲁木齐高铁站北广场，有发往全疆各地的长途班车，包括乌鲁木齐周边的奇台（51元；10:10、11:10、12:20、13:30、14:40、16:00、17:30、19:00；3小时）、五彩湾（55元；12:30、16:00；3小时）、阜康（15元；10:00、10:40、11:20、12:50、13:30、14:50、15:30、16:50、17:30、19:00；1.5小时）、吉木萨尔（41.5元；10:00、11:30、14:00、16:00、18:00；2.5小时）、木垒（60元；10:30、

14:00；3.5小时）、玛纳斯（32元；10:30、15:30、17:30、19:00；2小时）。乌鲁木齐国际汽车客运站也在同一车站内，疫情前有国际大巴发往哈萨克斯坦的阿拉木图等城市。

发往南疆各地的班车主要在**南郊客运站**（✆286 6635；燕尔窝路1号）乘坐，门口便是地铁1号线三屯碑站。靠近原乌鲁木齐南站的**军供客运站**（见126页地图；✆559 6315；南站路35号），有频繁发往呼图壁（16元；1.5小时）、玛纳斯（32元；2小时）、石河子（38元；2小时）等地的班车。

各汽车站车次的季节性调整幅度很大，一般来说，夏季车次最多，冬季可能减半，加上近两年受疫情影响，常有临时变化，本书所列车次时刻表仅作参考，微信公众号"新疆客运联网售票"上所列的车次也不齐全，最保险的方式是致电客运站了解。

火车

乌鲁木齐站[✆794 3150；经济技术开发区（头屯河区）]是进出新疆的主要门户，也是兰新高铁的西端终点。原**乌鲁木齐南站**已经停运，如今发往疆内、疆外的火车、高铁都在乌鲁木齐站乘坐，疫情前每周有2趟发往哈萨克斯坦阿拉木图的国际列车。市区29路、301等多路公交车可到，BRT5号线终点站即是乌鲁木齐站北广场，机场快线2号线也经停此站。

ⓘ 当地交通

抵离机场

乌鲁木齐地窝堡国际机场距市区约17公里，可乘坐地铁1号线前往市区，也有一条连接机场、红山、火车南站的机场大巴（✆380 4463），车程半个多小时，票价15元。机场发车时间为8:00至当日航班结束，白天通

班的书店（见99页）一角。

乌鲁木齐高铁汽车站车次时刻表

目的地	发车时间/班次	票价(元)	行程(小时)	备注
阿勒泰	11:40、20:40	163(白班)、185/195(夜班)	12	20:40为卧铺车
布尔津	11:15、20:10、20:20	185(白班)、175/185(夜班)	12	20:10和20:20为卧铺车
独山子	10:30、11:30、14:00、15:00、16:00、17:00、18:00、20:00	62/80	4	
哈密	20:00	110/120	9	卧铺车
霍尔果斯	21:00	160/170	11	卧铺车
库尔勒	10:30、12:30、21:00	136(白班)、140/150(夜班)	9	21:00为卧铺车
若羌	19:00	265/290	15	卧铺车
塔城	10:00、12:00、19:50、20:50	162(白班)、165/175(夜班)	12	19:50和20:50为卧铺车
新源	17:00、19:00、21:00	200/220(17:00和19:00)、185/195(21:00)	12	卧铺车
伊宁市	13:00、19:00、21:00	190(白班)、175/185(夜班)	10~12	19:00和21:00为卧铺车

南郊客运站车次时刻表

目的地	发车时间/班次	票价(元)	行程(小时)	备注
吐鲁番	9:30~20:30每30分钟一班	45	3	
库尔勒	11:30、14:30、17:30、20:30	135(白班)、130/140(夜班)	6(白班)、9(夜班)	20:30为卧铺车
阿克苏	13:30、17:00、17:30、21:00	195/205	16	卧铺车
喀什	10:40、11:20、13:20、14:00、16:40、18:00、18:40、20:00	260/280	24	卧铺车
和田	14:00~18:00每小时一班	370/390	20	卧铺车
库车	17:30、19:00、19:30	165/175	12	卧铺车
阿图什	17:00	258/280	24	卧铺车
且末	19:00	320/340	24	卧铺车
板房沟	夏9:00~20:00,冬9:40~19:30,每40分钟一班	12	1	前往天山大峡谷
西白杨沟	9:20、10:40、11:40、14:30、15:40、18:30(冬)/19:00(夏)	14	1.5	
水西沟	夏8:50~20:00,冬9:40~19:30,每30~40分钟一班	12	1	
小渠子	10:20(夏)/12:20(冬)、16:20	16.5	2	
达坂城	夏9:00~19:30,冬9:20~19:00,每20~30分钟一班	16	2	途经柴窝堡
庙尔沟	9:30、13:40、17:40	14	1.5	途经硫磺沟
昌吉市	7:10~22:30每3分钟一班	8	1	

常每小时1班或客满发车，凌晨1:00后随航班动态发车，途经木材厂、友好路、明园、红山、长江路等站点。市区上客点为红山（南航明珠酒店）和火车南站南广场，中途不停站，红山发车时间为7:00~10:00每小时1班，10:00~22:00每30分钟1班；火车南站发车时间为7:30~21:30每30分钟1班。

27路公交车也停靠机场3个航站楼，车程近1.5小时。从市区乘出租车去往机场30~40元。

地铁

乌鲁木齐目前开通了一条地铁线，连接机场、八楼、南湖广场、北门、南门、二道桥、三屯碑（南郊客运站），运营时间7:40~23:30。乘坐地铁，可下载"乌鲁木齐地铁"App扫码过闸。

BRT（快速公交）

乌鲁木齐市有9条BRT专线，基本覆盖了市区主要街区和景点，运行时间大多为7:20~23:30，票价1元。可在站内自由转乘其他线路。在支付宝出行页面搜索"红山通电子公交卡"，扫乘车码支付，BRT、公交通用。

公交车

乌鲁木齐市区公交车系统非常发达，大多数市区景点都能乘车到达，无人售票车票均为1元。少数市郊公交车视乘车站距分段收费，票价1~3元。公交同样可以用支付宝扫码支付。

出租车

乘出租车起步价10元，3公里之后每公里1.3元，夜间价（0:00~7:00）每公里1.5元。网约车很普遍。

乌鲁木齐周边

乌鲁木齐东西北三面环山，从任一方向走出城市，都可迅速投身到清净优美的自然风光之中。往东北是西王母传说中的天池，终年积雪的博格达峰与你隔湖相望；往东南沿着古白水涧道而行，别忘了拍下一路的风车大片，而终点就是歌声里的达坂城；往西南则是哈萨克族夏季放牧的南山，住在毡房里喝奶茶，或是策马奔腾草原上，将小小体验一把游牧民族的生活。

南山风景区

南山位于北天山支脉喀拉乌成山北麓，是乌鲁木齐人的"后花园"，夏季避暑，冬季滑雪。山麓中东西走向排布着十余条大小沟谷，自然风光迷人，冰川、雪峰、森林、草原皆有。沟谷之间有小路相通，也是户外徒步的好去处。

南山牧场

（📞583 7888，887 2999；门票45元；⏰夏季 8:00~23:00，冬季 9:00~20:00）人

天山一号冰川

天山一号冰川曾号称是"世界上离大都市最近的冰川"，也是乌鲁木齐、昌吉、和静等地的生活水源。不过它也如地球上其他冰川一样，随气候变暖而日渐消融，如今一号冰川的面积较20世纪大大缩水。为了减少因人类活动引起的冰川消融和污染水源，早在十多年前乌鲁木齐就叫停了天山一号冰川的旅游，并建立起天山冰川保护区，对冰川生态实行监测。2016年，保护区禁牧，近万亩草场被征收，覆上人工种植的草皮，矿坑回填，车辆禁止通行。

冰川虽不再能接近，但你还是有机会在海拔4280米的胜利达坂远观一番。达坂两边山石陡峭，也被称作"老虎口"。出乌鲁木齐沿G216国道南行，过了南山风景区后，穿过后峡，再行驶约50公里，就能抵达胜利达坂，接近达坂的路况很差，还要小心占据公路主流的重型卡车。Ⓛ

们习惯将南山风景区称为南山牧场,从唐代起这片地区就是著名的牧区和狩猎场,哈萨克族世代在此放牧牛羊。一张门票可通玩西白杨沟、乌拉斯台空中草原、菊花台、天文台、小渠子等景点,前两处是主景点,游客也最多。进入景区后3公里,是通往西白杨沟的路,尽头是一条高达40余米、宽约2米的**神布拉克瀑布**,如白练悬空,颇为壮观,可步行40分钟或乘坐区间车(单程25元,往返45元)前往。

乌拉斯台空中草原近年来因综艺节目火起来,前往这里沿途会经一处观景台,可俯瞰连绵的群山。空中草原海拔较高,夏天凉爽宜人,草原上鲜花盛开,绿草如茵,是避暑的好去处。再往西行有一岔路,一条路通往**菊花台**。这里因生长着大片金黄色野菊而得名,春夏时节最为漂亮,半山坡上百花争艳,蜂蝶纷飞。菊花台东侧的中梁台上还建有与国际观测水平接轨的中科院乌鲁木齐天文台,有直径25米的射电天望远镜。另一条路则通往**小渠子**。这是一片森林草甸,生长着高大的雪岭云杉,每年春夏,草甸上野花点点,芬芳四溢。

夏季草原上活动很丰富,可以骑马,也可以在铺满美丽地毯的哈萨克毡房里品尝地道的美食和奶茶。冬季景区免票,区间车也停运,草原变雪原,瀑布成冰瀑,仿佛来到了电影《情书》中的北海道,你甚至有机会免费包场看雪景。

乌鲁木齐人民公园南门的黄河路上有班车开往西白杨沟(9:00~18:00约每小时1班;1.5小时)。由于西白杨沟和乌拉斯台空中草原两大主景点相隔长长的环山公路,且景区内没有交通接驳,如果不是自驾,建议约伴包车前往,夏季乌鲁木齐的旅行社会推出南山牧场的一日游团(约100元/人)。

天山大峡谷。

天山大峡谷

（见75页地图；762 9111；www.wlmqtsdxg.com；板房沟；门票75元，区间车50元；5月至10月 9:00～19:00，11月至次年4月 10:00～18:00，提前1小时停止入内）天山大峡谷是南山风景区中唯一的5A级景区，结合了悬崖、湖泊、森林等多种景观，游览体验比南山其他景区更为丰富。

进入景区后不远就是照壁山水库的大坝——天山坝。区间车路线沿大坝形成的碧龙湾而行，即夹在两山之间的巨大山崖照壁山。区间车停的第一站为照壁山庄，地形自该处突然收缩，水流跌落而下。水中铺设有大型轮胎，连成一座桥，参观者可以从河流中穿过，享受两岸的山光水色。继续前行下一站是天鹅湖，这是一个高原湖泊，碧水平静地映照着周边绿树葱茏的群山，草甸上哈萨克的毡房炊烟袅袅。

到天鹅湖后还可继续包当地人的车，盘山上行，一路都是原始森林与高山草甸风光。最高处为天门，可俯瞰峡谷全貌。之后沿路经过狭窄如一线天的石门和形似骆驼的神驼峰，回到照壁山庄。照壁山庄和天鹅湖都有餐厅。

2021年夏天，照壁山至天鹅湖路段出现险情，目前区间车仅到照壁山庄，天鹅湖及后面的景点都暂停开放，虽然门票（30元）和区间车费（28元）比平日便宜一半，但这一段风景在整个景区中也相对最无趣，我们也建议你等景区全面恢复后再来，可通过景区官网或致电了解最新进展。从乌鲁木齐南郊客运总站乘坐前往板房沟的班车可直达景区（见102页）。返程末班车为18:30。

东白杨沟

（见75页地图；466 6931；门票20元）东白杨沟位于天山大峡谷以西，与西白杨沟隔河相对。景区内有一条清冽的溪水，两旁林木葱郁、芳草如茵，比起南山风景区其他景点，更加秀丽清净。森林草甸有哈萨克牧民经营的牧家乐可提供饮食。调研期间，暂

冬季滑雪好去处

冬季的南山银装素裹，有白云、天山天池、丝绸之路等众多滑雪场，通常于11月中旬开营，营业至次年3月中旬。其中，西北地区最大的**丝绸之路国际滑雪场**（591 1111；水西沟镇平西梁景区；日场 周一至周五 120元/4小时，160元/天，周六、日180元/4小时，220元/天，夜场120元，元旦、春节期间300元/4小时，340元/天，夜场140元；11月至次年4月 日场10:30～18:30，夜场19:00～22:30）海拔1800～2500米，建有初、中、高级雪道21条，专用滑雪和观光缆车6条。滑雪场同时提供全套装备出租服务和教练指导。**白云国际滑雪场**（385 7028；水西沟镇白云滑雪场东湾村老虎沟；周一至周五 150元/天，周六、日 170元/天；元旦、春节期间310元/天；10:30～18:30）建有初、中、高级雪道和雪圈共8条，有适合初学者的雪上项目培训，还有儿童赛道，很适合亲子游。这两处滑雪场都位于南山，滑雪季乌鲁木齐有发往雪场的直通车（38元往返），可在铁路局西单商场（8:50）、红山孔雀酒店（9:20）和雪莲酒店（9:40）上车，17:00从雪场返程。

在天山天池脚下坐落着**天山天池国际滑雪场**（885 0396；阜康市三工乡西台子境内1-3号；周一至周五140元/天，周六、日220元/天，元旦、春节期间320元/天；10:00～17:30），海拔1200～1400米，7条总长度15公里的独立雪道沿山脉绵延而下，其中1号雪道长1.8公里，是新疆最长的专业滑雪道，也是一条越野雪道。雪场还设有单板U形槽，并有儿童专用道。滑雪场也提供装备出租和教练指导。2021年受疫情影响，滑雪场未开放。

无班车前往东白杨沟，可从天山大峡谷包车前往游览，约150元。

《达坂城的姑娘》的诞生

"达坂城的石路硬又平,西瓜呀大又甜。那里来的姑娘辫子长啊,两个眼睛真漂亮……"

几乎人人都知道新疆有个达坂城,达坂城有美丽的姑娘。然而,"西部歌王"王洛宾整理和编曲的时候,还从未进过新疆,更没见过达坂城的姑娘。这首歌实际上是他在兰州收集并再创作的。

1938年,王洛宾所在的西北抗战剧团在兰州组织联欢会,其间一个头戴小花帽、留着小胡子的维吾尔族司机唱了一首简短动听的民歌。尽管听不懂歌词,王洛宾依然被歌声打动,并速记下了旋律。他还急忙请来维吾尔族朋友卡得尔进行简单的翻译,才弄清楚歌曲大概的意思:新疆有个达坂城,姑娘漂亮得很,他想娶她。

当晚王洛宾兴奋得无法入睡,他反复琢磨,大刀阔斧地加工,重写了歌词。于是一首轻快、俏皮的民歌诞生了,这就是如今蜚声世界的《达坂城的姑娘》。这是王洛宾整理和编曲的第一首维吾尔族民歌,也是中国第一首用汉语编配的维吾尔族民歌。

峡口古城遗址。

博格达峰

天气晴好时,在乌鲁木齐市区高处向东眺望,能看见一座银光闪烁的雄伟山峰高耸于天地之间,这就是著名的博格达峰。博格达峰海拔5445米,为天山山脉东段的第一高峰,峰顶白雪皑皑,峰下有绿水幽深的天池。在蒙古语中,"博格达"意为"神灵"。早在商周时期,周穆王就曾以天子之名,从遥远的东方奔赴天山天池祭天。到了清代,新疆重归中原版图,乾隆曾派大臣上博格达祭拜并亲撰祭文,祭祀规格与五岳同等。

博格达峰也是人们接近天山的一个最佳途径。除了在天池近距离欣赏它的雄姿,现在还可以选择徒步穿越,无论是传统的三日路线(见114页方框),还是更具挑战性的五峰连穿,都能全方位亲近博格达峰。

达坂城

一首《达坂城的姑娘》让这座小城名扬天下。"达坂"在维吾尔语和蒙古语中都为山口之意,达坂城地处天山脚下,北依博格达峰、南邻吐鲁番盆地,扼进出天山之关隘,自古就是丝路上的咽喉要冲和南北疆分界点,而今,兰新铁路、G314国道和G30连霍高速也由此穿过。

从乌鲁木齐前往达坂城,风景都在沿途,伴随着连绵壮观的风车群,柴窝堡湖与盐湖—淡一咸两座湖泊依次出现在国道边,接近达坂城时公路边遗留有一唐代古烽燧,雄踞山坡之上,可俯瞰达坂城全景。达坂城还是著名的风口,当地有民谣唱道:"达坂城、老风口、大风小风天天有,小风刮歪树,大风飞石头。"如果冬春季前来,你能明显感受到风沙漫天的威力,夏季则风止树静。

白水涧道

峡口古城自古就是重要的军事要塞，唐代称白水镇，得名于古丝绸之路的重要组成部分——白水涧道。据《西州图经》记载："白水涧道，右道出闪（交）河县界，至西北向处月以西诸藩，足水草，通车马。"白水涧道起于交河，终于轮台，与如今连通吐鲁番交河故城和乌鲁木齐乌拉泊故城的道路有大量重合之处。唐朝时，商旅从长安出发，都要经过交河、轮台，再西去中亚和欧洲。因此，往来交河与轮台之间的白水涧道非常繁荣。

唐朝诗人岑参曾写道："君不见，走马川行雪海边，平沙莽莽黄入天。轮台九月风夜吼，一川碎石大如斗，随风满地石乱走。"诗句中的"走马川"就是指这条车马众多的繁荣道路，而常年狂风大作、砂石风舞的场景，正是平均每年有163个大风日的达坂城的真实写照。

◉ 景点

达坂城古镇　　　　　　　　　　古镇

（见75页地图；城区东南5公里；门票40元；⊙9:30~20:00）公元640年前，唐王朝平定高昌，设置西周以后，在西周境内设白水镇，便是达坂城建城之始。如今位于白水镇的达坂城古镇实为仿古货，景区新修的吊桥、烽燧、兵器台等，都是仿唐代西域风格，试图重现白水镇当年盛景，但城门并不宏伟，游人也寥寥。跨过一座木桥，可来到真正的古迹——**峡口古城**。这处唐—清时期的遗址矗立在一块铁黑色岩石之上，周长360米的城墙为夯筑，间或夹有苇束，北墙保存较好，西北的角楼也可看出形制。木栈道绕古城一周，周边是苇草繁茂的湿地。

景区内还设有**王洛宾音乐艺术馆**，爬满绿植的几间平房里用展板详细地描述了"西部歌王"的一生，背景音乐则是王洛宾那些脍炙人口的歌曲。

古镇距达坂城城区还有5公里，两地之间没有公共交通，只能从达坂城打车前往。

达坂城风力发电站　　　　　　　地标

免费 往返于乌鲁木齐和达坂城之间的时候，千万别在车上打瞌睡，否则你将错过可能是国内最壮观的风车群。达坂城地处山谷，因为狭管效应，导致风大、风多。从乌鲁木齐出发，沿连霍高速或G314国道前行，经过乌拉泊收费站之后，两旁的广袤旷野上逐渐出现成百上千座发电风车。道路北侧的风光更胜一筹，挺拔、洁白的发电风车在湛蓝天空与高耸的博格达峰的映衬下，更显壮美。若是日落时由此经过，风车之路的背景天空如同熊熊火焰燃烧，博格达峰也是一片金色，是拍摄大片的好时机。

连霍高速距柴窝堡立交桥西侧约3公里处有观景台，可以停车赏景拍照。若是搭乘班车，从乌鲁木齐往达坂城去时建议坐在左侧座位，回程时反之。

盐湖

（见75页地图；📞590 0068；城区西北15公里处；门票59元，观光车30元；🕙10:00~20:00）从乌鲁木齐乘车接近达坂城时，能在道路南侧看见一片波光，平静的湖水完美地倒映出高耸群山与湛蓝天空。景区内有盐雕群和各种体验活动，包括漂浮、黑泥浴、卡丁车、小火车等。夏季水多、风小，比较上镜，但要注意防晒防暑。2021年夏天，携程网上的门票价是门市价的1/3，比较划算。

乌鲁木齐与达坂城之间的班车途经盐湖；自驾者可以将车开进景区，需另外为车支付60元。

🛏 食宿

从乌鲁木齐到达坂城一日游很方便，没有必要在达坂城内住宿，由于景点都不在达坂城内，你甚至可以不进城，午饭可选择硫磺沟、在柴窝堡吃顿辣子鸡。若是在达坂城就餐，农贸市场内的拌面、丸子汤、烤包子都很美味。

❶ 到达和离开

达坂城返回乌鲁木齐南郊客运站的班车就在农贸市场旁边发车，最晚一班在19:00左右。市场对面也有去乌鲁木齐的小车（30元/人）。

柴窝堡湖

在茫茫戈壁之上突然出现了一个圆形淡水湖泊，水面平静，雪山倒影清晰可见，四周草木葱郁。柴窝堡湖（见75页地图）由湖北面的博格达峰融雪及湖南面的公格尔峰融雪汇集而成，湖底与盐湖相通，但因海拔不同，形成了淡水湖、咸水湖相邻的奇景。

湖畔的柴窝堡乡一整条主街几乎全是做

大盘鸡或辣子鸡的餐馆,每逢节假日,便有大量周边游的人来此大快朵颐,每日能消费2000只到5000只鸡,香辣味从店内冲出,颇有魔幻之感。

往返于乌鲁木齐市郊客运站和达坂城的班车经停柴窝堡,连同达坂城一日游很方便。

硫磺沟和庙尔沟

硫磺沟(见75页地图)位于S104省道与S101省道交界处——从昌吉出发沿S104省道南行,从乌鲁木齐出发沿S101省道西行。硫磺沟属于喀拉扎山——中国最长的侏罗纪山脉。在竖向褶皱发育的悬崖峭壁、丘陵沟壑之中,裸露的岩层一道道清晰分明,一层赭红、一层橘黄、一层灰褐,瑰丽夺目。沿着硫磺沟有数处煤矿,据说赤红色山石之下的地下煤火燃烧了几百年,如今已被扑灭。

庙尔沟。

从硫磺沟镇往南皆是煤矿,大量的灰尘与喧嚣的卡车占据了狭窄的道路。行进约35公里即可抵达风光迥然不同的**庙尔沟**(见75页地图)。这里空气凉爽,草原广阔,森林茂密。沿着18公里盘山路深入庙尔沟可达**索尔巴斯陶**景区,这是哈萨克牧民的夏季牧场,5、6月时草原会开满野花。

昌吉亚中天桥下有班车发往庙尔沟(15元;夏8:00~20:00,冬9:40~18:00,坐满发车),途经硫磺沟。夏季有时乌鲁木齐南郊客运站也有班车发往庙尔沟。

从乌鲁木齐往硫磺沟途中会看见**亚洲大陆地理中心**(永丰乡包家槽子村;30元;9:00~19:00)的路牌,在路口下车步行2公里即可抵达。"亚心"的位置于1992年测定,位于东经87°19′52″、北纬43°40′37″,目前矗立着一座A字形(代表Asia)亚心塔,塔顶的钢球(代表地球)下有中垂心,直对塔基中心的亚洲微缩图心脏,表明"亚心"的位置所在。

昌吉和周边

电话区号 0994

昌吉为"仰吉"之转音,在突厥语中是"新"的意思。元朝时称"仰吉八里",意为新城。然而昌吉州的历史可以追溯到更远。西汉时这里属西域三十六国之一的车师国;唐朝设庭州,辖金满、轮台、蒲类、西海四县,相当于如今昌吉州的大部分地区。宋时,这片地区先后属吐蕃、回鹘汗国。清朝新疆建省后,昌吉州大部归迪化府。1954年,昌吉回族自治区成立,次年3月,更名为昌吉回族自治州。

如今的昌吉州从东西北三面环抱首府乌鲁木齐,不仅交通便利,县市食宿方便,而且景点十足多样化,从丹霞到高山麦田,从恐龙化石到岩画,除了不断切换的自然美景和民族风情,还能近距离触摸西域厚重的历史。从乌鲁木齐出发,往西可依次游览昌吉市、呼图壁、玛纳斯,往东则可前往阜康、吉木萨尔、奇台、木垒,大部分景点都可一到两日往

另辟蹊径
亚洲大陆地理中心

从乌鲁木齐前往硫磺沟，途中会经过**亚洲大陆地理中心**（永丰乡包家槽子村；门票30元；◎9:00~19:00）景点。"亚心"的位置于1992年测定，为东经87°19′52″、北纬43°40′37″，于是荒漠上矗立起了一座A字形（代表Asia）亚心塔，塔顶的钢球（代表地球）下有中垂心，直对塔基中心的亚洲微缩图心脏，表明"亚心"的位置所在。景区大门设计为宏大的雄鹰展翅状，从入口至"亚心"沿途排列着亚洲48个国家的雕塑，但总的来说这里意义大于内容，看点不足。如果你有意走S101省道（见124页方框），可以顺道打卡，否则并无太大必要列入行程。

返，因此昌吉州也是当地人热衷的周边游目的地。

昌吉

旅行者往往略过昌吉或匆匆而过，将这座绿意盎然的城市作为前往其他县市的中转站。确实，唐代所建的昌吉古城只剩下了几处黄土处，市区值得一看的唯有**昌吉恐龙馆**（☏235 8518；建国西路与世纪大道交叉口；门票40元；◎10:30~19:00），馆内陈列着新疆地区发掘的亚洲最大的恐龙——中加马门溪龙。也可以去看看**新疆大剧院**，其设计灵感来自盛开的天山雪莲。

🛏 食宿

快捷连锁酒店是性价比最高的选择，昌吉市内季、丽枫、汉庭、如家、锦江之星皆有。**华怡酒店**（☏289 0999；中山南路中山商务广场4号楼；标单/双250/220元；❄️📶🅿️）设施较新，房间宽敞、干净，酒店旁边就是步行街，觅食方便。位处繁华地段的

凯森酒店（☏234 5999；长宁南路113号华洋广场A座；标单/双350/260元；❄️📶🅿️）同样出色，房间内还配有加湿器。

人民公园旁的**回民小吃街**，将回族的美食一网打尽，但价格略高，主要面向游客，当地人更喜欢去餐馆云集的东方广场周边。

ℹ️ 到达和离开

前往乌鲁木齐市内的班车在乌伊西路亚中天桥下乘坐，7:40~21:20坐满即开。如果要去乌鲁木齐机场或高铁站（25元；8:40~17:40每小时1班；1小时），需要去**昌吉客运站**（☏236 7220；乌伊西路与西外环路口）坐车。发往石河子（33元；8:00~20:00每20分钟1班；3小时，途经呼图壁、玛纳斯）、伊宁（140元；21:30；12小时）、博乐（120元；21:30；12小时）和市内的阜康（22元；7:00~19:30每30分钟1班）、吉木萨尔（40元；9:20、10:20、11:20、11:30之后每30分钟1班）、奇台（50元；7:00~19:30每30分钟1班）、木垒（60元；7:10、8:10、9:20、10:10、14:35、19:30）的班车也在客运站内乘坐，冬季班次根据每天客流量调整。

呼图壁

在丹霞地貌中寻找几千年前留下的神秘岩画，是旅行者来到呼图壁的主要目的。县城内宽敞整洁、绿树成荫，实惠的当地美食值得你稍作逗留，大快朵颐。

◎ 景点和活动

康家石门子岩画   古迹

（见75页地图；S101省道和X146县道路口以西20公里；门票20元）这是目前国内保留最完整的生殖崇拜岩画群，一般认为是3000多年前的塞人所创作。在一片巨大的充满褶皱的红色山崖上，崖壁上阴刻着数百个大小不等的人物形象，面积达120多平方米。较低部分的图案因自然剥蚀和人为破坏而难

以分辨，高处的岩画则保存较好，人物大多右手向上、左手向下呈现狂欢的表情，最大的人物形象高达2米多。最显眼的莫过于几个依然保有赭红涂色的人物形象，以及一个脸部像猴子、打耳洞、露出生殖器的男性形象。根据专家的分析，这些岩画最早生成于母系社会时期，以女性为主角，描绘的是舞蹈场景，然而随着父系社会的到来，岩画被后人涂改和添加，主角变成了男性，场景也变成了生殖崇拜。

没有公共交通前往，从县城包车往返约200元。

🍴 食宿

从乌鲁木齐市来此一日游很方便，一般没有必要留宿，这里的酒店也普遍质量不高。若不得已逗留，位置优越的**呼图壁迎宾馆**（☎4555 888；乌伊西路与园林路交叉路口；标单/双 240/200元；❄ 🛜 🅿）可能是县城性价比最高的选择，房间很宽敞，设施很新。

每到饭点，东风大街和西市路路口就升腾起大片的烧烤烟雾。一盘烤串配一碗凉皮或凉面，是当地人最热衷的一餐。呼图壁被认为是新疆椒麻鸡之乡，又以**老沙椒麻鸡**（西市南路四季花城底层商铺；人均50元；10:00~23:30）最出名，椒麻鸡可点小份，很让独自旅行者欣慰。**马老五特色羊脖**（☎420 8410；吉祥大道与锦华大道交叉路口往西50米；羊脖子80元，烤羊腿75元/公斤；10:00至半夜）的羊肉嫩而不膻，入口很是美妙。**毛苏大碗酸奶油糕火烧**（酸奶10元；10:00~23:00）的凝固型酸奶细腻爽滑，油糕外皮非常酥脆，是饭后点心的最佳选择。

❶ 到达和离开

呼图壁客运站（☎450 1123；乌伊东路32号）有班车发往乌鲁木齐（16元；夏季7:20~20:05每15分钟1班，冬季根据每日客流量发车；1.5小时）和昌吉（12元；夏季7:20~20:00

⭐ 值得一游

肯斯瓦特水库

（见75页地图；玛纳斯县S101省道；免费）别对"水库"两字抱有偏见，玛纳斯河流域的肯斯瓦特水库平静地蜿蜒在两岸磅礴山峰间，随天色呈现蒂芙尼蓝或翡翠绿，水色纯净得一点不掺杂色。低处有围栏挡着，想拍全景，要么借助无人机，要么找土路攀爬上山坡。

肯斯瓦特水库是S101省道（见124页方框）沿线的重要景观之一，如果你不打算走S101全程，可以从玛纳斯（沿X156县道向南）或石河子（沿511乡道向南）出发，然后接入S101省道。同样在S101省道沿线，与之相距约30公里处有一个塔西河石门子水库，高达110米的大坝将塔西河上游拦腰截住，形成一片高峡平湖，碧水夹在赭红山岩之间，颇为壮美。但目前这处景点不开放，可试试绕行上山赏景，或弃车徒步进去。 ⓛⓟ

每10分钟1班，冬季8:20~19:30约30分钟1班；1小时）。昌吉发往石河子的车会路经此处配客。

吉木萨尔

吉木萨尔曾是"西域三十六国"之车师国的领地，汉唐盛世间西扩展和经营西域时的军事重镇、行政首府，又是古丝绸之路上的重要通道和驿站。如今的吉木萨尔虽无甚名气，但面积广阔的北庭故城遗址足以述说它曾经的辉煌。

◉ 景点

北庭故城遗址   考古遗址

（见75页地图；☎130 3940 3027；北庭镇；门票48元，讲解96元；⏰5月至9月10:00~19:00，10月至次年4月10:00~18:00）新疆最古老的故城之一。北庭城始建于658

狼塔C线

狼塔，在哈萨克语中意为有狼群守护的塔山。狼塔就是指呼图壁河的发源地河源峰，海拔5290米，山势陡峭，形如尖塔。狼塔C线正是穿越这一地区的一条高危徒步线路，自北向南穿越天山，翻越冰山隘口，横渡激流，行走空中栈道，穿越草原和森林，以风光绝美与危险、难度、海拔之高，而被称为新疆户外最艰难的徒步路线之一。

狼塔C线的路线为：呼图壁林场—希勒木乎—喀拉莫依纳克达坂—白杨沟达坂—库拉阿特腾阿苏达坂—蒙格特开曾达坂—哈尔嘎特开尔茨达坂—哈尔哈提达坂—古仁格勒村。全程约130公里，用时7到8天，需连续翻越5个海拔近4000米的达坂，穿过总长近5公里、在垂直峭壁上人工开凿的狭窄空中栈道。在纵深100多公里的无人山区，有狼、棕熊、雪豹等野生动物出没，也有一望无际的高山牧场、壮丽的河谷与茂密的原始森林。

徒步狼塔C线需全程重装，并由熟悉路况的当地向导带领，具体事宜可联系当地户外俱乐部。这条线路曾多次发生事故，建议驴友穿越前做好充分准备，谨慎行动，尽量避免冬季进山。⑩

年，是唐朝统治天山以北的庭州、北庭都护府、北庭节度使的治所，后来成为高昌回鹘的陪都，元朝时称别失八里，14世纪后随着察合台汗后裔的伊斯兰化，逐渐衰败毁弃。如今沿着断壁残垣中的栈道行走，依稀可辨角楼、城墙、内外城布局，而一处高大的"土包"则被标识为**北庭都护府遗址**。

电瓶车（10元，冬季停开）会将参观者送至故城西侧700米处的**北庭高昌回鹘佛寺遗址博物馆**。9世纪回鹘入主北庭后开始信仰佛教，北庭高昌回鹘佛寺又称西寺，曾是

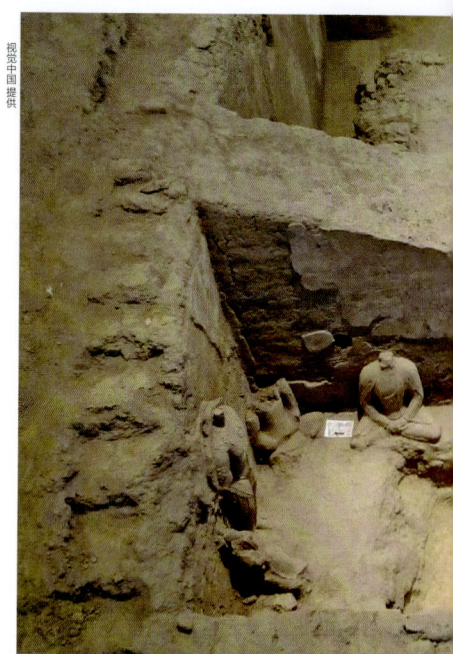

北庭故城遗址。

高昌回鹘时期的王室佛寺、天山北麓的佛教文化中心。如今遗址就在博物馆内，外观为一梯形巨大土丘，分上下两层，围绕有楼梯供游客参观。下层南侧4个配殿格局清晰可见，佛像底座尚存，其中S101配殿的7座佛像坐像和1座立像除头部外保存较完好，S105配殿的壁画颜色鲜艳，可辨认出多个人物形象。东侧现存15个洞龛，登上2楼可以清楚地看见上层7个洞龛内残存的佛像下半身、台座、壁画，其中S204洞内的佛像最为完好，上半身虽然破损严重但依然保存，衣衫皱褶清晰分明。

博物馆内还设有**北庭故城遗宝展厅**和**北庭回鹘王家寺院壁画展厅**，文物众多、解说详细，值得多花些时间观看。前者展出有西寺出土的回鹘雕塑和壁画残片，雕塑多为佛教塑像，内容丰富、形象精美，壁画颜色鲜艳如初，线条挺拔流畅。后者展出有洞龛场景复原和壁画复原图，可以仔细欣赏在遗址

处未能看清的精美壁画，其中S104配殿的供养菩萨像头戴花冠，身披红甲，衣饰鲜艳细致，面容与身躯勾画简洁优雅，令人赞叹。展厅内还有一交脚坐像的脚部陶塑残片，优美异常。

遗址距吉木萨尔县12公里，可从县城中心的大十字坐4路公交车前往。

食宿

县城内住宿条件大多不尽如人意，**北庭迎宾馆**（☏673 9666；建国路2号；标单/双250/320元；❄ ☏ P）是目前最新的四星级酒店，房间干净，床品舒适，配有浴袍、小冰箱、电子秤等；位置比较吃亏，不在繁华中心，但价格足以弥补这些劣势。

北庭商贸城周围有很多口味不错的回民餐厅，可以一尝当地特色，比如拌面、拨鱼子、丸子汤等，街边摆着十几家酸奶小摊，任选一家味道都不错。

格林豪泰酒店 <u>连锁酒店 ¥</u>
（☏695 4666；老城南东巷68号；标双/大床158/168元；❄ @ ☏ P）在两条热闹的巷子交叉口，房间很宽敞，卫浴干湿分离，三楼都是特价房（128元）。

❶ 到达和离开

吉木萨尔客运站（北庭路靠近G335国道）有班车发往昌吉（40元；7:00~19:30每30分钟1班）、乌鲁木齐（41元；车次频繁）、石河子（83元；11:00；5小时）、五彩湾（40元；9:00~20:00每40分钟1班）。此外，北庭商贸城前有专线车（小车）发往五彩湾，50元/人。

五彩湾

五彩湾油气和煤矿储量异常丰富，新修的宽敞道路和高大楼房都意味着一座石油城正在崛起。而在周边的古尔班通古特沙漠之中，则蕴藏着五彩斑斓的地理奇观。

◉ 景点

五彩城 自然景观

（见75页地图；五彩湾以北70公里）穿过沙漠，在路的尽头突然间出现了一片五彩斑斓的山丘，大小不一、错落有致，以绯红为主，层叠夹杂有金黄、灰白、棕褐，光怪陆离的梦幻景色吸引了许多摄影爱好者，《卧虎藏龙》等影视作品也曾在此取景。

最佳游览时间是日落前夕（20:00~21:00），随着太阳西沉，站在观景台上可以看见整片山丘由淡红金黄夹杂变成粉红、最后如火焰燃烧般的绯红的过程。五彩城这种特殊的地貌通常被认为是雅丹与丹霞，但也有观点提出，这是陨石撞击后燃烧而成。在中央观景台之前，有一处围栏里展出有数十颗大小不一的黑色陨石。

没有公共交通前往，从五彩湾包车往返约300元，通常包车司机就是吉木萨尔—五彩湾专线车司机。调研期间，景区已关闭数年（据说是因为发现了珍稀野生动物），前往的公路也异常难行，未来是否会重新开放尚不得而知。

古海温泉 温泉

（见75页地图；☏692 8111；五彩湾新城环城西路472号，紧邻G216国道；门票100元；⏲9:30~24:00）温泉位于古尔班通古特沙漠，据说为7.7亿年前的古海沉积水，出水水温高达75℃。所有温泉池皆为露天，夜里泡着汤看星星很惬意，冬季在雪花飘飞中感受冰火两重天。入住旁边的**温泉假日酒店**（☏692 8222；标间380元起；❄️📶🅿️）会赠送2张温泉票。

🛏 食宿

尽管大多数人留宿于此是冲着温泉，但开业多年的温泉假日酒店设施并不理想。毗邻G216国道、距离温泉3公里的**格林豪泰酒店**（☏836 9388；准噶尔大道2号日月商城

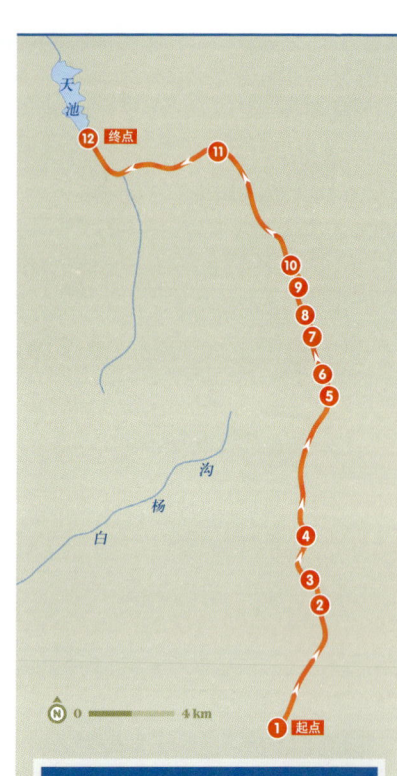

🚶 户外徒步
博格达峰传统穿越

起点： 三个山村
距离： 55公里
终点： 天池
需时： 3天
最高海拔： 3659米
最佳季节： 6月至9月
难度等级： 中级

这是博格达峰的传统穿越路线，一路与冰川、雪岭、草原、森林相伴，美不胜收。

建议一定要由熟悉路况的领队带领，备好保暖防风防水的衣裤和专业徒步/登山鞋、涉水鞋、登山杖、帐篷、温标-5℃睡

袋、防潮垫、防晒物品、墨镜、手电或头灯，以及个人饮食物资。高山症和恶劣天气都需提前预防。全程几乎没有手机信号，有必要提前告知亲友自己的行踪。

一、❶ 三个山村—❷ 1号羊圈—❸ 大石头—❹ 2号羊圈，4小时

从乌鲁木齐乘车前往天山南坡的三个山村（海拔2100米），车最远能开到水闸。由此开始徒步，行进2小时到达1号羊圈。继续前行1小时可以看到一处三岔路口，右拐后有一块大石头，沿边上的马道上行1小时，抵达2号羊圈（海拔2540米）扎营。当日行进约11公里。

二、❹ 2号羊圈—❺ 3号羊圈—❻ 小冰湖—❼ 碎石达坂—❽ 冰湖—❾ 登山大本营，11小时

离开2号羊圈后，花1个多小时从谷底上到山脊顶部。沿山脊继续走2个多小时，抵达3号羊圈，也就是达坂脚下。接下来的攀登需要特别小心，一路碎石，逐渐攀升的海拔也会令人不适。约2.5小时登上达坂，就到了冰湖，沿湖边上的马道至冰湖水源处，选择容易的地方协助过河。接着沿马道绕过山梁，就抵达了宿营点博格达峰登山大本营（海拔3520米）。当日行进约20公里。

三、❾ 登山大本营—❿ 三个岔达坂—⓫ 大东沟—⓬ 天池，13小时

从登山大本营攀升100多米翻过三个岔达坂（海拔3659米），进入大东沟。沿马道一路下行，最终抵达终点天池海南（海拔1930米）。当日行进约24公里。

从天池海南步行2小时或乘船至天池海西，坐区间车出景区，返回乌鲁木齐。

博格达雪山和户外爱好者的帐篷。
视觉中国提供

纪晓岚和北庭故城的发现

1768年秋天，45岁的四品官员、翰林院侍读学士纪晓岚谪戍新疆乌鲁木齐。这期间正是乌鲁木齐始建城垣之初，纪晓岚考察了喀什汉代壁画，考证了巴里坤古镜，也发现了北庭都护府的遗址。

1770年冬天，纪晓岚随乌鲁木齐督粮道永庆到吉木萨尔出差，这是他在新疆的最后一次公差，在这次公差中，他意外发现了被废弃的古城遗址北庭城。此时城堡已经坍塌殆尽，在遗址中，纪晓岚发现了大量灰炭。随后，他通过查阅史料以及在古城中发现的遗迹推断这座古城便是史料记载中早已湮没的北庭都护府。

而后，纪晓岚因编修《四库全书》得以被释返京，担任总纂官。其晚年之作《阅微草堂笔记》用大量的细节描写了他所看到的北庭故城，并根据坍塌寺庙内的一口铁钟的铭文，推断其毁于战火。这是北庭都护府于明代废弃后第一次被文字所记载，纪晓岚也因此成为第一个发现北庭故城的人，揭开了研究北庭故城的历史序幕。 ⓛⓟ

9栋；标单/标双200元起；❄❂Ⓟ）2021年新开业，因为新所以干净整洁有保障，房间面积也很大，自助早餐量大可口。更早一些开业的**华逸酒店**（📞673 4555；卡麦里大道108号2楼；标单/标双180/170元；❄❂Ⓟ）设施也不错。两家酒店离夜市都不远，国道沿线也能找到烧烤、大盘鸡、川菜类馆子。

❶ 到达和离开

五彩湾汽车站（准东大道3号）有班车发往乌鲁木齐/昌吉（55/56元；9:00~13:00和15:30~18:30每小时1班；3/4小时），冬季车次根据客流量调整。

奇台

奇台曾是内地通往新疆的必经之路，商品贸易十分发达，有"金奇台"的美誉。不过兰新铁路修好之后，奇台失去了过往的优势，如今与任何一个普通的小城无异，旅行者大多从这里借道去江布拉克和将军戈壁。

◉ 景点

江布拉克 草原

（见75页地图；📞732 5888；微信公众号"新疆江布拉克景区"；半截沟镇；门票4月至10月48元，11月中至次月3月18元，区间车50元，自驾100元/车；⏱10:00~18:00）江布拉克在哈萨克语中意为"圣水之源"，海拔低处有新疆难得一见的高山麦田风光，四季颜色不同，随手一拍都是一张经典照片；海拔高处则是高山牧场与原始森林，哈萨克牧民的毡房点缀其间。景区路线规划良好，除区间车外，各个景点之间还有木栈道相连接，沿山坡峡谷而行，比行车路线去的地方更多、观景视角更好。

江布拉克最独树一帜的风景在**天山麦海**，连绵起伏的山坡上成片的麦田舒展着，春夏季节犹如大片绿毯，初秋连绵起伏的麦浪十分迷人，深秋收割后的金色麦垛堆满山坡。等下过几场雪后，色彩则更为丰富，是摄影的好时机。

沿参观路线继续前行，便会抵达著名的**天山怪坡**，只有300米长的坡将颠覆你的常识：看起来是下坡路，却必须要加油门才能前进；而看起来是上坡路的地方，你挂上空挡，车子会自己向前滑行。非自驾的游客可以租自行车体验（20元/人）一番下坡努力蹬、上坡轻松蹬的奇妙感觉。怪坡形成的原因至今也没有定论，专家推测是由于视觉上的某种错觉。

景区内有木屋别墅（600元）、星空帐篷营地（400元/起）和毡房可以住宿，景区外也有多家农家乐和酒店可选（标间250元起）。但从县城一日往返很方便，住在景区的必要性不大。冬季如遇天气恶劣，会临时闭

奇台魔鬼城。

园,可关注景区公众号及时了解信息。在汇通商贸城乘坐发往半截沟镇的班车(10元;8:00~20:30坐满发车),加5元可送至景区,或步行2公里。

奇台魔鬼城　　　　　　　　　自然景观

(见75页地图;县城以北110公里)名气虽然不比乌尔禾魔鬼城,但奇台魔鬼城因其荒凉、原生态和不易抵达(不少人无功而返)也吸引了不少探索者。魔鬼城隐藏在奇台县北部的将军戈壁深处,面积约80平方公里,地面沟壑纵横,矗立的岩石因经年风蚀而变得奇形怪状,有如怪兽,有如危台,形态诡异。"城内"如同巨大迷宫,野兽咆哮般的风声带起阵阵黄沙,更显神秘可怖。

从县城往北沿S228省道至Z917路口往西拐(五彩湾方向),行进约40公里路边有一小路牌,指示往北约20公里即是魔鬼城。沿着以往车辆在戈壁压出来的车辙印开,岔道很多,越深入戈壁路况越差,还有陷车的风险。戈壁内没有手机信号。

硅化木—恐龙国家地质公园　　地质公园

(见75页地图;县城以北140公里;门票60元)将军戈壁上隔S228省道东西相望的恐龙沟和硅化木园组成了这个地质公园。东侧是恐龙沟,戈壁滩上突然耸立起一片孤立台地状丘陵。自1984年以来,不足2平方公里的山谷里挖出了几十具恐龙化石,包括亚洲第一、世界第二大的恐龙化石——中加马门溪龙。沿着栈道登上丘陵能俯瞰山谷,不过化石坑中并无化石留下。起点处的恐龙化石馆内藏有一块看似恐龙荐椎的化石,但并无解说牌。

西侧是硅化木园,冲沟内硅化木出露数量近千株,规模堪称亚洲之最。这片硅化木群产于1.5亿年前侏罗系石树沟群岩层中,树木纹理清晰,直径最大达2.8米。栈道将整片山谷连接在一起,沿路可见大量或倒伏或

✓ 不要错过

寻找汉疏勒城

东汉时期,在与匈奴的战争中,汉西域戊己校尉耿恭坚守疏勒城,以极少的兵力击败了数万兵众长达7个多月的围攻。最终,耿部尚余26人,至玉门关者仅13人。

"十三将士归玉门"的悲壮故事流传至今,而汉疏勒城究竟在何处也成了一个谜。2014年,考古人员在如今江布拉克景区里一座被当地人称为"石城子"的地方进行挖掘,采集到筒瓦、板瓦、方砖及罐、盆、瓮、钵等,这些器物都具有较为典型的汉代风格。石城子遗址旁的涧底蜿蜒流淌的麻沟河,也可与《后汉书》中记载的"恭以疏勒城旁有涧水可固"相互印证。有考古学家据此推论石城子就是疏勒城。

景区区间车经过天山麦海后有一站名为疏勒城遗址,下车后沿主路旁的小路步行20分钟就可以看见石城子遗址所在的山坡。调研期间,遗址正在进行考古挖掘,谢绝参观。 ⓛⓟ

矗立的硅化木,山谷各处都散落着硅化木碎片。

暂无公共交通,从县城包车往返约400元。可连同魔鬼城一起游览,往返约600元。

🛏 食宿

华住旗下的**星程酒店**(✆826 7899;城市新区沙区路东建业综合楼7-15层;标间160元;❄🛜P)设施新,房间宽敞,采光充足,床品也舒适,总的来说胜过乌鲁木齐的星程。位置更优的**华东容锦酒店**(✆721 1111;古城商业街2号;标单/双180/220元起;❄🛜P)设施老旧,不过酒店对面就是夜市,旁边就是步行街,周围餐馆集中,非常方便。

奇台的特色早餐是黄面配烤肉,**燕燕黄面烧烤**(文昌中街与团结南路交汇西南角;⌚9:00~16:00)和**杨氏黄面烧烤**(北湾路西北湾乡政府西行70米;⌚8:00~16:00)在当地口碑不错。在全疆开了很多分店的**腰站子面馆**(吐虎玛克中街;⌚11:00~23:00),总舵便在奇台,过油肉拌面是一绝。

ℹ 到达和离开

奇台有两个班车发车点:前往江布拉克、木垒的班车停在县城中心的汇通商贸城,发往乌鲁木齐的班车也会先在这里上客;**奇台客运站**(✆7211 961;准东街与上海路交叉口)已搬至县城南端,有班车发往乌鲁木齐(51元;6:30~20:00每30分钟1班;3小时)、昌吉(50元;6:40~18:50每小时1班;5小时)和石河子(94元;9:50,4.5小时),冬季班次每天根据客流量调整。

木垒

这个昌吉州最东部的县以哈萨克族为主,县城平淡无奇,值得一游的景点都在距离县城较远的沙漠中。每年秋季胡杨林变成金黄一片的时候,平时空旷的木垒才会涌入大批旅行者。

◉ 景点

鸣沙山沙漠公园　　　　　　自然景观

(✆487 1888;县城东北125公里;门票40元;⌚9:00开始售票)名气虽没有敦煌鸣沙山大,但滑沙鸣响的音量完胜敦煌。滑沙时,随着沙体的流动,身下会发出犹如机群掠过的响声。而当你滑到沙山脚下并回头仰望时,刚才下滑的沙痕竟然无影无踪。

木垒原始胡杨林　　　　　　自然景观

(县城东北160公里;门票30元;区间车

10元；⊙9:00开始售票）从鸣沙山到胡杨林有35公里。据考证，这片胡杨林已有6500万年的历史，是世界上最古老的原始胡杨林。胡杨集中的区域被规划为胡杨林大观园，形态各异的树木有的如飞天起舞，有的如老人枯坐，并且被起了相应的名字，比如茂密与枯死的两棵胡杨树被命名为"生死相依"，粗壮的"神木"需两人合抱。景区可以自驾进入。

前往胡杨林会先经过鸣沙山沙漠公园，两者都无公共交通，从县城包车往返需500~600元。秋季乌鲁木齐的旅行社会发一日游团。

🛏 食宿

县城内住宿选择不多，条件也都不尽如人意，由于夏季并不炎热，大部分酒店都没有空调。**博壹大酒店**（☎482 2222；新建东路980号；标单/双198/165元；📶 🅿）的房间中规中矩，卫浴干湿分离，设施略显陈旧，部分房间有空调。

餐馆最集中的地方在县城北部的**和好街**。这条仿古街以烤肉店和拌面店为主，如果想换个口味，入口处的**八楼客啃蹄花**（人均60元；⊙11:00~23:00）招牌很显眼，进门就有持续炖煮的老豆腐香味飘来，蹄花也卤得柔嫩入味，每道菜分量都很足。

ℹ 到达和离开

木垒汽车站（新建西路和城关巷路口）有班车发往乌鲁木齐（60元；7:30~18:30每40分钟1班；3小时）、奇台（18元；8:50~20:00约20分钟1班；1小时）等地，冬季班次每天根据客流量调整。

石河子

电话区号 0993

1960年新疆建设兵团来到这里开荒生产之前，石河子只是一片游牧区。如今这座由军人建设起来的城市是兵团第一大城市，汉

寻找军垦的痕迹

作为由兵团建设、垦区发展而来的城市，石河子随处可见军垦的痕迹。

博物馆前矗立着王震将军雕像，两旁各有一架老式飞机，上面标着"军垦农航王震"的字样。与之隔街相望的是游憩广场上的**铸剑为犁**雕塑，巨剑笔直插入天际，环绕着各族工人、农民、士兵和知识分子。广场西侧有**军垦第一犁**雕塑，展现了三个奋力拉犁的垦荒战士。东侧则是**戈壁母亲**雕塑，其中怀抱婴儿的母亲原型名叫金茂芳，也是1960年第三套1元人民币上女拖拉机手的原型之一。

将军山旁有**军垦第一连**（门票20元；⊙夏季10:00~20:00，冬季10:00~18:00），20世纪50年代时曾是垦荒连队的驻地，如今遗存有屯垦戍边初期兵团职工居住的地窝子、干打垒伙房、蓄水涝坝，陈列着当初的生产工具。每年12月至次年4月，景区滑雪场开放。 Ⓛ

族比例高达95%。经过精心规划的市区街道整齐宽敞，沿街遍植果树，哪怕夏季也满城阴凉，市郊更是农场果林成片，春赏桃花、秋摘蟠桃是当地人热衷的休闲。

👁 景点

新疆兵团军垦博物馆　　　　　　　博物馆
（见129页地图；☎201 2111；北三路59号；凭有效身份证件免费入场；⊙周二至周日10:30~18:00，提前半小时停止入园）"把战斗的武器保存起来，拿起生产的武器"，新疆建设兵团的历史在这座宏伟的博物馆以翔实的图文史料得到了展现。

博物馆设在原第二十二兵团机关办公楼旧址，主要展览分为5个部分。沿着参观路线，经过展示兵团进疆路线和农牧团场分布的**凯歌进疆**部分，就是第二部分**艰苦**

创业陈设的木犁、石磨等生产工具。别错过打了296条补丁的短皮军大衣,足见在戈壁军垦之贫苦艰辛。接下来的**激情燃烧**部分用结婚证书、孩子褪褓等展品讲述了各地支边人员、特别是第一批支边女性"戈壁母亲"的故事。最值得一看的当属**公共洞房复原**——当时人们大多挖地窝子按性别集体住宿,只有已婚夫妻才能轮流享用一个专门的地底洞房。在**三个队的作用**部分能看见实物复原的王震将军的卧室和书房。最后一部分则展示了经历20世纪70年代的解散和80年代的恢复之后,兵团如今的发展和成就,其中不乏一些有趣的事实,比如石河子是亚洲最大的番茄酱生产加工基地。

周恩来总理纪念碑纪念馆　　　纪念碑

(见129页地图;225 0530;北泉镇北泉路360号;凭有效身份证件免费入场;10:00~13:00,16:00~18:00)纪念碑是为纪念周恩来总理来石河子视察而修建的,就建造在1965年7月5日他接见上海支边青年代表的地方。纪念碑西侧展示了他乘坐过的红旗轿车。北侧的纪念馆的图片资料展示了当年的考察过程和周恩来生平。从军垦博物馆乘坐12路车到终点站下。

进入景区大门往右,绕过一座寺庙后有狭窄的盘山土路供自驾上山。山顶有稀疏树林和遍地野花,可俯瞰整个石河子市和大片农场。冬季将军山有滑雪场(100元,含设备租赁,节假日上涨20~30元)。从移动公司(原红旗商场)乘坐21路至终点站下即到景区外十字路口。冬季21路将直接开至滑雪场。

🛏 住宿

石河子市的住宿以连锁快捷酒店为主,如家、汉庭、7天、锦江之星、全季等在这里都能找到。市中心不乏位置方便、性价比较高的选择。

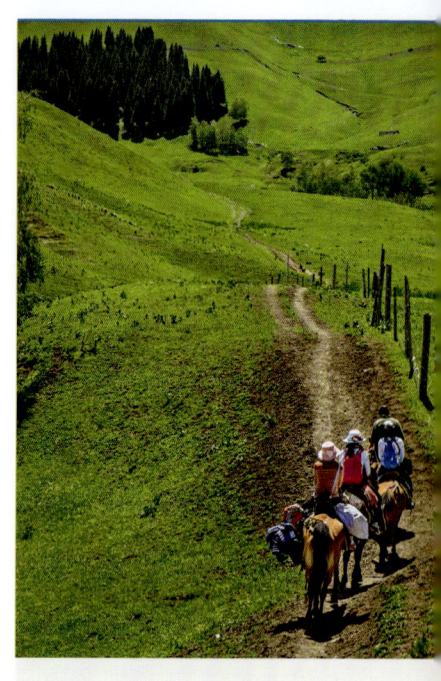

🌿 户外探险在新疆

昆仑

19世纪末开始的半个世纪内,中外探险家纷纷来到新疆。得益于丰富的地貌和植被资源,以及古丝绸之路的人文积淀,这一时期新疆的地理大发现成果斐然。斯文·赫定、斯坦因、橘瑞超、黄文弼、袁复礼等学者多次到新疆展开探险考察活动。相继在罗布泊发现的楼兰古城、小河墓地等都是令世人瞩目的发现。19世纪中后期,开始有更多中国探险队进入罗布泊。1980年,中科院新疆分院院长彭加木带领科考队进入罗布泊,在寻找水源时失踪,1996年探险家余纯顺在罗布泊遇难,这两起事件在媒体的渲染下使罗布泊再次成为大众焦点。随后挑战者接踵而至,其中里程碑式的事件当属2004年3月间的挑战——五位新疆户外人以五天五夜时间,完成了对罗布泊的无后援式徒步跨越,难度与险度远超任何一次历史纪录。仅仅十

(左图)骑马穿越喀拉峻草原;(上图)慕士塔格冰川上的攀登者。(左图)视觉中国 提供;(上图)涂识 摄

多年后,罗布泊已成大道通衢之地,来往于此的变成一波波自驾游车队。

罗布泊探险代表了典型的新疆户外探险的走向——即从小众转向大众的过程。1980年之后,新疆户外探险日趋成熟,山地、冰川、沙漠、古道、越野等多门类的探险活动风生水起。在登山领域,1998年,乌鲁木齐登山探险协会登山队的英刚等八人登上博格达峰,实现了中国人的首登。之后的十多年间,有赖于商业登山的推动,博格达峰下旌旗日增,每年业余登顶者和走大环线的徒步者不计其数。更为热门的慕士塔格峰,如今在登山旺季有三成为业余爱好者。同样蓬勃发展的还有古道探险,随着高难度的夏塔古道,乌孙、唐蕃、桑珠、克里雅山口道以及狼塔C线等相继被打通,古道探险成为新疆最活跃的户外运动项目,徒步越野类赛事也在逐年增加。此外新的探险门类如内河漂流也率先在新疆试水,并在近两年成绩显著,代表性事件是2014年成功实施的车尔臣河漂流,以及2015年、2016年的额尔齐斯河漂流。这几起漂流涉及天山南北两大河流,累计里程达600公里以上。

近年来,伴随互联网的普及和自助户外活动的兴起,面向观光旅行者的"户外轻探险"渐成规模,新疆户外俱乐部组织的徒步体验类项目在旺季常需抢订。但在带来更多人流和利益的同时,因户外从业者缺乏资质或是旅行者自身安全意识薄弱导致的事故也在逐年增加。尽管新疆的户外活动已经日趋成熟,但大部分项目仍不适合单人冒险。2016年9月底,广东女大学生在新疆喀纳斯徒步失联,被搜救人员发现时已遇难。户外活动安全问题再次引发讨论,然而建立完善的户外运动保障体系以及对旅行者的安全教育仍需时日。

艾青与"年轻的城"

1960年夏,已经被打成右派的艾青陪同王震将军考察了石河子农八师。当时石河子规模小却绿树葱茏,诗人几乎对其一见钟情,并写下了著名的诗篇《年轻的城》:"我到过的许多地方/数这个城市最年轻/它是这样漂亮/令人一见倾心……"

当年秋天,艾青夫妇就在石河子安了家,并用5年时间创作出了45万字的长篇小说《莫索湾》,讲述兵团的军垦史。在内地报刊都纷纷退稿的情况下,农八师《大跃进》报刊登了他写下的大量诗篇,后来石河子文联主办的《绿风》诗刊即是对艾青诗歌传统的传承。1977年,艾青被平反,全家迁回北京。

石河子市如今建有**艾青诗歌馆**(见129页地图;☏2023200;北二路;免费;⏰10:00~13:30, 16:00~20:00),也是《绿风》诗刊的所在地。馆内展示了艾青的手稿、衣物、照片、诗集等。本书调研期间,展馆因消防不达标已关闭很久,建议去之前先电话咨询。 ⓟ

石河子宾馆北楼　　　　酒店¥¥

(☏750 1001;东环路4号;标双/大床/套含早200/216/380元;❄@🛜🅿)这家老牌宾馆曾接待过大量国内外政要,院子里遍布绿植,在市中心辟出一片幽静之地。进入有江泽民题词的大门往左就是北楼,房间是简约的现代风格,床铺干净整洁,设施齐全。每间房有单独的Wi-Fi。大门外有公交车站,往西步行10分钟即可到军垦博物馆。

爱派国际酒店　　　　　酒店¥¥

(见129页地图;☏669 9999;北三东路10号;标单/双350/310元起;❄🛜🅿)这家酒店2021年新开业,装修豪华,目前也是石河子最好的酒店。房间智能化,床品非常舒适,配有浴缸。不要和另一家爱派酒店搞混了,后者无论设施标准、价格都相去甚远。

万都国际酒店　　　　　酒店¥¥

(见129页地图;☏208 6666;幸福路236-1;标单/双200/210元;❄🛜🅿)酒店有些年头了,房间整洁度参差不齐,建议入住前先选一下房。楼层高的房间可以看到天山。酒店地理位置很好,出门就是幸福路美食步行街。

✖ 就餐

幸福路和周边街巷聚集了大量餐厅,汉餐和清真餐的选择都非常多,从早餐到夜宵都可解决。

塞外香鹅村　　　　　　火锅

(见129页地图;☏201 6672;北四路177号;人均40元;⏰11:00~23:00)一家以鹅肉火锅为主打的店,锅底(小/中/大锅48/68/98元)是炖得鲜香微辣、软嫩入味的鹅肉,中间有清汤可解腻,还可涮菜、煮面。分量很足,手工面很筋道,每桌赠送酸梅汤。

尕子椒麻鸡　　　　　　新疆菜

(见129页地图;☏151 9959 9832;东小路55-6号;椒麻鸡全/半只 60/35元;⏰10:00~23:30)石河子做椒麻鸡的店非常多,这是味道比较不错的一家。老板娘会根据你的口味调整麻辣的程度,鸡肉鲜嫩可口。店里还有各种炒菜,价格实惠。

蒸功夫凉皮　　　　　　小吃

(见129页地图;☏158 9929 9911;十一小区西小路11-14号;凉皮大份/小份 8/7元;⏰10:00~21:00)一家专门做凉皮、酿皮、凉拌面的小店,凉皮清爽顺滑,酸辣开胃,是吃腻了大油大肉后换个口味的好选择。

石河子军垦博物馆（见119页）。

❶ 到达和离开

飞机

石河子花园机场（见129页地图；☎266 0555）位于143团石南农场西南侧，距石河子市中心15公里，每天都有飞往兰州、阿克苏、库尔勒的航班，周二、四、六有飞往哈密、西安、成都的航班。

长途汽车

石河子火车站公路客运站（见129页地图；☎209 1310；火车站站前广场西侧；38元；9:00～18:00每小时1班；2小时）；昌吉（33元；9:00～19:00每20分钟1班；2小时）、独山子（26元；14:30；1.5小时）、阿勒泰（145元；15:00；9～10小时）、库尔勒（158元；10:00；8～9小时）和奇台（95元；10:20；4小时）等地。

石河子客运站（见129页地图；☎201 7231；北子午路与北八路口）有班车发往克拉玛依（46元；10:00、11:00、12:00、15:00、17:00；3.5小时）和各团场。20路、27路、42路公交车可达客运中心。

车次变化较为频繁，冬季班次每天根据客流量调整。

火车

每天有多趟火车路经**石河子火车站**（☎752 8222；东一路与南二路交叉点向东），往返于乌鲁木齐和伊宁、克拉玛依、奎屯等地。

❶ 当地交通

抵离机场

17路公交车往返于移动公司（原红旗商场）和石河子花园机场之间，票价2元。市区发车首班为8:20，末班为19:00，从机场到市

★ 值得一游
自驾 S101 省道

　　S101省道是20世纪60年代为备战备荒修建的国防公路，它沿着天山的浅山地段修建，在2021年开启修路工程之前，它几乎全程砂石土路，老司机们享受着沿途的无限风光时，也忍受着磕磕碰碰的路况和翻滚的尘烟。而当你携带本书前往时，不出意外S101省道已经是完美的铺装路。

　　S101省道的起点在乌鲁木齐以南20公里的西山农牧场，终点在独山子巴音沟（见244页）的独库公路山口处，全长308公里。从乌鲁木齐出发，一路向西，不久就会抵达亚洲大陆地理中心。之后，两侧山体渐现斑斓，S101的魅力开始展现。过了S104省道交界处的硫磺镇后，你将迎来中国最长的侏罗纪山脉——喀拉扎组山，赤红色的褶皱山崖连绵近百里，被称为"百里丹霞"。一路会经过康家石门子岩画（见110页）和塔西河石门子水库。然后进入玛纳斯河大峡谷，这里有一座更漂亮的水库——肯斯瓦特水库（见111页方框）。过了紫泥泉镇后，穿过属于沙湾的温泉、鹿角湾（见245页）和独山子的巴音沟，当行驶到独库公路，S101省道就走完了全程。

　　还有一些散落在S101省道南、北的景点，也可以顺道一游，例如从硫磺镇向南去庙尔沟、过了鹿角湾后北去安集海大峡谷（见245页）。如果不打算走全程，分布在S101省道北侧、与之平行的G312国道上的昌吉、呼图壁、石河子、沙湾、独山子等，都有县道或乡道可向南插入S101省道，可择段进出。⦿

区末班为20:00。

石河子城市候机楼（见129页地图；☏2055888；北二路28号天富饭店一层）有机场快线发往石河子花园机场（6:30~18:30每小时1班），车程约40分钟，票价10元。

　　这里还有直达乌鲁木齐地窝堡国际机场的机场快线（10:30~23:10约每小时1班），车程约2.5小时，票价80元。

　　可通过微信公众号"石河子城市候机楼-2"（189 3570 8853）查询和购票。

公交车

　　公交车线路基本覆盖城区，4路和M1路公交车连接火车站、市中心和客运中心。票价1元。

出租车

　　乘出租车起步价7元，2公里起跳，白天1.5元/公里，夜间2元/公里。

新疆中部索引地图

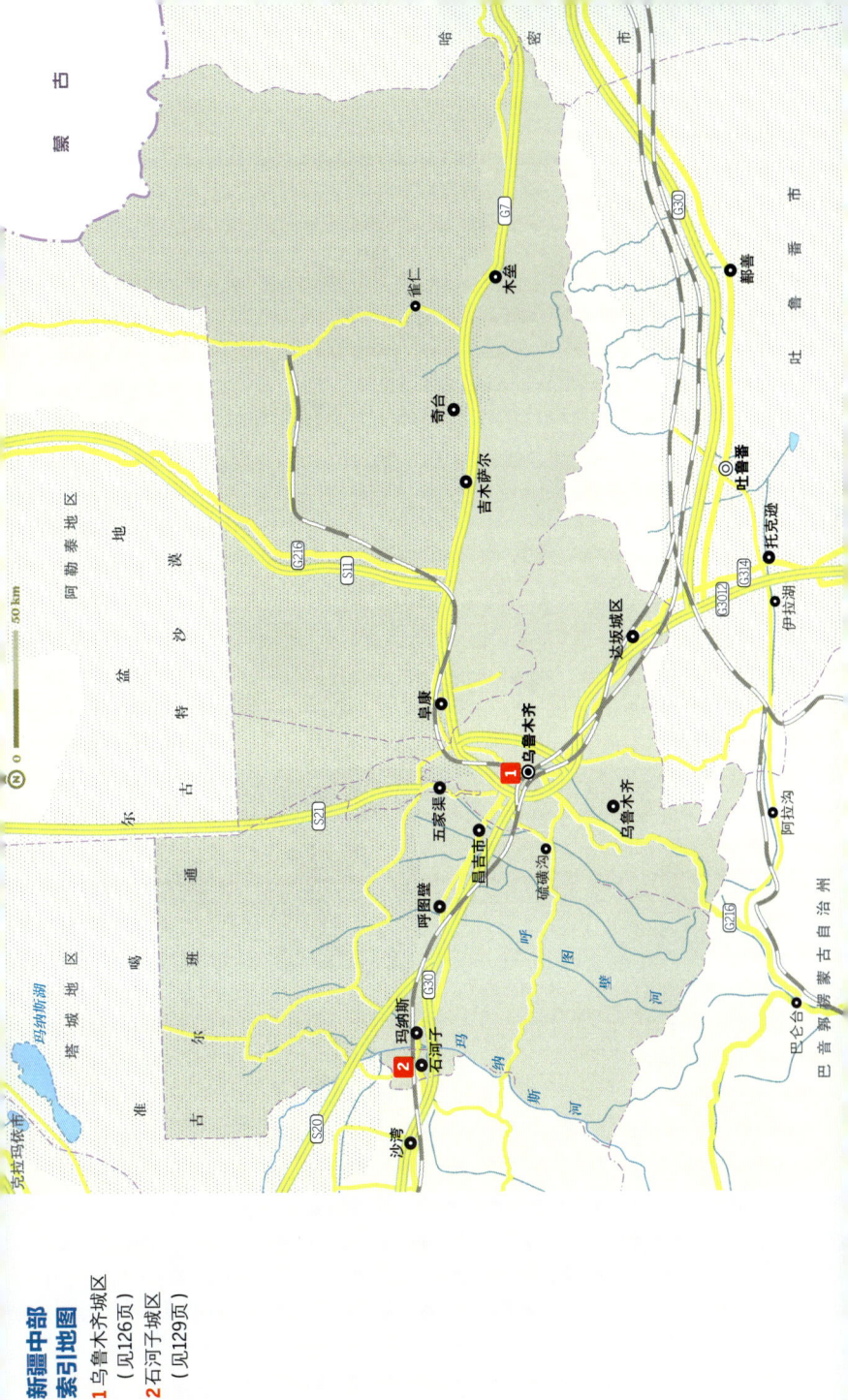

1 乌鲁木齐城区（见126页）
2 石河子城区（见129页）

126 乌鲁木齐城区 地图索引见128页

至楼兰秘烤(4km)

温泉路高架

外环路高架

南湖东路北五巷

西虹东路

水磨沟公园
4

红山路

红山路

青年路

青年路

碱泉三街

新泉街

青年路
5
外环路高架

西后街

建国路

光华路

东风路

建国路

东大梁西街

幸福路

体育馆路

跃进街

大湾北路

后泉路

北湾街

大湾北路

南湾街

乌鲁木齐城区

地图见126页

◎ 重要景点 (见84页)
新疆维吾尔自治区博物馆 A2
新疆国际大巴扎 D7

◎ 景点 (见86页)
1 红山公园 C4
2 人民公园 C5
3 陕西大寺 D6
4 水磨沟风景区 F2
5 文庙 E4
6 新疆地质矿产博物馆 B2
7 新疆美术馆 B1
8 新疆民街 D6

🛏 住宿 (见92页)
9 宝盈酒店 E1
10 潮漫酒店 D5
11 康莱德酒店 B2
12 昆仑宾馆 B1
13 停泊青年旅舍 D3
14 新巢IU酒店 B3
15 星程酒店 D4
16 嬉游客栈 E1
17 喆·啡酒店 D4

❌ 就餐 (见94页)
18 阿布拉的馕 B4
19 本帮本色手搓拌面 D7
20 海尔巴格餐饮美都 D7
21 红冠椒麻鸡 B4
22 开帝锐抓饭 C6
23 领馆巷原来原味肉馕 C7
24 米吉提烤包子 D6

25 穆沙烧烤 B2
26 丝路有约 D5
27 魏家羊羔肉 D6
28 味燃香米粉 A3
29 吾斯满珍珠抓饭王 A3
30 吾孜子羊羔肉专卖店 D3
31 血站大盘鸡 A2
32 伊宁伊香酥油奶茶馆 D6
33 伊孜海迩冰淇淋 D7

◎ 饮品 (见97页)
34 枫叶自酿 D5
35 三杯自酿 D3

◎ 娱乐 (见97页)
国际大巴扎宴艺大剧院
（见新疆国际大巴扎） D7
36 人民剧场 D5

🛍 购物 (见98页)
班的书店 .... （见26）
37 二道桥大巴扎 D6
38 红山市场 B4
39 友好商场 B2
40 又见留声机 D5
41 左边右边书店 B5

ℹ 实用信息 (见99页)
42 解放南路邮政支局 D6
43 新疆维吾尔自治区人民医院 D6

ℹ 交通 (见100页)
44 军供客运站 B6

石河子城区

◎ 景点 (见119页)
1 艾青诗歌馆 B6
2 新疆兵团军垦博物馆 C5

🛏 住宿 (见120页)
3 万都国际酒店 C3

❌ 就餐 (见122页)
4 尕子椒麻鸡 C4
5 塞外香鹅村 C4
6 蒸功夫凉皮 A2

ℹ 交通 (见123页)
7 石河子城市候机楼 C6

石河子城区

129

至周恩来总理纪念碑纪念馆(2km)

至石河子客运站(700m)

乌伊东路

乌伊东路

北子午路

北六路　　北六路　　北六路

东一路

西小路　　6

东小路

北五路　　北五路　　北五路

东小路

北子午路

温州商业街　　3

幸福路　　幸福路

西一路　　西小路

北子午路

东小路

东一路

北四路　　北四路　　5　　4　　北四路

西环路　　北环路　　北环路　　东环路　　东小路

西一路　　西小路

北三路　　2　　北三路　　北三路

游憩广场

至爱派国际酒店(800m)

西一路　　西环路　　东环路　　东小路

北二路　　1　　北二路　　北二路

东一路

7

市府路

西环路　　东环路

北一路　　北一路　　北一路

至石河子花园机场(15km)

至将军山、军垦第一连(13km);石河子火车站(3km)

在路上
本书作者 袁亮

　　登上东天山观景台的那一刻，瑟瑟发抖，一半是因为衣衫单薄，一半是因为内心震撼。从远处的隐约雪峰，到近处的沙山与草原，第一次真切体会到极目辽远的壮阔。只有在新疆，才有这般感动。

进一步了解我们的作者，见478页。

高昌故城。

哈密和吐鲁番

哈密和吐鲁番

当肩负凿空西域使命的张骞率领使队向西穿过星星峡，东疆这片美丽之地就此揭开了神秘面纱。镇西古城巴里坤曾是丝绸之路上重要的驿站，汉唐烽燧见证了西去东来的长途跋涉；交河与高昌故城承载着西域大地的风云变幻，吐峪沟成为东西方宗教文明的交汇点；翻越东天山的艰险古道把丝路北线和中线紧密相连，从鄯善往南则有古道穿越沙漠，前往神秘的罗布泊与古国楼兰……踏进哈密与吐鲁番，怎能错过这些曾在历史上书写重要节点的古城与遗址？

东天山横亘千里，为丝绸之路的延伸指引着方向，同时也为东疆带来截然不同的壮丽风光。天山以北，雪山、森林与草原连绵至天边；天山以南，哈密盆地、吐鲁番盆地紧挨着无垠的沙漠。这里生活着维吾尔族、哈萨克族、回族、锡伯族、俄罗斯族等多个民族，他们在草原上放牧牛羊，马背上的冬不拉琴声悠长；他们在荒漠中挖掘坎儿井，引来天山雪水，筑起绿洲与城镇，葡萄架下的木卡姆旋律激昂。独特的山水风景、绚丽的民族风情，还有地道的美食和甜蜜的瓜果，这一切，都不会辜负远道而来的你对东疆的向往。

☑ 精彩呈现

哈密	142页
哈密周边	151页
巴里坤	154页
吐鲁番	160页
吐鲁番周边	172页
鄯善	176页

何时去

➡ **3月至5月** 库木塔格沙漠边缘绽放的杏花唤醒春天，吐鲁番各地杏花开遍，沉睡了一冬的天山草原开始绽放缤纷色彩。

➡ **6月至9月** 火焰山开启魔鬼高温模式，天山徒步季开始；8月，吐鲁番的葡萄熟了，哈密瓜节热闹非凡，巴里坤草原上演"姑娘追"；9月，大枣落地、瓜果丰盛。

➡ **10月至11月** 胡杨林奉献出最绚丽的视觉盛宴。

➡ **12月至次年2月** 天山山麓变身天然滑雪场，部分景区陆续关闭直至来年春天。

哈密和吐鲁番 133

★**哈密和吐鲁番亮点**（见136页）
① 哈密大海道　② 交河故城　③ 巴里坤古城
④ 库木塔格沙漠　⑤ 东天山　⑥ 吐峪沟

行前参考

➡ 不要太相信车次时刻表上的发车时间，乡镇班车通常要等到客满才会发车。如果行程紧张，偏远景点建议包车前往。

➡ 哈密和吐鲁番地区住宿条件不错，空调与暖气算是基本配置；旺季与淡季房价相差100元左右，在葡萄节、胡杨节期间，房价涨幅非常大，记得提前预订。

➡ 新疆时间比内地晚2小时，各景区夏季关门时间一般是21:00，摄影党最好在18:00以后进入景区，如果提前跟工作人员打个招呼，还可以再晚一点出来。

危险和麻烦

➡ 耐心接受检查站和公共场所安检，切记不可拍照。

➡ 特殊时段乘坐公交车也要安检，不允许携带一切液体、刀具上车，在城区建议尽量轻装出门。

➡ 多民族聚居区宗教场所随处可见，请勿随意进入，请勿在未经许可的情况下拍照。

➡ 在库木塔格沙漠、大海道雅丹地貌中游玩时，不要偏离景区线路，不要擅自深入，以免迷路或遇到突发情况。

沙漠冲浪。

当地人推荐
户外探险者的私家路线

雪狐，鄯善户外旅行达人，山友救援大队负责人。

吐鲁番的吸引力在哪里？

吐鲁番的景点太多了，套句俗话，总有一款适合你。喜欢风景的可以去看沙漠落日，迷恋历史的去看故城与石窟，爱凑热闹的也可以去夏天的葡萄沟。多数人来吐鲁番，东线西线逛了一圈就走了。其实，吐鲁番值得一来再来，关键看你怎么玩。

推荐一点非常规的玩法吧。

景点打卡是必须的，但也可以尝试不走寻常路。例如去吐峪沟玩，一日游通常是从吐鲁番走G30连霍高速然后经三堡乡走县道过去，其实你可以从鄯善出发，或者走X066县道经过连木沁镇，中途会翻越火焰山，站在山口高处，可以看到一边是火焰山、一边是沙漠、中间是绿洲的独特景色；或者走X058县道经过庭院中的维吾尔人。

鲁克沁镇,顺便看看树柏沟村的民居彩门,还有鲁克沁镇上的柳中古城。

可以分享一下你的私人线路吗?

我个人更喜欢以自驾的方式去户外探险,鄯善就是一个特别适合户外探险的地方,既有库木塔格沙漠,又有雅丹地貌。我经常和朋友开车深入沙漠,玩真正的沙漠冲浪,我们叫"涮锅",就是在巨大的沙山之间连续冲顶和俯冲。或者驾车往沙尔湖方向走,约30公里后进入恐龙谷,在高耸的石壁上寻找恐龙留下的足印,说不定还能在岩壁下找到恐龙骨骼化石的碎片。去雅丹地貌玩通常要两天时间,可在里面露营一晚,还能在戈壁滩上捡到各种风凌石、葡萄干玛瑙和彩泥石呢。不过这些玩法都要求有一定的户外经验,而且必须驾驶性能良好的越野车。

☑ 不要错过

◉ 最佳摄影点

➔ **伊吾胡杨林景区** 赶赴金秋时节这场蓝天白云间的视觉盛宴。(见153页)

➔ **天山庙仙境** 东天山和大草原都在你的脚下。(见152页)

➔ **库木塔格沙漠** 夕阳中看光影在沙漠和城市间一点点变幻。(见176页)

◉ 最佳遗址

➔ **交河故城** 天然船形台地上,生长着世界上最大的生土城市。(见162页)

➔ **高昌故城** 在红色火焰山的映衬下,矗立了2000余年的黄色残垣震撼人心。(见173页)

➔ **白杨沟佛寺遗址** 玄奘西去取经时路过的佛教遗迹,如今已是一片废墟。(见154页)

◉ 最佳体验

➔ **沙漠中游泳** 走过细软的沙滩,跃入清澈的水中,身边就是金色的沙丘。(见177页)

➔ **夜游交河** 点点烛火中,悠扬的艾捷克乐曲诉说着无尽往事。(见163页)

➔ **采摘瓜果** 八九月间,在吐鲁番葡萄沟或是哈密瓜园,亲手采摘瓜果。(见149页)

哈密和吐鲁番亮点

❶ 哈密大海道（魔鬼城）

如果真的有魔鬼，它也是一只有艺术细胞的魔鬼，用时间将这片数百平方公里的雅丹地貌雕琢成千姿百态的城堡和宫殿。走进大海道，迷惑你的不是魔鬼的声音，而是迷宫一般的美景，随着光线的移动，它们也变幻着不同的色彩。有机会在戈壁露营的话，试一试仰望星空，静静聆听风声呼啸。

❷ 交河故城

1700多年前的车师人在这座天然生土台地上掏洞成室，向下挖出了一座"地下城池"。它曾经承载过车师前国的辉煌过往，也曾见证了唐朝政府在此设立西州时的繁盛；丝路上的商旅驼队在这里卸下装满丝绸和瓷器的货包，从东土大唐来的僧侣也曾在佛寺中稍作歇息，再踏上继续西去的路途。走进这迷宫一般的残垣，就走进了一段交河往事。

❸ 巴里坤古城

丝路重镇的千年历史，在这里浓缩为一座双城合璧的满汉古城，虽然夯土筑起的城墙已在时光流逝中坍塌和消失，但这座古城值得你为它停留。漫步城中，视线向北是青青草原，一直延伸到与蓝天接壤，视线向南则是茫茫天山，横亘东西；夕阳下的西城得胜门依然霸气十足，城外的麦田年年丰收；城南的地藏寺和仙姑庙，则记载着古城"庙宇冠全疆"的辉煌历史。

❹ 库木塔格沙漠

鄯善与库木塔格沙漠的关系是如此奇妙而亲密，千百年来，沙不进，城不退，人们在沙

(左图)哈密魔鬼城;
(右图)交河故城。

漠边缘种植葡萄,种植水稻,与沙漠"和平"相处。你可以沿着老城南路走到尽头,走进这片连绵沙山,也可以向西登上观景台,远眺沙漠中的海市蜃楼景象。你还可以去到南边沙漠边缘的迪坎尔村,这里至今仍居住着楼兰人后裔,再往南,就是神秘的罗布泊。

❺ 东天山

东天山仿佛是一座景观大观园,这里有连绵至雪线的松林,也能看到一马平川的巴里坤大草原;夏天的寒气沟流水潺潺,凉气幽幽,雨后清晨在松林里寻找野蘑菇也是一种乐趣,冬天的松树塘白雪皑皑,又成为天然滑雪场。沿盘山公路翻越东天山,每一个拐弯处你都能看到不同的风景,直至登临最高点,天山、松林和草原皆在眼前,美景无边。

❻ 吐峪沟

一条藏身于火焰山的峡谷,曾经是东西方宗教文明的交汇之地。古老的麻扎村民居中还能找到带着景教风格装饰图案的遗物,霍加木麻扎至今仍是中国伊斯兰教的历史见证地,吐峪沟千佛洞的开凿时间甚至早于敦煌莫高窟,精美的壁画带有强烈的汉地风格。历经天灾人祸之后,沟中人家仍然延续着他们平淡的生活。最好在春天到访,看野杏花开满沟谷。

巴里坤城楼。

库木塔格沙漠。

哈密和吐鲁番亮点 139

东天山。

麻扎墓。 麻扎村。

★最佳景点
哈密魔鬼城

大海道是丝绸之路的一条古道。从敦煌出发，穿过哈密，去往吐鲁番，于戈壁深处行进500余公里。自唐以后，古道荒废，直到现代人开着越野车闯进古丝路的秘境，部分大海道开始被打造成为景区。

📞156 8833 9196，救援138 0990 3339，150 0902 2219；五堡至了墩；门票45元/人，车100元；夏天9:00、冬天9:30开放，夜晚不限时；交通：景区共三个出入口：东门位于五堡镇，可在哈密客运站乘坐去往五堡的班车（14元；11:00~17:00每小时1班；约1小时），再打车到入口；北门位于连霍高速了墩停车区以南50公里，无公共交通；南门位于南湖乡，无公共交通，进入景区路况很差，不建议从此进；景区无区间车，东门提供越野车包车游览（1500元/车，含门票和讲解）；哈密很多旅行社提供大海道一日游（500元/人起）。

魔鬼城

景区分为魔鬼城与大海道两部分。东门靠近魔鬼城片区，进入后沿着笔直的主干道行驶，起初两边都是荒凉的戈壁滩，渐渐地一些零星散落的石头和土丘出现在视野中。大约15公里之后，公路旁的雅丹造型变得奇特，"瀚海神龟"与"双头马"栩栩如生。停车走到高处远眺，黄沙的尽头隐约横亘着一片片城堡，就像一场沙漠中不期而遇的海市蜃楼。

柏油公路的尽头是艾斯克霞尔遗址。这一片是魔鬼城里雅丹地貌最集中的地方，高耸的石丘上有几间残破的土坯房混杂其中，不认真看发现不了。艾斯克霞尔古城堡曾是古丝路的驿站，考古人员在附近发现过毛织品和彩陶碎片。从一道缓坡登上古城背后的石丘，脚下是像波浪一样延伸向远方的风蚀地貌，远处则有更多城堡般壮观的土黄色石丘，纵横交错，巍峨高耸。日落时，石林在阳光下变幻着色彩，放好脚架，静静等待黄昏来临的那一刻。

哈密魔鬼城雅丹地貌。

亮点速览

➡ **神仙洞** 风蚀痕迹触手可及，光影流淌如同梦幻。

➡ **艾斯克霞尔古城** 雅丹地貌中的遗址，带来关于古丝路的无尽想象。

➡ **最佳摄影点** 无人机飞到空中，俯瞰瀚海戈壁，黄昏时最是苍茫诡秘。

➡ **无人区** 在无人区的标识牌旁拍一张以大漠雅丹为背景的大片。

➡ **荒野寻宝** 奇形怪状的山里藏着壁画，在戈壁滩上或许能发现硅化木和植物化石、鱼类化石等。

大海道

原路返回约3公里，路边有条岔道，拐进去约7公里，就能看见风沙在一片高耸的山丘上"雕刻"出的一座座宫殿，远远望去就像拉萨红山上的布达拉宫。周边还有图腾柱、双塔峰、天门洞等象形石丘。

继续行驶55公里，柏油路在红柳滩（调研时在建游客中心）之后变成了砂石路，便是到了大海道片区。道路在峡谷中曲折穿行，路旁偶尔有成片的水草。出峡谷后道路消失，视野却豁然开朗，不远处即是这片荒漠中唯一的水源地，青翠的水草摇曳，与背后的荒芜土丘相映成奇景。

车辙从此通往两个方向。往西北去往火星基地，四野荒寂，确实如同外星球，惊叹之余别忘了在巨大的"MARS"下拍照打卡。往东北则是大海道最精彩的一片雅丹风貌区，风侵水蚀恰如鬼斧神工，雕琢出奇异的"外星人"与宏伟的"军舰"，诡异的山丘中藏着远古的壁画，悬崖绝壁从烟尘中升起。高崖壁上有一处"神仙洞"，是很受欢迎的摄影点。站在洞中巨石上仰望，如从锁孔中仰观天空，光影灵动。傍晚，夕阳的光芒从山崖的缺口投射到地面，明暗之间穿梭着一条条如河水流淌的车辙印，用无人机俯拍更为苍凉壮阔。

从北门驶出景区后顺砂石路一直向北，经过老了墩火车站后不久，便能看见连霍高速。

自驾及露营

这是国内唯一两驱车即可穿越的无人区，景区面积极大，旺季也经常看不见别的车辆。其中大海道片区没有道路，也没有信号，只能顺着车辙在戈壁滩上行驶，建议提前下载离线地图并做好GPS点标记，以免迷路；魔鬼城片区的柏油路铺装良好，自驾者可以离开主干道前往周边探险。轿车攀爬山丘会有些困难，且容易陷入松软的砂石土路中；即使是四驱越野车，也尽量不要开行太深。

火星基地（☎199 9022 7070；四人太空舱床位400元；冬季歇业）提供食宿，景区内也可以露营，对拍摄早晚时分雅丹光影的旅行者来说很方便。夜晚更容易听到各种奇怪的风声，银河明亮也更显神秘。切记：露营必须带足食物和饮用水；撤离时将营地收拾干净，带走所有垃圾。

哈密

电话区号 0902

哈密是新疆通往内地的重要门户，当它还被叫作伊吾的时候，已经是丝绸之路的咽喉所在，跨过这里向西，就是神秘而充满诱惑的西域，而沿星星峡东进，则是繁华的中原与长安。商贸的交易催生了经济的繁荣，文化的传播更为哈密留下了众多佛寺、佛塔和遗址，今天，兰新铁路、兰新高铁和G312国道又为这座丝路城市带来新的发展契机，对旅行者来说，从敦煌经哈密进入西域，是行走于丝绸之路的一次轻松的体验。

天山山脉横亘哈密境内，天山南北居住着汉、维吾尔、哈萨克、回、蒙古等36个民族，他们创造了丰富多彩的民族艺术，维吾尔族的十二木卡姆和哈萨克族的阿肯弹唱至今仍在民间传唱；而在哈密回王统治的200多年间，中原汉文化与西域文化在这里得到了更好的交流与融合。游走哈密，在感受民族风情的同时，还有东天山一直陪伴身边。天山以北是雪山草原，牛羊成群，天山以南则是大漠戈壁，苍茫一片，你有机会在最短的时间里从辽阔的巴里坤草原穿越到神秘的雅丹地貌。

◉ 景点

哈密博物馆　　　　　　　　　博物馆

（见184页地图；☎238 5027；环城路；凭身份证件免费参观；⏰夏10:00~12:40，16:00~19:30，冬10:00~13:00，15:30~18:40，周一闭馆）哈密博物馆是一座带有浓郁维吾尔族风格的建筑，内有**哈密古代文明**和**哈密自然与地质陈列**两个常设展厅。古代文明展厅中，值得一看的有战国时期的羊形柄铜镜、五堡墓地出土的文物，以及焉布拉克墓地、石人子沟、东黑沟等考古遗址展示。在自然与地质陈列厅中，展出了出土于哈密的翼龙化石、恐龙蛋化石及其他古生物化石；在这里还能看到天山山脉、草原湿地等丰富的自然资源展示，琳琅满目的矿石标

哈密回王墓。

本和奇石更是令人赞叹。

与哈密博物馆毗邻的**哈密非物质文化遗产保护中心**(免费;☀夏10:00~12:40,16:00~19:30,冬10:00~13:00,15:30~18:40)同样是一幢富有民族特色的建筑,加入了不少木卡姆音乐元素,例如外廊就用巨大的艾捷克、热瓦甫乐器来装饰。中心以图片、文字、实物等形式,展示了哈密各民族的乐舞、刺绣技艺、食俗和节庆等。参观者还能欣赏到当地艺术家现场演唱哈密木卡姆章节片段,以及麦西热甫和动物模拟舞蹈表演(30人以上售票;约30分钟)。

市区乘坐3路、10路、14路、15路公交车在博物馆站下车即到。

哈密回王墓 陵墓

[见184页地图;☎238 9539;环市路南侧,哈密博物馆对面;门票旺季(4月1日至10月31日)35元,淡季(11月1日至次年3月31日)18元;☀夏9:00~19:30,冬10:00~19:00]

✅ 不要错过
哈密回王的行宫

哈密回王府稍显无趣,但哈密市郊的**东疆夏宫·庙尔沟**(☎640 1006;哈密市区以北40公里,庙尔沟内;门票20元;☀9:30~19:30)却是风景秀丽的避暑好去处。行宫位于庙尔沟,据说当年曾有九重围墙,墙与墙之间皆为花园,遍植珍稀花木。春天杏花遍野,夏日气候凉爽,当地人都喜欢到这里过周末。沿行宫遗址旁的栈道上行,可见有1400多年历史的庙尔沟佛寺遗址,高大的石窟内佛像已毁,但还残留着少量彩色壁画。佛寺遗址旁是藏宝洞,传说是成吉思汗西征时开凿,不妨躬身进入不足一人高的洞穴探险一番,漆黑的狭长通道两旁有一些空荡的内室,在岔道处登高,最终你将从另一个洞口出来。藏宝洞对面的山上矗立着古烽燧遗址,登顶后可远眺干燥的群山间碧蓝的水库。

从市区包车往返比较方便,一般150~200元。车开进景区大门2公里后需停在停车场,之后有免费的景区大巴带你到行宫遗址附近。 LP

1697年至1930年的200多年间,哈密地区都是由清廷册封的回王所统治,一世至九世回王及王室成员死后均葬于当时的回城内(现回城乡阿勒屯村),今天所能看到的陵墓建筑还有七世回王墓、九世回王墓及台吉墓、艾提尕尔清真寺等建筑。

进入景区,首先看到的是最漂亮的**七世回王墓**。这是一座具有典型伊斯兰风格的长方形穹顶建筑,四角有高耸的塔柱,拱顶覆盖绿色琉璃瓦,四壁满砌蓝花祥云白色瓷砖,图案斑驳,更显沧桑。进入室内,高大的穹顶上同样镶嵌着蓝色纹饰瓷砖,七世回王、八世回王及其王室成员等共40人均葬于此。在七世回王墓南侧,有两座亭式木结构墓室,分别是**台吉墓**和**九世回王墓**,外形借鉴了中原八角攒尖顶及蒙古式盔顶的建筑形

常远摄

哈密木卡姆

哈密在唐代被称为伊州,伊州乐是当时西域最主要的乐曲之一,传入中原后称为伊州大曲。伊州乐经过千年的流传,逐渐发展成为今日的哈密木卡姆,因此哈密木卡姆被认为是伊州乐的活化石。"木卡姆"意为大曲,音乐家苏菲丁·艾尔玛威在13世纪时提出用"木卡姆"作为音乐术语。

早期的伊州乐曲调偏向高昂、粗犷。后来,豪迈奔放的伊州乐曲被驻守伊州的汉族军队融入了思乡情感,于是有了悲伤的旋律。而哈密维吾尔族人民在回王的统治下,也将被压迫的情感和对自由的向往融入其中,因此哈密木卡姆有了更为哀伤的色彩。

古代哈密木卡姆由12乐章、19分章、244首歌曲组成,而后经过民间艺人的充实和整理,按照一年12个月的习俗整理成十二套,故称之为"哈密十二木卡姆"。它通常由序曲、叙事性歌曲和歌舞组成,唱词源自哈密维吾尔族民间歌曲。在哈密木卡姆传承中心,可以看到民间艺人表演的哈密木卡姆片段。ⓛⓟ

果农正在采摘哈密瓜。

式,内部仍是伊斯兰装饰风格。

七世回王墓西侧,有一座修建于一世回王额贝都拉时期的**艾提尕尔清真寺**,大厅有108根雕花木柱,四壁饰花卉图案及阿拉伯文《古兰经》,可同时容纳超过5000人,是哈密地区最大的清真寺。在清真寺的西南侧,还有一座小型的**哈密王墓历史陈列馆**,介绍了哈密历代回王在哈密长达233年的统治史。

从回王墓出来可以逛逛旁边的**阿勒屯古街**,这里是哈密维吾尔族较早的聚居地,保留着古村的传统格局。如今,修复如新的老民居开着地毯店、特产店、奇石店、餐厅等,可以看见当地特色的农民画和葫芦工艺。

哈密回王府　　　　　　历史建筑

(见184页地图;环城路南侧;门票35元;⏱9:30~19:30)与哈密回王墓一墙之隔的哈密回王府曾是新疆规模最大的宫廷式建筑,但原建筑于1931年毁于大火。现在所看到的都是2005年重建的建筑群,虽然严格依据史料复建,保持了当年的格局,但眼前崭新的建筑很难让人产生怀古之情。

景区出口就是回府玉城,内有一座**哈密赏石文化博物馆**(☎138 9933 1119;门票30元),展品陈列颇花了一番心思,上千道"菜肴"的奇石宴和用沙漠泥石组成的"天书"堪称惊艳,各种风凌石、泥石、戈壁石和硅化木造型奇特,令人眼界大开。

市区乘坐3路、10路、14路、15路公交车在博物馆站下车即到。博物馆、回王墓、回王府和阿勒屯古街可连在一起游玩,一天时间足够。

✿ 节日和活动

中国"甜蜜之旅"哈密瓜节　　文化旅游节

被冠以"甜蜜之旅"的哈密瓜节是哈密

哈密非物质文化遗产保护中心（见143页）。

地区重要的旅游文化节庆活动，每年7月下旬至8月中下旬举行。其间在哈密瓜园、淖毛湖等地都会举办以哈密瓜为主题的各种活动，如瓜果展示、哈密瓜雕刻大赛、奇石展、木卡姆演出等。

🛏 住宿

哈密市区宾馆酒店林立，多数都是快捷酒店和商务宾馆，没有更适合背包客的青年旅舍和特色客栈。建议首选交通便利的火车站和客运站周边的住宿地，这里同时也是市区商业区，就餐和购物都比较方便。

环球大酒店　　　　　　　　　　　　酒店¥¥

［见184页地图；☎231 9999；天山北路环球国际综合楼；标双257元（无窗）/300元（含早）；❄ 📶 P］中央空调、触摸式中控操作板、直饮水、熨衣板、空气净化器及加湿器，带USB充电口的插座和带茶盘的热水壶，这家酒店的房间设施及各种细节，都为入住者提供了便捷和舒适的享受。距火车站约800米，交通便利，对面就是天马购物中心，非常方便。

加格达宾馆　　　　　　　　　　　　酒店¥¥

［见184页地图；☎223 2140；爱国北路8号；标双306元起（双早）；❄ 📶 P］加格达是哈密瓜中最甜的一种瓜，在宾馆大堂就能看到各种哈密瓜的仿制品。这是哈密历史较早的一家涉外旅游宾馆，大堂设有旅行社，提供各种旅游服务。客房设施完备，距时代广场商区和客运站都不远，购物出行非常便利。

豫商大酒店　　　　　　　　　　　　酒店¥

（见184页地图；☎726 9999；天山北路豫商大厦；标双158元起；❄ 📶 P）房间设施齐全，床品干净舒适，贴心地配有加湿器，但隔音不太好。酒店位于火车站附近，楼下就是干果市场，多路公交车可达，出行和购物都方便。

魔方大酒店　　　　　　　　酒店¥

（见184页地图；📞222 2205；八一路96号魔方广场12楼；标双176元起；❄️📶🅿️）集优良设施与周到服务于一体的酒店。房间宽敞、干净，独立Wi-Fi速度很快，备品都消毒后单独包装，配备了加湿器。采用管家式服务，工作人员有问必答、热情有礼，提供免费的接送机和接送（火车）站，可免费洗衣，每晚还有免费夜宵。11楼是**辰泰大酒店**，只有房间风格不同，其他设施共用。

全季酒店　　　　　　　　酒店¥¥

（见184页地图；📞861 7777；天山南路51号；标双/单278元起；❄️📶🅿️）标准化的连锁酒店保证品质，从装修到房间用品都典雅精致，房间宽敞整洁，床很舒适，有自助洗衣房。距火车站和大十字都不远，周围餐馆云集，购物出行也很方便。

柏丽爱尚国际酒店　　　　　酒店¥

（见184页地图；📞861 0666；前进西路摩天锦绣园三期综合楼1701号；标双176元起；❄️📶🅿️）2021年开业，就在哈密火车站附近，出行便利。房间风格简洁、时尚，备品干净，屋内设施配有智能控制系统。

哈密宾馆　　　　　　　　酒店¥¥

[见184页地图；📞223 3140；迎宾路4号；标双240～558元（含早）；❄️📶🅿️]哈密的老牌园林式宾馆，植被茂盛，环境安静。1、2号楼是普通房间，3～5号楼是别墅式小楼，此外还有高层楼房；设有不同口味的餐厅，适合家庭出游入住。可在网上预订1、2号楼比较便宜的标间，享受紧邻的湿地公园景致。

🍴 就餐

哈密地处东疆门户，在地道新疆菜之外有更多外来美食，清真餐厅和川湘菜馆随处可见。首选当然还是本地特色，如巴里坤羊肉焖饼、哈萨克族拌面和奶茶、伊吾羊肉汤等，其他如抓饭和大盘鸡等也不能错过。晚上不

📖 盛世才与马仲英

尼佬

统治新疆长达11年5个月之久的盛世才可能是20世纪新疆历史上最著名的汉人。在这个东北人主导新疆的时期，以苏联的强大阴影为代价，新疆似乎结束了各自为政的混乱局面，以独立于内地中国中之国的姿态，开始了一些现代的建设，直到1945年9月11日他离开新疆飞抵重庆为止。

然而在20世纪30年代初，逐鹿新疆的外来枭雄，并不止有野心勃勃的、在日本陆军大学受过现代军事培训的盛世才一个。来自河州（临夏）的回族年轻人马仲英，就是他的最大竞争对手，这二人几乎可以称得上是当时新疆的刘邦与项羽。

马仲英是称霸青海的马步芳的侄子，他未满17岁就卷入对冯玉祥的国民军的反叛活动，袭击一队国民军运输队并缴获大批武器后，召集河州两三万民众建立武装

高速发展的哈密。视觉中国 提供

"黑虎吸冯军",被称为"尕司令"。1931年,这个狂妄的年轻人在张掖被成立"河西省行政委员会"并自任主席,却被马步芳打得逃入新疆,自此卷入反对新疆当时"省长"金树仁的斗争中。

此时的盛世才,正逐步取得了金树仁的信任,于是局势便变成了持续三年的"盛马大战"。1931年初夏,马仲英率领400多人攻占哈密汉城的新城,而金树仁的守军固守老城。盛世才为参谋长率1500人解哈密之围,被马仲英200人的骑兵击败,这是他们的第一次交手。后来金树仁调集伊犁屯垦使张培元解救围困半年的哈密城,马仲英被迫撤回甘肃。但声名已震,南京国民政府顺势将其任命为中央陆军新编第36师师长,试图利用他解决这个不听话的边疆省份。

1933年1月,马仲英率领6000多人占领东疆。4月12日,在迪化的一场阴谋叛乱中盛世才成为新疆督办,6月在紫泥泉击败马仲英,但在这年冬天,马仲英在达坂城战败盛世才,并与伊犁的军阀张培元达成了合作,后者在1934年的元旦占领了塔城。

没有想到的是,盛世才已与苏联签署了秘密协定,苏联红军入疆,以飞机大炮在达坂城击败了马仲英。马仲英被迫逃亡南疆。在这个骄傲的年轻人逃亡的路上,他遇见了几次来到新疆的探险家斯文·赫定。赫定为他写了一本书,并留下了他仅存的两张照片。在赫定的记叙中,这个使用毛瑟手枪的年轻人是个虔诚的穆斯林,每天都要花数小时祷告,但同时他又目光远大,将成吉思汗、拿破仑、兴登堡将军和左宗棠视为自己的目标,雄心勃勃地希望征战到小亚细亚。

在苏联的帮助下,盛世才部队在1934年8月攻占喀什。马仲英不得不带着一些亲信去 ➡

← 了苏联,最早颇受礼遇,还学习了驾驶飞机。但在1936年后音讯全无,至今仍是不解之谜。根据苏联红军元帅康斯坦丁·罗科索夫斯基的说法,马仲英在苏联的大清洗中入狱,后来被释放,牺牲在苏联卫国战争的战场上。⑫

妨像当地人一样去夜市吃吃烤肉,喝瓶乌苏啤酒。

驿楼兰　　　　　　　　　　　新疆菜¥

(见184页地图;☎258 5666;前进西路锦绣园高层B栋二楼;人均90元;◎12:30~23:00)漂亮的维吾尔风格餐厅,蓝绿色壁龛与彩玻璃灯营造出西域风情。主打的大盘鸡、烤肉、烤包子味道都不错,菜量很大,肉吃太多的话可以来一壶清香的薄荷红花茶解腻。如果怀念内地味道,不妨试试曲曲,这是一种类似于馄饨的面食,配酸汤吃很开胃。餐厅很受当地人欢迎,每到饭点即便是中午也可能排长队。晚餐人多时还有歌舞表演。

库尔班江抓饭　　　　　　　　新疆菜¥

(☎135 7966 0610;青年北路66号东方湖滨小区14栋底商11号;人均45元;◎11:00~22:00)哈密很火的一家抓饭馆,店面不大但干净整洁。米饭饱满又软糯,羊肉软嫩鲜香,吃到嘴里丝毫没有油腻感。饭量大的可以点豪华抓饭,有羊排、羊脖子和巨大一根后腿子。店家自制的酸奶也很受好评。

盛添抓饭肉汤馆　　　　　　　新疆菜¥

(见184页地图;☎181 3932 3339;光明路融合小区底商;人均35元;◎12:00~21:30)当地口碑不错的一家抓饭馆,抓饭种类较多,羊腿子抓饭、羊排抓饭和碎肉抓饭都挺受欢迎,配一壶免费的咸奶茶刚好。

哈密贡瓜园。

东疆大盘王　　　　　　　　新疆菜 ¥¥

[见184页地图；☏226 5127；向阳路（近建国北路）；人均55元；⏰12:00~22:00]专做东疆大盘鸡的一家餐厅，虽然比较嘈杂，但看起来还是挺干净的。分量足，口味香浓偏辣，除大盘鸡之外还有大盘肚、大盘羊排等，不喜欢重口味的可以提前告知服务员。

摆家特色羊肉焖饼子　　　　清真餐 ¥¥

(见184页地图；☏181 9977 2323；八一路智能小区一层底商；人均65元；⏰12:00~23:30)羊肉焖饼子(128元)是招牌必点，羊肉、胡萝卜和土豆焖得软嫩入味，薄薄的饼子浸泡了汤汁之后柔滑美味。分量很足，一人份(68元)够两个女生吃了。

纯爱冰淇淋　　　　　　　　甜品 ¥

(见184页地图；人均10元；⏰10:00~23:00)一家1947年开业的老店，就在大十字旅游商业街入口，提供纯牛奶制作的冰淇淋和饮料。冰淇淋(8元/杯)入口香滑浓醇、奶味十足，酸奶冰沙、杏皮凉茶也很受当地人欢迎，还有炸串、烧烤等小吃。

七一夜市　　　　　　　　　夜市 ¥

(见184页地图；人民路宝农农贸市场)有烧烤、馕坑肉、烤包子、拌面和小龙虾等，一到夏日晚上临街全是饭桌，非常热闹。当地人更常去的是**皇后天街夜市**，小吃很多，比七一夜市实惠一些。阿勒屯古街晚上也有夜市。

🛍 购物

哈密购物首选当然是新鲜瓜果，抓紧时间多吃一点，然后买些哈密瓜干和葡萄干带回家。此外，民族服饰和刺绣品也是不错的纪念品。至于哈密奇石，如果你对自己的鉴赏力很有信心，那么大可出手。

大十字旅游商业街　　　　旅行纪念品

(见184页地图；中山南路)哈密最热闹的街区之一，有不少充满民族风情的小店，可以买到伊吾绣花帽、民族服装、手工刺绣品和地毯等。此外还有一条街全是奇石店，出售和田玉、硅化木和戈壁石等。3路、10路、14路公交车在大十字站下即到。

天马市场　　　　　　　　　特产

(见184页地图；天山北路天马商场旁；⏰9:00~22:00)一整条街都是干果批发零售店，除了五堡大枣、哈密瓜干、牛肉干、酸菜等本地特产，还有葡萄干、伊宁熏马肉、罗布麻茶等新疆特产，可一次性选购多种特产，店内提供快递服务。

☑ 不要错过

哈密瓜园

(☏238 9004, 138 9936 5700；花园乡卡尔塔里村；门票30元；⏰全天)传说当年哈密地方官员向清廷进贡"贡瓜"，康熙皇帝品尝后龙颜大悦，赐名"哈密瓜"，当地人认为这些贡瓜就来自哈密市的花园乡和南湖乡，花园乡的卡尔塔里村也是当年哈密回王贡瓜种植地。现在这里是著名的哈密瓜园，每年的哈密瓜节都会在这里举行。活动期间，瓜园热闹非凡，民族风情一条街上，随意走进一家维吾尔族民居，都能品尝到当年皇帝吃过的哈密瓜，以及香甜的哈密大枣。

哈密瓜园中还有一处唐代佛塔遗址，据说玄奘西天取经时曾驻足此处讲经三日。穿过村子往西北方向走，是一处沙漠戈壁，远远就能看到沙丘上矗立着一座夯土筑成的三级佛塔——遗憾的是佛塔经过维修，残缺的塔身用泥土补得整整齐齐，反倒失去了韵味，并不值得专程前往。

哈密瓜园距市区约有17公里，可在城南林管站坐16路公交车(2元；8:20~19:00，约40分钟一班；50分钟)前往，终点站就是哈密瓜园。7月至9月瓜园比较热闹，其他时间基本就是一座空园。

★ 值得一游

朝拜盖斯墓

在哈密回王墓以北不远处有座墓园，虽然很小，但在当地穆斯林心中的地位非常崇高，它就是**盖斯墓**（见184页地图；天山南路；免费）。看完回王墓之后不妨走过来看看。

相传唐贞观年间，伊斯兰教先知穆罕默德应唐太宗李世民的邀请，派出三名弟子盖斯、吾外斯和万嘎斯，沿海上丝绸之路抵达中国。万嘎斯不幸病逝于广州，吾外斯和盖斯则顺利到达长安，并受到唐太宗李世民的欢迎。此后，在沿陆上丝绸之路返乡途中，吾外斯病逝于嘉峪关外，盖斯则于公元635年去世并葬于哈密星星峡。1939年，哈密地区的伊斯兰教徒将盖斯遗骸由星星峡迁葬至此。因其保存有世界上为数不多的伊斯兰教先贤的遗骨，每年都有大批伊斯兰教徒前来盖斯墓朝拜。

盖斯墓是一幢融合了阿拉伯和汉族建筑风格的泥木结构建筑，上部为覆有绿色琉璃砖的圆形拱顶，下部为四周有木柱支撑的回廊式方形建筑。墓园遍植花木，朴素而安静，游人寥寥，多是前来祭拜的穆斯林。如遇正门关闭，不妨去后门碰碰运气。ⓖ

❶ 实用信息

手机支付在哈密应用很普遍，市区银行网点密布。当地机构的营业时间一般是9:30~19:30，午休时间较长，下午通常15:30才开门。

哈密市第二人民医院（见184页地图；☎232 9170；复兴路28号）市区较大的综合性医院。

天山北路邮政支局（见184页地图；☎236 2441；天山西路2号；◑夏9:00~19:30，冬9:30~19:00）提供邮寄、快递等服务，有哈密风光明信片出售。

❶ 到达和离开

飞机

哈密机场（☎655 3000；距哈密市区约12公里，G312国道旁）目前开通有哈密至乌鲁木齐、库尔勒、西安、兰州、敦煌等地的对开航班。

长途汽车

哈密客运站（见184页地图；☎226 6767，223 3532；建国北路109号）每天有发往伊吾、巴里坤等地的班车。此外还有去罗布泊镇的班车（81元；10:00；约6小时）。

火车

哈密火车站（见184页地图；☎712 2222，712 2452；前进东路，天山北路最北端）是新疆第二大火车站，每日有兰新高铁列车及普客列车共112趟在此站停靠。有1路、2路、3路、4路、12路、14路等多路公交车经过，交通方便。

❶ 当地交通

抵离机场

市区与机场间没有公交车往返，从市区乘出租车至机场约40元。

哈密客运站车次时刻表

站点	车次	票价（元）	行程（小时）	备注
巴里坤	8:30~18:30，坐满发车	32	3	去白石头、松树塘、寒气沟可坐此班车，票价20元
伊吾	8:30~16:30，坐满发车	36	4	
淖毛湖	8:30~16:30，坐满发车	52	5.5	跟去伊吾是同一班车
奇台	周一到周六9:30	109	10	

公交车

市区公交车通票1元，可使用支付宝和云闪付扫码乘车，线路基本覆盖城区，市区景点均可乘车到达。14路公交车途经火车站、大十字、天马市场、盖斯墓、哈密博物馆。12路公交车从火车站到客运站。公交车收车较早，夏季从7:30运行到20:30，冬季8:00到20:00。

出租车

出租车起步价7元，3公里后1.40元/公里。网约车使用方便。

哈密周边

东天山风景区

天山横亘新疆全境，东段位于哈密境内，人们习惯称之为东天山。它将哈密分为南北两种气候，风光迥异。**东天山风景区**（☏685 0117；微信公众号"东天山景区"）是一个广泛的概念，包含寒气沟、白石头、鸣沙山、松树塘和天山庙5个景区，既有雪山冰川、森林草原，也有湖泊河流、沙漠戈壁，夏天这里是当地人喜爱的避暑胜地，冬天可到松树塘滑雪；对外地旅行者来说，更有吸引力的则是在鸣沙山玩滑沙，登上东天山眺望巴里坤大草原。秋冬降雪之后，除松树塘外的景区关闭。

◉ 景点

寒气沟   山沟

（☏231 3250；S303省道边，距哈密约50公里；门票25元）寒气沟自西向东斜插喀尔里克山腹部，东西向延伸十多公里，沟内古树参天，流水潺潺，即使炎夏也是凉气幽幽。雨后清晨，当地人喜欢在松林里寻找野蘑菇。景区内只有一条土路，性能不够好的小轿车最好不要深入沟内。

天山庙。

哈密周边

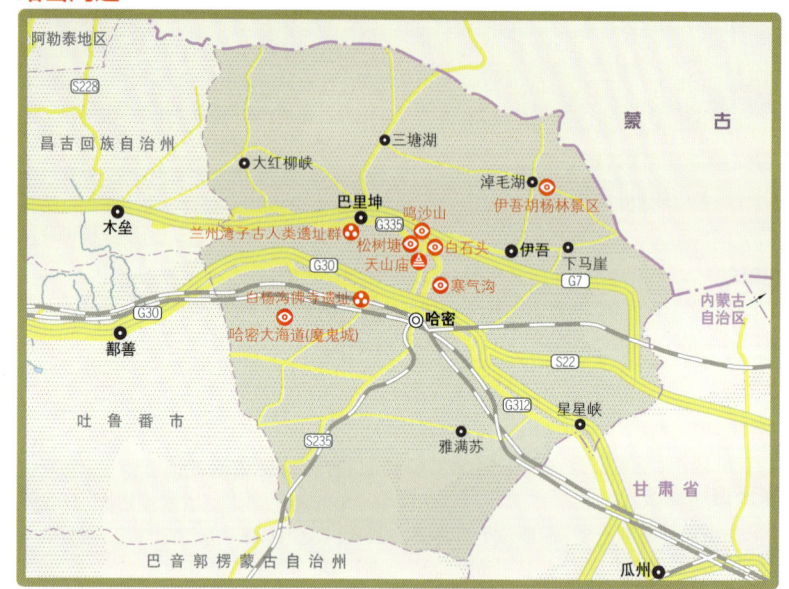

白石头
草原

（白石头乡，S303省道边；门票30元）一块露出地面的巨大白石，与终年白雪皑皑的东天山主峰喀尔里克峰遥遥相望。传说它是"天外来客"（陨石），也有考证说这是地壳运动的结果。夏季白石头景区气候凉爽，空气清新，绿草如茵，鲜花遍野，点缀在山林与草原之间的是白云般的羊群和炊烟袅袅的毡房。6月至9月，可以在草原骑马、住毡房，体验浓郁的哈萨克风情。

松树塘
森林

（181 1903 1936；G335国道边，距巴里坤约60公里；免费）因为拥有大片松树林而得名，夏季可以在哈萨克毡房里住一晚，然后随便找条小路上山，在茂密松林中享受凉意。冬季这里又变身天然滑雪场（6850130），除滑雪之外还可以玩玩雪圈、雪地摩托车等雪上项目。哈密文创园有专线大巴前往雪场，9:30出发，17:30返程，票价36元，需提前一天电话预约留座。公众号内购买滑雪票有优惠，景区有酒店可住宿（标间220元起）。松树塘还生活着成群的马鹿、牦牛、骏马，秋冬季时它们悠闲地漫步在雪原彩林之中，能否遇见就看你的缘分了。

鸣沙山
沙山

（口门子乡；门票25元）位于前往伊吾的G335国道边的草原上，距口门子乡路口约15公里。沿200多级木梯登上巨大的沙丘，能看到远处的天山雪峰以及眼前的碧波草原。当然，滑沙才是最终目的，坐着滑板一冲而下时，静寂的沙山瞬间轰鸣作响，发出悦耳的声音。你还可以乘坐冲浪车在连绵的沙丘上体验刺激的玩法。

天山庙
寺庙

（S249国道边；门票20元）位于东天山垭口，据说这是天山上唯一的一座庙宇。汉唐丝绸之路北新道经此地翻越东天山西行，这里也是兵家必争之地，传说唐时在这里就建有祠庙以纪念征战将士。清乾隆五十一年（公元1786年）在原有祠庙遗址上修建了一座天山关帝庙，后屡毁屡建，现在看到的天山庙已经是近年重建，庙前矗立起一座高大的班超铜像，以纪念他穿越东天山征战匈奴而立下的赫赫战功。天山庙后方有一块"东天山"石碑，沿石阶往上是一座观景亭，登高远望，天山就在脚下，远处巴里坤草原美景尽收眼底。

❶ 到达和离开

在哈密客运站乘坐去巴里坤的班车，会经过寒气沟、白石头和松树塘景区（20元；约2小时），去伊吾的班车会经过鸣沙山（20元，2.5小时）。回来时在路边搭乘返回哈密的班车。天山庙不在班车路线上，只能自驾或包车前往。

伊吾胡杨林景区

（☏673 0005；伊吾淖毛湖镇以东10公里；门票35元/人，观光车120元，套票150元；8:30开放，夜晚不限时）淖毛湖没有湖，却有新疆地区最美的胡杨林。在这片荒芜平坦的戈壁滩中，生长着新疆最古老的胡杨林，由于常年刮大风，这里的胡杨树躯干扭曲，造型尤其好看，年年都吸引无数摄影爱好者来此拍摄。

景区内建有20余公里环形道路，串起根雕区、三千年区、六千年区、九千年区等胡杨林以及弯弓山、日出东山两处观景台，漫步其间，能欣赏到形态各异的胡杨树。每年10月初至中下旬短暂的时间里，这里变身黄金世界，迎来无数"长枪大炮"。一年一度的伊吾胡杨林节也会在国庆节期间举行，园区及伊吾县城会有哈萨克歌舞表演、当地美食品尝、摄影大赛等活动。喜欢早出晚归的摄友只需在进园时与工作人员说明一下，便可在园区内尽情拍摄落日金晖下的胡杨林。

淖毛湖镇距哈密约有250公里，可在哈密长途汽车站坐去淖毛湖镇的车（52元；8:30始发，坐满发车；车程约5.5小时）。淖毛湖属于边境地区，班车司机会统一收集乘客的身份证办理边防证（免费）。到了淖毛湖之后再打车去胡杨林景区南门主入口（80元，

☑ 不要错过
自驾翻越东天山

游玩东天山，最好的方式是自驾。"天山公路"S249省道在修复之后变身景观大道，行驶在这条路上，180度的陡弯一个接一个，而每经过一重弯道，就有不同的景色，近处是茂密的松林，远处是辽阔的巴里坤草原。在公路最高点，就是天山唯一的一座庙宇——天山庙。登上观景台远眺，天山、草原和鸣沙山皆在眼前。偶有薄雾飘过，草原上白色的哈萨克毡房和牛羊若隐若现，一切宛如仙境。

S249省道虽是铺装路面，但坡陡、急弯多，道路险峻且极易受暴雨等天气影响，通常只在5月到10月初每日8:00或8:30到22:00开放，并禁止7座以上车辆通行。秋冬降雪之后，S249省道封闭，此时翻越东天山只能走大车众多的S303省道，这也是来往巴里坤和伊吾的班车走的道路。S303省道穿过东天山，途经寒气沟、白石头和松树塘景区，进入天山之后，公路两旁出现的是嶙峋石山和河谷地带，过了寒气沟则豁然开朗，天山松林和草原风光一直陪伴在车窗两侧。

两条省道出东天山后都在口门子乡转入G335国道，由此去往巴里坤。夏日草原青翠、森林茂密；秋冬一路都是雪山彩林，白雪覆盖金黄草场，牛羊和马鹿散落暖阳之下。

不打表）。但班车比较花时间，自驾前往更方便。当晚一般无法返回哈密，可在淖毛湖镇停留一晚。景区西门也有酒店（标间 含早288元；❄ 🛜 🅿）提供食宿，拍日出日落和星空都方便，镇上打车到西门30元。住宿经常有免门票的优惠，建议提前电话咨询。记得留好出租车司机电话，方便返程。

淖毛湖的哈密瓜很有名，晚熟、含糖量高，赏胡杨之余别忘记吃瓜。

白杨沟佛寺遗址。

白杨沟佛寺遗址

（柳树泉农场白杨沟村）白杨河是流经哈密西北方向的一条河流，在白杨河上游两岸宽阔的台地上，散落着无数残垣断壁。据考证，玄奘西去取经时路过哈密（伊州），曾在这里的佛寺短暂停留，讲经说法。此后这里香火旺盛，佛寺林立，是唐时哈密地区最为兴盛的佛教场所。现在，站在白杨河岸边空地上，虽然河水已近干枯，但依目光所及之处散布的众多佛寺、佛塔和石窟遗址，仍能想见当年的盛况。

整个遗址区最为壮观的建筑当属大佛寺遗址群，在佛寺大殿中还能看到高达8米的泥塑坐佛残存部分，它曾是新疆最大的泥塑坐佛。大殿以北的山丘上开凿有数间石窟，内部还残留着少量壁画残片。大殿四周分布有僧房院落、禅室、佛塔等。白杨河对岸，有在断崖立面上凿出的石窟，以及用土坯砌成的石窟。由于年代久远，石窟严重损毁，与河岸风蚀地貌几乎一样，肉眼几难辨识。除此之外，沿白杨河向南直到下游的白杨河汉唐古城，沿途还有托玛佛寺遗址、恰普佛寺遗址、库木吐鲁佛寺遗址、央打克佛寺遗址、甲郎聚龙佛寺遗址、托呼齐佛寺遗址等。

可在哈密包车前往白杨沟村，过了白杨河大桥从路右边第一个岔道进去约1.5公里就到达白杨河岸边。当地已经启动了对白杨沟佛寺遗址群的保护工作，调研时遗址有护栏环绕，直至河谷边缘；内有桥梁跨过河谷，之后沿着碎石路可环游整个遗址区，大佛寺周围还铺了木栈道。请先征得工地人员同意后再进入遗址区，行走时不要随意攀爬遗址建筑。

巴里坤

巴里坤哈萨克自治县素有"新疆东大门"之称，是古代内地进入新疆的第一站，也是草原文明与农耕文明的交会处。巴里坤县城是离天山和草原最近的城镇，东天山像一堵天然屏障紧贴着县城南缘，无边无际的巴里坤草原在县城北侧铺展开来。走进巴里坤古城，历史的厚重感扑面而来，满城和汉城在飞速发展的城市扩建中已经残缺不全，所幸现在已经启动古城保护，还重建了城门，以供人怀想这座古城的过往。县城周边的草原上，有唐代屯垦戍边的古城遗址大河唐城，沿公路分布的汉唐烽燧则为我们留存了丝绸之路的坐标。

⊙ 景点

巴里坤古城　　　　　　　　　古城

（见185页地图）巴里坤古城其实由两座古城组成，东为满城，西为汉城。汉城建于1731年，相传是由陕甘总督、宁远大将军岳钟琪督军修建的绿营兵城，历来为汉族聚居地，因而得名汉城。满城则修于公元1772年，因当时驻扎满州旗兵而得名满城。城市建筑的发展使得满汉两城逐渐淹没于高楼与住宅区之中，夯土筑起的城墙也在时光流逝中坍塌和消失。今天，古城虽经修缮，几座城门楼焕然一新，但断断续续的城墙难以完整呈现古城当年风华。如果有时间不妨花上半天走一走，看看城墙、地藏寺、清代粮仓以及西城得胜门。古城内道路指示牌规范且明确，非常适合来一次短途步行。

巴里坤文博园　　　　　　　　古迹

（见185页地图）入口处仿古的鲜艳楼宇与高塔可能乍一看会吓退经验丰富的旅行者，但真正的古迹位于文博园深处。绕过高塔，经过一道门后右手边是**清代粮仓**，两座乾隆年间建造的土木结构粮仓可储备近30万公斤粮食，经过修复的粮仓内用泥塑、农具、老票证等展示了巴里坤的屯垦史。之后从展示着巴里坤摄影与绘画作品的群众书画馆前经过，穿过一道小门就进入了重建的**松峰书院**，现在里面展示着书画作品。书院旁是清代**古民宅**，调研时正在施工修建仿古街区。文博园内还有历史博物馆、城乡规划馆等展馆。

地藏寺和仙姑庙　　　　　　　寺庙

（见185页地图；天山路27号；免费；

白杨河汉唐古城

从白杨沟佛寺遗址往南约10公里，在五堡镇博斯坦村看见一片仓储遗址，便是抵达了比佛寺年代更为久远的**白杨河汉唐古城**（又名拉甫却克古城）。继续南行不远，道路东侧的古城入口有两条栈道。一条栈道通向被白杨河支流一分为二的古城遗址，城墙残段和马面遗址清晰可辨，南城还有12米高的角楼遗址，城内民居建筑大多已毁。另一条栈道通往古墓群，这片台地之上共发掘清理唐宋时期墓葬62座，可通过玻璃观察其中几座斜坡墓道墓、地表墓、砖室墓等，内部墓主人遗骨尚存。道路西侧的胡杨树掩映着规模庞大的佛寺遗址，保存有佛殿、洞窟、佛塔等遗迹，与白杨沟佛寺建筑风格和布局一致。仓储、墓地、佛寺与古城共同构成了完备的城市系统，这在新疆古代城址中极为罕见。古城内外曾发现高温烧制的夹砂红和灰陶陶片，纹饰以刻线和堆纹为主，器形主要有罐、瓮等。考古人员认为这座古城即东汉时期的伊吾屯城和唐朝的纳职县城。⒈ＰＰ

◎9:30~19:30）清代巴里坤古城曾以"庙宇冠全疆"著称，宗教种类繁多，鼎盛时有百余座寺庙，如今盛况不复，仅能在地藏寺和仙姑庙中寻觅一二。两座寺庙背倚天山，面向汉城，居左是地藏寺，居右是仙姑庙，其后还有一座供奉着孙膑的小庙。寺庙都经过修复，整个建筑群布局紧凑、古木参天，处处可见中原文化与草原文化融合的痕迹。地藏寺中陈列的十八层地狱酷刑泥塑，生动恐怖，更是典型的汉地风格，门上高悬的匾额"你来了吗"则不禁令人心惊。

寺庙群位于天山路中段，从汉城南街步行出城即到。

哈萨克民俗博物馆　　　　　　博物馆

（见185页地图；汉城西街50号；免费；◎夏9:00~12:40, 16:00~19:40, 冬9:30~

星星峡，由此开启进疆之旅

星星峡，就像是巨斧在天山最东端劈出的一道巨大的裂缝，为中原进入新疆提供了一条天然通道。2000多年前的商队沿这条裂缝行进在丝绸之路上，今天的兰新公路也是由此进入新疆。无数旅行者的西域自驾第一站，都是由星星峡开始。虽然星星峡镇很小，基本只能提供加油加水及简单的食宿服务，但不妨碍人们在到达这里时的激动。旅行者一般会在G30连霍高速公路边"星星峡镇"那块路牌下拍张纪念照，然后继续西进。星星峡至哈密还有约220公里，途中会经过著名的百里风区，你可以在观景停车带上拍摄成百上千座风力发电机在蓝天下转动的壮观景象。ⓛⓟ

13:10，15:30～18:40）博物馆共有二层展厅，一楼以实物与实景模拟为主，展示了哈萨克族的历史文化、宗教信仰与生活风俗，其中各种精致的乐器冬不拉、缤纷的哈萨克服饰以及手工制作的生活器皿都非常漂亮。二楼是巴里坤自然资源展示厅，展出了丰富的矿产标本和动植物标本，可让人对巴里坤多样性的自然生态及旅游资源有直观的了解。

怪石山　　　　　　　　　　　　　　山

（巴里坤西北46公里处，G7京新高速旁）第一眼看到怪石山，你尽可以展开想象，当它是外星人降落的基地，又或者是上帝造物时任性的杰作：高高低低的石山突兀而立，山体密密麻麻布满奇形怪状的小洞，它们交错排列，像无数的骷髅堆积在一起，组成了一片怪异的石林。对此，科学家的解释严谨而无趣，怪石山所处位置是冷空气入侵巴里坤盆地的风口，各种风向在这里交汇碰撞形成旋转风，在岩石较软处形成石窝，天长日久，将石窝侵蚀得越来越大越来越圆，最终塑造出奇特的怪石山。

进入景区，可先在蜂巢状地貌观景台前与怪石山来个自拍合影（密集恐惧症患者慎入），然后沿景区步道进入怪石山，嵯峨怪石

怪石山。

间生长着各种荒漠植物，其间还有雪鸡和小蜥蜴出没。沿途可以看到祈福台、天棺王墓、神泉等，走近山体细看那些圆洞，洞内不算光滑，最大的可以容纳数人。行至山腰，往下看，会发现山间草地上有一个模糊的巨大圆形遗迹，据说那是成吉思汗率部征战西域时在此驻扎的营盘遗址。

景区内有提供食宿的蒙古包和各种娱乐设施，但只在6月至8月及国庆假期等旅游旺季开放。游玩整个景区约需1个多小时，徒步山间步道时注意安全。

巴里坤县城没有班车直达怪石山，只能包车过去，可以与巴里坤湖一起游玩，顺便看看沿途的古代烽燧。包车一般300元/天。自驾旅行者可以走京新高速，在怪石山出口下即到。

兰州湾子古人类遗址群　　　　　遗址

（见152页地图；县城西南6公里处，巴里坤山下兰州湾子村）免费 兰州湾子古人类遗

兰州湾子古人类遗址里的岩画。

址群是中国少数保存相对完好的史前人类活动遗址，考古研究表明，早在3200多年前，史前人类就在这里构筑石头房屋。1984年，考古专家在这里发现了陶器、石器、铜器和农作物等青铜文化遗存，以及具有明显蒙古人种特征的古人类骨骸。2002年，在兰州湾子一带又发现了200余座古墓葬和上千幅岩画。不过，现在人们来到这里，看到的只是一座虚构出的大月氏王庭建筑群，有装饰着牛头骨的祭祀台和简陋的住所等，其间也摆放着不少刻画有图案的岩石，但明显都是今人所仿制的岩画。对面有围栏的田野中有几堆长着红色地衣的石头堆，那才是真正的古人类居所遗址，细细察看，还能勉强辨认出呈不规则长方形的石墙轮廓。连绵的天山映衬着石结构遗址，六七月间这里漫山遍野都是盛开的野玫瑰花。周边村子里有不少农家乐。

去往兰州湾子最便利的方式是从县城坐出租车前往，单程约20元，可跟司机商议等你参观完再载你回去。

巴里坤湖
湖泊

（免费；海子沿乡）如果有机会站在高处远眺巴里坤湖，会看到湖边一道耀眼的白线，像是卷起的雪白浪花，其实，那是芒硝凝成的结晶。巴里坤湖古称"蒲类海"，湖水与海水一样带咸味，正是因为湖中盛产芒硝。当你走到湖边，就会闻到刺鼻的味道，夏天阳光暴晒之下味道尤其难闻。湖边搭起了延伸入湖面的栈桥和观景亭，但站在栈桥上近观湖水，反倒非常平淡。欣赏巴里坤湖最好走上湖边的尖山玻璃栈道，从观景台远远望去，湖面像巨大的明镜，倒映出蓝天白云；湖边草地上，散落着红色屋顶的民居和白色的哈萨克毡房，牛群悠闲地吃着草，特别适合等到夕阳西下拍拍风光大片。

巴里坤湖位于县城西侧约18公里处，可在客运中心站坐去海子沿乡的班车（8元，坐满即发），在巴里坤湖指示路牌处下车，步行约5分钟穿过村子即到。从县城打车过去约50元。

节日

冰雪文化旅游节　　　　文化旅游节

巴里坤冰雪文化旅游节每年12月底至次年2月举行，通常在蒲类大观园有冰灯祈福、冰雕展、民俗活动和滑雪表演等内容。具体举办时间和内容可提前致电巴里坤文旅局（☎717 6508）咨询。大观园内有蒲类海滑雪场（门票100元；🕙10:00~23:00），可同时容纳200多人滑雪。

食宿

巴里坤城区虽小，但住宿选择很多。客运中心站周边和汉城美食街一带宾馆较多，以商务酒店为主，因为夏季也很凉快，酒店大多没有空调。每年8月草原活动季以及冬季冰雪季，房间价格上浮较多，且需提前预订。巴里坤的**野蘑菇拌面**和**羊肉焖饼**是必尝的美食，天山松林里生长的野蘑菇和巴里坤大草原出产的牛羊肉提供了优质的食材。

蒲类海大酒店　　　　　　酒店¥¥

[见185页地图；☎682 0555；湖滨路2号；标双280元起（含早）；❄🛜🅿]当地最好的星级酒店，房间宽大干净；出门就是巴里坤草原，与跑马场、草原阳光乐园仅一路之隔，步行至滑雪场也很近。

四平酒店　　　　　　　　酒店¥

[见185页地图；☎6822 666；汉城南街万家商贸城；标双213（无窗）/236元；❄🛜🅿]宽敞的房间被打扫得一尘不染，地砖光可鉴人，设施很新，遗憾的是卫浴没有干湿分离，隔音也一般。没有空调，冬季地暖很热。步行至美食街只需5分钟。

巴里坤美食街　　　　　　美食街¥

（见185页地图）位于汉城中心的美食街聚集着数十家饭馆，几乎都提供野蘑菇拌面、羊肉焖饼、哈萨克手抓肉、烤肉、抓饭等。不过羊肉焖饼一般1公斤起卖，一个人的话就得考虑一下自己的食量了。饭馆门口一般都摆着晒干的野蘑菇，可以买一点。夏日晚上

步行游览
巴里坤古城

起点： 巴里坤美食街
终点： 得胜门
距离： 约6公里
需时： 约2.5小时（不含游览时间）

这是一座开放式的古城，有时候你需要绿化带后寻找城墙的残段，或许你还要穿过车来人往的公路，但正是这种略带穿越感的对比，更能让人感受到这座古城蓬勃的生命力。

古城步行建议从午后的❶**巴里坤美食街**（见本页）开始，吃过午饭之后往北穿过生态园广场和湖滨路，走进巴里坤大草原，

在"巴里坤草原"的石碑后面是❷跑马场，8月这里会有热闹的哈萨克赛马、姑娘追、叼羊等活动。沿着湖滨路往东走是❸阳光乐园，可以沿着木栈道在草原上漫步。继续往东，见到一座高台，那就是蒲类海滑雪场的雪道，这里也是❹蒲类大观园，其南侧有一段满城城墙，园内有清代民宅、烽燧、乌孙祭祀坛、镇西府衙等仿古建筑；冬季这里是冰雪旅游文化节的主会场。再往东走至团结北路，往南穿过重建的❺威畅门，一直走到天山路上，可以看到一座朴素的❻镇西清代满城石碑。从这里开始，清代满城城墙会一直与你同行。沿着墙边绿化带中一条若隐若现的小径一直往西，城墙上的断口是后人为了方便出入破墙开路造成的。满城城墙延续到靠近新市路，之后你需要在车流繁忙的天山路边走一段，直到古城路口处，汉城城墙出现。沿城墙边的小径再往西约1公里，天

山路南侧是❼地藏寺和仙姑庙（见155页）。参观后走到斜对面的汉城南路口，这里有另外一座❽镇西清代汉城石碑，对面就是❾游客服务中心。从石碑拐进汉城南街，往北不远处的左手边就是❿巴里坤文博园的入口，可入内参观清代粮仓、松峰书院和古民宅。继续往西到汉城西路左转，经过⓫哈萨克民俗博物馆（见155页），走到头便到了修复后的⓬得胜门，宏伟城门色彩绚丽，衬着远处的天山雪峰和松林，在夕阳余晖的映照下格外耀眼。如果城门关闭，游览至此结束。若是城门开着，穿过城门能看见高耸的瓮城，走出去是一片牛马散落的牧场，沿着小道往南可欣赏古城墙中保存最为完好的一段，巴里坤古城的宣传大片都出自此处。Ⓛ

(左图)巴里坤古城。
袁亮摄

巴里坤的唐时印迹

巴里坤在汉代就是西域三十六国之一蒲类国，到了唐代这里是军事重镇甘露川。时光走过2000多年，在这里留下了众多历史印迹，其中就有修筑于公元710年、拥有1300年历史的唐代屯垦戍边的大河古城遗址，当地人管它叫大河唐城。大河唐城位于大河镇干渠村的田野间，目前还能看到的只有呈长方形的夯土城墙，据说当年考古人员曾在城内发现众多铜镜、铜佛、铜钱、铜棒等，但现在所见只余残垣一片，仅供怀想唐时盛况。

巴里坤是丝绸之路重镇之一，至今仍保存有40余墩烽燧，它们曾是指引古代商队往返丝路的坐标。自汉城向东，每10公里到20公里设有一墩烽燧。最早的烽燧始于唐代，大部分为清代所筑，现存较为完好的烽燧是清代的边关墩烽燧。在S303省道沿线就能看到部分烽燧。

在客运中心站坐到大河镇干渠村的班车，在大河唐城路口下车，步行约2公里就能看到遗落在田野间的唐城遗址。从县城搭乘出租车到大河城往返约需60元。

阿斯塔纳出土的伏羲女娲图。

这里有夜市。美食街北端就是巴里坤草原，饭后不妨去草原上散步消食。

❶ 实用信息

游客接待中心（见185页地图；☎717 5212；汉城南街17号）设有接待处、旅游纪念品专柜、旅游厕所等，提供旅游信息咨询、休息、投诉等服务。

❶ 到达和当地交通

巴里坤客运中心站（见185页地图；☎682 2376；新市路1号）每天有多趟班车发往哈密（32元；9:00~18:30；坐满即发）。去伊吾（38元）和淖毛湖（55元）的车班次不定，通常上午发车，但人数不够会取消；也可搭乘去哈密的班车到口门子乡，在路口等待从哈密发往伊吾的班车。周一和周五有去乌鲁木齐（130元；10:30）的班车，哈密去奇台的部分班车会经停巴里坤，建议提前电话咨询。去往各乡镇的班车也在这里发车。

巴里坤的出租车在城区一般5元不打表，经常多人拼车乘坐。去往周边乡镇或景区需与司机议价。

吐鲁番

电话区号 0995

在历史的长河中，吐鲁番牢牢占据着重要位置。丝绸之路延续2000余年，东西方文明在这里交汇。早在14世纪以前，吐鲁番就是西域三大佛教中心之一，交河城和高昌城的辉煌与没落，都印证着丝绸之路的变迁。而吐鲁番盆地特殊的气候条件，为后人封存了种种遗迹，让我们有幸在柏孜克里克石窟中看到西域最早的壁画，在吐峪沟内寻找佛教、摩尼教、景教、祆教四种宗教文明

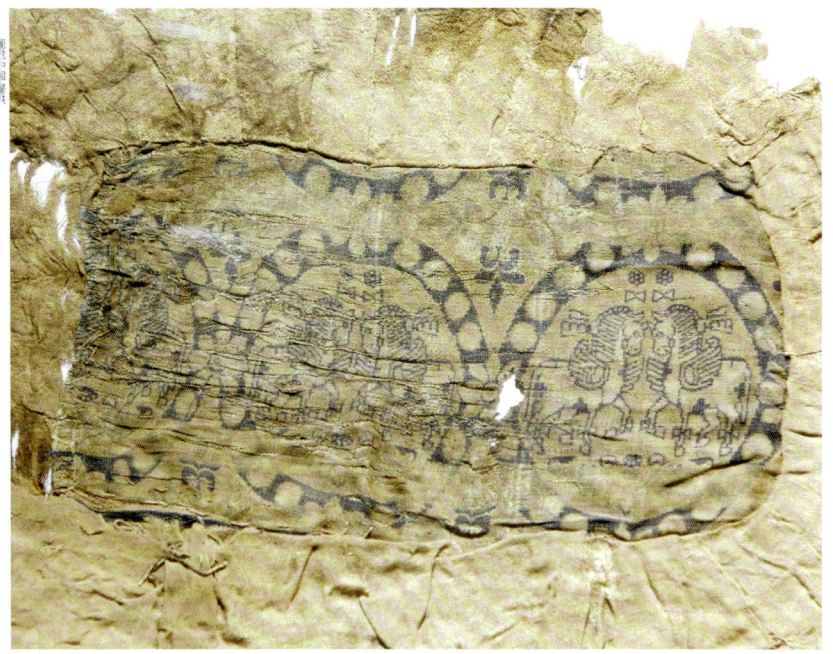

洋海古墓群出土的印有图案的干尸盖脸布。

的印迹,在故城遗址中怀想这片土地曾经的繁盛。

更多人来到吐鲁番,是贪恋这里甜蜜的葡萄、多彩的风情和绝美的风景。吐鲁番历来就是多民族聚居地,车师人、高昌回鹘人先后在这里居住。14世纪之后,吐鲁番成为伊斯兰教中心,当地维吾尔族人创造了丰富多彩的民族文化,戈壁滩上的坎儿井浇灌出世上最甜的无核葡萄,葡萄架下诞生了热情奔放的木卡姆和麦西来甫。"火洲"的炎热干燥,造就了吐鲁番独特的地理条件,登上火焰山高处直面高温的炙烤,或者在艾丁湖世界内陆海拔最低之处打个卡,都是一次难忘的体验。

◎ 景点

吐鲁番博物馆 博物馆

(见188页地图;761 9650;微信公众号"吐鲁番博物馆";木纳尔路1268号;凭有效身份证件免费参观;夏季10:30~18:30,冬季10:00~18:00,周一闭馆)感谢高温少雨的气候,让吐鲁番盆地保存了诸多古墓和故城遗址,其中出土的珍贵文物,分别收藏于新疆自治区博物馆(其展出的从西汉到唐代1000多年之间的丝绸之路文物,80%以上都来自吐鲁番盆地的贡献)和吐鲁番博物馆。博物馆共有吐鲁番地区通史陈列厅、巨犀化石陈列厅、出土文书陈列厅、古钱币陈列厅和出土干尸及其随葬遗物展陈列厅等五个陈列厅。

通史陈列厅以吐鲁番5000年历史为主线,重点讲述了丝绸之路上多种文明、多种宗教在这里碰撞、交融,共同创造出的吐鲁番古代文明。你可以看到曾经流行于中亚但在元代就已消失的箜篌,造型奇异的彩绘泥塑镇墓兽,带有强烈汉风的**伏羲女娲图**,还有来自波斯和中原的美丽丝织物、吐峪沟石窟中的壁画等。**出土文书厅**展出了在吐鲁番地区出土的各种文书,包括官方文件、佛经、信札、契约等,有梵文、婆罗密文、粟特文、回鹘文、西夏文、蒙古文、汉文等24种之多,其中带有插图的**彩绘粟特文摩尼教经卷**堪称

吐鲁番文书，历史的碎片

对于吐鲁番出土文书的研究，已经成为一门学科，它的学术地位，丝毫不亚于敦煌文献研究。自19世纪末以来，吐鲁番出土文书零星见之于世，1959年至1975年，考古工作者对吐鲁番阿斯塔那古墓群和哈拉和卓古墓区进行了发掘，获得近万片文书。关于这些文书的研究持续至今，并不断取得重大发现。

为什么吐鲁番地区能够保存这么多文书？首先，当地的葬俗与中原类似，都会在墓内放置衣物疏、墓志以及能显示死者生前地位的有关文书，记录生前所作佛事的《功德疏》，各类契券、官府文书等。此外，当地还普遍利用废旧官、私文书之类的"故纸"，用来制作纸棺、鞋靴、冠带之类的随葬物品。因为吐鲁番盆地炎热干燥的天气，这些脆弱的纸张才能够保存下来。虽然不少文书在制作成随葬品的过程中被不同程度破坏，但这些珍贵的"碎片"文字仍然让后人得以窥见那些被时光冲淡的历史细节。

例如，研究表明，这些文书中的字体有隶书、楷书、行草等，尤其是楷书与行草文字，虽然多数都是无名官吏、百姓所写，却笔意盎然，或遒劲或清秀，可以看作是一部中国民间书法集成。此外，文书中也有不少用梵文、婆罗迷文、粟特文、回鹘文、西夏文、蒙古文等写就，它们的存在，表明吐鲁番在汉唐以来就是欧亚文明交流的十字路口，佛教、摩尼教、景教、祆教等都曾在此传播和发展。⑩

交河故城遗址。

稀世珍宝，一定要仔细欣赏。**干尸展厅**按时间顺序展出了从战国时期到清代的10具干尸，以及同期随葬物品，你可以看到有文身的头骨、用木头制成的假肢，以及造型奇特的儿童干尸陶棺等。有些干尸保存非常完好，别凝神久看，否则也许你会怀疑它有呼吸。**古钱币厅**中收藏的古罗马金币、伊朗萨珊银币和唐开元铜钱等珍品，是丝绸之路贯通东西方文化与商贸的有力实证，也见证了吐鲁番在丝绸之路上的重要地位，而吐鲁番本地发行的**"高昌吉利"**钱，因流通时间太短更是难得的珍品。**巨犀化石陈列厅**中则展出了镇馆之宝、吐鲁番美丽的**巨犀化石**，这是目前世界上出土最完整的一具巨犀骨架化石，巨犀是陆地上曾经生存过的最大的哺乳动物，体重可达30吨。

吐鲁番博物馆位于市区中心，从市区各处步行过去都非常方便。

交河故城 遗址

（📞868 7154；城区以西10公里雅尔乡将格勒买斯村；门票70元；区间车25元；⏰9:30～19:00）如果你看过交河故城的航拍图，你会发现，它就像是一艘巨型航母，游弋于辽阔的吐鲁番盆地。交河故城位于河水千万年冲刷出来的一处船形黄土台地上，最

吐鲁番 163

夜幕下的交河往事

2016年夏天起,交河故城推出了"夜游交河"活动(具体时间请提前电询景区)。当夜幕降临,栈道两边亮起了一盏盏风灯,指引人们来到大佛寺残垣前的广场。点点烛火映出了佛寺的轮廓,简短的开场白之后,是演员朗诵关于交河历史的长篇叙事诗,民间艺人弹奏起热瓦甫和艾捷克,从废墟中走出来,悠扬的乐曲在星空下极富感染力。整个表演时间虽然不长,但以这种方式聆听交河往事也是别样的体验。

夜游交河的门票同样是70元,只能在21:00之后进入景区。但其实可以在19:30左右提前购票,跟工作人员说一下,一般都会允许你先进去。这个时间段完全来得及游览故城,而且拍摄落日故城最好不过。

早的车师人来到这里,就地取材,直接从生土中挖出道路,在道路两边挖地成院,掏洞成室,修筑城池。从车师前国,到后来的高昌国、唐朝西州、回纥王国,不同的年代有不同的建筑风格,但总的来说,人们都很好地利用了这座天然的生土台地,建造了这座世界上最大、有1700多年历史的生土城市。

沿着土砖铺成的栈道走进交河故城,你会惊叹于它的雄伟,迷宫一般的巷道,串联起密密麻麻的民居、官邸和佛寺残垣,有时候你得沿阶梯往下走,才能看到那些位于地表之下的房间。在故城北端,有一处大型佛寺遗址,残存的院墙仍高达八九米,院中有夯土筑成的高大塔柱,四面均有佛龛,完全可以想见当年的盛况。在其东北处有一组舍利塔林,中间有一大型佛塔,四边各有25个方形小塔,排列整齐,气势宏伟,这应该是新疆地区唯一可见的佛教塔林。看完此处,可沿其他道路往回走。游览整个故城约需一个半小时,城内没有任何遮掩物,注意防晒。请沿着栈道参观,不要踩踏栈道之外的地面。

交河故城旁边的**交河古村**(亚尔果勒村;门票35元)也属于整个大交河景区,村内有民俗文化陈列馆与古民居遗存。购买套票(105元)的话,可先在服务中心展厅了解交河历史,在观景平台上眺望故城全景,然后乘坐区间车去往交河古村和故城遗址。建议安排在下午游览,等到傍晚时分,夕阳下的故城分外美丽。

交河故城位于吐鲁番市郊,公交车不能直达,从城区乘出租车过去一般要30元。

苏公塔 历史建筑

(城东1.5公里处,葡萄乡木纳尔村;门票45元;9:30~19:00)苏公塔又名额敏塔,是新疆境内伊斯兰古建筑中规模最大的一座塔。建造者是额敏和卓郡王及其子苏来曼,原本是为感恩清政府而建,现在则是作为民族团结的象征。额敏和卓郡王家族曾协助清廷平定准噶尔叛乱,为维护吐鲁番地区的和谐安宁做出了贡献。

苏公塔高37米，通体使用土砖砌成。维吾尔族能工巧匠用砖砌出了波纹、菱格、团花、十字等多达15种花纹，它们沿着塔身组成了无限循环的图案。站在塔下抬头仰望，你会深切感受到这些图案所代表的朴素与庄严。200多年来它一直矗立在这里，堪称吐鲁番民间建筑的代表作品。苏公塔下还有一座额敏塔清真寺，是吐鲁番最大的清真寺，与高大的苏公塔浑然一体。清真寺可以入内参观，但不允许进入大殿。在苏公塔旁边有座葡萄园包围的**郡王府**（门票20元；◎9:30～19:30），尽管是重修的建筑，但从细腻的浮雕与豪华的议事厅、寝宫、地宫等，都能看出吐鲁番郡王的气派。

苏公塔位于城郊，公交车6路可到，乘出租车过去一般8元。

葡萄沟　　　　　　　　　　　峡谷

（☎861 4543；城区东北约10公里葡萄乡；门票60元，观光车25元）吐鲁番的葡萄盛名远扬，葡萄沟自然是招牌景点。它其实是火焰山中一条长约8公里的峡谷，谷中溪水潺潺，当别处酷热难当时这里却是清凉一片。沟中种满了葡萄，半山坡上土黄色的晾晒房里，挂满了采摘下来的葡萄。从沟口进去，观光车沿途会停靠民俗村、阿凡提故居、达瓦孜馆、王洛宾音乐馆、游乐园等景点，两旁是连绵不断的民居和葡萄架。维吾尔族民居都有漂亮的彩绘木门，院中葡萄架上果实累累。如果门口挂着"民族家访"牌子，就可以进院子里坐坐。每逢8月葡萄节，葡萄沟中人山人海，除了采摘和品尝新鲜的葡萄外，还能欣赏到木卡姆、达瓦孜等民族歌舞和传统技艺表演。过了葡萄成熟的季节，葡萄沟内就相对冷清。

葡萄沟内有几家民宿客栈，住在景区内的话通常可以联系老板免门票进沟，自驾车也能开进去。

市区5路公交车（1元）可到葡萄沟口，过路口就是游客中心。乘出租车往返约30元。

住宿

作为旅游城市，吐鲁番的住宿业非常发达，在市区大十字四周集中了许多酒店和商

丝绸之路上的粟特人

袁亮

在吐鲁番博物馆出土文书厅，有一件带有彩绘插图的粟特文摩尼教经卷，堪称稀世珍宝。在纸上写下这些文字的就是曾经活跃在丝绸之路上的粟特人。他们没有独立的国家，以驼队为家，往返于漫漫丝路，在无形中为东西方的经济文化交流发展做出了不可磨灭的贡献。

据记载，粟特人的故乡在中亚阿姆河与锡尔河之间的泽拉夫善河流域，也就是今天的乌兹别克斯坦和塔吉克斯坦、吉尔吉斯斯坦一带。粟特人有自己的文字、宗教，甚至钱币，擅长经商，从公元3~4世纪起，粟特人的商队就遍及中亚及东亚、北亚各地。他们在丝绸之路沿途设立临时的居所，一部分人在此停留并融入当地人的生活圈子，另一部分人则继续东进，开辟新的贸易点。从于阗、楼兰、高昌到敦煌、长安和洛阳，都有他们的移

(左图)柏孜克里克第32窟北道内侧壁画;(上图)柏孜克里克千佛洞出土的粟特文书信。(左图和上图)视觉中国 提供

民聚落。这其中,吐鲁番(古高昌国所在地)是他们最重要的聚居地之一。

从吐鲁番盆地一系列古墓、遗址的考古发掘中证实,早在公元4世纪末至公元5世纪初,粟特人就已经来到吐鲁番经商和居住,粟特文也随之传入。在阿斯塔那古墓中发现的大量文书中有不少是以粟特文写成,包括商业文书、信件以及宗教文献。这些珍贵的文字记录,为我们简单勾勒出粟特人在吐鲁番的生活状态:他们通常在官市进行丝绸、药材和珠宝、香料等商品交易,并遵纪纳税;当然,他们也从事买卖胡奴婢等黑市交易,并在私地里放高利贷。而随文书出土的武士泥俑,以及柏孜克里克石窟壁画中所描绘的商队图案,则还原了当时粟特人的形象:身材高大,深目高鼻,身着翻领窄袖的胡服,男子留有浓密的胡须,女子能歌善舞。

粟特人的宗教信仰比较广泛,有景教、摩尼教和佛教等,正是他们将摩尼教沿丝绸之路带入中原。在柏孜克里克石窟出土的粟特文书中,有摩尼教东方教区负责人写给本教区教主的信件,信中有佛陀、天使等词语,这表明粟特人的宗教信仰在后期已经出现了各教融合的趋势。

粟特人极善经商,像金银珠宝、香料、丝绸、皮毛、瓷器这些便于携带又能获得巨额利润的商品交易,一直都由粟特人全面掌控,粟特人可能曾经长期垄断了丝路上的国际贸易。但从7世纪下半叶开始,阿拉伯人日益强盛,逐渐控制了西亚以及东亚地区,粟特人的"商业帝国"势力被瓦解,粟特人也逐渐信奉伊斯兰教。到了10世纪,从宗教文化到经济贸易,粟特人全面没落,最终消失在历史长河之中。

直到20世纪,随着中国考古工作的不断突破,粟特人才重新进入人们的视野。1999年,山西太原发掘出土了虞弘墓,经考证,墓主人虞弘来自中亚粟特地区,墓葬中出现的丰富的中亚服饰、器皿、乐器、舞蹈内容,为研究丝绸之路上的粟特人提供了翔实的实物资料。

与万里长城齐名的坎儿井

坎儿井是新疆独有的一种水利灌溉工程,被誉为与万里长城齐名的人类工程,至今仍在哈密和吐鲁番地区使用。人们在地底下开挖长达数十公里,甚至上百公里的地下暗渠,将珍贵的天山融水一路引至绿洲。吐鲁番地区有上千条坎儿井,但其中大部分都已干涸。要看坎儿井有三个地方。位于城西亚尔乡的**坎儿井民俗园**(门票40元;公交车101路在新城路站下)保存了开挖于清代的一段长约10公里的坎儿井,但开放给游客看的线路不长,墙上有关于坎儿井的资料介绍,各处摆放的人物模型制作粗糙,在昏暗光线下颇有鬼片的感觉。自驾旅行者可顺道去距吐鲁番游客服务中心旁边的**交河驿·坎儿井源**(门票40元)看看,这里保留有一段300多年历史的坎儿井,可以乘坐电梯下到50米深的源头,在潮湿、凉爽的地下惊叹其复杂的构造。在沿路往南仅1.5公里的**坎儿井乐园**(门票40元),也可下到一段始建于清代的坎儿井中,亲身体验当时人们挖井的艰辛。在**沙漠植物园**(吐鲁番农场4队;门票40元;☀夏季8:00~21:00,冬季10:00~18:30)中也可以实地了解坎儿井的挖掘和结构。在去往植物园的路上,**经过中国内陆海拔零点**时可顺便拍个打卡照。之后公路两边的戈壁滩上有许多隆起的小土堆,连成一线伸向远方,这其实就是坎儿井的井口,站在井边往下看,多数已经荒废,井中已没有流水。植物园本身也有颇多看点,这里种植了超过500种沙漠植物,除了胡杨、红柳等常见沙漠植物外,有些植物的样子真是稀奇古怪,它们不光以耐旱见长,还有观赏价值和药用等经济价值,粗粗游览约需2小时。Ⓛ

坎儿井。

务宾馆。值得一提的是,近两年葡萄沟内外新开了一些民族风情的客栈、民宿。在旅游旺季酒店房价普遍上浮50~100元时,几家青年旅舍就成了背包旅行者的福音,但前提是预订床位。

达卜青年旅舍   青年旅舍¥

(见188页地图;☎186 9951 3631;东环路沙河子路第八巷;铺45~65元;❄☎)吐鲁番最接近青年旅舍传统的青旅,虽然有大床房和双人间(135元起),但也是公共卫浴,部分房间有空调。值得称道的是公共空间是一个漂亮的维吾尔族风格院子,靠墙书架上有各种旅行书籍,葡萄架下放着宽大的卡塔(凉床),夏夜你甚至可以在凉床上舒适入睡。老板态度很好,提供自助洗衣、旅行咨询和包车、拼车服务,不足之处是房间内Wi-Fi信号稍弱。在大十字乘坐5路公交车在巴格日公墓站下,进入旁边的小巷子,步行约50米即到。

游民青年旅舍   青年旅舍¥

(☎177 9795 3613;葡萄沟景区内;铺50元;❄☎ⓟ)葡萄沟内最便宜的住宿选择,由

葡萄沟里的晾房。

一户维吾尔院落改造而成，院子里的葡萄、桑葚可随意吃，夏天还能用坎儿井冰镇西瓜。公共空间氛围不错，拼车出行很方便。有双人间和家庭房（115元起），但也是公共卫浴间，人多时洗漱比较麻烦。离景区大门有两三公里距离，出行有些不便，可以请老板帮忙叫车。

吐鲁番寻觅客栈　　　　　青年旅舍¥

（☎138 9999 1804；葡萄小镇巴格日社区；铺45元起；❄️🛜Ｐ）吐鲁番唯一一床位带拉帘的青旅，私密性较好。房间都有空调，床品等设施都比较新且舒适，部分房型还有独立卫浴。公共空间很大，中间的院子里有棵40多年的老葡萄树，还有杏树、核桃树等，果子成熟时可以随便吃。到葡萄沟入口走路10分钟。

吐鲁番粟特客栈　　　　　客栈¥¥

（见188页地图；☎186 9953 0113；青年南路1695号，吐鲁番宾馆院内；标间218元起；❄️🛜Ｐ）砖砌的门楼、手工雕刻的木门、拱形的屋顶，都显出客栈的西域风情。房屋装饰也很有维吾尔特色，设施齐全，卫浴间很干净。有个安静且绿植葱郁的院子，停车也很方便。走路10分钟可以到吐鲁番博物馆。

吐鲁番八风谷民宿　　　　精品民宿¥¥¥

（☎199 9952 3777；葡萄沟景区内；标间含早 旺季/淡季 800/500元；❄️🛜Ｐ）这是葡萄园包围中一栋既有当地特色又极具设计感的建筑，外墙与吐鲁番的生土同色，挑高的大堂有圆形拱顶，墙面借鉴了葡萄晾房的镂空设计，光影斑驳、变幻无穷。房间也采用了同样的设计思路，床铺舒适、隔音很好，配备有智能马桶和加湿器，还为住客准备了面膜。民宿有一小片葡萄园，住客可以免费畅吃。早餐口味也不错，咖啡厅提供吐鲁番难得一见的现磨咖啡。

丝绸之路公寓　　　　　　精品酒店¥¥

（☎856 8333；木纳尔村3组；标间淡季

380元（含早），旺季680元（含早）；❄️🛜Ｐ］一幢典型的维吾尔族建筑，房间装修却又是时尚精品风格，卫浴设施和床品都很舒适。虽然价格稍贵，但附加值很高，早餐可以在葡萄架下吃，晚上可以在屋顶平台看星星。距苏公塔较近，可步行前往，不足是离城区较远，晚上常有人在此歌舞聚会，比较吵闹。

新洲宾馆　　　　　　　　　　酒店¥

（见188页地图；📞136 4995 0597；老沙河子路，人工湖西侧；标间200元起；❄️🛜）这家酒店位置很好，距博物馆只有几步路；房间布置温馨，二楼朝东的房间可以欣赏人工湖风光。出门就是美食一条街，晚上你也可以转到人工湖夜市吃吃烧烤。

尚客优品酒店　　　　　　　快捷酒店¥

（见188页地图；📞760 7608；高昌路新城大厦一楼东侧；标间126元起；❄️🛜Ｐ）2021年开业，宽敞的房间简洁舒适，设施很新，在吐鲁番的连锁酒店里算是性价比不错。周围商业繁华，购物吃饭都方便，过马路200米还有夜市。后院的停车场比较大。

❌ 就餐

吐鲁番以维吾尔族美食为特色，柏孜克里克路是城区最热闹的美食一条街，从传统的维吾尔族清真餐厅到川菜馆、湘菜馆，再到年轻人喜欢的铁板烧、烤鱼店，这里应有尽有。要品尝地道的抓饭、拌面和烤包子，得去博物馆对面的街边，那里有当地人最爱去的几家小饭馆。要体验夜市的热闹，就去人工湖边的烧烤夜市或长沙·葡萄主题公园里的夜市。

苏莱曼拌面王　　　　　　　　面食¥

（见188页地图；老城东路365号，吐鲁番博物馆对面；人均30元；⏰8:00~17:30）生意很好的一家拌面店，饭点总是挤满了人，光顾的也都是当地人。口味地道，拌面的面条筋道，浇上热气腾腾的过油肉，配两个烤串，非常好吃。早餐提供的手抓饭也很惊艳。

🍃 维吾尔人的庭院生活

袁亮

夏日炎炎，走进维吾尔人的院子，总会觉得格外凉爽。院子里种着果木花卉，葡萄架下阴凉处，摆放着宽大的卡塔（凉床），人们在这里喝茶聊天，招待客人。这种以庭院为中心的生活，其实就是千百年来吐鲁番盆地维吾尔人对抗高温的法宝。

吐鲁番盆地高温炎热，降雨量少，居住在这里的维吾尔人用当地特有的遇水成胶的生土作为建筑材料，修筑成独门独户的院落与房屋。院落一般为前庭后院式，主屋位于院落中部，前院是全家人生活和活动的区域，后院一般是杂物区和果园、菜园。房屋一般为拱形平面屋顶，开天窗采光，四壁不开窗只留门，屋前往往会建一圈木头外廊，靠墙一般有生土垒成的平台，铺上精美的地毯，可坐可躺，整个庭院，就相当于一个开放式的大起居室。

(左图)庭院里乘凉的维吾尔人;(上图)吐鲁番的庭院和彩门。(左图和上图)袁亮 摄

在宽敞的庭院中,维吾尔人喜欢种植各种瓜果花卉,地面则喜欢用土砖拼出吉祥图纹。高高的葡萄架连接起院子与房屋,也构成了一个绿意盎然、通风透气、富于变化的庭院空间,这种结构就像是一台"空调",调节着庭院的"微气候",带来了炎热中的阵阵清凉。葡萄架下,通常摆放有"卡塔",这是维吾尔族庭院特有的家具,是一种比双人床还要宽大的木榻,三面装饰有彩色的栏杆,上面铺有图案精美的毛毯,摆放着小木桌、彩色坐垫等。夏日里,主人家喜欢躺在卡塔上乘凉休息,有客人来了,摆上葡萄、点心和茶具,又成为凉爽的"客厅"。

维吾尔人把庭院当作生活起居的中心,吃饭、喝茶、聊天,妇人在这里做家务,小孩在这里玩耍,几乎所有家庭活动都在庭院中举行。庭院同时也是他们家族聚会、接待亲友的社交场所,人们喜欢聚集在葡萄架下,弹起热瓦甫和艾捷克,载歌载舞,尽情欢乐。

维吾尔族民居的装饰充分体现了他们的审美情趣。两扇彩门是最讲究的,门上一般分为四排十六格,采用镶边、贴花、雕刻等手法在每个格子里描绘出花草瓜果以及雪山森林等对称的图案。推门进去,院内廊檐、廊柱和拱形的门窗等基本都用木头制成,木雕花纹多取材于桃、杏、葡萄、石榴、荷花等植物花卉,彩绘图案也是传统的几何和花草图案,色彩则以白色、绿色和蓝色为主调。这一方面是伊斯兰教崇尚的色彩,同时在炎热的季节里也能带来清凉的视觉感。

在吐鲁番葡萄沟、鄯善鲁克沁等地,山坡上散落着用土坯砖建成的镂空花墙晾房,是晾晒葡萄干的专用房屋,而当地维吾尔族人通常也会在院内平屋顶上搭建小型的晾房,既节省空间,又方便及时晾晒葡萄干,同时也形成维吾尔族民居一道独有的风景。

不过,就像鄯善的彩门正在逐渐消失一样,吐鲁番传统民居也面临着无人居住的现状,越来越多人搬进了城区,住进了楼房。在吐峪沟麻扎村,已经有不少民居人去楼空。

柏孜克里克千佛洞（见174页）。

七佰只椒麻鸡 　　　　　　　　　　　新疆菜¥

（见188页地图；柏孜克里克路218号；人均50元；⏰12:00~16:00，18:00~24:00）看名字就知道，招牌菜就是椒麻鸡，半只卖（45元），现点现做，鸡肉很嫩，味道偏麻，比起川味麻辣又还算清淡。可以试试像当地人一样椒麻鸡配拌面吃。

海尔巴格餐厅 　　　　　　　　　　　新疆菜¥¥

（见188页地图；☎8555111；文化东路，人工湖西侧；人均90元；⏰12:00~23:30）位于人工湖畔，宽敞的大堂装修典雅且极富风情，用餐器皿讲究，维吾尔美食也做得精致。有室外露天位，可以坐在这里喝个下午茶，要杯咖啡或薄荷茶，看看湖景发发呆。

艾力开木美食 　　　　　　　　　　　新疆菜¥¥

（见188页地图；☎856 9777；柏孜克里克路祥云小区；人均60元；⏰12:00~23:00）一家老字号饭店，新疆特色美食基本都有，出品稳定，抓饭和拌面都值得一试。吐鲁番美食四宝之一的豆豆拌面做得很好，手拉面条筋道，豆豆在唇齿间爆开的感觉令人满足。

阔希玛克拉烤包子 　　　　　　　　　　　小吃¥

（见188页地图；木纳尔路吐鲁番博物馆斜对面；烤包子3元/个；⏰8:00~15:00）当地人爱去的包子店，门前经常排起长队，烤炉就在店门口，现烤现卖。包子皮薄松脆，馅料是实实在在的羊肉，而且瘦肉较多，味美不腻。

长沙·葡萄主题公园夜市 　　　　　　　　　　　夜市¥

（见188页地图；高昌北路；人均50元；⏰19:00至次日3:00）吐鲁番最大的夜市之一，每晚灯火辉煌，有烧烤、大盘鸡、麻辣羊蹄、馕坑肉等数十种特色美食，可以坐在葡萄架下一边纳凉一边享用美食。旺季有当地音乐人的演出，小广场上还有许多当地人载歌载舞。

🛍 购物

瓜果当然是吐鲁番购物的首选,吃够了新鲜的,再买点葡萄干、哈密瓜干带回家。**吐鲁番蔬菜瓜果交易市场**(西环北路68号)在G312国道旁,市场很大,新鲜水果与干果都批发出售,比市区的干果店实惠,自驾者可顺路来买。

葡萄沟路东环路口有一家没有名字的**古董店**(见188页地图),但它的外观绝对让你无法忽视——彩绘的木门旁矗立着两只巨大的水壶,外墙挂满了老旧玩意儿:时钟、鼓、车轮、壶、窗格……挑高的店内空间也满是年代感十足的家具、字画、书籍、饰品、乐器等,如同一个魔幻的小城堡,或者一个旧时光的博物馆。这是一位维吾尔族老爷爷几十年来的收藏,他有时就坐在店外那一排各式各样的椅子中的一把上。跟他和他的家人聊聊天、讲讲价,买上一两件老玩意是很有趣的体验。

ℹ 实用信息

吐鲁番旅游局咨询和投诉(📞852 3653)
游客服务中心(📞868 7666;G312国道8005号)位于连霍高速吐鲁番收费站出口处不远,提供旅游咨询、门票购买、旅游包车等服务。自驾旅行者不妨先在这里了解吐鲁番旅游信息,购买门票。从吐鲁番北站来的旅行者也可乘坐202路公交车(1元;北站至南环路;⏰8:00~23:00)在游客服务中心下车。

ℹ 到达和离开

飞机

吐鲁番交河机场(📞862 1966;距市区约10公里)距乌鲁木齐约180公里,是乌鲁木齐地窝堡机场的备降机场。每周有航班往返乌鲁木齐、哈密、北京、上海等地。

长途汽车

吐鲁番客运站(见188页地图;📞852 2325;椿树路546号,国际商贸城对面)每天有发往

吐鲁番美食四宝

来到吐鲁番,除了大吃葡萄以外,这里的美食四宝也不可不尝。在柏孜克里克路上的维吾尔族餐厅里,一般都能吃到。

➡ **大盘斗鸡** 吐鲁番是中国三大斗鸡产地之一,当地的大盘鸡就是用在赛场上淘汰的斗鸡做成,做法与大盘鸡相同,但斗鸡肉质更有嚼头,浓汤汁浸透的皮带面也更入味。

➡ **豆豆面** 浇头是用当地种的小白豆和羊肉丁、西红柿丁、香菇丁炒成,热气腾腾的豆豆面一上桌,色香味俱全,将浇头与面条充分拌匀之后再吃,绵软的面条混合着香糯的豆豆,入口很爽。

➡ **葡萄干抓饭** 抓饭里除了碎肉丁以外,还会放进当地最甜的无核白葡萄干,再加上杏干、鹰嘴豆等,这种什锦抓饭更受女士和孩子欢迎。

➡ **盆盆肉** 其实就是清炖羊肉胡萝卜,因为盛好端上桌的都是大盆,所以才有了这个有趣的名字。吐鲁番盆盆肉一般选用8个月左右的羊羔,切块入锅,与粉块、胡萝卜、洋葱、枸杞等一起小火慢炖而成,吃的时候最好配上花卷或馕。Ⓟ

乌鲁木齐(85元)、鄯善(33元)、托克逊(20元)的班车,都是小车,无固定班次,通常人满发车。

吐鲁番北站旁边有一个更大、更新的**吐鲁番客运中心**(吐鲁番高铁枢纽汽车客运站),有发往乌鲁木齐、焉耆、库尔勒等地的大车,调研期间班次不定。

火车

吐鲁番北站(📞12306;市区西北方向5公里)兰新线上的高铁动车通常经停此站,毗邻吐鲁番交河机场,有空铁步道与机场相连(1200米,步行约15分钟)。去往乌鲁木齐只需1小时20分,至哈密约2小时。市区有202路公交车直达(1元;⏰8:00~23:00;约30分钟),乘出租车约需30元。

来自汉代的"伏羲女娲图"

1972年出土于湖南长沙马王堆汉墓的人首蛇尾像帛画，是目前所知中国最早的伏羲女娲图。在墓室中放置伏羲女娲图，是从西汉时就开始流行的丧葬习俗，目的是让死者"引魂升天"。至东汉灭亡，这一习俗逐渐衰落。但在相距数千里之外的吐鲁番，从高昌故城附近的阿斯塔那古墓群中出土了数十幅伏羲女娲图，它们竟然与汉朝中原一带的伏羲女娲图如出一辙。据考证，这些伏羲女娲图年代在公元5世纪至7世纪。事实上，自西汉时期汉元帝在高昌壁设戊己校尉以来，吐鲁番地区就一直在中央政权的控制之中，当时的高昌城上流社会中也以汉人居多，汉代文化与风俗因此得到传承与发展，所以在高昌王朝王族贵胄的墓葬地，出现这么多的伏羲女娲图也就不足为奇。这一点，足以证明吐鲁番在丝绸之路文化交流中所起的重要作用。

高昌故城。

吐鲁番火车站（765 6222；大河沿镇十字路口往南）距市区约50公里，每天有南疆铁路、兰新铁路的列车经停。客运站有班车往返（11元；8:30~20:00，流水发车）；坐小车比较方便，20元一人，坐满四人即走，约半小时到。

🛈 当地交通

抵离机场

机场距市区约10公里，没有公交车往返，从市区乘出租车前往机场约需30元。

公交车

城区公交车通票1元，可通过支付宝刷码乘车。1路车可至苏公塔，101路车可至坎儿井民俗园，5路车可至葡萄沟口。

出租车

出租车起步价7元，3公里之后1.4元/公里，夜间1.6元/公里（0:00~8:00）。如果要去交河故城、坎儿井和葡萄沟等近郊景区，得与司机讲价。

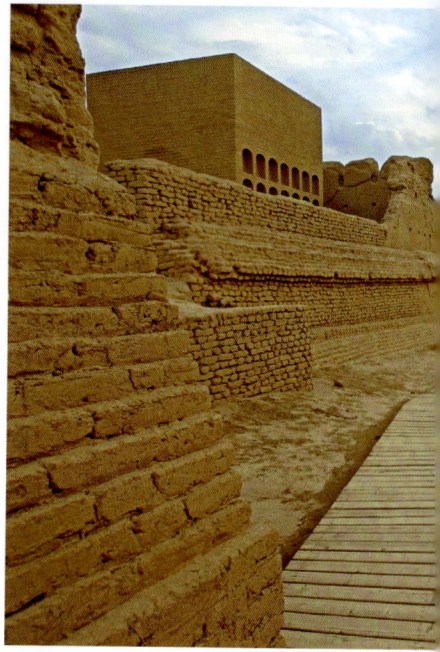

包车

吐鲁番包车通常按景点数量算（30~40元/景点），一天200~300元。周边的景点距离市区较远，费用会高一些，很多包车路线也会将吐峪沟、库木塔格沙漠囊括在内。

吐鲁番周边

吐鲁番号称世界最大最富有的露天博物馆，周边有许多值得去看的遗址古迹。长约100公里的火焰山脉一直从城东延伸至鄯善，其中最美的一段被围了起来成为火焰山景区；柏孜克里克石窟就隐身于火焰山中的一个峡谷；高昌故城和阿斯塔那古墓都在火焰山以南。所以，游玩这些地方最好包车前往（350~450元），司机一般会根据你的要求灵活安排线路，一天之内完全可以看完这些景点。

高昌故城

(见175页地图；市区以东约40公里处的哈拉和卓乡；门票70元，电瓶游览车35元；☉夏季9:00~19:30，冬季10:00~18:30)

高昌故城始建于公元前1世纪，一直是西域最重要的城市，吐鲁番盆地的政治、文化和宗教中心。直到公元1383年，察合台国对高昌地区发动战争，高昌故城从此废弃。今天我们看到的故城遗址是新疆境内最大的古城遗址，保存较为完好，呈不规则的正方形，还能清晰地看到城门、外城墙、宫殿、佛寺、佛塔、民居等各种建筑物的形态。

高昌故城的保护性改建工程也许是最值得借鉴的，故城内修起了环形道路，只允许电瓶游览车驶入，重要遗址四周则是供参观者步行的木栈道。除了在城墙下和佛塔四周安装了必要的支撑物外，绝大多数建筑物都维持原样。故城遗址面积约200公顷，乘车游览得一个多小时，司机兼职讲解员。在重要建筑遗址前，如可汗堡、外城东南佛寺等处，

维吾尔人的心灵家园——麦西来甫

楼望皓

在新疆，只要有维吾尔人的地方，就有麦西来甫。集合了歌舞、杂耍、小品、诗朗诵的麦西来甫是维吾尔人的综艺大舞台。"麦西来甫"是阿拉伯语，有"聚会、集会、场所"之意，中国的一些古籍和壁画中都有记载和描绘。据《突厥语大辞典》记载，古代有一种冬季轮流举办宴会的风俗，宴会上人们唱歌跳舞，饮酒作乐，这种宴会被称为"索尔丘克"和"苏合迪提"。史学家们认为，现在维吾尔人的麦西来甫，就是从这些古老的仪式和风俗演变而来的。

"麦西来甫"的举行时间和参加人数不受限制，男女老少皆可参加，旅行者也可加入。通常人们会在节日、丰收、婚嫁、季节更替时以麦西来甫庆祝。平时生活中若发生摩擦和纠葛，也会用麦西来甫来化解。

有趣的是，还有专为单身男女举办的"托尼希麦西来甫"，如同现在的"交友会"。一些麦西来甫中还有一些纯粹为了戏谑的表演或是讲笑话的小节目，也非常吸引人，比如，小品"两个老婆"，讲的是一个人娶了两个老婆，三人互相示爱打架，男的两头受气的故事，令观众捧腹大笑。另外，麦西来甫还按照地域区分，各地的麦西来甫在内容和形式上也有所不同，如最具特色的刀郎麦西来甫，体现的是古代狩猎的过程，男女对舞，动作刚劲有力、热烈奔放，其伴奏乐就是刀郎木卡姆。

无论哪种麦西来甫，歌舞都是其中的一项重要内容，音乐有木卡姆和其他民间音乐，伴奏的乐器主要有热瓦甫、艾捷克、卡龙琴、萨帕依、手鼓、笛子等，多由业余乐师演奏。他们散居在民间，招之即来，自备乐器；演出结束后，又拿起坎土镘（农具），回到田间。

☑ 不要错过
刻在石头上的水系图

托克逊的拌面名气很大，旅游景点似乎寥寥，不过热爱历史的自驾旅行者可以去看看克尔碱岩画，沿途风光也很棒。从托克逊县城出发，沿X079县道西行约45公里即可到达克尔碱风景区。途中会看到一座叫红河谷的峡谷，峡谷内连绵十几公里都是火红的山体。克尔碱岩画（见175页地图）分布在柯尔加依沟西岸，图案以牧羊人放牧、狩猎等场景为主。在一块面积约10平方米的平坦巨石上，古人以阴刻手法，绘出了三十多条大小河流，并利用石头的自然坡度，立体显现了古代托克逊河流水系的分布情况，这就是著名的克尔碱水系图。据考证，这些岩画是公元前7世纪时车师人的遗存，距今已有2000多年历史。⑩

你可以下车沿木栈道细细参观。佛寺遗址距出口约有1公里，可以步行出去。从这里回望，高昌故城的背后就是红色的火焰山，在连绵红色的映衬下，那些矗立了2000余年的黄色残垣断壁仍然令人震撼。

若是选择包车，还可顺道去与高昌王朝颇有渊源的**台藏塔**（见175页地图；距高昌故城约1公里；门票40元；⌚夏季9:00~19:30，冬季10:00~18:30），其建筑风格与故城中的佛寺非常相似。据考证，台藏塔是新疆境内建造年代较早的佛教建筑，是佛教沿丝绸之路传播及发展的一处重要遗迹。现在看到的佛塔残高20米，用夯土筑成，塔东面与北面均有佛龛，不过里面已空无一物。

阿斯塔那古墓

（见175页地图；市区东南约40公里处；门票40元；⌚夏季8:00~19:00，冬季10:00~18:30）阿斯塔那古墓群出土的文物，对厘清新疆和丝绸之路历史所做出的贡献无可估量，所以，有必要来看看古墓真容。不过，这里没有文物可看（文物被分别收藏至吐鲁番博物馆和新疆维吾尔自治区博物馆），能看到的只是古墓群中开放的三个墓室。沿着墓道走下去，就是狭小的墓室，其中一个墓室里只放着两具干尸，跨进去就与它们来个面对面，胆小者往往会被吓一跳。另外两个墓室里分别保留着六扇屏风花鸟壁画和人物壁画，色彩艳丽，笔触简练，颇有中原画风。据考证，这里是晋至唐时期高昌王朝的公共墓地，从500多座墓葬中共出土了干尸、伏羲女娲图、文书、丝毛棉麻织物、钱币、泥塑木雕俑、陶木器皿、农作物等数以万计的文物。墓区广场上矗立着一座高大的伏羲女娲像，在观景台上可以看到墓区全貌。

柏孜克里克千佛洞

（见175页地图；📞133 0995 0280；火焰山木头沟内；门票40元；⌚夏季9:00~20:00，冬季9:30~19:00）柏孜克里克在维吾尔语中有"山腰"之意，整座石窟就开凿在火焰山的山腰之上。它曾经是丝绸之路上最重要、最漂亮的石窟之一，也是高昌回鹘王国的皇家寺院与洞窟，但经历了众多外国探险家的偷盗与破坏，现存洞窟已残破异常。

石窟整理编号的共有83窟，目前开放的仅有16、17、20、27、31、33、39号窟。而且在这些石窟里，所见也非常有限。其中，20窟为中堂回廊式结构，窟中壁画异常精美，绘有高昌王和王后供养图，但现在只能看到墙体下部残存的人物足部，大部分壁画都被德国人勒柯克野蛮盗走。不过，就凭着这仅剩的色彩与笔触，也能想见这些壁画当年的绚丽。31号和33号窟结构一样，31号窟顶部还保存着部分壁画，主题为涅槃经变，右侧十六国王子举哀图中，各国王子俱为胡人装扮，丝绸之路带来的文化交流由此可见一斑。

火焰山

（见175页地图；📞869 6010；距吐鲁番

吐鲁番周边

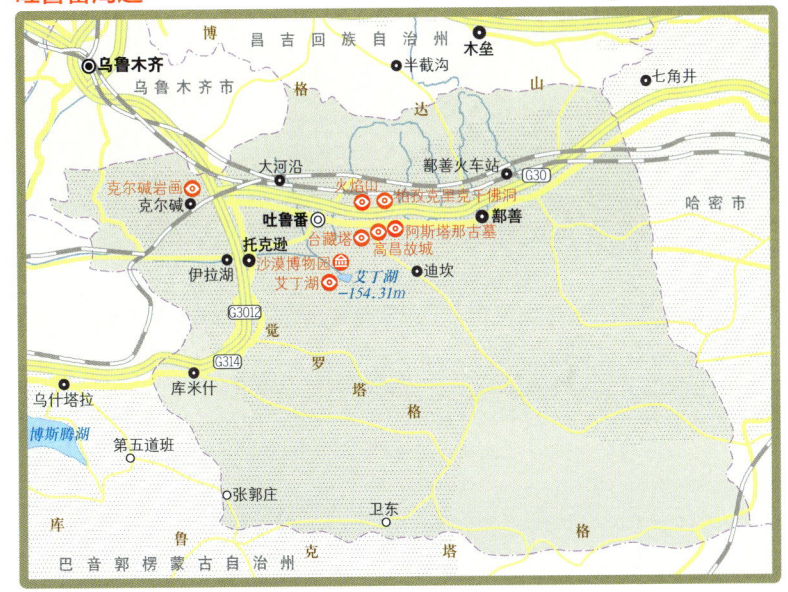

约10公里，G312国道边；门票40元；☉夏季8:00~21:00，冬季10:00~18:30）广义的火焰山，其实是一座长约100公里的山脉，一直从吐鲁番城东延伸至鄯善境内，其中最美的一段被围了起来成为火焰山景区，方便人们近距离欣赏。赤红的山体有巨大的褶皱，在阳光直射下真的像燃烧着向上升腾的火焰。夏天，入口处巨大温度计上展示的温度值往往会引来阵阵惊叹，但直到站在阳光底下，人们才直观感受到这个数字所代表的高温与酷热。处处可见的《西游记》人物雕像提醒你这是唐僧师徒走过的地方，你可以与"他们"合个影，吃个沙窝里烤熟的鸡蛋，或者骑着骆驼走一圈，再到海拔零米线石碑前来个"到此一游"照。如果你还能顶着烈日炙烤花费半小时爬上火焰山高处，那算是真的勇士。比较"壕"的玩法是乘坐动力三角翼滑翔机（380~1880元）从半空中俯瞰火焰山、高昌故城和柏孜克里克石窟。

艾丁湖

（见175页地图；📞629 1799；市区东南

最美的壁画去了哪里？

你或许因为不能亲见石窟里那些壁画而深感遗憾，纪录片《新丝绸之路》多少能给你一些安慰。在其中一集《吐鲁番的记忆》中，科技人员用3D技术复原了柏孜克里克石窟其中一个洞窟的原来面目。在镜头里，精美的壁画一点点铺满了整座洞窟，在虚拟的世界里，讲法的菩萨与虔诚的供养人得以在墙上再次相聚……而在现实中，它们早已散落在世界各地：德国柏林印度民俗馆、东京国立博物馆、韩国国立博物馆……20世纪初，那些来自德国、俄国、英国和日本的探险家，先后进入吐鲁番地区，他们用刀子从墙上切割下精美的壁画，用木箱将它们运回自己的国家，再重新拼装起来。不少壁画又在两次世界大战中被毁。现在我们已经没有机会在石窟里看到这些壁画原件了，在与壁画相关的画册里，能看到的也是带着割痕的受损画面。⊕

吐鲁番的葡萄鄯善的瓜

吐鲁番的葡萄哈密的瓜，这句话在鄯善可没人爱听。当地人一直觉得，鄯善的瓜才是最好的，不过是当年拍马屁的官员没有说清楚，以致让哈密的瓜得了这个名。本地人认为鄯善辟展乡的东湖才是哈密瓜的真正故乡。当年哈密王给康熙皇帝进贡的甜瓜就是东湖出产的。虽然现在官方认证的"中国哈密瓜之乡"是鄯善，但"哈密瓜"的名字却无法更改了。

鄯善地区日照充足、昼夜温差大的气候特点，对于葡萄和甜瓜等水果的生长发育极为有利，这里出产的葡萄含糖量可达31度，甜瓜含糖量可达18度，据说最好的鄯善甜瓜，吃过以后嘴唇都会被糖浆黏住。所以，到了鄯善，多吃几个当地产的哈密瓜吧。

30公里处，恰特喀勒乡阿依库勒村；门票30元；☀夏季8:00~21:00，冬季10:00~18:30⌉艾丁湖在维吾尔语中意为月光湖，是一个内陆咸水湖，湖面不大，湖边水草茂盛，偶有水鸟飞过。景区入口小广场的地面上，镌刻着世界各大洲最高峰的海拔数字，8848.86米的珠穆朗玛峰绝少有人能够到达，但世界内陆最低海拔处你可以去到，沿着草丛中的木栈道走上约15分钟，就来到了一座大理石地球仪雕塑前，底座上刻着"海拔-154.31米"。记住这个数字，现在你可以拍张照片发到朋友圈，炫耀自己到达了内陆海拔最低点。

艾丁湖不在常规的一日游线路之内，也没有专车可达，包车时可以额外提出。途中可顺道游览沙漠植物园。在前往艾丁湖的路上，会经过沙漠和戈壁地貌，也有不少奇异的沙漠植物，不妨停车看看。

鄯善

在丝绸之路上，鄯善的重要地位毋庸置疑。它是西去东进、南来北往的一个交通枢纽。据史书记载，古丝绸之路中线中的大海道，即东起敦煌、西至柳中（今鄯善鲁克沁），赤亭道往北通往伊州（今哈密），从鄯善往南还有古道穿越沙漠，前往神秘的罗布泊与楼兰国，并延伸至且末地区；翻越东天山山麓的四条古道则把丝绸之路北线和中线紧密连接。自古以来，天山北边的小麦和南疆的葡萄都通过这些天山古道进行交换。

正因为如此，在鄯善境内，与丝绸之路有关的古迹遗址比比皆是。鲁克沁柳中古城的汉代古城墙犹在，见证着2000年来的风雨；古老的维吾尔族村落吐峪沟麻扎村，曾是东西方宗教文明的汇聚点，直到今天，霍加木麻扎仍是各地穆斯林向往的朝圣之地。

鄯善也是中国唯一与沙漠相邻的城市，沿着城区最繁华的大道一直向南就来到了沙漠；在距城市18公里处，你可以在观景台上远眺沙漠中的海市蜃楼。再向南走，沙漠边缘的迪坎尔村，至今仍居住着擅长穿越罗布泊的楼兰人后裔。

◎ 景点

库木塔格沙漠　　　　　　　　　沙漠

[见187页地图；📞838 9389；老城南路与公园路路口；门票30元区间车1号线30元，2号线35元；☀旺季（4月1日至10月8日）9:00~20:00，淡季（10月9日至次年3月31日）9:30~19:00，人多时会延迟关闭时间]在城市也能看到沙漠？是的，鄯善城区与库木塔格沙漠是真正意义上的零距离。库木塔格在维吾尔语中是"沙山"的意思，约1880平方公里的沙漠以沙山为主，拥有独特的羽毛状沙丘。进入沙山公园，就踏进了这片连绵无尽的沙漠。

景区中建有步行道，可徒步进入沙漠，也可购票乘坐区间车游览。两条区间车路线都会来到欢乐沙谷，可以自由攀登沙山，可骑骆驼在小沙丘间穿行（80元），或者玩一次沙漠冲浪车（130/160/600元），体验沙山越野的刺激感觉。2号线往沙漠中走得更深，可以参观沙漠植物园、沙雕区等景点。有时间的话一定尽力登上更高的沙山，环顾四周，往南是没有尽头的沙丘，向北不远处却是繁华城区与绿洲，再远处是连绵的天山山脉，这样的奇观只能在库木塔格沙漠看到。

想看沙漠星河与日出的话，夏季可以在沙漠露营（租帐篷500元/晚，自带帐篷300元/晚），也可以住在景区的球形星空酒店（980元/晚），后者数量有限，建议提前预订。

景区就在城区南边，沿着老城南路走到尽头，就能看到沙漠。也可坐1路公交车在终点站下即到沙山公园。自驾车可以从3号门自驾营地进入沙漠（300元/车，车内人员需购买门票）。夏季游玩注意防晒，带足饮用水。请不要将任何垃圾丢弃在沙漠中。如果行程许可，建议在下午进去，可以在沙山上等待美丽的日落。

😊 节日和活动

"沙漠之春"
主题旅游文化节 文化旅游节

每年3月中下旬举行，有赏杏花、沙漠徒步越野寻宝比赛、汽车摩托车越野表演、骆驼赛跑等活动。

🍴 食宿

鄯善距吐鲁番很近，吐峪沟往往被包含在吐鲁番一日游行程之中，多数旅行者不会特意在此停留一晚。如果需要停留，城区可选的酒店很多，客运站周边和新城东路的住宿比较集中，近年来开业的一些连锁酒店能提供标准化的服务。

纳德若水酒店（见187页地图；🕿6288999；幸福路555号；标间260元起；❄🛜🅿）距木卡姆夜市很近，设施与服务堪称鄯善最好的。**全季酒店**（见187页地图；🕿839 6198；柳中路25号；标间234元起；❄🛜🅿）房间很大、设施齐全，停车场空间充足。**西游酒店**（见187页地图；🕿8363188；标间274元起；❄🛜🅿）是当地的高档

正在消失的鄯善彩门

吐鲁番的维吾尔族居民极具特色，家家户户都有一个大院子，彩色的院门是点睛之笔，而鄯善的彩门尤其漂亮。据说早在唐代，这里的居民就喜欢在庭院大门上描绘各种图案。传统的彩门通常由两扇木门组成，门上分为四排十六格，格子里描绘着花草瓜果以及雪山森林等图案，讲究一点的彩门，则先在格子中雕刻出立体的图案，再细致地涂上颜色。图案和浮雕一般对称分布，用色非常大胆，宝蓝、明黄、翠绿，将土黄色的生土民居映衬得明亮起来。

遗憾的是，木制彩门因制作费时且难找合适的木料，已经逐渐被铁门取代。虽然同样也会绘制彩色图案并用铁条镶拼装饰，但铁门已经失去了旧时彩门的韵味。传统木头彩门越来越少，当地政府已经采取措施开始保护彩门。

鄯善城北蒲昌民俗村的不少民居都有彩门，但比较新，图案相对简单。你也可以去近郊的树柏沟村，这里的彩门是保存最好的。走进村中，几乎每家都有绚丽的彩门，院子里还可以见到木卡土塔（凉床）、婴儿小摇床等传统的维吾尔族家具。往西的兰杆村也有不少彩门，而且更为古老，抽象的几何图案别具韵味。6路公交车去往这两个村子，沿途的乡道风景非常漂亮，一边是赤色的火焰山，一边是金色的库木塔格沙漠，绿色的葡萄园和晾房伴随左右。🅖🅟

酒店，周边饭馆很多，距客运站很近。

哈里克特色抓饭（见187页地图；蒲昌路柳中路口；人均40元；🕚11:30~22:30）是当地很有口碑的一家饭馆，羊腿抓饭的肉很大块，吃起来极满足。此外，木卡姆社区广场有**木卡姆夜市**（见187页地图），规模很大，基本是当地特色小吃，有豆豆面、手撕椒麻

鸡、烤肉、馕烤肉等,客运站对面的夜市则有来自全国各地的烧烤店。

🛍 购物

鄯善有新疆最大的**奇石交易村**(七克台镇南湖村),这里的奇石主要来自当地农民在沙漠戈壁中的发现,品种以风凌石、戈壁石、硅化木、玛瑙为主,不少奇石收藏者都喜欢到这里来寻宝。

雪狐户外(见187页地图;✆838 2778;新城路986号)户外服装和用品种类齐全。这里也是鄯善户外俱乐部所在地,可提供天山古道徒步和沙漠穿越协作。

ℹ 到达和离开

长途汽车

鄯善客运站(见187页地图;✆838 1360;新城路596号)客运站很小,调研期间仅有发往吐鲁番的班车(33元,8:30~19:00人满发车)。

火车

鄯善北站(高铁站)(城区东北约5公里处)每天有多趟动车在此经停,可去往兰州、哈密、吐鲁番、乌鲁木齐等地。从城区乘出租车过去一般15元,在客运站可乘坐8路公交车(1元)到北站。

吐哈站(火车站镇)距城区约40公里,有少量去往兰州、哈密、吐鲁番、乌鲁木齐的动车。没有公交车可达,出租车拼车15元/人。

ℹ 当地交通

公交车

公交车票价1元,可云闪付扫码乘车。1路车途经客运站、木卡姆社区、楼兰路、库木塔格沙漠等。

出租车

出租车起步价6元,3公里后1.40元/公里,夜间价1.60元/公里(0:00~8:00)。

🥾 徒步车师古道

丝绸之路的北线与中线,并不是孤零零地分别在天山南北延伸。早在2000多年前,天山北边的游牧民族和天山南麓的绿洲居民就穿越天山河谷,彼此来往,交换小麦与葡萄,最终走出了6条古道,它们是突波道、花谷道、移摩道、萨捍道、乌骨道和车师道。其中,车师古道是连接西州(今吐鲁番)和北庭(今吉木萨尔)的重要通道,沿途山多林密,除了原始的石门、天堑、瀑布、温泉等自然景观外,还有众多不同时代遗留下来的堡垒、烽燧、墓葬、草原石人。这条古道徒步难度中等,徒步需3~4天,全程42公里,适合大多数驴友;最佳徒步时间是5~10月,需带齐帐篷、背包、睡袋、防潮垫等全套露营装备;性能良好的徒步鞋、冲锋衣裤、抓绒衣裤、袜子等也是必备。全程无食物补给,需自带3~4天的食物和常用药品,沿途有水补充,带少量饮用水就行。

车师古道北口。张耀东 摄

徒步线路:

第一天: 五星牧场—土石窑子

从吐鲁番大河沿镇五星牧场出发,约3公里至三岔口。三岔口东侧山谷喀尔勒克艾肯通往天山深处的夏牧场,右侧是石窑子艾肯。沿石窑子艾肯北略偏西行,过黄羊沟,一路逆流而行至土石窑子扎营。

第二天: 土石窑子—琼达坂—六道桥

从土石窑子继续北行,翻越琼达坂后,即抵达六道桥。在六道桥下行2公里的地方,有一片草地,是理想的宿营地。

第三天: 六道桥—水文站

从六道桥出发,一路下坡,经五道桥、四道桥、三道桥、二道桥、一道桥,即抵达水文站附近的村庄,徒步结束。从这里可乘车至吉木萨尔县城,然后转车前往至乌鲁木齐。

如果你在乌鲁木齐,可与小羊军团户外俱乐部(见25页)联系; 如果你在吐鲁番,可与鄯善雪狐户外俱乐部(838 2778; QQ:562726; 新城路986号)联系。负责人雪狐是新疆山友救援队成员,有丰富的户外徒步经验,可为爱好者提供古道徒步协作。

吐峪沟

(📞836 0032；门票30元；⏰旺季4月21日至10月20日8:00~21:00,淡季10月21日至次年4月20日10:00~18:30)吐峪沟景区由麻扎村、千佛洞(石窟寺)和大峡谷三部分组成,集中于一条南北向纵切火焰山、长约8公里的峡谷之中。一般都从麻扎村进入,依次游览古村、千佛洞和峡谷风光。

麻扎村是新疆现存最早的仍在使用的生土民居建筑,最古老的民居历史超过了400年。沿着村中小路曲折而上,家家户户门前屋后都种有桑树、杏树或枣树,木门上绘有彩色花卉瓜果图案,门框上刻有花卉、果实和几何纹,窗棂上的纹样也是多种多样。这里曾是四种宗教的传播地,你可以在民居里看到带着景教风格装饰图案的遗物。村内的清真寺是人群最密集的地方,孩子们嬉戏游乐,村民叫卖蜜瓜干果,旅行者扎堆拍照——高耸的尖塔与黄绿色窗棂确实上镜。山坡高处有许多废弃的民居与生土晾房,在红色山峦映衬下更显沧桑。

麻扎村最美的季节在春夏。4月,沟口野杏花盛开,掩映着古老民居,是吐鲁番著名的杏花欣赏地。村中有一株已600余年历史的桑树,至今每年到了5月都结满桑葚。夏天,家家户户的葡萄架上都挂满了香甜的葡萄。

麻扎村对面的山腰上,有一座**霍加木麻扎**,是中国伊斯兰教的重要遗迹,埋葬着5位伊斯兰教先贤和他们的第一位信徒。公元7世纪初,穆罕默德的弟子叶木乃哈与其他4名弟子沿丝绸之路长途跋涉来到吐鲁番盆地,在这里收了当地的一位牧羊人为信徒。后来,5位先贤与信徒一起长眠于此,这里也成为当地佛教文化兴衰、伊斯兰教盛行的重要历史见证。调研时没有开放,如有机会参观麻扎,请严格按照景区要求行进,不要喧哗。

从麻扎村沿着峡谷往北步行约1公里,两侧石壁上出现一排排洞窟,就到了**千佛洞**。两晋、十六国时期,吐峪沟已是新疆佛教中心,其石窟的开凿时间甚至早于敦煌莫高

吐峪沟大峡谷。

窟。至唐代,佛教在吐峪沟达到鼎盛。遗憾的是,石窟先后经历地震、战争等劫难,19世纪又被外国探险家洗劫一空,绝大多数石窟内已空空如也。现存已编号的石窟有46个,保存较为完好的有9个窟,墙上有残存的壁画和汉字题记,以佛本生故事和菩萨、供养人为主。佛装及所绘人物用墨线勾画轮廓,具有较强的中原北方壁画风格。调研期间,石窟处于维修关闭状态,只能在吐鲁番博物馆里看到复原的44号石窟壁画。

欣赏**大峡谷**风光是免费的,沿麻扎村前的公路自驾北行至苏希贝村,道路穿梭在赤红的山间,往右看可远眺崖壁上的千佛洞。沿路有几个观景台俯瞰着峡谷,深谷中有清溪流淌,巨大的山体似斧劈刀砍,褶皱起伏、沟壑万千,岩层色彩分明。日落时,整个峡谷赤红如血,山间晚霞与山脉连成一片灿烂金红,恰如熊熊火焰。

吐峪沟位于吐鲁番与鄯善之间,从两地

都可乘车前往。吐鲁番东线一日游线路中一般包括吐峪沟,当日可往返。从鄯善前往一般是包车往返(150~200元),也可乘坐去鲁克沁镇的班车,看过柳中古城之后再从镇上包车前往。

柳中古城

（鲁克沁镇库尼夏村；免费）柳中古城曾是丝绸之路上的著名城镇,已有2000余年历史,据说得名于"柳色青青"的江南风情。从鲁克沁客运站出来,往左走数百米,看到一座仿建的夯土城门,走进去便是库尼夏村,村中保留的**柳中古城遗址**只剩下几处唐代夯土城墙,倒是这里的民居还保留着维吾尔族生土建筑的影子,部分院子有传统的彩绘木门,可以好好逛逛。新疆第一个**木卡姆艺术传承中心**（库尼夏村5组）也在这里,主体建筑仿鲁克沁郡王夏府而建,前廊有44根高大的廊柱,雕刻精细,装饰华丽。小舞台是民间艺人表演木卡姆的地方。他们平时以种地

或牧羊为生,但当他们弹起都塔尔、艾捷克,敲响手鼓时,就立即化身乐手与歌者,优美的旋律和动听的词句流泻而出,召唤着大家翩翩起舞。鲁克沁是吐鲁番十二木卡姆的发源地,具有"无鼓不歌,无鼓不舞,鼓变乐变,乐变舞变"的特色,已被列入《世界非物质文化遗产名录》。

从鄯善前往鲁克沁的车不在客运站坐,要到楼兰路口去等(9元；9:00~19:30,滚动发车；约50分钟；小车25元/人)。吐鲁番客运站也有去鲁克沁的班车(15元；10:00~20:00,40分钟一班)。从鲁克沁返回吐鲁番的班车最晚是17:30。

迪坎尔村

从鲁克沁镇出发,沿乡道031往南行驶约25公里,就到了迪坎尔村。据说这里生活着从"罗布淖尔"迁徙而来的楼兰人后裔。村子就在沙漠边上,已改造成柏油路笔直、房屋整齐的新村,仅存的老民居虽名为展示馆但

并不开放,仅有的古意来自村中损毁严重的唐代烽燧遗址和村后的大片墓地。村民以种植葡萄为生,到处可见晾房。村中有一位叫叶赫亚·沙依木的老人,据说他的祖辈一直居住在罗布泊边。叶赫亚的爷爷的哥哥阿不热依木和他的朋友奥尔德克在1900年被探险家斯文·赫定雇为向导,一起进入罗布泊考察。正是奥尔德克在寻找一把铁锹时误入一片废墟,才将斯文·赫定带到了封存于沙漠千余年的楼兰古国面前。到现在,叶赫亚家还保存着当年斯文·赫定为两位向导画的素描像。如今,前往楼兰的探险者会选择从此进入罗布泊,这个村庄也因此被称为"楼兰的最后一个村庄"。

从迪坎尔村再往南走几公里,路边有一块"罗布泊野骆驼自然保护区"的牌子,从这里开始就踏进了罗布泊边缘。而要到达传说中的楼兰古国,还有300多公里的距离,中途会经过变化莫测的沙漠、戈壁和复杂的雅丹地貌。一般的旅行者就在公路两边走走、捡捡石头,运气好还能捡到漂亮的玛瑙、沙漠泥石和风凌石呢。

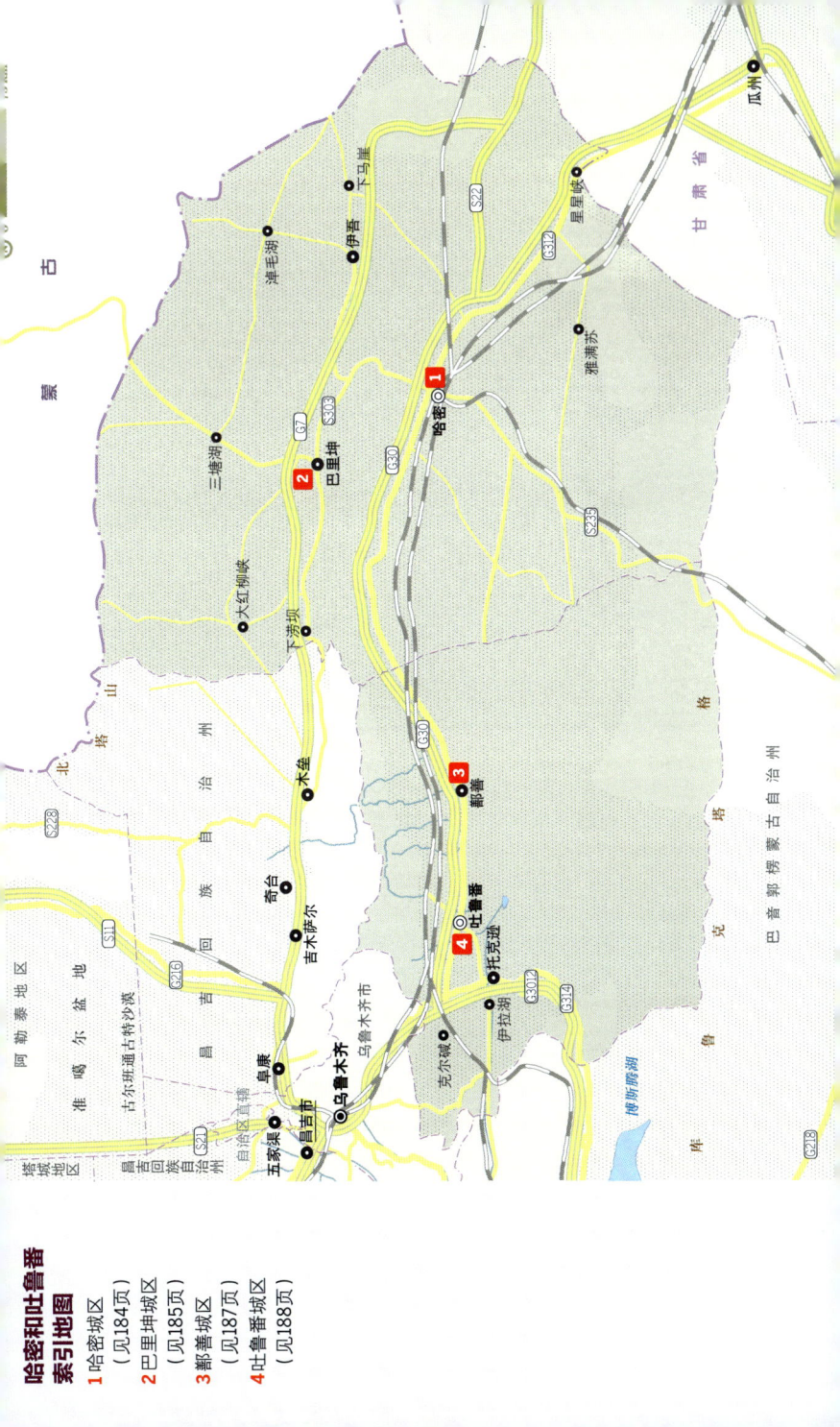

哈密和吐鲁番索引地图

1 哈密城区
（见184页）
2 巴里坤城区
（见185页）
3 鄯善城区
（见187页）
4 吐鲁番城区
（见188页）

哈密城区

地图索引见186页

0　500 m

街道名称

前进西路
前进东路
北郊路
北环路
新华路
天山北路
友谊路
复兴路
八一北路
建设西路
建设东路
融合路
光明路
胜利路
新民六路
天山西路
复兴南路
广东路
翠园北路
广场北路
建国北路
八一南路
天山南路
广场南路
阿牙路
青年路
人民路
中华路
翠园南路
文化路
中山北路
建国南路
中阿牙路
阿牙南路
环城路
歌哥仁卡

人民公园

至皇后天街夜市(2km)
至库尔班江抓饭(1km)

巴里坤城区

湖滨路
新市路
汉城东街
天山路
古城路
汉城东街
广场南巷
湖滨路
汉城东街
汉城北街
汉城南街
天山路
汉城西街

至怪石山(60km)
至大河唐城(20km)
至巴里坤湖(18km)

哈密城区

地图见184页

◎ 景点 （见142页）
1 阿勒屯古街 A6
2 盖斯墓 B6
3 哈密博物馆 A6
4 哈密非物质文化遗产保护中心 A6
5 哈密回王府 A6
6 哈密回王墓 A6

🛏 住宿 （见145页）
7 柏丽爱尚国际酒店 B2
8 哈密宾馆 D6
9 环球大酒店 B3
10 加格达宾馆 C5
11 魔方大酒店 A2
12 全季酒店 B4
13 豫商大酒店 B3

❌ 就餐 （见146页）
14 摆家特色羊肉焖饼子 A3

15 纯爱冰淇淋 C6
16 东疆大盘王 D4
17 七一夜市 A5
18 盛添抓饭焖肉汤馆 D3
19 驿楼兰 B2

🔒 购物 （见149页）
20 大十字旅游商业街 C6
21 天马市场 B3

ℹ 实用信息 （见150页）
22 哈密市第二人民医院 B3
23 天山北路邮政支局 B4

ℹ 交通 （见150页）
24 哈密火车站 B2
25 哈密客运站 D5

巴里坤城区

◎ 景点 （见155页）
1 巴里坤古城 E4
2 巴里坤文博园 C3
3 地藏寺和仙姑庙 C4
4 哈萨克民俗博物馆 B2

🛏 食宿 （见158页）
5 巴里坤美食街 D2

6 蒲类海大酒店 E1
7 四平酒店 C3

ℹ 实用信息 （见160页）
8 游客接待中心 C4

ℹ 交通 （见160页）
9 巴里坤客运中心站 F4

鄯善城区

地图见187页

◎ 景点 （见176页）
1 库木塔格沙漠 A7

🛏 食宿 （见177页）
2 哈里克特色抓饭 C1
3 木卡姆夜市 B5
4 纳德若水酒店 B4
5 全季酒店 D1

6 西游酒店 C1

🔒 购物 （见178页）
7 雪狐户外 B2

ℹ 交通 （见178页）
8 鄯善客运站 B2

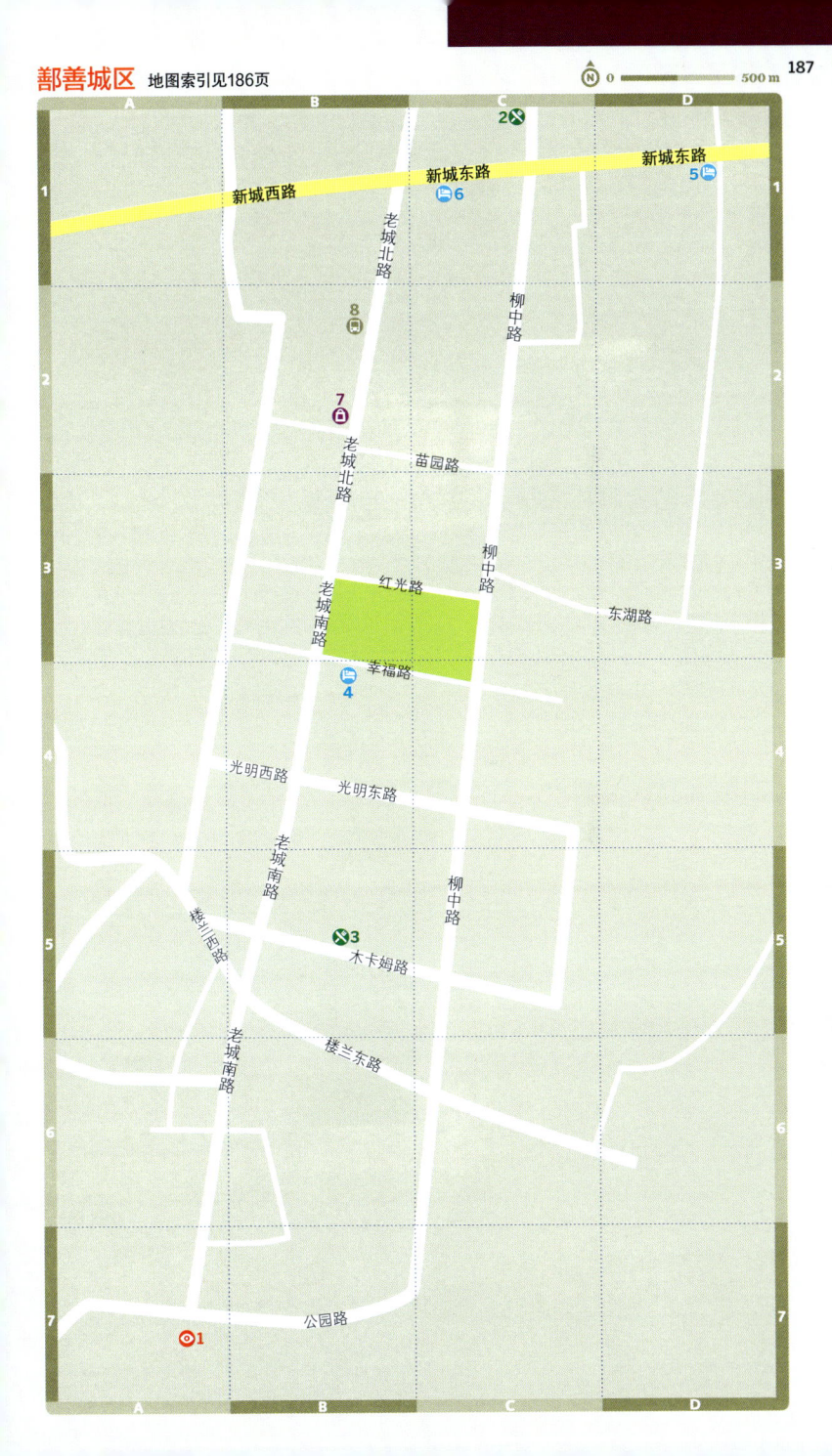

鄯善城区 地图索引见186页

- 新城西路
- 新城东路
- 老城北路
- 柳中路
- 苗园路
- 老城北路
- 红光路
- 老城南路
- 幸福路
- 东湖路
- 光明西路
- 光明东路
- 老城南路
- 柳中路
- 木卡姆路
- 楼兰西路
- 老城南路
- 楼兰东路
- 公园路

188 吐鲁番城区

地图内容：

- 高昌北路
- 前进路
- 柏孜克里克路
- 军民共建路
- 光明路
- 友谊巷
- 青年路
- 绿洲西路
- 绿洲中路
- 高昌中路
- 大墩巷
- 高昌公园
- 幸福路
- 文化路
- 至交河故城(10km)
- 小湾巷
- 文化旅游广场
- 老沁河中路
- 老城西路
- 高昌中路
- 青年路
- 老城中路
- 老城东路
- 高昌南路
- 椿树路
- 解放路

标注点：7、10、3、15、6、1、11、9、13、4

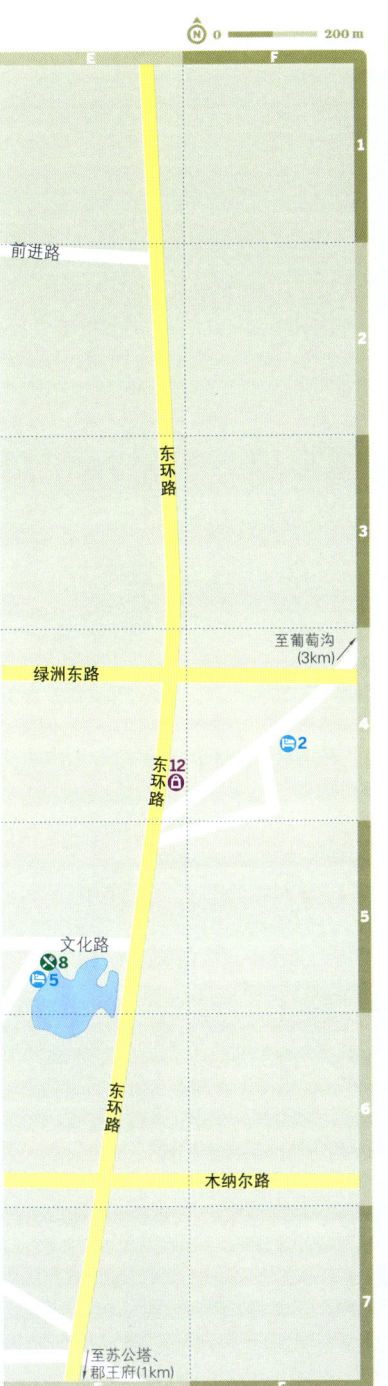

吐鲁番城区

◎ 景点 (见161页)
1 吐鲁番博物馆.....................................D6

🛏 住宿 (见164页)
2 达卜青年旅舍......................................F4
3 尚客优品酒店......................................C5
4 吐鲁番粟特客栈..................................D7
5 新洲宾馆..E5

✗ 就餐 (见168页)
6 艾力开木美食......................................D6
7 长沙·葡萄主题公园夜市......................B1
8 海尔巴格餐厅......................................E5
9 阔希玛克拉烤包子...............................D6
10 七佰只椒麻鸡....................................D4
11 苏莱曼拌面王....................................D6

🛍 购物 (见171页)
12 古董店..E4

ℹ 交通 (见171页)
13 吐鲁番客运站....................................A7

在路上
本书作者 何望若

　　去喀纳斯徒步之前，我连续被4个马夫放了鸽子，一筹莫展之时，我去找某正待出发的户外俱乐部，领队竟是老朋友，真是否极泰来。

进一步了解我们的作者，见478页。

禾木之秋。

新疆北部

新疆北部

这里是中国的"西北偏北"。北以阿尔泰山为国界,有中国式"挪威的森林",也孕育出了跨国河流额尔齐斯河,顶级风光带喀纳斯还很适合作为户外菜鸟的徒步初体验。南以天山北麓作屏障,遥望雪山,近享草原,俯瞰峡谷。中间夹着准噶尔盆地,中国第二大沙漠古尔班通古特沙漠或许漂亮不足,却藏富地下,克拉玛依以繁华昭告天下:戈壁并非荒凉的代名词。

从北至南,是森林向草原再到沙漠的过渡,也是游牧民族寒来暑往的四季迁徙之路。哈萨克族如陆上候鸟,天热带着牛羊往高处走,寒冬蛰伏于低地山谷,风雨无阻、日夜兼程,终生在搬家中度过。蒙古族血统的图瓦人、东归的土尔扈特部落、来自内地的兵团与石油工人,也将足迹和后代留在了这里。

此地适合旅行的时间并不长,春天姗姗来迟,夏季匆匆而过。山花开过百日后,秋凉便至,大自然一年一度的色彩派对上,林中有亭亭玉立的白桦,荒漠以阅尽沧桑的胡杨对应,谁比谁更绚烂?最斑斓之际,一场初雪唤来漫长的冬季,游人轰然散去,在冷与静中回归净土。

☑ 精彩呈现

可可托海	202页
布尔津	209页
喀纳斯	212页
禾木	218页
白哈巴	221页
塔城地区	226页
乌尔禾	240页
独山子	243页
沙湾	245页

何时去

➡ **5月至7月** 雨水滋润着草原和森林,处处都是芳草萋萋、花团锦簇的景象。

➡ **8月** 天山北麓的高山草原依然绿茵如海,阿尔泰山翠润旖旎。

➡ **9月至10月初** 金桦、红柳、绿松等植物的色彩日益浓烈。此季景美人也多,住宿价格处于峰值。9月中旬有牧民大转场。

➡ **10月中至次年4月** 冬季的阿勒泰大雪及腰,湖面冰封,除了几个王牌景点,其他地方难探真容。这却是滑雪爱好者不愿错过的超长雪季。

新疆北部 **193**

★新疆北部亮点（见196页）
① 禾木之晨　② 喀纳斯　③ 魔鬼城赏日落
④ 隐蔽的大地褶皱

实用信息

➡ **旺季喀纳斯消费指数** 青年旅舍铺位200~500元，客栈标间：喀纳斯/禾木/白哈巴700/500/400元起；拉面/拌面/抓饭30~50元。

➡ **接地气的吃法** 哈萨克族茶馆的早餐，奶茶配包尔萨克；抓饭、纳仁、拌面、盖饭、烤串是方便的快餐；正餐椒麻鸡、大盘鸡、烤肉配卡瓦斯或大乌苏；冬天吃马肉抵御刺骨的寒；包里常备馕当干粮。

➡ **冬季出行** 景区里95%的酒店歇业，村民家中可提供食宿；观光车停运，需要越野车自驾进入。

民族节日

➡ 1月，青河哈萨克族猎鹰节

➡ 农历春节，喀纳斯图瓦人查干节

➡ 4月，塔城俄罗斯族帕斯喀节

➡ 5月至7月，裕民百日山花节

➡ 6月，塔城达斡尔族沃其贝和喀纳斯敖包节

➡ 8月，哈萨克族的阿肯弹唱会和蒙古族的那达慕大会，克拉玛依水节、九歌音乐节

➡ 9月，沙湾大盘美食文化节

➡ 12月至次年2月，阿勒泰国际冰雪节

当地人推荐
户外领队的私家徒步攻略

罗国苍，新疆小羊军团户外领队。

喀纳斯有哪些徒步路线？什么季节最适合？

主要有3条：贾登峪—禾木、禾木—喀纳斯、喀纳斯—白哈巴，也可以连起来走。5月中到10月初都是徒步的好季节；6月底至7月初草原和森林开满了金莲花、野百合等；9月阿尔泰山色彩极为丰富，哪儿都好看，例如，贾登峪去禾木途中翻过第一个山梁后有一片白桦林，一路铺满金色的落叶，而且这个季节雨不多，走起来舒服。

需要请向导吗？

总的来说路线相对成熟，贾登峪至禾木、喀纳斯至白哈巴的两段岔路不多，经验丰富的徒步者自己走没有问题。禾木至喀纳斯一段比较复杂，2016年10月就发生了驴友在山里迷路失踪的事故，不建议独自走，最好请向导。

有需要提醒旅行者注意的危险吗？

主要问题是涉水，6月、7月雨季时沿途有些路段水非常大。贾登峪至禾木的徒步路上，过了别克山庄有一处，需要大家协作而过，可尝试用木头搭桥，因水温很低不建议蹚水。禾木至喀纳斯沿线，小黑湖周围有大片沼泽，雨季时得绕开，走附近的马道。翻过小黑湖后的山坡，有一条长年流淌的溪流，找一下相对较喀纳斯的白桦林。

窄处跳过去。

有没有你私藏的徒步"秘境"?

从白哈巴至喀纳斯有一条4天的徒步路线,一路经过草原、森林、雪山,5月、6月、9月景色非常美。第1天路线最长,30多公里,从白哈巴到那仁河谷赏草场风光,住牧民毡房;第2天15公里,不下雨的话相对较轻松,在湖头峰下的山腰处扎营,湖头峰海拔2800米左右,常年积雪,也是全程徒步的最高点,这里可俯瞰双湖和喀纳斯湖;第3天18公里左右,翻过湖头峰到吐别克,住在只有9户人家的图瓦人村子;第4天比较辛苦,要爬两座山,最后到喀纳斯,约25公里。这条路线徒步强度较大,加上还没有开发,如果想走必须请当地向导。

☑ 不要错过

🛏 最佳住宿

➡ **喀纳斯花间坊民宿** 外观是原汁原味的图瓦木屋,房间内设施现代、配有地暖,在喀纳斯景区新村内,价格相对合理。(见216页)

➡ **喀纳斯停泊青年旅舍** 景区里为数不多提供床位房的青旅之一,经济实惠、干净整洁,在喀纳斯新村内。(见216页)

➡ **塔城地区宾馆** 位于漂亮的俄式历史建筑中,地理位置优越,房间干净整洁且性价比很高。(见229页)

➡ **河畔客栈** 位于禾木老村禾木桥附近,地理位置优越,价格合理,晚上暖气非常足。(见220页)

🍴 最佳餐饮

➡ **阿里木拌面食府** 风干肉纳仁和大盘鸡口碑很好,前者肉多汤鲜面筋道。(见229页)

➡ **迎宾冷饮** 俄罗斯风味的冰淇淋,酸梅汤里真的有酸梅。(见229页)

➡ **风味餐厅** 味道好、分量大、价格实惠,喀纳斯景区里的低消费之选。(见217页)

➡ **夜雨餐厅** 白哈巴里深受当地人喜爱的高性价比美味小餐厅。(见224页)

👁 最佳冷门摄影点

➡ **海上魔鬼城** 吉力湖岸披上晚霞后产生魔幻的视觉效果,夜晚又很适合拍摄星轨。

➡ **安集海大峡谷** 地貌结构多元,色彩层次丰富,藏身隐蔽,只待慧眼。(见245页)

➡ **哈巴河白桦林** 秋天,哈巴岸铺天盖地的金黄,满眼都是最佳角度。(见225页)

➡ **古尔图镇胡杨林** 既有纤细挺拔的年轻胡杨,也有粗壮沧桑的年迈胡杨。(见242页)

禾木之晨。

新疆北部亮点

❶ 禾木

清晨,禾木河谷上方水汽升腾,安静的村庄、苍莽的森林、泛着白霜的草地笼罩在浓雾下;天色缓缓而亮,照得山谷里一半阴一半阳;当太阳完全跃上东边的山头,晨雾由浓变薄至散场,寒气也被一点点驱散,一栋栋木屋适时升起袅袅炊烟,与晨雾完成交接。

❷ 喀纳斯

阿尔泰山如一道绿色屏障屹立在国之西北边境,它身披泰加林,生长着北欧和西伯利亚的生物,在冰雪覆盖下沉寂了半年后,短暂的春、夏、秋三季里,匆匆完成百花争艳到层林尽染的变装。会变色的喀纳斯湖在森林里迂回缠绵,5月绿得纯粹,7月、8月水色泛白,9月转为蓝色。山雄浑水温柔,这一对山水搭档,也在大自然的秋色评选中名列前茅。

❸ 魔鬼城赏日落

一亿年来,风与它不离不弃,当城外烟尘刚起,城内早已大风起兮。你若在此与风沙耳鬓厮磨过,便不难想象它从波涛汹涌到干涸荒凉的演进史。色彩本非乌尔禾所长,沟壑间镶嵌着一个个赭红、灰绿、灰青色相间的"陀螺",与大地本色浑然一体。游人最多的时段,它不算出彩,随着太阳西斜,大片才正式开演。

❹ 隐蔽的大地褶皱

峡谷边的断崖与上方的公路几成垂直状,仿佛大地锯开了一条裂缝。它有着红色的山体、灰黑色的垂直节理,阶梯状的层层"台面"似锋利的刀刃切向对岸,谷底的安集海河被拆成了数条细密凌乱的发辫,静静流淌。

新疆北部亮点 197

(左图)禾木徒步至贾登峪途中。
(右图)乌尔禾魔鬼城日落。
(下图)安集海大峡谷。

★ 最佳景点
喀纳斯环线徒步

以何种方式进入喀纳斯，决定了你能欣赏和接触的阿尔泰山范畴。何必挤在景区里与团队客争机位抢区间车，不如走着去，看看不一样的、清静的喀纳斯。6月至9月是最佳徒步季节，春夏之交山花烂漫，秋看层林尽染，其余时间道路常被积雪覆盖，也易遇到狼、熊等野兽，较为危险。这条徒步路线称得上风光顶级、难度不高，身体不至于太受虐，但眼睛一定在天堂。总行程约90公里，你可以走全程完成环线，也可以择其中一段体验。如果徒步经验不足，仍建议跟随领队或结伴而行。

门票区间车通票 喀纳斯/禾木/白哈巴 230/102/75元，三村联票375元；租马300元/匹/天，向导100元/天。途中有牧民毡房或客栈可解决食宿，住宿约50元/铺，就餐人均35元起。贾登峪至禾木、喀纳斯至白哈巴，手机信号时断时续；禾木至喀纳斯途中，仅小黑湖后的山坡上移动有短暂信号。目前喀纳斯徒步需在景区派出所报备，每年5月，喀纳斯景区及原行网公众号会公布当年允许的徒步路线，国庆节以后通常就不批准徒步了。

贾登峪至禾木

距离：30公里，需时：依据个人体力1天或2天。

贾登峪本地居民生活区的尽头有一座山梁，是徒步起点。顺着明显的车辙上山，翻过山坡后便能看见喀纳斯河。在河边门票站购票后，过布拉安桥，沿喀纳斯河顺流走。接着有一段上坡，喀纳斯河在你下方拐了一个"几"字形弯。下坡后一路坦途，半路客栈出现在约16公里处，如果你打算分两天走，可以投宿在此，第1天的行程5小时能完成。

从半路客栈继续前行不久，是喀纳斯河与

禾木徒步的沿途风景。

禾木河的两河交界处，此后告别宽阔的喀纳斯河，换狭窄的禾木河相伴随行。经过别克山庄后，有一涉水路段，雨季水大时得费点心思。继续前行美丽峰会出现在视野里。有一座碎石板铺就的桥横跨在潺潺溪流上，过桥，不久你会遇上很多马背上的游客，都是从禾木骑马去美丽峰的，此处已接近终点了。

如果打算一天走完全程，不要迟于中午12点出发，全程约需9小时。

禾木至喀纳斯

距离：41公里，需时：2天。

第1天行程19公里，约需8小时。过禾木桥，朝观景台栈道方向走，留意左侧山坡上有条土路，上坡后走过一片草场，继续上坡，最后一次回望禾木村，不久手机信号丢失，售票处出现。接下来进入森林峡谷，下坡、平路、上坡交替，溪水在左侧与你时近时远，始终逆流而行。半程过后进入讨人厌的乱石坡，小心崴脚。走出乱石坡，整个行程最难的一段结束

了。到达小黑湖前有一片沼泽,雨季(6月、7月)需绕行。当晚住小黑湖处的牧民毡房。

第2天行程22公里,需6~7小时,距离虽长,但路好走。朝小黑湖后的山坡出发,接近坡顶时有一片灌木丛。下完坡将面对一条溪流,找到最窄的一处飞身跳跃过去(不要担心,看着吓人,其实不过是立定跳远的及格线),马队通常会选择另一处水面较浅处(水面宽3~4米)蹚水而过。走完一段长长的草场后进入森林,一路下坡便到喀纳斯。

喀纳斯至白哈巴

距离:18公里,需时:6小时。

三段徒步中最轻松的一程,以平路和下坡为主。在喀纳斯新村前通往观鱼台的公路左侧,有一条清晰的土路,最初的一段徒步与公路相距不远。当出现岔路时,走左侧那条。穿过一片树林后便是草场,沿途有一些毡房,可以进去喝点奶茶、牛奶、酸奶等歇歇脚。往前走有个写着"列宁尚且排队理发,同志更当遵守法律"标语的红色铁门框。接下来不用管岔路,一路顺着电线杆下的土路走。翻上一个山坡,眼前豁然开朗,能遥望到白哈巴村和进村的公路,下坡后穿过公路上山,到达看日落的山坡,山坡下就是白哈巴村。

若是反向走这条路线,前半程要上两个山坡,稍微辛苦一些。

亮点速览

➡ 小黑湖的星空和初夏的花海很美,即使是夏季,夜晚也是揽冬入夏,穿厚一点。

➡ 翻过小黑湖后,右侧有一座山坡,爬上去能看到大黑湖,体力好的人不妨给自己"加道菜"。

➡ 徒步进白哈巴前会先到达赏日落的山坡,算好时间出发,20:00到达正好看日落。

阿勒泰地区

电话区号 0906

一座国际山脉和一条跨国河流构成了阿勒泰的两道风景,山水间有静谧的北国村庄,森林是它们坚实的屏障。这里是新疆最受欢迎的目的地之一,旅行者为它的秋色着迷,近年来它冰雪冻人的纯白世界也渐受追捧。美貌的阿勒泰也处处藏宝,公元前无国界的游牧民族在此为黄金而战,半个多世纪前这里又因丰富的矿藏在地质界声名鹊起,加上发达的水系纵横其间,历史中以"金山银水"来形容阿勒泰并不过誉。如今散落在各处的石人、鹿石仍深藏历史的玄机。

青河

如果从乌鲁木齐自驾一路向北去往可可托海,或许你可以把青河作为阿勒泰之行的前菜。穿过平沙莽莽黄入天的戈壁,清新的空气和清凉的温度是青河给你的见面礼,如果你经长夜奔袭而来,进城前别忘了仰起脖颈,璀璨星空顿时抚慰一天的舟车劳顿。大、小青格里河和跨国河流布尔根河淌此而过,不但净化了戈壁滩飘来的尘埃,也共同孕育了阿勒泰最大的湖泊乌伦古湖。乌伦古河湿地公园距离县城中心仅10分钟车程,属于干旱区绿洲复合生态系统,是中国西部候鸟迁徙通道的重要部分。目前,距县城约1小时车程的塔克什肯口岸正在被打造成景区,从客运站有流水班车前往。可在青河县公安局或

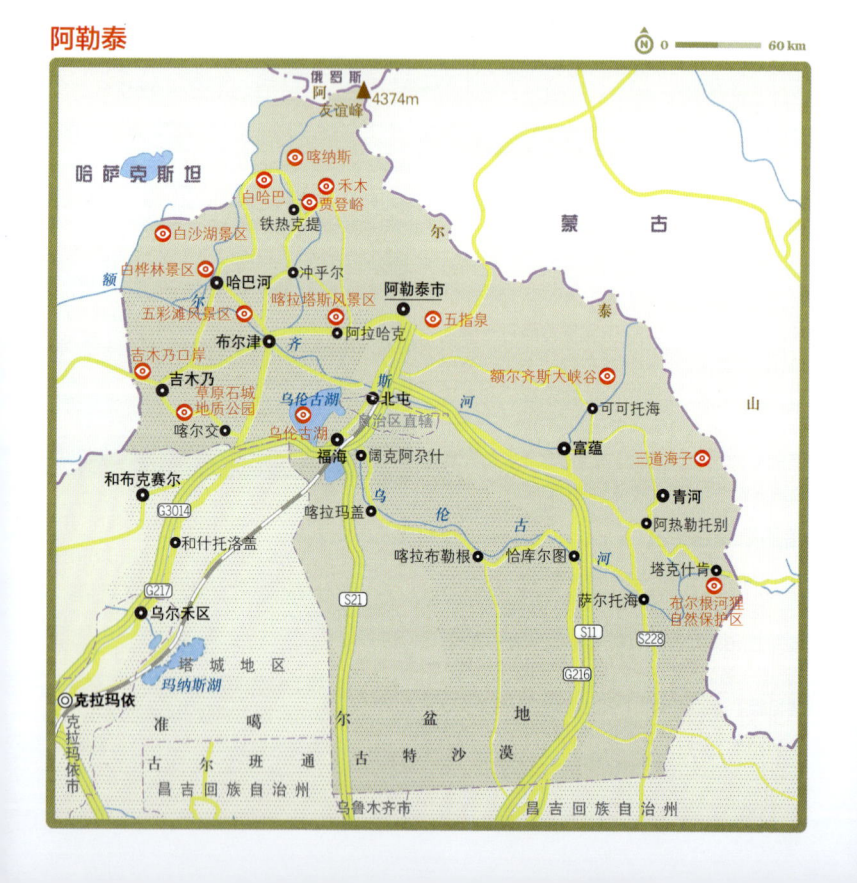

客运站的游客集散中心办理边防证。

历史上，青河是草原丝绸之路的重要一站，游牧民族交替打马过此地，境内发现的鹿石超过全新疆总数的一半，还有多处未解的"遗产"留待考古学家们继续忙活。

◎ 景点

三道海子　　　　　　　　　　考古遗址

（见200页地图；☎883 6333；查干郭勒乡；门票28元；☉6月至9月）三道海子靠蒙古国很近，是一处高山草原，由边海子、中海子、花海子三个湖泊组成，周围分布着许多鹿石、石堆、石圈等古代游牧民族遗址，6月底7月初草原花似如海。此处海拔超过2000米，夏季很凉快。

进入景区售票点后，右侧山坡上有一处岩画，绘有六字真言、鹿形和模糊的和尚，最初被认为是元代遗留，后有学者分析其为清朝蒙古卫拉特部改宗格鲁派后的遗留。花海子附近的山坡上有一极佳摄影点，俯瞰花海子和数条小溪如九曲十八弯卧于草原。

最大的人文看点是位于花海子旁的巨石堆，曾有传闻是蒙古第三代可汗贵由汗之墓，不过考古学家已经辟谣，最新判断为公元前8世纪左右独目人（《山海经》中记载的一目国）的祭祀地。一号巨石堆分布着4个辐条，其中，东南向的辐条正对着冬至那天太阳升起的方向，与著名的英国巨石阵有着同样的冬至日出崇拜的寓意。围绕着石堆有6通鹿石，都是抽象的武士图案，例如，三道杠代表脸，点线纹为项链，短剑、弓形器指代腰部。

三道海子距青河县城约100公里，包车往返至少500元。景区范围很大，冬季道路积雪，无法进入。景区正计划开设区间车服务。

青河博物馆　　　　　　　　　　博物馆

（☎882 1732；民主北路12号；免费；☉夏季10:30~13:30, 16:00~18:00, 冬季11:30~13:30, 16:00~18:00, 周一闭馆）前往周边景区前，来博物馆了解一下此地悠久的草原历史文化不无必要。馆内陈列了出土自青河的各时期文物、地质珍宝和动物标本，介绍了哈萨克族的服饰、民俗风情等。青河

☑ 不要错过

免费的风景——
青河至三道海子沿途

从县城前往三道海子的公路边，几乎每隔4~9公里就有一个墓葬遗址，有点类似三道海子的巨石堆，但不如后者高大。沿途没有标记，驱车而过很容易错过，注意地势，因墓葬都建在相对高的台地上，当你感觉到路面有轻微起伏时，就可以向公路两边张望。考古专家还没对这些墓葬的年代做出最后定论，初步估计为战国时期。

车过查干郭勒乡（当地人也称东风乡）后不久，左方是查干郭勒水库，过了水库留意左侧有条土路，进去约1公里有一处岩画。

继续往前，在江布塔斯村对面（公路右方）有一些长方形的石墓，经考证年代为公元前1900年左右，调研时靠近公路的几处被新铺设的电线杆穿墓而过。⑫

岩画、草原石人、鹿石是展出的重头戏，其中，鹿石多采集自三道海子一带。博物馆内还设有陨石展馆。

布尔根河狸自然保护区　　　自然保护区

（见200页地图）河狸是国家一级保护动物，也叫海狸，为水生啮齿类动物，其腹下有能分泌"河狸香"的香囊。布尔根河狸自然保护区是中国唯一的河狸自然保护区。河狸现身频率最高是在春、夏两季，且昼伏夜出，能否看到全靠运气。即使与河狸无缘，布尔根河岸的湿地风光也很赏心悦目。保护区距塔克什肯口岸很近。

🍴 食宿

文化广场附近的**新丝达宾馆**（☎883 0888；文化南路5号；靠近团结路；标单/双100元；🛜 P）外表很普通，但房间干净、舒适。老板非常热情。

哈萨克族餐馆里的奶茶、包尔萨克、烤

草原丝绸之路和黄金道

阿尔泰山横亘在阿勒泰北部，绵延2000多公里，是中国与蒙古、俄罗斯、哈萨克斯坦的天然国界。大多数人只知阿尔泰有漂亮的森林，殊不知它还是座大金矿。阿尔泰在蒙古语里意为"金山"，传说过去阿尔泰山"七十二条沟，沟沟有黄金"。有黄金就会引来淘金者，随之促成贸易，根据古希腊历史学家希罗多德的记录，公元前5世纪独目人生活在阿尔泰山西麓，经常与看守黄金的格里芬人作战，独目人获胜后将黄金运到黑海北岸，与居住在此的斯基泰人交易。也就是说早在张骞凿通丝绸之路前，欧亚北方草原已经东西贯通，游牧民族因黄金相遇，创建出一张交通贸易网络。考古学界将这条路称为黄金道，也是草原丝绸之路的伊始。

在这条路上，活跃于阿勒泰地区的游牧民族先后有塞种人、匈奴人、鲜卑人、突厥人等。鹿石、石人、岩画都是早期欧亚草原文化的代表，广泛分布在蒙古到黑海北岸。阿勒泰的鹿石以青河发现的最多。阿勒泰各地都发现有石人，但大多数已被搬入各县博物馆，青河至塔克什肯口岸途中（距县城约67公里）有一处**萨木特石人**，最典型的石人代表是切木尔切克石人（见207页）。阿勒泰素有岩画长廊之称，但沿途没有标记，对旅行者来说寻觅不易。

包子都是美味之选，比奶酪口感更浓厚的酥油适合蘸着吃。新天地商场3楼有全年24小时营业的夜市。

❶ 到达和离开

青河客运站（☎882 3509；文化南路和解放路交叉路口）有班车发往乌鲁木齐高铁汽车站（141~151元；9~10小时）、富蕴（40元；2小时）、阿勒泰（73元；5小时）等地。具体发车班次变化较频繁，可提前电询客运站。

可可托海

可可托海属于富蕴县，它的历史不长，自20世纪发现矿产资源后才有第一批居民迁入，21世纪因旅游业的催生小镇规模初成。在北疆环线风景带上，它比不上喀纳斯之规模和秋色，但它在地质界熠熠生辉，不但藏宝丰富，而且曾为国偿债——朝鲜战争期间，中国欠苏联债务的三分之一是通过可可托海的矿产来偿还的。

矿床、花岗岩石峰和峡谷河流是可可托海的三大看点。逆向流淌的额尔齐斯河从这里起步，滋润完北疆后一路向西奔流向西伯利亚，最后汇入北冰洋。镇上满街都是好坏难辨的矿宝石商店，海蓝宝石和碧玺才是本地特色，其他温润美玉皆非原产。小镇虽小，邮局、银行也都不缺。可可托海昼夜温差大，即使在夏季，白天经暴晒，夜晚也可能冻到瑟瑟发抖，山里气候无常，暴雨常不期而至。

◎ 景点

从富蕴县城前往可可托海小镇的途中会经过两个湖泊——可可苏里和伊雷木湖，分别是1931年8级地震后形成的堰塞湖和断陷盆地。**可可苏里湿地公园**（28元）也叫野鸭湖，大大小小芦苇浮岛构成了湿地，风吹浮岛漂，芦苇的位置年年在变。**伊雷木湖**景色相对平淡，湖西南有一座位于地下136米的水电站，建于20世纪50年代，这样的深度可是经8年才"掏"出来的，1965年这一带曾测得-51.5℃的气温，也因此被称为"中国寒极"。可可托海的景点分两大区域——三号矿脉与阿依果孜矿洞所组成的国家矿山公园（又称可可托海稀有金属矿山公园，以下均简称"矿山公园"）就在可可托海镇。额尔齐斯大峡谷景区则在镇子外6公里左右。

额尔齐斯大峡谷　　　　　　　　　峡谷

（见200页地图；☎878 1188；www.keketuohai.com.cn；距可可托海镇5公里；门票 旺季4月至10月中旬/淡季10月中旬至次年3月 90元/45元，区间车额外收费，讲解 100元；◎8:30~19:00）额尔齐斯大峡谷全长70余公里，花岗岩奇峰沿河对峙，谷内沟、瀑、溪、

三号矿脉。

涧、泉纵横,青松、桦林、杉林遍布,峡谷尽头便是额尔齐斯河的源头。

外区的区间车(26元)终点站在距景区大门18公里处的神钟山。**神钟山**形如巨钟,表面陡峭且平滑,几乎不见土壤层,一道道竖直沟槽又仿如凝固的瀑布,对面有栈道可通往山腰处的观景台,是拍摄神钟山的好角度。附近山上还有一处密集蜂窝状的凹坑,也很独特。

从神钟山继续向峡谷深入还有一些景点,可以徒步前往(单程6.5公里),或向前走800米到瀑布沟换里区区间车(10元),区间车途经小钟山、象鼻峰,终点为神鹰峰,继续步行700米左右可到七仙女峰。曾远近闻名的温泉目前已不再开放。

额尔齐斯大峡谷的"隐藏玩法"是宝石沟徒步,可以看到更原生态的峡谷牧场风光。乘坐外区区间车时,告诉司机在宝石沟入口下车,一个废弃的宝石矿洞是此行终点,然后需原路返回,往返共约10公里。

9月中旬至十一,峡谷秋色很美,也是牧民转场高峰,区间车一路常与浩荡的羊群狭路相逢,虽是不可多得的体验,但严重的交通阻塞可能会影响你的行程。

景区距可可托海镇6公里,没有接驳车,坐"富蕴—可可托海"的私营面包车前来时,多花10~20元可让司机送至景区。8:00~8:30载着景区工作人员上班的车从文化路老木桥风情街南口出发,只要车上有空位,便可免费带你到景区门口。

三号矿脉 矿床

(矿山公园内; 878 2506; 8:30~18:00; 与阿依果孜矿洞联票80元,含区间车和人工讲解费用; 公众号: 可可托海稀有金属矿山公园)1935年,苏联地质勘查队发现了这里的矿产资源,于10年后进行开采,1949年以前三号矿脉的采矿主人一直是苏联,之后才进入中苏联合开采。1955年中国收回管理权,苏联不再插手。

作为一座矿床,观赏价值实在有限,不过别小瞧了这个直径250米、深200多米的大坑,它的财富值令世界都为之惊叹。这是一座世界罕见的大型花岗伟晶岩稀有金属矿床,地球上已知的146种矿物中,此矿床就含86种,其中铍含量居世界首位。它最大的"功勋"是曾为中国抵偿了苏联三分之一的债务,出产的锂、铍、钽、铌、铯等稀有金属为中国的"两弹一星"和航天工程做出过重要贡献。

三号矿脉有两个入口,一个在进入可可托海镇的途中,一个位于青年路北端的**老木桥**后。后者为20世纪50年代苏联人参与设计建造的一南一北两座木桥,北桥免费,南桥属于三号矿脉景区范围。

从三号矿脉坐区间车约5分钟就可到达阿依果孜矿洞。矿洞曾被废弃并尘封了半个世纪,洞内长约800米,可以看到错综复杂的硐室、凿岩的痕迹、层次分明的矿脉,以及岩壁和洞顶上晶莹闪烁的云母群和白石英。

可可托海地质陈列馆　　博物馆

(文化路与青年路交叉路口;免费;达到一定人数会有免费讲解;⊙8:30~18:00)要了解"功勋镇"的历史,以及此地丰富的宝藏,可可托海地质陈列馆是不二之选。你应该先来这里,再去三号矿脉,才不至于对后者不屑地脱口而出"不过就是个坑"。馆内主要介绍了三号矿脉的开采史及大量珍贵的矿物标本、1931年大地震及影响、可可托海的地质景观。镇馆之宝是被命名为"**额尔齐斯石**"的无色透明的不规则粒装矿物,是世界上首次发现的一种硅酸盐矿物。

🛏 食宿

宾馆价格也会跟着季节浮动,以下标注价格为旺季价格。可可托海镇有丰富的住宿选择,吃饭也很方便。**芳华・故事里**(📞8767999;额河路1号;标单/双550元;📶 🅿)、**可可托海金山书院**(📞181 1906 5500;团结东路3号;标单/双650元;📶 🅿)都是近年来新开的中高端精品民宿。

📘 流转的行吟牧歌

顾磊

新疆地域辽阔,光是草地面积就差不多等同于法国国土面积,又因境内众多高山纵横,造就了新疆独特的山地牧场。上山、下山,随着四季的轮回流转,古老的转场之路一直延续至今。哈萨克族著名诗人阿拜在其诗歌《重来转场路》中写道:"人类在学会稼穑以前,已经踏上了这条漫长的征途。"牧场是一个立体而流动的存在,传统的转场涵盖了冬牧场、夏牧场、春秋牧场以及沿途中的各个停留处,作家李娟在《阿勒泰的角落》中就描述了富蕴县的各牧场所在,冬牧场位于古尔班通古特沙漠腹地,春秋牧场大致在乌伦古河两岸,而夏牧场位于阿尔泰山深处,整个转场路线超过300公里,搬迁次数相当频繁。在数千年牧场的轮换中,草场的生态平衡得以维持,哈萨克族等游牧民族对于自然万物的尊敬也是发自信仰深处的,很

哈萨克牧民转场。视觉中国 提供

多与信仰有关的禁忌也减少了对生态系统的破坏。

  在过去的100年中，无论是当地环境，还是游牧业本身，都经历了巨大的变迁。例如，哈萨克族传统牧业生活是以部落为单位的，有血缘关系的人组成基层的部落（阿吾勒），每个部落都有相应的牧场，而转场的时间、地点以及人员安排一般由部落中的牧主来负责，部落成员形成了良好的分工互助传统，典型的"男主外，女主内"，各家庭之间也会相互帮助。后来，20世纪50年代的人民公社取代了阿吾勒，而合作社的大锅饭也或多或少影响了牧民的积极性，造成了牧业的衰退，直到80年代的家庭联产承包责任制再次促进了畜牧业的发展，但因为草场隔离与定居政策，导致了很多地方过度放牧，进而草地生态急剧恶化。从20世纪80年代至今，牧民定居半定居的政策一直在推进，而转场形式也发生了改变，从原先四季牧场的长途迁徙，到现在很多地方的冷暖两季牧场制，越来越多的牧民秋冬季节搬入牧业村的定居点，利用人工草料或是秸秆圈养牲畜，而5月到9月仍转往山上放牧。一些曾经沙漠中的冬窝子也不复使用，只有偏僻山区的冬季"远牧场"仍在维持古老的传统。近年来，牧民之间的合伙放牧、牧场整合等措施又再次使牧场往规模化发展，再加上政府的草原保护措施，不少地方的生态状况得以好转。

  2000年以后，草原的旅游利用、退牧还草政策以及工矿业开发，也使大批牧民失去自己的草场和牲畜，进入完全定居的状态，转场也逐渐成为历史。在游牧转变为定居过程中成长起来的年轻人，观念已经与父辈相去甚远，更多的年轻人选择了去城市打工。与此同时，新兴产业的发展也带来了新的机会，一些牧民在景区从事骑马、猎鹰、照相等观光项目，或是自发成立旅游合作社，提供毡房食宿以及牧区体验活动，他们已经在适应新生活中先行一步了。哈萨克族传统中"只能赠送给客人"的奶制品，以及家中重要的装饰物羊毛制成的花毡，现在也能在巴扎或是景区买到了。即兴吟唱的阿肯阿依特斯（弹唱）大会，还有赛马、摔跤、叼羊、姑娘追等传统活动，如今也常常与地方性旅游节同时举办。现代化浪潮使得不少哈萨克族人难以适从，在经历种种转变之后不再从事牧业，然而从游牧生活中衍生出的某些情怀似乎从未改变，对环境的爱护，对情谊的珍视，抑或是对自由的向往，正如哈萨克族诗人唐加勒克所说，"哈萨克族用自己的双腿丈量着世界，追随着生命的绿色"，尽管这个过程或许伴随着彷徨和阵痛。

若想躺在负离子充足的额尔齐斯大峡谷内入睡，可以去宝石沟接待中心的**远方大酒店**（878 1788；额尔齐斯大峡谷景区内；标单/双 650元；），酒店仅在5月到10月营业，而可可托海镇的同名酒店是另一家。在可可托海镇去额尔齐斯大峡谷方向的塔拉特村，也有不少农家乐选择。

文化西路的小饭馆、青年路上的老木桥风情街、三号矿脉大门北面的夜市，都能填饱你的肚子。

旺季如果订不到可可托海镇的宾馆，也可以选择住在50公里外的富蕴县，后者是前往可可托海的必经地，两地交通衔接频繁。

禾顺宾馆　　　　　　　　　　　客栈¥¥

（878 2555；文化西路149号；标单/双350元；）二层别墅改造的酒店，房间不算大，不过整洁舒适，冬季房间内颇为温暖。

富蕴花海牧游青年旅舍　　　青年旅舍¥

（182 9090 1842；都孜拜村；铺100元，标单/双/三 400元起；）可可托海镇唯一的青年旅舍，但不在镇中心，距3号矿脉2公里左右（店主会提供车辆接送），离伊雷木湖步行约10分钟。房间皆由集装箱改建而成，公共区域是文艺的"青旅风"。

额尔齐斯大酒店　　　　　　　酒店¥¥¥

（878 2000；文化西路；标双/三 320/370元；）准三星级标准，房间很多，旺季依然天天客满。房间宽敞不足，但明亮舒适，地毯柔软。

库拉西拌面王　　　　　　　　　面¥

（131 9979 5634；文化西路；人均20元起；9:30~21:00）镇上的饭馆点菜都不便宜，想吃简单一点不妨来这家，拌面（25元）、抓饭（30元）都很适合单身旅行者解决一餐。

❶ 到达和离开

前往可可托海得先到富蕴县，富蕴可可托海机场（距富蕴县城28公里）与乌鲁木齐、布尔津喀纳斯机场、克拉玛依、阿克苏等地通航，有时能抢到低至200多元的机票，从机场乘出租车到县城60~70元。乌鲁木齐高铁汽车站有班车（200元；8小时）发往富蕴。

富蕴客运站（872 2529；团结南路9号）有班车发往阿勒泰（57元；4小时）、青河（40元；2小时）。发往可可托海（11:00；12元；1.5小时）的班车一天仅一班，不过车站外有坐满即走的"线路车"（20元/人），通常下午6点前都能找到。

可可托海镇没有客运站，每天只有一班发往北屯的班车（55元；4.5小时），停靠在地质陈列馆前的十字路口。前往富蕴的线路车也都停在这里，客满就走，下午5点前通常能找到车。

阿勒泰市

新开通的乌鲁木齐至阿勒泰市的火车班次，让阿勒泰市取代北屯成为前往喀纳斯最热门的中转市。相对于布尔津，这里至少旺季时酒店价格不离谱，周边人文、风景也都属上乘，又没有摄影大咖与你抢机位，在行程中加入这一站不会太闷。

克兰河南北贯穿市区，客运站靠近新老城交界处，市中心位于更北边的金山广场（即街心公园）至百货大楼之间，秋季的风景

景点

阿勒泰地区博物馆　　　博物馆

（见250页地图；☏2101 907；克兰河大桥与团结南路交叉口西大约100米；免费；⏰周一至周五 夏季 11:00～18:30，冬季 11:00～18:00）新建成的地区博物馆一共三层，涵盖了"金山史韵"历史陈列展厅与岩画展厅。馆藏文物以石雕人像、鹿石、岩刻画为主，其中，年代最早的文物为发掘自吉木乃"通天洞"4.5万年前的石器。来自4000年前青铜时代的陶器、铜镜、青铜武器、金箔等文物也颇有看点。一些复原场景则生动地再现了古人在这里生活的状态。

桦林公园　　　公园

（公园路56号；门票免费）本地人最喜欢的郊游地，公园又名"督统岛"，因清末民初沙里福汗督统在此避暑而得名。公园位于克兰河上游一处河漫滩地带，由6个被河水分割的小岛组成，白桦树是当仁不让的主角，其他还有青杨和野蔷薇、野刺玫、锦鸡儿等灌木和草本植物。夏日公园里的温度比外面低2～4℃；秋天时金色、红色、绿色大摆摇台；冬天克兰河升腾起的水汽笼罩着树林，雾凇是一道景致。

从市中心坐9路公交可直达。

小东沟森林公园　　　森林

（距桦林公园10公里；门票免费）小东沟森林公园即克兰大峡谷，是一片未开发的原始森林。峡谷以克兰河为中心，两岸花草弥谷，山坡上松柏参天，峡谷内负离子充足。夏天绿意盎然，秋日一片金黄。进入景区大门后，右手通往小东沟，左手通往大东沟，大东沟里有一处蝴蝶谷，4月至6月中蝴蝶翩飞。峡谷很深，越野车可驶入，如果一路溯水而走，一天都走不到头，把握好时间天黑前出来，毕竟尚在开发中，人烟稀少，存安全隐患。

没有公共交通前往这里，从市区乘出租车过来单程需50元。

ⓘ 班车与"线路车"

你在北疆的大多数客运站都可以找到两类长途车：一类是站内正规运营的班车；另一类是站外头的私营商务车，当地人通常称其为"线路车"。在公众号"新疆客运联网售票"或"出行365"上，你只能找到部分班车信息，这几年班车时间、线路因疫情、淡旺季等情况变化非常频繁，靠谱的方式是去之前打电话直接问客运站。而线路车的班次与路线，往往比班车丰富、灵活得多。虽然都是私营，但你通常可以从客运站工作人员口中得知当日线路车的发车情况，还有不少站内人员帮助你联系、调度线路车。LP

喀拉塔斯风景区　　　古迹

（见200页地图；切木尔切克乡；门票 20元）亦作"喀腊塔斯"，而旧名"切木尔切克石人"流传更广。昭苏草原的突厥石人名声在外，其实阿勒泰地区的石人不仅在数量上胜出伊犁草原，年代也大大往前推，切木尔切克石人便是个中典型。

景区位于阿勒泰前往布尔津的G217国道北侧，距公路非常近。进入景区后，沿木栈道向左走，最先经过的是围在矮墙内的**黑色陨石群**，石头为灰黑色，在被列入国家级文物保护单位前，本地人常顺手牵"石"，导致其数量大不如前。陨石群的后方是一座以松木建成的**通灵塔**，塔顶放置一块巨大的陨石，据说是此地先人与上天沟通的渠道。本书调研期间，木栈道到此为止，继续向西（与公路平行）走上约200米，戈壁滩上并排立着五尊石人，左右两尊正襟危坐，中间三尊东倒西歪，就是著名的**切木尔切克石人**，脸部轮廓、手臂形状都非常清晰，经考证其年代为公元前2500年至公元前1800年。继续向西，与公路挨得很近处有一圈被围起的古墓葬群。

阿勒泰发往布尔津的班车途经这里，车费15元，行程25分钟。

乌伦古湖冬捕

乌伦古湖是新疆最大的渔业养殖基地，即使在-30℃以下的冬季，渔民们照样"踏雪寻鱼"。冬捕这一古老的捕鱼方式如今在中国只有乌伦古湖和东北的查干湖还延续着。在厚达50厘米的冰面上拉网捕鱼可不是件简单的事，需要几十人协作、连续数小时的工作。渔民们先用钻冰工具凿出"下网眼"，以此为中心凿出近200个用于冰下引网的"冰眼"，接着借助绞网机下网，等待冰下的鱼自投罗网，最后把2000米长的拉网从"出网眼"拉出。Ⓛ

五指泉　　　　　　　　　自然景观

（见200页地图；汗德尕特乡以北5公里；门票免费）五指泉位于克兰河的支流汗德尕特河谷，是一处规模庞大的花岗岩石坪。景区内没有指示牌，但也不至于迷路。随地上明显的车辙印进去，右侧是一片千层石山坡，岩石如积木般平整地层层叠叠，你可以走上去，山上石头形态各异。不爬山就循着水流声直接走到河谷边。过桥上坡，先经过一眼清泉，即五指泉，水质清冽甘甜，当地人常打水回家饮用。至于五指泉名字的由来，继续向上，有一块向外凸出的山石，石的下沿因风雨剥蚀形成了5根指头状的手掌印，泉即由此得名。山坡上有一敖包，本地蒙古族过节时会来此祭祀祈福。

阿勒泰客运站有流水班车发往汗德尕特乡，距五指泉还有近5公里路程，可以试试在乡里找顺风车，此地民风淳朴，顺路的话司机大多乐意搭你一段。汗德尕特乡是蒙古族聚居区，乡政府对面的蒙古族民俗展示厅可顺道参观。

🎉 节日和活动

每年雪季阿勒泰会举办为期100天的国际冰雪节，至2016年已连续举办5届。开幕式和冰雕、雪雕展在市内举办，赛马、叼羊、射箭、毛皮雪板滑雪赛等活动分布在整个阿勒泰各地区举办。

将军山滑雪场（☎213 9999；距市中心金山广场1.5公里；公众号：阿勒泰市将军山滑雪场）在雪季开放，这是新疆最高级别的5S级滑雪场，有27条雪道，雪道高度从60米至450米不等，设有高山滑雪与单板滑雪区、越野滑雪区、雪上娱乐区、极限滑雪区等。

🛏 住宿

金都酒店（见250页地图；☎210 8888；团结路8号；标单/双 400元起；❄ 📶 P）通常被视为阿勒泰新老城区的分界点。如果需要赶长途班车，住客运站附近比较为方便，其方圆1公里以内有各种档次的酒店可供选择。除了下文列出的酒店外，也可以找到100元以内、条件较简陋的旅馆和招待所。

喆啡酒店
（阿勒泰蓝湾美食城店）　　　酒店 ¥¥

（见250页地图；☎219 0000；东风路2区蓝湾美食城将军山3期10栋1室；标单/双350元起；❄ 📶 P）靠谱的连锁精品酒店，房间漂亮干净，床很舒适。毗邻克兰河与蓝湾美食城，距客运站步行约1公里。

阿勒泰亚朵宾馆　　　　　　酒店 ¥¥

（见250页地图；☎289 7777；迎宾路99号万驰广场；标单/双 350元起；❄ 📶 P）2022年新开的连锁酒店，房间品质较高、陈设时尚，步行10多分钟可到阿勒泰地区博物馆，离望湖美食广场不远。

🍴 餐饮

金山路和文化路之间的小吃街，各种面馆、抓饭、粉汤等清真快餐扎堆经营。客运站附近也有蓝湾美食城等地可供选择。

阿勒泰的角落　　　　　　　书吧 ¥

（见250页地图；☎212 3939；解放路军分区对面物资局院内；人均30元起；🕐 周一至周五11:30~24:00，周六、日10:30~24:00；📶）这是一家很棒的旅行书吧，店名与作家李娟的书同名。店内选书文艺范儿十足，售卖书、文创产品、明信片等，可盖章。书店出门右转的白色房子是咖啡馆，供应咖啡（30元起）、松饼（15元起）等。书吧就在克兰河畔，离街心公园（金山广场）很近。

乡村馕坑肉　　　　　　　　　　　新疆菜¥

（见250页地图；☏766 6666；团结路十区173-1；人均35元；⊙11:00～24:00）装修风格颇具民族特色，可以点单人份的招牌馕坑肉（10元）、手抓饭（25元）、烤肉馕（8元）既美味又实在。

❶ 到达和离开

飞机

阿勒泰机场（☏282 6116）位于市区以南13公里，有直飞乌鲁木齐、喀纳斯、克拉玛依、库尔勒、富蕴、阿克苏、西安、重庆等地的航班，班次根据淡旺季有增减。乘出租车至市区约需30元。

长途汽车

阿勒泰客运站（见250页地图；☏231 1064；团结路6号）每天有班车发往乌鲁木齐、阿勒泰地区各县和北疆主要城市。

❶ 当地交通

1路、3路公交连接客运站、市中心，101路连接客运站、市中心、桦林公园。公交车票价1元，运营时间从早上8:20到晚上8:30。

出租车起步价6元，网约车更为便捷和规范。

布尔津

大多数人会将布尔津作为进入喀纳斯的前哨站，而它也向来不负众望。小镇漂亮又安逸，无论是巴洛克风的建筑，还是街边的鲜花和雕塑，甚至突兀的"凯旋门"，无不刻意模仿着欧洲。白天的布尔津安静得简直让人怀疑那些漂亮的房子不过是摆设，随着五彩滩日落的谢幕，美食街、河堤夜市的烧烤摊开始烟熏火燎，对行程精打细算的旅行者们极有默契地集体涌现。不喜闹腾的话，可以沿额尔齐斯河岸走走，不过你最好"全副武装"以抵御凶猛的蚊子。

◉ 景点

五彩滩风景区　　　　　　　　　自然景观

（见200页地图；S227省道旁；门票50元；⊙9:30～21:00，5月到10月开放）北疆的雅丹地貌不少，仅以彩丘论高下，五彩滩可能稍逊，不过有河谷精配的雅丹又属这里独一无二。脚下色彩斑斓，对岸植被丰富，额尔齐斯河从中流过，远处有风车阵列，加上日落前的完美光线，令它看起来不但不荒凉，反添了灵动。收费景区位于额尔齐斯河北岸，是寸草不生的雅丹地貌，长长的栈道上铺设着数个不同角度的观景台。南岸是生机盎然的次生林，不属于景区范畴，一座铁索桥将南北岸相连，收5元过桥费。

旺季时，布尔津客运站可轻松拼到前往景区的出租车（25元左右；30分钟），如果包车，往返100元起。你最好晚上7点从布尔津出发，先去北岸景区，差不多有1个小时足够在每个观景台咔嚓一下，太阳在接近晚上9点落山，此时可以去铁索桥上拍额尔齐斯河日

阿勒泰客运站车次时刻表

到达站点	发车时间／班次	票价（元）	时间（小时）	备注
布尔津	8:00～19:00，流水发车	24～40	1.5	
哈巴河	10:00～18:00 每小时1班	50	2	
乌鲁木齐	10:30，19:00	240	6	
塔城	不定期发车	170～200	8	经和丰（即和布克赛尔）、额敏

布尔津五彩滩。

落。如果到达太晚,进景区后,朝右侧木栈道走,这一侧的拍摄角度更好。

布尔津县博物馆　　　　　博物馆

(☎651 0702;友谊峰路19号;门票免费;◐夏季 10:00~13:30, 16:00~20:00,冬季 10:00~14:00, 16:00~19:30,周一闭馆)一跨入展厅便会看到草原石人和岩画。虽然布尔津县冲乎尔镇采集的5000年前的狩猎岩画和"雪踏"岩画,比阿勒泰汗德尕特乡一万多年前的岩画年代要晚很多,但也同样证明了滑雪是此地先民的古老传统。馆内还介绍了哈萨克族和图瓦人的生活习俗,精致的"毡房样板间"展示了牧民的家。博物馆内禁止照相。

中苏航运纪念馆　　　　　博物馆

(☎651 0702;河滨路3号;门票免费;◐10:00~19:00,周一闭馆)昔日的布尔津是额尔齐斯河沿岸的中苏航运码头之一,半个多世纪前,可可托海所开采的矿石先走陆路运至布尔津,在此装船后再走水路运往苏联。中苏航运纪念馆建于1952年左右,是苏联领事馆驻布尔津办事处,见证了当年中国以矿偿债的历史。目前纪念馆分两大部分,旧址老建筑内全面复原了船长室、会议室、跳舞房、酒吧等当年的结构与陈设,《莫斯科郊外的晚上》等苏联歌曲作为背景音乐播放;而边上的中苏航运历史展馆则以文字、图片、复原场景等形式介绍这段历史。

🛏 住宿

县城内大多数酒店仅旺季营业。家庭旅馆集中在神仙湾路的红顶别墅区。

布尔津停泊青年旅舍　　　青年旅舍¥

[☎181 1906 9909;布尔津县神仙湾路23号(红顶别墅区);铺40~70元,标双/三260/360元;❄ 🛜 🅿]布尔津为数不多仍在营业的青年旅舍之一。床位房男女分开,4人

间有独立卫浴，6人和7人间共享公共卫浴。院子里有一间文艺范儿十足的玻璃房子，里面有一面墙的书籍可供取阅。仅在旺季营业。

布尔津小城故事度假酒店   酒店¥¥
（📞639 6666；卧龙湾路与白湖路交叉口；标单/双 350元起；❄🛜🅿）距河堤夜市约1公里的精品酒店，装修风格时尚文艺，卫浴干湿分离，硬件设施足够现代。酒店全年营业。

布尔津友谊峰大酒店   酒店¥¥
（📞652 6111；喀纳斯南路3号；标单/双 350元起；❄🛜🅿）挂牌四星，装修不错，房价含双早。预订时最好别选择面向美食街的房间，很吵。酒店全年营业。

布尔津中苏大酒店   酒店¥¥¥
（📞651 6666；俄罗斯风情街；标双 400元起；❄🛜🅿）毗邻河堤夜市和美食街，与中苏航运纪念馆一箭之遥。房间大且干净。

🍴 就餐

位于喀纳斯路与友谊峰路之间的美食街和河堤夜市是两处就餐集中点，都有冷水鱼和羊肉串等烧烤。美食街从中午12点经营至晚上12点后，餐馆众多。当地人则更喜欢去汇鑫国际贸易城吃饭。打算带干粮进喀纳斯或禾木的话，可以去农贸市场买馕。在客运站对面有若干哈萨克风味的早餐店，只经营早市与午市，出发去禾木或喀纳斯前，先上车占位，然后安心吃个丰盛的早餐，有奶茶、葱花饼、包尔萨克、稀饭等可选。

河堤夜市   烧烤¥
（卧龙湾路；人均 35元起；🕐17:00~24:00）夜市以烤冷水鱼和烤肉为主，烤鱼分狗鱼、五道黑、二道黑等，狗鱼最便宜，最小的15元/条。这里主要吃个热闹，有吃有逛，各家味道难分高下，门头上挂着一等奖的那家人气最旺。在夜市上吃抓饭不是好主意，抓饭很油，大多是凉的，羊肉硬得嚼不动（新疆的抓饭店大多午市后就收摊不无道理）。

新疆风味餐厅   新疆菜¥¥
（美食街靠近友谊峰路；人均 30元起；🕐12:00~24:00）美食街上各家店的味道和价格都差不多，土鸡蛋洋价格，蛋类小炒不便宜。这家生意很火，人多可以点哈萨克手抓肉（120元/公斤），独自一人的旅行者也有抓饭（30元）、各种拌面（20元起）可选。

⭐ 娱乐

夏、秋两季，河堤夜市的大剧院每晚有《喀纳斯盛典》（票价198元；🕐21:30~22:40）音乐舞剧演出，分序幕、春、夏、秋、冬、尾声六个篇章，表现了草原文化和哈萨克族的风俗文化。

🔒 购物

河堤夜市上贩售的特产鱼龙混杂。若需补充户外装备的话，神湖路上有一些户外用品店。

ℹ️ 实用信息

农业银行（神湖路和喀纳斯路交叉路口）和**工商银行**（友谊峰路和卧龙湾路交叉路口）都有24小时自动柜员机。

ℹ️ 到达和当地交通

布尔津客运站（📞652 5091；喀纳斯路32-2）有发往阿勒泰（24元；1.5小时）、克拉玛依（80元；5小时；途经什托洛盖、乌尔禾）、乌鲁木齐（180元；10小时）的班车，线路车除了以上线路，还有频繁发往哈巴河（15元；45分钟）的车。如果计划下一站去塔城，可以先坐开往克拉玛依的班车到什托洛盖（43元；2.5小时）下，再转车去和布克赛尔（20元；40分钟）。

5月至10月10日，每天从客运站有发往贾登峪（即喀纳斯景区门口）的班车，票价35元，车程3小时。前往禾木的班车票价60元，

❶ 小心！马上有陷阱

从贾登峪租马进禾木的价格是300元/匹/天（无论驮人或驮行李）、马夫100元/天。作为马背上的民族，哈萨克族马夫必然是要骑马的，不会发生马夫牵着马、你坐在马上的情形，所以如果打算骑马去禾木，你至少要租两匹马，一匹你骑，一匹马夫骑，也就是说一天你至少需要花700元。如果你打算徒步，但需租马驮行李，没其他旅者与你分担费用的话，一天的费用不少于400元，前提是行李不多，能和马夫共享一匹马。

需要提醒的是，你可能会遇到狡猾的马夫，他们会告诉你一天就能走到，待你付完钱后，途中又告诉你必须走两天，得再付一天的钱，你若拒绝，他们有的是花招来达到目的。务必在交涉时多个心眼儿，掏钱前把费用、细节都敲定，且让对方开票。ⓛⓟ

车程4小时。

1路公交车在主干道神湖路上行驶，途经客运站。布尔津出租车起步价5元。

贾登峪

贾登峪是一个被云杉和落叶松环抱的山间盆地，是进入喀纳斯景区的门户，分门票站、餐饮广场和本地居民生活区三部分。门票站是购买喀纳斯门票和区间车票的地方，班车就送你到这里，夏季自驾车也停于此（冬季可自驾进入景区）。餐饮广场距门票站2.5公里，两者之间有频繁的免费区间车相通。与餐饮广场相隔一条马路的是本地居民生活区，若打算骑马或徒步进禾木，可在此找马队和向导。贾登峪有一些现代化宾馆，但性价比不高，如非必要，建议住喀纳斯景区内。

❶ 到达和当地交通

从贾登峪前往喀纳斯需乘坐区间车（8:00~19:30流动发车；90元往返；50~60分钟），贾登峪发往布尔津与喀纳斯机场的班车，都在门票站坐车。

前往禾木的班车乘车点在门票点往南走1公里左右。

喀纳斯

[见200页地图；📞0906-632 6004, 0991-589 0002；www.kns.gov.cn；门票 5月1日至10月15日 门票加区间车；2日内单次入园230元，3日内2次入园270元（逾时需加购区间车票）；10月16日至次年4月30日免费进入，无区间车；⏰8:00~20:00之间入园；公众号：喀纳斯原行网，喀纳斯景区]如果北疆之行只选一个地方，毫无疑问应该是喀纳斯。"湖怪"传闻令它一举成名，但迄今没有科学依据证明水下有怪兽，除了游船泛起的白浪，最大的运气是看到体长超过1米的大红鱼——哲罗鲑。湖怪虽为噱头，变色湖倒不假，喀纳斯湖会因冰雪消融、降雨等气候状况和受周遭植物的影响，在不同季节呈现碧蓝、青灰、翡翠、墨绿、奶绿等不同色彩。其身后的阿尔泰山有着北欧森林形态，进入9月后，金色的桦树叶、杏黄的落叶松、火红的欧洲山杨、四季常青的松柏组成一场缤纷盛宴，任何一幅印象派画作在它面前都难免相形见绌。由于距离相近，人们通常将喀纳斯、禾木和白哈巴统称为"三村"，且一并游览。

◉ 景点

赏景可分喀纳斯河与喀纳斯湖两部分。卧龙湾、月亮湾、神仙湾属于喀纳斯河的三处景观（以下简称"三湾"），区间车有停靠站，更好的方式是从卧龙湾或神仙湾下车后，一路沿河边的栈道向北或向南步行游览三处景点，单程5.4公里，沿途风景不错。

喀纳斯湖便是传说中的湖怪出没处，共有六道湾，步行栈道仅修到一道湾，坐船游览可至三道湾，四道湾至六道湾属于保护区，不能前往。从换乘中心可以坐1路班车到达喀纳斯湖，班车点到湖边还会路过一摊清浅的湖口冰蚀湖。而在喀纳斯大街（换乘中心），你还能与全国最长的国道——G219的零公里纪念碑合张影。

从喀纳斯也可以乘车、骑马或徒步前往黑湖，每年6~8月湖边鲜花盛开，最为美丽。

观鱼台 观景点

（见本页地图）观鱼台位于海拔2056米的喀拉开特山上，最初名为观鱼亭，之所以改名，坊间传闻观鱼亭有"官运停"之征兆，而观鱼台谐音"官运抬"，因此更名。登上观鱼台，可远眺友谊峰和俯瞰喀纳斯湖，三分之二的喀纳斯湖铺展于眼皮底下，早上可欣赏日出、云海，运气好的话还有可能在雨后的清晨看到佛光。

前往观鱼台的区间车需另外收费（20元往返），同样在换乘中心购票和乘坐，区间车并不到山顶，余下一段1000多级的台阶靠步行，约走半小时，沿途会经过一些冰水阶地和冰川漂砾。如果不想花钱坐区间车，可以全程爬山，从新村前往观鱼台的公路旁有一条明显的上山土路，约需1小时爬到位于山腰的区间车停车场，然后并入栈道。除了这条土路，还有一条已废弃的登山道从山底通往栈

☑ 不要错过
沿着湖边走

除了坐着游船驶入喀纳斯湖，想象一下湖怪在船尾翻腾，沿湖边漫步是更轻松惬意的游览方式。从喀纳斯湖游船码头开始，沿着湖滨栈道向北游览一道湾，终点是吐鲁克岩画附近，全长约4公里。穿过两个游船码头后，进入泰加林，游人渐少，越走越安静，3公里后已很难见到与你同行的游人，只有自在穿梭的松鼠在你脚边蹦跶。沿途有一处因风倒地形成的西伯利亚云杉**根雕墙**，造型奇特。**河漫滩**会让你恍惚以为来到了热带海滩。

从喀纳斯湖游船码头向南也有一处栈道，赏过了由湖入河的景象后，一路沿喀纳斯河走，风景同样不赖，终点在换乘中心附近。

喀纳斯

喀纳斯月亮湾。

道的第821级台阶处,若能接受栈道口所警示的"后果自负",不妨换条道下山,接近山脚有一些已烂掉的栈道,总的来说危险系数不大,下到山脚后要穿过一片树林才到公路,这段路径不明显,且树林在晨雾笼罩的早上较难找对入口,所以我们只推荐你从此下,不推荐从此上。雪后此段区间车通常会因安全问题停运,换乘中心此时会大力推销"骑马上观鱼台"(280元往返)的项目。

吐鲁克岩画　　　　　　　　　　遗址

（见213页地图）喀纳斯湖一道湾有著名的吐鲁克岩画,它接近游客步行游览喀纳斯湖的尽头,沿栈道上山即可轻松找到,从码头步行至此约3.5公里。吐鲁克岩画的规模不大,以马、羊、鹿、鸡等动物为主,岩画是用坚硬的工具凿刻出来的,属于岩刻画,据考证年代为隋唐至元代。周围有几处羊背石和冰蚀凹槽,是古冰川运动留下的地质痕迹。从这里欣赏喀纳斯湖角度也很棒,而且没有嘈杂的游客,在阳光温暖的午后,大可以找块大石头躺下一会周公。

卧龙湾　　　　　　　　　　　　河流

（见213页地图）卧龙湾是从贾登峪坐区间车进景区后的第一站。这段河道较宽,中间有一个河心滩,官方的介绍是其酷似蛟龙而得名,不过站在公路边的观景台上发挥想象,或许会觉得它更像一把手枪。

月亮湾　　　　　　　　　　　　河流

（见213页地图）从卧龙湾旁的栈道沿河向北走2.2公里便是月亮湾,一路都紧挨着河滩穿行。无论是明信片还是官方宣传照都少不了月亮湾的身影。此处河湾形成一个S形弯道,似月牙落入山谷,河湾北部的浅滩上有两处脚印状的草滩,被喻为"成吉思汗的足印"。月亮湾的公路东侧有一处天然泉水,矿物含量极高,被当地人称为圣泉。三湾中,月亮湾的栈道到车行道的高度差最大,上坡台喀纳斯神仙湾。

阶最多，建议不要选择从月亮湾栈道回到区间车站。

神仙湾　　　　　　　　　　　　　　河流

（见213页地图）从月亮湾向北3.2公里到神仙湾的栈道，已从河滩渐渐爬升至山腰。神仙湾是三湾中著名的看晨雾处。神仙湾是喀纳斯河最宽（700米）的一处，水流平缓，河岸地带有大片沼泽和草地，河中散落着似连似断的小岛，岛上是云杉和落叶松的组合，背光看去，在阳光照射下湖面闪着细碎的光，仿佛无数珍珠任意洒落，加上常有云雾缭绕，山景、湖水、树木相映，给人如临仙境之感。

鸭泽湖　　　　　　　　　　　　　　河流

（见213页地图）从神仙湾沿栈道北行1.2公里是鸭泽湖，为一片形如蝶状的小湖泊，周围的沼泽湿地和草原上，栖息着野鸭、大雁、天鹅等。鸭泽湖对面草地上有一个敖包，图瓦人在此开展祭祀活动和举办敖包节。纯粹从摄影角度看鸭泽湖并不突出，区间车也无此站，可以继续北行不到3公里，途经明媚的小牧场，到达换乘中心。

点将台　　　　　　　　　　　　　　遗址

（见213页地图）点将台位于鸭泽湖往北2公里的公路东侧山坡上，从换乘中心走过来仅700米。传说成吉思汗曾在这里检阅十万雄师，最大证据是地下出土过同时代的铜质盔甲。点将台周围有喀纳斯规模最大的冰溜面，据考证是第四纪冰川遗迹，形成于约250万年前。周围散落的"石头块"是冰川漂砾群。

喊泉　　　　　　　　　　　　　　　泉水

本是一潭死水，当你对着它大声喊，声波频率干扰产生共振时，泉眼中开始有泉水涌出，沉于水底的沙子上下翻滚。不信，你气运丹田喊几声试试。喊泉位于新村以南约3公里处，新村后面有一条明显的土路通过去。土路走完有一条栈道带你深入白桦林，栈道尽头便是喊泉，四周挂满蒙古族象征吉祥如意的彩条。

🎯 活动

骑马

马队（☎632 6004）位于换乘中心旁，明码标价且开票，可遛马（150元/小时），或前往观鱼台（280元，2小时）、喊泉（300元，2小时）、黑湖（500元，6小时）和双湖（900元，2天），都是往返价格。景区里也有非正规马队揽生意，价格便宜些，观鱼台130元/单程、180元/往返，遛马50元/小时，不过远程的黑湖和双湖不便宜，而且没有安全保障。

漂流

区间车喀纳斯湖站位于喀纳斯湖流入喀纳斯河的湖口处，是漂流（☎632 6004；票价200元；⏱10:00~19:30）的起点。漂流全程8公里，从湖口漂到鸭泽湖，全程40分钟，漂流结束后有车送往游客中心。

不要错过

河湾赏雾

每天早上，喀纳斯河谷会上演一出梦幻缥缈的晨雾大片，这也是喀纳斯之行不容错过的景观。三湾（神仙湾、月亮湾、卧龙湾）都有晨雾可赏，神仙湾最著名。正常而言，早上8点半前晨雾还没散去，若是前一天下过雨，雾会更加浓重。雾是由南至北逐渐散去，如果你起床太晚，就直奔神仙湾或鸭泽湖，10月份，上午10点多在这两地仍有机会抓住浓雾的尾巴。新村和蓝湖宾馆（往贾登峪方向去的路口）早上7点至9点有不规律的晨雾观光车（免费）发往三湾。早上温度很低，但美景当前不该成为贪睡的理由，否则你只能就着别人的照片服下一剂后悔药了。

游船

游船码头和漂流起点离得很近，同样是在区间车喀纳斯湖站下车。有两个游船码头：喀纳斯湖游船码头（☎632 6677；票价120元；⏰9:00~20:20）的船开到三道湾，全程45分钟；向北走300米，是双湖码头（票价120元；⏰9:00~19:00），船可坐到四道湾，航线略有不同但体验大同小异，会经过三道湾。

图瓦人家访 民俗表演

图瓦人家访（80元/人，40分钟）如今已越来越流于形式，老村里几乎70%的人家（或客栈）挂着家访的招牌。家访的内容包括表演苏尔、呼麦，讲述图瓦民族的故事，品尝奶茶和奶疙瘩等。不会针对单个旅行者表演这些项目，得凑足一定人数才开演，临时拼入旅游团很容易。

住宿

景区内所有住处皆集中在喀纳斯（部分路牌写作"哈纳斯"）老村和新村，都是传统图瓦木屋，外观相似，但室内设施和房价千差万别。新老村住处的具体方位一般以"X村X站"（如新村6站、老村2站）来标示。大多数住处只在5月至10月营业，每月价格依客流量而不同，以下所列多为我们调研期间10月中旬的价格，十一及暑假期间的价格为其2~4倍。老村的餐馆、超市集中，住宿选择少，离换乘中心近，从老村1站走去换乘中心约5分钟，1路区间车连接了换乘中心、老村和喀纳斯湖。新村规模更大，客栈也更多，徒步去观鱼台、喊泉、白哈巴更近些，从新村1站走到换乘中心约15分钟，3路区间车连接了换乘中心和新村。近几年提供床位选择的青旅或民宿越来越少，精品民宿异军突起。通常来说，床位150~300元不等，标间在旺季时要700元以上，条件也只是将就。喀纳斯入秋后夜晚非常冷，需了解房间供暖状况再作选择，通常，地暖房最暖和。

老村

泰加国际青年旅舍 青年旅舍/客栈¥

（☎177 9906 2031；喀纳斯老村27号，老村2站附近；标间350元；📶）名为青旅，但床位房已被悉数改为标间，不过价格相对公道，且地暖给力。北邻旅舍的**双湖山庄**（老村52号）和斜对面的**乌克山庄**（☎173 9482 2226）都提供床位房。

喀纳斯旱獭乐队民宿 客栈¥¥¥

（☎176 1092 8686；喀纳斯老村1号，老村1站附近；标间1200元起；📶）喀纳斯景区内条件与价格均可称为"顶级"的住处选择。旺季时，著名的图瓦乐队——旱獭乐队时常在其公共空间驻唱。这里的餐厅提供酒、咖啡、甜点等"都市"餐饮。

新村

喀纳斯花间坊民宿 客栈¥¥¥

（☎136 9993 1234；新村1站附近；标间460元起；📶）房间面积、陈设均属景区内上乘，地暖很好，价格也没有贵得夸张，性价比还不错。不过标间洗手间略微狭窄。

喀纳斯停泊青年旅舍 青年旅舍¥¥

（☎159 1409 4699；新村2站附近；床

位/标间120/600元起；⚲)喀纳斯景区内所剩无几的青年旅舍之一，仅在旺季营业。房间内干净、舒适，有8人间(分男女宿舍)、双人标间等房型。其中床位间共享公共卫浴设施。

🍴 餐饮

景区内的餐馆当然不便宜，但每家店外都有明码标价的菜单，不用担心莫名其妙地被宰，也可以带点干粮进来节约成本。新老村大多数人家兼营餐馆，你找不到比30元一碗的牛肉面更便宜的正餐。老村的餐馆选择更多。换乘中心的美食广场有德克士、饺子、肉夹馍、米粉等各地餐饮，价格不贵但缺乏当地特色。景区内还有卖火腿肠、方便面等简餐的移动餐车。

风味餐厅　　　　　　　　　新疆菜 ¥

(喀纳斯老村2站；人均35元起；⏱9:30~22:00)老村里以"风味餐厅"命名的餐厅不在少数，这家由一对当地老夫妇经营，颇为低调，但味道正宗，价格公道。这家店和老村派出所在路的同一侧，从派出所往南走10多米即是，隔着院子与一家名为"云合小厨"的饭馆对望。一盘盖饭或拌面(35元起)，配一碗奶茶(5元)，可吃饱喝好。

狐狸书屋　　　　　　　　　咖啡馆 ¥¥

(喀纳斯大街；人均20元起；⏱9:00~22:30；⚲)装修很民族风的文艺书吧，老板是本地文化人。店里供应咖啡(35元起)、奶茶(30元/小壶)、酸奶(20元)、列巴(30元)，还有各种简餐(45元起)。也出售明信片、地图、李娟的作品、喀纳斯图瓦人相关的书籍等。

ⓘ 实用信息

喀纳斯换乘中心、游客服务中心、喀纳斯大街指的是同一块区域，有餐馆、咖啡馆、便利店、邮局、自助行李寄存(10元/次)等服务设施。去白哈巴和观鱼台等地的区间车票在这里发售，去往黑湖等地的包车和景区租马中心也在此处。

景区派出所位于换乘中心，去白哈巴的边境通行证申请和徒步报备手续都在这里进行。

在老村的**邮政电信合作厅**(聚源平价超市附近；⏱9:00~22:00)可购买邮票、明信片。

如需前往白哈巴，得在游客服务中心旁边的**景区公安局**(⏱9:00~19:30)办理边境通行证，凭身份证办理，费用1元，只能在出发当天办。

ⓘ 到达和离开

到达喀纳斯，可直飞布尔津喀纳斯机场(通常被简称为喀纳斯机场)后乘坐班车到贾登峪(1.5小时)或禾木(2小时)；或是坐火车或飞机到达阿勒泰后经布尔津转车去贾登峪。旺季时在阿勒泰机场外可能找到直接去贾登峪的拼车，价格在每人200~300元，约需4.5小时。到贾登峪后，购票乘坐区间车进入喀纳斯景区。

飞机

如果你的北疆之行时间有限且将喀纳斯作为重头，不妨直接飞到布尔津喀纳斯机场。从乌鲁木齐、阿勒泰、富蕴、博乐等地均有支线航班前往，非旺季票价极便宜。机场有民巴士(调度电话：185 9056 8222)直达喀纳斯景区，根据航班起降排班次发车(有人就发)，票价35元，约需1.5小时。去往禾木的班车班次没有那么频繁，是否发车要根据该次航班下客去禾木的人数情况。如包车，约需600元/车。

长途汽车

喀纳斯到布尔津、禾木、喀纳斯机场的班车都在贾登峪乘坐(见212页)；喀纳斯到白哈巴之间的班车(见224页)在景区内喀纳斯换乘中心乘坐。禾木与白哈巴之间没有直达车次。

ⓘ 当地交通

5月至10月15日进入喀纳斯需要在贾登

禾木村。

峪换乘区间车（8:00~19:30；90元/往返；50~60分钟），终点站为喀纳斯换乘中心。中途停靠卧龙湾、神仙湾、月亮湾，只要不出景区，区间车票可在有效时限内无限次乘坐，也只有在贾登峪和喀纳斯换乘中心上车时查票，中途上车不查。

换乘中心的1路车经老村前往喀纳斯湖，老村停靠3站；2路车前往贾登峪；3路车至新村，停靠7站；1~3路车均免费。4路车前往观鱼台（20元往返）；5路车前往白哈巴（75元，包括白哈巴门票，1小时）。首末班车时间和发车频次根据季节、路况及人流量情况可能调整，可提前咨询景区。旺季时这里也有发往黑湖的越野车，往返每人260元。如租马去黑湖，则每人500元。

6月有开往那仁花谷（即那仁牧场）的包车，往返280元。

禾木

（见200页地图；📞652 6092；5月至10月15日门票52元，区间车票50元）在"喀纳斯·禾木·白哈巴"的三叉戟中，人们常常将喀纳斯与九寨沟一较高下，白哈巴相对小众，唯有禾木似乎满足了各类别旅行者的需求。良好的群众基础当然离不开摄影师们对它的追捧，同样是晨雾，喀纳斯虽美轮美奂，却只体现了自然这个要素，而镜头里的禾木有森林、河谷、村庄，大自然有了人气，每天的序曲是由晨雾和炊烟合奏而成的。秋季无疑是它最美的时光，蜂拥而至的游客一再突破着景区可承受的接待力，但即使是这样，你也依然能躲进白桦林中寻得一处安静之所。禾木也是三者中最具时尚气息的地方——书吧、酒吧、咖啡馆鳞次栉比。

禾木乡分为禾木老村、禾木新村和禾木山庄，三者将洪巴斯草原环抱于其中。老村是景点核心区，也是吃住集中区，分上村和下村，上与下是就地势而言，禾木的地标禾木大桥便位于老村下村。新村与禾木山庄以住宿为主。禾木山庄就在禾木换乘站边上,从换乘站出发的区间车分老村、新村两条线路。从老村沿着禾木河畔栈道一路北行1.5公里左右便是新村。

⊙ 景点

刻意在禾木找景点恐怕会失望,但村子处处有看点,你只需带上相机满村溜达,一天下来电池耗尽,仍意犹未尽。在禾木村里向北望,最高的那座山峰是**美丽峰**,山顶有一座村子,才十来户哈萨克族人家,7月野花漫山遍野。上村有座藏传佛教寺庙——吉祥善院,多数时候大门紧闭。老村上村背后有一大片白桦林,游人很少,是独享清静的好去处。

禾木河西岸的山坡上是拍摄禾木河谷和晨雾的观景台,老村的禾木老桥和新村的援疆吊桥都可过河,过桥便有步行栈道通往哈登斯观景台。注意,从下村上观景台的栈道有两条,最初的一段紧挨着并行,分道扬镳后,从右边栈道上去即观景台,视角广,大多数禾木的风光大片取景于此,从左侧上去是一个小观景平台,拍摄角度有限。禾木的晨景美丽"冻"人,不必太早前往,算好时间再出门,夏季太阳约7:30升起,8:00晨雾散去,秋冬季的话往后延一小时。从老村走上观景台最多半小时,天冷时,晨霜会使栈道无比湿滑,需扶好扶手徐行。而傍晚时分,爬上村东的山头,可以尽情欣赏暮色中的乡村即景。

禾木山庄附近有一条建在山坡草原上长长的观景木栈道,除了赏景拍照,也可以走这条路去老村。栈道尽头的小平台可以拍摄整个禾木村庄。栈道结束你可以穿过右侧的白桦林下坡,这片林子虽小,但9月树影斑驳特别上镜。这里也有观景步道前往洪巴斯草原。

⊕ 活动

骑马和漂流是禾木的两项活动,漂流售票处在禾木大桥旁(📞180 8285 8980; 200元/人),全程8.8公里,水上时间约半小时。

"挪威的森林"在中国

阿尔泰山的森林形态与北欧和西伯利亚非常相似,它以云杉、冷杉、西伯利亚红松、西伯利亚落叶松为主,也有少许桦树、杨树等阔叶林,这种形态的森林有两个名字:寒温带针叶林或泰加林——它也是地球最北的森林植被带。阔叶林、针叶林并非无序混杂,它们各有地盘,杨树与桦树生长在低处,西伯利亚落叶松、云杉所处地势高,杉树也只陪伴落叶松一段,海拔继续上升后便只剩落叶松独自支撑了。林缘之上,是花卉丰富的高山草甸向苔原的过渡地带,因阿尔泰山的气候接近国境之外,生长于此的动植物也是异国风当道,例如,广泛分布在北极圈的雷鸟、北欧和西伯利亚的西方松鸡、黑琴鸡等,植物方面,欧洲百合、俄罗斯鸢尾、挪威虎耳草等是主力军。

阿尔泰山纬度高且降水充沛,它有着中国最低雪线——2800米,理论上你将不受高反困扰而轻松亲近雪山,但景区划定的游客活动范围非常有限,阿尔泰山大部分区域仍是未开发的原始森林。在喀纳斯景区里,最远你只能走到喀纳斯湖一道湾的吐鲁克岩画,湖北端的千ızl枯木长堤、四道湾以西的双湖、海拔4374米的友谊峰和阿克库勒湖(也叫白湖)是游人禁足的自然保护区,东北边的干湖地区湿地沼泽特别多,危险重重,人迹罕至。当然也有一些相对容易到达的地方,你可以选择徒步的方式贴近阿尔泰山。 ⓛⓟ

上美丽峰(往返200元;约2小时)和观景台(往返100~120元)通常是骑马,在村里遛马100元/小时。马夫们会在村里到处拉客,如果你想走长线,例如,禾木到喀纳斯,最好去禾木大桥附近的马队联系马夫,虽然报价(马:350元/匹/天,向导:150元/天)比私揽生意的马夫贵,但能开票也是相对安全的保障。

🛏 住宿

老村下村客栈、餐馆最多,多为外地人经营,**禾木驴友客栈**以驴友、背包客居多,适合约伴。上村有本地哈萨克族经营的客栈。新村客栈少,与换乘站由另一路区间车相连接。禾木山庄是高级酒店集中区,比较安静,都有开满鲜花的漂亮院子,与老村相距20来分钟步行路程。

驴友客栈　　　　　青年旅舍/客栈 ¥¥

(☎139 9978 5261;老村下村,禾木大桥旁150米处;铺80元,标双400元;❀)位置很好,靠近禾木大桥,方便早上去观景台看日出。多人间并不总是开放预订,需要提前电询。客栈提供自行车租赁,30元/小时。

河畔客栈　　　　　　　　客栈 ¥¥

(☎138 9942 1568;老村下村;标单/双400元起;❀)在离禾木大桥不远的河边,标间小巧但功能齐全,也有更昂贵宽敞的"星空房",暖气都非常给力,有床位房但不一定对外开放,可提前电询老板。客栈自带的餐厅主营当地特色菜品,味道很不错,菜量也大。

禾木山庄　　　　　　　　酒店 ¥¥¥

(☎651 5555;禾木景区入口服务区;标单/双 680元;❀)禾木较高档的酒店,由若干栋楼组成,房间装修是现代复古风,床、地板、家具从材质到颜色都很协调。花园里植满鲜花,布置细致。虽然离核心景区较远,但就在区间车起点站,搭车去老村很方便。从这里步行去洪巴斯草原约10分钟。

禾木鹿野乡村旅馆　　　精品酒店 ¥¥¥

(☎138 0995 5505;老村上村;标单/双750元;❀)比下村更为幽静,有着漂亮的大花园和温暖舒适的房间,屋内陈设讲究,公共空间装修风格也颇具品位。除了标间,还有更为高档的家庭套房。走到老村车站约5分钟,步行至禾木桥约7分钟。

禾木等待客人的马夫。

🍴 就餐

老村餐馆云集。牛肉面（20元）最实惠，馕10元，烤肉（5元/串）的身材很不具新疆范儿。大多数餐馆清早开始经营早餐。如果想吃丰盛些的正餐，通常客栈都兼营餐厅。老村和新村都有一些甜品店和经营西式简餐的咖啡馆。禾木大桥附近有一个叫作"国际丝路寻味里"的餐厅集中的院子，里面甚至还有沙县小吃。

ℹ 实用信息

乡卫生院前有邮政流动服务车，可寄明信片。

ℹ 到达和离开

旺季时，有班车往返于布尔津客运站与禾木之间（60元；4小时），喀纳斯去禾木需在贾登峪坐区间车（20元；1.5小时，仅旺季发车）。班车都停靠在景区大门口。

ℹ 当地交通

5月至10月15日，私家车不能开进禾木，车需停在景区外，然后换乘免费区间车（8:00~20:00流动发车）到换乘中心（即禾木山庄）。换乘中心有两路区间小巴，一路去往老村，沿途会停靠洪巴斯草原、村委会、乡卫生院（下村最热闹的区域）等地。上午10点左右是自驾游客出去的高峰期，排队等区间车的人很多。另一路小巴则前往新村。

白哈巴

（见213页地图；5月至10月15日 门票52.5元含区间车）白哈巴处于中国版图的最西北端，1.5公里外便是中国与哈萨克斯坦的国境线，因此也被称为"西北第一村"。虽与喀纳斯、禾木为"三合一式"捆绑景点，但白哈巴的商业渗透力小一些，白哈巴也分新村与老村，两者相隔1.5公里左右，旺季时有公交车接驳。老村里食宿设施更为齐全，离通往巴特巴依观景平台的步道入口起点更近。而新村则是白哈巴最经典的区域，它正对着一片辽阔的牧

图瓦人的居所

中国56个民族中没有图瓦族，只有图瓦人，被归入蒙古族，他们与擅长呼麦的图瓦共和国同源同族。关于图瓦人的由来，有一个流行的说法：他们是成吉思汗西征时留下的老弱病残。中国境内仅2000多图瓦人，分布在喀纳斯、禾木、白哈巴三个村落，旅游开发前他们几乎过着与世隔绝的生活，因此有"林中部落"之称。

图瓦人居住的尖顶木屋，房体用圆木搭建，木与木之间的缝隙以苔藓填充，未使用一根钉子。房顶以木板搭成高高的三角形尖顶，中间为空，可不只是为美观，这样的好处是冬天房顶的雪不会越积越厚，以致压垮房屋，尖顶结构令雪能顺势滑下。图瓦人继承了蒙古族信仰藏传佛教的传统，大多数家庭会挂成吉思汗画像和十世班禅的照片。苏尔是图瓦人特有的乐器，类似箫，以芒德勒西草制成，吹奏出来的声音清亮悠扬。以前图瓦人在狩猎时会吹苏尔引诱猎物，婚礼和过节时也会吹，现在已成为喀纳斯图瓦人家访的表演项目。图瓦人的语言属于突厥语系，有语言无文字，如今图瓦人的孩子上的是蒙古语学校，学习蒙古语和汉语，再加上与哈萨克族为邻，可以想见，语言传承去日无多。

图瓦人一年中有三个重要节日，农历五月举行的敖包节是祭祀天地日月自然的节日，节日内容包括祭祀、转敖包、赛马等活动。农历十月二十五日的邹鲁节，传说是为纪念马赫卡拉吊佛，也是庆祝入冬的节日，这一天所有在外的图瓦人都会回到村里过节，制作一种名为"祖乐"的灯，整晚灯火不熄。与汉族同一天的春节图瓦人称为查干，人们身着盛装，在冰天雪地里举行赛马、射箭、摔跤等比赛。

冰雪阿勒泰

一年中约有一半时间，阿勒泰是一片冰清玉洁的纯白世界，森林银装素裹，琼枝雾凇晶莹，白雪覆在河床边的鹅卵石上，天空宝蓝，万物悄声，只留一份无人打扰的祥和宁静。这时的喀纳斯真正配得上人间净土的美誉。冬季（10月16日至次年4月30日）喀纳斯、禾木、白哈巴三个景区免票进入，无区间车服务，道路易积雪，所以必须自驾越野车前往，记得打听好冬季尚在营业的住宿点。

1~2月雪最厚时村里气温低至-20℃左右，河谷边的温度还要再低10℃。天寒地冻当然要动起来才不至于被冻成冰雕，马拉爬犁、滑雪、射箭等都是你能参与的项目。你还有机会见识哈萨克族的猎鹰比赛，以及踩着古老的"毛雪板"（用松木、马小腿毛皮做成的滑雪板）快步行走于雪地上。羊肉已经不是此季餐桌的主角，跟着哈萨克族吃马肉才能抵挡寒气。

冰雪阿勒泰也是滑雪爱好者心中的朝圣地。阿勒泰市汗德尕特乡敦德布拉克河谷洞穴中，人们发现了一万多年前旧石器时期的滑雪狩猎岩画，这是目前人类滑雪文明史上最早的记载。2022北京冬奥会的宣传片便在阿勒泰取景。这里超长的雪季、厚实的粉雪、设施完备的滑雪场，吸引着滑雪迷们从四方赶来。阿勒泰地区主要的几个滑雪场包括：阿勒泰市的将军山滑雪场（见208页），它离市中心非常近；**可可托海国际滑雪度假区**（☎878 9222；公众号：可可托海国际滑雪度假区），从可可托海镇有班车前往，约1小时车程；**禾木吉克普林国际滑雪度假区**（☎139 9987 0188；公众号：禾木吉克普林国际滑雪度假区），距禾木车程约1小时，也有摆渡车接驳；而在阿勒泰-禾木公路58公里处的**野卡峡滑雪场**（☎219 2009；公众号：野卡峡滑雪）则是高阶玩家的野雪天堂，需先在公众号预约。

白哈巴秋色。

场，牧场尽头的山脉已属哈萨克斯坦之境，这里的图瓦木屋大多还由原住民居住。因此晨昏之时，徜徉的牛羊、放牧的孩子、柔光下的牧场会组成一幅动人的图景。

旅行者对白哈巴的态度有着鲜明的两极，有人觉得它远离尘嚣，比禾木更安静更秀美，也有人觉得它太小没看头。你若见过深秋的白哈巴，一定不舍得扭头就走，白桦、落叶松、杨树叶集体从金灿灿向红彤彤渐变着，活脱脱一座童话边城。9月中旬的白哈巴隐藏着别样的惊喜——它是那仁牧场的牧民秋转场的必经之地，你可以看到万马奔腾穿村而过的场景——这在喀纳斯或禾木可是看不到的。

◎ 景点

边防站前有两个观景平台，立着"西北第一村"石碑，可拍摄老村全景，傍晚光线最佳。老村后的山坡顶赏日落无出其右。秋天老村后方有一条"黄金大道"（蒙古小学前），

白哈巴村的草垛和房子。

街道两边的白桦树形成一条金色拱廊，地上铺着厚厚的"金地毯"。曾经游人到此几乎必来打卡的5号界碑位于白哈巴村西边的山坡上，但从2018年至今一直处于封闭状态，以后是否会恢复开放尚不得知。

巴特巴依观景台　　　　　　　　观景台

部分路牌标注为"巴特尔观景台"。从老村的栈道步行上山，不到1个小时便可到达山顶的巴特巴依观景平台。从这里俯瞰白哈巴的最佳时间是下午，可以算好时间，去观景台等候日落，欣赏夕阳洒在图瓦村落之上，并为对面哈萨克斯坦的山脊勾勒出迷人的金边。

中哈边界大峡谷　　　　　　　　峡谷

中哈边界大峡谷位于白哈巴至哈巴河的途中，距白哈巴约8公里。它是公路边的一个观景台，并不能走入峡谷，只能站在观景台上俯瞰中哈"国境线"——阿克哈巴河。河水绿中泛白，两岸针叶林郁郁葱葱。从白哈巴租摩托车往返50元/人，租汽车往返100元。

那仁牧场　　　　　　　　　　　草原

（见213页地图）阿勒泰最漂亮的高山草原之一，也是当地牧民的夏牧场。那仁河蜿蜒而过，广阔的草场随山势起伏，5月、6月开满芍药、金莲花、百合等。草场深处是云杉、冷杉、红松等组成的西伯利亚泰加林，夏绿纯粹、秋色斑斓。那仁牧场距白哈巴约23公里，几乎全程土路，开过去要2小时，包车往返1000元。

🛏 食宿

白哈巴的住宿比喀纳斯便宜，可在客栈用餐，正儿八经的餐馆反而贵且差。在喀纳斯和铁热克提门票站发来的区间车停车场内，有价格和味道都接地气的烧烤。10月之后，白哈巴夜晚较为寒冷，建议选择有地暖的房间。冬天淡季时，这里鲜有客栈或餐厅开业。

后街小院　　　　　　　　　　　客栈¥¥¥
(☎138 9986 2833；白哈巴老村；标间480元起；❄)若干个经改造的图瓦小院皆为客栈所有，在为数不多铺设地暖的客栈中，价格适中，屋内设施现代，装饰则依然保留当地特色。

哈巴河三百所乡村民宿　　　　　客栈¥¥
(☎180 8285 1596；白哈巴老村；标间900元起；❄)白哈巴最高端的精品民宿，从地暖、公共区域到屋内陈设，均符合精品民宿的标准。要注意，在最便宜的阁楼房中，不能淋浴。距离去巴特巴依观景台的栈道入口很近。

夜雨餐厅　　　　　　　　　　　新疆菜¥
(☎151 9952 2018；白哈巴老村；人均25元起；⊙7:30~24:00)即使是当地人，都非常认可这家餐厅。牛肉面(25元)是既实惠又好吃的选择，奶茶(10元)十分香浓，这也是村里每天开门最早的餐厅之一。

❶ 实用信息
白哈巴没有银行，有邮局、纪念品商店合而为一的白哈巴邮政(⊙8:30~21:00)，可购买明信片和邮票。仅在旺季开业。

前来白哈巴需要办理边境通行证，建议出发前在本人户口所在地办理，在喀纳斯大街的派出所或哈巴河的边防大队也可凭身份证办理，费用1元。

❶ 到达和离开
喀纳斯和哈巴河是进入白哈巴的两个入口，前者在喀纳斯换乘中心坐区间车，后者在哈巴河县汽车站坐班车，只有5月至10月15日之间(旺季)有班次(有时10月10日就停运了)，两趟车中途停靠在铁热克提门票站，这里有公交车载客进村(约10分钟)。淡季只能自驾。旺季时是否允许自驾车进入需实时关注"喀纳斯原行网"公众号，每年规定不一样，有时会限制自驾车数量，需提前在公众号预约。

白哈巴每天有1~2班车发往哈巴河(10:00，有时16:00也会有一趟；35元；2.5小时；途经铁热克提)。如果错过发车点或淡季无车，可以联系肯杰别克师傅(☎189 9979 8794)，预约商务车(60元/人)去往哈巴河。

铁热克提门票站、老村和新村之间有公交车接驳，但一般只有旺季发车。

哈巴河
匆忙的旅行者总习惯从布尔津直奔喀纳斯而错过哈巴河，倒也成全了它的低调。这是座干净又安静的边境小镇，额尔齐斯河在这里冲出国境，进入哈萨克斯坦，哈巴河岸的白桦林一到秋天就黄得势不可当。不妨将哈巴河作为进出白哈巴的门户，没有喧嚣的人群，但有收获常规景点外的惊喜。

◎ 景点
白沙湖景区　　　　　　　　　　　沙漠
(见200页地图；185团场；门票45元)景区从北至南分三部分：西北边境第一连、白沙湖和鸣沙山，都属于新疆生产建设兵团第十师一八五团场的辖区。一八五团是1962年4月"伊塔事件"后组建的，它与哈萨克斯坦仅隔一条界河，边境线长达86公里。这里也是中国国防军最艰苦的驻防地之一，冬天积雪厚度达七八十厘米，夏天又是与亚马孙河并列的世界四大蚊区之一。

西北边境第一连即185团1连，沙丘中有"西北之北纪念碑"，团史馆内详细介绍了185团建立和发展的历史，馆外的两条标语颇有意思，两个复建后的地窝子可以让你了解20世纪60年代建设兵团的生活。这里的夫妻哨所陈列馆介绍了驻守边疆20余年的一对老兵夫妇的事迹。

白沙湖在185团3连，是沙漠中的一片绿洲，湖中生长着高高的芦苇，湖周围有杨树、白桦等。沿着木栈道可绕湖一圈，湖不大，湖景一般。

白沙湖。

鸣沙山接近古尔班通古特沙漠北缘，是一片连绵的沙丘，沙很细，广阔感不足，丘脊造型也不够漂亮。旺季时有骑骆驼、沙漠越野冲浪等游艺项目，至于景区所宣称的中国"嗓门"最大的鸣沙山，滑沙（20元）时竖起耳朵倾听时时别太较真。

从县城客运站有班车前往景区（具体班次须提前电询），单程约1.5小时，包车往返最低300元。车开约半程时，公路左侧有一处额尔齐斯河绕沙漠形成的漂亮河湾。

白桦林景区　　　　　　　　　　公园

（见200页地图；县城以西5公里；门票38元）整个阿勒泰地区规模最大的天然白桦林带，分布在哈巴河两岸，南北长134公里，东西宽1.5公里，景区内修建有步行栈道深入林间。9月白桦林一片金色，脚下是松软的落叶，配上傍晚的光线，是不错的摄影题材。旺季时，从哈巴河县客运站打车过去约15元。如自驾去白沙湖也会路过这里。

食宿

在县城很难找到低于100元的住宿场所，150元以下的大多存在卫生方面的问题。**哈巴河紫金大酒店**（661 8888；友谊路双拥公园西南角；标单/双199元起；※⧙P⧙）是当地装修较新的酒店，房间宽敞干净。步行至客运站约15分钟。

民主东路上饭馆、清真快餐很多，**宗氏牛肉面**（民主东路；人均18元；10:00~24:00）有适合独行旅者的清汤牛肉面（8元）、红烧牛肉面（16元）和羊肉拌面（20元）等。

到达和离开

哈巴河客运站（662 2341）位于人民东路，有发往白哈巴（35元；2.5小时）、阿勒泰（36元；2.5小时）、克拉玛依（91元；6小时）、乌鲁木齐（180~190元；10小时）等地的班车。车站外有发往布尔津（15元；45分钟）与乌鲁木齐[（280元，9小时，途经乌尔禾

吉木乃

当地人眼中的贫困县,西与哈萨克斯坦接壤,中国海拔最低的现代冰川——木斯岛冰川屹立在县城南部45公里处,天气晴好时,在县城便能眺望到。吃住无特色,可轻松从哈巴河或布尔津过来一日游。

景点

吉木乃口岸　　　　　　　　　　口岸

[见200页地图;618 1140(文旅局);县城以西18公里一八六团;周末13:00~17:30不开放]吉木乃口岸已有百年历史,在哈萨克斯坦尚属于苏联的民国时期,口岸便担负起两国通商重任,1962年因中苏关系恶化,口岸一度关闭30年,直到1992年恢复开放。如今作为两国通道的口岸为新建,如果你有哈萨克斯坦签证,便能过关去看看67号界碑。

老国门距口岸不远,沿途没有明显标志,不过司机都知道在哪儿,你需要按门铃才能入内。一路进去会经过建于1955年的第一代会谈室,并不开放参观。黄颜色的老国门自1916年便屹立于此,此后进行过几次修缮、改建。国门旁有一座中苏冷战时的会晤桥,原来位于中苏界河上,2002年遭特大洪水冲毁后迁过来。

距口岸约4公里的1826团2连,有一处龙珠山地道(门票20元)可参观,地道内保留了以前的枪支弹药和生活场景。

吉木乃农贸市场对面有发往口岸的私营小车(10元/人;30分钟),坐满就走。作者调研期间,口岸因疫情原因关闭。

草原石城地质公园　　　　　　自然景观

(见200页地图;托斯特乡;门票20元)这是一处庞大的花岗岩石蛋地貌,如果觉得石蛋这个名字很生涩,三亚的"天涯海角"、鼓浪屿的日光岩、黄山的飞来石、三清山的女神峰等你肯定不陌生,这处景点密集分布着"圆滑"又怪诞的花岗岩石头。连绵的丘陵台地上,形态各异的石蛋错落相叠。最惟妙惟肖的是"艾林郡王像",你也许没听说过艾林郡王,但视线不会错过一张轮廓清晰的侧脸,艾林郡王是民国时被册封的哈萨克族郡王,景区所在地正是他当时的牧地。景区内有一处通天洞,洞高约5米,宽约7米,深约3米,是花岗岩地貌的经典,通天洞中发现的4.5万年前的旧石器遗址,曾入选2017年中国考古十大发现,并成为第八批国保单位之一。6~7月景区内开满芍药花、金莲花、野罂粟,最适合前来。

从吉木乃县城包车往返200元起。

❶ 到达和离开

吉木乃客运站(618 2182;团结北路45号)有发往布尔津的班车(23元;1小时),但很少,错过班车可在车站外坐私营小车线路车(40元/人),同样车次不多。

塔城地区

电话区号 0901

在大美新疆的土地上,塔城籍籍无名,它其实是新疆人私藏的一处秘境。这里的草原幅员辽阔,每年春天呈现最佳状态,但美丽的外表下机关暗藏,颠沛流离的牧民每年都得带着牛羊努力闯过去。少有工业污染也孕育了无添加的食材,美食四季不间断放送。G219国道全线开通后,或许会促进其沿线塔城的旅游发展。

塔城市

若以城市规模和人口数为衡量准则,塔城可能不具备成为地区所在地的资格,但区区17万人口由25个民族构成,民族融合与文化多元也无他城可媲美。除了比例最大的汉族和哈萨克族,这里生活着4000名俄罗斯族人(占全国1/3),也孕育了此地浓郁的手风琴文化和饮食习惯。达斡尔族和锡伯族是清朝各自从黑龙江和辽宁迁徙而来的,他们沿着中国版图的北方万里西迁,从游猎走向了农耕,也从军人转身为农民。

塔城和克拉玛依

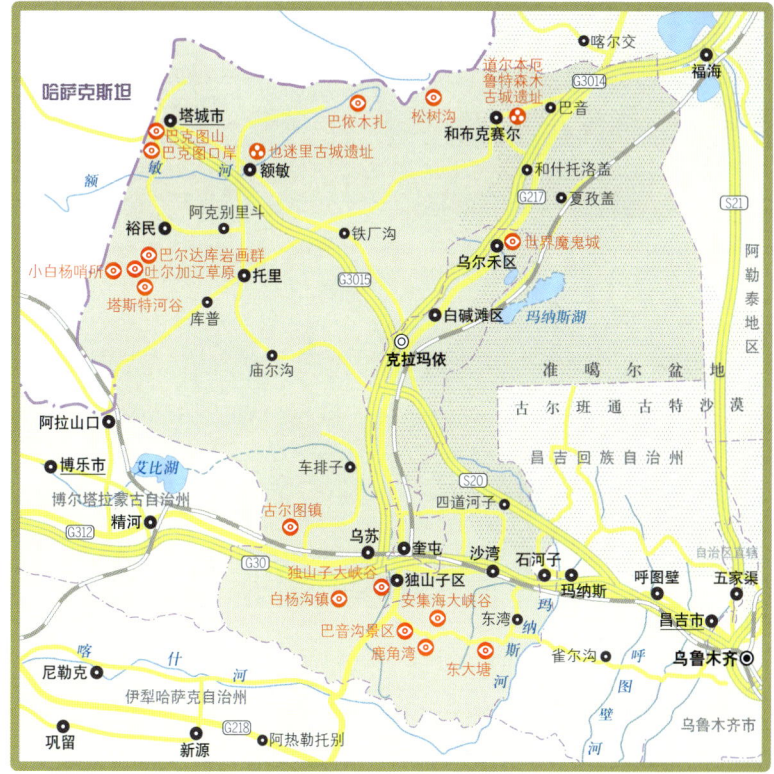

塔城被打造成了一座俄罗斯风情城市,以红楼为"风向标",旁边的解放路更名为红楼街,建筑统一刷成红色、"穿"上欧式外衣。兴许它再努力也很难在北疆众明星景点中异军突起,但你若在此逗留过、享受过此地的纯天然美食、如洗的蓝天和爽朗的气候,感受过不同民族间睦邻相和的友好谦让,必能在旅行回忆录中留下印象深刻的一页。

⊙ 景点

除了以下景点,市区的**双塔公园**(见252页地图)内有两座建于清朝末年的清真寺宣礼塔,距离红楼不远,可顺道过去一游。

红楼博物馆　　　　　　　　　　　历史建筑

(见252页地图;☎623 6652;文化路12号;10:00~13:30,16:00~19:30,周一闭馆)塔城市最著名的俄式建筑,建于清宣统二年(1910年),由当时的俄国喀山塔塔尔族商人修建。建筑为红色墙面,绿色铁皮顶,共2层,内有16间屋。20世纪,红楼曾被用作医院、行署大楼、报社等。如今红楼也是塔城地区博物馆的所在地。此外,手风琴博物馆(六和广场)和俄罗斯民俗展馆(原莫洛托夫学校,现塔城第四中学)也值得参观,后者需要提前与文物局预约。

巴克图山　　　　　　　　　　　　　　山

(见本页地图;哈萨克斯坦与中国交界处)巴克图山横亘于中哈边境,当地人俗称"伟人山",因为远眺山形酷似躺在水晶棺里的毛泽东,夕阳下的剪影尤为逼真,眉、

达斡尔人欢度沃其贝。

鼻、眼、唇皆清晰。有三处最佳欣赏地：塔城市里垂钓公园（⏲8:00~20:00）的毛公亭（调研期间不开放）；塔城前往巴克图口岸的途中，当车驶过宁城宾馆后，巴克图山出现在右侧伴你而行；额敏至塔城的公路沿途，有一个"观景点"，不过本书调研期间观景点前的树木高度挡住了视线。

巴克图口岸　　　　　　　　口岸

（见227页地图；市区以西12公里）塔城地区唯一的口岸，也是新疆离城市最近的口岸，对面即哈萨克斯坦的马坎赤镇，此口岸已肩负起两国200多年的通商历史。看国门和158号界碑需购门票（10元），且不能步行前往，不妨在售票处试试看能否搭自驾游客的车。免费参观的是口岸文化展示馆（⏲10:00~13:30, 16:00~19:30），馆内介绍了阿克图口岸的历史，有一个模拟入关体验区，还原了海关工作场景，你还可以看到世界各地的海关标志，了解与新疆相邻的俄罗斯和几个中亚国家。

作者调研期间，口岸因疫情关闭，之前文化广场有双层观光巴士（25分钟）发往口岸。

🎪 节日

帕斯喀节　　　　　　　　俄罗斯族节日

即俄罗斯族的复活节，在春分后第一个月圆的第一个周日举行。当地俄罗斯族会互赠煮熟的彩蛋，弹起手风琴、跳起踢踏舞、唱着《喀秋莎》等歌曲来庆祝。

沃其贝　　　　　　　　达斡尔族节日

6月8日，生活在阿西尔达斡尔民族乡的达斡尔族会举办沃其贝，即斡包节。人们穿上传统服饰，准备丰盛的食品，先去斡包举行祭祀祈福仪式，然后载歌载舞庆祝。

撒班节　　　　　　　　塔塔尔族节日

农忙时塔塔尔族会举办撒班节，也叫

"犁头节",是为纪念祖先发明的犁耙工具——撒班而庆祝的节日,通常在6月中旬举行。人们举行赛马、摔跤、拔河等比赛,比较有意思的是一种将鸡蛋放于匙上并衔于口内的跑步比赛。

🏨 住宿

塔城地区酒店的季节性价差并不明显,住在毗邻红楼博物馆的文化广场(即市中心)周边更方便,如果次日要赶早班车,可选客运站附近。

塔城地区宾馆 　　　　　　　酒店¥

(见252页地图;📞622 2093;友好路16号;标单/双 175元起;❄🛜🅿)酒店曾是苏联驻塔城办事处旧址所在地。这座俄罗斯风格的漂亮红楼位于热闹的市中心,周围有吃有购,走到红楼博物馆与双塔公园均在10分钟左右。普通房干净简约,略贵的豪华房的装修则增添了一些怀旧风的装饰。

塔城华宝宾馆 　　　　　　　酒店¥

(📞623 7777;华宝国际会展中心右侧;标单/双 130元起;❄🛜🅿)周边不算热闹,但距客运站近,步行约5分钟。稍远些的**独秀大酒店**(📞666 6222;南环路北近独秀花园;标单/双270元起;❄🛜🅿)条件更好些,走到客运站约10分钟。

塔城龙禧宾馆 　　　　　　　酒店¥

(见252页地图;📞666 6778;团结路7号;标单/双 130元起;❄🛜🅿)房间中规中矩,没什么特色,干净达标。单人间较小。离双塔公园很近。

🍴 餐饮

俄罗斯冰淇淋(玛洛什)、列巴、酸梅汤是塔城必尝的三大特色。主食方面,风干肉抓饭值得一尝,这里还有不少风干肉是鹅肉。**风兰小吃**(📞629 6714;一中东侧巷子)里的风干肉抓饭很有特色。

阿里木拌面食府馆 　　　　新疆菜¥

(见252页地图;📞628 7065;红楼街11号;人均16元起;⏰10:00~17:00,19:00~24:00)除了主打的拌面系列,大盘鸡(80元)口碑也很好。不要错过风干肉纳仁(20元),煮熟的面片上铺满切片风干肉,再撒上洋葱末调味,风干肉肥瘦相宜,汤极鲜美。

迎宾冷饮 　　　　　　　　　冰淇淋¥

[见252页地图;📞180 9901 4158;杜别克街7-1(人民广场北面);冰淇淋6元;⏰9:00~24:00]塔城最老字号的俄罗斯冰淇淋店,本地人的首选。除了冰淇淋,也不要错过酸梅汤(10元),真的有一颗颗酸梅哦。

粒粒香抓饭 　　　　　　　　抓饭¥

(见252页地图;📞133 9973 6719;光明路102号;抓饭10元起;⏰11:30~20:00;🛜)特色是风干肉抓饭(20元)、鹅肉抓饭(15元),店内免费供应的饮品除了茶水还有奶茶。移动公司旁巷子里有很多餐馆,其他店的抓饭、拌面也很好吃。

高雅洁烧烤 　　　　　　　　私房菜¥¥

(见252页地图;📞135 6578 5886;党校巷三道巷46号;列巴50元)列巴是塔城的特色,但满大街的面包房少见列巴的身影。这家是本城少数仅存的"干柴烈火"式传统柴烤列巴之一,没有店面、没有招牌,真正的酒香不怕巷子深。需提前电话预约,然后上门取货,除了列巴还有烤羊腿面包(260元)、烤鸡(95元/只)、烤鹅(85元/只)等。

小马烤肉 　　　　　　　　　烧烤¥

(见252页地图;📞627 7771;团结路与喀拉墩街交会处;烤肉8元/串;⏰11:00~23:00)塔城年轻人喜欢的烧烤店,烤肉和馕坑烤肉(15元/串)都是味重料足,如果不太能吃辣,一定要关照老板手下留情。也可以点菜,有大盘鸡(108元)、红烧鱼(58元)等。生意太好,想吃烤肉别去太晚。

塔玛牧道

"逐水草而居"是游牧常识,但有草并不一定宜居。夏季远近高低皆青草肥美,可是严冬呢?你或许会说,何不长期驻扎在四季都温暖的地方,但草原有限,"坐吃山空"后又该如何是好?大自然早就教会了牧民四季轮牧的生存法则,夏季在高山森林,春秋在低山丘陵,冬天在河谷或沙漠,牧民和牲畜都在永不停歇的奔走中繁衍生息,这种不用尽任何一处草原的方式也保证了生态平衡。

在北至塔尔巴哈台山、南至玛依勒山之间有一条四季转场牧道,每年有上百万只牛羊在这条道上奔走。塔玛牧道全长300公里,途经塔城、额敏、裕民、托里四市县。北部高山是凉爽的夏牧场,南部谷地是相对温暖的冬牧场,春秋牧场即在连接两端的途中。6月底,牧民开始赶羊上山,在夏牧场待两个月,这也是四季中牛羊最安逸幸福的日子,不用赶路,不愁没草吃。8月底9月初,雪花飘落前,秋季搬家便提上日程了,马背上指挥若定的牧人、负起所有家当的驼队、壮观的牛羊方阵,一路浩浩荡荡下山,掀起漫天的尘土,草原都为之沸腾,转场大军穿过县城,留下满街的羊粪蛋,再匆忙的行人也得把道路让给它们先行。11月到达冬牧场,接下来的时光漫长且难熬,雪被下的枯草毕竟有限,严寒与饥饿一点点消耗着牲畜们的秋膘。早春4月,积雪尚未消融,牛羊已迫不及待地上路,同样是秋天走过的那条路,因春季天气多变,此刻竟是一场考验,巴尔鲁克山与加依尔山之间的老风口(见232页方框)是春季转场路上的"地狱之门",风狂雪猛时一天只能行进三四公里,老天发起怒来就看牲畜命够不够硬,而扛过这一段便能去天堂般的夏牧场撒欢。 ⓛⓟ

❶ 实用信息

百货大楼和红楼附近有**邮局**(见252页地图;🕐夏季10:00~14:00, 16:00~19:30, 冬季10:00~14:00, 16:00~19:00, 周日休息)和**工商银行**(见252页地图;🕐10:00~13:30, 16:00~19:00, 周日休息)、**中国银行**(见252页地图;🕐夏季9:30~13:00, 16:00~19:30, 冬季10:00~13:30, 16:00~19:00, 周末休息)等,都有24小时自动柜员机。

❶ 到达和离开

飞机

塔城机场(📞666 6118)距市区约30公里,有发往乌鲁木齐、博乐和阿克苏的航线,机场到市区的大巴根据到港班次接客人,可以直接送到乘客指定的地点;从市区到机场,可拨打131 9978 0300预约大巴接送地点与时间。往返单程均15元。乘出租车的话,从市区到机场需80~100元。

火车

塔城与乌鲁木齐之间有夕发朝至的火车班次,但途经沙湾、奎屯、克拉玛依时均在夜间时分。从塔城到额敏也可坐火车,车程约半小时。塔城火车站在城南约7公里处,可乘坐6路公交车到市区。

长途汽车

塔城地区客运站(📞629 7643;运通路2号,当地人称"华宝",官方名称"塔城勇睿客运站",在市中心以南约3公里。有发往阿勒泰(11:00;114元;9小时)和克拉玛依(11:00, 15:30;59元;4小时)的大巴,站前也有流水小巴前往乌鲁木齐(200~250元;7小时)、伊宁(180~220元;9小时)、乌苏(130~150元;7小时)和布克赛尔(100~110元;4.5小时)、托里(50元;1.5小时)、额敏(23元;1小时)、裕民(25元;1.5小时)、奎屯(150元;4.5小时),也可电询小巴当日的发车情况。

当地交通

1路公交连接客运站、文化广场、红楼、双塔公园等地,5路和7路连接客运站和市中心。出租车起步价6元,市区内乘出租车一般不会超过10元。

裕民

裕民县的景点都位于巴尔鲁克山中,巴尔鲁克山并非一座高大的山,而是无数长坡浅谷组成的庞大山脉群,它是塔城周边最明星的景点,可惜好景仅百余日(春天的山花节),其余时间你很难对它服气。旅游旺季夏秋并非好季节,草原虽一望无际,却难现水草丰美,喂饱牛羊才是此地草原存在的真正意义。进入8月,若缺了雨水的滋润,草原立马呈现黄土地般的沧桑感。

景点

景点都在一条线上,包车(300~400元)能一天走完所有景点。如果不包车,可以在县城"小客运站"坐到离景点最近的连队,再走路过去,或者加点钱让司机送你过去。县城内的**巴什拜展览馆**,介绍了爱国人士巴什拜的生平,他将家羊和野羊交配培育出巴什拜羊,在抗日和抗美援朝期间,多次捐羊捐飞机。现在,塔斯特(又名塔斯提)河谷、阿克乔克草原、吐尔加辽草原及巴尔达库岩画群,均属**巴尔鲁克风景区**(652 6286;通票:旺季/淡季 60元/30元)管辖,预计于2022年开通连接这几个区域的景区观光车,其中,阿克乔克草原海拔比较高,积雪期可达半年。

小白杨哨所 哨所

(见227页地图;巴尔鲁克山脚下)"一棵呀小白杨,长在哨所旁……"70、80后们对这首军旅歌曲不会陌生。歌中,一位锡伯族战士回乡探亲时,母亲送其10棵白杨幼苗,让他栽于哨所旁,陪着站岗,后仅存活了一棵。

小白杨哨所。

当地知识

风神主宰老风口

"戈壁荒滩老风口,飞沙走石雁不留。冬季风雪漫天舞,要过风口命难留",这首当地民谣中所唱的老风口位于托里至额敏之间,被乌尔噶萨尔山、巴尔鲁克山、加依尔山三面夹击,风区长达28公里,是著名的风雪灾害区,有着"夺命口"之称。在当地人眼中,老风口等同于灾难,除了6~7月相对"风和日丽",其余时间,尤其下雪天,常常风雪挟天裹地。劲风席卷着积雪排山倒海般冲向来往车辆、转场的牧民和牛羊,令人辨不清道路与方向,曾多次发生人畜冻溺或被风雪卷走的悲剧。清光绪年间,老风口建"风神庙"以祈神灵保佑,但不久风神庙也被大风吹散了架。

20世纪90年代,老风口实施生态治理,道路两边依据风的波次建起一道道"林墙",别看树木年轻"单薄",对于风害治理功不可没,如今人们已不再谈风色变。当你坐车经过S221省道托里至额敏段时,不妨摇下车窗领略一下大风吹。Ⓛ

当年的小白杨如今已很茁壮,还身披大红花。哨所原名塔斯提边防连哨所,建于1962年8月,后随《小白杨》的走红而更名。这里曾发生过一段中苏战役,1969年6月10日,苏军在哨所前挑起事端,并开枪打死女民兵孙龙珍,后中方还击逼退苏军。哨所下便是孙龙珍的陵墓。如今,真正有人站岗的哨所就在小白杨哨所参观区对面。

不包车的话,就去县城"小客运站"坐到161团11连(25元,1小时)的车,再走半小时过去。

塔斯特河谷 草原

(见227页地图;巴尔鲁克风景区内)塔斯特在哈萨克语中是"河床内多卵石"的意思,也预示着这是一处流水潺潺的河谷。两岸山上林木茂密,林下为灌木丛,沿着1011级台阶登高,可俯瞰塔斯特河全景。5月芍药花盛开,夏季很清凉。景区已开发的游览范围不大,若不去专为游客准备的毡房内吃吃喝喝,一个多小时就能玩完。景区内有一家三星级宾馆——塔斯特宾馆(☎659 9555),价格和开放时间可提前电询。

吐尔加辽草原 草原

(见227页地图;巴尔鲁克风景区内)吐尔加辽在哈萨克语中是"贵族的牧场"之意,此地曾是成吉思汗三子窝阔台的封地。草原上生长着冰草、野生巴旦杏、天山樱桃、野草莓等,5~6月芳草连天,7月绿茵如海,8月荒草弥漫。如果你在下午五六点到来,别忘了向西眺望,远方的大湖是传说中李白的出生地阿拉湖,清朝前阿拉湖属于中国,晚清时被割让给沙俄,现位于哈萨克斯坦境内。

吐尔加辽草原与塔斯特草原紧挨着,而且离公路更近,坐班车的话可以让司机在路口停下,自己走进去。

巴尔达库岩画群 遗址

(见227页地图;巴尔鲁克风景区内)位于阿克乔克草原旁的巴尔达库岩画群,据考证是古代突厥人留下的。岩画内容包括马、牛、羊、鹿等动物和生殖崇拜,反映了原始先民的生活、放牧、信仰等,但岩画大多轮廓不清晰。

节日和活动

裕民的百日山花节是此地风景最美、也最值得旅行者前来的时节。山花节通常始于每年4月底5月初,持续100天,即整个花期。这期间巴尔鲁克山草原姹紫嫣红,还会举办赛马、山地自行车等活动。

食宿

县城并不值得留宿,不过若赶不上离开的末班车,**格林联盟酒店**(☎6752 9999;标单/双150元;❄☏P)实惠卫生,距客运站步行约5分钟。本地特色美食是巴什拜羔羊肉,这种羊瘦肉多,比家养羊肥腻感更少,既来之则尝之。

❶ 到达和离开

裕民县客运站（☎652 1432；巴尔鲁克山东路18号）每天8:30~19:00有流水班车发往塔城（16~25元；1小时15分钟；5小时）、额敏（28元；1小时）、托里（218元；1小时），还有发往乌鲁木齐的班车（18:00；180元；10.5小时）和发往奎屯的班车（9:30；95元；4.5小时）。当地人口中的"小客运站"位于友好路，是之前老客运站所在地。

托里

托里与裕民共享巴尔鲁克山。托里至额敏的公路东侧，有一处老风口（见232页方框），立了一块大石碑介绍防风阻雪治理工程。附近不到1公里处是中国科学院新疆生态与地理研究院所测定的"亚欧大陆中心"，除了一个象征天圆地方的广场，没有更多看点。倒是县城内的**托里文博馆**（☎376 3268（文博局）；县城广场上；☉夏季10:00~13:30, 16:00~19:30，冬季10:30~13:30, 16:00~19:00,周一闭馆）建设完善，收集了一些托里境内的岩画、石人、鹿石、古墓葬等，介绍了托里的历史、老风口的历史和哈萨克族的民俗文化等。

🍴 食宿

客运站附近的**托里鼎盛大酒店**（☎377 7777；幸福路；标单/双160元；📶 🅿）距客运站步行约5分钟。文化西路上有很多清真快餐、饭馆、火锅等。

❶ 到达和离开

托里县客运站（☎368 2170；文化西路51号）有班车或线路车发往塔城（流水发车；50元；1.5小时）、乌鲁木齐（20:00；130元；8小时）、克拉玛依（39元；3小时）、乌苏（11:00、10:40；77元；8小时）、沙湾（11:30；110元；5小时）、裕民（流水发车；28元）和额敏（流水发车；16元；1小时）。

额敏

当车过额敏河大桥进县，眼前的景象可能会让你产生立马掉头离开的念头，与北疆大多数县城的空旷干净缺人气不同，这个兵团师所在的县城拥挤嘈杂，完全是内地人口密集的县城面貌。县城本身没有看点，周边以草场风光为主。如果你自驾越野车前往，深入孟布拉克的草原花海或是海航牧场的高山草甸风光，都会是让人心旷神怡的体验。

⊙ 景点

额敏博物馆 博物馆

（☎334 5091；文化路；☉周二至周六10:30~12:30, 16:30~18:30，周一闭馆，冬季早半个小时闭馆）历史展厅中陈列了该地区自远古时期至近代的文物，其中有一件红铜大桶是新疆境内出土的最大铜制品，一具墓葬男尸据推断是北方游牧民族部落首领。旅游展厅除了欣赏该地区的风光大片外，亮点还有也迷里古城出土的陶器、瓷片展，可通过也迷里古城模型了解其昔日的模样。二楼的民俗厅展示了本地少数民族的服饰、手工艺品等。

也迷里古城遗址 遗址

（见227页地图；也木勒牧场格生村北；门票30元）1132年，耶律大石在额敏修筑城池，秣马厉兵，建立西辽国。1225年，成吉思汗将此地分封给三子窝阔台，此后，也迷里呈现前所未有的繁荣，直到1309年窝阔台汗国灭亡，城池也付之一炬。古城遗址长2公里，宽1.8公里，入口处有一面历史人物浮雕墙，有木栈道可深入遗址，里面还有一座敖包。遗址距市区13公里，乘出租车往返约40元。

巴依木扎 自然风光

（见227页地图；县城以东近中哈边境；门票30元）巴依木扎是额敏县最漂亮的一片草原，景区范围很广，包括樊梨花点将台、无底湖、十里花坡、野生玫瑰谷、草原石人、地图山等景点。无底湖是一个咸水湖，既无进水口也无出水口，水位不升也不降，湖中没有任何生物。樊梨花点将台是一座七八米高的土墩，传说这位唐朝女将军率部西征平定边境之乱时，曾在此安营扎寨。草原石人只有一尊，造型、表情都萌萌哒。野生玫瑰谷里，遍布金莲花、野蔷薇等，5月至7月的花季，不同山花依次绽放。

巴依木扎距县城近100公里，全程柏油路，包车往返约400元。

🍴 食宿

额敏的住宿不贵，有低至三五十元的招待所，宾馆标间价格区间为100~150元，条件都称不上理想。迎宾北路有很多凉皮、拌面、米粉店，晚上有烧烤夜市。

ℹ️ 到达和离开

额敏客运站（📞335 0765；迎宾南路）有班车发往乌鲁木齐（140~150元；7~8小时）、克拉玛依（45元；2.5小时）、塔城（流水发车；23元；1小时）和布克赛尔（和丰县；50元；3小时）等地。从乌鲁木齐到塔城的火车途经**额敏站**，但火车站距离县城尚有8公里左右。

和布克赛尔

电话区号 0990

这个名字很拗口的县城是蒙古族自治县，和布克指梅花鹿，赛尔是马背的意思，当地人大多称其为和丰县。它是《江格尔》的故乡，《蒙古·卫拉特法典》诞生地，土尔扈特人从这里出发西征，百多年后又东归故里定居于此。此地蒙元文化根基深厚，蒙古包里的长调悠扬至今，江格尔齐是盛会上的主角。整个新疆的各蒙古自治州、县，属此地蒙古族人口比重最大，街头偶遇的概率不低。穿城而过的G219国道让它成为自驾者从塔城前往阿勒泰的必经之地，松海湾夏牧场便在离县城约40公里的219沿线。如果往克拉玛依方向自驾，还可以绕一小段游览一下玛纳斯盐湖（即艾兰湖）。

👁 景点

县城很小，东归广场和江格尔广场东西相距不到两公里，都在县城主干道敖包特东街上。准噶尔古城遗址则在县城以东约7公里处。

江格尔博物馆　　　　　　　　　　博物馆

（敖包特东街江格尔广场；门票免费；⏰10:00~13:30，16:00~19:30，周一闭馆）江格尔宫由三栋蒙古包式建筑组成，主题分别是《江格尔》史诗、塞尔山岩画、土尔扈特东归历史。中间一栋建筑从负一层至上分4个展厅，馆内有描述史诗内容的长卷画、史诗中十二勇士的肖像画，陈列了蒙古战车，以及本地出土的矿产资源、草原动植物和蒙古族乐器等。

岩画馆里的岩画是复制的，不过两个石人是真材实料，还有县城外准噶尔古城遗址的复原模型。本书调研期间，两侧的岩画馆和东归历史馆正在经历升级改造的工程，暂不开放。

东归文化园　　　　　　　　　　　文化园区

（敖包特东街7号东归广场）东归文化园包括**敖包特库热庙**（免费；开放时间不定）和**王爷府博物馆**（免费；⏰10:00~18:30，周一闭馆）。敖包特库热庙位于东归广场后，历史可追溯到明崇祯年间，清朝又历经多次重建。它是历代夏律苑呼图克图活佛的居所，20世纪初，有500名喇嘛常驻。遗憾的是"文化大革命"时寺庙尽毁，2002年按原貌重建后依然不失古朴，现有十来个喇嘛。这里诞生过一位在新疆颇具影响力的宗教领袖——十三世夏律苑呼图克图活佛，已于2014年圆寂。尽量早上前往参观，下午常会关门。每月12日有法会。王爷府博物馆是一座20世纪30年代的俄式建筑，也是三代土尔扈特蒙古亲王的故居，里面的客厅、卧室等居所环境被恢复旧貌，供人参观。

从县城可以坐一元公交，不到10分钟即达。

道尔本厄鲁特森木古城遗址　　遗址

（见227页地图；G318国道葛尔丹路）即准噶尔古城遗址。据考证，古城建于明崇祯年间，是准噶尔汗国的巴图尔洪台吉的王庭。1640年喀尔喀部和卫拉特部在此制定《蒙古·卫拉特法典》，这部法典的意义在于包含了道德约束，例如，不见义勇为会受惩罚。古城分外城、内城、宫城，外城为四方形，墙垣依然很明显。城内有一座佛塔，直到20世纪70年代佛塔还有十几米高，后遭雷劈，仅残存底座。准噶尔古城遗址被列为全国文保单位后，便被铁丝网围起，不过目前该遗址正在经历考古评估，不排除未来开发的可能。

遗址位于S318省道沿线，从阿勒泰坐车过来会经过这个路口，走进去还有1.5公里。从县城出发的话，可以坐一元公交的东线前往。

🎉 节日和活动

最大的民族盛会是每年7月底8月初的那达慕，举办地在江格尔宫后面的赛马场，你将能欣赏到蒙古族男儿三艺：摔跤、赛马、射箭。从江格尔宫往出城方向走1公里不到，有个白桦林景区，是夏季哈萨克族阿肯弹唱会的举办地，有摔跤、赛马、姑娘追、叼羊等活动。

🍴 食宿

县城酒店选择很少，毗邻客运站的**振兴永强商务酒店**（📞671 2588；赛尔南街1号；标单/双 208元；📶 🅿️）是为数不多的商务酒店之一。县城中心东归广场和客运站相距仅5分钟步行距离，周边清真和非清真的馆子都有。

ℹ️ 到达和离开

和布克赛尔客运站（📞671 3500；赛尔南街4号）有班车或线路车发往塔城（63～100元；4小时；途经额敏）、克拉玛依（47元；3.5小时）、乌鲁木齐（200元；6.5小时）等地。发往沙湾和乌苏的班车因疫情停运，之后是否恢复尚不得知。

土尔扈特人的西迁与东归

1628年，生活在塔尔巴哈台一带的土尔扈特部（卫拉特蒙古四部之一），因迫于准噶尔部的威胁，在首领和鄂尔勒克的率领下，5万土尔扈特人背井离乡，西迁至伏尔加河下游，并建立土尔扈特汗国，此后近一个半世纪里，人口繁衍了3倍。

正当西方工业革命如火如荼，土尔扈特人在沙俄领地的好日子却过到了头，1770年冬天，首领渥巴锡决定举族东归。偏巧那年遭遇暖冬，伏尔加河迟迟不结冰，导致西岸的土尔扈特人无法渡河，只能东岸先行。消息传到圣彼得堡，强悍的叶卡捷琳娜大帝岂容一个部落的人在眼皮底下溜走，派出哥萨克骑兵拦截，并将没来得及离开的西岸土尔扈特人监控起来。渥巴锡所率领的部队一路遭遇沙俄、哈萨克人的围追堵截，又无法与前方的清政府取得联系，历经八个月的九死一生，1771年7月回到中国，出征时的17万人最后仅余不足7万人。渥巴锡最初必然有过东归后重整旗鼓的设想，无奈这一路元气大伤，而本地的准噶尔部，也因噶尔丹的野心不敌大清三朝皇帝的连续镇压，同样气数已尽，想要重新立国已无可能。回归后的土尔扈特人在伊犁河谷度过一年，随后散居在和布克赛尔、乌苏、和静、精河四个地方。

克拉玛依

电话区号 0990

半个世纪前，克拉玛依还是一片不毛之地，是石油改变了一切。1958年5月29日始有城市，1979年第一批住宅楼房建成。对于多元的民族构成，克拉玛依早有发展远见，主要群体是汉族，却以维吾尔语命名（克拉玛依在维吾尔语里是"黑油"之意）。

捡石头是本地人最热衷的事，你若发现脚下某处铺地的石头残缺不全，那必然是爱石的市民所为。近年"走势很猛"的戈壁石

《江格尔》

"江格尔的宝木巴,是幸福的人间天堂,那里的人们永远25岁,那里没有贫穷和疾病,这片土地四季如春……"这是蒙古族史诗《江格尔》中描述的场景,史诗塑造了理想式的英雄人物和理想式的生活愿景。首领江格尔和十二勇士经过战争、降妖伏魔,建立起人间天堂,这个国家生活着500万人民,说着70种语言,人们丰衣足食,平等相待,没有生老病死,社会和谐。除了江格尔,史诗中另一个亮点人物是洪古尔,他身上集中了吃苦耐劳、英勇顽强等99种蒙古人的优点。

演唱《江格尔》的民间艺人被称为江格尔齐。传说曾经有一个穷苦的老人,某天他的5只羊走丢了,他在找羊过程中意外收获70块彩石,一觉醒来便会唱70多部《江格尔》了。现在和布克赛尔最著名的江格尔齐能唱30多部。如今民间艺人已是国宝级人物,只在政府组织的大型庆典上表演,不过民间的自娱自乐也从未在蒙古包里中断,年轻的本地蒙古族乐队也将其编入现代音乐元素继续传唱着。 ⓛⓟ

金丝玉诞生于克拉玛依,后来又发现了紫砂泥,土地资源富得流油,也给了城市建设十足的底气,摩登甚至浮夸的建筑、曲高和寡的文化创意产业园、超炫的水舞灯光秀、无国界餐饮等直追现代大都市,克拉玛依身体力行了"只有想不到,没有做不到"。每年的音乐节虽"知音"寥寥,但毕竟这里走出过马条、阿力普等摇滚诗人。

◉ 景点

除了以下景点,长达1公里的文化街有一些现代雕塑,可参观下齐国昌红色收藏馆和杨鸣山艺术馆。位于人民广场上的友谊馆是半个多世纪前的建筑,随着历史的变化,名字从中苏友谊馆切换到反修馆,1994年的火灾仅留下了前厅部分。798模式的汉博文化创意产业园,虽满是怪诞风格的涂鸦,但可逛可看的点却不多。

黑油山景区　　　　　　　　遗址

(见253页地图;📞623 1369;油泉路;🕙10:00~19:30;免费)位于市区东北部的黑油山并非山,而是一座因地下原油长年外溢,部分挥发后与沙砾、尘土固化形成的沥青丘,这样的地表全球仅两处,另一处在埃及。景区在沥青丘上设有栈道,沿途可看到众多色泽黝黑的小油沼,油泉眼仍不断向外冒着泡。20~30分钟即可参观完。

克拉玛依展览博物馆　　　　博物馆

(见253页地图;📞688 2398;准噶尔路22号;🕙9:40~13:10,15:40~19:10,周一闭馆;免费)初入展馆,欢迎你的是一部介绍远古时期这里石油形成原因的动画投影。馆内展出了大量老照片和已退休的生产工具,展现了自独山子钻出第一口油井后的"油史",以及半个多世纪以来克拉玛依从戈壁滩华丽转身为繁华城市的历程。院内还有两排半地下式地窖,建于1955年,是克拉玛依始有地面建筑前石油职工的家。从这里到黑油山景区步行约需20分钟。

克一号井　　　　　　　　　遗址

(胜利路)这里是克拉玛依油田诞生的标志,也是新疆石油的原点。1955年10月29日,此井喷出工业性油流,不但带动了新疆石油工业的腾飞,也从无到有创造了一座全新的城市。2015年,克一号井遗址套上了洋气的外包装——类似芝加哥千禧公园云门的不锈钢球形建筑,一个个球形"油泡"象征汩汩外涌的石油。

克拉玛依河　　　　　　　　　河

穿城而过的克拉玛依河并不是一条由大地母亲自然生出的河流,它和城市一样"因油而生"。20世纪60年代,因油田生活用水日趋紧张,集结了2600人的修渠大军,远至额尔齐斯河引水,最终修筑成一道400公里长的

黑油山的小油沼。

人工水渠，市区的这段"穿城河"便是其中一部分。克拉玛依河在市内有三处景观：九龙潭、世纪公园、阿依库勒水库。

九龙潭（见253页地图）位于城市东北角，是利用水位落差形成的8米高的人工瀑布，水流从9个人工修的"龙嘴"中吐出，每年仅4月至10月上旬放水。

世纪公园（见253页地图）位于市中心，最大的亮点是夏季夜晚的喷泉和水幕电影、激光投影、360度旋转的水柱，壮观又炫目。沿岸滨河步道夜景也很漂亮。

阿依库勒水库（见253页地图）又名西郊水库或凤栖湖。因为是水源地，环湖一周都被围上了铁丝网，傍晚时湖水湛蓝，但只能隔网遥望。不过水库附近的河道，芦苇随风飘扬，也别有一番野趣。

🎉 节日

克拉玛依水节已举办了17届，每年8月举行，九歌音乐节是水节的一部分，可以听到新疆本土独立乐队的原创音乐作品，通常会持续3~4天。本书调研期间音乐节因疫情停办。

✈ 活动

每年的5月至10月上旬，晚上可以坐游船欣赏克拉玛依夜景：画舫船从世纪公园前的幸福码头发往九龙潭（东线）（☏696 6617；单程/往返 120/168元/人；⏱22:00、23:00），另一条游船路线从世纪公园至钻井桥（西线）（快艇/游船/画舫船 往返 30/60/80元/人；⏱快艇和游船 11:00~23:30，画舫船 21:30、22:30、23:30）。

🏨 住宿

克拉玛依有不少条件不错的商务酒店可供选择，价格不算太便宜，但受旅游旺季影响不算太大。不管从景观还是便利度上来说，世纪公园附近是住宿地段的首选。

摩登石油城

克拉玛依是新疆城市发展中的异类。它之所以成为一座有人居住的城市，全因石油。在它诞生后的起初50年，每一步改变都只是为了满足生活的最基本需求，近十年，它迅速改头换面，甚至定下了"中国的迪拜"的宏伟目标。

形象工程从克拉玛依河开始，不断向南面延伸。九龙潭、世纪公园是最早的"大手笔"，6年前世纪公园的水幕喷泉前观者寥寥。不过如今随着城市人口的增多，这里人气也很旺。

2009年前，克拉玛依河南岸还是一片戈壁滩，现在的它就像初建成时的上海浦东、苏州金鸡湖，漂亮干净、马路空旷、高楼林立。**文体中心**（见253页地图）由科技馆、文化馆、图书馆、体育馆、青少年活动中心五个馆组成，无论外观还是内部设计都出手不凡，科技馆（◎周三至周日11:00~19:00，冬季11:00~18:00）走前卫后现代风，图书馆（◎夏季10:00~21:30，冬季10:00~19:30，周一闭馆）则是高雅文艺路线。**克拉玛依科技馆**（☎625 8077；世纪大道117号；◎夏季11:00~18:20，冬季11:00~17:50，周一和周二闭馆；门票免费）很适合青少年参观，有很多互动式的科普体验设施；作者调研期间，与克拉玛依关联性最强的石油科技展厅还在建设中。科技馆内的城市规划馆融入大量高科技元素，介绍了这座城市的过去、现在与未来。位于市政府广场前的"克拉玛依之歌"雕塑是城市的新地标，每晚也有音乐喷泉。克拉玛依的大学不出名，但位于城市最南边的大学城之气派足以让名校学霸们羡慕不已。

值得称道的是，克拉玛依在发展的同时，也很注重生态保护，城外不远的戈壁滩就是野生动物的家园，狼、狐狸、野兔、黄羊等还常来城里"串门"。 ⓛⓟ

克拉玛依天麟美居酒店　　　酒店 ¥¥

（见253页地图；☎660 8888；滨河北路420号；标单/双 320元起；❄🛜🅿）雅高旗下靠谱的国际连锁品牌，正对着克拉玛依河，房间宽敞明亮，设施现代，沿河岸步行至世纪公园约15分钟。

克拉玛依博达酒店　　　酒店 ¥¥

（见253页地图；☎666 6628；友谊路16号；标单/双 380元起；❄🛜🅿）虽达不到准五星的标准，但总的来说硬件设施过关。酒店位于世纪公园旁，靠东的房间夜景无敌，不出房间就可欣赏喷泉，房间也很大。

如家商旅酒店　　　酒店 ¥¥

（见253页地图；☎628 5999；友谊路155号；标单/双280元起；❄🛜🅿）房间中规中矩，干净舒适。离客运站步行约10分钟。隔壁的如家酒店neo（☎698 8616；友谊路157号；标单/双198元起；❄🛜🅿）价格更优惠，同样清洁舒服。

✖ 餐饮

世纪公园旁的嘉汇广场（即汉博广场）是热闹的美食城，有不少甜品店和酒吧，但新疆特色的清真餐馆很少，幸福路北面有铁马夜市。南新路和红星路上也是餐馆集中区。夏季最有代表性的本地美食是凉皮子，随便选一家进去吃都不会失望。这里被称为"汤饭"的主食，其实是面片。

麦合丽亚·家常饭馆二店　　　面 ¥

（见253页地图；☎136 8999 1317；友谊路靠近六中；拌面20元起；◎7:30~21:00）克拉玛依受认可度较高的连锁拌面馆子，面分量很足，家常拌面最受欢迎，烤肉（5元/串）同样好吃。

薛栋兰凉皮（总店）　　　小吃 ¥

（见253页地图；☎622 8226；星河路前进小区54栋3号；人均10元起；◎8:30~19:00）一家老店，经营凉皮、擀面皮、牛筋面，各种作料一拌红红的一碗，叫人食欲大开。卖完便会提早关门。

橘家 咖啡馆￥

（☎666 6181；南新路71号；人均50元起；⊙11:00~23:00）如果想吃一顿环境与味道俱佳的新疆菜正餐，这里是不错的选择。菜品丰富，颇受当地人喜欢。如果是独行食客，几个酥皮烤包子（6元/个）、一杯烤梨茶（15元）、几串烤肉（6元/串），50元以内足够吃饱吃好。如果喜爱面食，一大碗热腾腾的蘑菇汤饭（32元）便能让人心满意足。

❶ 实用信息

主街友谊路和准噶尔路上有**中国银行**（见253页地图；友谊路和光明西路交叉路口；⊙周一至周五 10:00~13:30，15:30~19:00，周末 11:00~17:00）和**农业银行**（友谊路和光明西路交叉路口；⊙周一至周五 10:00~13:30，15:30~19:00，周末 11:00~16:00），都有24小时自动柜员机。

❶ 到达和离开

飞机

克拉玛依机场（☎693 1287；白云四路55号）有飞往乌鲁木齐、阿勒泰、博乐、阿克苏、库尔勒、西安、北京、成都、上海等地的航班。旅游旺季飞克拉玛依可能出现比飞乌鲁木齐更低的票价。

长途汽车

克拉玛依客运站（见253页地图；☎622 2489；友谊路131号）是北疆重要的交通枢纽，有前往乌鲁木齐（120元；5小时）、哈巴河（班次较少，200元；4.5小时）、塔城（59元；4小时）、奎屯（36元；2.5小时）、独山子（37~50元；3小时）、乌尔禾（过路车；22元；1.5小时）、乌苏（39元；3小时）等地的班车或线路车，具体班次变化频繁，需提前电询。其中，站外去往乌尔禾的出租车拼车从早到晚都有，一人40元。

火车

克拉玛依火车站位于城市南端，有列车开往乌鲁木齐、塔城、额敏、奎屯、沙湾、石河子等地，到乌鲁木齐的列车最快班次仅3小时左右。

❶ 当地交通

抵离机场

机场巴士从市区联合办公楼往机场发车时间为10:30、13:00、15:20、17:00、19:00，途经滨河家园、汇福家园（离世纪公园很近）、迎宾路、城南商业区、大学城西等地，从机场发往市区的时间为11:30、14:30、16:00、18:00、20:00，发车时间可能根据季节及

克拉玛依客运站车次时刻表

到达站点	发车时间/班次	票价（元）	时间（小时）
乌鲁木齐	9:00~12:00每30分钟1班，13:00~20:00每小时1班	85	4.5
阿勒泰	9:00	93	7
沙湾	10:00，16:00	56	3
伊宁	10:30，11:30	149	9
塔城	11:00，17:00	59	4
独山子	9:30，10:30，12:00，13:00，14:00，15:00，16:00，17:30，19:00	37	2.5
博乐	10:00	99	7
布尔津	10:30	73	5
哈巴河	10:30	85	6
乌苏	9:30，11:30，15:30，17:00，19:00	39	3

航班情况有调整,具体信息可提前电询137 0990 7007。从市区乘出租车去机场约50元,需40分钟左右。

公交车

公交车票价1元,运营时间从早8点到晚10点,冬季提前1小时收车。103路公交客运站、克拉玛依展览馆和九龙潭,12路连接客运站和火车站,1路连接友谊桥、克拉玛依展览馆和黑油山景区。公交信息可以拨打688 7363问询。

出租车

克拉玛依出租车起步价8元,市区乘出租车通常不会超过10元,前往一号井约15元。

乌尔禾

如果你从布尔津或哈巴河方向前往克拉玛依,会经过乌尔禾区,这里以魔鬼城为代表的雅丹地貌蔚为壮观,在乌尔禾区住上一宿,追逐日出、日落更方便。如果自驾,还可以去魔鬼城西南约8公里寻找一处沥青矿脉(可导航"沥青村",X249沿路)——这是中国唯一也是世界上仅有的两个可开采天然沥青矿脉之一,当年深入地下的开采遗迹依然清晰可见。乌尔禾还有胡杨林、若干古装剧拍摄基地等景观,国道两侧频频"点头致意"的磕头机也是不错的题材。戈壁里的湖泊艾里克湖,曾为克拉玛依的生产生活用尽了最后一滴水,在20世纪末彻底干涸,如今虽"死而复生",但风景平平。

◉ 景点

★ 世界魔鬼城　　　　　　　　　地质景观

[见227页地图;☏696 4701;乌尔禾区龙脊路200号,G217国道旁;门票42元(当天可二次入园),区间车20元/次;⏰9:30~19:30] 昔日的乌尔禾魔鬼城已在名字上走向世界。一亿年前,这里曾是一个巨大的湖,风蚀和流水不懈怠地对它雕琢打磨,形成无数支离

世界魔鬼城。

破碎、高低不平的冲沟，于是有了现代雕塑版的"雅丹"魔鬼城。

景区内全长13公里，区间车停靠5个点，体力好的话不如徒步游览，约需3小时，要带足水并做好防晒措施，里面毫无遮阳，全程暴晒。日出、日落风景最佳，但开园时间决定了你只能看到日落。区间车第三站为电视剧《七剑下天山》的取景地，有一处最高的观景台，每天傍晚大批摄友在此架起"长枪短炮"，算上等车时间，你最好在日落前一个半小时就入园。其实很多山丘的景致都不错，你可以多探索几座，电影迷也不妨找找《卧虎藏龙》《苏武牧羊》等其他大片的拍摄点。每晚闭园时，区间车会将最后一波游客统一"请"出。

景区入口处有一个标本馆(门票20元)，陈列了新疆地区野生动物的标本，适合带孩子游览。在魔鬼城对面(G217国道西侧)的戈壁滩上有很多"磕头机"，一眼望去非常壮观。

注意，魔鬼城离热闹的乌尔禾城区中心还有6公里，克拉玛依客运站发出的班车只到城区，再乘出租车去郊区的魔鬼城需20元，如此看来，还不如在克拉玛依客运站直接拼车到魔鬼城(40元/人)划算。

白杨河峡谷景区　　　　　峡谷

(门票10元；⊙8:00~18:00)白杨河大峡谷绵延30公里，就如戈壁中的一条绿色生命带。5~10米宽的白杨河在谷底蜿蜒流过，两岸生长着胡杨、银灰杨、红柳等植物，峡谷外是浅红色的雅丹地貌。从乌尔禾区包车往返白杨河大峡谷100元。

🍴 食宿

龙脊路贯穿乌尔禾区，沿街有很多宾馆，每家条件类似，标间价格在160元左右。如果你来乌尔禾的主要目标是魔鬼城，不妨住在入口边上的**格林豪泰酒店**(☏696 5777；标单/双 230元起，旺季可能涨价至400以上；❄️🛜ⓟ)，其二楼平台可以直接看到魔鬼城内的雅丹地貌景观，在早晨未开园前也可一睹魔鬼城的日出之景。

乌尔禾 **241**

☑️ 不要错过
免费的风景——胡杨林

从乌尔禾沿G217国道往克拉玛依方向行驶约20分钟，公路两侧会出现大片胡杨林。留意西侧有个通往白杨沟谷地的指示牌，一路开进去，里面的胡杨林更上镜，既有枝干扭曲、形如枯槁的不朽老胡杨，也有树到中年仍枝繁叶茂的。乌尔禾很多宣传片上的胡杨是在这里拍摄的。也可以进入一个叫作"西部乌镇"的匪夷所思的文旅地产园区，走到底就可以看到一大片胡杨林，这里离城区很近。ⓛⓟ

🔒 购物

整条龙脊路上除了饭馆宾馆，便是玉石店，金丝玉手镯价格从100元至1000多元不等。沿龙脊路往魔鬼城方向走，接近恐龙文化苑(中石油对面)有一处露天玉石摊(⊙9:00~20:00)，既有打磨过的玉器成品，也有原石，价格便宜，质量参差不齐。

ℹ️ 到达和离开

克拉玛依客运站有班车发往乌尔禾区(22元；1.5小时)，但班次不多且时间不固定。拼车回克拉玛依的话，无论是从乌尔禾还是魔鬼城走都是40元/人。客运站门口全年从早到晚都可以拼到车。旺季时魔鬼城门口很容易拼到车，如遇淡季，可留下司机电话号码，让他来接或帮忙找车。司机黄师傅(☏187 9999 0008)有丰富的拼车资源。

天山北麓

枕着天山北麓的四个县城彼此关系复杂而奇妙。乌苏、沙湾属于塔城地区，独山子是克拉玛依的一块飞地，奎屯是直属伊犁州的建设兵团。乌苏、独山子、奎屯组成天山北麓经济"金三角"，彼此相距十来公里，互相不超过30分钟车程。三者中，乌苏重农业，独山子重工业，奎屯重商业和服务业。对于旅行者来说，奎屯最大的意义是其位于奎北线和兰新线的交叉点，结束阿勒泰环线，可以从此切换至伊犁或返回乌鲁木齐。

乌苏

电话区号 0992

乌苏绝对算北疆的大城，老城区热闹且拥挤，新城区空旷而现代，既有哥特式建筑，也有北京路、青岛路、重庆路等让人倍感亲切的路名。乌苏啤酒是这座城市最大的招牌，市内无景点，如果赶得及前往下一站，不必留宿。乌苏啤酒节通常在每年8月第一个周末举办。

◉ 景点

夏尔苏木喇嘛庙　　　　　　　　　遗址

（白杨沟镇）也有人称其为"四苏木喇嘛庙"。即使只剩残垣废墟，站在山脚下仰望，你依然能想象它昔日的规模。它曾是北疆最大的藏传佛教寺庙，于土尔扈特人东归后修建，但在敏感的政治年代支持错了党派，1959年寺庙被毁，后一度沦为土匪窝。遗址中各个建筑的轮廓清晰可辨，你可以深入走走，不过要小心，山坡上满是荨麻草，若碰到会刺痛无比。在遗址东北500米处的山林里（有很多蒙古包处）有一座废弃的瞭望台，附近还有石圈基地，也可前往看看。

前往喇嘛庙遗址，可从乌苏客运站坐到煤矿的班车（10元；1小时），下车后，朝镇后方的山上走上二十来分钟就到。如错过班车，可在客运站外坐小型商务车（20~25元）或拼出租车（30多元）前往。

泥火山　　　　　　　　　　　　自然景观

（白杨沟镇）所谓火山不过是你脚边的一些泥潭，数量不多，最小的仅碗口大，泥潭里有泉眼咕咕嘟嘟翻滚冒泡。据当地人称，十多年前这一带的沟谷里满是巨大的泥潭和泥浆河，近年来才逐渐干涸。泥火山形成的原理是地下天然气向地面喷射，天然气和泥浆同时呈泥涡状涌出。泥火山上有个凉亭，可望到一片黄、绿、灰、红相间的山谷，面积不大但很漂亮，当地人称之为"国画山"。

泥火山与夏尔苏木喇嘛庙遗址都在白杨沟，到达煤矿前会先经过这里。可留下所坐班车、商务车或出租车司机的电话，让他帮你约下一辆经过这里的车，继续前往喇嘛庙遗址。

乌苏佛山森林公园　　　　　　　　　山

（☎850 1590；位于乌苏市南50公里处；门票38元）乌苏名气最响的景点，也叫待甫僧森林公园，实际上，沿途的风景胜于景区本身。景区内的看点是一座形如弥勒坐佛的山，眺望时请尽可能大开脑洞。景区里有一条登山步道（约2小时步程），登高只是让你离"大佛山"更近一些，并无其他看点，走上去还得原路返回。待甫僧生态园（门票20元）是另收费的大花园，6月赏郁金香，7月看柳兰花，9月轮到波斯菊坐庄。

乌苏假日旅行社（☎801 5666；老城区客运站旁）在五一至十一期间会发散客团，车费+门票105元，出发时间为10:00~11:00，返程最晚18:00，如果计划参团，最好提前一天联系。接近景区处的盘山公路上有两段"怪坡"，自驾者可体验挂空挡"上坡"和踩足油门"下坡"。

古尔图镇胡杨林　　　　　　　　　树

（古尔图镇）古尔图镇的胡杨有两处，一处在镇北（与克孜加尔湖同条线路，但不拐入湖的方向，始终沿着柏油路开）的公路两边，这片胡杨比较年轻，树干高细直。另一处在古尔图镇以西（加油站对面的岔路）10公里处的胡杨林保护区，也叫胡杨王，这里的胡杨都是上了年纪的粗壮款，里面有两棵最大的便是胡杨王。自驾车前往胡杨林保护区需通过文旅局（☎851 0530）提前2天报备。从胡杨王再深入3~4公里，是一片原生态的沙漠，风景很漂亮，也没有租骆驼、沙漠摩托等商业项目。胡杨最佳观赏季节在9月底10月初。从胡杨林再往里走就是甘家湖，可以看到当地特色的梭梭林景观。从镇上包车游览整个景区需要150元左右。

🛌 食宿

老城区乌鲁木齐路与北京路交叉路口是繁华的市中心，酒店标间多为100~150元。**乌苏宾馆**（✆883 0007；乌鲁木齐北路1073号；标单/双 140元；❄ 🛜 P）是典型的政府接待酒店，设施不算新，但房间干净、中规中矩，交通较为便利。如果想离客运站更近，**渝龙大酒店**（✆801 6666；黄河东路1393号；标单/双 248元起；❄ 🛜 P）是条件不错的选择，步行至客运站约10分钟。

餐饮方面特色不足，不过，来乌苏当然要喝一喝乌苏啤酒，有"夺命大乌苏"之称的专指红瓶，口感不错，可别贪杯，"夺命"虽未免夸张，醉起人来确实不含糊。

ℹ 到达和离开

乌苏市客运站（✆726 1612；洛河路重庆南路路口附近）在新区，有发往塔城（90元；7小时）和克拉玛依（39元；3小时）等地的班车。

1路和3路公交连接客运站、新城区、老城区。

独山子

电话区号 0992

追溯克拉玛依油井之根源，独山子才是鼻祖，这里石油开采始于1897年，1909年打出了第一口工业化油井，如今承担着克拉玛依地区石油加工的重任。它不同于"金三角"里的乌苏、奎屯，街上空旷又冷清，因距天山更近，夏日更清凉，周边风景也比两位邻居漂亮，这里还是独库公路北端门户，独库公路博物馆、独库起点纪念碑、独库夜市与独库旅游集散中心，成为行走独库公路旅行者的打卡之地。

👁 景点

独山子泥火山　　　　　　　　自然景观

（城区西南1公里；门票免费）和乌苏泥

混乱的峡谷名

从乌苏或奎屯出发，也能前往大峡谷，与独山子大峡谷是同一条，不过位置不同，名字也不同，叫奎屯河大峡谷（从乌苏或奎屯包车往返150元）。通往独山子大峡谷的公路近几年才修好，而在此之前，看峡谷只能在对岸，也就是奎屯河大峡谷的位置，这处观景台的视线范围不如独山子大峡谷。

你可能还会听到另一个名字：乌（苏）沙（湾）大峡谷，正确地点是安集海大峡谷（见245页）。想去的话，不建议你以乌沙大峡谷的名字向当地人打听和包车，容易引起误会。LP

火山一样，也是一个个往外翻泡的小泥潭。最大的喷口直径约60厘米，高出地面1米，泥浆呈灰绿色，略带石油味。从山脚爬上山需半小时，沿途经过独山子油田遗址，就是1909年新疆钻出第一口油井的位置，在纪念碑附近还有石油留下的黑色痕迹。山顶可以俯瞰整个独山子城区，风光不错。3路公交车连接了城区与泥火山。

独山子大峡谷　　　　　　　　　峡谷

（见227页地图；城区南约25公里；门票30元；⏰8:00~22:00，天黑时劝离游客）又名"奎屯大峡谷"。天山的冰雪消融后形成奎屯河，数万年的冲刷形成了一条南北走向长20公里的峡谷。独山子大峡谷是这条峡谷中的一段，从谷底至谷肩高约200米，底层为砂砾石。峡谷槽壁上密布着灰黑色的沟沟壑壑，看上去就像一幅长长皱皱的木刻版画，谷底平坦，每年7月到9月，冰川融水注入奎屯河中，俯瞰如数条发辫交织流淌。上午（日出7:00~7:30）是顺光，但光线直射并不能体现峡谷的层次，下午从侧光转为逆光，更适合摄影创作。这里离独库公路主路约4公里。景区内开发了溜索、高空单车等游艺项目，但选择沿栈道步行游览依然能让你看到峡谷最原始的魅力，走

奎屯河大峡谷。

一圈1.5~2小时。日落平台略低于对面崖壁，晚上10点左右是日落时分，可以看到夕阳为对面的山脊线镶了一圈金边。

包车往返大峡谷需花费150元。当地计划开设从独山子城区到景区的班车。

巴音沟景区　　　　　　　　　　　　草原

（见227页地图；S101省道旁；门票25元）它属于乌苏佛山森林公园的范畴，但得从独山子走G217国道（其中包括不足5公里的独库公路），后转入S101省道再开7公里。景区位于天山深处，是高山牧场风光，既有森林草原，也有峡谷溪流，山脚下绿茵如毯，山上松柏成林，这里生长着天山最具代表性的植物——雪岭云杉。从独山子城区包车往返约需150元。

🍴 食宿

独山子宾馆（☎727 5777；大庆西路44号；标单/双 170元起；❄ 🛜 Ⓟ）位于老城区商业中心，距夜市很近。**玛依塔柯酒店**（☎388 6866；大庆东路11号；标单/双 398元起；❄ 🛜 Ⓟ）是定价亲民的五星级酒店，除了床不够柔软外，其他皆不错。

新区的南京路是本地人口中的商业街，马路两边全是餐馆，有拌面、大盘鸡、火锅等。晚餐可以去老城区的**明珠夜市**（伊宁路；⏰夏季18:00至次日1:00），有烧烤也可点菜。旅游旺季时的独库夜市也非常热闹。

ℹ 到达和离开

独山子客运站（☎368 2441；北京路14号）有班车发往乌鲁木齐（途经机场；72~100元；3.5小时）、石河子[25元；2小时；途经安集海（15元；1小时）、沙湾（20元；1.5小时）]和克拉玛依（37~50元；2.5小时）。站外有线路车直达沙湾（29元）及乌鲁木齐（120元）。

沙湾

电话区号 0993

沙湾大盘鸡出尽风头，周边的风景可谓实力派的低调，更因距城不近而"招摇"不起来。不过，如果你从乌鲁木齐自驾走独库公路，沙湾是沿途必经的一站，而曾经神话般的国防公路——S101省道在被改造为铺装公路后，沙湾市区以南的若干景区也成为沿途更易企及的风景——从东往西依次经过东大塘、沙湾温泉、鹿角湾和安集海大峡谷。其中，安集海大峡谷与独山子大峡谷同为天山冰川成就，却比后者有着更多元的地貌。这当然还应该是一趟大盘鸡美食朝圣之旅，一整只土鸡当前，愿你不是一个人在战斗。

◎ 景点

安集海大峡谷 峡谷

（见227页地图；博尔通古牧场以西红山煤矿）也叫红山大峡谷，发源于依连哈比尔尕山冰川的安集海河，在天山北坡下形成大规模的冲积扇。站在峡谷上方俯瞰，西岸为褶皱状的红层地貌，东岸为似被千刀万剐后的灰色垂直节理状山体，上方阶梯状的层层"台面"是地壳运动形成的河流阶地，安集海河在谷底如凌乱的发辫缠绵。峡谷边的断崖几成垂直状，别太专注景色忽略了脚下的危险。

峡谷位于沙湾与乌苏相邻的红山煤矿，走沙湾前往奎屯的S115省道，过了博尔通古牧场，左侧有条岔路，开上约25公里，当左侧出现一片粉红色的山体，便接近了。本书调研期间，安集海景区正在经历封闭改造工程，预计于2022年下半年重新开放，并计划开设从城区到景区的班车线路。峡谷离巴音沟景区（见244页）很近，自驾游不妨走独山子—巴音沟—安集海大峡谷—沙湾的环线。

鹿角湾 牧场

（见227页地图；市区西南约70公里；门票 夏季28元）鹿角湾位于天山北坡，S101省道沿线。因马鹿常年在这一带繁衍生息，每年蜕落大量角壳，而得名，但这可不代表你能在此看到鹿角壳。鹿角湾是天山北麓最好的牧场之一，8月中旬塔城巴尔鲁克山的草原已"泛黄"，这里仍在天山的雨润下绿颜不改。景区宣称的雪峰冰川、高山裸岩、高山松林、高山草原其实在同一片山体上，站在此山望彼山，一眼揽尽四个自然景观带。

前往鹿角湾，可先从沙湾客运站坐到博尔通古乡的班车（10:15~20:00每45分钟1班；10元；1小时），接下来还有十来公里。博尔通古乡回沙湾的末班车为17:00，错过可拼车回（15元/人）。

☑ 不要错过

G219 国道——从中国的极西北出发

10,065公里——这是中国距离最长的国道，这条公路始于中国西北边陲的阿尔泰山，沿国境线蜿蜒，终于中越边境的南方大海。G219国道曾以"新藏公路"的身份被人们熟知，2021年，它的两端已分别延伸至新疆喀纳斯和广西东兴，如今新G219的大部分路段都已贯通。

在喀纳斯景区换乘中心，你可以看到G219国道零公里纪念碑，但在规划图中，它真正的起点预计会在友谊峰脚下一条冰川末端处的白湖附近。沿着国道往南，走过了美妙的喀纳斯，便挥别泰加林，进入了林草交错的地带，驶离口岸小城吉木乃县之后，海拔开始攀升，中国海拔最低的现代冰川——木斯岛陪伴在侧，之后便进入了赛尔草原，可惜草木稀疏。进裕民县后，塔城盆地丰沛的降水给吐尔加辽草原带去了葱茏的绿意，巴尔鲁克山的雪顶仿佛触手可及。随后，在短暂地路过略显荒芜的艾比湖畔的盐碱地之后，便离碧蓝辽阔的赛里木湖不远了。伊犁境内的G219国道尚未全线通车，未来国道会沿着夏特古道的轨迹从天山穿山而过，伸向瑰丽神奇的南疆大地。

沙湾大盘鸡

大盘鸡的历史尚未过半百,也并非维吾尔族、哈萨克族、回族等当地少数民族的传统佳肴,却是大多数外地人知道和接触新疆美食的第一菜。关于它的诞生,据说某日一位长途车司机在一家餐馆点了盘红烧鸡块,要求放点土豆和面条,于是便有了大盘鸡,传说中的这家店就在沙湾。从此,大盘鸡从一道菜发展为新疆的美食符号,发明这道菜的沙湾更是名声大噪,不但有大盘鸡一条街,每年9月还会举办沙湾大盘美食文化节。

至于为何专门吃大盘鸡的街会有"上海滩"这么滑稽的名字,据本地人回忆,这条街兴起之初沙湾还是一个荒僻小县,电视里热播着《上海滩》,鲜有见识的人们想象中的繁华热闹便是电视里那样,于是干脆给大家都爱去的大盘鸡美食街套用了剧名。

张耀东 摄

安集海大峡谷。

前往博尔通古乡的途中,车过博尔通古大桥,左侧的峡谷风光不错。

沙湾温泉旅游区   温泉

[市区西南约60公里;门票99元(含一顿自助餐);⏰24小时]虽路途遥远,又藏在天山深处、金沟河谷中,但温泉闻名已久,200多年前便有古人在此洗温泉,景区内的灵泉寺修自清同治年间。三处热泉含有益于人体的矿物质,对治疗风湿病、皮肤病、消化系统疾病等有效,泉水硫黄味比较重。如今,**天赐圣泉度假酒店**(📞608 1666;标单/双598元起;❄️P)在温泉旅游区内,住店客人可免费泡温泉,记得带好泳衣。如果是在四五月份自驾前往,不妨顺道去车程约30分钟的西戈壁镇的九沟十八坡,那里山花烂漫,甚是美丽。

从博尔通古乡包车前往需150元,时间充裕的话,可与鹿角湾连线游,出博尔通古乡沿金沟河谷向南,有个丁字路口,右侧上山10公里是鹿角湾,左侧继续在河谷中行进15公里便是温泉。

东大塘   瀑布

(见227页地图;市区以南约80公里;门票30元;☀️仅夏季开放)景区由瀑布和人工铸造的大佛两部分组成,沿修砌好的石阶上山走一个环线,游览一个半小时足矣。金光闪闪的大佛是十几年前本地商人出资修建的,绕过大佛后不久,就来到飞流直下的瀑布跟前。瀑布与崖壁之间正好相隔一个人通过的间距,天气晴朗时,穿越"水帘洞"前后或许会有惊"虹"一瞥的惊喜。很难想象,这并不是一个天然形成的瀑布,而是半个多世纪前建设兵团从玛纳斯河支流引到崖壁上的飞流。

乘坐公共交通前往非常不便,包车也很昂贵,如果自驾走101省道,很方便顺道一游。

🍴 食宿

文化广场是市中心，乌鲁木齐东路和乌鲁木齐西路为沙湾市主干道，沿路不少定价100~140元的商务酒店。吃大盘鸡最好去文化广场以西约1公里的位于乌鲁木齐西路的"**上海滩**"，整条街都是经营大盘鸡的饭馆，每家味道、价格都差不多，最好约伴前来，大盘鸡没有小份、中份，都是一只大大的土鸡。城西的**海棠假日商务酒店**（☎695 3333；乌鲁木齐西路240栋；标单/双 140元起；❄☎🅿）离"上海滩"步行约10分钟。

ℹ 到达和离开

长途汽车

沙湾客运站（☎601 0399；迎宾北路）在城东，本书调研期间已停运数月，未来恢复运营时间尚不确定，可提前电询。

火车

沙湾市站比客运站离市中心更近，距文化广场步行仅10来分钟。每天有若干过站列车途经沙湾市火车站，可前往乌鲁木齐、克拉玛依、伊宁等地。1路公交连接客运站、文化广场和火车站。5路公交车则连接了客运站、文化广场与"上海滩"。

魔鬼城的星空。

禾木的村庄。

冬天阿勒泰的小牛。

新疆北部索引地图

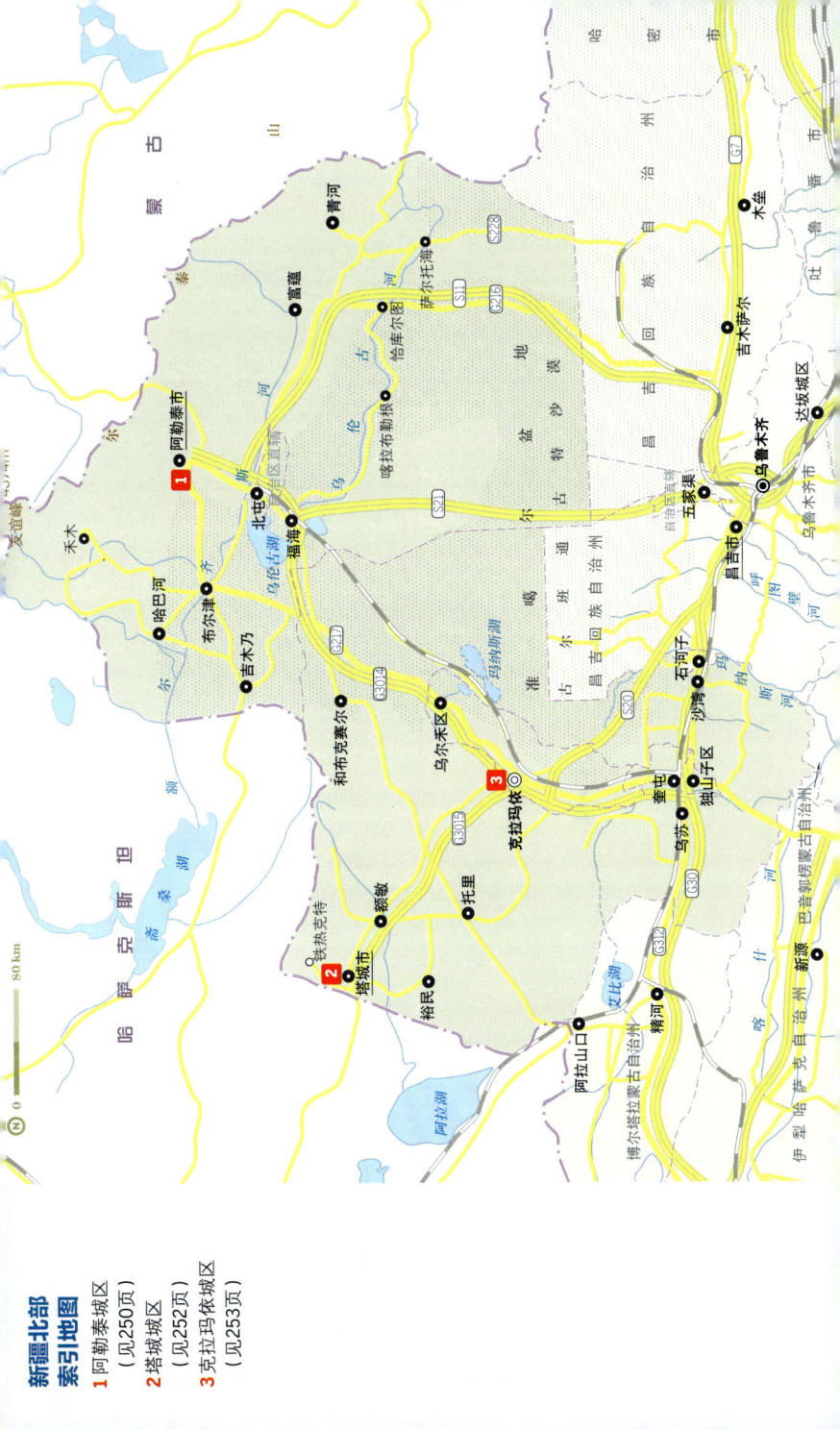

1 阿勒泰城区（见250页）
2 塔城城区（见252页）
3 克拉玛依城区（见253页）

250 阿勒泰城区

至桦林公园(1km);
喀拉塔斯风景区(10km)

至将军山滑雪场(1km)

公园路
团结路
惠民路
解放南路
民族路
桦亨路
团结路
兰

交通路
团结南路
制毡厂路
红墩路

迎宾路
望湖街
红墩路

至喀拉塔斯风景区(20km)
至阿勒泰机场(7km);
阿勒泰火车站(10km)
至五指泉(18km)

阿勒泰城区

◎ 景点
1 阿勒泰地区博物馆..................................B6

🛏 住宿
2 阿勒泰亚朵酒店..A7
3 金都酒店...B4
4 喆啡酒店（阿勒泰蓝湾美食城店）.........B5

✖ 餐饮
5 阿勒泰的角落...C1
6 乡村馕坑肉 C1

ℹ 交通
7 阿勒泰客运站 B4

塔城城区

⊙ 景点 （见227页）
1 红楼博物馆 A2
2 双塔公园 B2

🛏 住宿 （见229页）
3 塔城地区宾馆 B2
4 塔城龙禧宾馆 C3

✖ 餐饮 （见229页）
5 阿里木拌面食府 B2

6 粒粒香抓饭 C2
7 小马烤肉 C3
8 迎宾冷饮 A2

ℹ 实用信息 （见230页）
9 工商银行 B3
10 邮局 A2
11 中国银行 A2

克拉玛依城区

克拉玛依城区

◎ 景点 （见236页）
1　黑油山景区 C1
2　九龙潭 D1
3　克拉玛依展览博物馆 C2
4　世纪公园 B4
5　文体中心（克拉玛依科技馆） C5

🛏 住宿 （见237页）
6　克拉玛依博达酒店 B4
7　克拉玛依天麟美居酒店 A4
8　如家商旅酒店 A3

✖ 餐饮 （见238页）
9　麦合丽亚·家常饭馆二店 B5
10　薛栋兰凉皮（总店） B2

ⓘ 实用信息 （见239页）
11　中国银行 A3
12　中国邮政 A2

ⓘ 交通 （见239页）
13　克拉玛依客运站 A3

在路上
本书作者 尼佬

在看到伊犁俄罗斯族人亚历山大收藏的18世纪来自圣彼得堡的手风琴时,我意识到伊宁这些敞亮明艳的民宅,正是新疆近代东西交融的证据。那些欧式风格的尖顶小阁楼、伊斯兰风格的半弓形窗棂、俄罗斯铁皮尖顶木屋门廊和维吾尔族风格木雕融为一体,迄今没有改变。

进一步了解我们的作者,见478页。

那拉提草原。

伊犁和博尔塔拉

视觉中国 提供

伊犁和博尔塔拉

粗暴的南北疆分法在伊犁这儿遭遇了惨败。伊犁躲在天山的怀抱中自成一体。人们常说它是新疆最好的地方，叹的是它湿润丰饶，绮丽万千。无边无际的农田和花园，起伏无涯的高山草原和森林，蓝到难辨天水的湖泊，两路天山皑皑的白雪，唯独罕见南北疆都常见的戈壁和荒漠。即使放在整个亚欧大陆干燥的中部来看，它也是首屈一指的绿野仙居。

或许正是因为自然条件的得天独厚，伊犁河谷变换城头大王旗也总是比新疆其他地方来得频繁。从古到今，塞种人、乌孙人、突厥人、契丹人、回纥人、蒙古人都曾在这里生活过。清朝官员在这里设立管辖新疆的行政中心后，俄罗斯也曾在这儿建立起自己的影响力。加上那些几百年来迁移至此的维吾尔、哈萨克、锡伯和蒙古各部，最终建立了伊犁融合四方别具一格的欧亚文化现代景观。

新疆当然不是来了伊犁就够了，但如果你错失了伊犁，你错失的将是一种独一无二的、被天山的冰川与鲜花滋养的、高山草原与河谷平原和平共处的中亚生活。

☑ 精彩呈现

赛里木湖 264页
伊宁 266页
博乐 285页
特克斯 288页
喀拉峻草原 288页
夏塔古道国家级森林公园 297页
那拉提草原 301页

何时去

伊犁的旅行季从4月开始，到10月基本结束。顶峰则集中在5月至8月，5月和6月是野花盛开的季节和薰衣草的盛期。7月至8月瓜果飘香，到哪儿都能大饱口福，不过草原上的花儿在8月开始凋谢。9月开始，河谷和森林一片秋色，喜欢徒步的最好赶上这个更安全的季节。10月底以后伊犁进入冬季，虽然很多景点和旅馆歇业，但独享白雪茫茫的世界也不失为一种乐趣。

伊犁和博尔塔拉 257

★伊犁和博尔塔拉亮点（见260页）

1. 赛里木湖的碧水和游牧生活　2. 从夏塔峡谷穿越天山的冰川至南疆　3. 琼库什台的传统木屋与森林牧场　4. 喀赞其和六星街的历史街区　5. 喀拉峻、那拉提和唐布拉的草原　6. 4月到9月的缤纷赏花季

交通

抵达和离开伊犁河谷的交通非常方便，伊宁机场和那拉提机场一西一东，让你可以不走回头路。舒适的软座火车则是穿越北疆抵达伊犁的另一种优选。至于伊犁河谷内部，除了去往唐布拉草原和琼库什台沿途正在修路，抵达其他景点的路大多是宽敞优美的柏油公路。自驾是非常好的选择，但全程搭乘可靠的公共交通也能让你抵达绝大部分的景点。唯一需要特别注意的是，进出伊犁河谷最受欢迎的独库公路，通常只在6月到10月初开放。

食宿

在伊宁你能住上历史悠久的酒店，或是融汇了俄罗斯族、塔塔尔族和维吾尔族风格的传统民居客栈，但深入天山的森林、草原和湖泊时，等待你的可能就是蒙古包、毡房和木屋了。丰富多彩的维吾尔族和回族饮食充斥着伊犁河谷的每个城镇，牧区的哈萨克族饮食则更为简单粗犷。不要忘记品尝锡伯族的风味，那会让你在中亚找到混合了东北—朝鲜的感觉。伊宁和博乐满街都是食店，昭苏和特克斯等县城则有集中的美食街。

喀赞其街边打扑克的维吾尔人。

当地人推荐
探索伊犁的塔兰奇文化

艾则孜·凯利，浙江大学文学博士，伊犁的塔兰奇人。

哪里是你认为伊犁最美的地方？

黄昏的伊犁河，深秋的"伊巴公路"（伊宁市至巴依托海乡），伊宁市喀赞其的巷道，琼库什台的崇山峻岭，赛里木湖的日出。

什么样的传统艺术或仪式是伊犁的塔兰奇独有的？旅行者可以到那里欣赏或参与吗？

塔兰奇与维吾尔在宗教和民俗上没有差别。但是伊犁恰克恰克（民间笑话）可被视为伊犁塔兰奇民间文化较为独特的一种存在形式。另外，即将消失的"塔兰奇话"还能捕捉到一些塔兰奇文化的遗存。目前只有伊宁县喀什乡，察布查尔县海努克乡、加尕斯太乡等偏远乡村的高龄老人中还保留着一些"塔兰奇话"。伊宁市以北达达木图乡布拉克村近年被辟为"塔兰奇民俗文化村"，村内建有文化纪念馆、民俗旅游街和农家乐生活展示馆等，可一窥塔兰奇历史文化及民俗特色。

如何能在伊犁旅行的同时体验到维吾尔和哈萨克的文化？

维吾尔族大多定居城市，感受维吾尔族文化建议游览伊宁市喀赞其民俗文化村和六星街历史文化街区；哈萨克族则以游牧为主，需要深入天山山脉，由伊宁市西行至新源县那拉提镇周边草原或向东至尼勒克县唐布拉乌孜别克族清真寺。

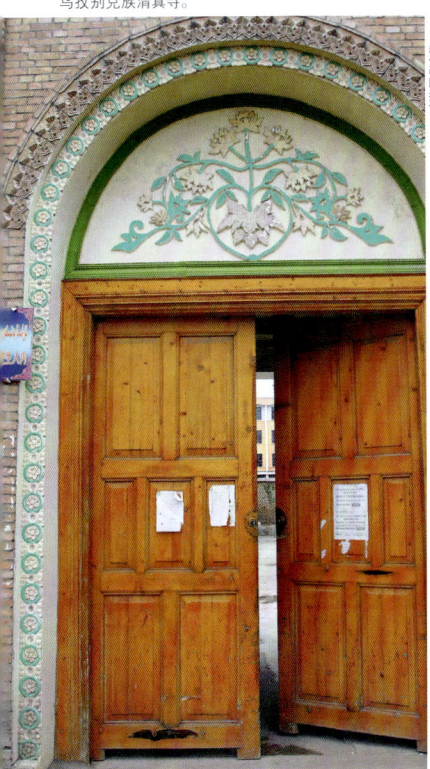

草原、南下至特克斯县的喀拉峻与琼库什台牧场。

有什么经典作品能够帮助旅行者更好地理解伊犁的本地文化？

推荐拉德洛夫的《塔兰奇方言》，尼加提·苏皮的《19世纪伊犁维吾尔民歌》（维吾尔语），日野强的《伊犁纪行》，碧野的《天山景物记》，张承志的《相约来世》。

倘若只能在冬天来到伊犁，可以做些什么显得很特别的事情？

可以去伊宁县英塔木乡天鹅湖观鸟，或去伊犁河拍雾凇，在汉人街吃"Kawa Manta"（南瓜包子）、喝冰镇西瓜汁；去霍城县惠远乡伊犁河浅滩捞鱼也是不错的体验。

☑ 不要错过

◉ 最佳水景

➔ **赛里木湖** 黄昏和清晨，牧民和骏马，鲜花森林和天鹅都值得你久久驻足。（见264页）

➔ **伊犁河大桥** 在这片奔去中亚腹地的湿地绿洲上，常常可以看到欢乐的迎亲婚礼。（见267页）

➔ **恰布其海水库** 又叫"六乡水库"，人迹罕至的"小赛里木湖"，有无穷的蓝。（见292页）

◉ 最佳公路

➔ **琼库什台公路** 森林、溪流、木屋和骑马的村民让这片雪山下的草原生机勃勃，而层层叠叠、一步一景的草原曲线会让你忘记土路的痛苦。（见291页）

➔ **乔尔玛－唐布拉公路** 狭窄而秀丽的河谷草原，被森林包围，蜿蜒百里却游客罕至。（见284页）

➔ **伊昭公路** 在雄伟的白石峰旁向南望，磅礴的昭苏油菜花田和天山无尽的雪峰奔来眼底。（见295页）

✈ 最佳户外

➔ **夏塔冰川** 在松软的草原上从头走到尾，巍巍的汗腾格里峰始终在凝望着你。（见299页）

➔ **包扎墩乌孙古道徒步** 从琼库什台开始穿越天山到南疆，中途翻越的两个达坂，可以看到真正的天山雄姿。（见294页）

伊犁和博尔塔拉亮点

❶ 赛里木湖的碧水和游牧生活

和西藏那些高原湖泊相比,赛里木湖有完全不逊色的清水与蓝天,还有更丰满的水草和碧绿的森林。在蒙古族牧民的蒙古包或者哈萨克族牧民的毡房睡一晚似乎是一种不可缺少的仪式,这样就不会错过夕阳下的西海草原,夜空照耀在水面上的银河,日出之前就已经在沼泽边徜徉的天鹅。在日出时骑马走到山脊上,蓝宝石一样的水面和蜿蜒起伏的天山峡谷都会奔流到你的眼里。

❷ 从夏塔峡谷穿越天山的冰川至南疆

夏塔峡谷拥有可能是中亚最好走的徒步小道,松针铺就的松软草地上鲜花盛开,天山的冰雪世界一直巍巍地屹立在远处,让你无法失去方向。骑马或步行至汗腾格里峰下巨大的冰川是一种不可复制的体验,如果你有更好的脚力和经验,跟随向导和马匹穿越莽莽的天山抵达塔克拉玛干的边缘,那将会是一场2000年前的旅行的翻版,天地万物几乎跟玄奘所处的时代没什么差异,也许你踏过的那块冰,下面就是大唐和波斯商人曾经脚踏的巨石。

❸ 琼库什台的传统木屋与森林牧场

没有其他地方的生活比这里更贴近天山了。在琼库什台草原深处的溪谷里,高大的松树下零零散散地盖起了一座又一座漂亮的哈萨克族木屋,有的历史甚至长达百年。这里的天山生活依然广泛地依赖着骏马,你会看到骑着马儿接送孙女上学的哈萨克族爷爷,看到马群忽然消失在森林中。不妨跟上去,在这些天山之子的引领下,接近雪线的冰湖和千年的乌孙古道还在等着你。

伊犁和博尔塔拉亮点 261

(左图)赛里木湖;
(右图)夏塔古道穿越。

❹ 喀赞其和六星街的历史街区

从熙熙攘攘的汉人街开始,你将从一个又一个的热闹巴扎穿越进入一条条白杨树和葡萄藤围绕的庭院小巷。伊宁常见的蓝色或者青色粉刷的洋楼,是一种中亚民居在20世纪时融合了欧亚风格的现代化实验后的最好结果。如果你有幸被友善的当地人邀请进小院喝茶做客,你可能会发现这个民居已有将近百年的历史,那些从莫斯科、喀山、伊斯坦布尔或者撒马尔罕而来的过客的痕迹仍未抹去。清真寺和教堂比邻而居是这个多元化城市的最好象征。

❺ 喀拉峻、那拉提和唐布拉的草原

千万不要错失河谷之外、天山之下的那一部分——伊犁。它们大部分是舒缓却有着旖旎角度的高山草原,稍微变个角度,就能给你千变万化的线条和构图。策马奔腾在伊犁的草原上会陷入短暂的迷失,因为你常常转瞬间就进入了峡谷、森林、鲜花和高台。喀拉峻和那拉提景色完美,设施成熟,唐布拉则更为自然秀美。

❻ 4月到9月的缤纷赏花季

尽管伊犁的春天比南方来得迟,但冰雪一旦融化,就是无尽芳菲。杏花沟里的杏花会在4月首先突破春寒;5月初,在唐布拉草原深处和一些天山脚下的高山草原,你有机会见到可谓昙花一现的天山红花,随即整个草原开始进入处处野花的盛季;6月是观赏薰衣草的最好季节;7~8月高海拔的昭苏油菜花和紫苏田都分外令人震撼。一直到9月,你随意地开车进入伊犁河谷,常常就与灿烂的向日葵不期而遇。

琼库什台。

喀赞其旅游区。

伊犁和博尔塔拉亮点 263

那拉提草原。

天山红花。

伊宁薰衣草。

★ 最佳景点
赛里木湖

尽管博乐人不太高兴他们的湖泊（仅有东南岸属于伊犁州）被人认为是伊犁的名牌，但湖畔游牧的蒙古族和哈萨克族还是如兄弟一般地共同享受着这片天赐的绝妙草场和天鹅飞过的"净海"。

避开拥挤的东岸进入西岸，你会看到深蓝色的湖水和远处的终年雪山连成一片，天鹅悠然浮在水上，点点毡房外有成群的牛羊，哈萨克族和蒙古族牧民骑在马上赶羊上山。住一夜毡房的话，你会永远记住这里浩瀚的星空和灿烂的日出。

0909 768 8552；单日票145元，两日票190元，含区间车；4月至11月24小时开放；乌鲁木齐开往伊宁的班车，以及伊宁—博乐之间的班车（60元）都会经过赛里木湖，提前跟司机说好便可下车；伊犁州客运中心门口早上都有车辆拼车等客，通常拼车环湖价格是150元/人左右。

食宿：在我们调研时，北岸博乐方向的入口门票站正在大兴土木建设宾馆酒店，开业尚需时日。**龙岭山庄**（158 0999 5686；标单388元）则是南岸罕有的标间选择；湖边各个牧场的毡房和蒙古包通常120~150元/夜，可睡4~8人，单人一般收40~50元。羊肉120元/公斤，奶茶30元/壶，抓饭20元/份起。

湖边草原

如果从南边景区入口进入，按顺时针环湖，你一路会经过松树头、金花紫卉、克勒涌珠、西海草原、天鹅乐水、点将台、电影城、亲水滩、天湖古口九个游览点。南岸的松树头、西南岸的西海草原、西北岸的点将台尤其是你不能错过的观景点。草原湿地分别在湖的四周，其中规模最大的是西海草原。

西海草原地势平坦，一望无垠，绿毯般的草原上，白色毡包和羊群犹如飘动的白云，在这里放牧的哈萨克族或蒙古族人都能提供毡房，也能提供帐篷扎营地。住在这里，你不仅果子沟大桥。

亮点速览

➡ **免费观景处** 伊宁往博乐方向，果子沟隧道出口处驶出高速公路，可停车欣赏赛里木湖。此处距离南门有几百米，尚未进入景区，可以免费游览。

➡ **点将台** 位于赛湖西岸，据称是1209年成吉思汗西征时攻入果子沟的指挥部，700多年来受到蒙古族人民的供奉朝拜。要爬不少台阶才能上去，上面风很大，但景观不错。

➡ **岩石小岛** 赛湖东门入口附近散布着四座岩石小岛，主岛高出湖面32米，其上有亭庙建筑，从湖边拍照挺好，但并不值得雇小船上去。

能看到最灿烂的日出，还能在沼泽外远望天鹅的倩影。从西海草原按顺时针方向北行，过了点将台和西门，向东望去，赛里木湖东岸呼苏木奇根山海拔近3600米的主峰直刺青天，白云缭绕，如富士山倒映水中。北岸有漂亮的草原和沙滩，是亲近湖水的最好去处。

出于保护环境的考虑，博乐市已经将每年官方的那达慕大会从赛里木湖挪到了博乐市区，不过在七八月，你仍有很多机会与赛马摔跤的牧民同乐。

科古尔琴山

"松树头"所处的这片湖水南岸的山脉叫科古尔琴山，连峰续岭的云杉林茂密高大，山林远接蓝天白云，近抵湖畔草地，山风起处，阵阵松涛汹涌澎湃，在山麓上观湖，更是姿态万千，你可以沿着栈道上去，如果有一点点户外经验，跟着牧民的牧道上下山，会有更特别的视野和景观。

"金花紫卉"位于科古尔琴山北麓湖滨地带，在松树头和西海草原之间，每年6月到7月上旬短短一个月，金莲花、满天星、野罂粟、耧斗菜、翠雀花、柳兰、勿忘我等各色野花竞相开放，花海灿烂，倒映碧水，是赛里木湖一期一会的美景之一。

果子沟

爬到松树头的顶上向南望，便可以看到伊犁神奇的果子沟。它是一条长约28公里的峡谷孔道，因山沟内遍布野生苹果而得名。每年5月下旬到9月，在长达五个月的时间内，果子沟花开遍野，是一年中风景最为迷人的时候。鲜花也让这里以蜂蜜闻名。

从乌鲁木齐至伊宁的大巴会经过果子沟大桥，在桥上可以俯瞰大半个果子沟的美景。大桥是一座双塔双索面钢桁梁斜拉桥，桥梁全长约700米，桥面距谷底净高达200米。车从果子沟大桥经过时，窗外的景色非常壮观。

想要拍摄果子沟大桥，不要直接走高速。从赛里木湖向果子沟方向行驶，在进赛里木湖隧道之前的岔路右拐，选择靠左边的路向前直行9公里，到将军沟隧道口并入连霍高速。这条路在导航上也有显示，但千万别拐到径直上山的牧道上。

伊犁河黄昏。

伊宁

电话区号 0999

如果说喀什代表了新疆2000年的历史，那么伊宁就是一座依然活在新疆200年近代史的城市。在这座满是白杨树、苹果树和葡萄架的小城，还保留着将近400条年代颇久的巷弄，随便一座蓝色的宅院，常常就有几十年甚至百年的历史。

伊宁的建城史始于乾隆年间，是清朝伊犁将军建立的十二城之一，当时唤作宁远城。1871年，俄国占领了宁远城和伊犁河谷地区；十年之后，伊犁回归中国，伊宁开始成为中亚一个重要的边境城市，是中俄角力的中心。俄罗斯、塔塔尔、乌兹别克等外来文化，与来自南疆的维吾尔文化、内地的汉文化互相交融，形成了独具特色的国际城市氛围。1944年，伊犁、塔城、阿勒泰爆发了反对国民党统治的"三区革命"，并在伊宁成立临时政府，后经与国民政府谈判改为"新疆伊犁专区政府"。新中国成立后，伊宁于1954年成为伊犁哈萨克自治州州府。

今天的伊宁已经是一座摩登城市，却依然保留着它100多年来的多元文化和近代遗迹。连绵的天山和宽广的伊犁河滋养着这座植被丰富的城市，你能看到全新疆最时髦的维吾尔族青年出现在融汇了俄罗斯和塔塔尔族风格的民居大院，东正教堂和清真寺仅相隔20米，这种丰富下的笃定大气，在中国可谓绝无仅有。

◎ 景点

伊犁河湿地　　　　　　　　　　湿地

伊犁的母亲河、中亚最湿润的伊犁河发源于天山，从南到北，有三条最重要的支流，分别是特克斯河、巩乃斯河、喀什河，南北两条河流最终汇入中间的巩乃斯河，从此称为伊犁河，养育冲积形成了水草肥沃的伊犁河谷。它缓缓流经伊宁市区南部，一路向西，最终离开中国国境注入哈萨克斯坦共和国的巴

伊宁 267

伊犁河大桥。

尔喀什湖。

　　从伊宁市区的任何一个地方向南直行，均可抵达伊犁河边。伊犁河的落日非常有名，每天黄昏时分总有人在大桥和城市海景公园拍摄伊犁河落日，日落长河的场面蔚为壮观。最佳拍摄时间是日落前30分钟。夏季的日落时间为20:00~21:00。

　　市区附近有两座桥，人们一般都在东边的**伊犁河大桥**（老桥；见304页地图）上拍伊犁河落日。老桥很窄，有时候还能看到骆驼和马穿桥而过，桥的南岸是热闹的伊犁河游乐场。西边的**二桥**连接西环路，这里有一大片湿地，桥的北岸是新建的七彩广场和城市海景公园。

　　值得一提的是，当地维吾尔族婚礼的仪式常常会经过伊犁河大桥。新郎新娘在亲友的簇拥下，伴随着手风琴声，于黄昏时的伊犁河畔举行富有民族特色的婚礼。

　　市区3路、7路、15路公交车都能到达大桥，通常回去只能乘坐出租车了。

如果你有

　　3天：第1天乘坐早班机抵达伊宁后，逛逛伊宁迷人的喀赞其和六星街，享受一餐美好的维吾尔大餐，下午跳上去往博乐的班车在赛里木湖住下；第2天看过日出后，搭车至清水河，看看薰衣草，下午从伊犁坐车到新源那拉提；第3天上午游览那拉提草原，下午搭飞机返回乌鲁木齐。

　　5天：第1天搭乘乌鲁木齐至伊犁的白班大巴，在赛里木湖下车过夜；第2天观看日出后，搭车至清水河看薰衣草再抵达伊宁，游览伊宁的历史街区，看伊犁河日落；第3天乘车经特克斯和昭苏抵达夏塔，宿毡房；第4天骑马或徒步至天山冰川处；第5天一早返回昭苏，包车走伊昭公路看乌孙山及伊犁河美景，晚上搭乘卧铺火车返回乌鲁木齐。

　　7天：第1天乘坐早班机抵达伊宁后，逛逛伊宁迷人的喀赞其和六星街，享受一餐美好的维吾尔大餐后，租车向赛里木湖出发，环湖半圈在西海草原毡房住宿；第2天上午离开，开到霍尔果斯口岸看国门，游览吐虎鲁克·铁木尔汗麻扎、薰衣草庄园、惠远古城后，回到伊宁看伊犁河日落；第3天向察县出发，参观锡伯文化园后经伊昭公路翻越乌孙山到昭苏，一路游览到夏塔；第4天早上观赏夏塔草原上的汗腾格里雪山后，一路开到天山下的哈萨克族村庄琼库什台，体验高山草原上的木屋生活；第5天离开琼库什台，一路向东穿越伊犁河谷，在巩乃斯河谷住宿；第6天稍微折返，沿独库公路北上到乔尔玛，再左拐进入有如百里画廊般的喀什河河谷，当晚宿在唐布拉草原的毡房或宾馆；第7天沿喀什河和伊犁开回伊宁，乘坐飞机或火车离开。

喀赞其民俗旅游区　　　　　　街区

　　（✆游客服务中心 802 0688）维吾尔族所称呼的喀赞其位于市区南部，东起新路街，西至亚麻厂，北自新华东路，南抵伊犁河，

离开故土的塔兰奇

拜吐拉清真寺是清政府为安抚伊犁的塔兰奇人修建的。塔兰奇（Taranqi）在《突厥语大辞典》中是"耕种者""农民"的意思。在漫长的历史中，伊犁河谷曾经只是湿地和草原。17世纪开始，先是准噶尔汗国，后是清政府从南疆绿洲中迁移维吾尔族到伊犁河谷垦田。他们垦殖的中心就在宁远城，也就是今天的伊宁市。

这些远离故土的南疆人逐渐发展出自己的文化，甚至在1866年反清，建立了伊犁苏丹国，1871年被俄国击败后灭国。此后俄国占领了伊犁10年，直至1881年签订《中俄伊犁条约》后才归还伊犁。

1935年，在新疆省第二次全省民众代表大会上，盛世才将塔兰奇人列为新疆14个主要民族之一，当时统计新疆有塔兰奇人79,276人。1950年后的民族识别中将塔兰奇人识别为维吾尔族，"塔兰奇"一词逐渐由族群的名称成为伊犁维吾尔族独特文化的名称。

因为19世纪80年代开始的俄罗斯欧洲文化的影响，伊犁的维吾尔（塔兰奇）文化、教育乃至生活都发生了很大的变化，与南疆的绿洲文化有了区别。一个典型的例子是，你在伊犁看不到南疆传统的绿洲"高台民居"，而是砖木结构的洋房，且几乎家家都有尖顶的窗户，两侧各有一个柱头为装饰，加上伊斯兰几何图像，非常有"亚欧"融汇的风范。可以说塔兰奇和喀什人共享着同样的维吾尔文化，也有一些小差别。譬如塔兰奇的婚礼上会吟唱ölen，这是一种地方独有的歌曲形式。

在今天，伊犁师范学院有专门研究塔兰奇文化的机构，机场西北侧的**布拉克村**（见304页地图）也被设为塔兰奇文化村，设有塔兰奇文化纪念馆，用陶罐、石磨、坎土曼、牛车车轮等来展示伊犁维吾尔族的独特农垦文化。⒧

大致是一个三角形的庞大少数民族传统街区。"喀赞"是维吾尔语"锅"的意思，"其"是指从事制锅销锅行业的人，历史上这里曾是伊犁民族手工艺制作销售中心，因为当地群众多以铸造锅、卖锅来维持生活，所以称为"喀赞其"。至今，喀赞其居民中还有少量手工艺者继承着先辈的手艺。

从新华东路的入口进入，左边便是一座中国宫殿风格的清真寺——**陕西大寺**（见304页地图）。陕西大寺又名宁固寺、陕甘大寺等，这是一座始建于1760年的清真寺。其建筑风格借鉴了西安化觉巷清真寺的中国传统宫殿式砖木结构，在装饰细节上又融入了阿拉伯装饰风格，在斗拱和木梁上多处描绘着植物图案。在寺门两侧各有双重八字影壁，礼拜殿可容纳1000多人礼拜。

沿着旅游区入口的大街直行，很快就能进入以古民居为主的景区。景区内，街巷纵横交错，绿树成荫，安静清幽。街道两侧有众多具有欧洲风格和中亚及西亚风格的民居，其间不乏百年老屋。值得专门参观的是**吐达洪巴依大院**（见304页地图，门票30元）。院子里共有房屋24间，依据当年鼎盛时期巴依大院的原貌进行修复。吐达洪巴依出生于吉尔吉斯斯坦，十月革命后为逃避迫害于1926年来到伊宁市，他从一名经营旅店的锡伯族商人处购买了20亩土地。经三年建造，大院于1931年完工。这位吉尔吉斯人在伊犁期间创办了伊犁首座利用现代机械技术磨面的面粉厂和伊犁首家电灯公司，但在1936年却被盛世才抓捕迫害致死，家人大多返回吉尔吉斯斯坦。

前进街的**乌兹别克清真寺**（见304页地图）则是另一处中亚遗迹。1919年后，许多乌兹别克富商、知识分子、白军军官和宗教人士成批来到新疆。他们在1933年集资建立了乌兹别克清真寺，1935年又在清真寺旁成立了乌兹别克学校和艺术团，便是今天的伊宁五中。

喀赞其纵横交错的街巷和看起来都差不多的古民居，很容易让初来者迷路。如果想节约时间，可以在西大寺门口搭马车"哈迪克"进入景区游览，车费30元，可游览30分钟，足以把整个喀赞其民俗旅游区绕一圈，在马蹄声中漫游于高大的白杨树下，也别有一番乐趣。在一些较有特色的建筑前，马夫还会主动停车供游客拍照。

喀赞其民俗旅游区内有一些接待点可以接待旅行者，是体验维吾尔族待客礼仪和传统美食、欣赏民居庭院的不二之选。

乘坐1路、5路、15路等多路公交车到"汉人街"外即到。

汉人街　　　　　　　　　　街区

喀赞其门外，在新华东路和胜利路交界处，有一个非常著名的百年市集，人们习惯称之为汉人街，迄今仍是伊宁最重要的商业区，可以购买到很多颇具异域情调的小商品以及新疆本地特产，也是品尝本地美食的最好去处之一。

胜利南路往北走，左转进入胜利街，你会看到一个小天使幼儿园，就是**文丰泰商号旧址**（见304页地图；胜利街65号）。它与伊宁汉人街的名字有着直接的渊源。1875年，左宗棠的西征军进入新疆进攻阿古柏和白彦虎，天津杨柳青的商人肩挑着货担，开始追随着军队做生意。1881年，沙俄归还伊犁，安文忠随军队进入伊犁九城，于1884年在宁远城（今伊宁市）设立文丰泰京货店，成为伊犁实力最雄厚的津帮商号。他带动了一批内地商人在此经商，全盛时期超过400户，当地的维吾尔族就将这里叫作汉人街。

1921年文丰泰商号正式停业，1944年革命和暴乱后很多内地商人也撤离。如今的汉人街已经没有了汉人，只留下这栋天津商号的老铺面楼作为历史见证。

乘坐1路、5路、15路等多路公交车到"汉人街"即到。

拜吐拉清真寺　　　　　　　清真寺

（见304页地图；解放南路胜利路路口）这座建于1773年的清真寺是清政府拨款在伊犁修建的第一座伊斯兰教寺院，也是目前伊宁最大的清真寺。这里又被称为"麦得里斯"，意为"高级经文学院"。现在你所看到的清真寺除了围墙外雕梁画栋的宣礼塔外，

★ 值得一游
寻找伊宁的苏俄痕迹

伊宁曾经是中国俄罗斯人比例最高的城市之一，高峰时人口超过2万人（20世纪40年代），深刻地影响了今天伊犁维吾尔族的建筑审美。建于1937年的圣尼克莱东正教堂也是当时新疆最大的东正教堂，可惜"文化大革命"时全部被拆毁。2002年，俄罗斯墓地进行了迁坟，伊宁的俄罗斯人趁此机会申请在墓地一角划出了一亩多地，重建了东正教堂，他们找到了老东正教堂唯一留下来的一口小铜钟，放在了教堂的钟楼上。从此为数不多的伊宁俄罗斯人都会在星期天上午来这里礼拜和聚会。

除此之外，**伊犁宾馆**（见304页地图）也是俄国及苏联驻伊犁领事馆旧址，漂亮的院子里，还有四座俄式建筑，建于1881年，为领事及工作人员的办公室和住宅。领事办公室往北30米还保存有一座六角水塔。如果你搭飞机到伊宁，出站口出来向西转，穿过一片树林就是**中苏民航飞行员培训教导总队旧址**（见304页地图）。这是一栋1938年由苏联建造的苏式建筑，当年供苏联飞行教官指挥训练及办公所用，同时是抗日战争时期苏联向中国转运物资的中转站，培养了许多中国飞行人员。

你甚至还可以在伊宁买到地道的俄罗斯食品。人民公园附近的**俄罗斯大列巴**（见304页地图；阿合买提江路238号）开业至今已经有28年了，原味列巴和葡萄干列巴都深受当地人欢迎。

除了俄罗斯人，苏俄境内的很多突厥语民族也来往于伊犁，来自喀山的塔塔尔人就是一例。现在中国仅有6000多人的塔塔尔族，大约有不到一半居住在伊犁地区，他们为伊宁成为当时新疆的现代教育中心做出了很大贡献。塔塔尔人在1925年建立了自己的学校，现在旧址成了**伊宁市第六小学**（见304页地图；斯大林西路四巷口）。

其余部分均为重建。宣礼塔是中国古代中原地区常见的亭楼建筑风格，与现代伊斯兰风格的清真寺相映成趣。

3路、5路公交车可到。

六星街　　　　　　　　　　　　　　街区

伊宁存有许多年代较早的阡陌小巷，其中建于20世纪30年代、由德国工程师瓦斯里规划设计的六星街称得上是伊犁20世纪现代街区创建的一个伟大遗迹，灵感来源于英国人埃比尼泽·霍华德在1902年出版的《明日的田园城市》，在他的设想中，田园城市的平面为圆形，中央是公园，有6条主干道路从中心向外辐射，四周有永久性的农业用地，以使每户居民都能极方便地接近乡村自然空间。

此街建设于1934年至1936年，各街道呈六角星状，称为"六星街"，与盛世才的反帝、亲苏、民平、和平、建设、清廉六大政策口号相连，又被称为"六大政策街"。

在20世纪60年代以前，这里是俄罗斯居民集中的街区，被称为"俄罗斯买里"，大批俄罗斯族迁居苏联之后，这里仍然居住着维吾尔族、回族、塔塔尔族、乌孜别克族和俄罗斯族的居民。欧式风格的尖顶小阁楼，伊斯兰风格的半弓形窗棂，俄罗斯铁皮尖顶木屋门廊，维吾尔风格木雕、石雕浮板及各式铁艺门廊，让人目不暇接。几乎每个时刻都有几个不同民族的面孔和装扮从你面前闪过，就像是一幅流动的中亚风情图。"田园城市"在世界的实践并不唯伊犁一处，但如此完整地保存下来，在历经20世纪多重社会运动的中国，不啻为一个奇迹。

六星街在20世纪60年代改名黎光街。南起解放路，北经原州农机厂到环城北路，六条主干道从中心向外辐射，把街区分成六个扇形地区，走在里面像步入一座迷宫城堡。街区仅剩的俄罗斯族居民集中居住在黎光街二巷8号附近，手风琴专家亚历山大在这里开了全中国最具规模的**私人手风琴博物馆**（见

人民公园。

304页地图；门票50元），收集有超过800架手风琴，其中不乏18世纪的古董；而这座大院背后的**东正教堂**（见304页地图；黎光街4巷10号）和**俄罗斯军人墓**（见304页地图）也值得一游。此外，六星街西侧还有中国唯一的**俄罗斯学校**（见304页地图）。

10路和12路都可以到达黎光街，也就是六星街。

伊犁哈萨克自治州博物馆　　博物馆

（见304页地图；822 7785；伊宁市飞机场路188号；免费；冬季10:30~18:30，夏季9:30~19:30）不大的伊犁哈萨克自治州博物馆共有两千余件珍贵馆藏，以旧石器、细石器、青铜器、骨器、陶器等大量实物展示早期草原部落的文化与生活方式。其中波马古墓墓葬的44个红宝石镶嵌的黄金面具令人惊叹。

除实物和图片展示外，博物馆还不定期组织哈萨克族民间艺人在民俗厅开展弹唱会，观众可以近距离聆听阿肯弹唱。

市区乘坐3路车可到。

人民公园　　公园

不要因为它是免费市政公园而错过了。这个建于1937年的秀丽公园，也是当年革命的中心。1948年，三区革命的领袖阿合买提江提议在这里修建政府文化活动中心，准备作为三区革命政府领导人检阅军队、观看群众集会和文化体育活动的场所。1949年，即文化活动中心修建完成的同年，阿合买提江乘坐苏联飞机前往北京参加开国大典，却在苏联贝加尔湖地区上空失事，不幸遇难。现在这座融汇欧亚风格的**三区革命政府政治文化活动中心旧址**（见304页地图）只能作为历史见证让游客参观了，它里面的剧场偶尔还会有些文艺活动。

如果你对三区革命历史感兴趣，走出人民公园的西门，公园外的**新疆三区革命历史纪念馆**（见304页地图；813 3278；公园巷1号；免费）资料不少，阿合买提江的墓地也在旁边。

市区乘坐9路车可到。

☑ 不要错过
真正的维吾尔歌舞

人民公园（当地人往往称为"西公园"）除了历史遗迹和美丽的树木，最激动人心的就是这里自由的歌舞了，每天下午在公园中心的一个圆形场地上，维吾尔族、哈萨克族和汉族的跳舞爱好者会聚在一起，各个民族的音乐都会轮放，你可以看到真正的维吾尔族和哈萨克族的"日常"舞蹈。

除此之外，每天19点去喀赞其的吐达洪巴依大院，可以看到社区里漂亮的维吾尔族青年们跳的各种民族舞，包括少见的塔塔尔族舞和乌孜别克族舞。在喀赞其社区或是伊犁河边碰见婚礼的话，凑热闹去看吧，那时的舞蹈才是最欢快的。

汉家公主纪念馆　　纪念馆

（见304页地图；823 5361；江苏大道25号；免费，讲解30元；全天开放，节假日无休）公元前105年，江都王刘建的女儿细君公主奉命远嫁给乌孙王，成为第一位嫁到西域的汉家公主。公元前101年，22岁的细君公主病逝。楚王刘戊的孙女解忧公主奉命远嫁西域，同样嫁给了乌孙王。这座纪念馆讲述了这段故事，但没有什么稀罕的展品。

林则徐纪念馆　　纪念馆

（见304页地图；812 3131；免费；福州路885号）鸦片战争后不久，以禁毒和抗英而声誉卓著的林则徐谪戍伊犁。在两年时间里，他致力于勘垦，兴修水利，造福人民，受到伊犁各族人民的尊敬和爱戴。展厅内展出的照片、实物达2000余件。

😊 节日和活动
肉孜节和古尔邦节　　宗教节日

伊犁地区的维吾尔、哈萨克、塔塔尔、乌孜别克等民族每年都要欢度肉孜节和古尔邦节。每年回历九月,教徒要封斋1个月。封斋期间,人们要在日出之前吃封斋饭,日出之后不再进食,要克制私欲,断绝邪念。斋戒期满即行开斋,开斋节又称肉孜节,节日持续3天。肉孜节之后70天是回历新年,新年期间要宰牲畜进行"献牲"(古尔邦)。节日期间,家家宰羊,切成大块清炖以宴请来宾,另外还会举行叼羊、姑娘追等传统活动。

西迁节　　　　　　　　　　锡伯族节日

锡伯族在清朝乾隆二十九年(1764年)奉旨戍边,从今中国东北经蒙古国向西迁至新疆伊犁地区,并在当地驻扎,后扩展为锡伯部的满洲八旗,驻守大清国的西北边陲。离开沈阳的农历四月十八日便成了纪念的节日,故又有别称"四一八节"。察布查尔锡伯自治县文化广场会举行祭拜卡伦大典和民俗文化展示。

伊宁文化节　　　　　　　　　　文化节

官办的文化活动,通常在每年9月上旬择期举行,你有机会在喀赞其等地看到各族人民的歌舞游行。

🛏 住宿

伊宁可能是全新疆青年旅舍最多的地方,高峰时也许超过20家,然而多数是季节性的,过了国庆就纷纷歇业了。我们以下推荐的住宿都是全年经营的。在夏天你不妨在订房网站上多加搜索,比较那些只在夏天经营的旅社。毕竟,住进六星街(地址通常是黎光街和工人街)或是喀赞其宽敞迷人、瓜果飘香的俄罗斯-维吾尔院落,无疑也是体会伊宁本地文化的一种方式。

欢乐颂青年旅舍　　　　　　青年旅舍¥

(见304页地图;☏819 5226;军垦路244号;铺40元起;☎)2016年新开的青年旅舍,有伊犁维吾尔族的传统大院洋楼,房间光线明朗,也有大方宽敞的公共空间和院落,经营者很勤快,总是保持着这里的清洁,更像热情的家庭旅馆。

🍃 成吉思汗西征与今日新疆蒙古族

尼佬

在今日的新疆尤其是北疆,留存着大量传说中的成吉思汗遗迹——赛里木湖边有所谓"成吉思汗点将台";那拉提草原传说名字来源于大汗的蒙古士兵;阿勒泰的图瓦人被部分历史研究者认为是成吉思汗西征时部分将士的后裔,甚至在靠近阿勒泰的北屯,还建起了一座成吉思汗西征的铜像,人们都认为,新疆是成吉思汗西征中亚、中东和欧洲的起点。

这的确不假。不过,在1219年,成吉思汗已经夺取中都(今天的北京),即将进军汴京(今开封),灭金指日可待,忽然掉头跑到新疆攻入中亚草原,这其中也有历史的偶然。

当时的新疆东部,是高昌回纥的地盘,而西北部名义上是由契丹人耶律大石建立的

(左图)草原人家;(上图)哈萨克族人叼羊。(左图和上图)视觉中国 提供

西辽统治,但西边的强邻花剌子模已经把手伸进了西辽。1215年,花剌子模的大汗摩诃末派遣以哈拉丁为首的使团来到中都,觐见了成吉思汗,欲与蒙古交好,成吉思汗也打算和这个中亚强国结盟,保障丝路安全。没想到在1218年,成吉思汗派出的一支蒙古商队到达花剌子模边城讹答剌时,守城的花剌子模将军亦难赤竟把商队作为间谍扣押,财货没收,处死蒙古商人,仅有一名驮夫逃回报信给成吉思汗。成吉思汗震怒,派使团出使花剌子模责问。摩诃末竟又将三位使臣杀掉。战争于是不可避免了。

1219年9月,成吉思汗大军穿越新疆,从伊犁河下游进入花剌子模,半年间攻克八座大城,三天攻下中亚著名的古城、花剌子模的国都撒马尔罕,之后的故事,就是我们熟悉的蒙古大军席卷欧亚大陆了。

成吉思汗西征历时七年,蒙古铁骑踏遍了中亚、西南亚的东部及里海周围的地区。1225年,成吉思汗将其西征所得土地,分授给三个儿子,次子察合台获得了今天新疆大部分地区乃至中亚阿姆河流域的土地。1347年,察合台汗国分裂为东、西两部分,东察合台汗国的地理范围包括今天新疆的大部分,后来于公元1514年为叶尔羌汗国所取代,在今天留下的遗迹,恐怕只有伊犁河谷深处的吐虎鲁克·铁木尔汗麻扎了。

蒙古人西征及其对新疆和中亚地区的统治,促进了这一地区的民族大融合。在调拨了畏兀儿人和哈剌鲁人去到中原的同时,他们自身也像皈依伊斯兰教的铁木尔汗一样,融入今天新疆的突厥语诸民族中。百年以后,卫拉特蒙古人再度占据新疆,是为最后的游牧帝国准噶尔,但他们人口基本为清朝所灭,与今日北疆的蒙古各支基本没什么联系了。如今新疆游牧各地的蒙古族,大部分是乾隆之后,再度从蒙古东部或里海西岸的卡尔梅克迁移过来的。

伊栈国际青年旅舍　　　　　青年旅舍¥

[见304页地图；📞899 0222；利群路西九巷（小海贝幼儿园对面）；铺40元起，标间120~180元；📶]伊宁市区老牌的国际青年旅舍。旅舍位于离州客运站约1.5公里的一条小巷子内。房间安静，是极少数可以接待境外游客的青年旅舍之一。

小时光青年旅舍　　　　　青年旅舍¥

[📞833 0977；老伊犁河路158号（保安公司隔壁，近亚麻厂）；铺40元起，标单120元；📶]一家温馨的小型青年旅舍，院落不大，但优点是从旅舍可以步行到伊犁河大桥看日落，约15分钟路程。离旅舍约200米处就有一条美食街。

西遇客栈　　　　　　　　　　客栈¥

(📞189 9937 9158；伊和花园1号楼2单元1802室；标单/双 88/138元；📶)一家颇有民族风情的小型旅舍，位于伊犁河畔一个住宅小区的私人公寓18层，每个房间都装饰得颇有西域风情。部分较低价的房间要使用公共卫浴。

新丝路摄影文化主题酒店　　　酒店¥¥

(📞816 5555；解放路567号，州客运站斜对面；标双180元起；📶🅿)这家有着各式各样主题装饰房间的酒店有一个突出的优点：房间宽敞。主题其实不限于摄影，甚至还有哆啦A梦主题房。酒店离客运站和六星街很近。

乐城臻品酒店　　　　　　　酒店¥¥

(📞772 3333；辽宁路1369号，标双278元起；📶🅿)2016年开业，现代中式的装修风格，宽敞和舒适的床品和卫生间。有免费的接机、水果乃至洗衣服服务。

江宁宾馆　　　　　　　　　酒店¥¥

(📞835 8666；上海路5188号，伊犁河二桥西侧；标双360元起；📶🅿)看似荒凉的伊宁的民居。

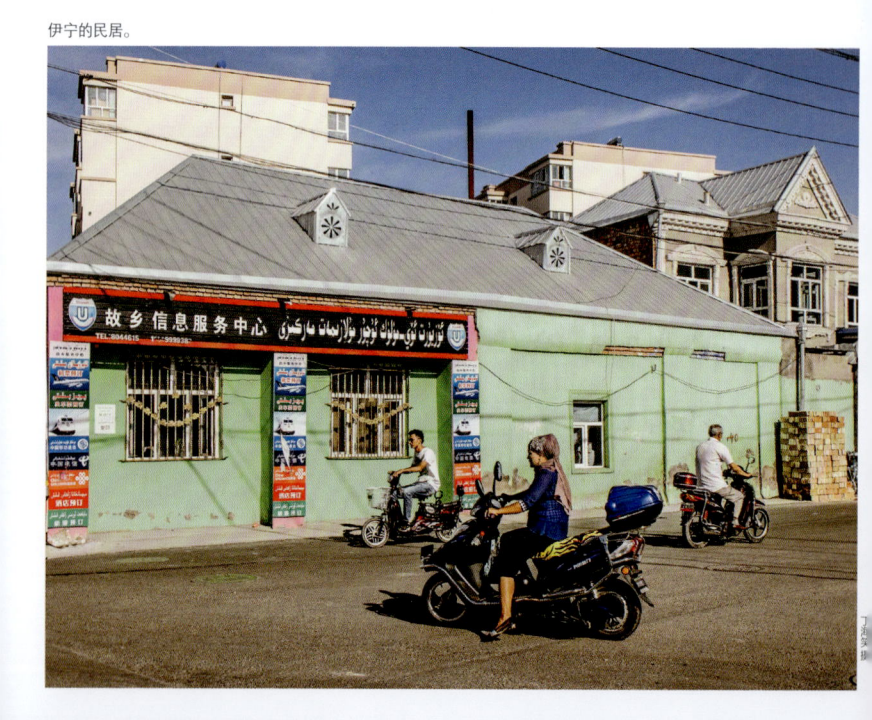

位置，却可以在房间直面伊犁河夕阳、雪山和湿地，床品舒服。酒店自带漂亮的河畔花园和恒温泳池。

★ 伊犁宾馆　　　　　　　　　历史酒店 ¥¥¥

（☎802 2794，802 3126；伊宁市迎宾路8号；标双488元；☎ P）一直到1962年，这里都是苏联的领事馆，酒店的装潢因而也有种没落的奢华味道，有宽阔的走廊、华丽的地毯和舒服的大床。在拥有49个树种的绿色园林中，还保留着许多铁皮房顶的俄式别墅可供探幽。

✘ 就餐

伊宁是个能让你吃到欲罢不能的地方，光是维吾尔族和回族的美食就已经让人大流口水了。**汉人街夜市**（见304页地图；后滩路新华东路路口）现在是个室内的夜市，依然有各色小吃美食供应，典型的如烤肉、抓饭、凉粉、面肺子和烤包子应有尽有，口味谈不上特别好但胜在齐全。晚上10点左右（北京时间）还有民族歌舞表演。不过，说到专门的餐厅和小吃，你还是应该到拜吐拉清真寺南边的解放南路，路的两旁林立了所有你能想到的维吾尔族美食。从装饰华丽的大饭店，到烤包子专门店、冰淇淋店和拌面馆、烤肉店、鸽子汤馆，再到土耳其风格的摩登汉堡店和西餐店，不一而足，有些甚至24小时营业。喀赞其和六星街也有很多环境优雅的维吾尔族餐厅，不要畏惧它们璀璨的吊顶和吊灯，很多人进去也就点一份拌面和果汁，通常价位都很合理。

如果想换口味，吃川菜或者内地其他菜，去开发区美食街或者客运站旁边的上海城，那里有你熟悉却面目模糊的火锅、烤鱼和川菜。

维吾尔小锅抓饭　　　　　　　新疆菜 ¥

（见304页地图；阿合买提江街5巷8号；人均20元；⏰12:00～20:30）就在伊犁日报社后面的小巷里。这家老店只做正宗的维吾尔羊肉抓饭，香甜可口，不妨点一份加肉的版本，附送好吃的酸奶。

故居维吾尔美食　　　　　　　新疆菜 ¥¥

（见304页地图；斯大林西街五巷隆鑫大酒店对面，近大世界；人均30元；⏰12:00～22:30）这座传统的维吾尔宅院曾是革命领导人阿合买提江新婚居住的地方，如今它以好味道吸引了络绎不绝的食客。试试它的特色拌面和薄皮包子，鲜香可人。

俄罗斯小木屋　　　　　　　　西餐 ¥¥

（见304页地图；☎135 7055 5556；黎光街二巷8号；人均50元；⏰13:00至次日0:30，周日歇业）伊犁俄罗斯族开设的餐吧，各种俄罗斯手工艺品和乐器琳琅满目。除了俄国列巴和香肠，最受欢迎的其实是主人自酿的格瓦斯，与外头工厂配送的果真不一样。

食为天土火锅　　　　　　　　新疆菜 ¥¥

（见304页地图；☎816 6896；解放西路

熏马肠。

395号；人均50元；⌚13:00至午夜）深受当地人欢迎的十年老店。铜锅炖的土鸡汤，清淡鲜美，配菜中，手工牛肉丸是最受欢迎的。

一把抓包子王　　　　　　　小吃 ¥

（见304页地图；新华东路23号巷内，馨喜园酒店旁；人均10元；⌚9:00至售罄）老牌的小吃店，专营烤包子和个头更小的"一把抓"（permude）。想吃得早点去排队，店面不临街，从市公证处东边的小巷子里走几步就能看到。

汗都春锡味餐厅　　　　　新疆菜 ¥¥

（见304页地图；☎898 9887, 189 9975562；伊宁市开发区江南春晓西门109商铺；人均60元；⌚10:30至次日0:30）锡伯族西迁多年，口味已融合了新疆风格，分量很大，一个人叫一份锡味套餐（38元）就够了，内容是锡伯大饼配上什锦菜、辣酱，颇像韩国风味。要是你已经吃腻了烤肉，试试锡伯族喜欢的炒羊杂。

工人街十二巷面肺　　　　　小吃 ¥

（见304页地图；工人街十二巷；小碗5元，大碗10元；⌚9:30~11:30）伊宁当地最独特的小吃莫过于面肺子——用羊下水制成。工人街这一家属于最受欢迎的几家店之一。你可以要求多放羊心或米肠，吃完还可免费加汤。

老字号故乡烤肉店　　　　新疆菜 ¥

（见304页地图；☎131 9999 5627；斯大林东路建设银行旁，天山百货对面；烤肉3元/串，人均25元）伊宁有数不清味道好的烤肉店，它们隐藏在传统的维吾尔族小巷、清真寺门口、夜市中。天山百货对面这一家属于很多当地人惦记的老字号，烤肉配上热馕或是凉粉，再来一杯格瓦斯，完美。

阿依努丽美丽食园　　　　新疆菜 ¥¥

（见304页地图；☎821 0333；解放路七巷10号）位于一条僻静的巷子里。餐厅由内至外每个细节均极具民族风情。餐厅只提供包厢，用餐期间有民族歌舞表演。菜的分量很足又便宜，结伴而行最佳。酸奶口感很好，千万不要错过。

塔里哈提纳仁王　　　　　新疆菜 ¥¥

（见304页地图；☎833 2444；新华新路47号海秀酒店旁；人均40元；⌚8:00~23:30）城里少见的哈萨克餐老字号，马肉为主。一定要点它特色的马肉马肠纳仁（纳仁是一种哈萨克族面食），被誉为伊犁最佳，马奶酸奶也不错。

🍺 饮品和娱乐

夏日的伊宁，酸奶刨冰和格瓦斯是两种必须要尝的饮料，前者可谓是伊犁的"国民冷饮"，5元钱就可以获得的清凉愉悦；后者来自俄罗斯，是烤肉的绝配，可惜通常在9月中旬以后就不大供应了；手工冰淇淋也是伊犁让人怀念的特产，维吾尔语叫Marajun，在汉人街和喀赞其都吃得到。专门的咖啡馆在伊宁还很少，仅有的几家大多主力卖简餐。

依孜海迩冰淇淋　　　　　冰淇淋 ¥

（见304页地图；☎139 0999 4142；前进街、胜利街路口；人均20元；⌚12:00至午夜）带有醇正浓郁奶香的手工冰淇淋店，广受本地人和游客欢迎。记得点一杯酸酸甜甜的樱桃汁或石榴汁，与冰淇淋绝配。

春天里现场音乐酒吧　　　　酒吧 ¥¥

（见304页地图；☎898 3618, 182 99266590；伊犁市开发区福州路苹果二期东门；⌚20:00至次日2:00）伊宁本土的音乐现场，平时有本土乐队演出，有时候也有外地乐队的巡演。演出日门票为50~70元/人，非演出日和一般酒吧一样，最低消费300元/桌，需要提前订座。

🛍 购物

如果你对西域文化感兴趣，那么伊犁称得上是一座购物的宝库。在汉人街和周边熙熙攘攘的市场当中,有不少销售颇具民族特色的木碗、木勺、木花瓶、羊角鞭、锡伯族烟袋、马鞍和民族服装的小店。这些工艺品多为手工制作,价格也较合理。除了本地特色之外,舶来品如哈萨克斯坦、俄罗斯和土耳其的商品也到处都是。

买巴旦木、葡萄干等干果,可以去汉人街。薰衣草产品到处都是,"解忧公主"和"伊帕尔汗"算是大厂品牌。

阿里屯茄谱日克商贸市场　　工艺品

(见304页地图;胜利南路近新华东路路口;⊙10:00~20:00)又叫作哈萨克巴扎。这里云集了二十多家哈萨克族手工艺商店,从地毯到帽子,从裙子到冬不拉都是真正的哈萨克族制作,即使在新疆也算得上独此一家。

塔塔尔刺绣服装店　　服装

(见304页地图;☎137 7914 8097;喀赞其伊犁街;⊙10:00~20:00)可能是中国唯一的一家塔塔尔族服装店。主人帕઼努尔·艾尼瓦尔是塔塔尔族刺绣的非物质文化遗产传承人,她甚至能做出一套17世纪喀山风格的裙子。

阿塔西音像中心　　音乐

(见304页地图;☎678 3991;红旗路26号;⊙10:00~22:00)可以买到无数维吾尔族、哈萨克族以及中亚各族的民间音乐和流行音乐唱片。

❶ 实用信息

危险和麻烦

伊犁总体是个安全的城市,不过要小心在汉人街这种拥挤地段的小偷,我们听到不止一例游客手机和钱包被盗的故事。

紧急求助

伊犁哈萨克自治州公安局(☎806 3000;斯大林西路111号)

伊宁市旅游投诉(☎835 9405)

伊犁哈萨克自治州旅游局(☎802 9496)

出租车投诉(☎812 0420)

医疗服务

伊犁哈萨克自治州友谊医院(☎802 2912;斯大林街92号)有着近百年历史的三级甲等综合医院。

伊犁州客运中心主要目的地车次表

目的地	发车时间/班次	票价(元)	行程(小时)	备注
乌鲁木齐	11:00座位1班;19:00~21:00卧铺16班	140~180,视车型和季节	12	
喀什	14:00, 16:00	330	48	冬季、春季只有一班
博乐	10:50~16:50 每小时1班	60	4	经过赛里木湖
库车	16:00	210	18	经过巴音布鲁克和独库公路
库尔勒	10:00	190	20	经过和静
阿勒泰	15:00	270	48	
新源	10:00~19:00, 12班	32	4	
特克斯	10:00~18:40约半小时1班	27	3	
昭苏	10:00~18:00约半小时1班	33	4	
那拉提	10:00, 12:00, 15:00	43	5	
种蜂场	13:00	35	4	可换乘至唐布拉和乔尔玛
霍尔果斯	10:00~18:00半小时1班	19.5	2	
清水河	10:00~18:00半小时1班	14	1.5	
察布查尔	8:40~20:40 半小时1班	5	1	终点站直达锡伯风情园

更快更特别的"线路车"

州客运站门口有一圈停车位写着"博乐""特克斯""昭苏""新源"等字样,这就是伊犁谷地的另外一个快速公共交通方式:线路车。它是指那些合法运营的小车,通常人满发车。不仅在伊宁,其他市县客运站门口也有,价格通常比大巴贵起码三成以上。

线路车的好处不仅是比大巴更快,有些还走特别路线。譬如伊宁到昭苏,大巴要绕经特克斯,但夏天时线路车则翻越3000多米的乌孙山走伊昭公路,可以看到不一样的风景,也有了更多拍照的可能,尽管没有包车那么随意。[LP]

银行

四大行遍布全城。

中国银行(解放西路196号)有24小时自助银行。

中国工商银行(解放西路138号)

中国农业银行(飞机场路3号)

中国建设银行(解放西路162号)

邮局

伊犁哈萨克自治州邮政局(斯大林街3巷25号北侧)位于市区中心,地点非常便利。

图书馆

伊犁哈萨克自治州图书馆(斯大林西路66号)可以查到伊犁哈萨克自治州的相关文献资料。

上网

绝大部分青年旅舍和酒店都提供Wi-Fi,餐厅的普及率也在提高。

旅行社

大部分酒店和旅社都能安排诸如赛里木湖、喀拉峻或那拉提的一日游或两日游,价格都差不多。你可以考虑参加**小安户外俱乐部**(816 6809;微信公众号:ylxahw)的活动,他们每个周末都会组织一些很冷门的一日游徒步如恰西草原,也会组织长线的喀纳斯或乌孙古道徒步,可以提前关注其微信公众号。

❶ 到达和离开

飞机

伊宁机场(见304页地图;822 2332)就在城北,乌鲁木齐每天有多班飞机往返于伊宁与乌鲁木齐之间,通常提前订票不过两三百元。还有到成都和克拉玛依的直飞航班,北京、西安和南京有经停航线,但并不是每天都有。

长途汽车

伊宁有多个汽车客运站,但作为游客,你只需要关注州客运站基本就可以了。**伊犁州客运中心**(见304页地图;812 1937;解放西路201号)有发往伊犁内外的长短途汽车。你还可以通过新疆客运站的微信公众号"客运站"(xjkeyun)购买州客运站的始发车票。

农四师客运站[阿合买提江街7巷4号(军垦路附近)]运营开往农垦各团的班车;大世界商场门口有去惠远古城的面的。

火车

伊宁火车站(772 6222)距市区约5公里。往来乌鲁木齐的夜班车有4趟(硬卧中铺144元),通常10~12小时可达;不过最舒适的还是白天开行的两趟"北疆之星",到乌鲁木齐最快5小时45分钟(软座128元)。

除此之外,伊宁还有开往喀什、西安和上海的长途直达车。K9765次车还可以前往霍尔果斯口岸,早上7:10由伊宁火车站开出,约1小时后抵达霍尔果斯;硬座12.5元。

❶ 当地交通

抵离机场

3路公共汽车可以到达机场大院门口,需再走七八分钟林荫道。机场巴士往返于机场至市区国航售票处,票价10元。因为距离太近，乘坐出租车性价比最好。

公共汽车

伊宁市区有超过20条的公交线路，票价多为1元。运营时间为：夏季8:30~21:00，冬季9:00~20:30。在上下班高峰期，公共汽车非常拥挤。

旅行者可能会用到的路线有：1路公共汽车开往客运中心，3路开往机场方向和伊犁河大桥，17路则连接了火车站和汉人街。

出租车

出租车起步价7元，2公里后每公里1.8元左右。在市区大部分地区10元上下，至机场15~20元。如果所去的目的地超过10公里，则需额外支付空驶费。

滴滴已经在伊宁提供服务。

租车

在伊犁河谷旅行，租车自驾是更方便的。除了通过手机App如神州租车（提车处在机场旁），本地的一些租车公司也提供差不多的服务。**赛龙租车**（见304页地图；8159876；解放西路514号上海城一期大门东20米）是其中口碑较好的一家，普通的轿车一天的租赁费用通常是260元起。你也可以选择包车，由本地司机驾驶。

伊宁周边

以伊宁为居住基地探索周边，可以一日

伊宁周边

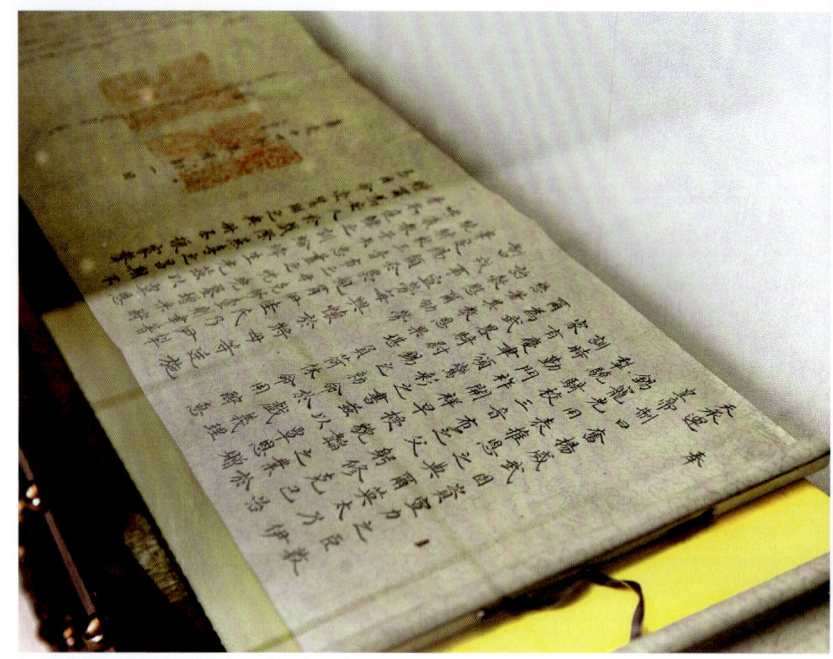

锡伯民族博物院里展出的清政府颁给锡伯族的圣旨。

游往返的通常是赛里木湖,以及霍城县、察布查尔县和伊宁县的景点。霍城县的惠远古城、霍尔果斯口岸及清水河附近的薰衣草园常常与赛里木湖打包在一起,成为一日游或两日游的常见路线。

察布查尔

伊宁对面,伊犁河南岸的察布查尔锡伯族县(当地人往往简称为察县)是中国仅有的锡伯自治县,他们始终在亚洲的中心怀念东方的故土。在1764年,锡伯族的祖先受乾隆之命,从满洲盛京,穿越蒙古各部,翻过阿尔泰山和天山前往伊犁戍边,史称"大西迁"。1765年底,他们到达伊犁河南岸,把这片沃土命名为察布查尔,就是"粮仓"的意思。

或许是因为远离故土,新疆锡伯族尤其重视保留自己的文化,这里迄今仍有全世界唯一一份锡伯文报纸。因为锡伯文的创制取材于满文,所以察县也就成了满洲研究的一个活化石。

◎ 景点

锡伯民族博物院 博物馆

(✆394 8889;察县孙扎齐牛录乡;门票45元;☉夏季10:00~20:00,冬季10:30~19:30)博物馆是你认识锡伯文化的最好开始。你会看见庞大的城墙,这是新建的"锡伯古城"。博物院内设历史厅、近现代史厅、弓箭厅、射箭场、民俗厅等,展示锡伯族西迁后的历史、文化、艺术、建筑、工艺、宗教信仰和民俗风情。锡伯族人以擅长弓箭著称,旅行者可以在射箭场体验锡伯族弯弓射箭的乐趣(3元/支)。

靖远寺 寺院

(✆394 8326;靖远北路八巷;免费;☉9:30~13:30,14:30~19:30)与博物院一墙之隔的靖远寺俗称喇嘛苏木,建于1888年,为模仿承德安远庙的产物,现有山门、天王殿、伊犁边防史馆。

大雄宝殿、三世佛大殿等建筑。除寺院挂有经幡外，其余部分融合了中原文化与锡伯族的建筑艺术。在靖远寺旁，有关部门在复建关帝庙、娘娘庙、土地庙，将形成一个庞大的锡伯文化风情园，每年的西迁节（农历四月十八日），这里都会有精彩的锡伯文化展演。

纳达奇牛录关帝庙　　　　　　　　寺院

（图公北街东三巷1号；免费）想进一步了解锡伯文化，县城里的关帝庙是个好去处。需要找左侧民居院内的工作人员开门。纳达奇牛录关帝庙始建于1907年，现仅存山门、娘娘庙，供奉着关羽、关平、周仓的神位。正殿内侧，有两组各12幅彩绘的《三国演义》壁画。院内还有一个图波特纪念馆，其正脊上是弓箭图案。图波特是清代的锡伯营总管，主持开凿了伊犁第一个人工农田大渠。

中华弓箭文化博物馆　　　　　　博物馆

（132 0112 2755；殷登路布哈街；门

☑ 不要错过

全新疆最好吃的包子？

如果你是自驾去惠远古城，走国道出城的话会路过巴彦岱镇，镇上的包子远近闻名，被认为是伊犁第一，甚至是新疆第一。薄皮包子色白油亮、皮薄如纸、肉嫩油丰。烤包子皮脆肉嫩、味鲜油香。最受欢迎的是**一绝包子**和**桥头包子**，很多时候需要排队。

票20元；3月至12月9:00~20:00）博物馆内展示着32种来自国内外的弓和450支不同类型的箭，还有150余件射箭护具。这里不定期开放，参观前最好电话预约。

✖ 就餐

察县拥有最地道的锡伯风味餐。不要错过**田金羊杂碎店**[130 9511 5216，362 1920；察县杜林拜街喀达兰巴巷（步行街内）；爆炒羊杂50元；11:00~15:00]，它是察县最有名的羊杂老店，只做午餐，分量很大。

❶ 到达和离开

与伊宁近在咫尺的察县有很多公交车和小巴往来伊宁市区，不过对游客最方便的还是去州客运站搭乘班车，公交编号为506（需售票厅购票），半小时一班，末班车晚上8:40。班车的终点站就是锡伯风情园。如果在县城下车，乘出租车去风情园要20元。

惠远古城

（惠远镇新城村；门票85元；9:30~20:00）清朝的伊犁将军在伊犁河谷建设了九座城池，人称伊犁九城，今日的伊宁市就是当年的宁远城，惠远城则是最先建设的，但于1871年遭侵占伊犁的沙俄拆毁。1882年收复伊犁后，清政府依老城格局重建新城。现在，老城仅剩北面和东面的残墙，我们说的古城，其实是19世纪末的"新城"。

★ 值得一游

轻松拍摄薰衣草

如果你只是路过看看薰衣草,那真不用特别操心,6月去霍尔果斯口岸或是去察县,常常在路边就能与薰衣草不期而遇。但如果你就是想拍薰衣草,那么专门为游客设计的薰衣草园则更合适。**解忧公主薰衣草园**(📞322 1589,137 7913 6699;www.jygz.com;霍城县清水河镇上海南路;门票35元;⏱夏季9:00~20:00,冬季10:00~18:00)是一个薰衣草观光园,也是婚纱照的布景地,夏季园内芳香阵阵,能够看到不同花期的品种,还有洋房、稻草人,很适合拍出标准的观光照。进门处有一个关于薰衣草起源、产地、标本、工艺的薰衣草博物馆和精油萃取车间。**汉家公主薰衣草种植基地展览园**(门票20元;芦草沟镇)规模也很大,超过200亩。

解忧公主园就在清水河镇上,伊犁州客运站有频繁的班车抵达(14元;1.5小时);汉家公主园自驾比较方便,连霍高速往清水河开,看到路标芦草沟镇后下高速。沿辅道向西,10分钟后即可到达。

如果想看那种不是种给游客看的薰衣草,那么在清水河也可以乘坐2路公交车到65团的粮库,走去地里便可看到了。此外,察县也有大量种植薰衣草的团场,你可以去锡伯风情园的时候包当地司机的车请他带你去。Ⓛ

解忧公主薰衣草园。

惠远古城的"惠远"是乾隆皇帝亲赐之名,取"大清皇帝恩德惠及远方"之意。古城曾经繁华一时,当时城内建筑整齐,以钟楼为中心,一横一竖两条笔直的大街直通四个城门(现仅存两个),交会处即为城中心的钟楼。

从任何一个方向进入惠远古城,首先入视野的便是这座钟楼。这座四层木结构建筑高约24米,登楼参观,需10元参观费。在钟楼上,可以将整个古城景色尽收眼底。

离钟楼最近的一组仿古建筑群是**伊犁边防史馆**。这是一个以边防、边境、边陲、边民、边情、边塞、边疆、边关等为主题的展馆。左侧为边防馆,右侧是屯垦馆。馆内用实物、绘画、雕塑、图片等形式展示自汉唐以来伊犁人屯垦戍边的历史。边防史馆后面是**林则徐戍所**。这座戍所依林则徐原戍所的四合院样式修建而成,不过并非原址重建。戍所坐北朝南,迎门是照壁,中间是正房,东西各有厢房。戍所内陈列着林则徐在伊犁期间的日用物品和一尊等身蜡像,布置较为简陋。

由边防史馆往东约150米是**伊犁将军府**。这是一个坐北朝南的四合院,由庭院、营房、二堂、东西厢房、内宅四合院和后花园、库房组成。将军府朴素简洁,院内有四棵古树和两尊造型粗犷拙朴而表情可爱的石狮。将军府一墙之隔的古建筑是文庙。钟楼和将军府是惠远古城同一时期的建筑。

边防史馆外有开往老城的公共汽车,车费2元,车程约需30分钟。停车处是一个小超市,如果没有等到返回惠远古城的公交车,可以搭停在超市门口的三轮车,车费同样为2元。惠远老城就在伊犁河边,周边有零星村落和一个清真寺,在老城村外的大片农田是拍摄伊犁河日落的绝佳位置。

如果你不进将军府和边防史馆,只是随意逛逛的话,无须购票。

惠远古城内的餐馆主要集中在钟楼周边。出东城门外,还有一条小街,零星有几家清真餐厅。

伊宁大世界商场门口有专线车(15元,1小时);最晚发车时间约为20:00。你可以在那换乘去霍城县城再到霍尔果斯口岸。

霍尔果斯口岸

(门票 凭第二代身份证参观,18号界碑30元;观光车30元/人;⊙9:30~14:00,16:00~19:30)霍尔果斯口岸位于伊犁哈萨克自治州,与哈萨克斯坦隔霍尔果斯河相望,它早在1881年正式通关,是中国最早向西开放的口岸。现在,霍尔果斯口岸是中国向西面对中亚、西亚乃至欧洲距离最近的口岸,也是精伊霍铁路、连霍高速公路、G312国道和中国—中亚天然气管道的终点。

如果你不是过境进入中亚,并没有太大的理由来这里。国门收集爱好者和想购物的人可以到此一游。你可以选择在口岸内步行游览,也可以乘坐观光车到各景点。参观霍尔果斯口岸也可以顺带去**中哈霍尔果斯国际边境合作中心**,名义上,你能进入中哈两边的国土上,护照可以免费进入,身份证则需要办个单次通行证(20元)。这里有建筑面积约2000平方米的中免商场,是新疆首个免税购物中心,有很多哈萨克斯坦纪念品出售。

口岸大楼附近也有几个类似批发市场的购物中心。同时销售来自中国、哈萨克斯坦和俄罗斯的商品,真假难辨,但能给你提供砍价的乐趣。

伊犁客运中心和大世界客运站有发往霍尔果斯的班车,约30分钟一班,车票约20元。乌鲁木齐与霍尔果斯之间则有每日对开的旅客火车。到霍尔果斯口岸的汽车停靠在霍尔果斯国际汽车站,这是一个非常小的边境车站,每天有不少跨境班车到哈萨克斯坦口岸一方。

吐虎鲁克·铁木尔汗麻扎

(霍城县境内农四师61团7连;门票30元,穆斯林免费)吐虎鲁克·铁木尔汗麻扎亦称"大麻扎"(维吾尔语"陵墓"的意思),是伊犁最受游客忽略的重要历史遗址,它是中国现存唯一的元代皇陵建筑,同时也是察合台汗国古都阿力麻里城(Almalik苹果城)现存唯一的地面遗址,中亚曾经的主人,就生活在这消失的大城之上。

吐虎鲁克·铁木尔又译为秃忽鲁帖木儿,是成吉思汗第九代孙,次子察合台汗的后裔,也是中亚地区第一个信奉伊斯兰教的蒙古可汗。他曾带领16万蒙古部众皈依伊斯兰教,对伊斯兰教在新疆的传播起到了重要作用。不幸的是,他只活了34岁,死后按伊斯兰教习俗安葬,据说是由第二任妻子从巴格达和撒马尔罕请来了最好的工匠修建。

大麻扎占地22亩,是一座具有浓郁的伊斯兰教风格的古代砖木结构建筑。陵墓坐西朝东,大寝殿如方形横卧,顶部为穹庐形,无立柱横梁,室内有暗梯可登临其顶;正面墙壁用紫、白、蓝三色琉璃砖镶成各种美术图案,精致华丽,拱形的门额上两侧有华丽的阿拉伯文颂词,很容易让人联想到阿富汗、波斯和莫卧儿那些著名的陵墓。

吐虎鲁克·铁木尔汗麻扎的旁边传说是他妹妹的麻扎,院子里还有他的雕像,这就是中亚帝国——察合台汗国留下的最重要痕迹了。

伊犁农垦客运站有发往61团的班车,清水河镇也有去61团的小车,但场部离大麻扎还有3公里。最好的方法是包车或自驾去霍尔果斯口岸、惠远古城时顺便前往。

速檀·歪思汗麻扎

(门票30元;伊宁县麻扎乡)速檀·歪思汗麻扎纪念的是东察合台汗国的歪思汗(成吉思汗第十代孙)。速檀也就是苏丹的意思。这里是一座古老的中国亭阁式建筑。麻扎坐北面南,巍峨高耸,塔顶月牙形塔尖直指碧空,藏在一片密林之中,与周边环境截然不同。

歪思汗又被称为亦力把里王,控制着伊犁河流域。1428年,歪思汗在伊塞克湖作战时身亡,归葬伊犁。据传,歪思汗死后葬于博尔博松河滨,后人为了纪念他,于1876年重建此墓。

☑ 不要错过

免费的风景——穿越唐布拉到乔尔玛

伊犁河的三条支流,巩乃斯河旁的伊犁河谷是康庄大道,南边特克斯河的昭苏和特克斯也吸引了越来越多的游客,唯独尼勒克县北天山间的喀什河河谷游客还很少。但实际上,这里有完全不逊色的峡谷和草原美景,长达百里,号称"百里画廊",并且有机会在5月见到神秘的天山红花。

伊犁州客运站有频繁的班车发往尼勒克(21元;2小时),中间经过速檀·歪思汗麻扎后,将近尼勒克县城的时候,喀什河畔广阔的次生林一派迷人的森林湿地景象。在尼勒克汽车站换乘至**种蜂场**的小车(38元;2.5小时),到达种蜂场后河谷豁然开朗,两岸台地丰茂的草原上芳草茵茵,云杉林苍翠挺拔。除了草原、牛羊、流云、雪山、蒙古包,基本看不到什么游客。这段河谷长达一百多里,所以人们又把**唐布拉草原**称作"百里画廊"。

麻扎主建筑以北，还有一个土台，上有一拱形的墓葬，建筑物已不存，仅遗有四个木桩的痕迹，据说是歪思汗的母亲之墓。

从州客运站搭乘开往尼勒克的班车（21元；到麻扎约1小时），经过麻扎乡的时候，下车右转步行七八分钟即到。

博乐

电话区号 0909

博乐市是博尔塔拉蒙古自治州的行政中心，一条北京路纵穿市区，像北疆大部分的新城一样整齐乏味。它是伊犁北上的一个重要换乘地点。如果你从阿勒泰南下，在这儿换乘去赛里木湖（见264页）正合适。

◎ 景点

市区可看的点不多，如果时间充裕，可以去北京南路的**博乐滨河公园**（北京南路，电视台对面；⊙24小时开放）转转，夏天能看到水上的银鸥、燕鸥。沿北京路继续南行，在锦绣路路口右拐，有**博尔塔拉蒙古自治州博物馆**（☎768 8862；锦绣路9号；免费；⊙9:30～13:30, 16:00～20:00, 周一闭馆），这里的一楼为民俗馆，陈列着蒙古族的战斗与生活用具、奇珍异宝，如狼夹、打马印的工具、木钻、皮铲、苏日克、蒙古象棋、金属马鞍、兽医器械，还有神秘的《蒙古秘史》、蒙医中的正骨术介绍等。二楼为历史馆，介绍博州的历史，陈列有察合台金币、像猫头鹰一样的草原石人等。

怪石峪　　　　　　　　　　自然景观

（☎767 9888；第5师84团；门票68元，区间车10元；⊙10:00～20:00）怪石峪属于兵团管理范围，也叫"怪石沟"，整个风景区东西延伸18公里，南北宽约13公里（最大宽度22公里），总面积230平方公里，是目前已知的世界最大的象形怪石群落。乘坐观光车沿溪流而行到主景点，你可以顺着栈道爬上石山，目光越过漫山遍野的奇怪形状的石头可以看到山另一边的哈萨克斯坦。

没有班车能到。自驾沿北京北路一直往北到头，能看到一个微型的"怪石峪"路牌，左拐行驶400米，在第一个交叉路口右拐进入Z564，能看到同样的"怪石峪"路牌，直走8.5公里后途经84团，继续沿着Z564走，23公里后到达怪石峪景区大门。

阿拉山口　　　　　　　　　　口岸

也许只有国门爱好者会来到阿拉山口口岸，它是新亚欧大陆桥土耳其斯坦—西伯利亚铁路与北疆铁路的交会点，还是中国与哈萨克斯坦的边界要塞及口岸，以8级以上的大风天气著称，最大瞬间风力可达12级至13级。

从种蜂场到乔尔玛大约80公里，处处风景，有一个说法是唐布拉草原南北共有113条沟，每条沟都美得动人，但只有距离乔尔玛约30公里险峻的**"小华山"**（15元）需要收门票。一路上草原的毡房都可以投宿，一个毡房100元起，不过牧民通常在10月中旬就会转场。

东行到峡谷的终点**乔尔玛**，就到了独库公路的地界。乔尔玛是修筑公路时代形成的小镇，三岔路分别通往车库、独山子和伊犁。河南边的**天山独库公路烈士纪念碑**纪念修筑独库公路的历史，**烈士陵园**中埋葬了168位筑路英烈的遗体，守墓人陈大叔就曾经是筑路工程兵的一员。

在我们调研时，乔尔玛到种蜂场开始拓宽修路，预计会影响通行速度两年。所以伊犁州客运站到唐布拉和乔尔玛的班车全部停运。但是只要坐车到种蜂场，就能顺利搭到各种班车进入唐布拉草原和乔尔玛。如果是自驾，也有一条路从新源县北上到种蜂场，约60公里，路况同样不好。除了毡房，一路上有不少乏人问津的过气度假村，乔尔玛则只有一个简陋的二楼"宾馆"。 ⓛⓟ

怪石峪。

这个寂寞的小镇游人罕至，在汽车站搭乘几乎没有乘客的1路公交车（1元）可以到达"国门"。那里花30元可以进入**国门旅游区**（☎699 8111），但并不能抵达真正的边境。汽车站旁有一个不大的**万国旅游购物商场**（准葛尔路和文化路十字；⏰10:00~21:00），里面仅有十几家商铺，淡季价格便宜。值得一提的是，火车和汽车都会路过新疆最大的咸水湖——**艾比湖**，远眺朦胧的浅滩和牛羊，金色的阳光下湖面像一缕丝带，但是雨季之外，它只是一片巨大的、白色的盐碱滩。

阿拉山口口岸附近有一条边防公路深入艾比湖北岸，直抵**甘家湖白梭梭林自然保护区**，那是世界最大的白梭梭林，胡杨林和野生动物依然在那里生存，遗憾而又庆幸的是，没有森林公安的特别许可，车辆是无法进入这条公路的。

从博乐到阿拉山口要到东郊客运站坐车（14.8元；1小时；10:00~20:00滚动发车）。

🍴 食宿

北京路集中了不少商务酒店，顾里木图路的老一小附近则集中了蒙古族、回族、汉族、维吾尔族、哈萨克族、锡伯族美食。商业街每天20:00以后有夜市。

鸿宇电力宾馆　　　　　　　酒店¥¥

（☎628 0888，628 0666；北京路312号；标双200元；📶 P）当地一家比较老牌的三星级宾馆，共有69个房间。中式装修，房间较大，有冰箱和网线，设备保养得不错。

小天鹅第一分店　　　　　　新疆菜¥

（☎135 1997 4066；顾里木图路一幼对面；人均30元；⏰10:00至午夜）颇具哈萨克风情的特色餐厅。菜单有两份，一份是正餐，另一份是快餐，东西都差不多，快餐更适合个人旅行者，试试特色胡尔达克（小份40元）、马肉纳仁（30元）也不错。

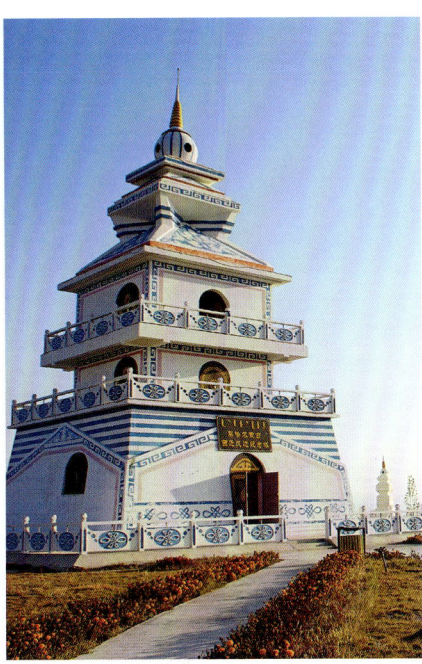

察哈尔蒙古西迁戍边纪念塔。

另辟蹊径

去温泉县泡温泉

地处边陲的温泉县还真是因为温泉而得名。三大温泉分别是"圣泉"博格达尔温泉、"天泉"鄂托克赛尔温泉和号称"仙泉"的阿尔夏提温泉。后两者都地处偏僻的乡里,自驾更容易到达。

"圣泉"**博格达尔温泉**则很方便抵达,就在温泉县城的北边2公里,去博乐的公路的右边。博尔塔拉河在泉畔蜿蜒流过,河谷中花草树木,浓绿可人。温泉有30元/人的本地人大池,也有68元/人的温泉游泳池及200元/间的私人池子。水温适宜。旁边也有客房可以住宿。

温泉旁边是博格达尔山,有阶梯可以上去,山顶建有**察哈尔蒙古西迁戍边纪念塔**。"察哈尔",原波斯语,是"汗之宫殿卫士",即"大汗护卫军"的意思。塔周身白色,蓝白相间勾勒的图纹点缀其间,宛如阳光下圣洁的哈达,视野极好,温泉县城附近漂亮的湿地和森林一览无遗。从塔的另一侧可以下到县城客运站附近。

圣泉的公路对面则是漂亮的湿地公园,有步道可以进入游览。在我们调研时,新疆北鲵科研宣教中心已经建成,可以免费参观,了解活化石新疆娃娃鱼是怎样在中亚的湿地存活下来的。

博乐到温泉要去西郊客运站乘坐班车(17元;2小时;10:00~20:00滚动发车)。客运站到圣泉乘出租车5元即可,跟司机说"亚联"(温泉疗养院)就知道。温泉县城宾馆众多,普遍100元出头就能拿下一个标间。

到达和离开

飞机

博乐机场每天有3趟飞机往返于博乐和乌鲁木齐。

长途汽车

除了去阿拉山口的东郊客运站和去温泉的西郊客运站,博乐去其他地市的班车都在南城的**客运总站**(222 3312)。主要目的地有乌鲁木齐(160元;9:00~18:00每小时一班;6小时)、伊宁(60元;10:30~16:30每小时1班;4小时)、塔城(85元;11:00;4小时)等。

火车

遥远的火车站距离市区45公里,相对汽车来说并不是一种好的选择。目前有两趟从阿拉山口发出,终点站是乌鲁木齐的客车(5802、K9764),但从博乐出发的时间都不太好。

当地交通

博乐没有机场大巴,从机场乘出租车到市区100元,拼车30元/人。1路公交车连接了客运总站、博物馆、市区和西郊客运站。出租车起步价5公里,2公里后每公里1.8元。

没有红绿灯的八卦城

为什么在遥远的伊犁会出现一个八卦形状的城市,至今仍是一个谜。一种比较可信的说法是,"新疆王"盛世才的岳父邱宗浚精通堪舆学。1936年,邱宗浚在伊犁担任屯垦使期间,用丘处机设计的八卦城雏形,建筑了八卦形的街区。

整个县城以太极坛为中心,向八个方向辐射出八条主街道,由四条环城路串起这八条主道。县城的道路是环环相扣的,中心广场转盘逆时针单循环通行。为了旅游宣传的需要,只在阿扎提街的2环和3环、阿克奇街放置了3个临时红绿灯,它们随交警一起上下班。每条街的路牌不明显,很容易迷路,但迷路后只要返回县城中央即可。全城限速每小时40公里。

八卦街的正中央,也是整个城市的最中央是**太极坛**(见307页地图;门票10元),里边的展览有一些特克斯建城的历史,在二楼顶上看八卦城,能隐隐看出些端倪。

现在,特克斯的八卦形县城已经满足不了城市发展的需要。当地政府将投入10亿元,用3年时间在S220省道的另外一侧兴建一个新城区——九宫新城。新城区由四横四纵的16条街道分成9个格状社区。LP

特克斯

电话区号 0999

只有从空中俯瞰或卫星地图上看,你才能看到传说中特克斯县城街道形成的那张八卦图(见307页地图)。但走在非常有规律的街巷中,你会忽略那些八卦,只被各种颜色的民居吸引。那些大胆的丁香紫、胭脂粉、苹果绿外墙,融合了俄式建筑风格,精雕细琢的铁艺门廊,是伊犁地区伊宁之外仅见的,这也让特克斯与新疆那些全新的县城格外不同。

大部分游客来到这里是为了西天山中的高山草原,作为世界自然遗产天山的一部

视觉中国 提供

喀拉峻草原花海。

分,喀拉峻至琼库什台的层层草坪上,拥有世上罕有的草原、雪山、森林和眼前的壮观奇迹。

◎ 景点

八卦公园　　　　　　　　公园

(见307页地图;662 0330;S220省道旁;免费;夏季9:30~20:00,冬季10:30~19:00)八卦公园在从阿克奇街(兑街)入城的S220省道旁。这里有一些关于八卦城的介绍,中央是一个八卦展览馆,参观时需请人讲解。但它真正的亮点是正在修建的摩天轮,在2017年启用后,将成为观看特克斯八卦格局的最好去处。

喀拉峻草原　　　　　　　草原

(668 0177、668 0111;门票 阔克苏大峡谷40元,西喀拉峻40元,东喀拉峻40元,中天山雪峰40元,区间车 阔克苏大峡谷50元,东、西喀拉峻90元,中天山雪峰90元,游

船80元，漂流200元，执行优惠价120元，游艇160元；全景游门票355元，执行优惠价255元，各门票车船票当次有效；◎全天）在哈萨克语中，喀拉峻有"黑色、肥沃、辽阔的莽原"之意，它指的是天山下一片巨大的山地草甸，它东西长89公里、南北宽32公里，总面积达2848平方公里。海拔更是在1305～3957米，高差可以容下五岳之类的名山。在见惯了天苍苍野茫茫的高原草原后，这独具一格的天山立体草原一定会让你大为惊叹。每年5月鲜花盛开的时候，草原就被上百种牧草点缀得五彩缤纷，大批哈萨克牧民将羊群转场至此。

2013年入选世界自然遗产的喀拉峻草原加快了建设，景区扩大了数倍，包括阔克苏大峡谷、西喀拉峻、东喀拉峻、中天山雪峰、天籁之林、库尔代大峡谷密叶杨林景区，甚至打算将过去免费的琼库什台草原也囊括了进来。未来这里将是一个和喀纳斯体积相当的超大景区，游览成本也会随之增加。

景区内的面积很大，所谓全景游的套票会耗费掉你一整天的时间，且大部分时间在坐车，不妨考虑在这里过夜。

观光车首先会环绕西喀拉峻景区，然后前往东喀拉峻，车程单程大约1小时。东西喀拉峻的交界处位于世遗展示中心，也是景区内住宿地的老板一般前来接住客的地方，你可以第1天游玩西喀拉峻，在世遗展示中心处下车，乘坐住宿老板的车前往住宿地。第2天返回世遗展示中心，乘车游玩东喀拉峻景区再行离开。

西喀拉峻景区内主要有**望玉台、旱獭栖息地、两仪台、叠浪谷、石泉、饮马湾、一棵树**等景点，可以乘坐观光车依次停靠游览。其中两仪台、叠浪谷和石泉距离区间车停靠点还有一段距离，需要从停车点徒步约半小时到达，也可以在停车点乘坐当地人的摩托车，大约50元。西喀拉峻景区以连绵起伏的丘陵式景观为主，叠浪谷便是典型的丘陵

琼库什台牧民民居。

草原，夏季时绿意层叠，是摄影的好地方。

东喀拉峻位于深处，也是整个草原的精华区域，这里最著名的有**五花草甸、鲜花台、库尔代森林大峡谷、三极夷平面观景台和猎鹰台观景点**五处景点，既有雪山、草原风光，也有森林峡谷等，景色多样，非常优美。不过五个景点距离观光车的停车点都有一点距离，可以从停车点徒步0.5~1小时到达，或乘坐摩托车前往，大约50元。五花草甸和鲜花台是其中最为精彩的景点，一处是五彩野花遍布的开阔草原，一处可以拍摄草原背后的雪山，都非常漂亮，是景区内不能错过的精华。喀拉峻最灿烂的花期则是五六月。

不要错过套票包含的**阔克苏大峡谷**，你需要乘坐游船（库什塔依码头—库尔台码头）进入景区，在水中欣赏峡谷和草原的美景，也可以花费120元进行半个小时的漂流，口碑不错。未来在库尔台的索道站可换乘索道（在建）并进入西喀拉峻景区，或换乘区间车到中天山雪峰（琼库什台）、天籁之林、九曲十八弯、库尔代大峡谷密叶杨林景区。

尽管喀拉峻的区间车系统看起来很复杂，但你只要记得区间车的核心点叫**乌孙夏都**就可以了，几个方向的区间车都会经过这里，乌孙夏都也是目前最主要的住宿点，有很多哈萨克毡房。价格略贵，500元/毡房，可以住10人。或是100元/人，不过景区内的食物相对公道，拌面和抓饭在25~30元。可以提前预约毡房（☎152 9900 8883，152 9921 9080）。

喀拉峻景区现在有两个大门，一个新门，一个老门。公路先到新门，这里有景区服务中心和宽阔的停车场，但是从这里进入景区是必须要坐船的，必须买"壮美游"的门票。如果只想看看喀拉峻大草原，继续向前大约10公里，到达布拉克门票站，购票换乘景区的区间车进山即可。

从特克斯县城到喀拉峻要去汽车东站乘坐专线巴士，35元/人，包车的话往返400元/车，

琼库什台牧归。

可以跟司机讲好接送时间。

琼库什台　　　　　　　　　　村落

琼库什台草原上的琼库什台村是个天山半坡上的哈萨克族牧民村庄，乌孙古道的北入口，它藏在深山之中，却被认定为国家历史文化名村。

这里几乎所有的民房都是木建筑，有的房子是由整根原木搭建的，有的房子是将原木从中间一分为二，通过掏、榫、拱等各种工艺搭起来的。村庄四面环山，房屋依水而建，村里人畜饮水及生活用水均来自库尔代河，河谷较宽，常年水流不止。

最早定居于此的人叫霍及克，他发现这里水草丰茂，在19世纪80年代带领25户哈萨克族牧民迁移至此。之后定居于此的牧民越来越多，多半归属两大部落。20世纪20年代，这里建立了千户长制，公共设施开始出现，1920年建了桥，1937年小学落成。直到今天，这些木建筑多半还存在，部分民居已

另辟蹊径

天山与喀拉峻之间的阿克塔斯

如果你是那种对收费景区兴趣大失的人，不要紧，沿着去喀拉峻的公路，不要右转进入景区，而是继续东行约十公里，你将会抵达一片辽阔无边的草原。从这片草原上山，徒步一两个小时后，将到达一片更巨大的山间草原，天山的雪山在你眼前一字排开，草原仿佛没有尽头，这就是阿克塔斯牧场。从这儿，你甚至可以俯瞰到喀拉峻的重重峡谷。

"阿克塔斯"哈萨克语意为"白石山"，因山石光白而得名。山脚下徒步沿线的风景没什么特别，但是一旦突破了500米高差，就能来到世外桃源般的空中草原。这里绿草茵茵，山花烂漫，雪峰云杉交相辉映，高山白云相依相伴，伴着天山的日落景象尤其让人震撼。

有一些徒步队伍会从这里走到加撒干草原（见琼库什台），再徒步到琼库什台。这是一条迷人的高山草原两日徒步路线，建议请当地的牧民做向导。

阿克塔斯山下的牧场，不少牧民都提供毡房和食物。通常150元/毡房。如果你只是想骑马上去阿克塔斯观景，来回150元。需要提醒的是，通常国庆以后他们就转场了。

去汽车东站找标有"喀拉峻"方向的班车，司机会带你到阿克塔斯山下的牧家乐毡房（50元），一般人满才走。

注意，北天山的唐布拉草原也有一个同名的阿克塔斯牧场。

有100多年的历史，是哈萨克族牧民们从流动性居住方式向永久性居住方式的演变例证，形成了一个美丽万分的哈萨克木屋天然博物馆。

琼库什台在哈萨克语中是"大平台"的意思。琼库什台沟壑纵横，在草原中颇具阳

刚之美。蓝天白云下是雪山，雪山杉林下是琼库什台，琼库什台下就是喀拉峻。承上启下的它，上达天山，下抵草原和河谷，在溪流、云杉林和草原中始终自得其乐。

村子并不大，东边是一条南北走向的山脊，西边的小河由南向北流入库尔代峡谷的河道，琼库什台就夹在中间，依山傍水。村口的十字路口，往东可以上山看日落、俯瞰全村；往西通向特克斯县城；往北是喀拉峻的徒步线路；往南上山是著名的乌孙古道的入口，徒步全程需要一星期，秋天的景色最美。

从村口往南几百米这段路，无论清晨还是黄昏，景色都非常漂亮，河边散落着哈萨克族牧民自住的木屋，和村里面的建筑相比，少了分商业气息，多了分自然纯朴。换季的时候，沿途能看到很多牧民赶着牛羊转场。在花季骑马上天山是很受欢迎的活动，一个小时五六十元。骑四五个小时可以到一个天山下的漂亮冰湖，需要260元。

除了骑马上天山，最流行的单日户外线路其实是骑马或徒步去喀拉峻草原。琼库什台到喀拉峻大概16公里，途中要翻两座山，先是斜上坡翻过琼库什台村东北方向的山脊，然后沿草原上的土路一直下降到库尔代峡谷，过了河再爬坡穿过云杉林到顶就是加撒干草原了。加撒干往北走一两公里就到了东喀拉峻景区的南入口，那里离鲜花台和观光车的停靠点还有40分钟到1个小时的徒步路程，路上有牧民可以提供摩托车接送，也可以在加撒干的毡房住下，那里有非常壮观的日落景色，第2天再联络车辆出去。徒步需要6小时，骑马的话4个小时左右。我们强烈建议你请向导（向导200元，马200元），因为下坡的时候会出现岔道。

村子超过一半人家都开了民宿，你不用担心食宿问题。通常住宿40元/人，吃饭30元/餐，只有很少部分客栈安装了太阳能热水器。

特克斯到琼库什台的班车在"黑巴扎"（见307页地图；县工商行政管理局对面）乘坐，票价30元，每天下午两班，坐满才走，发车时间不定，13:00至16:00都有可能；第2天早上8:00至8:30往特克斯（司机赛里克江 📞 131 9999 8851、151 9999 8651，沙尔山艾力 📞 151 9998 0052）。包车（50元/人，人满发车）也相当不错，因为一路会经过喀拉峻的"人体草原"景观、天山雪山和同样漂亮的**喀英德草原**（也有很多民宿和毡房），可以随时停下拍照。在我们调研期间县城到琼库什台还在修路，90公里的砂石路面需要4~5小时，两年后可能仅需2小时，但也可能就此

✅ 不要错过

穿越恰布其海到库尔德宁

从特克斯回到伊犁河谷，很多人走翻越乌孙山到巩留的大路。但实际上，如果你沿着特克斯河旁的公路顺流而下，过了喀拉托海乡后，一幅震撼人心的画卷会出现在你面前：河流忽然变成了宽广的蓝色水面，在巍峨的群山中，鸟儿从水草上飞过，骆驼在岸上行走，像是毫无游人的另一个赛里木湖。

恰布其海水库（当地人称为"六乡水库"）是2000年开始动工修建的，历经5年修建而成。它淹没了奇秀惊险的恰布其海大峡谷，却又成就了另一个景观奇迹。湖面58平方公里。据说能使伊犁河流域新增灌溉面积500多万亩。

在我们调研时，水库南岸的公路正在修整，驾车走完整段水域起码需要两小时，两年后将成为平滑的柏油路。驶过水库路段之后下山，是迷人的吉尔格郎河峡谷田园风貌。从吉尔格郎乡右拐向南，可以去到几乎只有伊犁本地人去的**恰西风景区**，同样是天山下的草原和森林，有不少哈萨克族的毡房。左拐向北过河后，有两个方向可选，向右拐会去到莫合尔镇，直行则

并入喀拉峻收费景区。

科桑溶洞国家森林公园　　　溶洞

（门票30元）科桑溶洞是距离县城38公里的一个近3公里长的溶洞，在华南也许让人习以为常，但在天山可以说是独此一家。除了溶洞，其实这里也是一个幽静的森林公园，有着你能想象的天山的茂密森林与辽阔草原。海拔3200米处的加斯勒冰川湖是公园的亮点。

没有公共交通可以抵达。包车需要400元来回，自驾的话去琼库什台方向出去约十公里有路标指示右拐，路况不好。

🏠 食宿

太极坛旁步行距离内集中了很多住宿，而位于太极坛旁的古勒巴格街（乾街）是特克斯最热闹的美食街，几乎新疆所有种类的饮食都能找到，烤肉、抓饭、拌面、椒麻鸡、喀什凉粉等任君选择，也颇有几家川菜馆。

伊途国际青年旅舍　　　青年旅舍¥

[见307页地图；📞181 9791 9609；乾街环3院5号（工行旁）；铺40元起，📶]离美食街和太极坛都很近，改造于传统的种有苹果树的老院子，是特克斯最有青旅社交感觉的住宿。

特克斯天翼国际青年旅舍　　青年旅舍¥

（见307页地图；📞776 5288；博斯坦街阿扎提街二环路路口处；铺40元起，📶 P）由宾馆标间改造而来，优点是每间房都有洗手间，缺点是少了一些公共空间。

万邦国际酒店　　　酒店¥¥

（见307页地图；📞650 0000；科博街—环路5号，近阔步街；标双200元起；📶 P）2016年新开业的酒店，在市中心硬件算是最好的，气派宽敞，价格物有所值。

ℹ 实用信息

银行

特克斯县城只有三家银行，集中于一环与二环之间，三家银行都设有ATM。

中国工商银行[📞662 3047；古勒巴格街（近一环）]

中国农业银行[📞662 3990；古勒巴格街（近一环）]

邮政储蓄银行[📞662 3641；阔步街（近二环）]

邮局

特克斯县邮政局（阔步街，近一环）

进入Z784专线，继续直行，上坡路到库尔德宁景区收费站，购票后还有9公里到库尔德宁停车场。

库尔德宁峡谷景区[📞186 9991 6851，562 0791；门票45元，停车费10元；🕒全天（4月1日至10月底）]和喀拉峻一样属于世界自然遗产——西天山的一部分。这里尚未进行大张旗鼓的宣传和开发，道路也不太好，缺乏公共交通，也没有景区交通车，所以很少有非自驾的自助游外地客来。但它仍然有其吸引人的地方，那就是库尔德宁河峡谷和喀班巴依峰雪山。爱好徒步的旅行者，可以徒步1~2小时到空中大草原，欣赏雪岭云杉。这里植物的过渡性明显。也可以骑马（600元；3~4小时）到世界遗产专家考察的地方，木栈道观景亭旁就有马队，收费80元/时、400~2000元/路线。停车场对面有**库尔德宁接待中心**（📞135 6522 3277，153 0999 9276；景区停车场对面；标双480~580元，普通二人间280元、三人间300元）可以住宿，比较干净。也可以投宿于牧民的毡房。

从库尔德宁回头往北开车几十公里后，便可到S316省道，右拐去新源，左拐去巩留和伊宁。

另辟蹊径
从乌孙古道翻越天山

乌孙古道是指历史上乌孙国与龟兹国之间穿越天山南北的古道，这通道从来不只一条，如现在的独库公路（G217国道）就是当时较为繁忙的其中一条。伊犁昭苏到阿克苏温宿也是一条，因为途经夏塔，所以通常被称为夏塔古道。如今中国的徒步队伍通常把琼库什台到拜城县黑英山的路线奉为"正牌"的。

最早徒步走通这条路的人叫安少华，也叫"安行者"，2006年探路乌孙古道用了10天左右的时间，现在的包扎墩乌孙古道大概就是按照他那条线路走的。从琼库什台出发，翻越海拔3660米的包扎墩达坂，来到科克苏河边（海拔2050米），利用溜索或骑马过河，或者沿科克苏河逆流走12公里过一座木桥，但之后要再翻越两个海拔3400米的达坂。过河之后向南进入阿克布拉克河谷，逆流而上就来到天堂湖，海拔3100米。绕过天堂湖之后需翻越海拔3900米的阿克布拉克达坂，下达坂进入博孜克日格峡谷，蜿蜒40多公里，过河40余次之后，到达徒步终点黑英山口，全程130多公里。

这是一条难度很大的全负重路线，即使是经验丰富的徒步者，也应该选择有能力和经验的队伍和向导。最好的季节是9月和10月的金秋。乌鲁木齐的户外俱乐部和伊宁的户外俱乐部都可以组织。⑰

❶ 到达和当地交通

特克斯到伊宁的班车每25分钟发一班车，运营时间为8:30~18:40。车费视车型不同，22~28元，车程3小时。去昭苏（15元；1小时）约1小时1班，此外每天早上还有去新源的班车（40元；11:00；4小时）。喀拉峻到东站乘车（35元），琼库什台到黑巴扎乘车（30元）。

特克斯出租车起步价5元，去县城多数地方不会超过10元。

昭苏
电话区号 0999

从伊宁进入昭苏，是一个从谷地缓缓上升的过程，从林木繁茂慢慢转换成广袤草原，间或会有三五座泥土小屋的村庄，散落在丘陵与旷野间。终年积雪的天山第二大高峰汗腾格里峰仡立在昭苏的西南侧，俯瞰着这座小城。

这是一座没有夏天的城市。除了漫长的冬季，便是春秋两个连在一起的凉爽季节，这也是昭苏最旺的旅游季节。每年7月是昭苏最美的月份：金黄色的油菜花田中点缀着向日葵，在白云蓝天下色彩浓艳得就像布景，与远处连绵起伏的雪山对比强烈。

这里还是天马的故乡。在昭苏乡村，马匹是非常重要的交通工具，就像其他城镇的摩托车一样。在昭苏乡村旅行时，随处可见高大的天马，带着主人疾速飞奔于乡村公路上，或慢悠悠地沿着公路散步。

◉ 景点

圣佑庙 寺庙

（军民巷8号，昭苏县高级中学北侧；门票30元；⊙9:30~19:30）"昭苏"的名字是由六苏木的"苏"字和喇嘛昭的"昭"字组成的，含义是"六苏木厄鲁特蒙古族喇嘛昭所在地和厄鲁特蒙古族厄鲁特六苏木居住区域"，这个"昭"就是位于县城西北的圣佑庙。圣佑庙的蒙古语意为"圣仁仁慈之庙"。沿着健康路向西直行到底，看到昭苏县高级中学后右转便是圣佑庙。

圣佑庙始建于1889年，相传是由80名来自北京的工匠历时4年建造而成的，共耗费银两10万两。这座肃穆庄严的寺庙占地数百亩，是新疆现存的喇嘛庙中较为完整的一座，也是伊犁地区目前最大的藏传佛教寺院。

进入圣佑庙，便进入一个安静异常的古刹，与高墙之外的车水马龙完全是两个不同的世界。圣佑庙内古木参天，建筑古朴庄严，寺院坐北朝南，照壁、山门、前殿、大雄宝殿和后殿依中轴线分布。在中轴线的东西两侧分别有配殿和东西楼。中轴线的正中是气势恢宏的大雄宝殿，整个圣佑庙以此为中心。大雄宝殿正面高悬着一匾额，上书"敕建昭苏圣佑庙"。大殿之内，悬挂着绣工精美的帐幔和旗幅，这些均来自西藏；而殿廊上的壁画则或许是来自北京的那80名工匠中的某人所为，有着非常明显的中原传统壁画特点。殿内的壁画已经受损，佛像造型依稀还可以分辨。而寺里的六棵雪岭云杉代表了厄鲁特蒙古营的六个苏木。这六棵雪岭云杉栽植于1889年，是一位叫布瓦的厄鲁特老人在73岁时栽种的。

小洪纳海草原石人　　古迹

（小洪纳海；门票20元）伊犁河谷草原上石人并不少，其中以昭苏为最多，县政府将其中一部分集中在小洪纳海方便观赏。

众多石人中，最大的高约2.3米，头戴花冠，留有9条长及腰际的发辫，一手执刀，一手持杯。石人下部刻有一排文字，正是它的珍贵之处——这是国内实属罕见的粟特文铭文。石人身后有一个以石堆就的墓堆。因为该石人留有发辫，而且八字须也因风化而变得模糊，所以曾被认为是女性。但是另一种流传较广的说法则认为此石人是西突厥王子。在这尊石人附近，还有数尊大小不一的石人，均为后来从昭苏境内各地集中至此的，表面都已风化或残缺。夏季，草原野花盛开时，大小石人掩映在一片花海中，景致非常特别。

在汽车站外马路对面搭乘昭苏唯一的公共汽车（2元），东向的终点就是草原石人景区路口，下车沿着乡村公路步行十来分钟便可抵达景区售票处。从县城乘坐出租车到景区来回50元。

天马文化园　　公园

（S237省道坎儿坎特大草原段；门票20元）昭苏天马文化园位于大格拉干德河和特克斯河附近，从昭苏开往夏塔乡的大巴会途

☑ 不要错过

从伊昭公路进入昭苏

翻越乌孙山的伊昭公路，是连接伊犁河谷和昭苏平原的捷径。在古代，它曾是古丝绸之路"弓月道"的其中一段，全程100多公里，被誉为新疆最险峻且风景优美的公路之一。途中最高峰为白石峰，海拔有3475米，因此每年只有五个月时间通行，且只限小车。

察县到安格列特达坂这一段，道路险峻，弯多路陡，两侧是悬崖深涧，但美景不断。群山森林茂密，山峰气势磅礴，山间瀑飞泉涌，仿佛穿行在云上。岩石峭壁间的高山草原绿草如茵、山花烂漫，别有洞天。过了白石山后接近昭苏地界，广阔的草原变成了南方湿润的平原，能看到成片的荷花和水稻，夏天时雪山下的油菜花田尤其让人震撼。下山后会路过昭苏县的乌孙山游客中心，设施非常好，可以在这儿上个厕所休息一下，了解接下来的行程，这里的工作人员很热情。

之后多是很好的双车道山地柏油路，但过了白石峰观景台后有一段砂石路，然后是几个大急坡，要格外小心。

不是自驾也可以体验这条公路。在夏天，伊宁和昭苏车站外很多线路车（即正规运营的拼车）都走伊昭公路，副驾80元，后排70元。司机很乐意让你在美景前拍照。山上白石峰前后，有一些有森林美丽景观的木屋客栈和毡房可以住宿。Ⓛ

经这里。天马文化园景区由服务区、民俗体验区、休闲度假区、昭苏马场、赛马场等景点组成，是马术爱好者比赛竞技、马匹骑乘、近距离接触天马的好去处。作为一个新兴景区，部分设施仍在增建中。景区内的天马博物馆、室内赛马馆等尚在建设中，夏天时，每天下午3:30~5:30有马术文化表演，在辽阔的河谷上蔚为壮观。

★ 值得一游

昔日边疆明灯：灯塔公社

遥远的昭苏也曾经吸纳了东部的青年。40多年前，来自北京、上海的100余名知青积极响应中央号召，毅然来到昭苏高原。现在，在过气的灯塔公社，你还能看到他们留下的羊皮棉袄、军用水壶、煤油灯、锄头和一件件20世纪70年代使用过的生活、生产用品。

"灯塔"是当年知青里标杆集体才能用的称呼。**昭苏灯塔知青馆**（门票20元）位于昭苏镇吐格勒勤村，距离昭苏县城中心6公里，前身是灯塔牧场。这里设有知青生活复原区、历史物品展览区、知青1973主题餐厅和室外展区四大部分。展览和实物都称得上精彩，让人们进一步了解和感受过去那一代人的经历和挫折。当年知青亲手在院里栽种的榆树都已经长大，灰黄土墙上的"广阔天地大有作为"红色大字仍然醒目。

昭苏开往天马文化园的公交车会经过这里。 ⓛⓟ

如果你觉得天马文化园不过瘾，还可以沿着S237省道继续前行，过解放大桥后，到144公里处的特克斯河畔，河水蜿蜒曲折，运气好的话可以拍到千马奔腾着蹚水过河的场景，很像非洲大草原上的角马迁徙，这种场面在新疆也是难得一遇的。如果没拍到马群，也有牛群伺候，此外还可看看特克斯河的日落。

客运站门口坐公交车西行方向（2元），终点站就是天马文化园。

格登山记功碑　　　　　纪念碑

（76团格登山；门票30元）格登碑，全名是"平定准噶尔勒铭格登山碑"，一般称为"格登碑"或"格登山记功碑"。去格登山的路上，远远便能看到山上一座红墙琉璃顶的亭子，格登碑就在这个亭子中。

昭苏草原上的马群。

格登山是清朝政府平定准噶尔上层贵族叛乱活动的最后决胜地。1755年，清军进军伊犁讨伐达瓦奇，派出多名勇士夜袭，原已退守格登山的达瓦奇只得连夜出逃，最终在乌什被擒获。为了纪念这次军事行动的胜利，乾隆亲自撰写了记功碑的碑文。据记载，乾隆皇帝共为西域书写过四块有重大历史价值的御碑，现仅存格登山记功碑这一块。

格登山记功碑高约3米，宽0.83米。碑额刻有盘龙，两侧分别刻有"皇清"和"万古"四个字。在这块花岗岩石碑上，有满、汉、蒙古、藏四种文字。汉字共200多字，记载了清军平定准噶尔部首领达瓦齐叛乱的经过和战绩。历经200多年的风雨，格登碑已有些许斑驳。2003年12月1日，原保护石碑的亭子因地震受毁，而石碑并未倒塌。现在看到的这个朱墙琉璃顶古亭为后来重建。

站在格登碑前，山下一马平川，远处的

群山后面就是南疆，视野非常开阔，能看到哈萨克斯坦的农庄和麻扎。

格登碑离昭苏县城约60公里。去格登山的交通方式有两种，最方便的是从昭苏直接包车前往，约需150元；而比较省钱的方式是从昭苏客运站搭正规线路车到76团（15元；车次频繁），下车后坐去1连的面包车（5元；20分钟），然后徒步3公里或包车30元到景区，但门口离碑还有1公里。从昭苏县城去往格登碑的路上，会途经成片的薰衣草田，六七月风光无限。

夏塔古道国家级森林公园　　森林公园

[夏塔柯尔克孜民族乡；门票30元，区间车60元往返；旺季9:00~19:30（4月25日至10月25日），淡季10:00~19:00（10月26日至次年4月24日）]夏塔又叫夏特，在昭苏也常常能看到这两个名字混用，在蒙古语里，这里则称为"沙图阿满"，是"台阶"之意。它现在已经被开发成了天山冰川下一处迷人的峡谷森林草原一体的胜地。

在古代，夏塔是伊犁至阿克苏的交通驿站。夏塔古道北起夏塔牧场，南至阿克苏地区温宿县的破城子，全长约120公里，是沟通南北疆的捷径。但这条古道也因翻越天山南北两个气候带，沿线地质条件复杂，需穿越冰川、冰缝、冰河，而成为古丝绸之路上最为险峻的隧道。

清政府打败噶尔汗国后，伊犁就成了当时西域的政治和军事中心。伊犁与南疆之间的官兵换防、物资交换等，都要通过夏塔古道穿梭往返。为便于驻防南疆的部队在较短的时间内翻越天山抵达伊犁，清政府派人常驻夏塔，在冰川上开凿出冰梯。

在今天，夏塔古道到木扎尔特冰川的这部分，已经成为夏塔景区的一部分。从夏塔公园售票处经夏塔古道到夏塔温泉，依山势的蜿蜒起伏而建的狭窄柏油路全长约45公里，上坡多，下坡少，坡度大，急弯多，坑坑洼

夏塔古道途中的潟湖。

洼的路面有明显被水冲蚀过的痕迹。山路的一侧是峭壁和森林，另一侧则是悬崖和夏塔河，途中有三个停靠点：神龟石、情人谷、流沙瀑布，其中以**流沙瀑布**的风景最胜。每年10月至次年5月，路面或结冰或积雪，最厚可达65厘米以上。

夏塔温泉（洗浴60元）又被称为原始温泉，共有六个泉眼，每个泉眼出水的温度都不一样。这是个季节性的温泉，每年5月才开始涌水，至10月水量开始减少，11月中旬便断流。

从温泉开始，你便能看到一座积雪终年不化的山峰，这就是被称为"天山之父"的汗腾格里峰的侧峰，是特克斯河和夏塔河的主要水源地。

如果你懒得动，温泉左侧的观景台也可看到木扎尔特峰群的雪山，适合看日落。温泉也是"温泉—青蛙泉"（50元；单程4公里）区间车的换乘点。从温泉至冰川脚下，骑马要300元/人（单程18公里）。

景区里的标间住宿一是四星级的**夏塔温泉生态大酒店**（☎157 1995 5859,157 1995 5857；夏塔景区温泉附近；标双688元，套房1588元），景色不错但条件一般；二是温泉区间电瓶车乘坐处的木屋别墅宾馆"**森林人家**"，标间360元左右，但老板拒绝预订，你只能到了以后碰碰运气。温泉大酒店北边有一片毡房区，通常一个毡房200～300元；原始温泉旁边也有一些木屋，50～100元/人。

昭苏客运站到夏塔的班车（15元；70分钟）相当频繁，只要跟司机说，他都会送你到景区门口（距离镇上有一点距离）。建议头天下午就进入景区住下，第2天一早向雪山进发。

🛏 住宿

灯塔知青馆青年旅舍 　　　　青年旅舍¥

（☎136 2999 2869；152 9927 9366；县城西5公里吐格勒勤村；铺50元起，🅿）它

泻湖边上生长的植物。

是知青馆的一部分，仿真当年的知青宿舍，但其实干净宽敞，也有现代设备，附设餐厅甚至称得上小资。

天马大酒店 酒店￥

(☎653 1111；天马路7号；标单/双 180元左右；📶 Ｐ) 准四星级标准建成的酒店，位置稍偏，但后面便是天马美食街。200元左右的房价非常超值。

✖ 就餐

昭苏有两条美食街，一条位于文化路和解放街交会处的北侧，另一条位于天马大酒店附近。天马大酒店附近的美食街在工矿路与乌孙路之间，是一条新落成的美食街。两条美食街几乎集中了全县大部分的餐馆，有民族餐厅也有汉餐厅，档次各异，有8元一碗的牛肉面，也有人均约60元的火锅。汉餐以川菜为主。本地最有名的菜式是小鸡焖花卷，类似大盘鸡加了很多小小的花卷，挺

夏塔古道穿越

有冒险精神的旅行者可以沿着夏塔古道穿越，前往木扎尔特冰川和温宿县。这条线路需要旅行者穿越峡谷、在高海拔区域徒步、在冰川探险并涉水渡河，这对于不具有专业性的旅行者具有危险性，因此近年发生过多起意外。个人只能参加新疆的户外俱乐部组织的夏塔古道穿越活动，但要缴纳一笔不菲的登山费用，用以办理登山手续和边防证。穿越活动一般集中在每年的5月和9月。

简单的一日版本是从青蛙泉徒步到冰川，来回将近30公里。路非常好走，称得上平缓，也基本没有岔道，草原、森林和雪山一直相伴。翻过一个百米高的小森林后，你会看到几个非常漂亮清澈的高山小湖，色彩跟九寨沟有一拼，沿河道继续走就是冰川了——注意河边那些脏脏的"岩石"，它们就是冰川。白色的冰川则在更高的地方。

我们建议你雇用牧民的摩托车走一个单程（150元），这样可以大大节省时间和体力，也留出更多游玩时间。青蛙泉到冰川，在夏天有3~4处的牧民提供食物和饮料，但9月开始他们就撤离了。ⓛⓟ

入味。

昭苏农贸市场也是一个好去处，有1/3的摊位都是餐饮类排档，出售当地的地道美食，如薄皮包子、面肺子、油馓子、肉馕、格瓦斯、碎肉面、凉皮、拉条子和各种奶制品。

🔒 购物

昭苏县旅游特产销售示范点位于美食街阳光创业孵化基地二楼。旅游服务中心后侧有旅游纪念品展销中心，可以买到有哈萨克族民族特色的旅游纪念品和手工艺品，如奶疙瘩、奶皮子、民族服装、哈萨克族乐器、银器、木雕、刺绣、蜂蜜等。

❶ 实用信息

昭苏县旅游局（☎602 3057）昭苏县旅游服务中心位于解放路与工矿路交界处的十字路口，就在旅游局一楼，提供昭苏旅游地图和其他昭苏旅游资料，也为旅游者提供旅行信息咨询服务。

医疗服务

昭苏县人民医院（☎602 5120；健康路）

银行

昭苏的银行网点很少，除了邮政储蓄银行，便是中国农业银行和中国信合。这几个银行的营业网点大多集中在解放街上。在天山路与解放街交界的路口，有一个中国信合的24小时自助银行。

邮局

中国邮政［☎602 2511；文化路（近解放街）］

❶ 到达和当地交通

乌鲁木齐每天有两趟直达车发往昭苏。北郊长途汽车站每天15:00发车；碾子沟客运站每天19:00发车。全程约800公里，车程约10小时，车费约160元。

昭苏与伊宁之间每天有班车，运营时间为8:30～18:00，每30分钟发一班车，票价约35元，全程约185公里，车程约4小时。走伊昭公路的线路车70～80元。昭苏到特克斯（15元；1小时）约1小时1班。

昭苏客运站外有唯一的公共汽车到军马场和小洪纳海草原石人，车票2元。县城里乘出租车5元起步价。

新源

电话区号 0999

你很难想象，看上去整齐划一、和一般县城没区别的新源竟然是伊犁州哈萨克族最多的地方，哈萨克族超过全县人口的一半。

那拉提草原。

一般游客很少在这里停留,通常都会直奔名声在外的那拉提去。但是偶尔你也能在这座小城里发现哈萨克族的痕迹,譬如新源五中对面有一个做冬不拉的手工作坊,不妨去看看听听,看离开牧场的哈萨克族怎么去保留自己的文化。

⊙ 景点

那拉提草原　　　　　　　　　　草原

[📞529 0558; www.nalati.com; 新源县G218国道旁; ⏰8:30~20:00; 门票95元(6月1日至9月30日), 75元(10月1日至11月30日; 4月1日至5月31日), 47元(12月1日至次年3月31日); 往返区间车票(8:00~20:30)空中草原线60元, 河谷草原线40元; 门票两日内有效, 区间车第二次乘坐半价]那拉提草原的名字源自成吉思汗西征受阻的故事。相传,一支蒙古军队由天山向伊犁进发。此时已是春天,天山山区依然是强风暴雪。忍受着饥饿和寒冷折磨的士兵们在黄昏前抵达了这片草原。此时呈现在他们眼前的是芳草遍野、繁花似锦,夕阳西下,一轮红日挂在远处的天空。士兵们心情大好,叫着"那拉提、那拉提",意思是"有太阳、有太阳"。

那拉提草原山多林密、绿草成茵,草原上河道众多,既有俊美的群山,又有如涛的松林。在进入景区的山中,公路蜿蜒向上,芳草遍野、繁花似锦,不一会儿便到达空中大草原。每年春天,天山林海的冰雪便开始融化。到了6月,广阔无垠的草原开满了五颜六色的野花,羊群悠闲地在草原上游荡。草原部落的各种活动也多在这个季节举行。

那拉提有西门和东门,一般游客由西门进入,这里是游客中心和停车场(5元),可免费领取手绘地图。在那拉提游玩,有两条乘车线路:游牧人家(空中草原)、森林公园(河谷草原),其中空中草原是必看的景点。去空中草原会途径天界台,在这里可以拍到草原上蜿蜒曲折的盘山公路,是许多摄影师梦寐以求的拍摄点。此外还有一条观光车线路——沃尔塔交塔,这是一处婚礼拍摄地,

★ 值得一游

杏花沟和伊犁的赏花时间表

新源吐尔根乡4小队有一片巨大的原生野杏林,近年成为摄影爱好者的新宠,在4月初的花季,独库公路还在封路,胜利达坂也是冰雪难行,你只能从伊宁去新源。

通常花期在4月20日左右,每年不同,从花开到花谢只有7天,可以打电话给**新源县旅游局**(📞502 4668)询问。花开的时候,新源客运站很多私家车可以直接送游客到景区门口(50元/车; 30分钟),可以约好回程时间。搭车也很容易。

怒放的杏花并不是最美的,含苞待放时,粉红的花骨朵与白色的花相映才如梦如幻。最好的拍摄时间是北京时间8点左右——日出后的一个半小时。

杏花季结束后,5月中旬左右天山红花(一种野罂粟)盛开,花期10天,通常是在尼勒克县的木斯乡和唐布拉草原。

5月下旬开始的一个月内,进入了整个伊犁河谷的疯狂赏花月。喀拉峻、赛里木湖、琼库什台和夏塔等地全部迎来草原野花盛放季,最晚持续到7月上旬,妙的是,人工养殖的薰衣草也是在这个时候开放。所以6月成了伊犁地区当之无愧的花季。

7月是去昭苏看天山下油菜花的季节。而8月,无论是伊犁河谷还是特克斯河谷,你都能与大片大片的向日葵不期而遇。 ⓛⓟ

有许愿树和风车小屋,可从东门接待中心乘区间车(100元)或骑马(50~80元/小时)到达。景区的篝火晚会在旺季的22:00至午夜举行。

那拉提可能是整个伊犁住宿最多的景点,酒店供应过剩,你可以好好地谈谈价格。镇上的**古道驼铃国际青年旅舍**(📞180 0999 9282; 铺40元, 标单/双140元)就位

在零公里拦车

从那拉提往东走，就会走到"零公里"。它是G218与G217国道独库公路北段的分岔路口，这里设有检查卡，还有几家快餐店，但禁止停车，否则会遭到交警的重罚。往前走1.5公里是G218与G217国道独库公路南段的分岔路口。如果你是搭车旅行，这里将是你决定去巴音布鲁克还是北疆，抑或是库尔勒的地方。 LP

于G218国道南，背后便是草原，出门右转约500米便是景区入口，距旅舍约1公里处有一个哈萨克族的草原部落。位于景区观景台下的**那拉提国际青年旅舍**（☎530 3368）距离G218国道约5分钟车程。旅舍拥有超大停车场，非常适合自驾游的旅行者。在售票中心乘坐景区区间车可直达旅舍，车程约15分钟。

如果想体验原汁原味的哈萨克族人家且避开旅游团，不妨搭车往东约20公里外的阿尔善村，峡谷中的草原依然漂亮，村民家家户户都能提供接待。

从伊犁州客运中心乘车至那拉提的车次较少，早上出发中午到。旺季车票比较紧张，可以先由伊宁搭大巴到新源县，再由新源县转车或包车到那拉提镇。新源县到那拉提镇约80公里，车费44元，运营时间为8:30~17:00，每30分钟一班车。

巩乃斯国家森林公园　　　森林公园

零公里往东继续前行34公里，就到了漂亮峡谷中的巩乃斯林场，如今已经成为国家森林公园。这是一个被云杉林和牧场包围的山下小镇，十分幽静，附近有多个小景点，食宿很方便，从这里骑马向北约30公里，可以到达牧民心中著名的阿尔先温泉。镇上到处可见雄鹰盘旋，有的就停在路边。G218国道一直通往库尔勒（318公里），最好在巩乃斯林场加好油，否则只能到巴伦台加油了。再往前6公里，左侧有一条进山的路，这里是**班禅沟景区**（门票30元，区间车20元，停车费10元），该景区因1984年十世班禅额尔德尼曾来此坐禅、诵经而得名。沟口马路斜对面的森林有栈道可以上山游览。

这里已经属于巴州的和静县，却也是巩乃斯河-伊犁河的发源地。伊犁河谷的旅程在这里就算是结束了。你马上就会上到高高的垭口，然后进入高海拔的巴伦台—巴音布鲁克草原地带。

🛏 食宿

除了4月来看杏花的人，很少有人在新源县城过夜，如果刚好不得不在县城停留，**那拉提大酒店**（☎525 2777；新源县劳动街，人民广场西侧；标双198元起；📶 P）是一家三星级酒店，房间很大，而且走路可达**广场夜市**。

事实上，那拉提到巩乃斯一线几乎是伊犁河谷住宿最密集的地方，从毡房到酒店，在暑假之外都明显供应过剩。典型的哈萨克族饮食如马奶、马肉，到处都尝得到。

ℹ 到达和离开

飞机

新源那拉提机场每天有3趟班机飞往乌鲁木齐，机场离县城十多公里，只能乘出租车前往，50元。

长途汽车

新源汽车站除了伊宁（32元；4小时；滚动发车）和乌鲁木齐（200元；12小时；18:00~21:00每日4班）外，还有到和静（80元；9小时；9:30）和库车（170元；14小时；16:00，经过巴音布鲁克）的班车。如果你在那拉提住宿，去巴音布鲁克可以拦从伊宁发往库车和喀什的班车，但很难有座位。实际上，旺季的时候那拉提有很多私人班车往来巴音布鲁克，你也可以通过旅社来预订。

伊犁和博尔塔拉索引地图

1 伊宁城区　　**2** 特克斯城区
（见304页）　　（见307页）

304 伊宁城区 地图索引见306页

至赛里木湖(160km);
霍尔果斯口岸(90km)

伊若线

辽宁路
重庆路
安徽路
上海路
北京路
吉林路
福州路
辽宁路
安徽路
四川路
福州路
山东路
上海路
北京路
山东路
西环路
鞏宁街路
鞏宁街路
赛依拉木街
工人街
利群路
公园街
阿合买提江路
友谊路
斯大林西路
发展乡街
广东路
西环路
新华西路
至江宁宾馆(300m)
滨河大道
伊犁河路
伊犁河

至察县(17km);
昭苏(伊昭公路)(115km)

至机场(500m);
布拉克塔兰奇
民俗村(500m)

伊若线

飞机场路

昆仑路

江苏路

天山路

飞机场路

伊犁河路

胜利北路

迎宾路 红旗路

解放南路

英阿亚提路

后滩路

新华东路

新华西路

红旗路

至特克斯(115km);
那拉提(267km);
昭苏(经特克斯)(180km)

伊犁河路

光明街

伊犁街

果园街

前进街

喀什街

伊犁街

果园街

伊宁城区

地图见304页

◎ 景点 （见266页）
1 拜吐拉清真寺.................................E4
2 东正教堂..D2
3 俄罗斯军人墓.................................D2
4 汉家公主纪念馆.............................E2
5 喀赞其民俗旅游区..........................F4
6 林则徐纪念馆.................................B1
7 人民公园..D3
8 三区革命政府政治文化活动中心旧址 D3
9 陕西大寺..F4
10 私人手风琴博物馆..........................D2
11 塔塔尔学校旧址.............................D3
12 吐达洪巴依大院.............................F4
13 文丰泰商号旧址.............................F4
14 乌兹别克清真寺.............................F4
15 新疆三区革命历史纪念馆...............D3
16 伊犁哈萨克自治州博物馆...............E2
17 伊犁河大桥....................................D7
18 伊犁河二桥....................................A6

🛏 住宿 （见272页）
19 欢乐颂青年旅舍.............................C3
20 乐城臻品酒店.................................B1
21 小时光青年旅舍.............................D5
22 新丝路摄影文化主题酒店...............C2
23 西遇客栈..B5
24 伊犁宾馆..F3
25 伊栈国际青年旅舍..........................C2

✕ 就餐 （见275页）
26 阿依努丽美丽食园..........................D3
27 俄罗斯大列巴.................................D3
28 俄罗斯小木屋.................................D2
29 工人街十二巷面肺..........................D2
30 故居维吾尔美食.............................D3
31 汗都春锡味餐厅.............................B2
32 汉人街夜市....................................F4
33 老字号故乡烤肉店..........................F4
34 食为天土火锅.................................D2
35 塔里哈提纳仁王.............................D4
36 维吾尔小锅抓饭.............................D3
37 一把抓包子王.................................E4

◎ 饮品和娱乐 （见276页）
38 春天里现场音乐酒吧......................A2
39 依孜海迩冰淇淋.............................F4

🔒 购物 （见276页）
40 阿里屯茄谱日克商贸市场...............F4
41 阿塔西音像中心.............................F4
42 塔塔尔刺绣服装店..........................F4

ⓘ 实用信息 （见277页）
43 伊犁哈萨克自治州公安局...............D4
44 伊犁哈萨克自治州图书馆...............A4
45 伊犁哈萨克自治州友谊医院...........E4
46 伊犁哈萨克自治州邮政局...............D3
47 中国工商银行.................................E3
48 中国建设银行.................................E3
49 中国农业银行.................................E3
50 中国银行..D3

ⓘ 交通 （见278页）
51 大世界商场专线车..........................D3
52 农四师客运站.................................C3
53 赛龙租车..C1
54 伊犁州客运中心.............................D2

特克斯城区

特克斯城区

◎ 景点 （见288页）
1 八卦公园...A3
2 太极坛..C2

◎ 住宿 （见293页）
3 特克斯天翼国际青年旅舍......................B2
4 万邦国际酒店..C3
5 伊途国际青年旅舍.................................B2

◎ 餐饮 （见293页）
6 乾街美食街..B2

◎ 交通 （见294页）
7 东站...D2
8 黑巴扎...B3
9 县汽车站..A3

在路上
本书作者 董驰迪

"我一定是穿越了!"——当连绵数公里的温宿古城瞬间出现在眼前时,我几乎叫出了声。它并不在计划行程之中,纯属误打误撞,但没有什么比这样的瞬间更能让人对旅行和调研乐此不疲了。

进一步了解我们的作者,见478页。

艾提尕尔清真寺里祈祷的维吾尔人。

南疆

视觉中国 提供

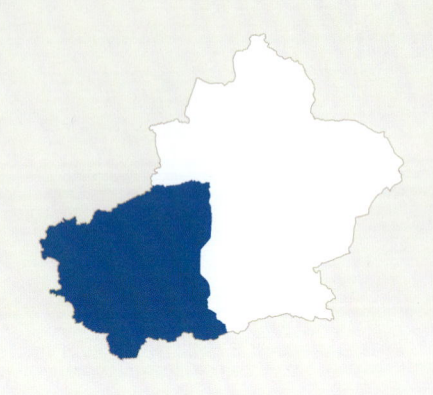

南 疆

"最古老的石窟""最早的清真寺""最难攀爬的雪山""最长的沙漠公路""最大的馕和烤肉"……任何一项都足以让你决定出发,何况南疆拥有全部。

天竺波斯在西,中原汉地在东,两千年前,西域商人把一匹匹绸缎抛上马背,从这里送往遥远的西亚和欧洲;法显、玄奘往来此道,探寻着人类的终极归属;佛教的钟磬远去,《古兰经》的诵读声悠然响起。两千年后,斯坦因、斯文·赫定,各路探险队涌进了这里,整墙整墙的石窟壁画被带了出去;如今,旅行者们用马达声取代曾经回荡在这条路上的驼铃声,穿过葱岭雪域,进入荒蛮的黄金腹地,抵达中国最西的边境。

慕士塔格、喀拉库勒、塔克拉玛干,坐看千年风云变幻,不同的文化在这里融合、生根,不同的民族来到这里,有的变成了主人,有的迁徙离开,但人们始终相信"最好的工作是放羊,最好的休息是朋朗(睡觉),最好的饭是馕",伴着木卡姆的琴声与他们一同欢歌热舞,你会感受到这里爽朗的民风以及迥异的生活姿态,就像这片土地上的河流,到达不了海洋,却不改一路欢腾。

☑ 精彩呈现

库车	320页
阿克苏	336页
喀什老城	350页
中巴公路	358页
塔什库尔干	362页
英吉沙	373页
和田市	382页
阿图什及周边	402页

何时去

➡ **3月至5月** 告别冬寒,4月春来,帕米尔山谷里的杏花开得如梦如幻。

➡ **6月至8月** 高山草甸上野花遍地,牛羊成群,白天艳阳高照,夜里凉爽宜人,唯一可能遭遇的麻烦是雨季造成的交通中断。

➡ **9月至10月** 时令水果轮番上市,大多数传统节日也恰逢此时,是大饱眼福口福的最佳时机。

➡ **11月至次年2月** 大雪封山,高山草原进入冬眠期,红层峡谷却别有一番风味。

南疆 **311**

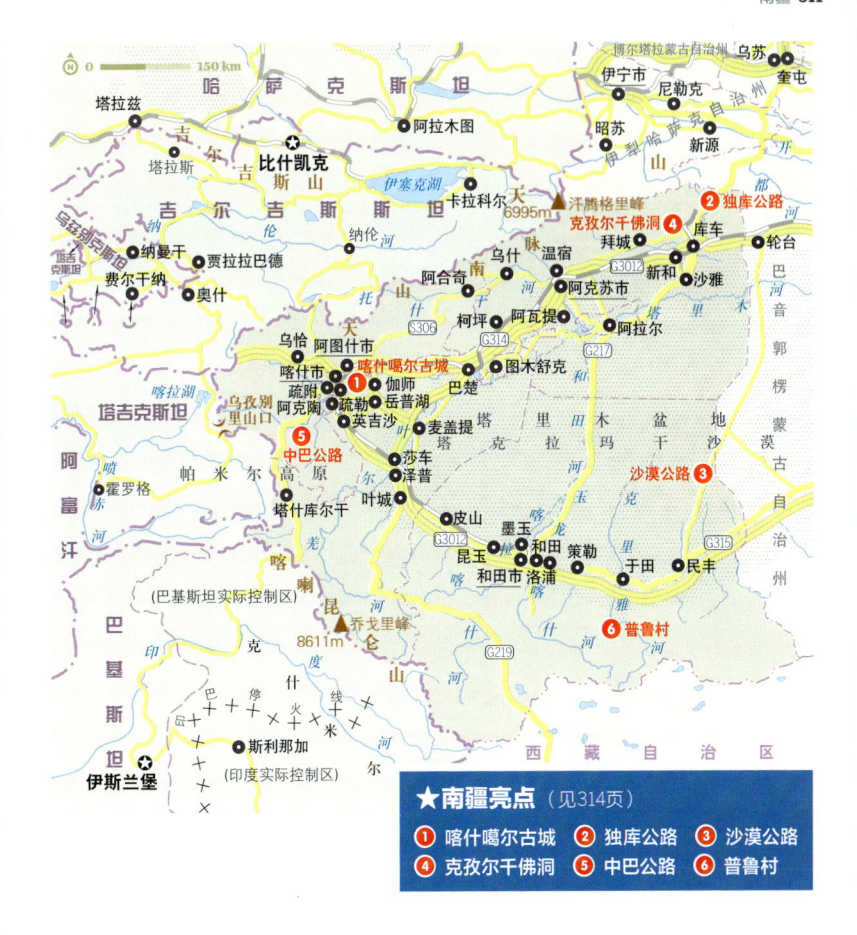

★南疆亮点（见314页）

1. 喀什噶尔古城
2. 独库公路
3. 沙漠公路
4. 克孜尔千佛洞
5. 中巴公路
6. 普鲁村

行前参考

➡ 地理上新疆本地时间与北京时间存在2小时时差，南疆通常使用"新疆时间"，就餐、购票、去往公共事业单位时，务必确认时区标准。

➡ 公路途中会有层层安检，务必确保身份证随身携带，去往边境地区需要办理边境通行证，且注意其有效期和适用范围。

➡ 帕米尔高原海拔不亚于藏区，准备应对气温变化的衣物以及高反药物很有必要。

➡ 带上一本斯坦因或斯文·赫定写的丝绸之路的书，你眼前的遗址便能生动起来。

危险和麻烦

➡ 从出发起便暂时忘掉那个"浑身是宝"的动物吧。同样，喝酒和浪费食物也是穆斯林所忌讳的。

➡ 大多数清真寺是不开放参观的，即便获得进入许可也务必遵守礼仪（见343页）。

➡ 自驾车进入偏远路段或山区前，务必确保当时的路况及车况适合前往。

➡ 购物时不要随便砍价，内地那套周旋的交易方式在新疆不适用。

➡ 不要在当地讨论民族关系问题。

出售生活用品的店铺。

当地人推荐
体验南疆风情

张耀东，新疆大学退休教师，曾任乌鲁木齐登山探险协会秘书长，著有《寻梦冰山》等地理探险著作。

南疆和北疆最大的区别在哪里？

北疆以自然风光著称，而南疆则能看到更丰富的人文风情。比如，喀什老城还保留着古代巴扎（市场）的格局，那些世代经商的维吾尔族商人也依然恪守诚信。向西进入高原牧区，如果你途经柯尔克孜族的毡房，很有可能就被邀请去做客；到塔什库尔干要是遇到塔吉克族的肖公巴哈尔节的话，就能见识那些金发碧眼的青年在马背上的英姿。

南疆给你印象最深刻的是什么？

我尤其喜欢老城里的那些老人，他们和喀什一样充满历史的沧桑感，在他们的身上总可以窥见维吾尔族的生存智慧和生活准则。对待客人，他们定会勤迎善送，谈话之间充满阿凡提式的笑容和幽默。茶余饭后，他们又必定恭恭敬敬地双手抹面，感谢真主赐予吃喝。

对于自驾的旅行者，有什么路线可以更深入体验南疆风情？

自喀什至红其拉甫的中巴公路是必走的路线，它集合了民族、地域、文化、自然等全方位的景观。但之后可以再从塔什库尔干县城沿塔什库尔干河谷往莎车去。最佳时间在3月底至4月初，沿途的杏花相当美。想要深入体验则需要进入交通要道的两侧，达里雅布依或者行走在曾经的高台民居里的维吾尔人。

沈鹏飞 摄

叶尔羌河谷,都是十分值得探索的区域。

对于首次来到南疆的旅行者,您有什么建议?

首先,要毅然丢开忐忑的心情,这是一片非常友好的土地;其次,对这里本土的文化习俗需要稍加了解,不要触犯他们的宗教禁忌;最后,发动你全部的感官,而不是只用相机。

☑ 不要错过

⊙ 最佳冷门遗址

➡ **温宿古城** 风化的伊斯兰教建筑连绵几公里,和下方的新城几乎分裂成两个时空。(见337页)

➡ **小佛寺** (达玛沟遗址)仅容一人跪拜的精巧佛寺真迹,围绕它而建的博物馆也值得一观。(见395页)

➡ **麻扎塔格山** 史书中的繁华已是昨天。红白山下,昔日的城堡要塞有种荒凉的美感。(见392页)

❌ 最佳美食

➡ **库车大馕** 南疆最出名的大馕,车轮有多大,库车馕就能有多大。(见322页)

➡ **巴楚烤鱼** 千百年不变的烤鱼技法,简单粗暴,充满原始的味道。(见370页)

➡ **格达良羊肉** 阿图什北山坡烤肉一条街,专供当地引以为豪的"格达良羊肉"。(见403页)

🚗 最佳自驾

➡ **民丰沙漠小环线** 250公里沙漠公路体验,沙丘、胡杨、水库、村庄一个不少。

➡ **泽普—塔什库尔干** 进出帕米尔高原的又一通道。道路艰难、美景无限。

➡ **于田—普鲁** 溯克里雅河而上,感受深切河谷的震撼,抵达昆仑山下的隐秘村庄。

南疆亮点

❶ 喀什噶尔古城

喀什噶尔，念起来就带着唤礼声一样的悠扬绵长。这个以风情著称的城市，随时随地都展现着意象诗般的美感：老城里羞涩微笑的孩子，茶馆里轻抚白须的老人，巴扎里跌宕起伏的叫卖，而除了影像，这座城市还会在味觉上给你留下深刻的记忆。

❷ 独库公路

这条傲娇的公路每年只有6个月的开放期，但一天之内就可以让你经历春、夏、秋、冬，穿越雪山、冰川、草原、河谷，看遍新疆最精彩的地貌风光。它是打通北疆至南疆的通道，从伊犁盆地的最东端，跨过莽莽天山，来到巴音布鲁克的广袤草原，翻越终年积雪的达坂，最后迎来南疆的红色山河和巍峨峡谷。行驶在这条景观大道上，你将感受到人类工程如何与自然结合得天衣无缝，艰险与美景如何被演绎到极致。

❸ 沙漠公路

就算塔克拉玛干沙漠南北宽达500多公里，又怎能阻挡住人类沟通的渴望？从轮台到民丰的塔里木沙漠公路是目前世界上在流动沙漠上修建的最长公路，它不仅是人类意志的集中体现，更是一个工程奇迹。越来越多的自驾者用一整天时间穿越这条公路，只为体会"船行于海"般的孤寂。我们推荐所有的自驾者至少走一段沙漠公路，因为这很新疆。

❹ 克孜尔千佛洞

白居易的"最爱霓裳舞"正是出自这里，在一个漫长的时期里，龟兹左右着宗教文化在

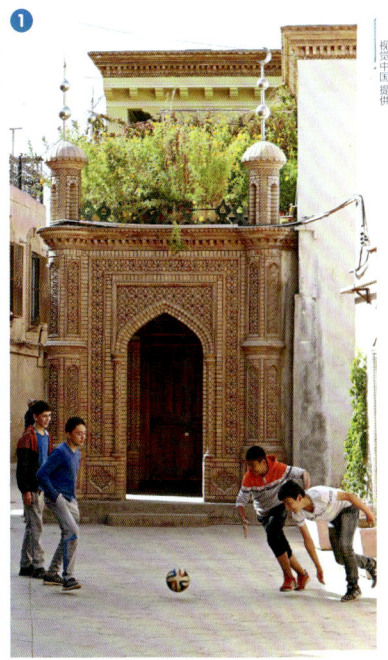

(左图)古城里制作土陶的艺人。
(上图)清真寺前嬉戏的孩童。

西域与中原之间的传播。它被称为印度佛教石窟进入中国内地的"二传手",有着比敦煌更悠久的历史和更古老的艺术风格——犍陀罗、秣菟罗风渗透在壁画和造像中,大、小乘佛教兼容并蓄,融合中原汉风,创造了美学家们心目中的"中亚艺术巅峰"。

❺ 中巴公路

它是世界上海拔最高的跨国公路,盘旋在帕米尔高原,连接着西域与中亚,在古代,沿着它就可以进入天竺和波斯。它古老、神秘又充满传奇色彩,曾是古丝绸之路上"万山堆积雪,积雪压万山"的神秘禁区。如今,这是一条汇集峡谷、湖泊、雪山、冰川,并且通往海拔最高口岸的立体风光大道,也是整个南疆最不容错过的"免费的风景"。

❻ 普鲁村

这个位于昆仑北坡腹地的祥和村庄,自古就有连接西藏与西域的细小通道,新中国成立后新藏线曾尝试从这里通过,20世纪初的各国探险家更是为它写下不少传奇。现在,普鲁村依然是个鲜为人知的目的地。无论是站在高山草甸仰望昆仑,还是住在村庄感受宁静,它都值得你造访一番。你可以徒步10公里,翻越山口到达古代驿站"阿拉叫依"。就算之后的进藏之路难以达成,也足够自豪。

独库公路。

沙漠公路。

克孜尔千佛洞壁画。

中巴公路。

普鲁村正在铺路的妇人。

即将消失的高台民居。

★ 最佳景点
喀什噶尔古城

这个半圆形的街区犹如喀什的心脏，每条曲折的巷子都流淌着最纯正的维吾尔血液。你无法用严谨的方式来把握它的走向，层层民居像一棵棵生长的树，向着阳光的方向自由伸展。根据同名小说改编的电影《追风筝的人》剧组曾千里迢迢来此取景，跟随我们的"步行游览"（见350页），或许你能在这里找到许多似曾相识的场景。

2015年喀什老城的改造计划正式完工，它终于告别危房和大工地的状态，以2000多年以来前所未有的光鲜亮丽晋升为真正的国家5A级旅游景区。

江库尔干巷、布拉克贝希巷和阔孜其亚贝希巷；门票115元，导游讲解60元/次，约2小时；观光车10元/人

迷宫里的古代市场

老城的街巷还依然沿用着维吾尔语的旧名，每条街口都能找到它名字的来源和故事，按街巷名一一访全，喀什老城古代市场的布局便会在你眼前展现：库木代尔瓦扎路，也被叫作职人巴扎，这里聚集了各种当地手工艺，从手打的铜壶到让你眼花缭乱的民族乐器，几乎是一个动态的"民俗博物馆"，这里午后开始就有各种小吃出没，一直到深夜还有不少热气腾腾的羊杂小摊；恰萨巷内有一些漂亮的理发店，男士们可以尝试让维吾尔师傅给你剃个利落的发型，不过他们更擅长修剪一个有型的胡子；艾格孜艾日克路整条街都是沧桑古董，看起来颇有趣味，但不要轻易讨价还价；当地人的花帽叫作朵帕，阿热亚路的西端就是最集中的市场，更记得要去它东端上最新打造的"空中花园"，从它的观光塔上能俯瞰整个老城。

即将消失的高台民居

高台民居的名称是"阔孜其亚贝希"，它位于老城东边一处40多米高的土台上，和改造过的"老城"形成鲜明的对比。这里曾以手工土陶著称，现在店铺已经无处寻觅，唯独还剩下一些民居可以玩赏。这里的巷道随着地势弯弯绕绕，房屋之间犬牙交错，外形"设计"完全不受对称概念的束缚。地形和空间被巧妙地利用起来，你可以看到从二楼跨街过巷的"过街楼"，占街面一半的"半街楼"，以及将楼房盖在十字路口上的"悬空楼"，且整个居民区的屋顶几乎相连，甚至可以在上面散步。它们看似摇摇欲坠却找到了屹立百年的平衡点。盘旋迂回的巷道更是让初来乍到的人摸不着头脑，但记住一个诀窍你就不会迷路——人字纹拼接的地砖是通路，平纹拼接的是死胡

同——这是设计者的巧妙智慧,也是当地人的一种暗语。可惜在我们调研期间这里已经处于即将拆除的状态,靠东巴扎的一边还保留得较为完好,从滨河北路远远望去的景象正是高台民居的经典画面,尤其当家家户户在连绵的屋顶洗晒衣物时,飘荡的彩衣又成了另一道风景线。

五彩的维吾尔民居

老城有几家典型的古民居是允许参观的,如果有机会进入,你会发现他们的屋舍都充满了生活情趣。维吾尔族的房子一般进门都有较深的前廊,庭院不论大小,都无一例外地被各种植物和花卉围绕,较大的庭院还会在廊檐或葡萄架下放一张"卡塔"(小床),用于夏天乘凉。他们在这里招待客人,也同样是自家人欢聚用餐的地方。内屋一般有两到三层小楼,门窗、廊檐都会用镂空雕花装饰,且配色也相当明快——红、黄、蓝、白,使用最多的是绿色,这是伊斯兰教的神圣之色,据说是因为绿色的草原象征着水源,以及满满的生命力。

亮点速览

➡ 和老城无处不在的孩子们来个欢乐的合影。

➡ 在百年老茶馆点上一壶奶茶,晒着太阳看楼下集市车来人往。

➡ 在阿热亚路的空中花园俯瞰整个喀什老城。

➡ 每天早上10:30景区东门有入城仪式。

➡ 吾斯塘博依路口的老城博物馆每天中午12:00开放一次。

阿克苏地区

电话区号 0997

没有来过阿克苏也一定吃过它的苹果——汁多味甜、酥脆爽口，果核呈透明状，被称为"冰糖心"，10月下旬来到这里绝对有口福，而令人窒息的赤色大峡谷、天山山脉的制高点托木尔峰以及浓缩西域艺术精华的龟兹石窟，都将是你在阿克苏最大的眼福。

库车

《汉书》中西域三十六国中的龟兹国，北靠天山，南临塔克拉玛干大沙漠，其中心就是今天的库车。汉朝凿空西域之后，在这里设立了安西都护府，龟兹由此成为中央政府在西域的政治与军事中心，加上地处丝绸之路中线的咽喉之地，库车就像一块海绵，吸纳了四面八方的文明因子，留下了比敦煌历史更加久远的石窟，在西域文明史上盛极一时。

沿独库公路而来，到了库车，你才深切感觉到自己已身处南疆。漫步在库车老城，那个《驴车上的龟兹》也似乎并不遥远。我们建议你至少给它两天时间，一天在城内发现龟兹故城的残存，一天去城外欣赏佛教的极盛遗迹。

◉ 景点

库车老城　　　　　　　　　　城区

库车的老城在县城的西边，曾经过了"龟兹古渡"的团结大桥，你就会踱进截然不同的维吾尔风情之中。但2020年的老城忙于拆迁和重建，钢筋混凝土的建筑正在取代低矮的维吾尔民居。我们的作者调研时那些偏街陋巷里摇摇欲坠的古民居，大多已倒塌在重建的计划中。据当地社区工作人员说，老城的改建多年前就已经在准备，为的是保护老城的遗址及古民居建筑和展示龟兹故城的文化历史，因此一些有价值的民居会在修缮后向公众开放。若你有近期到访库车老城的计划，只能去碰碰运气了。与新疆众多历史

库车清真大寺。

街区的改造一样，在可预见的未来，库车老城也将以光鲜亮丽的形象再次出现。

库车清真大寺 清真寺

（见409页地图；老城区帕合塔巴扎路；门票15元；⏰9:00~21:00）它是库车最大的清真寺，规模仅次于喀什的艾提尕尔大寺，追溯历史已有500余年。最漂亮的就是它高大挺拔的门楼和内部精致的穹顶。可以容纳3000人的礼拜堂，纵横8行大柱，铺着漂亮的地毯。院内还一处古老的宗教法庭，是目前新疆仅存的一座。但是现在内部空空如也，充当了旅游纪念品店。不过从这里的后廊可以望见一片相当古老的库车民居，如果你走到了地板吱吖的阳台上，不妨多逗留一会儿。

城内坐1路公交车至热斯坦社区站，或8路至牙口恰站，再沿帕合塔巴扎路向南步行约300米。

库车王府 历史建筑、博物馆

（见409页地图；老城区林基路街90号；门票55元；⏰9:00~20:30）这里是最后一代库车王达吾提·麦合苏提曾经的居所，他曾经亲手栽种的花草和石榴树，仍然生机勃勃地迎接着游人。王府中的**龟兹博物馆**（原库车县博物馆）展出了上万件文物，在此可了解12代库车王的历史。

另外，王府所在的"林基路"，其实是一位库车县长的名字，王府向北约200米还有一座**林基路纪念馆**（⏰10:00~13:00，15:30~18:30，夏季延长半小时），它曾经是民国时的库车县衙，现在也是民间收藏博物馆，这里免费开放，可以看林基路故居、县衙旧址和博物馆里的展品。

但在我们看来，这条路上更不可错过的是两条**清代城墙**，它们建于乾隆年间，是为区分汉族和回鹘修筑的。一条在库车王府向北100米处，另一条在林基路街尽头左转，后者面积更大，一直跨越整个街区。

城内乘坐1路公交车至古力巴格站，8路公交车至库车王府站。库车王府可以在网上订票，有5元的优惠。

☑ 不要错过
赶一场维吾尔族大巴扎

周日是库车的巴扎日，G217国道沿线，宁波大道以北，当地人叫作喇叭口的地方，每周都有一场当地人的巴扎。当天这里会搭出顶顶红伞，当地人带着自家的水果、手工制品等前来交易，也会有各种小吃摊穿插其中。如果正好逗留库车不妨过来凑个热闹。⓵

默拉纳额什丁麻扎 陵墓

（见409页地图；文化西路）**免费** 默拉纳额什丁（默拉纳意为先贤后裔，额什丁相传为伊斯兰教之始祖）是14世纪受东察汗国王指派来到库车传布伊斯兰教的传教士，这里就是安葬他的地方。当地人在这里扩建了宣礼塔、礼拜堂及亲属墓园。额什丁的陵寝在院子一角，斜对着礼拜堂。其西廊墙上还挂有清朝光绪年间李藩所题"天方列圣"木匾。这里内部也已十分陈旧，你最容易看见的是院里残破不堪的墓群。除了礼拜时间，这里基本大门紧锁，如果有兴趣可以趁礼拜结束后经允许进入参观。

龟兹故城 古迹

龟兹故城不能算是正式的景点，它们是一段段颓败的城墙，散落在城中的村落里，无法圈出完整的区域。在文化西路的杏花公园东门，遗址被天山西路分割成南北两片，但北部已经封闭无法参观。在公园对面，一片不起眼的土堆中可以发现一块"龟兹故城"的水泥牌。沿其进入可以看到断断续续的夯土土垣。你可以从这里穿过森林、农田以及错综复杂的居民区，抵达人民路。有兴致的话可以寻找一处叫**穷特音墩古城遗址**的地方，当然也已经只是土台，不过它的历史可以从唐代算起。

城内8路公交车可到达杏花公园。

大馕城 展览馆

（见409页地图；胜利路，近建设路；门

★ 值得一游
寻找西域三十六国——龟兹国

光凭如今的库车,如何努力都很难想象古老繁盛的龟兹国,但就在县城一个不起眼的社区里还暗藏着一处唐代遗迹——龟兹故城现存遗迹中体量最大、保存最完整的建筑——**皮浪墩**。"皮浪"在维吾尔语里是大象的意思。墩如其名,底部约有30米见方,高度约14米。据专家推测,其建造时代为唐代,曾是皇家御苑高台,站在上面可以俯视龟兹国都的全貌。

这个皮浪墩位于人民路(近天山西路)的南侧,可定位王桥酒店,从对面的巷子向内步行约400米,注意左手边的居民区,可见一个高出民房的夯土残骸。现在它被围在一个保护栏内无人看管,夯土结构依然清晰可见,后方有一处已经坍塌。周围居民对它视若无睹,但或许会是库车城内最让你眼前一亮的"建筑"。

票20元; ⊙10:00~19:30) 南疆民间流传一句话:"最好的工作是放羊,最好的休息是呼朗(睡觉),最好吃的饭是馕。"而说到"馕中之王",必然是库车的大馕。其特点自然就是"大"——直径可达一米左右。这些香味扑鼻的庞然大物已成为库车一道独特的风景。引以为傲的当地人特意建造了这所大馕城,复原了库车馕最原始的制作过程,面积不大,也算不上有趣,慕名而来的游人虽多,但大多数都只是为了来和门口的大馕合一张影。

市区内建设路走到底右转,长富宫酒店对面。可乘坐2路公交车至广播电视局站,再步行前往。

🛏 住宿

库车住宿的性价比相当令人满意,有时你可以用连锁酒店的价格住到星级宾馆。如果希望靠近老城,可以选择住在国际大巴扎附近,出行基本步行可达,但有些嘈杂,我们更推荐五一路沿线,或者天山路东段酒店,条件更好一些,环境相对安静,2路公交车频繁来往于新老城,不会给你出行造成任何困难。

库车住宿的淡旺季价格相差并不太大,一般夏季的价格只比冬天高出20%,我们在此列出的为旺季(7~8月)价格。

库车浮尘青年旅舍   青年旅舍¥

(📞18196898860;天山东路526号;床位45元起,标双168元;❄🛜P)离火车站不算太远,位置不太好找,但蓝色的外墙和周围用桩壮树枝围起来的蓝色大门,让你不会轻易错过这里。推门打走进去是一个典型的维吾尔族庭院,院子里有葡萄架,悬挂的轮台绘以各种颜色,夜晚可坐在长凳上纳凉。青旅整体色彩饱和度很高:房间外墙涂以黄色,多人间内墙为绿色,室内公共区域则用了桃粉色。多人间干净整洁,室内采光都很好。青旅小黑板有一些库车的旅游信息,去周边玩儿可以找前台帮忙拼车。

金色阳光宾馆   酒店¥

(见409页地图;📞7778888;五一南路62号;标间158元;❄🛜P)外观气势逼人,价格却异常亲民,房间简洁宽敞,热水充足,服务也贴心到位。入住可享受三餐自助,菜品种类也不少。让人更为心动的是,这里提供免费洗衣、免费擦鞋服务,除了充足的停车位,只要在前台登记车牌,甚至还有免费洗车服务。

3和商务宾馆   酒店¥

(见409页地图;📞6763666;天山东路391号,金兹花苑旁;标间136元;❄🛜P)酒店房间规整,装修较新,浴室的水量和温度都值得称赞,前台的服务态度也让人满意。值得推荐的是"小标间",一般价格在百元之内,只是比标间的空间稍小一些。唯一的缺憾是临街的房间窗户皆被外墙的铁栏结构遮挡，可以嘱咐预留朝小区方向的房间。

古杨树宾馆 　　　　　　　　　　酒店￥

（见409页地图；📞6783 777；阳光大厦6号楼三、四层；标间168元；❄️📶🅿️）位于龟兹国际大巴扎附近最醒目的高楼内，地理位置恰好避开了市场的嘈杂，环境舒心。酒店2015年开业，大房间里有大挂壁电视，床品干净整洁。不过大厦没有电梯，你需要爬三层楼才能到宾馆前台。

库车饭店 　　　　　　　　　　酒店￥￥

（见409页地图；📞7999 999；天山路266号；标间288元，含双份早餐；❄️📶🅿️）库车县城最好的宾馆，外观就够气派，五星级配置，服务也是星级水准。房间很大，床品舒适，自助早餐品种相当丰富。还配有简单的健身房。淡季折扣较大，入住物超所值。

❌ 就餐

库车的维吾尔餐原料粗犷、菜量惊人，丝毫没有对游客的谄媚，保持着纯正的本土风格。你绝不能错过那一米长的肉串和可以当被子盖的大馕。

五一路至天山中路路段，汇聚了汉餐和维餐的饭馆。天山西路上的龟兹花苑小区门口有一排生意红火的中档餐厅。地道且经济的吃法自然是白天去老城区吃抓饭、拌面，晚上等待乌恰农贸市场的夜市。

卡依木·巴拉提抓饭馆 　　　　维吾尔餐￥

（见409页地图；友谊路近天山中路；抓饭14元；⏰11:00~15:00）尽管抓饭在新疆随处可见，但这家的抓饭是在我们调研中最让人记忆深刻的一家。带肉抓饭14元一大盘，看似两个人的饭量，美味到一个人就能吃完。

乌恰农贸市场(维吾尔族夜市) 　维吾尔餐￥

（见409页地图；友谊路近天山中路；人均20元；⏰11:00至次日1:00）这里也被叫作**乌恰民族美食一条街**，街的东边是连排的馕铺，白天这里香气弥漫，不断有新鲜出炉的大馕（3.5元）飞出。几家供应维吾尔族早餐的小店10点左右开始营业，可以吃到薄皮包子、羊肉馄饨，等等。街的西边是乌恰农贸市场，这里白天充当菜场，日落后便成了夜市，各种美食汇聚，烤全羊、羊头肉、羊杂汤、烤肉，还有应季的水果、干果和酸奶。食客都是当地人，哪怕不通汉语的店主，也会客气地示意吃完再结账。

老尔莎馕坑肉 　　　　　　　　清真餐￥￥

（见409页地图；长江路近龙泽苑小区；人均50元；⏰11:00~23:00）馕坑肉是来库车不可错过的一餐。和普通的直火烤肉不同，馕坑烤肉用的是烤馕的大坑，将裹以蛋清、作料的肉挂在坑壁上，以余炭火的辐射热和坑壁的高温暗火慢烤。肉香更为温和内敛，肉质更为酥嫩。这家店在库车开了十年有余，也是当地人吃馕坑肉的首选。烤羊排110元/公斤，羊腿180元/公斤，馕坑肉8元/串，可以再配个烤馕（3元），另外还有一些凉菜可选，且这里允许喝酒。

海尔巴格美食城 　　　　　　　清真餐￥￥

（见409页地图；人民路近天山中路，古杨树小区6号楼2层；人均50元；⏰10:00~22:00）餐厅的环境可以用精致华丽来形容，菜品的价格却依然低廉。从基本的维吾尔餐到西式菜品皆有：烤包子、抓饭、干煸炒面都做得更为精致，口味也丝毫不差，可以吃到本土化的比萨和意面，还有各种应季果汁值得尝试。

ℹ️ 实用信息

药店以县城五一路、天山路附近最多，**库车县人民医院**（见409页地图；📞7137 120；急诊中心7686 120；解放南路16号）在靠近老城的位置。

五一路附近也能找到**中国银行**（见409页地图；文化东路，近五一路）以及**中国工商银行**（见409页地图；五一路5号）的营业厅，不过这里的工作时间为：夏季10:00~13:30，16:00~18:30；冬季提前半小时。ATM在其周边也分布较多。邮政局在天山路口。

❶ 到达和离开

飞机

库车目前为止只有和乌鲁木齐的对飞航班，每天6班，航程不到1小时，也时常有较低的折扣。需要注意的是，15:00～18:00机场没有航班起降，航站楼可能会关闭休停。

库车县龟兹机场（☎7772 888）在县城西边16公里，乘出租车约40元，30分钟。

长途汽车

库车汽车站（见409页地图；天山东路89号）当地人叫"中心客运站"，这里有发往阿克苏、库尔勒、和田、伊犁、乌鲁木齐等地的班车。除了定时的大巴，也有坐满发车的小巴，去往阿克苏（100元/人）、库尔勒（126元/人）和伊犁（280元/人）。

汽车站没有咨询电话，也只出售当天车票，在进入售票大厅之前就设有安检，如果不想问个车次就被没收打火机，可以和站前挂着工作证的司机们打听，也可以顺带询问包车事宜。

乘坐1路和2路公交车至库车汽车站。

金鹿汽车站（见409页地图；☎7220 295；天山西路，近建设路）这里主要是发往库车周边的班车：拜城（9:30～19:30，50分钟一班；大巴27元；2小时），也有坐满发车的小巴（50元/人），会比班车快些；沙雅（10:00～20:00，30分钟一班；大巴13元，小车20元；1小时）；新和（10:00～20:30，20分钟一班；大巴8元，小车13元；1小时）。

火车

和机场相比，库车火车站就在城区的东南缘，因此也是大多数旅行者往来的选择。库车站的列车皆为过站车，属于南疆（喀什、和田）至北疆（乌鲁木齐、伊宁、克拉玛依）的中途停靠站，所以进出时间基本都是夜晚和凌晨。最快一班T字车到达乌鲁木齐约7小时。

库车火车站（见409页地图；黄河路近长江路）城区可坐8路公交车至终点站，乘出租车约8元。

❶ 当地交通

公交车

库车的公交线路不多，电子地图也无法查询。最常用的是贯穿天山路的2路公交，从酒店青旅聚集的天山西路，到老城的乌恰农贸市场，途中经过中心客运站和步行街。另外，8路车可达金鹿汽车站和火车站，1路可达龟兹客运站和老城广场。

公交车统一票价1元，无人售票。每部车都会配一名安全员，可能会翻查你的随身包袋。大多为人工报站，大多使用维吾尔语，预先告知售票员自己的下车站点为好。

库车汽车站车次时刻表

目的地	发车时间/班次	票价（元）	行程（小时）	备注
乌鲁木齐	18:30、18:40；19:00～20:30（30分钟1班）	200	15	
阿克苏	10:00～19:10（50分钟1班）	66	3.5	
库尔勒	10:00、14:30、15:30、16:30、17:30、19:30	68/77	4	单日增发11:50、12:50；双日增发11:30、12:30
和田	12:00、15:30	161/171	10	
伊犁	14:00	211/231	11	小车281元
和静	10:50（单日）、11:00（双日）	82	5	
轮台	11:30～16:00（30分钟1班）；16:00～20:00（1小时1班）	28	2.5	
新源	16:00	198	8.5	小车221元，13:30发车
焉耆	10:30（双日）、10:50（单日）	77	4	

出租车

库车的出租车统一、崭新，起步价5元/3公里，之后1.2元/公里。一般从新城到老城在10元左右，可以拼车，但车费不减。

自驾

如果自北疆而来，**独库公路**（见332页）自然是最佳的选择。G217国道继续南下，则是阿拉尔和田沙漠公路，直抵和田。横穿库车的吐和高速，是连接东疆和通往喀什腹地的主要通道。唯一会给行程造成麻烦的是通往拜城的S307省道，雨季时容易塌方，且修复耗时，不得已的情况下需要从吐和高速的阿克苏方向，在与S307省道的交会口绕行回拜城。

包车

大多数的旅行者会选择"（天山神秘）大峡谷+（克孜尔）千佛洞"的包车方式，往返400元/车，一般为越野车，可以拼4个人。克孜尔魔鬼城多加100元，苏巴什佛寺遗址多加100元，行程可以自由组合。去苏巴什佛寺路况较好，也可以直接找出租车商量价格，一般来回200元。如果从这里出发走独库公路，1500~2000元/车，单程，可以分两天走，司机食宿自理。

寻找包车可以在库车汽车站（中心客运站）门口询问挂有工作牌的司机，他们能帮你找到合适的人选，也能给你的行程一些有用的建议。价格则和用车司机自行商议。据我们调研，几条成熟的旅行路线价格均已比较

库车周边

天山神秘大峡谷。

固定和透明。

库车周边

作为龟兹国的故地,库车周边的遗址不可错过,但基本都在城外20公里以外,属于拜城的克孜尔千佛洞、克孜尔魔鬼城等景点离库车县城更近,加上交通便利,大多数旅行者都从这里包车前往。通常来说最受欢迎的是大峡谷和克孜尔千佛洞的包车一日游(400元/车),另一个比较热门的是"沙漠公路"(见314页),两条沙漠公路价格相当,当天往返不走全程,700元/车,直达和田或民丰,单程1300元/车。

如果是自驾则需注意核实景点位置,电子地图很有可能误导。

苏巴什佛寺遗址

(门票25元)"苏巴什"在维吾尔语里意为"水的源头"。遗址恰好位于库车河北源的冲积台地上。玄奘《大唐西域记》中描述道:"荒城北四十余里。接山阿。隔一河水。有二伽蓝。同名昭怙厘。而东西相称。"因此它被考古学者认为是当时的昭怙厘寺。佛寺初建于魏晋,隋唐时期最为兴盛,曾经是龟兹国的皇家寺庙,高僧鸠摩罗什(见327页方框)曾在此升座,为西域各国王公讲经说法,但在13世纪后毁于战火。说是佛寺,但它的范围之广堪比城郭,但经过近2000年风雨剥蚀及外国探险队的盗取挖掘,现已面目全非。

佛寺占据了库车河的两岸,分别被叫作东寺和西寺。可惜目前开放参观的西寺范围连整体的四分之一都不到。其中保存相对完好的是西寺中部佛塔和西寺大殿。对于无法到达的东寺,你可以用长焦镜头拍摄到它们,不规则的残垣断壁中还能清晰地看见一座圆顶的东寺佛塔。遗址区域的解说介绍寥寥,你可以在售票处的图片展看到它整体的地图和一起出土文物的图片。

2015年苏巴什佛寺遗址又新发现了13座

苏巴什佛寺遗址。

新的佛寺僧房,且正在申报成为世界文化遗产,现在进入遗址区域需要签署承诺书,保证整个参观过程不走出景区的木栈道,走完一圈只需30分钟,但据说未来的几年内可以将木栈道拓展到整个佛寺。

苏巴什佛寺位于库车县城东北26公里,只能包车前往,往返约200元/车。另外,民间传说认为库车河就是《西游记》中的子母河,当地人更喜欢把它叫作"女儿国"。

天山神秘大峡谷

(门票45元;⊙夏季9:30~20:00,冬季10:00~19:30)库车一带峡谷众多,在不同的介绍中你会看到它的不同名称"库车大峡谷、克孜利亚大峡谷",目前被旅游开发的只有这一条,被命名为"天山神秘大峡谷"。

大峡谷海拔1600米,长约5.5公里,庞大的红色山体群形成于距今1.4亿年的中生代白垩纪,经亿万年的风剥雨蚀,洪流冲刷,两边的石壁幻化成各种造型,鬼斧神工,惟妙

鸠摩罗什

克孜尔千佛洞前的鸠摩罗什像已经成为景点的标志性建筑。这位东晋时代的西域高僧,可以说在整个中国佛教史上举足轻重。佛教沿丝绸之路初传之时,如何将古梵文书写的佛典翻译成通俗易懂的中文成为当时最严肃而重大的工作。在这项译经事业上,鸠摩罗什(公元344~413年)比玄奘还要早200多年,也是中国四大译经家(鸠摩罗什、真谛、玄奘和义净)中翻译范围最广的一位,他所译佛经也成为当时中原佛教学派借以开宗立派的基本经典。

鸠摩罗什翻译的佛经用词简练精确,又富有韵律美感。《金刚般若波罗蜜经》中"一切有为法,如梦幻泡影,如露亦如电,应作如是观"就出自鸠摩罗什的翻译,也是至今最广为流传的版本。另外,诸如"大千世界""一尘不染""粉身碎骨""回光返照"等这些我们如今常用的词语,也正是因为他的新造和音译,才出现在了汉语之中。鸠摩罗什曾言"若我所译经典,合乎佛意,愿我死后,荼毗(火化)时,舌根不坏"。后据《高僧传》记载:"即于逍遥园,依外国法,以火焚尸。薪灭形碎,唯舌不灰。"

如今我们看到的这座鸠摩罗什像,沉静凝思,塑像身着贴身僧衣,为西域式的"曹衣出水"状,头微倾俯视,双手无着,如此坐姿和莲花束座都是参考了克孜尔壁画中思维菩萨的姿势。然而不知你能否看出,这位神情安详的高僧,还有着一半的印度血统。⒧

惟肖。进入其中,巨大的红色砂壁仿佛立刻就要迎面扑来。如果想要把这种"压力"推向极致,可以尝试走一下分支的**盖世谷**和**神蛇谷**。

峡谷中唯一由人工完成的杰作,就是**阿艾石窟**。它位于距峡谷谷口约1.5公里处,开凿在高高的绝壁之上,内有残存唐代壁画,

还有大量的汉字题记,甚至供养人的姓名都清清楚楚。因为地处高处攀登不便,相对同时期的其他石窟,这里保存得相当完好。可惜平时不开放,只能在谷底仰望。

峡谷内只能步行,全程往返约需3个小时。游览时注意两侧高处的落石。如夏季突遇降雨,谷中水流会迅速增加,请立即停止前进并撤往高处的安全岛。

大峡谷的景区入口位于G217国道旁边,距离库车县城70公里,和大小龙池同线,如果走独库公路,从巴音布鲁克到库车会路过。从库车县城也能坐到顺道班车,在库车汽车站坐到东风煤矿的车(10:00、11:30、12:30、16:30、17:30;22元),中途在大峡谷下。或者在**龟兹客运站**(见409页地图;人民路南50米)坐"库车—牧场"的车(9:40、10:20、11:40、12:20、13:00、14:00、16:00、18:00;19元;1小时),记得留司机电话问返程时间。包车前往约350元,建议和克孜尔千佛洞一同游览。

克孜尔千佛洞

(门票55元;讲解60~100元;⊙夏季10:00~19:00,冬季10:30~18:30)要知道,它比人尽皆知的敦煌石窟更为古老,被认定为中国最早开凿的石窟。这里已经发现的石窟有339个,保存较为完好的有80多窟,壁画总面积约1万平方米。可惜的是,跟新疆其他著名石窟一样,这里也没有逃脱20世纪初"探险家"的劫掠,很多精美的壁画被他们野蛮地从洞窟墙上切割下带走,只剩方形的窟窿。你可以欣赏到龟兹石窟艺术中独特的菱格佛本生故事画、佛因缘故事画、天宫伎乐图,以及中心塔柱式洞窟、方形窟、僧房窟等石窟结构。但如果没有专业讲解,你也只能走马观花,且景区现在对外开放的仅仅是谷西区的6个石窟。石窟景区管理严格,游客需分批进入,背包相机不得入内,石窟内也不允许拍照。

从千佛洞步行20多分钟,还有一处"千泪泉"位于山坳之中,时间充裕可以探访一下尘土飞扬之中的一片"绿洲"。

克孜尔千佛洞位于拜城县克孜尔乡东面

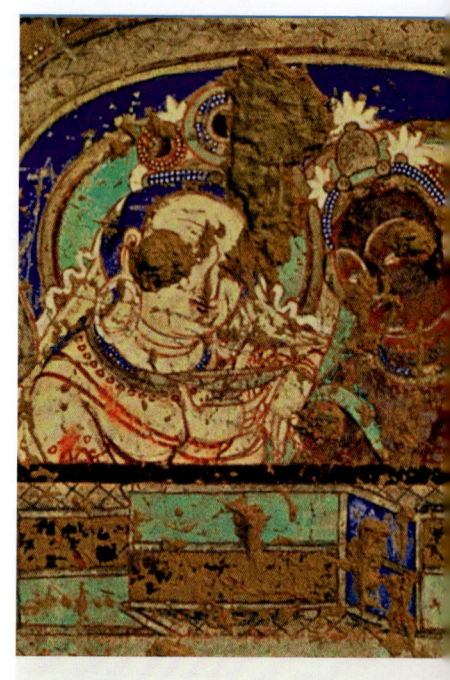

新疆石窟艺术

袁亮

新疆,是佛教随丝绸之路东传的第一站。早在公元1世纪初,佛教就已经进入新疆,起源于印度、作为佛教艺术表现形式之一的石窟在这片土地上得到了长足的发展。新疆地区拥有中国年代最早、规模最大的石窟群,由西向东分布在古疏勒区(今喀什)、古龟兹区(今库车、拜城)、古焉耆区(今焉耆)和古高昌区(今吐鲁番)。那些开凿在溪谷间、山崖上的洞窟,既是皇家贵族的家族寺院,也是普罗大众修行来世的精神载体。从克孜尔千佛洞到阿艾石窟再到柏孜克里克石窟,新疆石窟清晰留存了佛教石窟艺术自西向东的发展脉络。

龟兹石窟以**克孜尔千佛洞**为典型代表,它是中国开凿最早的石窟,始建于公元1世纪末,独特的中心柱窟形制和菱格画法,在中国以外其他石窟中从未出现。克孜尔千佛

克孜尔千佛洞38窟"天宫伎乐图"。苗利辉 摄

洞开凿于山间，由低向高层层叠加，再筑起窟檐，形似楼阁；洞窟形制有中心柱窟、五连洞窟、前室后洞窟等，这些石窟形式先后传至中原，影响了当时的石窟建筑形式。菱格故事以连环画的形式，截取佛教故事中的一个个经典画面，讲述一个佛陀本生、因缘故事。这些壁画多采用勾线、平涂和晕染相结合的重彩画法，所绘佛像丰满、立体，层次鲜明。反映龟兹音乐的壁画也是其一大特色，如第38窟龛顶的天宫伎乐图。

1999年采药人发现于克孜利亚山一条峡谷绝壁上的**阿艾石窟**，据考证其开凿年代应为盛唐时期，其壁画表现形式及手法与敦煌壁画相似。石窟中保存下来的壁画仅有约15平方米，壁画中的人物形象采用了四分之三的侧视画法，是典型的唐代中国画的风格，西方的净土世界中出现了中原的亭台楼阁，几何装饰图案中也有繁复的卷草与云纹，这些都与龟兹风格的壁画有明显的区别。汉文墨书题记的字体带有从魏碑体向楷体转化的痕迹，同样隐含唐风。这些足以证明，印度佛教沿着丝绸之路传向东方之后，又携带着中原汉地文化由东向西回传，再次融入了西域地区的佛教艺术。

十六国时期，高昌设郡。公元460年，柔然灭高昌郡，建高昌国。受佛教东传的影响，高昌国在火焰山峡谷内开凿**柏孜克里克石窟**，据考证，石窟的开凿可能持续了8个世纪。现存大部分壁画开凿于9世纪中叶回鹘高昌时期，风格深受唐代佛教艺术影响，但在壁画艺术表现上又独树一帜，尤其人物形象，多根据现实生活来加以塑造，间接反映了当时的社会状况。以31号窟为例，顶部的壁画主题为涅槃经变，右侧16国王子举哀图中，各国王子的装扮各有不同，与当时往来于丝绸之路的西域各族服饰非常一致，旁证了当时的吐鲁番正是丝绸之路文化交流的十字路口。

龟兹石窟

龟兹地处丝绸之路西去东来的要道，希腊文明、阿拉伯文明、印度文明被带到这里，它们的特色一方面原封不动地保存在龟兹，另一方面又被当地吸收和消化诞生了一种新的艺术风格，这种特点在龟兹留下的石窟中尤为明显，并且向内影响了整个中原的石窟文化。

在这里你既可以发现希腊"阿波罗式"的立佛造像，又会出现印度笈多的"薄衣透体"卧佛，同时，佛像的面部都眉目口鼻集中，这种长相特点被认为是维吾尔族祖先回鹘人的形象，而这种画法在敦煌北魏时期虽有沿袭，但更汉化，不再集中了。留心佛像的宝座，在印度的笈多文化中佛座多为方形，后渐渐演变为莲花座，而在龟兹石窟的壁画中，既有方座的佛像，也有莲花座的佛像，甚至还有坐着狮子的佛像，这是在印度的秣菟罗文化中才出现的。不要忽略飞天这个无处不在的配角，她最初在印度的造型基本是赤裸上身、下身围裙、赤双足的。龟兹石窟的飞天除了出现这种"印度飞天"，还出现了上身着紧身小衣、双脚穿靴子的"龟兹飞天"。这种飞天后来传到敦煌和麦积山就成了全身着衣、长带飘舞的"中原式飞天"了。

另外，龟兹石窟还堪称是中国建筑的立体化之最。石窟大多开凿于山间，由低向高层层叠加，再筑起窟檐，如同高台民居的原理。内部的中心柱窟、五连洞窟、前室后洞窟等丰富的形制也向东传至中原，影响了当时的石窟建筑。ⓛⓟ

确尔达格山，单个景点包车往返约350元，可以与天山神秘大峡谷一起，往返400元。如果试图搭车，可以在克孜尔乡附近下，但要继续向南步行约10公里。

克孜尔魔鬼城

克孜尔魔鬼城整体地形北高南低，远看一个挨一个的崖堆像被整齐削平的沙堆，近观一个个山体又会感觉如同城堡高墙，地质土层也呈现红褐、姜黄、灰绿等颜色。如果是底盘较高的越野车可以直接开入山谷内，各种奇特的天然佳作傲立其中。当然它只是风蚀地貌的杰作——由剥蚀、风蚀和流水作用形成的一条纵横沟谷及沟谷间的梁脊、台地和孤丘。据说大风吹时，谷内就会展现其"魔鬼"的一面——发出各种凄恻而阴森的魔鬼的吼叫声。

魔鬼城在库车县城西北60公里，离拜城70公里。从S307省道，克孜尔乡以北，需要走20公里砂石路。克孜尔魔鬼城虽和克孜尔千佛洞一个方向，但分别是不同的岔路口，可以包车一同游览，可能需要加价50~100元。

库木吐拉石窟

(门票35元；⊙9:00~17:00)它也被叫作"库姆拉千佛洞"，在著名的龟兹佛教艺术中，石窟艺术占有举足轻重的地位，而这个石窟也可以说是石窟艺术中的精品。它开凿于公元4世纪，约在11世纪被废弃，这里保存下来的壁画约有上千平方米，壁画上还有大量龟兹文、汉文和回鹘文题记。库木吐拉石窟中还有一种特别的石窟，由五个彼此相连的洞窟构成，被称为"五连洞"。据称，它由汉人开凿而成，这样的结构在其他石窟中尚未发现。20世纪70年代在石窟的沟口区域又发现了新1窟和新2窟，两窟内的莲花穹隆顶分别绘有十三身犍陀罗风格的菩萨像，婀娜精美保存完好，被称为龟兹石窟的巅峰之作。但因为病害严重，结构不稳定，一直未正式对外开放。新疆龟兹石窟研究所编辑的《龟兹》一书中有收录它的照片和介绍。

和克孜尔千佛洞相比，隐蔽在深山的库木吐拉更为神秘，需要驱车进入峡谷之内。同时，这里经常因为考古等原因不对外开放，孤注一掷地前来极有可能会败兴而归，建议询问包车司机或当地青旅关于它的开放情况。

库木吐拉石窟位于库车县城西边约28公里，吐和高速以北10公里左右的山谷内。从县城包车往返约200元。需要注意的是，在电子地图上它被标注在距县城几公里的位置，

克孜尔尕哈烽燧。

而其实你需要搜索"龙口千佛洞"才能找到它相对准确的位置。

克孜尔尕哈烽燧

（门票15元）这座看起来不起眼的黄土建筑物，可算是目前丝绸之路上年代最早、保存最为完好的一座烽燧，始建于汉宣帝年间，已在这片河床上孤独矗立了近2000年。现在残高约13米，顶部向外撑开的木构件是原本望楼（报警台）的残骸，古代的侍卫就是在那里把守着这片戈壁。现在远远望去，风化的连体烽燧酷似一对驼峰，当地人把它叫作"双塔"。

距离烽燧约1公里处还有一个**克孜尔尕哈石窟**，两个景点为联票。在龟兹石窟的名录中，它是离库车最近的一个。几十个方形的小窗零星开凿在约300米范围内的山包上，贴着崖壁修建了步道。据资料介绍一共有54个石窟，但目前洞内还残存壁画的仅剩下11个。即便如此，石窟内壁画的损毁程度依然惊人——你可以试试能不能找出一张完整的面容。

克孜尔尕哈烽燧距离库车县城13公里，如果是自驾走独库公路，过盐水沟之后可以看见指示路牌，向东6公里便可看见。从库车县城包车往返50元。可与克孜尔千佛洞一同游玩。

森木塞姆石窟

森木塞姆石窟是龟兹石窟中现存位置最东的一处石窟。石窟最大的特点是延续的时间较长，从公元4~5世纪和克孜尔千佛洞同时期的犍陀罗风，到6~7世纪开凿大像窟，8世纪之后出现的回鹘风和汉风，都能在此看到。最为特殊的是第26窟的礼拜窟，窟中保留一个中心柱，柱子四面开凿又各成一窟。你需要对石窟有所研究才能解读其中的奥妙，不然所看到的也只是斑驳的壁画而已。

森木塞姆石窟位于库车县城东北约40公里，可以说这是周边龟兹石窟中较难到达的一个，很有可能连当地人都表示从未听说过,包车的话需要确认司机知道具体位置。自驾可以定位克日希(或克尔希)村,由此向西北的却勒塔格(可用定位找到)前行约10公里,直到发现溪水流出的山谷,洞窟就分布在马蹄形山谷里。

大小龙池

大龙池、小龙池是天山深处的两个高山湖泊,海拔分别为2390米和3700米,由天山雪水融汇而成,水域宽阔,清澈见底。大龙池面积较大,水色格外秀美。唐代高僧玄奘的西域之行,曾途经大龙池,在《大唐西域记》中记载"国东境城北天祠前,有大龙池。诸龙易形,交合牝马,遂生龙驹……",意说龟兹的善马都是龙池的龙种。虽然没有确凿考证,但在翻过高山达坂,穿越荒滩戈壁后,这样一汪碧绿的湖水,足够让人兴奋不已。

大小龙池在库车县城以北120公里,两池相距4公里,都在G217国道旁边,从县城包车约需800元,但我们并不觉得你有必要这样做。独库公路沿途可顺道一观。

如今大龙池一带修建了一片天山龙避暑山庄,因为紧靠大龙池,成为摄影师热衷抢占的一站。但这里的条件并不如名字大气,住宿有普通单间和毡房,价格200~300元不等,沿公路两边皆是餐馆,新疆菜和川菜皆有,基本是简棚搭建,却也都是景区价。

拜城

拜城往往并不出现在旅行者的行程单里,因为大名鼎鼎的克孜尔千佛洞距离库车更近,尽管行政区域上是属于拜城。除此之外拜城再难有吸引人的亮点,这个小小的县城因此显得特别安静,在这里你更能看到不被游客打扰的生活状态。

◉ 景点

铁热克温泉　　　　　　　　　温泉

如果你已经来到了寂寥的拜城,不妨来这里的山间温泉泡一泡。无论是沿途的风景还是树比人多的小镇,都可以让你此行特别清静。铁热克是拜城北边的工业小镇,距离县城45公里。沿途就能看见喀普斯浪河,也

🚗 自驾游
独库公路

起点:独山子
终点:库车
需时:自驾1~2天,骑行5天
最高海拔:3490米
最佳季节:6~9月
难度等级:中高级

如果你试图问当地的司机,怎么在短时间内玩遍新疆,得到的答案会是——"走一趟独库就可以了!"

这条全长561公里的公路,是G217国道的一部分,从克拉玛依市的独山子,经过伊犁盆地最东端的巩乃斯沟西口和巴音郭

楞的巴音布鲁克草原，最终到达阿克苏地区的库车。跨越莽莽天山山脉，翻越4座海拔3000米以上达坂（垭口），一天之内就可能经历春夏秋冬，一年之内只有4个月通车，但是沿途却能将雪山、冰川、草原、河谷等新疆最精彩的地貌逐一看遍。

注意事项：每年的10月至次年5月，独库公路会因大雪封山，禁止通行。通常在每年6月4日前后通车，但只要遇到大雨天气，公路非常容易发生泥石流、水毁、塌方等灾害，建议出行前致电独库公路路况咨询电话（☎0992-3353 000），或者查阅奎屯公路管理局网站（www.ktglj.cn）所发布的路况信息。

独库多数路段限速40公里/小时，且不允许7座以上客车进入，全程基本为铺装路面，少数路段处于整修状态，大部分峡谷区域没有信号。沿途需注意坠石、暗冰，连续弯道时减速。独库公路海拔跨度较大，气温亦然，需要准备好应对夏季切换到冬季的衣物，同时预备药物，以防出现高反或晕车症状。

食宿：整条公路沿途都有不少留宿的选择，最受欢迎的当然是巴音布鲁克（见436页），也因此这里的物价最高。乔尔玛镇、巴音郭楞乡以及零公里处都有吃有住，条件稍显简陋。另外，沿途的草原河谷地区有不少哈萨克族牧民的毡房，一般50~60元/人，价格也很好商量。自备帐篷再好不过，但草原地区需小心昼夜温差。

到达和离开：非自驾旅行者可以从独山子或者库车包车前往，价格在1500~2000元/车，选择越野车为宜，库车更容易找到靠谱的司机（见325页）。独库公路搭车 ➡

巴音布鲁克草原蛇曲。

黄侃淳 摄

就是温泉的水源。温泉池就位于大山的包围之中，现在建成了小型的度假村，露天的大池子，40元/人随意泡，常来这里的也大多是当地村民。和所有的温泉一样，它也有着无数神奇的医疗作用，但是原生的环境更有趣。村外还有一小片被称为原始森林的地方，若有兴致可以走走。

拜城客运站对面，每天会有几辆发往铁热克镇的黄色小巴停靠，坐满发车，10元/人，四人座出租车15元/人，1.5小时。到了铁热克镇还要向山里步行约4公里。因为少有游客至此，班车也只跟随当地人来往，务必留好司机电话，确认回程时间。

食宿

因为游客稀少，小小的拜城也没有太多的住宿选择。但这里的特色是所有住宿皆含早餐，对于不适应时差的汉餐胃可以说是令人欣慰。

拜城的吃喝维持新疆一贯的水平，邻近客运站的建设路有两家较大的新疆餐馆，本土到没有招牌，如果选择汉餐，温泉路上集中了一溜川菜馆子，从炒菜到面食皆有，当地人会推荐川渝饭店和小康刀削面馆。相对的亮点是交通路步行街上的夜市，当别处已经空空荡荡时，这里依然能温暖你的胃。

拜城迎宾馆　　　　　　　　　　酒店¥¥

（☎6766 888；双拥路9号；标间/大床260元；❄❂Ｐ）目前拜城最好的酒店。充满着江南水乡的风味，让你忘记正身处干燥的新疆。四星级的配备一切崭新，设计风格简洁自然，明亮的落地窗还能望见绿树满园的庭院。除了有令人心动的浴缸，酒店还有健身房和泳池可以使用。入住还包含西式自助早餐，性价比非常高。只是离县城中心位置较远，比较适合自驾的旅行者。

扬子水都大酒店　　　　　　　　酒店¥¥

（☎8654 321；交通路9号，客运站斜对面；标间130元；❄❂Ｐ）客运站斜对面的位置相当便利，老牌酒店设施保养得还算

← 的成功率不大，相对有希望的搭车点在零公里处，且尽量赶早。整条公路可在一天之内跑完，但风景只能擦肩而过，如果可能建议中途至少停留一站，而且公路遭遇断路或施工等突发事件的可能性很大，需适当放宽时间。

一、❶独山子—❷哈希勒根达坂—❸乔尔玛—❹玉希莫勒盖达坂—❺巴音布鲁克，280公里，7小时

❶**独山子**北京路的尽头就是G217国道的入口，大多数车辆在这里加满油准备踏上独库之旅。前行27公里会路过巴音沟景区（见244页），之后地势开始逐渐险要，公路在山腰中蜿蜒，每隔一段就会有"前方连续陡坡XX公里"的提示。途中会经过"守护天山路""天瀑"等景观雕塑，70公里处的乌兰萨德克道班有休息站。沿着逐渐由灰变蓝的清水河，一路攀升到达第一个达坂——❷**哈希勒根达坂**（海拔3390米），"哈希勒根"蒙古语的意思就是"过不去"。它的冰川尾舌一直延伸到公路边，你可以在它常年不化的积雪上玩一把。之后

连续24公里的下坡一路抵达❸乔尔玛，这里不是正式的乔尔玛镇，只是休息站兼加油站，可以在这里解决午餐，顺道可以拜访一下为了纪念独库公路长达10年建设中牺牲的168名烈士的陵园和纪念碑。在此左转跨过喀什河，山体逐渐恢复绿色，河谷中开始出现牧民的毡房。途经K609老虎口的位置时，道路紧贴陡峭的山体，地面形成90度以上的倒坡，注意山上可能有碎石滚落。盘旋上山，将翻越❹**玉希莫勒盖达坂**（海拔3428米），2013年这里修建了全长1.9公里的隧道，再次创造了新疆之最。继续前行约45公里将到达与G218国道的交会处，也被叫作"零公里"。两条公路垂直交叉，向西约5公里便是那拉提草原（见301页），向东进入巩乃斯国家森林公园（见302页）。往库车方向，穿过森林，便正式进入草原地带，可以看到漂亮的玛尼石堆，和星星点点的牛羊，前行57公里便到达了❺**巴音布鲁克**（见436页）。

二、❺**巴音布鲁克—❻铁力买提隧道—❼天山神秘大峡谷—❽库车，236公里，6小时**

出巴音布鲁克的公路可谓康庄大道，向着中天山（哈尔克它乌山）一路前行，两边是广袤无垠的草原。约1.5小时后进山盘旋至❻**铁力买提隧道**，铁力买提达坂（海拔3220米）是中天山主脊的分水岭，也是和静与库车的界限。在这段路上，你已告别草原逐渐进入了山区，海拔也随之升高，到铁力买提达坂时已是明显的高原风光。过隧道之后是连续13公里的弯道，途中将经过大小龙池（见332页），前者的度假村热闹非凡，可停留休整。前行30公里，经过卡尔脑隧道之后，山体开始逐渐呈现出红色，周围寸草不生，风化岩石千疮百孔，这些景观都提醒你进入了截然不同的南疆。在层叠的雅丹地貌景观的陪伴下，前行34公里后❼**天山神秘大峡谷**（见327页）的景区入口就在公路边。之后沿途还会看到呈现白色的盐水沟、岩石酷似宫殿造型的布达拉宫以及金字塔形的雅丹地貌。欣赏完这些之后，❽**库车**的大馕和烤肉就在几公里处等待犒劳你了。

独库公路。视觉中国 提供

拜城客运站车次时刻表

目的地	发车时间/班次	票价（元）	行程（小时）	备注
阿克苏	9:00~18:50（30分钟1班）	35	2.5	四人轿车66元
库车	9:30~17:30（50分钟1班）	27	2	小巴50元
喀什	10:30	134	7.5	卧铺车138元
库尔勒	12:00	92	5.5	四人轿车169元
乌鲁木齐	17:00	210	10.5	

不错，房间非常宽敞，服务人员态度热情，每间房间还配备茶台、茶叶。不过这家酒店最神奇的是"包三餐"，凡是入住的客人皆可在酒店餐厅享用自助式（中式）的三餐，虽然内容称不上丰盛，但基本和当地中式饭店持平。

拜城温泉宾馆　　　　　　　酒店￥

（☎8626 999；温泉路4号；标间88元，大床77元；❄☎）经济型的酒店，房间整洁干净，服务态度特别好，尽管价格低廉，但住客依然可以免费使用酒店的健身房（含乒乓桌、跑步机）。入住含隔壁的包子店自助早餐。其所在的温泉路也是川菜一条街，用餐非常方便。

❶ 到达和离开

长途汽车

拜城客运站位于县城的东南边，交通路靠近建设路，所有的班车皆在这里发车。其对面，扬子水都大酒店旁的广场上就是去往铁热克镇的发车点。

另外，在拜城县城内乘出租车都只需起步价3元。

自驾

夏季雨水较多时，通往拜城的S307省道很容易遭遇路面塌方，且修复耗时，在不得已的情况下需要从吐和高速的阿克苏方向，在与S307省道的交会口绕行回拜城。

阿克苏

交通的便利和20世纪五六十年代多个建设兵团的进驻，让阿克苏成为一个相对"汉化"的城市，在旅行者眼中，最适合中转与休整。市区结构清晰，中心的大十字是吃喝玩乐最集中的路段。机场在北，火车站在南，最值得一看的两处景点位于温宿，距离阿克苏市仅30分钟的路程，大多数旅行者都会选择从阿克苏直接出发，并且这里的好处是景点的咨询电话都可以提供给你有用的信息。

◎ 景点

阿克苏博物馆　　　　　　　博物馆

[见411页地图；☎2158 278；阿克苏市西大街27号；免费，凭身份证领票进入；⏰夏季（5月1日至10月1日）10:30~19:00（18:00停止发票）；冬季（10月1日至次年5月1日）10:30~18:30（17:30停止发票），周一闭馆]阿克苏博物馆就位于市中心，面积不大，馆内只有三个常设专题展。相对值得一看的是**龟兹历史文化陈列厅**，它展出了公元前2000年至近代在阿克苏地区出土和采集的近200件文物，并且使用了一些电子多媒体设备再现了鸠摩罗什生平、龟兹乐舞舍利盒的三维立体成像，以及故城复原三维动画等，但在人流稀疏时这些设备通常处于断电状态。**货币陈列厅**能看到从南北朝时期至民国时期阿克苏地区铸造的930余枚钱币，你也可以发现迷你的龟兹小钱、面值达六十亿元的民国纸币以及货真价实的五十两银元宝。**多浪民俗文化陈列厅**则主要展示了阿克苏地区的刀郎文化习俗。但大多展品皆属近现代，其中多浪（刀郎）木卡姆幻影成像剧场最值得一看。

除此之外，请留意二楼走廊的橱窗，这里展示着13幅临摹库木吐拉石窟第21窟的穹隆顶的众菩萨像。虽然画像粗糙，但可以稍加弥补没能亲眼见识库木吐拉石窟的遗憾。

市区乘坐1路、15路公交车至多浪公园站。

🛏 住宿

虽然阿克苏整个城市都充满了繁华的气息，但也有相对的新城和老城。市区靠西边的大十字是最传统的市中心，北大街沿线有很多临街的宾馆，基本都在二三楼，价位便宜（100~160元），条件一般。东边的新城客运站所在的民主路及塔北路区域，有较多新建的酒店，条件会好一些。

汉庭连锁酒店　　　　　连锁酒店¥

（见411页地图；☎6339 333；东大街1号；标间180元；❄ 🛜 🅿）这家店位置无与伦比，就在大十字的路口，属于市中心一带性价比较高的酒店。内部装修依然较新，保持着连锁酒店的一贯水平。二楼就有供应早餐的西式快餐店。

太百商务酒店　　　　　　酒店¥

（见411页地图；☎2144 888；新华东路33-1号，太百购物中心；标间188元；❄ 🛜 🅿）前身是一直以服务著称的扬子水都连锁宾馆，改名之后依旧沿袭其优点。房间够宽敞，配有电脑，还贴心到配有开瓶器、指甲刀、剪刀甚至按摩器。每天8:00~10:00有免费的早餐，住客还可以享受免费刷鞋、免费洗衣（大件衣物收取2元/件）、免费泡脚等服务。与太百购物中心同楼，直接可以通往楼上的电影院和美食街。酒店门口就有出租车扬招点。

鑫达商务宾馆　　　　　　酒店¥

（见411页地图；☎8888 809；健康路8号；标间/大床128元；❄ 🛜）这里离东大街仅5分钟步行路程。同排有多家川菜馆子，还有24小时便利店。房间不大，但颇为亮堂。厕所为内部隔出，淋浴水量尚可，整体卫生也让人放心。酒店还有一些不到百元的特价无窗房，也一样干净舒适。

凯旋大酒店　　　　　　　酒店¥

（见411页地图；☎2582 222；英阿瓦提

✅ 不要错过
寻找西域三十六国——姑墨

温宿，古称姑墨，曾是西域三十六国之一，并入汉朝版图后，唐代更名为温肃州；又在清代乾隆年间将其定名为"阿克苏"；到了光绪年间，朝廷修建新城，名随城移，新城称为阿克苏，老城叫作温宿。可见寻找"姑墨"需要寻源到温宿县才行。

温宿县城很小，城外被"砍坡"包围，这是温宿的独特地貌，远看形似高墙，其实它并非人为，而是因洪水冲刷出现断层垮塌。沿县城的东大街找到古城路，直走左转上坡，到达坡顶平地时你会被眼前的景象震惊——风化的伊斯兰教建筑连绵几公里，它们像被托举在空中，和下方的新城几乎分裂成两个时空。这里是拍摄全景的最佳位置，但你和它们还隔着一条深30余米的大裂谷，你所在的这边叫作**艾西曼布拉克古城遗址**，原建筑已经不复存在。后方是一片已有数百年历史的维吾尔古墓群。望向北边，能够看见隐约的天山，如果走近裂谷边缘，就会发现还有几户当地人家，悠闲地生活在谷底。

想要走近古建筑群还需绕回东大街，从托孜尕克巷向内2公里。其中最大且保存最为完好的是一座伊斯兰拱拜孜建筑，四方形的墙体连着四个圆形的角柱，周身残留着彩色的琉璃瓦，依稀可见它曾经的气派。据说这里安葬着清朝初期温宿郡王霍集斯的后裔，也就是温宿郡王哈迪尔。

从阿克苏市区的温州路步行街和栏杆路街口，有一趟车标为"阿克苏—温宿"的班车（2元/人，30分钟，公交站牌上并不出现），在温宿汽车站下车。回程21:00之前每隔5~10分钟就有公交车会在城里缓慢绕行出现，基本随叫随停。Ⓖ

路10号；标间196元，三人间268元，含早；❄☎P）酒店位于新区的商业区，离步行街比较近。老式酒店的标准装修风格，内部条件比门面让人满意，服务、卫生都无可挑剔，冬天还有地暖。入住含早餐，内容也比较丰富。

东方国际大酒店　　　　　　　　酒店¥¥

（见411页地图；☎2148 666；温州中路1号；标间258元，大床328元；❄☎P）酒店紧靠温州路步行街，吃喝玩乐非常方便。老三星，房间够大，基本都配备电脑，豪华间还配有浴缸。酒店六层有个KTV，建议入住高一点的楼层。

✈ 就餐

阿克苏的餐饮风格汉维融合，两者都有较多的选择。天山百货大楼、西大街金桥凤凰时尚广场、苏航吧水文化美食城、英阿瓦提路上的一江春水餐饮广场等，集中了各种餐厅饭馆。世纪广场美食街则多是中高档餐馆。与西大街平行的王三街是维吾尔族餐厅的聚集地，也是原本夜市出没的地盘。小南街上也有不少选择，其中最亮眼的**吴子古鲁米美食**（维吾尔餐），最受当地人欢迎。如果厌倦了肉食，团结西路上有一家能够让你舒缓肠胃的**溢香粥府**（☎186 9972 6659；团结西路市委对面；人均25元；⏰10:00~23:00）。

阿尔亲餐厅　　　　　　　　　　清真餐¥

（见411页地图；☎2187 333；西大街；人均35元；⏰10:00~23:00）民族风格与西式元素混搭的餐厅。这里装修豪华、餐具讲究，服务生也很有格调，女生戴着十字绣花帽，男生则穿黑色紧身衬衫。传统的碎肉抓饭（22元），量不大，羊肉和葡萄干很舍得放；烤羊肝（6元）也不错，切得薄薄的肝片与肉片混着，入口即化，香甜不腻。其他招牌菜有纳仁（18元）、烤肉（48元）、烤架子羊（118元）、土耳其面（36元）等。下午还经营咖啡饮品和精致的点心。吃罢可以再去它隔壁的凯迪巴依冰品店来一份阿克苏特色的应季冰淇淋（3元）。

热瓦茶水餐厅　　　　　　　　　清真餐¥

（见411页地图；☎2202 888；东大街，近健康路；人均40元；⏰10:00~23:00）这家的装修颇有情调，弥漫着一千零一夜的异域风情。菜品异常丰富，既有招待朋友的当地食物和热炒，如热瓦烤羊蹄（48元）、馕坑烤肉（88元/公斤），也有一个人吃饱的拌面（13~25元）、抓饭（22元），中午之前还有丰富的早餐选择，如奶茶、玉米粥等。

小南街抓饭王　　　　　　　　维吾尔餐¥

（见411页地图；小南街，近迎宾馆；人均20元；⏰11:00~22:00）非常原汁原味的维吾尔族餐厅，当地有年头的老店，虽然是苍蝇馆子的环境，但这里的抓饭远近闻名。肉抓饭已经涨到了20元，配料有鹰嘴豆和胡萝卜，大块羊肉你可以自由挑选。抓饭只有午市供应，其他时间供应拌面和凉皮。

三团水库鱼庄　　　　　　　　　汉餐¥

（见411页地图；☎151 0997 2146；教育路1号；鱼60元/公斤）教育路上有多家类似的"水库鱼庄"，三团是最老最出名的一家。这里的卖点是当地兵团水库养的淡水鱼，当天送来，现杀现做。制作方法有香辣、干炸、红烧、家常等，口味以川菜为主。一条重2公斤左右的鱼够两到三人吃。

阿布热都合曼烤肉王　　　　　维吾尔餐¥

（见411页地图；塔中路与金桥路交会处西角；人均35元；⏰11:00~22:00）这里主打的是馕坑烤肉，在当地人中口碑不错。馕坑肉12元/串，另外还有羊排、羊腿等可供选择。

ℹ 实用信息

阿克苏地区第一人民医院（见411页地图；☎2132 692；健康路，近东大街）所在的健康路上有多家药房可以购买到各种日常药物。

阿克苏市区很容易找到各大银行的营业厅和ATM。

市区设有多个火车票售票点，基本都在邮政局，其中**新华路邮政所**（见411页地图；

新华路,移动大厅旁)以及**解放路邮政支局**(见411页地图;解放中路5号),设有24小时的自动售票机。市区乘坐17路、37路可达。

旅行社

兵青旅托峰国际旅行社(☏186 9976 7657;心怡路1号)和**康辉旅游**(☏2591 277;朝阳街与英阿瓦提路交叉路口,西南150米)两家旅行社经常组织阿克苏周边的温宿大峡谷、神木园的一日游,周末居多,也可以根据实际情况安排合适的出行方案,致电咨询的态度也够耐心,能获得详细的信息。

户外俱乐部

北山羊户外(见411页地图;☏2626 767;健康路,第一小学对面)不仅是一家户外装备的门店,也是当地的户外俱乐部,一般每周末会组织阿克苏周边的户外活动,范围包括坪台子(托木尔峰保护区)、豹子洞露营等。他们也非常欢迎旅行者的加入,需提前报名,也可以就周边游玩的攻略请教他们。

飞鹰俱乐部(见411页地图;☏135 7910 2768;解放中路)一家更为专业的户外俱乐部,更多地组织阿克苏地区以及新疆热门城市的长线旅行,也发诸如托木尔峰徒步、夏塔古道穿越等专业性较强的路线。

❶ 到达和离开

飞机

阿克苏机场(☏2541 861;城北红旗坡农场)位于市区以北约10公里,距离温宿县则更近,只有5公里。每天最多的是飞往乌鲁木齐的航班,航程仅1小时20分钟。另外通航的国内城市有:北京(周一、三、五、日,1班,经停乌鲁木齐)、上海虹桥(周四、五、六、日,1班,经停乌鲁木齐),以及成都、重庆、西安和青岛。

长途汽车

阿克苏中心客运站(见411页地图;☏2613 969,6360 500;乌喀中路41号)就在G314国道上,是阿克苏最繁忙的客运站,这里大多是发往阿克苏地区之外的班车。乌鲁木齐和喀什地区的班次最为频繁,也有去往和田、伊宁、吐鲁番等地的班车,通常一天只在中午发一至两班。

新城客运站(见411页地图;民主路,近解放中路)主要是发往阿克苏地区内的班车,最常用的线路:库车(10:00~20:00,30分钟一班;大巴50元、四座车103元、六座车65元;3小时),拜城(10:00~20:00,30分钟一班;35元;2.5小时),沙雅(10:00~18:30,2.5小时一班;55元;3.5小时)。

阿克苏地区客运站(见411页地图;☏261 2229;塔中路与文化路交会处南侧)大多是发往各团厂的班车,每天17:00有一班发往乌鲁木齐的夜车。

火车

从乌鲁木齐而来的列车在阿克苏过站,再继续前往喀什或和田。每天4班,其中3班

阿克苏中心客运站车次时刻表

目的地	发车时间/班次	票价(元)	行程(小时)	备注
巴楚	9:30~20:00(80分钟1班)	55	3	
喀什	10:30~18:00(1.5小时1班)	90	5	
和田	10:30~18:00(1.5小时1班)	179	10	卧铺车188元
库尔勒	11:00、13:00、15:00、18:00	111	6.5	七座车175元
伊宁	14:00、16:00	268	14	卧铺车290元
乌鲁木齐	12:00~21:00(30分钟1班)	242	12	卧铺车250元
莎车	12:00、14:00	81	5	
泽普	13:00	108	6.5	
皮山	18:00	111	7.5	

温宿大峡谷。

为夜车。往和田方向,会经过巴楚、喀什、阿克陶、英吉沙、莎车、泽普、皮山和墨玉。往乌鲁木齐方向的列车,则将经过库车、库尔勒、吐鲁番等地,到达乌鲁木齐后,最远至伊宁或克拉玛依。但阿克苏的到站时间都是夜晚或者凌晨。

2016年开通阿克苏至西安的K170次列车,每天早上9:47从阿克苏首发,历经44个小时于凌晨到达西安。

阿克苏站(6635 222,铁路售票处2123 109;交通路中原路交会处)位于城南,距离市中心约3公里。市内乘坐17路、18路、37路可达,乘出租车约10元。

自驾

阿克苏到巴楚约240公里,2014年底通车的这一段高速路况极好,3小时即可到达。沿途大部分是一望无际的戈壁滩,南疆铁路经常跟高速并驾齐驱,说不定会有火车跟你一路同行。

当地交通

公交车

阿克苏市区的公交称不上便利,往往下车点都离目的地还相差将近1公里,当地人也更习惯乘出租车。市区1路经过长途汽车站,6路经过火车站和长途汽车站,16路、30路公交可达温宿县,全程70分钟,更建议搭另外一班"阿克苏—温宿"的班车,在温州路步行街口,10分钟一班,10:00~20:00,2元。

出租车

起步价5元/3公里,市区内范围一般5元即可。到客运中心站7元,火车站10元,到机场需30元。但需要注意的是,在中心路段,出租车都必须在规定的扬招点停靠,而并非招手就停。

包车

阿克苏新城客运站门口比较容易找到交

流无障碍的出租车司机。到神木园和温宿大峡谷，两个景点一天需500~600元。也可以联系当地旅行社，有时报价比司机靠谱。

阿克苏周边

温宿大峡谷

（☎2930 188；门票30元；⊙10:00~20:30）温宿大峡谷和库车天山神秘大峡谷（见327页）一样，都属于天山南麓红层大峡谷的地质地貌。相对步行可以游览的库车大峡谷，这里要宽阔巨大得多，其间又有众多小的支谷，地形复杂、大开大阖。景区前段稍显平淡，深入其中，红层岩石结构的岩层分布清晰，受挤压形成的褶皱线条十分醒目，山石渐露峥嵘——砂层被风蚀水蚀形成沟壑，而钙质层却保留了下来，形成垂直高大的崖壁。有些石岩则分崩离析，呈现各种扭曲的姿态。温宿大峡谷四季开放，风光俱佳，尤其是冬季雪后，白雪盖红山，特别漂亮。

目前大峡谷开发的路段十余公里，共3条支谷，自驾车进门须购买100元门票（价格可以商量，旅游旺季不允许自驾进去）；景区也配有区间车，为老式的敞篷越野车，300元/车，可以挤七八个人。整个行程单线往返，约需3个小时，当然沿途可以随意要求司机停靠拍照。景区内支谷众多，不易辨别方向，擅自深入极易迷路。夏天如遇暴雨天气，景区会暂时关闭。如在景区中突遇雨水，必须尽快转移到最近的防洪平台上。另外，驰骋大峡谷需注意防晒，戴个口罩很有必要。

温宿大峡谷位于阿克苏北70公里，从阿克苏包车前往约500元往返。沿来路返回吐和高速，至阿克苏出口下高速即可，铺装路面，约1小时车程。当地的旅行社周六日可组团拼车前往，5人以上发团，220元/人，商务车，含全程车费以及景区门票和区间车，直接从酒店接送。如果不满五人，300元/人，越野车。

天山神木园

（☎4498 058；门票40元；⊙10:00~22:00）天山神木园在托木尔峰南面山地，是在海拔1700米的谷地上仅有的一片绿洲。库木艾

托木尔峰徒步

托木尔峰是新疆绵延2500多公里的天山山脉中的最高峰，它位于阿克苏地区的北部，位置已经接近吉尔吉斯斯坦的国境线。它海拔7443米，是世界7000米以上的山峰中纬度最高的一座。这里的冰川面积是珠峰地区的1.5倍。但是，想要看到托木尔峰的真身必须靠你的双脚经历一场高强度的户外徒步。

整个徒步过程需要5~6天，重装。第一天，从阿克苏出发前往温宿县塔克拉克牧场，由此进入托木尔峰自然保护区，徒步18公里（5~6小时），到达苏甫塔什（海拔2600米）。沿途需要跨过两条台兰河的支流。在营地已经可以看见台兰河的源头——海拔6934米的台兰峰。第二天，从苏甫塔什徒步15公里（6小时）到达库木拜勒（海拔3200米）。途中需要翻越两个3000米以上的达坂，海拔爬升较大，但可以体验到天山垂直分布自然带的变化，也是整个徒步中最精彩的一段。第三天，从库木拜勒徒步约10公里抵达西琼台兰冰川，从这里才能看到托木尔峰，它峰形呈马鞍状，峰顶形似鱼脊。如果还有力气可以爬上3700米的气象观测点，那是看托木尔峰的最佳位置。当天原路返回库木拜勒营地。第四天，按原路返回苏甫塔什。第五天，出山之后可直接返回阿克苏。

这条路线并不适合普通旅行者，沿途没有牧民、没有补给，需要重装徒步，且没有明显的行进路线。夏秋季较为适合，但雨后河流水量大，会给徒步带来麻烦甚至危险。哪怕是有徒步经验的旅行者，我们仍建议组队或者在有专业人士带领下进山。ⓛⓟ

日河从这里流过，滋润的荒漠上树木茂盛，灌木丛丛，这里古树的树龄少则300年，多则千年以上。神奇的是，在长久以来的固定风向的吹拂下，树干都呈现螺旋形状的扭曲，有些整个树干已经横卧生长，盘根错节、千姿百态，也

因此被人称为"神木"。为了方便参观,景区铺设了整整齐齐的木栈道,给各种古树起了诗情画意的名字,让这里更像粗犷版的植物园,你只需花1个小时就能将这里看完。

景区位于阿克苏温宿县城西北60公里处,温宿县城有去往神木园景区的班车(10元,1小时),在批发市场门口,时间不定,一般需凑满六七人才发车,人少的情况需要和司机谈往返车费,务必让司机等你游览完,不然没有车返回县城。如果直接从阿克苏包车,往返200元。

喀什地区

电话区号 0998

丝绸之路沿着塔里木盆地边缘一路西行,最后交会在这个"美玉集中的地方"。在大多数旅行者的心目中,喀什代表着南疆。2000多年前这座西部边陲城市就已是葱岭以东的大都会、西域经济文化的中心,在这里上演着中西方文化最激烈、最大胆的碰撞与交会。2000年后的今天,你一样可以目睹张骞当年看到的景象——"有市列,货物如山,人员嘈杂,车水马龙",不论宗教、王权如何更迭,始终都有各种肤色的人会聚于此,着迷于这里错综复杂的街道和面纱下深邃的目光,寻找着各自心中的"一千零一夜"。

喀什市

喀什老城是它的精华所在,逗留三五天都不算多。如果碰上周日,赶一次荒地乡的牛羊巴扎会比吃一顿牛羊肉更让人记忆深刻。市区周边著名的遗址不多,但距离都不远,你可以花上一天时间把它们看遍,然后整装待发踏上丝绸之路最艰险的一段。

◎ 景点

艾提尕尔清真寺   清真寺

(见412页地图;解放北路西侧,近诺尔贝希路;门票45元; ⊙9:30~14:30, 16:00~

古尔邦节艾提尕尔清真寺广场的礼拜。

19:00）艾提尕尔是新疆规模最大的清真寺，也是南疆地区极少数开放参观的清真寺之一。它是整个喀什老城的中心，外围街道人声鼎沸，寺内始终宁静如初。穿过巨大的庭院，南北边各有一排教经堂，礼拜堂在寺院最西部的高台上，分为外殿和内殿，需脱鞋进入。雪白的长廊由上百根绿色的雕花立柱撑起，最中央的木雕藻井精美异常。侧墙上悬挂着一幅巨大的波斯地毯，这是时任伊朗总统的哈梅内伊1989年来华访问时专程到艾提尕尔清真寺做礼拜时赠送的。

在艾提尕尔漫长的历史中，最初这里是征服中亚的阿拉伯大将屈底波·伊本·穆斯利姆留下的伊斯兰教传教士的墓地。公元1442年，喀什王沙克色孜·米尔扎的后裔将它改建成了清真寺。19世纪末当欧洲探险家们涌入西域时，斯坦因、马达汉等人留下的笔记和照片中都出现了它的身影。时至今日，在古尔邦节、肉孜节等重要节日，艾提尕尔广场都会被齐刷刷礼拜的穆斯林们填满。

周日巴扎。

市区乘坐2路、7路、8路、13路公交车可达，出租车约5元。注意，清真寺在礼拜时间禁止入内，礼拜一般持续30~45分钟，请耐心等待。

喀什中西亚国际贸易市场　　市场

（见412页地图；华凌国际综合广场主楼下沉广场；⏱11:00~20:00）可以说，巴扎是新疆生活的缩影。这个被当地人称为"东巴扎"的市场于2022年初迁移到了距老城以东8公里处的华凌市场，整体规模更大，建筑很现代化，但崭新与远距离也让它丢失了些许风味与人流量。曾经人头攒动的5000多个摊位有些选择进老城开店，大部分随市场搬迁。如果你"长途跋涉"至此，可以在纪念品专区找到艾德来斯绸、帽子、英吉沙刀、干果、工艺品等，也可以淘到来自巴基斯坦、土耳其、印度等地

清真寺礼仪

人们通常认为佛寺"坐北朝南"、清真寺"坐东朝西"，但你会发现，艾提尕尔的大门明明朝着东面。其实清真寺是大门朝东，做礼拜时朝西——神圣的麦加方向。即便是新疆规模最大的清真寺，和佛教寺院比起来还是小很多，且伊斯兰教没有偶像崇拜，寺内不树立任何神像雕塑。穆斯林每天需要做5次礼拜，分别为晨礼、晌礼、晡礼、昏礼、宵礼，每次15分钟，周五主麻日要做聚礼，需要一个半小时。礼拜的时间节点根据日出日落决定，所以并非整点，也会随地域和节气变化。

大多数清真寺并不开放参观，按照教规，女性不能进入清真寺，但对于参观者已经没有忌讳。进入礼拜堂必须脱鞋，不论男女最好将头部加以遮盖（帽子或者头巾），虽然现在对于非穆斯林比较宽松，但女士务必穿着长裤或长裙。通常礼拜时间清真寺都不允许入内，如果遇到正在礼拜的穆斯林，不要从其前面走过。任何时候，将镜头对准别人前都最好先获得同意。Ⓛ

香妃墓。

进口的工艺品。吐曼河东岸的东巴扎原址仅余极富年代感与民族风情的空荡建筑,不过外围依然布满了热闹的小吃摊和货品摊,如果不想跑去华凌那么远,不妨来这个曾经的地标逛逛,怀旧一番,写着它国际化全名的气派正门在艾孜热特路上。市内乘坐16路、18路公交可至华凌国际综合广场。

香妃墓(阿帕克霍加墓)　　　　陵墓

[见412页地图;东郊5公里处的浩罕乡;门票30元,讲解(按人数)30元起;⏰夏10:30~19:30,冬10:30~19:00]确切地说,这里是阿帕克霍加的家族墓地,阿帕克霍加是17世纪伊斯兰教苏菲主义白山派的首领,并夺得了叶尔羌王朝的世袭政权。而传说中乾隆的"香妃",就是阿帕克霍加的侄重孙女。在我们看来这个麻扎可能是喀什地区最漂亮的一个。它拥有全新疆麻扎中最大的穹顶,直径达17米。外墙四壁皆贴有绿色的琉璃砖,不少都是初建时留下的,花砖也都有着不同的纹样。主墓室里安葬了阿帕克霍加家族的5代人,较大的为男性墓,小的是女性墓,且根据地位高低,分成多个台阶。最大的那个是阿帕克霍加的父亲玉素甫霍加,著名的香妃伊帕尔汗,则位于第三阶的右侧,披黄带盖红花那座。但这仅仅是她的衣冠冢,真正的陵墓在河北清东陵。

走出墓室别忘了拍张香妃墓的全景,这里已经为你竖好了"最佳摄影点"的指示牌。另外,香妃墓景区最早的建筑是继续向内的讲经堂,是当时玉素甫霍加和阿帕克霍加讲经的地方。

香妃墓位于喀什东北郊5公里的浩罕乡,20路公交有直接到门口的香妃墓站。

玉素甫·哈斯·哈吉甫墓　　　　陵墓

(见412页地图;体育路54号;门票30元;⏰10:00~19:30)玉素甫·哈斯·哈吉甫是11世纪喀喇汗王朝时的一位伟大的维吾尔族思想家兼诗人,他最大的成就是用阿拉

牛羊巴扎。

★ 值得一游

赶一场牛羊遍地的大巴扎

在新疆，巴扎无处不在，凡是可以交易的都能成为巴扎。那你能否想象一个动物多过人类的巴扎？

在喀什市区北边的荒地乡，有一个规模庞大的牲畜交易市场，当地人叫牛羊巴扎，每周日这里都会热闹得像一场狂欢节。周围各乡的人带着自家的羊、牛甚至骆驼涌向这里，有的装满整卡车，有的单独牵着自家的优良品种。你可以见识到维吾尔族牧民如何展示自家牛羊，也可以拍打着那些坏脾气的家伙们跟卖主聊聊如何挑选。

现场没有宰杀，但也不用担心饥肠辘辘，外围有许多简易的餐饮店，入口处的烤包子个头巨大，最受欢迎。牛羊巴扎只在周日举行，会持续一整天，但最热闹的时段是12:30~15:00。喀什市区乘坐23路公交车至荒地乡站，顺着人流走200米即可到达。做好心理准备，当天的公车会相当拥挤，不过不用担心坐过站，所有人都在那站下车。如果乘出租车约30元。

伯文写成长达13,290行的劝诫性诗《福乐智慧》，意为赋予人幸福的知识，内容包含历史、政治、社会、教育、哲学、地理、数学、天文、医学等，成为人们的生活指南，并且被世界各国翻译成多种文字，被推崇程度甚至影响了整个中亚文化。但是这间墓室相当简单，结构和香妃墓如出一辙，只是面积小且朴素，墙上挂有不少摘录自《福乐智慧》的语录，可以拜读一下。

景点位于人民公园以南，可乘坐17路十二小站下，步行150米即可到达。

喀什地区博物馆　　　　　　　　　　博物馆

（见412页地图；塔吾古孜路19号；门票10元；🕙10:00~19:30）喀什地区博物馆是一直被旅行者忽略的地方，毕竟它过去的样子实在寒酸得让人叹息。2015年这里翻新重建，整个展览都有所提升，不妨移步至此参观一下。现在博物馆常设"喀什民俗展"和"喀什历史文物展"两个展览。除了可以了解维吾尔族和塔吉克族的民俗文化，喀什历史上丝绸之路和喀喇汗王朝时期留下的文物中，也有不少有趣的细节。

市区乘坐28路公交可达。

盘橐城（班超纪念公园）　　　　　纪念馆

（见412页地图；东南郊多来特巴格路以南；门票30元；🕙10:00~19:30）公元73年，班超驻扎盘橐（tuó）城"三十六骑平西域"的英雄事迹被传为佳话，据说这里就是当初盘橐城遗址，为纪念这段历史，在此兴建了一座大公园。但盘橐城早已在清乾隆二十四年（1759年）毁于战火，现在的内容也皆为新建的仿古建筑，这里游人寥寥，最庞大的队伍永远都是公园中心的班超和他的36名勇士塑像。

市区乘坐16路公交可达。

🎉 节日

肉孜节　　　　　　　　　　　　伊斯兰教节日

伊斯兰教历的九月是每年的斋月,期间穆斯林每日吃两餐,在日出前和日落后。肉孜节的时间在伊斯兰教历十月一日,就是斋月后的开斋日。届时人们都会早起去艾提尕尔做晨礼,之后走亲访友,和大家一起聚餐,把肉孜节作为传统节日来庆祝。

古尔邦节　　　　　　　　　　　伊斯兰教节日

也叫作宰牲节,在伊斯兰历十二月十日,大致在公历的9月中旬,整个新疆都会放假四天。根据传统当天需要宰杀献祭,有种说法是"小户宰羊,中户宰牛,大户宰骆驼"。对于普通家庭来说,家家户户都要制作大量的油馓子和点心来招待来访的朋友。对于旅行者来说,最不可错过的是古尔邦节当天的清晨礼拜,这是一年当中规模最大的一次,艾提尕尔清真寺场面蔚为壮观。

🛏 住宿

喀什有多家青年旅舍,背包客氛围浓厚,且每家皆有特色:**帕米尔青年旅舍**紧邻艾提尕尔广场,天台上直接能看到清真寺夜景;**老城青年旅舍**位于老城内的西门,是喀什最老的一家青旅,老板对喀什相当熟悉,拥有漂亮的大院子,填满了世界各地的人;**骆驼国际青年旅舍**位于东门外,离高台民居更近,清晨门口的羊头汤十分地道。几家旅舍条件相当,但停车不方便。

老城内部的酒店不多,人民广场和西域广场周边有一些不错的选择,外围还有不少新近开张的酒店,条件更为舒适,但离老城太远,就基本失去了享受喀什的乐趣。

苏力旦大饭店　　　　　　　　　　酒店 ¥¥

(见412页地图;📞6893 333;解放北路37号;标间238元;❄🛜🅿)位置紧靠艾提尕尔广场。三个穹顶的门面充满华丽的西域风情,大堂金光灿灿,彬彬有礼的前台和门童都着统一的制服和漂亮的花帽。房间家具都是浓郁的本土化欧式风格,床铺崭新而干

📖 "混血"的西域

范佳奥

很少有一个地区,像西域这般纷繁复杂却又兼容并包。在这片土地上,30多种语言先后被使用、出土文物中包含22种文字、4种世界性宗教(佛教、基督教、摩尼教、伊斯兰教)曾被长期信仰。最为直观的便是人们的面容:脸形、肤色、发色、眼睛、口鼻千姿百态,从欧洲到中国,从西伯利亚到印度洋,整个欧亚大陆的基因密码都在这里陈列。想要用一元概念定义这片土地是徒劳无功的,因为混合、交融、演变,才是西域历史的主旋律。

打开地图便不难看出,西域何以成为"亚洲的心脏"。阿尔泰山以北是寒冷的西伯利亚;南方青藏高原、云贵高原以至澜沧江一线遍布高山大泽,它们都成为东西方交往难以逾越的屏障。这时,得天独厚的帕米尔高原、天山、阿尔泰山天然通道便责无旁

（左图）巴扎上身着传统服装的老妇人；
（上图）阿斯塔纳古墓出土的唐代妇女劳动木俑（现藏于吐鲁番博物馆）。(左图)视觉中国 提供；(上图)沈鹏飞 摄

贷地承担起交通作用。上溯至原始雅利安人母族从中亚北部草原向东、西、南方向的迁徙，到春秋时期秦穆公击败西戎迫其西迁，再至公元4世纪的匈奴失败西迁，历史上多次重要的人口迁移和文化碰撞为西域输入了不同的种族和文化。这其中居功至伟的力量当属"张骞凿空"及"汉武帝经营西域"，从开始目的单纯的"制匈奴"到后来"威德遍于四海""致四方异物"，使东西方经济文化的交流和相互推进从此走上了快车道。

占据了天时地利，西域在东西方文明的碰撞中汲取营养，发展出自身的独特文化。佛教从克什米尔、中亚先后传入，以于阗（今和田）和疏勒（今喀什）为策源地，沿丝路南北两道开枝散叶，大量文献、建筑和艺术成为不朽之作。11世纪伊斯兰教自西向东取而代之，大批先贤、学者随之往来，创作出《福乐智慧》《突厥语大辞典》等传世经典。

西域人向"东国公主"求来蚕种，也享用西方传来的葡萄酒；服饰中既有轻薄的丝绸，也有保暖的皮毛；中国稻米和西方小麦分别化作餐桌上的抓饭和烤馕。这样的"混血"至今还在继续，四川人带来的"大盘鸡"已经成为"新疆菜"的代表，而维吾尔语中既有"football"（足球）又有"mantou"（馒头）。Ⓛ

净，舒适的床垫能保证一个好觉。配备齐全，还有迷你冰箱。也有三人间（338元）和豪华间（428元）。酒店旁边就是伊合拉斯大超市，巴扎夜市也在对面。可以说是综合本土化又舒适的最佳选择了。

速8喀什老城店　　　　　　连锁酒店¥

（见412页地图；☏2591 555；阿热亚路810号；标间120元；❄️🛜🅿️）老城除了青旅之外最合适的住处。连锁酒店的标配，所在的阿热亚路段也较为安静，能够体验和老城同醒同眠的节奏。住靠巷子的一侧视野更好，只可惜漂亮的阳台是封闭的。

汉庭喀什解放北路店　　　连锁酒店¥

（见412页地图；☏2629 111；解放北路42号；标间160元；❄️🛜🅿️）这家汉庭抢占的位置实在让人无法拒绝。紧邻艾提尕尔广场，街对面就是夜市，有2路公交车直达机场。开业多年房间一直保持得崭新整洁。服务员态度很好，愿意尽可能满足住客要求。连安检人员都会热情地给你推荐附近的美食。

色满宾馆　　　　　　　　　酒店¥¥

（见412页地图；☏2582 129；色满路337号；标间280元；❄️🛜🅿️）如果不是因为这里曾经是1890年始建的沙俄领事馆，你一定会嫌弃它又老又旧。但你得包容下这家跨越三个世纪的喀什"老字号"，这里有着能让时光倒流的别样体验。原汁原味的维吾尔族风格，粉色的墙面和奶绿色的天花板、精美的雕花、昏暗的楼道和旋转楼梯，所有人员都彬彬有礼，房间内部始终保养得相当干净整洁，所以也不要太在意"时间的味道"。

其尼瓦克宾馆　　　　　　　酒店¥¥

（见412页地图；☏2300 666；色满路144号；标间328元，含早餐；❄️🛜🅿️）酒店的盛名在于其前身是英国领事馆。如今这里进行了扩建，有4栋楼，划分为3个档次。最新的一栋按五星级标准建设，房间很豪华，为迎合外国

📖 "喀什老城"还是"喀什新城"？

董驰迪

喀什是丝绸之路的商贸重镇，当年张骞路经此地时，它是西域三十六国中唯一"有市列"的地方。千年间丝路从繁盛至衰落，巴扎这种古老的集市却日益蓬勃；辗回曲折了百余年的老城，则在21世纪迎来了中国式改造，以及长达十年的争论。

喀什老城的建筑是沿袭中亚风格的平顶房屋，在历代维吾尔族的生活中，它们被层层加高，百年之后这些"年迈老宅"的健康问题一直是管理者的心病，它们简陋、陈旧、狭小，充满消防隐患。2001年，政府提出了喀什老城的改造计划，此举引发了各方的质疑和居民的不解。反对者认为老城的意义远不止住房。喀什老城是中国唯一保存下来的具有古典伊斯兰特色的历史街区，也被称为世界上仍在使用的最大的生土建筑群，延续着最为传统的维吾尔族生活方式。这已

正在消失的喀什古城。李新宝 摄

经不只是一片城区，而是活着的历史。如果拆除，上千户的居民、十几万的人口如何安置？曾经扎根在此的世代手艺将何去何从？离开巴扎的生意人又将何以为生？坚持改造的一方则认为，老城房屋的质地和结构，无法抵御火灾和地震。更有史学家提出，不能认为永远住在老城，就把文化保留住了。双方各执一词，支持和质疑的声音此消彼长，计划的进行也几度停滞。直到2008年，汶川大地震把问题推到了风口浪尖。官方提出了在原址重建的方案，表示所有的改造会在保留老城风貌的前提下进行，按照原有的道路肌理、房屋建筑特点，加强老城高台上的边坡稳定，改善消防及排水设施，并加入电力供热、通信系统等，塑造一个安全便利的"新喀什老城"。

  2009年，老城的改造工作正式启动，生土墙被推倒，老宅被夷为平地，原有的居民被迁往5公里外的新小区。动工之前，专业人员对454户民居进行了实测，将每一条街、每一户民居的三维立体结构图绘制出来，以便留存建筑的原貌，并动用了多方人士以相机、画笔等方式来记录下老城原有的样子。四年之后，一个崭新的"老城"建成了，墙面上贴满了立体的花砖，它们复古而光洁，有着夯土的颜色。每家每户变得统一而整齐，平坦的水泥大道上不再会有带着沙土的风吹到你脸上。每条巷子都标上了统一的路牌、介绍，以及立体雕塑。走到哪里都有指示箭头，初来乍到的人们再也不用担心在老城迷路。一部分居民回到了这里，他们有的开起了店铺，有的将房屋作为展示，打铜的声音再次响起，很快这里又成为车水马龙的中心。但对于十年前来过喀什的人，现在的老城还会给你一个更大的惊喜——它已经拥有了新的名字和头衔——国家5A级景区喀什噶尔古城，想要走进它，还需要一张门票。ⓛⓟ

游客的需求,床比较高。三星级的友谊楼标间为328元。最老的"静园"楼有99元的特价房,但也就比招待所干净一点儿而已。

蜂巢酒店 酒店¥

(见412页地图;☎2318 999;尤木拉克海协尔路大新百货1号公寓7~8楼;标间168元;❄☎P)类似酒店式公寓,地处市中心的五岔路口,正是商业区,贴近老城的西部边缘,出行相当方便。走时尚风,色调较深,灯光设计稍有欠缺。不过房间的卫生以及各项设备都还令人满意。

丽豪大酒店 酒店¥

(见412页地图;☎2839666;人民西路65号天盛大厦;标间179元;❄☎P)酒店位于热闹的人民西路,离老城的职人巴扎非常近。虽然门前嘈杂,但房间都在5~11楼,并不会受影响。传统商务的装修风格,不算崭新,但宽敞舒适。

西域假日酒店 酒店¥

(见412页地图;☎2988 888;西域大道2号;标间190元;❄☎P)酒店位于五岔路口的西边,出行非常方便。房间很大,内饰风格有种走豪华路线未果的挫败感,但并不让人排斥,卫生间排气扇和灯都是感应式的,也提供吹风机等配套设施。

天缘商务酒店 酒店¥¥

(见412页地图;☎2802 222;人民东路8号;标间238元;❄☎P)酒店紧邻人民广场,交通便利,离清真寺仅5分钟的步行距离。这家酒店经营了6年,房间依然干净,电视机也依然是怀旧款。

❌ 就餐

"一个胃不够用"的感慨会一直伴随着你的喀什之行。光是老城已经应接不暇,夜市所在的欧尔达希克路口,白天也有足够的餐厅供你选择,对面的诺尔贝希路是老城内部觅食的最佳去处,不要错过**希发奶油冰淇淋**店,你有机会尝到诸如无花果、藏红花

🚶 步行游览
喀什老城

起点:艾提尕尔广场
终点:艾提尕尔广场
距离:4公里
需时:2小时(不含游览时间)

老城是喀什的灵魂,弯弯绕绕的街巷是中国唯一的有伊斯兰特色的迷宫式街区,也是喀什最能蛊惑你的地方。很难有一条路可以贯穿老城所有的精彩,在此我们只能提供两条较为精华的路线,你可以将其贯穿或拓展,但更希望你抛开地图,在迷路中获得惊喜。

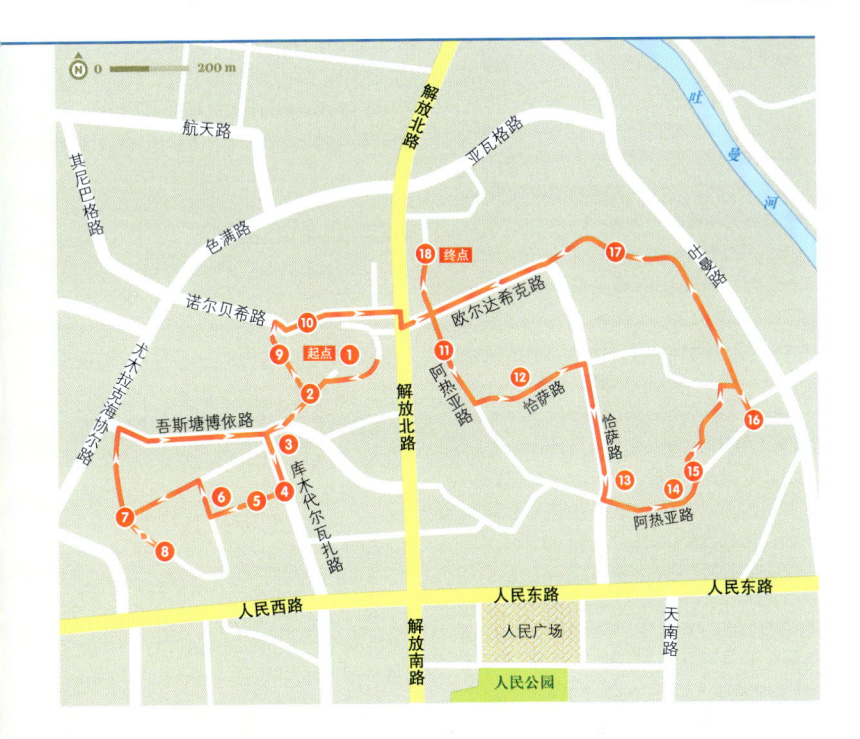

老城西部

从 ❶ **艾提尕尔清真寺**的南侧走进 ❷ **吾斯塘博依路**，经过一排衣帽商店，来到一个街心集市，这里有一栋绿色建筑，是家历史悠久的 ❸ **百年老茶馆**（见353页），如果阳台有空座，那可是相当难得。左侧的岔路就是 ❹ **职人巴扎**（库木代尔瓦扎路），街口就是著名的**吾斯唐布依好汉烤包子**（见352页），听着此起彼伏的打铁声走一段，留意右手边的清真寺，从绿色门楣的巷口进入，这条叫作 ❺ **磨坊巷**，走到尽头右手边是漂亮的 ❻ **古丽茶坊**，沿右边继续向前可以到达阿图什巷，之后左转到达 ❼ **京其巷**，巷子的尽头可以看到一个指示牌，向左边步行100米，藏着一堵残破的 ❽ **古城墙**。折返回京其巷，穿过拦在路中的巨大古树，便可回到吾斯塘博依路的西段，也就是老城的西大门，这里有个亲水茶室可以小憩。沿着吾斯塘博依路往回走，拐进 ❾ **艾格孜艾日克路**，穿过那些不明出处又开价不菲的古董店后，便到了美食满街的 ❿ **诺尔贝希路**，往右转你便回到了**艾提尕尔广场**。

老城东部

从**艾提尕尔广场**穿过解放北路地下通道，便是夜市所在的欧尔达希克路，先走入右手边阿热亚路的 ⓫ **帽子巴扎**，这里满眼皆是形态各异的花帽。在十字路口转入**恰萨路**，前行约50米是文物保护单位 ⓬ **沙吉亚买德里斯**，这是喀喇汗王朝时期著名的经学院，但12间教室都已是空屋子。前行向右转回阿热亚路，这里是以铁艺著称的 ⓭ **坎土曼巴扎**。你该在此放慢脚步，沿途民居精美的砖雕和木雕都值得你驻足欣赏。➡

(左图)喀什老城花盆巴扎。
何望若 摄

⬅ 你会发现左手边的房屋开始往高处涌，看一下阿热亚路的介绍就会明白缘由。这些房屋中有一座特别华丽的建筑，它被叫作 ⑭ **空中花园**，除了可以小憩喝茶，最高处还可以俯瞰整个老城。从大门旁边的 ⑮ **艾格来克其巷**拾级而上，这里暗藏了一片更宽阔的民居，沿着右手边的巷子东走，可以一直到达老城东门的 ⑯ **花盆巴扎**，这里的花盆皆出自本地的土陶手工作坊。这里还有一家**古老烤包子店**，以招待过总理为招牌。东门对面黄土崖上的就是高台民居。回到城内，沿着城墙上坡，这里民居已经完全翻新，当你能俯瞰九龙泉公园时，穿入另一边的 ⑰ **奥热卡依巷**，经过一段交错的民居，便可返回到欧尔达希克路。夜市还没摆出的话，可以顺着空气中各种香料味道转入右边的 ⑱ **土特产巴扎**。

等奇特口味的冰淇淋。老城外围，色满路是各种美食云集的地方，抓饭、西餐、拉面都有。看看哪家人多，便知如何选择。

唯一需要注意的是：调整时差，这里午餐时间是北京时间14点，20点左右才进入晚餐时间；餐馆的抓饭只经营到午市，如果晚饭想吃抓饭，只能去夜市，但口味就差多了；老城区没有任何汉餐，想要换口味可以到解放南路或者人民路沿线。

金噢尔达饮食　　　　　　清真餐¥¥

（见412页地图；☎2583 555；西北路财贸学校对面；人均70元；⏱10:30~23:00）口碑极好的一家餐馆，充满了维吾尔风情，装潢华丽的程度让人惊叹，但菜价却依然亲民。服务员都穿着统一的民族服饰，大多通汉语，会耐心地给你推荐各种特色菜。主要经营维吾尔族餐、土耳其烤肉和各类面食，羊肉味道自然不会差，还可以尝试配一壶金噢尔达特色茶，口味丰富且甘甜。

夏木西丁抓饭王　　　　　　小吃¥

（见412页地图；☎180 9795 1919；色满路，近西北路；抓饭18元；⏱12:00~16:00）这家的抓饭在本地人中口碑相当好。一般只要说"市第一中学对面的抓饭"都知道。中午这里都挤满了食客，人人捧着一大碗快满出的油亮抓饭，加的羊肉也通常都是带骨的大块肉。

吾斯唐布依好汉烤包子　　　　　　小吃¥

（见412页地图；吾斯塘博依路和库木代尔瓦扎路的交叉路口；烤包子2元；⏱9:00~23:30）老城内人气最旺的烤包子店，从早到晚都有很多当地人在此等待新鲜出炉的烤包子。另一家值得一试的烤包子是位于阿热亚路（花盆巴扎）口的**古老烤包子店**，包子个头巨大，每个4元，门口还挂着领导人莅临指导的照片。

麦合丽亚抓饭店　　　　　　清真餐¥

（见412页地图；色满路，近尤木拉克海协尔路；抓饭 小/大15/17元；⏱9:00~17:00）一家很小的店，抓饭非常地道，羊肉块很大。这里生意火爆，即使是午市，不赶早来的话也可能吃不上抓饭。你也可以尝尝缸子肉（17元）和丸子面（6元）。他家的酸奶（3元）也是得意之作，比别处的都浓厚许多。

塔瓦肉克快餐　　　　　　小吃¥

（见412页地图；☎180 9998 4111；诺尔贝希路中段；人均20元；⏱10:00~22:00）这家店主营拉面，特色是师傅喜欢在店门口潇洒地展示挥舞拉面的过程。当然味道也是相当不错，这里晚餐时间最为热闹，各种面食：拉面、炒面、汤面、饺子、纳仁，十分齐全。点击率最高的是过油肉拌面（18元），不过在菜单上它会化名为"故意肉拉面"。配上几串门口的烤肉（3元），完美的一餐。

凯麦尔丁蓝鸽子店　　　　　　小吃¥

（见412页地图；尤木拉克海协尔路；鸽子汤26元；⏱11:00~22:00）鸽子汤是喀什美食的一大特色。在色满路靠近解放北路是一整条连排的鸽子汤店，味道不分伯仲。鸽子与汤分开上桌，鸽子可以手撕慢品，汤内配以酥软的鹰嘴豆，味道鲜美自不用说，居然还可以续汤。

百年老茶馆　　　　　　　　　　　　小吃￥

（见412页地图；吾斯塘博依路和库木代尔瓦扎路交会处；人均25元；◎8:00~22:00）这家茶馆是喀什现存最老的一家，喝茶传统百年如一日地在这里延续。双层的小楼，自带阳台，午后阳光下俯瞰百年老街的车来人往相当惬意。来这里喝茶的多数都是白胡子老人，一个馕一壶茶，是下午茶的标配。运气好的话还能听到当地人的热瓦甫弹唱，店员会邀请你一起旋转着舞动双手。不过要知道的是，这家茶馆的菜单是针对游客的，当地人是内部价，但这里的维吾尔族风情和环境还是会让人心甘情愿，点最便宜的奶皮茶（15元）就可以，烤包子（3元）价格和外面一致。

古丽茶坊　　　　　　　　　　　　　小吃￥

（见412页地图；阿图什巷；人均25元；◎11:00~22:00）阿图什巷的这家漂亮茶坊必然会吸引你的注意——双层的小楼，开放式的天台，攀满绿色藤蔓，小资情调在喀什应该算是难得一见。这里供应自制的维吾尔族药茶，以及咖啡、冰镇格瓦斯等简单的饮品。当你在老城迷路时，这里是歇脚的最佳选择。

骑仕大观园　　　　　　　　　　　清真餐￥￥

（见412页地图；迎宾大道668号；人均50元；◎11:00~22:00）这不只是个吃饭的地方，也许用宫殿来形容它更准确。三年时间精雕细琢出的富丽堂皇，每一个细节都堪称华丽，你很难不被震撼到。但这里的价格却很亲民，拉面、抓饭25元，如果你不吃饭而只是参观，则需要支付50元门票。

🛍 购物

喀什的商品贸易堪称新疆之最。除了南疆特产的各色干果之外，地毯、花帽、丝绸、英吉沙小刀也琳琅满目，任你挑选。购物最方便的是东巴扎，此处商品应有尽有；买干果的话也可以去环疆批发市场，阿热亚路的土特

★ 值得一游
喀什夜市

艾提尕尔清真寺对面，欧尔达希克路口的小广场，入夜之后老远就可以看见这里烟火冲天的火爆场面。伴着各种跌宕起伏的叫卖声，游走在香气四溢的摊点——烤肉、羊头、羊杂、抓饭、拉条子、米肠子、面肺子……无论你如何节省胃的空间，都可能需要花上3个晚上才能将它们尝遍。除此之外，喀什的沙朗刀克（酸奶刨冰）是最具观赏性的，摊主会晃动大碗，然后将碗内的冰沙高高抛起，并妥妥地将它接住，在这个飞翔的过程中，酸奶和碎冰就充分融合在一起。准备好相机和喝彩，他们非常乐意为你表演一番。 LP

产巴扎。地毯店分布在东巴扎、东巴扎对面沿街及艾提尕尔清真寺南侧，出售从机织到手工、从羊毛到丝质的各种地毯。

如果你对新疆当地特色手工艺品感兴趣的话，老城内的各种巴扎中都有不少数代传人的店铺值得淘宝。职人巴扎里有**第六代铜匠木合塔尔·马木提铜壶制造大师工作室**、**阿塔米拉斯六代钎焊**，还有一家**第五代传人维吾尔乐器店**，店内陈列着各种精巧奇特的乐器，店主还常在一旁投入地演奏，即便只是参观一遍也会获得不少乐趣。

ℹ 实用信息

喀什老城区域的银行较少，夜市北侧有一处（看似废弃的）**中国工商银行**的ATM，继续向北50米有**中国银行**的ATM。到解放路和人民路交叉路口周围，基本上各大银行的网点就都能找到了。

古城景区投诉（📞2831191）
喀什旅游局（📞2823172）

旅行社

喀什老城到处都能看到几日游的介绍，

古丽茶坊。

对于非自驾车，这的确不失为一种便利的方式。通常，喀拉库勒湖一日游260元/人，达瓦昆沙漠一日游200元/人，红其拉甫口岸二日游600元/人，泽普胡杨一日游350元/人。基本上除了用餐费用全含，旅行社代为办理边境通行证。也不用太在意哪家旅行社，基本上价格透明，而且不论在哪家报名，都会拼到同一辆车上。

❶ 到达和离开

飞机

每天有多班往返喀什和乌鲁木齐的航班，另外有到库尔勒的航班在每周三、五、日，到石河子的航班每周一、二、四、六。目前直飞的国内其他城市有：北京、上海、广州、深圳、成都、西安、济南和郑州，每周五中午还有一班飞往西藏阿里。

喀什机场（☎2927 119；机场路473号）位于城北，距市中心约10公里，艾提尕尔广场对面乘坐2路公交车（2元，30分钟）即可到达。乘出租车约20元（可能会要价30元）。

喀什来往乌鲁木齐的行程很值得一飞。只要天气晴朗，丹霞地貌的红色山水会在你眼下一览无余。

长途汽车

喀什市区共有3个汽车站，其中北部汽车站正在搬迁维修，发车点在北大桥头。

喀什国际客运站（☎135 7934 6510；广州新城；◎8:30~21:30）是一个新建的客运站，主要线路为喀什地区范围内G315国道沿线的英吉沙、莎车、泽普、叶城等县。长线班车发往乌鲁木齐、伊犁、库尔勒、阿克苏的班车，10:30~18:00，滚动发车，共6班。另外发往（奥什）吉尔吉斯斯坦的班车，每周一10:30一班，票价580元，车程18小时。发往巴基斯坦的班车已停发。

客运站距离市中心约8公里，市区20路公交车可达，乘出租车30元，约20分钟。

喀什客运站（282 9673；天山东路G315国道交叉路口；8:00~21:00）也叫客运南站，就在喀什火车站对面。主要线路有发往喀什地区范围内G314国道到达的巴楚县和通过省道到达的岳普湖、伽师、麦盖提等县及主要乡镇。

市区乘坐18路、20路、28路可达。

北大桥临时客运站

解放北路一路向北，至吐曼路，这里就是北大桥。所有去往阿图什、乌恰的小面包车都聚集在此，每天9:00~19:00，坐满就立刻发车。去往阿图什，面的13元/人，四人小车17元/人，1小时；去往乌恰，面的40元/人，2小时。

自驾

G314国道和G315国道是进入喀什的主要通道，路况令人满意，也不容易受气候影响。如果你准备继续前往塔什库尔干，距离喀什约20公里的疏附县，有一个开心果的种植生产基地，途中还能经过麻赫穆德·喀什噶里麻扎（见356页）。当然之后的中巴公路更为精彩。

火车

喀什是南疆铁路的终点，喀（什）和（田）线的起点。这里每天有4班发往乌鲁木齐南站的列车，其中T字特快（16小时）和K字快速（18小时），每天各1班，途经吐鲁番、库尔勒、库车、阿克苏、阿图什等地；另有一班和田开往乌鲁木齐的过路车，以及一

❶ 边境通行证办理

走中巴公路去往喀拉库勒湖、塔什库尔干、红其拉甫口岸，都需要在**喀什自驾游服务中心一楼**[天山路西北100米；（11月1日至次年3月14日）周一至周五10:00~13:30, 16:00~19:30，节假双休日下午至19:00，（3月15日至10月31日）周一至周五10:00~13:30, 16:30~20:00，节假双休日至下午19:30]办理边境通行证，办证免费，无须照片或复印件，当场可以取。

喀什行政大厅就在人民公园附近，从喀什站过去可乘坐28路公交车，在中国农业银行喀什分行站下车，再步行可到。

班需要耗时一天以上的普慢列车。

去往和田的列车每天2班，为普通慢车，全程约8小时，途经阿克陶、英吉沙、莎车、叶城等。

喀什站（5637 222；天山东路世纪大道交会处）位于城东北部，距市区6公里。公交车17路、20路、28路、29路皆可达。从市中心乘出租车前往约需20元。

❶ 当地交通

公交车

喀什市内公交票价1元，无人售票。首末班车时间大致是8:30和22:30。人民广场有多条线路通往市区各处，20路可达大巴扎；28

喀什国际客运站车次时刻表

目的地	发车时间/班次	票价（元）	行程（小时）	备注
塔什库尔干	11:00	51	7	可提前一天购买
莎车	10:00~19:00	37	3	满员发车
叶城	10:00~20:00	63/75	3.5	
英吉沙	10:00~20:30	21	1.5	
泽普		65	3	
和田	10:30~20:30（共5班）	140	9	卧铺，根据上下铺位价格浮动
奥什（Osh，吉尔吉斯斯坦）	10:00（每周一、四、五）	580	18	卧铺、硬座可选
苏斯特（Sost，巴基斯坦）	10:00	280	2天	

喀什客运站车次时刻表

目的地	发车时间/班次	票价(元)	行程(小时)
巴楚	10:00~20:00 (1小时1班)	55	4
岳普湖	10:00~20:00 (1小时1班)	25	2
伽师	10:00~20:00 (1小时1班)	17	1.5
麦盖提	10:00~19:00 (1小时1班)	42	2.5

路途经火车站、人民广场、艾提尕尔清真寺；2路可到达机场。

出租车

　　市内出租车起步价5元(3公里)，之后1.2元/公里。在市内通常5元即可。坐出租车前往边防大队单程20元，往返30元。到机场约20元。

包车

　　包车费用为市区周边300~400元/天，里程长则需要跟司机商量价格，可按3~4元/公里的标准估算。

租车

　　租车自驾在喀什不是很方便，市内正规租车行较少，建议通过正规旅行社订车，租金依车型而定。一般来说，四人座轿车400元/天，越野车800~1200元/天，需要8000元押金，20天后退还。

喀什周边

麻赫穆德·喀什噶里麻扎

　　(疏附县乌帕尔乡阿孜克村；门票30元；◎10:00~19:30)麻赫穆德·喀什噶里

奥达木麻扎。

与《福乐智慧》的作者玉素甫·哈斯·哈吉甫（见344页）为同时期的一位语言学家。乌帕尔乡阿孜克村就是他的诞生之地，当年那里是喀喇汗王朝王族的行宫别墅。他编写的《突厥语大辞典》是世界上第一部突厥语辞典，被誉为11世纪中亚的百科全书。陵墓结构和香妃墓大致相同，北侧有一文物陈列室，展示着《突厥语大辞典》和麻赫穆德·喀什噶里的生平介绍等有关书籍与资料。

麻扎距喀什主城区约45公里，疏附县乌帕尔乡艾孜来特毛拉山山岗上，因为交通不便，少有旅行者来访。需在市区乘坐4路公交到疏附县（30分钟），再拼车（40元/车；30分钟），之后步行1公里到达。

莫尔佛塔

（门票20元）佛塔始建于唐代，曾是疏勒国（现喀什）重要的佛寺，其大部分在战火中被毁，现残存的遗迹中相对完整的是一座穹顶土塔，内部中空。土塔不远处有一巨大的高台，千年之前这个土台上曾供奉着佛像，是整片佛寺的中心。还有研究者称这里很可能是疏勒国的大云寺。

离莫尔佛塔不到3公里处有一个**罕诺依古城遗址**，在伯什克然木十字路口以西，但没有什么标记，比较难找。考古学家认为，它才是疏勒国都"伽师城"，并且喀喇汗王朝初期王都也设于此。现在只遗存约5米高的城墙，底下能发现一些残留的陶片和废弃的坎儿井洞穴。

遗址离喀什有30多公里，包车往返约100元。或者在艾孜热特路上的两亚市场坐3路公交，到伯什克然木乡下，然后找一辆三轮摩托（15公里，约20元）。自驾车可以先导航到伯什克然木乡，再往东约2公里。

三仙洞

在喀什地区皈依伊斯兰教之前，佛教是

另辟蹊径

奥达木麻扎

如果你是自驾而来，去往英吉沙的路上不妨顺道来这个独特的麻扎一看。

奥达木麻扎在维吾尔语中意为"皇族陵墓"，这里是1000多年前于阗佛国与喀喇汗王朝发生战争的战场之一，喀喇汗王朝的最高统帅阿里·阿尔斯兰汗战死于此，并被对方取下首级。麻扎位于喀什东南疏勒县与英吉沙县之间的阿拉甫沙漠中，进去的路只是一条车辙印。首先映入眼帘的是一座土堡，其顶上飘扬着彩色布条（有人说那是藏传佛教的风马旗残余），周围散落着一些坟堆。在盐碱滩地上继续前行30公里，就到了奥达木麻扎，陵墓的中心是一座清真寺，旁边是"卡哈那木"，即厨房，里面有一口直径达3米的大锅，当穆斯林来此朝拜时，所有人带来的食物都放在此锅里一起煮。现在自然是废弃了，但原物都还依然保存在这里。这里有一户看守的人家，不妨向老人询问一下。

重要号码

- 帕米尔旅游区（☎0998-5736 100）
- 景区投诉（☎5736 090）
- 景区救援（☎3421 447）

更早影响着这里生活的信仰。在经历了"灭佛"之后，三仙洞是古代疏勒地区仅存的一处佛教遗迹。开凿于东汉末期，在恰克玛克河南岸的断崖上，三个洞窟并排而立，据说中间的洞窟后室中尚存一释迦牟尼的石胎残像，东窟的四壁有残存的壁画。但是，当初灭佛者破坏不到的地方，你如今依然无法抵达。这里崖壁陡峭，洞口距离地面高达20米，你能做的只是抬头仰望这三扇窗户般的石窟。因此没有必要专程来此，在喀什沿G314国道去往阿图什或者乌恰的路上就可以望见这三个小窗户。

洞窟位于喀什以北18公里处，伯什克然木河南岸。

中巴公路

中巴公路在中国境内是G314国道的一段，全长415公里，从喀什市到红其拉甫。这一段也是南疆最精彩的公路之一，出境之后它将一直延伸至巴基斯坦的塔科特（Thakot）。除了充当连接西域和中亚的友谊公路，它的另一个名字叫作"喀喇昆仑公路"——蜿蜒穿越喀喇昆仑山脉，盘旋于帕米尔高原，曾是古丝绸之路上的天险，被视为"万山堆积雪，积雪压万山"的神秘禁区。然而，作为世界上海拔最高的跨国公路，沿途峡谷、湖泊、草原、冰川，以及"昆仑三雄"的坐镇，使它成为南疆最经典的立体风光大道。

走中巴公路5月至10月是相对适宜的季节，但最好避开8月至9月的雨季，此时山体滑坡频发，随时会导致交通中断。而冬季则大雪封山，口岸也会关闭。一般预备2~3天，中途停留塔什库尔干，无论什么季节，都需要注意海拔爬升导致的巨大温差。

到达和离开

走中巴公路最省钱的办法莫过于乘坐喀什—塔什库尔干的班车（见355页），除了奥依塔克森林公园和慕士塔格冰川公园，其余在路上都可以尽情欣赏，尤其当你抢到了左边的座位。有时好心的班车司机还会主动停留给你下车拍照的时间。不过，从塔什库尔干到红其拉甫口岸并没有班车，想要到达这里可以在塔什库尔干县城包车，往返400元。或者在青旅找同伴拼车（100元/人）。

如果希望停留更自由，喀什各大旅行社都有发喀拉库勒湖一日游，或红其拉甫口岸两日游的线路。一般根据人数使用商务车或越野车，也可以根据需要增加景点。

自驾车辆记得提前办好通行证，在保证车况良好、体力充沛的情况下，尽情探索。

奥依塔克森林公园

（门票50元）公园在海拔6678米的阿依拉尼什雪山脚下，有茂密的原始森林和高山草甸，柯尔克孜族的毡房，和闲庭信步的牛羊。森林公园里有中国海拔最低的现代冰川——**奇克拉孜冰川**（2804米），在夏季几乎每天都会发生雪崩——12:00~16:00，你只管守着耐心等待对面冰川带给你的震撼。冰川南北侧有三个瀑布群，最著名的是北崖的**托热瀑布**，这是新疆境内海拔最高（3800米）的瀑布——悬谷白练，形成二叠瀑，冬季时瀑布凝结成一根根晶莹的冰柱。海拔3800米的**飞天湖**从陡峭山崖的一角倾泻而下，形成落差210米的**飞天瀑布**。阿依拉尼什雪山南侧的山峰上，还屹立着一座酷似女子的**玉女峰**。

奥依塔克森林公园隶属阿克陶县，距离喀什120公里，这里海拔比较高，非常寒冷，适合夏季前来。班车不经过，需要从喀什包车前往，往返约需500元。也有旅行社发奥依塔克一日游的线路，250元/人。自驾者需要从中巴公路向西拐入约20公里。途经奥依塔克河谷时可不要打瞌睡，路边的五彩褶皱山非常漂亮。

白沙湖和白沙山

从奥依塔克森林公园到布伦口约80公里，前40公里在险峻的盖孜峡谷中穿行。出盖孜峡谷不久，一片素雅的湖水静卧于眼前——**白沙湖**。过去，冬季白沙湖的水位会降低，湖底的白沙便会露出水面，而此处正是一个风口，风会将白沙吹起，后经千万年的反复吹起和堆积，形成了**白沙山**。自从建了布伦口—公格尔山水电站，白沙湖不再有干涸的季节，也改名成了布伦口水库。

喀什到塔什库尔干的班车会路过这里，且前后3公里的路上你有足够的时间欣赏它，途中设有观景台，并不收费，只是会有许多兜售玉石的当地人。在我们调研期间，靠近白沙湖的前段建造了一些简棚营地，估计会给留恋它景色的人们提供方便。

自驾车在盖孜检查站要检查边境通行证，过了盖孜峡谷后手机就很少有信号了。

公格尔峰和公格尔九别峰

离开布伦口，继续前行不久，公格尔山

> ## 另辟蹊径
> ### 十八罗汉雪山
>
> 如果是自驾，沿G314国道继续前行约80公里，在不到布伦口3公里的地方，会看到木吉乡的路牌，转入其中并沿着峡谷走，约60公里后有一片火山群，眼前是被称为"十八罗汉"的18座雪山。地面散布着巨大的凹坑和数个湖泊，附近的岩石呈现出斑斓的色彩，这是火山灼烧的结果。很少有人来此，但它值得你专程而来。通往木吉乡的路况不太好，一定要小心行驶。此地因接近吉尔吉斯斯坦的关口，所以需要事先办好吉尔吉斯斯坦口岸的通行证（隶属克孜勒苏柯尔克孜自治州，须在克州办理，但由于这里矿产资源丰富，管制比较严，也可能出现不予办理的情况）。
>
> 同时，拐进木吉乡后，在不远处可以观赏到白沙湖，这个角度要美于G314国道的沿途。

将奏响帕米尔高原冰山的序曲。主峰公格尔峰海拔7649米，是西昆仑山脉上的第一高峰。它与海拔7530米的公格尔九别峰比肩而立，山体相连，同在西昆仑山脉西端的山脊线上，直线距离仅15公里，形成一对姊妹峰。公格尔峰巍峨雄壮，山体非常巨大，而且两条山脊海拔都在7000米以上，无论沿哪条都要翻越好几座7000米以上的山才能接近主峰，因此它是世界上攀登难度系数最大的雪山之一。在1956年，中国与苏联联合登山队才首次登顶公格尔九别峰。而公格尔峰，到目前为止中国登山队还没有登顶记录。

慕士塔格峰

慕士塔格的维吾尔语叫作"慕士塔格阿塔"（Muztag Ata），"慕士"为冰，"塔格"为山峰，而"阿塔"意为父亲，所以人们把"慕士塔格阿塔"称为"冰山之父"。在"昆仑三雄"（慕士塔格峰与公格尔峰、公格尔

喀拉库勒湖和慕士塔格峰。

九别峰）中尽管海拔最低（海拔7509米），却最为人所知。因为它是目前唯一能够成熟商业攀登的雪山，是国内初涉7000米级山峰的门槛，同时平缓的西坡也成为户外极限爱好者的滑雪场。中巴公路所看到的慕士塔格正是它的西面，形似钢盔，若是在7月的登山季，用望远镜甚至有望看到山脊上缓步的攀登者。但攀登慕士塔格的容易只是相对而言，整个攀登周期需要18~20天，其间需要在不同的海拔营地间上行下撤到几乎崩溃。

在慕士塔格的脚下，是一片8000亩的**塔合曼湿地**，四面环山，是塔什库尔干最大的盆地，因为地势较低，无数的山泉汇集于此，形成了天然的高山牧场。夏季时这里溪流纵横、鲜花四野、草地茵茵、牛羊遍地。还有一处天然的塔合曼温泉，在提孜那甫乡的曲什曼村。不过只是一排简陋的平房，内有淋浴（30元/人）和木桶浴（80元/人），纯当洗澡。

喀拉库勒湖（卡拉库里湖）

喀拉库勒湖，在柯尔克孜语中意为"黑湖"，可能是因为在看过冰川的强烈反光后，视觉上觉得湖水成了黑色，但如果你在湖边待得足够久，便会发现在不同的光照下它其实是个变色湖。不过它的亮点依然在于身后的"昆仑三雄"，它们将伟岸的身影妥妥地映在明晃晃的湖面上，成了喀拉库勒湖最经典的画面。这里夏季湖边开满野花，冬季则一片冰封。

喀拉库勒湖也是班车的必经之路，但无论是从喀什还是从塔什库尔干出发，都是在中午经过这里，此时欣赏雪山基本都是强逆光，如果想拍摄日出，只能在湖边住一晚，夏天会有柯尔克孜族的毡房，毡房40元/人。湖边海拔3600米，夜晚可能会有轻微的高原反应，需备好药物。日出前后寒风如刀，保暖衣物也需准备充足。

自驾车从布伦口到喀拉库勒湖有25公里，从那里开始，路况变得让人心情愉悦，公

视觉中国提供

路两边的景色也越来越令人兴奋。经过约20分钟，你就可以开到湖边。

慕士塔格冰川公园

（门票160元）在喀拉库勒湖边的慕士塔格峰，你会误以为它是一个慈爱有加的父亲，但如果深入其北边和东边，父亲的威严才开始显现。距离喀拉库勒湖约10公里处，公路边有一个岔口，这里已经建起了醒目的大门——慕士塔格冰川公园。向内行驶12公里，便能到达慕士塔格的冰川脚下。这里海拔4300米，能和冰川有多近距离的亲密接触，就看你的个人能力了。

冰川公园大门的对面就是**苏巴什达坂**，这里海拔4500米，是中巴公路的制高点，同时也标志着你正式踏上了帕米尔高原。在新建的迎客亭上，可俯瞰脚下的高山草甸和喀拉库勒湖，以及周围连绵的雪山。

慕士塔格冰川公园需要包车抵达，从塔什库尔干县城包车往返1000元，在青旅能找到拼车。自驾车可以驶入公园，游览之后一路通往塔什库尔干县城，约90公里，铺装路面，1.5小时左右即可到达。

从喀拉库勒到慕士塔格

有这样一条路线，可以在帕米尔高原完成一趟从湖泊到冰川的徒步之旅——从倒映着慕士塔格峰的喀拉库勒湖出发，到达攀登慕士塔格的大本营，全程约45公里，海拔爬升从3600米至4400米，需要重装3天完成。

第一天，喀拉库勒湖—苏巴什村，6~7小时。沿途可以观看公格尔雪山和冰川。前半程为下坡路段，之后上坡1小时，中途路过库其卡其牧场（海拔4100米），最后在苏巴什村扎营（海拔3650米）。如果第一天从喀什出发，当天可以在从起点徒步约2小时的康西瓦（海拔3500米）扎营。

第二天，苏巴什村—慕士塔格峰大本营，6~7小时。前2~3小时的路程途经草原，之后一路上坡，到达慕士塔格大本营（海拔4400米）。大本营位于慕士塔格山体西侧的平台上，从大本营望去，脚下是巨大开阔的谷地，远处是一望无际的山峦，旁边就是羊布拉克冰川。

第三天，慕士塔格峰大本营—羊布拉克冰川—苏巴什达坂，3~4小时。从大本营可以徒步前往冰川（海拔约5000米），之后翻越几个山包抵达绿公湖，再从苏巴什达坂（海拔4500米）出山。一般来说需要事先安排好车辆在此等候。

夏季的七八月较适宜，但需要注意的是这条路线并不适合初级徒步者，即便有经验也需要结伴或有专业的团队带领进入，途中需要横跨两三条冰川融水形成的小河，夏季水量较大时需要借助牲畜渡过。而其实大本营距离公路只有8公里，如果只是想去慕士塔格大本营瞧一瞧，自驾越野车可以尝试开入，或者拦一辆当地牧民的摩托车，50元即可。ⓛⓟ

遥不可及的乔戈里峰

如果你认为世界上最难攀登的雪山是珠穆朗玛峰,那你就错了。位于中国与巴基斯坦交界处的乔戈里峰海拔8611米,又被称作K2,虽然其高度世界排名第二,但其攀登难度远远高于珠穆朗玛峰,且一直以攀登死亡率超过27%的惊人数据高居榜首,也是迄今为止唯一一座没有冬攀成功的8000米级独立山峰。

珠峰大本营位于海拔5200米左右,与峰顶的相对高度差只有3000多米,而乔戈里峰大本营的海拔只有3924米,与顶峰的相对高度差达4700米,是14座8000米以上山峰中落差最大的。并且相比从巴基斯坦一侧,中国一侧的登山路线难度更大。直到1954年,两名意大利登山队员才从乔戈里峰南侧(也就是巴基斯坦一侧)成功登顶,耗时近100天。1982年,日本登山队首次从中国境内的北坡成功登顶。2004年,中国西藏登山队从巴基斯坦一侧成功登顶。

但可惜的是,任何常规路线你都无法看到乔戈里峰,只有经过十几天的徒步才有机会一睹它的尊容。通常人们会选择巴基斯坦K2徒步路线,中国境内的进山路线则从喀什地区叶城县的达伊力克开始,到达K2登山大本营——音红滩(海拔3924米),全程约120公里。⓿

红其拉甫口岸

这里是"世界上海拔最高的口岸""314国道的终点",似乎听起来也必须踩个点,而事实是,到这里来也只能踩个点——和海拔4890米的中巴7号界碑来一张合影。不过从塔什库尔干到口岸的这条路是喀喇昆仑公路最美的一段,留心沿途的草甸,或许会发现不少旱獭的身影。

需要注意的是,口岸每年的4月15日至10月15日开关,想要拍到界碑需要在红其拉甫海关(见368页)办理前往界碑的通行证,一

塔什库尔干石头城。

李新宝 摄

车一证。从塔什库尔干县城到红其拉甫口岸有109公里,路况很好,1.5小时车程。每年转场期间,自驾车如遇大摇大摆地在公路正中行走的羊群,请给予绝对的耐心。

另外,在到达红其拉甫前,会途经**卡拉苏口岸**,新建的口岸就设在G314国道边,老口岸则在中国与塔吉克斯坦的边境上,离G314国道14公里,铺装路面,十分好走,但近处不许拍照,这里还藏着一块83号界碑。

塔什库尔干

作为丝绸之路在中国境内的最后关隘,塔什库尔干既是中原文明输出的出口,也是历代宗教传入的门户。它曾是西域三十六国中蒲犁国的都城所在,也是《大唐西域记》中葱岭之上的朅盘陀国。现在我们更多地简称它为"塔县",从版图上看,塔县向西方伸出了一只手,探向了巴控克什米尔、阿富汗、塔吉克斯坦,而在边境线上,昆仑山、喀喇昆仑山、萨雷阔勒岭,又将它团团围住,把它推向

了4000米的海拔。纵然终年高寒，夏季的草原上却繁花似锦，那首《花儿为什么这样红》就是出自这里。而作为塔吉克族的自治县，这里随处可见鼻梁英挺的欧式脸，他们头戴精致的圆帽，见面时热情地握手并亲吻对方的手背。

景点

石头城　　　　　　　　　　　　　古迹

（见413页地图；石头城路91号；门票30元；10:00~19:00）塔县的石头城是中国三大石头城之一，另两座在南京和辽阳。关于它最早的记载见于南朝的《梁书》，之后唐玄奘取经回国时途经此地，在《大唐西域记》中记述"国大都城基大石岭，背徙多河，周二十余里"，被认为说的就是这座以大石建成的城池。现在这座石头城依然耸立在县城北边一座20米高的山丘上，据考证至少已有1300多年的历史。现在仅存内城，城墙坍塌严重，但垛口清晰可见。古城原有四个城门，现在只有东北角的城门保存得较好。

石头城西边的山头上竖着一块拜火教遗址的标牌，沿土坡爬上顶部可见一片废弃的古墓被围在铁丝网内。拜火教是现存的最古老的宗教之一，而真正的**拜火教遗址**是2013年在提孜那甫乡以北的曲曼村发现的，那里有一处黑白石头滩，两种颜色的石头呈条状排成两列。这里被判定是2500年前塔吉克族的祖先信奉拜火教时遗留下的。

石头城从塔县步行可达，沿塔什库尔干路，约10分钟即可看到景区入口。

阿拉尔金草滩　　　　　　　　自然景观

走出干燥的塔什库尔干镇东，石头城的脚下有一片巨大的草滩，塔什库尔干河的涓涓细流从这里经过，将它滋养得水草丰美。塔吉克牧民每天带着自己的牛羊在草甸上放牧，远处排着他们的毡房，环绕着草滩的是连绵的昆仑雪山，所有高山牧场的经典元素都齐齐地汇集在这里。在看过苍凉的石头城

中国的塔吉克族和塔吉克斯坦的主要民族是不是同一个种族？

答案是否定的。

其实，塔吉克民族也分为平原塔吉克人和高原塔吉克人（也称色勒库尔塔吉克族）。塔吉克斯坦的主要民族为平原塔吉克人，而中国境内帕米尔高原上的是高原塔吉克人。他们两者在语言、信仰甚至长相上都不尽相同。前者使用的是塔吉克语，有自己的文字；而高原塔吉克人主要说伊朗语族的帕米尔语的方言（色勒库尔语），并且如今许多塔吉克人兼通维吾尔语，普遍使用维吾尔语的文字。所以，即便都是塔吉克人，他们相互间语言也不通。

从长相上来说，高原塔吉克人属于欧罗巴人种地中海类型，正如你看到的，他们大多是金发碧眼。平原塔吉克人却多是黑发黑眼，更接近于欧化混血程度较高的突厥民族。同时，中国境内帕米尔高原上的这支塔吉克人由于与外界几乎隔绝，被认为是唯一的古波斯人后裔。

至于塔吉克的含义一般认为是"王冠"之意。塔吉克斯坦国徽上就出现了王冠的标志，而中国境内的高原塔吉克族人更愿意相信自己是鹰的后代。用鹰翅骨做的三孔鹰笛和鹰舞都是塔吉克族人独有的传统。9月、10月的婚礼季你最有机会看到他们的表演。

瓦罕走廊东口。

瓦罕走廊

古道

如果说塔县的版图是伸向西边的"手"，那瓦罕走廊就是这只手上的掌纹。它就夹在塔县相邻的三国之间，呈东西走向，全长约400公里，在中国境内约100公里，其余300公里在阿富汗，也是阿富汗与中国之间的唯一陆上通道。瓦罕走廊历史上迎接过很多名人，唐朝名将高仙芝循着这条走廊西越葱岭，灭小勃律国，重新打通丝绸之路。在法显所著的《佛国记》、玄奘的《大唐西域记》和马可·波罗的《马可·波罗行纪》中无一不对这条走廊的艰难有所记载。在近代，瓦罕走廊又充当了俄英两大帝国在中亚争夺势力的"缓冲带"。时至今日，瓦罕走廊依然是军事国界的敏感区，旅行者一般行人走廊10公里，就会被哨所拦下。这里还立有四块纪念安世高、法显、玄奘、马可·波罗途经此处的石碑以及生平介绍。

瓦罕走廊和红其拉甫口岸不在一个方向，但可以和包车司机商量往西折返一段。瓦

后，这片绿洲的出现让人心旷神怡。如今这里也被修饰成了景点，铺设了架空的木栈道，配上了水车、吊桥和观景平台。景点以这里村子的名字命名，被称为阿拉尔金草滩。好在并不收取门票，你可以在这里尽情享受阳光草场，和四处漫步的牛羊嬉戏一番，或者和只会简单汉语的友好牧民并肩同坐，等待夕阳落下。如果是冬季，结了冰的河滩就变成了当地孩子们的滑冰场。

草滩离镇子很近，沿塔什库尔干路向东步行15分钟便会映入你的眼帘。

罕走廊属于高寒山区，海拔约4000米，每年从10月下旬到次年6月都会大雪封山。

公主堡　　　　　　　　　　　　　　古迹

在县城以南70公里处的卡其拉峡谷中，公主堡雄踞于一座海拔4000米的山崖上。当地人称它为"克孜库尔干"，就是公主的意思，关于它的美丽传说很多，虽然这里只是一个军事要塞，却是中国目前已知古代城堡遗址中海拔最高的一个，建于南北朝时期。遗址由城垣、重门、地穴和石室组成，风化严重。攀上公主堡的山路非常陡峭，至少需要一个半小时。

在前往公主堡的路上，会经过6处驿站，达布达尔乡的一处保存得最为完好，该驿站用卵石砌筑而成，距公路很近，看上去像一座毡房。走进圆锥形的驿站室内，还可看到石灶台、屋顶小天窗和被熏黑的四壁。从驿站往回走不到1公里，有一处旧石器时代的遗址，墙上的洞是后来的人们做羊圈用的。

公主堡和瓦罕走廊同向不同路，也是塔县附近最难到达的景点。不论是包车（从塔县约500元）还是自驾，经过达布达尔乡再前行20公里，有一个岔路口，向西拐向砂石路，在接近山脚时，几十米宽的塔什库尔干河横卧其间，只有河水结冰车才能开过去，过河后再走15公里山路才能到达公主堡。即便（继续往山里16公里）绕开河道，过桥后还要步行30公里才能走上去公主堡的山路。因此出发前最好和当地人打听一下路况。

✿ 节日

肖公巴哈尔节　　　　　　　塔吉克族节日

每年的3月21日，是塔吉克族的肖公巴哈尔节，这个节日相当于他们的春节，是一年中最隆重的节日。届时每家每户都要烤制大馕，同时要在房顶上杀一只羊，让羊血顺着墙壁滴流下来（有些民居墙上还能隐约看见干燥的血迹），老人则会向墙上抛洒面粉。这时村里会自发组织赛马和叼羊比赛，你将有机会目睹英姿飒爽的少年在马背上驰骋的画面。

同时，其间还有"祖吾尔节"(引水节)、"铁合木祖瓦提斯节"(播种节)。客人去拜年的时候很有可能被主人在房顶上浇下一大盆水。如果你在此期间逗留塔县，不妨去到提孜那甫乡兰杆村，去看看那里的人们破冰、引水的过程。每年的9月、10月，是塔吉克族的婚礼季，每周周末都会有热闹的婚礼。除了有可能被邀请参加婚礼之外，还有望看一场赛马。

🛏 住宿

塔什库尔干的县城很小，住宿的选择并不多，在这样孤寂高寒的小城，并不存在炎炎夏日，大多数宾馆不配备空调，11月之后这里会下雪，供暖却要等12月才开始。

K2凯途国际青年旅舍　　　青年旅舍¥

(见413页地图；📞3492 266；旅游产品商业街A区1号；铺45元，标间150元；📶P)位于最大的商业广场，进场就能看见。房间面积都很大，多人间为简易的高低床，卫生保持得非常好，热水充足。楼顶有一个阳光房，可进行烧烤。只是旅舍还没有暖气设施，所以进入10月下旬就可能会歇业，次年4月再开，建议提前咨询。在这里寻找拼车出行非常方便，红其拉甫口岸100元/人，慕士塔格冰川公园250元/人。

K2凯途国际温泉酒店　　　酒店¥¥

(见413页地图；📞3492 288；旅游产品商业街C区26号；标间198元，含早餐；📶P)青旅的同一个老板。这里配有地暖，房间内全为实木家具，窗外视野开阔，直接就能看到雪山。浴缸接入的是温泉水，但是根据客流量会限时供水。入住若早，内容比较丰富。如果身体不适酒店可提供吸氧(50元)。

鸿运宾馆　　　酒店¥

(见413页地图；📞3492 265；塔什库尔干路102号；标间118元；📶P)就在客运站旁边，2015年重新装修，有了供暖、独立卫浴、热水24小时供应，房间宽敞干净，老板也认

💬 塔吉克族的婚礼

楼望皓是新疆民俗的研究者，他向我们介绍了塔吉克族的婚礼。

什么时间可以看到塔吉克族的婚礼？

10月是帕米尔高原上的塔吉克族的婚礼季。这时进入农闲时节，婚礼最为集中。

给我们简单说说塔吉克族的婚礼吧。

婚礼会持续三天。第一天中午，新郎和新娘要在自己家举行沐浴和着婚服的仪式。第二天迎娶新娘，第三天结束。其间，新郎和新娘享有"国王"和"王后"的待遇，全程都有人伺候，出门时父母也要随行其后。新郎迎娶新娘时，亲朋好友要唱《国王来了》的歌。其架势就像"国王"在举行婚礼。

国王的婚礼？有什么说法吗？

传说古时塔吉克人效仿国王，仿造并佩戴精美的塔吉(冠)，以表达对国王的忠诚，他们的婚礼也隆重如国王的婚礼。塔吉克族

(左图)塔吉克族婚礼上身着传统服饰的人;(上图)塔吉克族婚礼上跳舞的人。(左图)何望若 摄;(上图)张耀东 摄

的男帽叫"图马克",女帽叫"库勒塔",是很鲜明的塔吉克族的标志,直到现在塔吉克族一年四季仍戴这种帽子。结婚时新郎要在"图马克"上缠上红白相间的布,并且垂下来一段;新娘要在"库勒塔"帽前缀上一排"斯里斯拉"(银制饰品)。

塔吉克族婚礼中有什么特别的习俗?

在塔吉克的婚俗中,有一个很重要的角色是"拜德尔汗",在塔吉克语中意为"婚姻之父"。"拜德尔汗"需为德高望重、办事公道、子女健在的人,是新人婚姻的终身监护人。在举行"尼卡"仪式时,阿訇会念经为新人祈福,此时女方的家长要回避,但"拜德尔汗"需在场,还要端出一碗盐水,让新郎和新娘同喝一口这碗盐水,吃一块蘸了盐水的馕和肉,表达对爱情的忠诚。

迎娶新娘的流程是怎样的?

新郎要骑马,由一位已婚青年和一批未婚青年陪同,组成马队,吹起鹰笛,打起手鼓,到女方家迎亲。马到门前,新娘的两位女伴会端出两小碗加了酥油的奶茶,请新郎喝下,表示尊重和欢迎。新郎喝完茶后下马,此时女方家的一位长者,在手执碗,右手抓起碗中的面粉,分别向新郎、伴郎和"拜德尔汗"等人的头上、肩上撒去,表示祝福。接着外面新一轮的叼羊活动又开始了,鹰笛、手鼓声再次响起。不过,随着现代交通方式的便利,有些迎亲团已经以车代马了。

宗教人士海里派宣布新郎和新娘为合法夫妻后,双方会互换系有红白绸带的戒指。新娘的面纱在三天的婚礼中不能离脸,面纱必须要由"拜德尔汗"来揭。"拜德尔汗"在众人面前将新娘的面纱揭掉,随后让新娘下厨和面打馕,从此掌握主持家务的大权,开始新的生活。

另辟蹊径

葱岭深处的"杏花源"

这是一条少有人走的路，拥有少有人知的美景，以及与其相当的艰险路况。

距离塔什库尔干196公里的大同乡以美丽的杏花著称，去往大同乡的沿途皆是原生态的塔吉克族村落，还保留着淳朴的民风，在几乎与世隔绝的山里，你只能看见满眼的粉色杏花，听见村民家的牛羊叫声，仿佛进入了"桃花源"。同时，选择这条路也摆脱了必须从塔县原路返回喀什的苦恼，你可以从大同乡，经库斯拉甫乡到达英吉沙，之后可以返回喀什，或者下到叶城，连接和田的沙漠公路。这条路线全程315公里，一般分两天走完。国家测绘地理信息局的天地图网（www.tianditu.cn）可以找到最详细的线路。

但是，这条路沿途基本在深切峡谷的碎石路上颠簸，狭窄处仅容一车通过，如逢雨季则极其容易塌方断路，也因为人烟稀少很难寻求帮助。因此，前往这条路线以四驱车为宜，并且最好两车以上结伴，必要时可相互救援。另外，杏花期一般在4月初至4月中旬，且只持续5天至10天，错过时节就不要铤而走险了。 ⓛⓟ

真负责。另外还有三人间（138元）和四人间（138元），在塔县这个价位的宾馆中属于高性价比。

石头城宾馆　　　　　　　　酒店 ¥¥

（见413页地图；☎3422 600；红其拉甫路128号；标间旧楼/新楼280/380元；🛜 Ⓟ）酒店就在县城文化广场附近，冬天也开业，硬件设施在塔县属上乘。房间宽敞，也很干净，冬天有地暖。虽然分新楼、旧楼，但其实房间的设施区别不是很明显。

交通快捷酒店　　　　　　　酒店 ¥

（见413页地图；☎3420 846；喀什尕勒路50号，客运站内；标间138元；🛜 Ⓟ）酒店就在客运站的大院子内，买票、赶车十分方便。2015年宾馆又重新整修，卫生条件还算不错，老板态度和善，还可以代买车票。

🍴 就餐

塔县的餐厅基本都在塔什库尔干路上，客运站附近最多，靠近红其拉甫路有几家小店可以吃到提供包子稀饭的早餐。这里的川菜馆子比当地饭店都多，味道和价格不成正比，每年入冬基本都歇业。

Wakkan Fast Food　　　　巴基斯坦餐 ¥

（见413页地图；客运站对面；人均25元；⏰11:00~23:30）不出国门就能浅尝一下巴基斯坦食物的风味。这里供应的巴基斯坦菜以鸡肉、羊肉咖喱和炒饭居多，也有薯条沙拉等西式菜品。建议尝试下他们的薄馕配咖喱。这里从老板到店员都是巴基斯坦人，英语沟通更自如，店主也会大方地让你进厨房挑选。店面非常小，门牌也暗淡，需要仔细寻找。

一品牦牛滋补火锅　　　　　火锅 ¥¥

（见413页地图；☎3492 566；商业街8区6号；人均65元；⏰11:00~23:30）如果团队出行，这里算是个比较好的选择，位于商业街的中心，店堂宽敞，门口还有两个毡房算是包间。主打牦牛肉，用的是传统的铜锅，锅底138元起，其余的涮菜和普通火锅相差不大。

迪热亚木快餐厅　　　　　维吾尔餐 ¥

（见413页地图；☎155 6911 4169；人均30元；塔什库尔干路和G314国道路口；⏰11:00~23:30）镇上最热闹的维吾尔族餐厅，下午开始，烤肉的浓烟伴着香气萦绕街边，烤肉的种类很多，口味也够地道，还有各种拌面。

ℹ️ 实用信息

红其拉甫海关（中巴友谊公路39号，距离县城3公里；⏰周一至周五10:00~13:00，16:00~18:00；周六、周日10:30~13:30，

16:30~18:30）去红其拉甫口岸需要办理**界碑通行证**，不过是一车一证，个人不需要另外办理（前提是你有红其拉甫的通行证）。通常包车司机会搞定一切。自驾车在出城经过海关时办理即可。

红其拉甫海关不办理出境的任何手续，签证等相关事宜仍需要在常住地办理。

❶ 到达和离开

长途汽车

塔什库尔干客运站（见413页地图；☎3421576；塔什库尔干路385号）这里只有早晨出发的班车，也只有早晨8:30才开门售票，发车后就关门大吉。只售当天票，一般还没开门就已经排起了长队。不过在客满的情况下会增发班车。有班车到喀什（9:30；65元；7小时）。出境的车辆都是从喀什而来的过路车，一般在中午路过塔县。记得提前一天让售票处联系喀什的班车留座才行。

巴楚

整个喀什地区中，担任"东大门"的巴楚通常也只是被游客匆匆而过，它紧靠塔克拉玛干沙漠的北缘，叶尔羌河、喀什噶尔河贯穿而过，将其滋养成了一片沙漠绿洲，据《西域同文志》记载："巴尔楚克，全有也。"巴楚历史悠久，尉头国在这里留下了不少遗迹，无人打扰也无人管理。

如果5月左右来到这里，务必要尝试一下有名的巴楚蘑菇。县城里虽然没什么景点，却值得为美食停留一下。"巴尔楚克，一切都有"在它的夜市上才体现得最为贴切。

◎ 景点

红海湾景区　　　　　　　　　　自然景观

（门票40元）这里算是巴楚目前来说最成型的景区，官方投入了大量资金将其打造成5A级旅游景区，巴楚街头随处可见它的宣传广告。当然，巴楚是没有海的，红海湾只是建立在红海子水库上的一个景区。35平方公

昆仑山深处的塔吉克民居与杏花。

巴楚烤鱼。

里的水面浩瀚如海,著名的巴楚烤鱼基本都出水于此。除此之外,水库周边的湿地、戈壁,又造就了离县城最近的胡杨林景区。开发后的水库,也被称为红海湾水上乐园,园内大门挂着尉头国的大名,园内铺设了完整的木栈道、十里亭,以及各种售卖纪念品的小屋。不过最吸引人的还是清澈"海"边的胡杨林,但要不是秋季,这里的景色就显得平庸了。

红海湾景区的入口距离巴楚县城约20公里,包车单程60元,如果需要司机等候,每小时20元。

巴楚胡杨林国家森林公园　　　　自然景观

紧连塔克拉玛干沙漠,巴楚的胡杨林面积相当可观,借此巴楚甚至注册了"胡杨之都"的品牌。而国家森林公园是一个大概念,是巴楚三处林场联合申请的,它们分别是夏河林场、夏马勒林场、曲尔盖胡杨林,其中最为原始的是夏河林场,这里有罕见的千年风倒木,没有为拍摄而建的水泥建筑,完全是庞大原始的生林群。另外,巴楚有名的出产玛瑙的黑山就位于此,当然你肯定已经来晚了。

因为原始,夏河林场没有适合旅行的配套设施,县城的团厂汽车站有来往夏河的班车,10:00~18:30,25元/人,要凑满一车人不容易,通常你需要等很久,或者失望而归。

叶尔羌国际大巴扎　　　　市场

入夜之后(晚上10点左右),文化东路近胜利路口,叶尔羌国际大巴扎外围的人行道上的夜市每天都火爆到凌晨一两点,且全年无休。这里有几种食物你不可错过:**巴楚烤鱼**的技艺可以算得上是千百年的传承。横穿木扦的烤鱼矗立在炭火堆边,烤制的过程需要1个小时左右。100元整条,可以分半条卖。**羊杂碎**(小5元,大10元),用羊肚包裹的羊杂羊血,在红汤里煮熟,吃时切成小块,淋上辣椒,酸辣咸鲜。**油包肝**,一种奇特的食物,先将羊油膜从羊肠内壁剥下,再把切成丁的羊肝填塞进去,味道非常奇妙。**烤蛋**也很受欢迎,火炭旁围着鸡蛋、鹅蛋,甚至有鸵鸟蛋,还可以选择全熟或半熟。

马蹄山　　　　　　　　　　自然景观

马蹄山,如其名,就是山坡的边缘陷着两个相邻的巨型筒状坑场,内壁齐刷刷直上直下,形如马蹄踩过。当地视作"圣迹",关于它的传说也不胜枚举,甚至有说是唐玄奘西天取经路过时,其坐骑白马踩踏而成。让神话更为玄乎的是,在马蹄山的前方生长着三株巨大的千年胡杨,方圆几公里唯独只有这三株。因此树上挂满了人们祈福的经幡。留心在马蹄山的南侧,这里还有一片名为**乌库麻扎**的古墓群。

马蹄山就在巴楚去往图木舒克的公路边,在近图木舒克市的检查站斜对面。山体并不庞大,顺道可以一观,无须特意前往。

🍴 食宿

巴楚的城区以东西向的文化路贯穿,西边的汉族区域,道路宽阔,冷冷清清,东边的团结东路,是维吾尔族市场,餐厅聚集,午后开始便热闹非凡,酒店以集中在城西十字路口周边的条件更为优越,**巴楚新华大酒店**(📞6178 555;友谊南路88号,近文化东路;标间138元;❄🛜🅿)位置优越,离美食街和夜市都很近,条件也不错。另外,**鹿香大酒店**(📞6218 088;文化西路13号,近迎宾南路;标间100元;❄🛜🅿)条件也令人满意,离夜市稍有距离,但更靠近汽车站。

迎宾南路近文化西路有一条美食街,其实也只不过是川菜一条街罢了。在我们看来,逗留巴楚,你只需留着胃口等待夜市开场就行。

ℹ️ 到达和离开

火车

巴楚站很小,在县城以北5公里处,乌鲁木齐开往喀什的火车每天会经过这里,大多集中在上午的时段,共5班,因为都是过站车,往往停靠时间很短,提前到达和及时上

🔄 另辟蹊径

寻找西域三十六国——尉头国

历史上巴楚是丝绸之路的交通要冲,在离巴楚60公里的图木舒克市北部,被认为是唐代西域三十六国的尉(yù)头国的所在地。

曾经城池的遗址如今依然有据可循,官方称其为唐王城,更多地被叫作"托库孜萨来"或"托库孜萨热依"。其意为"九座宫殿",由古城、烽燧、佛教寺院和墓地组成。在图木舒克以北的代热瓦孜塔格山和图木舒克塔格沿线,由东至西,你依次可以发现**克克勒玛佛教遗址**、**图木舒克佛教遗址**、**化石沟遗址**等。但它们基本上已经只剩下一些风化的土梁。据考古推测城池建于公元前206年,并一直持续到公元8世纪,因为考察队在这里找到了一枚有唐代开元年间纪年的铜币。令人惋惜的是,这是在法国探险家伯希和1906年发现的。不可避免地,伯希和考察队将在图木舒克发掘到的雕塑、壁画、泥塑像、浮塑等艺术品和文物带回了法国,这些带有半希腊、半印度式佛教艺术风格的造像记录了佛教初传入中国时的风貌。如今想要见到它们,只能去巴黎吉美博物馆。

巴楚到达图木舒克非常方便,在兵团汽车站坐去图木舒克的车(当地称"图市",也叫作52团;8:00~21:00;约20分钟1班;13元/人;1小时),之后在图木舒克客运站门口找个会说汉语的司机,去唐王城即可。可以连马蹄山一同游览,要价在70元左右。如果是自驾,从巴楚到图木舒克沿途会经过多来提巴乡和恰尔巴格乡,两处都有热闹的集市,驴车不时出没其中,非常值得停留小憩。Ⓛ

巴楚汽车站车次时刻表

目的地	发车时间/班次	票价（元）	行程（小时）	备注
喀什	10:00~19:00（1小时1班）	53	3	
叶城	12:30、14:30	56	3.5	14:30那班若乘客太少可能会取消
莎车	9:50~19:50（1小时1班）	46	2.5	
英吉沙	12:30	53	4	
阿克苏	10:00~19:30（80分钟1班）	43	2.5	
和田	10:30	96	7	
库尔勒	7:00	155	8.5	经过库车（114元）
乌鲁木齐	17:30	246	14.5	卧铺

车很重要。

按照当地惯例，从县城乘出租车到火车站10元，但是出火车站时都按10~15元/人的价格拼车，可以把你送到酒店。

长途汽车

巴楚汽车站（团结西路17号）去往周边县城的班车都在这里发车，也有几班去往乌鲁木齐、库车、库尔勒的卧铺车，以及去往喀什（98元/人）、莎车（85元/人）的拼车。站内提供小件寄存。

兵团汽车站（文化路，近友谊南路，中国工商银行旁）只是一个粗糙的停车场，这里有发往各团场的班车，车次非常多，但发车时间也相当自由。发往图木舒克市（图市，也叫作52团）的班车，每天8:00~21:00，约20分钟一班，13元/人，车程约1小时，也有出租车拼车，20元/

英吉沙小刀。

人。发往夏河(50团)的车每天10:00~18:30，25元/人，车程约2小时，但发车间隔不固定，一般凑不齐6个人就不会发车。

自驾

作为喀什地区的入口，向南S215省道、"三莎"高速可连接至莎车和叶城；西去G314国道、吐和高速，经阿图什到达喀什，180公里，铺装路面，约2小时车程。沿途正是红岩山体密集的区域，如遇到下雨，拍出的照片可媲美张掖丹霞。且这段公路与铁路平行，有望与火车同行一程。

❶ 当地交通

巴楚县内很少看到公交车，使用出租车最为方便，县城内一律5元。

英吉沙

对多数旅行者来说，英吉沙约等于G315国道旁的一排小刀商店。其实，这个可爱的小县城完全值得你驻足观赏，甚至流连一晚再启程。

县城南部，芒辛路以南、乌恰路以北的老城"阿特巴扎"，绝对是英吉沙的灵魂所在。你能感受到，当地政府也将旅游发展的希望寄托于此，他们在老城两端修建了颇具规模的人工湿地，宽阔的主街挂满彩旗、两旁店铺林立，建筑外立面也被统一贴上了"富有民族风情"的瓷砖——一套动作下来的结果是，有经验的旅行者几乎想立刻逃离这个"景区"。别着急，静下心来你才会发现，老城的内里并没有改变。墙面斑驳的老清真寺还在，店里打馕的小伙子们忙碌而欢乐。离开主街，随便拐入一条小巷，阴凉、葡萄架、目光清澈的孩子、维吾尔民居的生活气息照样扑面而来。甚至会有人请你到院子里坐坐，顺手摘一串葡萄作为款待。这样的体验，在如今的喀什老街可不多见了。

阿特巴扎路北端的老清真寺已经因房屋颓败而关闭了，路中段的新清真寺可以视作老城风情的中心。如果想更安静些，最好往老

英吉沙小刀

小而美的英吉沙小刀，早就成为最有范儿的新疆旅游纪念品。如果你想买一把带走，先要提醒你，根据国家规定，多数尺寸的英吉沙小刀都属于管制刀具，在新疆天罗地网般的检查中，随时有可能被没收。因此，别买太贵的。

小刀商店集中在县城南端的G315国道上。乱花迷人眼的小刀大致分为批量机制的不锈钢小刀(50元以下)、手工制作的轴承钢小刀(150元以上)以及当地大师傅制作的优质手工刀(300元以上)。普通游客分辨它们的优劣有点困难，大体上说要尽量挑选带有手工痕迹、刀刃发蓝发黑、刀柄装饰复杂而精美的小刀。还有一个窍门就是跟在维吾尔人后面挑选——只有行家来了，老板才会从柜台下掏出一个报纸包裹的"精品包"。

如果你有时间和兴趣，可以离开国道，往东进入村庄。芒辛村10组就是英吉沙手工小刀生产地，那里当然更容易买到质优价廉的英吉沙小刀。 ⓛⓟ

城南端的聚落走走。

🍴 食宿

如果你被阿特巴扎老城吸引，不想离开，可以住在老城东门外性价比出色的**闽渝宾馆**（☏675 1888；胜利西路北端；标双130元，家庭房160元；❄ 🛜 🅿），要想住好一点，芒辛路县政府对面的**东方假日酒店**（☏573 4000；胜利西路北端，标双168元 ❄ 🛜 🅿）是这里的"顶层之选"。

三餐在老城里的餐馆都能解决，而且价格并不高。坐在街边户外的桌子上用餐，更是惬意的体验。

❶ 到达和离开

英吉沙客运站在县城北段的G315国道边，每天8:00~21:00，去往喀什(27元/人，1小

十二木卡姆

十二木卡姆集合了歌、舞、乐等艺术形式,是维吾尔族古典音乐的集大成者。"木卡姆"是阿拉伯语,原为"聚会"之意,后转意为成套的曲目,十二木卡姆即十二套曲目(分别为拉克、且比亚特、木夏乌莱克、恰尔尕、潘吉尕、乌孜哈勒、艾介姆、乌夏克、巴雅提、纳瓦、斯尕和依拉克)。木卡姆从民间音乐发展而来,最早是人们在劳动时即兴歌唱的曲子,形成组曲后又受到了伊斯兰文化的影响,13世纪传入中亚后更演变出多种形式。阿曼尼莎汗是木卡姆的改革者,她与音乐家卡迪尔汗一起,对流散在各地的木卡姆进行整理和加工,规范为结构完整、朗朗上口、易于理解的十二木卡姆的形式。

在十二木卡姆中,每一个木卡姆又分为琼乃合曼、达斯坦和麦西来甫三大结构,琼乃合曼苍劲深沉,达斯坦流畅欢快,麦西来甫则是演奏的高潮。演奏木卡姆的乐器有卡龙、热瓦甫、弹布尔和手鼓等。木卡姆在各地分为"喀什木卡姆""刀郎木卡姆""吐鲁番木卡姆""哈密木卡姆"和"伊犁木卡姆"五种。

十二木卡姆因世世代代通过口头传授的方式相传,不可避免地出现了后继无人的尴尬局面。20世纪,当地政府找到唯一一位能完整演唱全套十二木卡姆的艺人,用了将近6年时间将曲谱和歌词整理完毕,正式出版了《十二木卡姆》。如今,十二木卡姆这一源于民间的艺术开始走入学校,在更多的节日舞台上演出,并于2005年申遗成功。⑩

木卡姆演出。

时)和莎车(26元/人,2小时)的班车频密发车。还可以多花几块钱,拼出租车随到随走。

莎车

1514年,察合台汗的后裔赛义德在割据战争中取得胜利,建立了以叶尔羌(今莎车)为中心的叶尔羌汗国,全盛时期甚至控制了西起喀什东至吐鲁番的广大疆域。由盛及衰,叶尔羌汗国维系了160多年之后,退出历史舞台。如今,当地人依然习惯将这座昔日国都称为叶尔羌(Yarkand)。王朝不再,留下一座王宫、一座陵墓,还有老城、巴扎——一派维吾尔式生活。专程前来莎车的游客不多,但在我们看来,这里依然值得你驻留一晚。

◉ 景点

市区的主要看点全都集中在城东的阿勒屯历史文化广场,而由此继续向东,你就进入了有点混乱但生机勃勃的老城区。

阿曼尼莎汗纪念陵墓　　　陵墓

(阿勒屯路历史文化广场;门票15元,含叶尔羌汗国王族墓群;⊘11:00~21:00)这座陵墓是1992年人们为纪念阿曼尼莎汗(1526~1560年)所修建的。这位伟大的女性

是叶尔羌汗国杰出的音乐家、诗人，是阿不都热西提汗的妃子。她才华横溢，著有《精美的诗篇》《心灵的协商》《美丽的情操》等作品。她最杰出的贡献是与卡迪尔汗等民间音乐家一起整理和规范了十二木卡姆。他们剔除了木卡姆中晦涩难懂、宗教色彩浓烈的唱词，代之以更生活化的歌词，这在维吾尔族古典音乐史上是不可磨灭的贡献。遗憾的是，在十二木卡姆诞生后，34岁的阿曼尼莎汗因难产离世。阿曼尼莎汗纪念陵墓高22米，陵顶为圆塔状，周围共有20根雕花立柱。陵墓内的穹顶上有漂亮的石膏雕刻，四周的墙壁上写着十二木卡姆的组曲名。

阿曼尼莎汗纪念陵墓旁是**叶尔羌汗国王族墓群**，又称阿勒屯麻扎，叶尔羌汗国的第一任国王苏力坦赛义德汗、阿不都热西提汗、木卡姆大师卡迪尔汗都安葬于此。这里的陵墓大多雕工精美，其中苏力坦赛义德汗的陵墓很与众不同，近似蒙古包的形状——这似乎讲述着其来自蒙古的血统。

另辟蹊径

百姓陵园

站在高高在上的王族墓群向北观望，你会发现下面有一片更大的墓园在眼前铺开——这就是莎车穆斯林百姓的陵园。

从阿勒屯清真寺北侧的小巷进入，很快会被宁静肃穆的气氛包围。泥土小径和葱郁的树木之间，大大小小的陵墓错综分布。墓前常有人念念有词地为故人祈祷。你还能看到一些贫困人士在路边乞讨——每个周四，莎车的穆斯林有到此布施的习惯。陵园的西北角地势稍高，有一座有五百余年历史的清真寺，看上去有些破败，却也有时光倒错之感。

游览这片区域，请尊重穆斯林的习俗着素色服装，不要喧哗。拍照也要注意分寸。

陵园内还有一个诵经室。特殊的日子，常有人来这里祭奠先人，可想而知，他们都是昔日的"皇亲国戚"。

阿勒屯清真寺就在叶尔羌汗国王族墓群旁边，据说是当时王室的御用清真寺，始建于1533年。1988年政府对这座清真寺进行了维修，一般不对非教徒开放。

西侧一街之隔的恢宏伊斯兰建筑让人难以忽略，那是正在建设中的"**叶尔羌汗国王宫**"，我们调研时尚未开放。

莎车的公交车不太方便，不如花5元钱乘出租车来这里。**阿勒屯历史文化广场**周围有很多不错的餐厅。周五主麻日时，广场前还有自发形成的"小吃巴扎"。参观完毕继续向东走，就进入了老城区。

住宿

莎车国际青年旅舍　　青年旅舍¥

（☎851 0080；工业路与新城路交叉路口；铺40元起；❋ 🛜 🅿）从LOGO的奇怪比例来看，这家正宗的YHA青旅被山寨范儿的招牌坑得不轻，但依然是莎车最经济实惠的

☑ 不要错过

库尔班的杂货店

在莎车，我们不想推荐千篇一律的纪念品商店给你。如果你想买点有意思的东西，来库尔班的杂货店吧。这家位于街角的店铺从外观上就让人难以忽视，这座二层小楼狭窄而高耸，整个外立面挂满了各种玩意儿：玩具首饰、机械零件、盆盆罐罐，让人想起吉卜赛人琳琅满目的大篷车。到楼梯，二楼的主人库尔班和爱犬"扎西"就来欢迎你了。大胡子的库尔班50多岁，一派乐天的嬉皮士风范，40年来他闯荡内地和西藏，淘换来的"宝贝"堆满了这座二层小楼的全部角落。跟随他的指引走进昏暗拥挤的小屋，你会看到玉石玛瑙、维吾尔乐器、西藏首饰、民国物件、"文革"宣传画和毛主席像章……至于真假和价值，你要抱有一颗娱乐的心态，有喜欢的玩意儿，跟库尔班讲价，花百八十块带走，不失为有趣的体验。对了，看到带"1931年国立故宫博物院"封印的字画不要激动哦……⑰

落脚地。维吾尔式的卧榻和葡萄架构成了惬意的庭院，前院的单人床显然比后院的高低铺舒服很多。

速8酒店　　　　　　　　　　　酒店¥¥

(☏855 9999；团结路15号；标双248元，家庭房298元；❋ ⓦ Ⓟ) 大城市的快捷品牌在莎车走起了高端风。崭新的装修颇有档次，卫生也堪称一流，价格包含早餐，加入会员还有不小的折扣。马路对面与之展开直接竞争的**浙商大酒店**(☏877 3333；标双188元起；❋ ⓦ Ⓟ) 各方面条件也不分伯仲，不妨对比一番。

❌ 就餐

像很多南疆城市一样，维汉餐饮在莎车泾渭分明，汉餐集中在城西团结路到建设路一带，而正宗维吾尔餐饮大多在城东皇宫一带。

努尔博斯坦　　　　　　　　　清真餐¥¥

(☏853 3555；王陵广场东侧；人均60元；⏱10:00~23:00) 绝佳的位置，良好的装潢，这家维吾尔餐饮"航母"价格却很实在。你可以

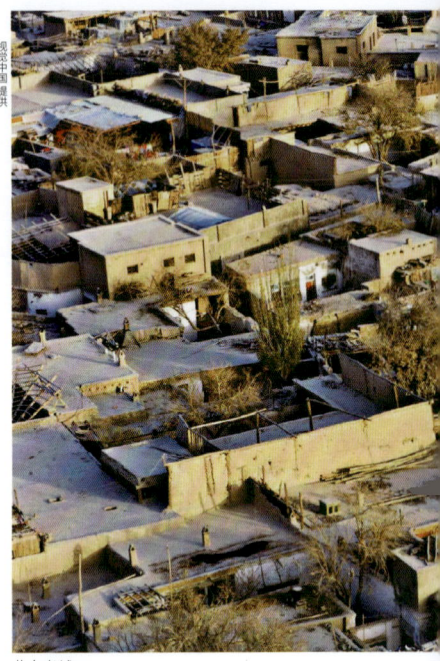

莎车老城。

莎车客运站车次时刻表

目的地	发车时间/班次	票价（元）	行程（小时）	备注
喀什	8:00~23:00（滚动发车）	45/53	3	依车况价格不同
叶城	10:00~22:00	14/17	1	依车况价格不同
和田	12:00、14:00、16:00、18:00	65	5	
泽普	8:00~22:00（30分钟1班）	10	0.5	

吃到12元的拉条子和16元的抓饭,78元一公斤的架子肉也货真价实。下午时段来这里喝喝茶,吃点果盘和点心也是不错的选择。

巴特餐饮 火锅¥¥

(☎899 2222;建设路与古勒巴格路交叉路口西北角;人均60元;⊙11:00~23:00)自助火锅58元一位,除了丰富的肉类和菜品外,还包含不少高档水果,各色酒类也无限畅饮。另外,这里的炒菜也有不错的口碑。

❶ 到达和离开

火车

莎车火车站(城南新区)在市区以南3公里,每天六班车,可去往南疆线沿线各县市。乘坐1路、9路公交车可达,乘出租车约10元。

汽车

运营县际班车的**莎车客运站**就在火车站旁边。还有西、南、北三个小站,班车发往下辖乡镇。

莎车周边
喀尔苏沙漠

如果你的旅行计划不包括深入塔克拉玛干沙漠,那么来莎车附近的这个景点还是值得的。喀尔苏乡地处塔克拉玛干沙漠的西部边缘,只有达到这里,你才会明白这个"边缘"有多么锋利。由西向东穿过乡村,尽头处绿洲戛然而止,一望无垠的沙海如海洋一般在眼前展开——分界线上清晰的一道防护林,就是当地居民和沙漠争夺战中的楚河汉界。还嫌视野不宽,那就登上十几米高的木制观景台吧——由于地基位于沙中,登梯时摇摇晃晃的感觉很是刺激。附近有不少大大小小的沙丘,如果你有一块木板,快来享受免费的滑沙吧。

喀尔苏乡位于莎车以东35公里处,莎车东郊客运站的合乘出租车13元就能把你送过去,不过怎样返回是个问题,留好司机的电话吧。

泽普金湖杨森林公园。

泽普金湖杨森林公园

（泽普县西南40公里亚斯墩林场；门票65元；每年4月1日至11月20日营业）虽然有点难以置信，但这里确实是南疆为数不多的5A级景区之一。它位于叶尔羌河的冲积扇上缘，面积1974公顷。景区宣传中将其称为"胡杨、水、绿洲、戈壁四位一体"的景观。实际上，这里的四种景观相较新疆其他地方都称不上最好，只是恰好在这里相遇，随之被打包成一个盆景式的公园。

购买门票后，有两种游览方式任你选择：乘坐小马车周游一圈，或是步行并随时搭乘电瓶车。前者是名副其实的走马观花，建议你选择后者。每年国庆节前后是胡杨和水色最佳的时期，景区售票处旁边的平台居高临下，纵览全景，并且已经为摄影者留足了架设三脚架的空间。

5A级景区的设施和服务都十分完备，适合带老人、孩子前来轻松观光。深度自助的旅行者，就不必大老远专程前来了。泽普县的出租车都可以载你到这里，单程收费50元。

叶城

理论上说，辖区广阔的叶城与克什米尔接壤，毗邻乔戈里峰。不过，这些概念对多数旅行者来说遥远又抽象。更具实际意义的是，它是新藏公路的起点，也是人们往返新疆与后藏之间的联结点。

县城和周边没有太多值得造访的景点。**加米清真寺**及周边是传统的社会生活中心，清真寺始建于14世纪叶尔羌汗国时期，最近一次翻修也是在60多年前，因此颇具古风。外立面上多彩的砖拼图案、庭院中繁复的木雕和彩绘尤其精彩。建议你在非礼拜时间，客气地向看门人询问可否进入参观，一般不会被拒绝。清真寺东侧就是巴扎，周日尤其热闹。

县城东南、棋盘河谷的峭壁上有一处佛教遗址，一般被称为**棋盘千佛洞**。大大小小

新藏公路。

的10个洞窟错落分布,但均已严重损毁——换句话说,除了洞,你看不到其他东西。它的开凿年代难以考证,有学者根据附近出土的陶器以及洞窟形制推断大致为西辽时代,距今七八百年。在叶城客运站坐合乘出租车可到棋盘乡(20元,3小时),之后需要再包车完成剩下的12公里。我们不建议自助旅行者大老远赶来这里,自驾者如果从泽普金湖杨森林公园穿越而来(见380页)倒可以顺道一观。

食宿

叶城的宾馆整体水平不高,新开张的**华豫精品酒店**(☎722 6666;幸福南路4-8号;标双158,家庭房218元;❄@ℙ)是鹤立鸡群般的存在。它兼有县级宾馆的宽大面积和都市宾馆的装修格调。这里不提供早餐,好在旁边就有家不错的早餐店。

清真寺广场上集中了维吾尔族餐馆,幸福南路的晨迪广场附近则是汉餐聚集地。

新藏公路

完整意义上的新藏公路,从叶城县的零公里里程碑起,南至西藏日喀则市拉孜县查务乡,全长2140公里。而旅行者口中的"新藏线",多半是指连接藏疆的新疆叶城至西藏狮泉河两城之间的1100公里道路。这条"天路"平均海拔4500米以上,沿途翻越5000米以上的高山5座,年平均气温-9℃,而且大半都是无人区,堪称世界上海拔最高、最艰苦的公路。同时,它临近国界而行,如一道长城扼守阿克赛钦、克什米尔、西藏等复杂地区,是一条举足轻重的战备公路。

虽然有巍巍昆仑的阻隔,但早在古代,新疆和西藏之间就有频繁的贸易往来。先民们不畏严酷的自然环境,在昆仑山中探索出较低的隘口作为通道,浩荡的牦牛队就这样载着食盐、茶叶、纺织品、珠宝……通过这些细小的血管往来交换。

新中国成立伊始,修筑新藏公路就被提上了日程。1950年解放军进军西藏的同时,新疆军区司令员王震就下令开始公路修筑的勘察。1951年,选定从于田普鲁村翻越硫磺达坂进入藏北的路线。但由于勘察与施工经验上的不足,这条最初的新藏线在艰难推进了180公里后,宣告放弃。新一轮艰苦的勘察随即展开,1954年元月,在五个候选起点中,最终圈定了以叶城县以东4公里的林场作为起点——如今的"新藏公路零公里"标志正是这里。

1955年6月,交通部批准新藏公路开建。高寒、缺氧、少粮,筑路艰辛可想而知。统计显示,从解放军先遣连进藏到新藏公路通车的8年时间里,阿里部队因冻、饿而死的官兵达170多人,损失各种牲畜5万多匹。1958年9月公路修到西藏噶尔县噶达克,新藏公路最重要的路段全线通车。之后的岁月里,国家又对新藏公路进行了部分延伸和改建,才有了如今你脚下宽阔平坦的新藏公路。

叶城餐馆的价格似乎已经开始执行"西藏标准",比你一路吃过来的县城要贵不少,点"豪菜"前最好先问问价钱。

❶ 实用信息

中国人民解放军第十八医院(☎273 1089;幸福南路5-9号)24小时接诊,治疗高山病很有名,去西藏前可以来准备些药品。

❶ 到达和当地交通

叶城客运站(☎728 2818)位于县城北部人民公园斜对面,从10:30~20:30有发往各地的班车。发往和田的长途汽车每2.5小时一班(48元,4.5小时);发往喀什的长途汽车每小时一班(50元,3.5小时)。

新藏公路零公里标志向北1.5公里就是**叶城火车站**,南疆线的各趟列车都经停这里。

前往西藏阿里,要先到文化东路东端的**边防大队**办理边境通行证。至今尚无班车往返新藏,你得去零公里以南两公里处的**阿里地区驻叶城办事处**(简称阿办)搭运货卡车,价格通常在600元左右,中途一般会住宿一晚。

和田地区

电话区号 0903

和田的历史可追溯至10,000年前,在被正式记入史籍以前,这里已混居着印欧语系、汉藏语系、羌人、月氏人等不同土著民族的居民。公元前3世纪于阗建国。公元前1世纪佛教传入。张骞出使西域后,西汉政府在西域设西域都护府,于阗被纳入西汉统治,于阗乐舞流入汉朝宫廷。晋朝封于阗国王为"晋守侍中""大都尉""奉晋大侯"等头衔。5世纪后期,于阗国力渐弱,先后受制于柔然和匈奴。

唐朝在西域设安西都护府,于阗与疏勒、碎叶、龟兹并称"安西四镇"。7~8世纪,于阗三度被吐蕃攻陷。之后,于阗又与喀喇汗王朝进行了长达一个世纪的宗教之战,最终被喀喇汗王朝征服。佛国没落,伊斯兰教兴起。

元代这里是察合台阿鲁忽的封地,曾设置斡端宣慰使元帅府。清乾隆二十四年(1759年)设和阗办事大臣,受控于叶尔羌办事大臣。光绪九年(1883年)设置了和阗直隶州,1928年改为行政区,设行政长公署。1959年改和阗为和田。1977年建立了和田地区行政公署,1984年设和田市。

↪ 另辟蹊径

自驾穿越

对有经验的旅行者来说,泽普金湖杨森林公园是个"除了没意思,哪里都好"的地方。而从这里出发却有两条非常棒的自驾穿越路线,如果你有性能优异的越野车,不妨试试。

金湖杨森林公园—棋盘乡—叶城

这条路对车辆要求不高,一般城市SUV足以应付,有时你甚至能看到当地出租车的身影。从金湖杨森林公园沿X484县道和叶尔羌河继续向西南行驶18公里,在**其木都村**附近一个不甚明显的路口(可能需要问路)左转,驶上一片高高的台地后,下方与你相伴向南而行的就是叶尔羌河一条支流,柏油路面也就此结束。从这里到棋盘乡的30公里土路无疑是这条线路的精华所在,飞驰在空旷无垠的台地上,视野无穷辽远,右侧陡峭的崖壁下就是养眼的河流和绿洲。最后,一段急弯下坡带你驶下台地,这就进入了**棋盘乡**,你可以继续沿河向西南12公里拜访棋盘千佛洞,或是在下坡前转向东北方向的土路,在坑洼的土路上再行驶70公里就到叶城了。

和田地区 381

和田

进入21世纪,和田发展迅猛。和田玉如同一块利益磁石,吸引着各路商人慕名前来,以致玉龙喀什河的河床被大型挖掘机凿得满目疮痍。除了玉石,昆仑山赐予的黄金和稀有金属等矿产,也大多被外来商人承包。利润外流、当地人获益不足,也导致了城乡收入差

金湖杨森林公园—喀群乡—大同乡—塔什库尔干

这条沿叶尔羌河逆流而上,直至帕米尔高原的线路极具吸引力。一方面它可以使叶城与喀什、塔什库尔干形成一条环线,进出帕米尔高原不必重复走喀什到塔什库尔干的"喀喇昆仑公路",更重要的是这条高山峡谷风景如画,其中还隐藏着许多塔吉克族、吉尔吉斯族世外桃源般的村庄。同时,这条路对车辆的要求也很高,只有硬派越野车和皮卡能够胜任。即使这样,250公里的穿越路上一次会车事故、一场豪雨随时可能让狭窄的道路无法通行,要做好食品、饮水和御寒衣物的储备。在一切顺利的情况下,这段路需要行驶12小时左右,稍有差池就要做好在村民家借宿一晚的准备。

从金湖杨公园沿叶尔羌河向西南到**喀群乡**,过桥切换到河右岸行驶。大约100公里较为平坦的土路后,叶尔羌河转向南流,去往**大同乡**所在地,而你要跟随向西去的支流行进,路况也在这里开始变差,河流与峭壁之间的狭窄道路遍布碎石,有时仅容一车通过。风景却越来越窄,峡谷中绿树掩映处便是一个个"不知有汉,无论魏晋"的村庄。沿途**塔尔乡**和**库科西鲁克乡**是两个比较大的地方,可以简单补给。艰难行进100多公里后,看到塔什库尔干县的公安检查站,说明你已走出峡谷,驶上了风光无限的帕米尔高原。⑩

距大、农村青年就业难等问题。另外一个不容忽视的事实是，和田依旧是中国反恐形势最为严峻的地区之一。

和田市

你可以将团结广场视作和田市区的中心，那里矗立着毛主席会见库尔班大叔的巨型雕塑。广场前的北京西路就像是和田传统与现代的分水岭，南边汇聚了众多现代商超、酒店和餐厅；而北边至台北路一带，则是风情渐浓的老城区，集中了清真寺、大巴扎、民族餐厅和当地夜市，街上的维吾尔面孔也成为主流。玉龙喀什河在城市东侧纵贯而过，三座跨河大桥连接了两岸，当地人习惯于从南向北将它们称为一桥、二桥、三桥。主要的玉石交易都集中在一桥附近。

◎ 景点

和田博物馆　　　　　　　　　博物馆

（☏618 2017；北京西路342号；免费；

和田玉石巴扎。

⏰夏季 9:30~13:00, 16:00~19:30, 冬季 10:00~13:30, 15:30~19:00, 周三闭馆）和田地区所发现的古遗址在新疆最多，出土文物也极其丰富。而这座博物馆的规模与馆藏跟它"地区博物馆"的身份相比，还是稍显单薄，最具好奇心的游客也用不了一小时就能看完。即便如此，这里依然是普通游客了解这一地区历史文化最便捷的途径。如果这里是你的第一站，请特别留意那幅古代遗址立体分布图，它将是你规划行程的好帮手。

走进博物馆，迎面而来的是代表和田形象的一块巨大的天然山流水玉石。一楼是**和田古代文明展厅**，展出了从周边的克里雅河北方墓地、流水墓地、尼雅遗址、山普拉古墓群、约特干遗址等三十多个遗址出土的众多文物，包括石器、陶罐、珠饰、岩画、汉佉二体钱、汉文简和木器等，其历史年代最早可追溯至新石器时代和青铜时代。其中，织锦和绒毯等纺织品残片令人印象深刻，这些拥有前卫图案的纺织品穿越千年，却依然明

艳,诠释着"于阗绢都"的手工纺织业历史。众多佛教壁画、佛像,以及体现伊斯兰手工艺的铜壶则可助你理解于阗佛国被喀喇汗王朝取代的过程。

值得留意的几件文物包括麻扎塔格出土的雕工精致的玉猴,苏瓦库木遗址出土的汉代马钱,以及从约特干遗址挖掘出的人首牛头陶水注。博物馆里还陈列有伊玛木·木沙·卡孜木墓葬出土的、五代时期的两具女性干尸和一具木彩棺。

二楼是**民俗展厅**,展示了维吾尔族的饮食习俗、医药、艾德莱斯绸、和田玉、和田地毯、于阗乐器等。这个展厅不常开放,你可以试试向管理人员提出参观要求,也许能如愿。

和田地区文物局与博物馆在同一栋大楼里,如需去尼雅遗址、丹丹乌里克遗址、喀拉墩古城、安迪尔古城等遗址可在此办理申请手续。

如要前往博物馆,可乘坐2路、6路公共汽车在师专站下,或从团结广场步行20分钟。

玉石巴扎 市场

(玉龙喀什河一桥东)作为美玉之都,玉石交易在和田的大街小巷无时无刻不在进行。从路边的游商到堂皇的玉器店,从白菜价到惊天价,这些有真有假的石头维系着和田的商业脉搏。游客口中的玉石巴扎通常是指玉龙喀什河东岸的**玉石交易中心**,短短几百米的窄街挤进了几百家铺子,两边齐刷刷地排列着上百家玉石铺子,出售原石、玉器,多数还提供加工服务。玉石"小白"若想在这里出手,基本无异于待宰羔羊。正确的玩法是将这里当作一个有趣的博物馆,找到投缘的老板(大多是河南人)聊聊、看看,对玉石的门道初探一二。

星期日是和田维吾尔族人赶集的日子,这一天艾提卡大巴扎和玉龙喀什河西岸会有当地人自发的玉石巴扎。和维吾尔族老乡用肢体奋力跨越语言障碍,当然是更佳的旅行体验——提醒你,讲好价后一定要买下。此外对于这些真假难辨的石头,依然不建议花大价钱购买,百十块钱看着顺眼的就可以了。

美玉小捡怡情

"有玉河,国人夜视月光盛处,必得美玉。"在玉龙喀什河捡玉这件事,《新唐书·西域传》中有着如此浪漫的记载。每年夏季河水奔腾,夹带着大量昆仑山的玉料滚滚而下,秋季水退,经过大自然淘洗研磨的籽玉就显现在河床之中。捡玉,有人赖以谋生,而更多和田人将它当作一种健身怡情的方式。作为旅行者,与其在和田玉讳莫如深的产业链条上做一名最弱小无助的消费者,还不如挽起裤腿加入捡玉大军,得几块喜欢的石头,再到加工店花二三十块钱做个挂饰,绝对心满意足。至于价值嘛……别抱什么希望,上游采玉场的无数大型挖掘机们给你剩下的机会不多。捡玉的时段以秋季的清晨为最佳,此时水量最小,石头容易露出。夏天暑热褪去的黄昏也是风景和石头双丰收的好时间。⑲

前往玉石交易中心也就是玉龙喀什河一桥可以从市区乘5路、10路公共汽车到大桥站下车,河西岸的站名叫"旧车市场"。

艾提卡大巴扎 市场

(台北东路)这里大概是南疆规模最大的露天巴扎,热闹时据说有十万人会聚于此,一个人的一生所需基本都能在这儿买到。眼花缭乱的商品,服饰各异的人群,此起彼伏的卖力吆喝,还有食品和牲畜交织在一起的奇怪味道……这不正是我们最期待的"南疆风情"吗?最好择周日的上午前来,当地的维吾尔人习惯在这一时间赶集,附近县乡的农民也会带着水果、牲畜和手工制品赶来售卖,原本就拥挤的市场变得更加水泄不通。对旅行者来说,比较有吸引力的是销售艾德莱斯绸、当地药材、干鲜果品的区域,当然还少不了热火朝天的牲畜交易市场。除此之外,你还能看到修鞋、磨刀、补锅等大城市里几乎绝迹的行当。渴了饿了没关系,下一个转角就有鲜切瓜果、酸奶粽子、抓饭、烤肉……卖相都粗犷豪迈,让人食指大动。由于巴扎主要面向当地人，因此欺客现象很少见，你终于可以放心地买一块切糕吃了。对于人烟如此稠密的地区，我们不能保证它是绝对安全的，但你也无须草木皆兵，行动不便的老人和很小的孩子确实不太适合前来。

从客运站步行10分钟即可到达大巴扎，5路、6路公共汽车也经过大巴扎。

和田地毯博物馆　　　　　　博物馆

（杭州大道8号；◯10:00~14:00，16:00~19:00，周三闭馆）和田地区制造地毯的历史可追溯到3000年前的春秋时期。漫漫历史中又对中亚、蒙古、西藏制毯工艺兼收并蓄，形成了独到的自身风格。尼雅遗址出土的"五星出东方利中国"织锦代表了它辉煌的过往，而人民大会堂56.7平方米的大型挂毯《天山颂》便是它今日的成就。

这里是新疆唯一一个以地毯为主题的博物馆，展品、布置和文字介绍都比较用心。通过实物、照片和介绍，你可以了解到和田地毯的发展史及它的生产制作流程。值得一看的除了"五星出东方利中国"的复制品，还有不少从民间收集、具有上百年历史的地毯，你也可以看到织机由木到钢的演变进化过程。而且，墙上悬挂着的美丽地毯，除了看还可以摸哦。

博物馆位于城区东北方向的浙江工业园，离市区较远，出租车费在15~20元。

🛏 住宿

玉都大酒店　　　　　　　　酒店¥¥

（☎202 3456；广场路11号；标双198元起，家庭房298元；❄⚡Ⓟ）位于市中心广场，却远离主路的噪声。面积很大的房间有点老气，但足够明亮和干净，便宜的标间反而带有浴缸。

和天下国际酒店　　　　　　酒店¥¥

（☎205 9999；广场路11号；标双328元起；❄⚡Ⓟ）走进高挑空旷的大堂，素雅的氛围就扑面而来。宽大的客房硬件优良，灯光设计也让人舒适，每个房间都配有整洁的写字台和电脑，马路对面就是充满诱惑的和田夜市。注意，酒店三楼有个KTV，想睡好觉

💬 丝绸之路名词解释

范佳奥

西域三十六国

指西汉西域都护府所辖之下，乌孙之南、葱岭以东地区分布的诸多城邦规模的小国，其中包括农耕定居的"城郭诸国"和游牧为生的"行国"，其居民多则十万，少则一两千。由于不停地割据吞并，"三十六"只是一个约数，《汉书·西域传》："西域以孝武时始通，本三十六国，其后稍分至五十余，皆在匈奴之西。"这些国家中，包括耳熟能详的于阗、龟兹、楼兰，但更多的是一些几乎被历史遗忘的名字。

五星出东方利中国

1995年10月的一天，中日联合考察队在民丰县尼雅遗址打开了一座两人合葬墓。其中一人右臂上绑着一块色彩艳丽的织锦。神秘的图案和纹饰显得讳莫如深，但上面的汉

楼兰古城遗址。视觉中国 提供

字清晰可辨：五星出东方利中国。研究表明这块长18.5厘米、宽12.5厘米的织锦来自1800多年前的汉代，文字和图案可视为对星象占卜的一种表达。这块织锦因其"祥瑞"的寓意受到尊崇，现已成为新疆维吾尔自治区博物馆的"镇馆之宝"。

箜篌

箜篌是一种古代的拨弦乐器，为波斯语Cauk的音译。它起源于中东，西传至欧洲，成为"竖琴"的鼻祖；而两汉时期经丝绸之路传入西域和中国的便称"箜篌"。1996年8月，在且末县扎滚鲁克一号墓地出土了两件保存完整的木竖箜篌，其生产年代不晚于西汉（公元前5世纪）。这两件国家一级文物现存于新疆维吾尔自治区博物馆，在且末县博物馆你能看到它的复制品。

楼兰美女

从1979年起，日本NHK与中国中央电视台开始联合制作纪录片《丝绸之路》，新疆考古研究所的王炳华、穆舜英等人成为随队专家。1980年4月，当他们沿孔雀河古河道进入罗布泊考察时，发现铁板河河湾南面的两座风蚀高台上有暴露在外的木桩。经过清理挖掘，出土两具距今约3800年的古罗布泊人干尸。其中的女尸面部棱角分明、秀发飘逸、皮肤富有弹性，系欧罗巴人种。"楼兰美女"——日本电视导演对这具女尸的形容就这样流传开来。此后，日本和中国的学者分别对其进行了面部复原，你在互联网上很容易找到这位美女的"真容"。

小河公主

一直以来，罗布人中都流传着一个神秘的"千棺之地"，它位于孔雀河下游河谷以南60公里的沙漠中。1900年，斯文·赫定的罗布人向导奥尔德克就向他描述过那里。直到1934年，

← "西北科学考察团"中的瑞典考古学家贝格曼才在奥尔德克的带领下首次考察了罗布人口中的"千棺之地",他将这里称为"小河墓地"。直到2000年,中日重拍《丝绸之路》纪录片时,考古人员对"小河墓地"的大规模挖掘才正式开始。大量船形棺椁的出土让人兴奋不已,其中一具女尸肌肤白皙、五官清秀,连睫毛都栩栩如生——"楼兰美女"之后人们又认识了一位"小河公主"。NHK和CCTV的镜头完整地记录了棺椁打开的过程,你可以在2000年版本的《丝绸之路》中看到。

烽燧

烽燧是遍布在西域苍凉大地上的另类长城。这种重要军事设施在汉唐时代十分盛行,烽燧之间彼此联络呼应,以不同形式的烟火为信号传达敌情。同时,大多依水而建的烽燧也是丝绸之路上的路标和补给站。唐玄奘的故事生动地诠释了烽燧的功能,他"偷渡"玉门关后便沿烽燧前行,途经"各相去百里,中无水草"的"五烽"。烽燧的分布基本与丝路吻合,分南、北、中三线。今天烽燧遗址最集中的地方是哈密、巴里坤一带的北线。⒧

就离它越远越好。

★ 塔里木大饭店　　　　　酒店¥¥

(📞206 7777;阿恰勒西路135号;标双218元;❄️🛜🅿️)这家酒店难能可贵地透露出骄傲的"本土"气质。从帅气有礼的维吾尔族大堂经理,到带有伊斯兰元素的室内装饰,维吾尔族房客往来穿梭——这里似乎没有讨好内地旅行团的意愿。铺有厚实地毯的房间整洁温馨,配套的冰箱和办公桌也很实用,楼下还有家颇具档次的维吾尔餐厅和一个进口商品超市。

天津国际大酒店　　　　　酒店¥¥

(📞256 7777;塔乃依南路43号;标双298元;❄️🛜🅿️)浮夸的夜店风混搭奢靡的罗马风,这家开业不久的酒店显得意气风发。硬件和服务水准在和田绝对是第一阵营,为数不多的几间208元大床无窗房格外受欢迎。

丰园大酒店　　　　　　　酒店¥

(📞206 8333;迎宾路236号,体育场旁;标双198元;❄️🛜🅿️)这里是和田三星级酒店中最干净的一家。房间不大,但简洁明亮。周边聚集了多家不错的汉餐厅。

皇朝假日宾馆　　　　　　酒店¥¥

(📞204 8666;纳瓦格路204号;标双208元,家庭房268元;❄️🛜🅿️)它所在的这条街集中了多家美食餐厅。房间面积很大,硬件上也物有所值,缺点是个别楼层的隔音不太好。房价包含(不怎么样的)早餐,因此你可以不要它,或者顺便砍砍价。

江苏大酒店　　　　　　　酒店¥

(📞782 5000;文化路4号;标双168元,家庭房238元;❄️🛜🅿️)刚好位于新老城区的交界地带,生活方便。房间刚装修过不久,设施崭新,唯一需要注意的是远离二楼的歌厅。

西域大酒店　　　　　　　酒店¥

(📞251 1777;北京西路261号,近博物馆;标双128元,家庭房178元;❄️🛜🅿️)这家三星级酒店从地毯到卫生间设备都有点老态龙钟了,但实惠的价格还是让预算紧张的旅行者难以抗拒。价格包含早餐,我们调研时关注下一个微信公众号还能优惠二三十块钱。这里距市中心有点远,去博物馆倒是一步之遥。

❌ 餐饮

海尔巴格特色火锅　　　　火锅¥¥

(纳瓦格路194号;人均70元;⏰8:00~24:00)新疆大名鼎鼎的餐饮品牌,在和田的这家店主营火锅。锅底12元,肉类涮品从36元/盘起,新鲜量又足。火锅的形式与汉地没什么不同,不过你可以学当地人的风格调制小料,再点些羊肉饺子当作主食。另外,这里还经营早餐,烤包子、薄皮包子都是正宗的新疆味道。

史达尼饭馆　　　　　　　　维吾尔餐¥¥

(纳瓦格路东段;人均50元;◎10:00~24:00)这家餐厅的装修秉承了中高档维吾尔餐厅的优点,华丽又不俗气。菜单就在桌面玻璃板下,一目了然。炒菜花样繁多,但配料和味道有点相近。推荐你尝尝香辣过瘾的内脏类炒菜,以及带有醇厚羊汤的纳仁面。

土耳其哆哆吗嗯冰淇淋和烤肉　　　　　　　　　　土耳其菜¥

(纳瓦格路东段;人均40元;◎12:00~24:00)据店主说,他们做菜的手艺来自一位土耳其师傅的传授——我们觉得,他应该感到欣慰。这里有烤肉饭(35元)、卷饼(25元)、比萨等为数不多的菜品,现点现做,从食材到工艺,甚至码盘都毫不马虎。暖心的土耳其茶,以及饭前饭后的冰淇淋和酸奶,更让人觉得圆满。

抓饭王　　　　　　　　　　维吾尔餐¥

(广场路玉都大酒店旁;人均30元;◎10:00~23:00)店名口气有点大,但这里确实是深受当地人欢迎的餐厅。抓饭走精品路线,可以自行搭配烤鸟、羊腰等肉类。浓厚的夏合尼汤饭(新疆的汤饭其实是汤面,10元)也不可错过。天气好的时候,坐到院子里的树荫下用餐吧。

生态餐厅　　　　　　　　　清真餐¥¥

(友谊路43号;人均60元;◎9:30~23:00)名字里的"生态"指的并不是食材,而是内部设计——你得穿过一个树洞进入餐厅,然后来到一片森林中。吃的其实是很普通的炒菜,有椒麻鸡、胡辣羊蹄、家常豆腐、凉皮等。

艾里万饭食　　　　　　　　　清真餐¥

(纳瓦格路;人均25元;◎9:30~

和田地毯

和田被称作"中国地毯的摇篮"。早在春秋战国时期,和田地毯便已具雏形。汉代时,和田出现了立式地毯织机,并已有了较为完整的工艺流程。尼雅遗址出土的东汉地毯使用了马蹄形打结法,这一两千多年前诞生于中国的编织方法后来在伊朗得到推广,并因此被西方人误称为"伊朗结扣"。唐代是丝绸之路的全盛时期,和田地毯也随之传至中原、西藏、印度、波斯和阿拉伯等地。

和田地毯能有如此高的品质,和田羊功不可没。和田羊的羊毛纤维粗细适中,织就的地毯柔软、富有弹性、不倒毛、不褪色、防潮防腐、光泽度好。

和田地毯的图案也独具特色,多以花、果、枝叶、动物、几何纹理为主,并通常有多层边框。图案分为石榴花式、蜡花式、波浪式、波斯式、散点排列式、洋花式、五枝花式等九大类。

从羊毛到地毯,先要进行分拣、清洗、烘干、梳理、再捻线、染色,然后一丝一线地在织机上编织。老式的织毯机是木制的,如今已不再使用,现在大多使用钢架织机。剪子、刀子、耙子是织毯必用的三件工具,工人坐在织毯机前,娴熟地穿线、打结、修剪。地毯的经纬以"道"计数,道数越多越精细,也越费工。和田地毯有360道、400道、450道、540道、720道和900道之分,一个娴熟的织工完成一平方米的360道地毯需要15天时间。

位于玉龙喀什河畔的**和田地毯厂**(阿和公路22号,乘坐市区10路公共汽车在"地毯厂"站下车)开放参观,你可以去看看织毯车间、洗染车间、洗毛车间、平烫车间等,还可站在织毯工人旁边观看他们如何操作。另外,以艾德莱斯绸闻名的吉亚乡也有生产地毯的家庭作坊。

23:00)看似普通的一家鸽子汤店,就餐环境却特别好,墙上挂着精美的挂毯。鸽子汤里有红枣和鹰嘴豆,鸽子炖得很酥软,肉汤非常浓郁。这家店在当地口碑很好,值得一尝。

刘氏大碗揪片子　　　　　　　　清真餐¥

（建设路近昆仑小区；人均25元；9:00~22:00）这家主做面片汤的小店总是人声鼎沸。一碗浓稠鲜香的面片汤,配一碟熏马肠,再来个重口味的"新疆版肉夹馍",你就会明白为什么当地人都对这里趋之若鹜了。

和田夜市　　　　　　　　　　　夜市¥

（人民路中段；20:00至午夜）这里是集中领略新疆小吃的快捷方式,价格比乡镇上稍贵,但仍在合理范围。夜市的两端以汉族人经营的小吃为主,越向中间走,民族风情越浓。酸奶粽子、烤羊、拌杂碎、薄皮包子……各色美味抢夺着你有限的胃部空间。需要注意的是,出于某些原因,夜市经常会关闭,出发前最好提前确认。

🛍 购物

干果　　　　　　　　　　　　　特产

和田的薄皮核桃和大枣是最不可错过的特产,你可以去大巴扎或纳瓦格路东端的**当地市场**购买。通常9月新鲜冬枣开始上市,价格从10元/公斤起,10月后才有大枣,价格依质量在30~80元/公斤。此外,购买核桃时一定要说清楚是买薄皮的,拿在手里一捏就碎的那种,价格约为60元/公斤。

地毯　　　　　　　　　　　　纺织品

和田的地毯闻名遐迩,台北路上有很多地毯店,所售地毯有机织的也有手工的,毛料质量参差不齐,有和田羊毛的也有阿克苏羊毛的,一种简单辨别的方法是:和田羊毛是不会倒绒的,所以你可以用力按压试试。价格根据毛料的好坏,每平方米从200元到1000多元的都有,每平方米400~500元的羊毛已经很不错了。当然,最可靠的办法还是去**和田地毯厂**购买。

艾德莱斯绸　　　　　　　　　纺织品

在艾提卡大巴扎和附近有不少经营艾德莱斯绸的小店,不过很大一部分是工厂货,并非真丝手工织就。若想购买,最好的办法是直奔生产地吉亚乡,**吉亚丽人艾德莱斯工厂**（669 1048；10:00~20:00）已经成为一个景点,你可以在那里观看包含纺织、扎染的整个生产流程,再决定是否购买。手工制造的艾德莱斯绸580元一匹,够做一条连衣裙。还有一些百元上下的头巾可供选择。

桑皮纸　　　　　　　　　　手工艺品

桑皮纸是以桑树皮为原料,经过浸泡、剥

艾德莱斯绸

楼望皓

夏天到南疆,会看到很多维吾尔族姑娘穿着彩条的连衣裙,这是一种用艾德莱斯绸做的衣服。

艾德莱斯绸在维吾尔语中的意思是"扎染的丝织品",这种丝绸迄今已有2000多年的历史,主要产地为和田、喀什等地。关于和田丝绸的起源,丹丹乌里克遗址出土的一幅版画描绘了这样一个故事:种桑养蚕技术本是中原的机密,古于阗王通过迎娶中原公主,恳请公主带蚕种过来,否则将穿不到丝绸衣服,公主于是就把蚕种藏在头发里带到了西域。而兼容并蓄的于阗人又向中亚地区学习了染织法,终于以"绢都"之名誉满西域。公元10世纪,于阗国王带着大批于阗编织的"胡锦""西锦"到中原,十分受追捧。

艾德莱斯绸质地柔软、轻盈飘逸、色泽艳丽,根据制作工艺、用料及染色的不同,可分为自然色艾德莱斯绸、纯丝艾德莱斯绸和混合丝艾德莱斯绸。自然色与纯丝用的都是100%的丝皮、煮沸、捶捣、入模、晾晒、粗磨等工序制作而成，整个过程全部手工操作。桑皮纸呈黄色，韧性很好，质地柔软，吸水性强，写下的字不容易褪色。在墨玉县普恰克其乡有一条桑皮纸的手工作坊街，在这里，你可以参观桑皮纸的制作过程，也可以购买桑皮纸，但大多是批量购买。从和田的墨玉站坐车到墨玉县，然后乘坐出租车走完剩下的十多公里路。

❶ 实用信息

紧急求助

和田地区公安局（☏202 2132；迎宾路691号）

和田地区旅游局咨询、投诉（☏251 1335；屯垦西路49号）

医疗服务

和田地区人民医院（☏205 0208；文化路103号）是和田地区最大的医院，距离市中心十字路口很近。

老百姓药品超市（☏203 9838；广场路86号；⏱10:00~21:30）就在团结广场南侧。

旅行社

丝路南线旅游（☏137 792 1939；www.southernsilkroadtour.com；广场路11号玉都大酒店内）打开他们的英文网站你就会明白，这是一家主要面向外国游客的旅行社。也正因为如此，你可以在这里找到一些有意思的玩法，包括和田周边的沙漠徒步、昆仑山徒步、骆驼骑游、乡村手工艺体验等。几人便可成行，线路也可以根据你的需要定制。如果你是独自旅行者，不妨来这里碰碰运气，看看能不能拼到散客团。

❶ 到达和离开

飞机

和田机场（☏293 3200；迎宾路925号）每天有多个飞往乌鲁木齐的航班，并有经停乌鲁木齐前往北京的航班。位于市区西南12公里处，去玛利克瓦特故城时会经过这里。从机场乘出租车到市区30元左右。

长途汽车

和田有三个主要客运站，火车站旁边的**和田客运站**（☏202 2688）主要运营发往新疆各主要城市的班车，台北路东端的**东郊客运站**（☏202 5487）运营去往和田以东、于田、民丰等县城的班车。台北路西端的**墨玉站**又叫长途汽车站西分站，开往墨玉的公交车就在这里乘坐（4元，30分钟）。

火车

和田火车站位于市区西北5公里处，有两

线，并通过传统工艺纺织，区别在于自然色丝绸使用植物染色料混合加工，而纯丝丝绸使用化工染料制成。混合丝的艾德莱斯绸则是用棉线和人造丝混合纺织而成，是传统工艺与现代工艺的结合之作。

艾德莱斯绸的工艺非常复杂，要经过煮茧、抽丝，然后并丝——将整好的丝卷在大轴上，再套在手摇转轴上分成均匀的股；接着由经验丰富的匠人在一股股丝线平铺成的画稿上作出墨稿；画好后由扎结人进行扎结，依据色彩多少分层分次进行，之后进行染色；色染好后就该"整经"了，即将扎着的结都剥离，然后将丝晒干的过程；最后是在木制织绸机上织绸，用人工把梭子无数次来回穿梭，幅宽20多厘米的艾德莱斯绸就织成了，全部工序都是手工完成。

随着现代纺织技术的发展，机器逐渐取代人工，手工艾德莱斯绸的发展受到很大的冲击。现在艾德莱斯绸的纺织只有部分农户家还在继续，面临着失传和无人继承的局面。ⓛⓟ

和田客运站车次时刻表

目的地	发车时间/班次	票价(元)	行程(小时)	备注
喀什	9:20~20:00(20分钟1班)	128/204	10	分大客车与小轿车拼车,价格不同
库车	14:00、18:00	175	15	高速
乌鲁木齐	13:30~22:00(2小时1班)	320/390	26	价格依车况不同

和田东郊客运站车次时刻表

目的地	发车时间/班次	票价(元)	行程(小时)	备注
洛浦	10:00~22:00(坐满即走)	8	0.5	
策勒	10:00~22:00(1小时1班)	21/35	1.5	分大客车与小轿车拼车,价格不同
于田	10:00~22:00(30分钟1班)	38/65	4	分大客车与小轿车拼车,价格不同
民丰	10:00~22:00(1.5小时1班)	63/100	6	分大客车与小轿车拼车,价格不同
且末	11:00	158/176	13	上铺/下铺
努尔牧场	13:30、17:00	40/65	7	

班发往乌鲁木齐、四班发往喀什的列车,均为慢车,经停皮山、叶城、莎车等站。

❶ 当地交通

市区出租车起步价5元,足够带你去大多数地方。机场和火车站都远离市区,只能乘出租车前往,合理的价格是去机场30元,去火车站20元。

和田周边

你想要的"南疆风情"在和田市可不太容易找到,一头扎进绿洲吧。城市以西到喀拉喀什河之间的地带,密如蛛网的小路串起一个个风情浓郁的绿洲村庄,"树王"和阔库玛日木石窟都在这一方向。城市以北,则是沙漠的领地,沿G217国道拜访苍凉的热瓦克佛寺遗址或是更远的麻扎塔格山吧。

阔库玛日木石窟

(拉依喀乡以南12公里)这座石窟位于喀拉喀什河东岸、乌鲁瓦提山余脉的高台地上,石窟分为上下两层,下面的洞大,纵深11米,宽度4米,最大高度3米,最小高度1米;上边的洞深4米,底宽2.6米,高4米。上下洞之间架有木梯,攀爬时要小心别撞到头,上层的洞内一片漆黑,需打手电,洞顶有一个很小的出口,但几乎透不进光来。东晋高僧法显在公元401年游历途中将这里命名为赞木庙,《大唐西域记》中有古代于阗国高僧和苦修者聚集于此的记载。如今洞内空空如也,并无东西可看,好在此地居高临下,举目下望便是喀拉喀什河蜿蜒穿过绿洲,南边的天际线便是巍巍昆仑。

石窟后面的山上有一处阔库玛日木麻扎遗址,葬有伊斯兰教先贤。每年的7月、8月,附近的穆斯林教徒便会来此朝拜,山头的水罐和炊具便是宰牲献祭时的用品。这里平日里被铁丝网围住,若无当地穆斯林陪同,最好不要进入。

从和田来这里,要在南郊客运站坐到拉依喀乡的班车(6元,1小时),然后再花30元左右包车。

玛利克瓦特故城

(和田南25公里,玉龙喀什河西岸,门票10元)历史上这里曾是古代丝绸之路的重镇,也有人认为它就是《法显传》中记载的屈摩帝大寺。古城兴于西汉初年,衰于唐末。1979年,在这里发掘出了佛教寺院,出土的泥塑佛像、壁画残片据考证是魏晋至唐代的遗物。

现在你看到的故城只是一片被铁丝网围起来的宽阔空地，其间散落着一些风蚀严重的建筑遗迹。玉龙喀什河从东侧缓缓流过，向南望去，戴雪的昆仑山成为绝佳的背景。故城的面积非常大，光靠步行实在难以穷极——不过似乎也没有这样的必要。朝着离你近一些的建筑残垣走一走并留意脚下，各个年代的陶片、石制工具其并不少见——当然，你不能把它们带走。

从和田去玛利克瓦特故城只能包车，车费约100元，半个小时即可到达。自驾车的话，经过和田机场，在玉龙喀什河西岸再行15公里就到。

热瓦克佛寺遗址

（洛浦县布亚乡；门票 20元）南疆沙漠中的遗址大多依稀难辨，热瓦克佛寺算是比较有看头的一座，加之沿途壮美的沙漠风光，此行绝不会让你失望。

据考证，这座佛寺建于南北朝，建筑深受犍陀罗风格的影响，在唐后期逐渐遭到废弃，20世纪初被斯坦因发现，2011年被列为全国重点文物保护单位。

景区门口有一尊佛塔复建模型，你可以在看到真迹前先凭吊一番它当年的宏伟。沿着完善的木制栈道向里走，沙漠中的佛塔主体便映入眼帘。这座寺院的面积曾达到2250平方米，如今大部分已经被沙丘掩埋。孑然而立的佛塔坐北朝南，以土坯垒砌，塔基残高5.4米，平面呈十字形，四周有踏道。塔基分四级，正中为圆柱体塔身，直径9.6米，残高3.6米。这里曾出土很多精美的泥塑佛像、菩萨像、比丘像、供养人像和壁画。木栈道环绕佛塔一周，你可以从各个方向观察它，但不能走近，塔身周围还有一些建筑遗迹依稀可辨。

这座遗址在和田东北50公里处，对普通旅行者来说，从和田市区往返热瓦克佛寺的旅程可能比景点本身更吸引人。出市区沿沙漠公路向北，看到路标后朝东拐进塔克拉玛干沙漠中再行9公里就到景区。记住，回程时不要走回头路，而是从佛寺门前的岔道向南，这里有一条30公里长的沙漠公路经过吉亚乡

☑ 不要错过
和田三树王

在沙漠地带，绿洲中的古树因象征着强大的生命力而备受崇敬。在和田周边的村庄中，有三棵尽人皆知的"树王"，如果你有机会徜徉在这些绿洲，不妨顺道一看。

据考证，**核桃树王**（巴格其镇恰勒巴什村；门票20元）自元代就已开花结果，500多年后，它依然伟岸惊人：高16.7米，树冠直径20.6米，5人合抱有余。在树高2.5米处分为两枝，其中一枝中空且与树干相通，形成一个上下连通的"仙人洞"，洞底宽敞，可容纳4人一起站立。这棵古树如今依然有数千颗的年产量，核桃成熟时，一颗甚至被炒到百元。这里离和田市区17公里，可在6路公交车"财校"站转中巴车到巴格其镇，再找摩托车过去。

无花果树王（拉依喀乡政府背后；门票20元）也已有500多年的历史，枝干盘根错节，贴地而生，钻进树丛便是遮天蔽日的小森林。当地人将具有神奇药效的无花果称为"福寿之果"。这棵古树至今一年三茬，结果万颗，6～10月来都能吃上新鲜的果子。每年11月，当地人会将树掩埋，以防冻死，因此冬季无法参观到。无花果树王距和田市区26公里，可在南郊客运站乘车到拉依喀乡（6元）。它与核桃树王、阔库玛日木刚好形成一条参观线，从和田包车（约200元）花大半天时间一并参观是不错的选择。

洛浦县杭桂乡的**葡萄树王**，是三树王里唯一不需要参观门票的——它在一户人家的院子里。150多岁的葡萄树盘根错节，占据了大半个院子。夏天头顶上的绿荫正是它丰硕的果实。葡萄树王位于吾斯塘乌其村29号，这条路上没有其他看点，如果没有特别的爱好，似乎没必要专程前来。

热瓦克佛寺遗址。

回到和田市区。日暮时分的沙漠风光最为动人，因此聪明的旅行者也可以反向行驶，下午去吉亚乡参观艾德莱斯工厂（见388页），日落前再穿越沙漠来到热瓦克佛寺。

麻扎塔格山

（和田以北230公里）在20世纪初西域探险者的笔下，"麻扎塔格"频频出现。只有置身这里，你才会明白原因——在塔克拉玛干的茫茫戈壁中，海拔1100米、呈斜坡状傲然矗立的麻扎塔格山几乎是唯一的地理参照物。这里曾是古代从龟兹到于阗的必经之路，唐朝政府曾在此设"神山堡"以据咽喉。安史之乱后，神山堡被吐蕃占领并建立了军事基地。这里曾出土汉、藏和于阗等不同文化的文书和木简，对于研究汉唐时期和田河流域的政治、历史、军事等方面具有重要价值。

传说喀喇汗王朝的伊斯兰军队曾与于阗佛国的军队在此殊死一战，山上的麻扎埋葬着殉教者，"麻扎塔格"（坟墓之山）也因此得名。因山呈东西走向，南侧山嘴呈红色，北侧山嘴呈白色，当地人又把这里称为"红白山"。

红山上有一座古戍堡，西侧50米还有一烽火台。据考证，其建筑时间不晚于东汉，废弃时间不早于晚唐五代。戍堡总面积1600多平方米，由主墙、垛墙和外垣组成，主墙为土坯垒筑，堡内有土坯砌就的居所，有些墙垣中夹有胡杨枝、红柳枝、芦苇及蒲草编制的绳子。这里曾被严重盗掘，导致墙体倒塌。古堡东侧有一处伊斯兰麻扎，埋葬着传说中在战争中牺牲的三百将士。爬上红山嘴约需30分钟，在山上可俯瞰和田河对岸的胡杨林，据说在胡杨林之间的戈壁滩上可以找到各种颜色的玛瑙，因此这里又叫"玛瑙戈壁"。

别把前往麻扎塔格山想得太容易。从和田出发包车（2000元左右）或自驾有两条路可走：沿和田河右岸、去往阿拉尔的沙漠公路（S210省道）行驶230公里到麻扎塔格服务站再西行10公里跨越干涸的河床，或者从墨玉出发沿和田河左岸的石油公路到达。无论哪条路,都需要两辆以上性能良好的越野车以策万全。另外每年5~10月和田河的洪水还可能导致道路中断而无法前往。自助旅行者,可以在阿拉尔到和田的途中在麻扎塔格服务站下车碰碰运气,看能否搭到车——从这里徒步进入至少需要4小时。一些当地司机会推荐你当日往返和田,但这样会非常仓促,也无法捕捉晨昏时刻最美的"红白山",建议分为两天,在麻扎塔格附近露营一晚。

葡萄长廊

(巴格其镇)纵横稠密的小路,遮天蔽日的阴凉,快乐友善的当地笑容。在南疆,怎能不到绿洲里的村庄看看呢?从20世纪60年代起,为了改善环境和发展经济,在政府的主导下,南疆的村庄道路开始兴建"葡萄长廊",如今和田全县"葡萄长廊"长度已超过1500公里。这把"绿伞"连绵不断地凌驾在乡村小道的上空,不仅节约了耕地,还为村庄带来了宜人的小气候。

和田周边最著名的葡萄长廊路段当属巴格其镇的Y034乡村公路,它连接起核桃树王和拉依喀乡的无花果树王。拜访树王或是前往阔库玛日木的途中,不妨顺道走上一走。在葡萄的浓荫下找当地人买些蔬果,再到乡村小馆吃顿午饭,实在是惬意的享受。

在高德或百度地图中搜索"千里葡萄长廊"都能找到它的准确位置。

于田

古代西域三十六国中的扜弥国的所在,大致就相当于今天的于田。克里雅河从昆仑山而下,浇灌出这片沙漠边缘的绿洲。紧贴G315国道的于田新城,状若一把匕首,而"刀刃"以南才是精华所在的老城区。

新老城区以卡鲁克路为分界,路中段的**艾提卡清真大寺**更是于田老城的精神中心。这是和田地区最大的清真寺,规模上甚至与喀什艾提尕尔清真寺难分轩轾。始建于13世纪,后经多次重建,如今高24米、布满精美砖雕的大门修建于1998年。老城一侧的后门以黑砖砌就,同样宏伟庄重。可惜,普通游客的参观也就到此为止——清真寺内部谢绝

于阗国都之谜——约特干遗址

自两汉至隋唐,于阗始终是显见于史书的西域大国。但其国都之所在,至今仍是一个谜团。随着20世纪以来现代考古的展开,众多物证使多数专家学者倾向于相信——约特干遗址即是昔日于阗国都。

如果你兴冲冲地按照地图前往和田市西南巴格其镇艾拉曼村寻找约特干遗址,恐怕要和我们一样失望而归——这里除了一块斑驳的指示牌和一段介绍别无他物。原来,这是一座看不见的遗址,10平方公里范围的文化层全部被掩埋在很深的洪积层下,如今的地表,只有村庄和田地。

这里的发现曾是惊人的。20世纪初,斯文·赫定、斯坦因、大谷光瑞等探险家先后在约特干发掘出鎏金铜佛头、精美的红陶雕塑品、古代钱币甚至基督教的十字架,物品年代从汉唐直至11世纪的喀喇汗王朝,而最近的重大发现是1959年新疆文物调查组发现的"小金鸭"。正是这些在任何时代都足够昂贵奢侈的艺术品使人们相信,这里就是当年辉煌的西域佛教、玉石和纺织中心——于阗国都。现在,这些珍品除了少数几件藏于新疆维吾尔自治区博物馆之外,大多流落海外。

参观。每逢周五的主麻日,会有数千人前来礼拜,清真寺门前的自发性巴扎旋即形成。

离开清真寺向南,一头扎进老城区。古朴安静的氛围立即扑面而来。满眼尽是用黄土夯就的低矮房子、门窗上装饰着精美的木雕,还有一些用红柳和树枝建成的房子,这是沙漠深处的民居特色。穿着"派里间"(胸前绣有图案的黑色长袍)、头戴"太力拜克"(极其袖珍的毡帽)的妇女往来穿梭,更为这幅画面增添了灵动的色彩。

逛巴扎是于田不可错过的体验,最热闹的**周日巴扎**在G315国道团结广场附近,每到这一天,附近就会堵个水泄不通。喜欢美食,不妨在周六沿G315国道往和田方向走16公里,**先拜巴扎镇**(意为星期六集市)以维吾

连连看

今天，静静矗立于沙漠腹地的麻扎塔格山是何等寂寥，难以想象它曾是历史上四通八达的丝路要冲。要追寻往日的辉煌，我们唯有摊开地图，根据史书记载做几条连线。

据《汉书》记载"姑墨（今阿克苏一带）南至于阗马行十五日"，这表明早在汉代姑墨、龟兹便与于阗相通，这条与和田河相伴而行的绿色走廊大致等同于今天纵贯塔克拉玛干南北的沙漠公路，后世清朝平定大小和卓叛乱以至1949年解放军进驻和田，这条通道都发挥了重要作用。

从麻扎塔格向东，将丹丹乌里克、尼雅、安迪尔三处遗址与且末连接，便可想象出克里雅河、尼雅河、安迪尔河下游的绿洲曾经依稀相连，形成一条横向的古代交通线。这条道路通过麻扎塔格古戍堡后继续沿山的南麓向西，至叶尔羌（今莎车）、疏勒（今喀什）直抵帕米尔高原。20世纪初，斯文·赫定、斯坦因等探险者的游记中，大量记载了他们在这条东西通道上的探索之旅。⑩

尔美食为卖点的"吃巴扎"准时恭候。

🛏 住宿

浙江大酒店　　　　　　　　酒店￥

（☎681 9099；玉成东路56号；标双180元，家庭房260元；❄ 🛜 🅿 ）这家酒店在一个宽大又安静的院子里，房间稍显陈旧，但采光和卫生状况都不错。个别房间的开关和电器有些老化，入住前记得检查。

天萌德隆酒店　　　　　　　酒店￥

（☎682 9999；文化北路68号；标双258元；❄ 🛜 🅿 ）这里应该是于田条件最好的一家酒店，因此也常常客满。有软包装饰的客房温馨洁净，看起来几乎触碰到四星标准。

🍴 就餐

屹立齐特色抓饭　　　　　清真餐￥

（☎681 0303；玉城东路东段；人均35元；🕘10:00~23:00）这家餐馆整洁明亮，装潢不俗。咸香酥脆的肉馕当然不可错过，35元的抓饭看起来有点贵——当你发现盘子中有一整条羊腿骨、还配有酸奶之前。此外这里的"皇饭"（汤面片）也值得尝尝，浓浓羊汤中漂浮着红枣和枸杞，温暖又滋补。

萨尔亥齐餐馆　　　　　　清真餐￥

（G315国道客运站东；人均30元；🕘9:00~22:00）人气很旺的当地餐馆，规模不小。经营包子、抓饭等常见饮食，价格实惠。不少人冲着早上刚出炉的烤包子而来。

ℹ 实用信息

于田县公安局（☎681 8060；文化北路21号）
于田县人民医院（☎681 4410；卡鲁克路清真大寺对面）
于田县文管所（建德路中段于田人民政府3层）理论上，如果你要去往丹丹乌里克、喀拉墩古城、圆沙古城等遗址需要来此办理手续。但我们调研时，工作人员表示，只有在地区（和田市）办理过手续后，他们才能负责接待。

ℹ 到达和当地交通

于田客运站（团结路103号）就在G315国道旁边，主要运营去往南疆各县市的班车，也有发往乌鲁木齐的班车。

于田周边

河流的走向决定着绿洲的命运——在于田周边，你会更加真切地体会到这句话。苍凉的丹丹乌里克和达玛沟遗址南北连成一线，无声地标示出克里雅河的故道。雪水依然从昆仑山而下，汇成今日的克里雅，靠山处正是生机盎然的进藏秘道普鲁村。河流穿过于田县城进入沙漠，不可思议地滋养了与世隔绝的达里雅布依，而更深处，沉睡于沙丘之中的喀拉墩古城和圆沙古城，恰是河流力所不及之处。

达玛沟遗址和普鲁村有公路连通，是多数旅行者均可造访的地方。若你能承受繁琐的文保手续、昂贵的越野车和向导费用，那就驶向沙漠深处的遗址吧。

小佛寺（达玛沟遗址）

（达玛沟乡东南7公里；免费）2002年，当地人在挖红柳根时发现了露出地面的木桩，文物部门初步鉴定后进行了保护性回埋。两年后，大规模挖掘开始，这座南北2米、东西宽1.7米的精巧小佛寺在沉睡千年后浮出地面。这间几乎只可容一人跪拜的经堂大概是世界上最小的佛寺。

它始建于公元7~8世纪的北朝晚期，损坏于10~11世纪的宗教战争。建筑的平面布局呈长方形，中间是一尊泥塑莲花坐佛像，残高1.45米，身着赭红色袈裟，肩部以上已被破坏，较小的莲台正是早期佛教塑像的特征。周围壁画内容丰富，体现出南北朝的审美特点和当时佛教所受的印度文化影响。在一幅保存完好的"千手千眼观音"木版画中描绘了月兔捣药的形象，这揭示了唐代密宗佛教对于阗佛国的影响。

2008年，以小佛寺遗址为中心建立的达玛沟佛教遗址博物馆正式开馆。或者说，一座建筑将挖掘后的小佛寺罩在其中，周围还有一些当地出土的壁画残片和佛像一并展出。

小佛寺几乎在策勒、于田两县的正中，你可以乘班车在G315国道旁、带有"达玛沟佛教文化遗址"标识的岔路口下车。接下来的7公里，可以徒步或搭车。包车往返大约需50元。

丹丹乌里克遗址

丹丹乌里克遗址位于策勒县达玛沟乡以北90公里处，是一处反映唐代丝绸之路佛教遗风的遗址。遗址南北长10公里，东西长3公里，现有古代城堡、寺院、民居等建筑二十余处，均为木骨泥墙的木框架式结构。房屋建筑遗迹以佛教寺院为主，寺院平面呈"回"字形，中央土台塑有佛像，土台周围有回廊，回廊墙上的壁画绘有佛、菩萨、小千佛、供养人和动物等形象，以及波罗米文题记。这里曾

世界上最小的帽子

于田妇女的装扮在南疆无疑是独树一帜的。特别是头顶上袖珍可爱的"太力拜克"小帽，让人过目难忘。它以小羊羔皮制成，高6厘米左右、直径不足10厘米，外围用黑色毛线密匝匝地缝出花纹，像一只杯子倒扣在妇女头顶的白色纱巾之上，再穿上胸前带有神秘花纹的黑色长袍——一个经典的"于田LOOK"宣告完成。

据说，"太力拜克"已经被吉尼斯世界纪录认证为世界上最小的帽子。这种小巧精致的物件无疑是极佳的旅游纪念品，你可以在于田任何一个巴扎上买到它，价格在30元至60元之间，除了经典的黑色，还有红蓝等花样。但要注意，白色的"太力拜克"只有在出席丧事时才戴。

于田小帽。
视觉中国 提供

出土大量壁画和木版画，从内容上可知当时这里信奉大乘佛教。遗址周围零星地散落着夹砂红陶器残片、佛寺墙壁上贴塑的石膏残片和石磨盘等文物。

斯坦因在这里发现的壁画《龙女图》堪称古代东方绘画艺术的杰作。画中心是一个站在莲花池中的裸女，左手抚乳，右手置于腹前，扭腰出胯呈三道弯姿势，旁边有一棵身男童抱着她的腿仰望她，裸女面带娇羞之色回望他。从丹丹乌里克出土的木版画和壁画可看出，于阗绘画早期受印度犍陀罗风格的影响很大，但到了唐朝后期则开始显现中原艺术的影子。

这是一处很有价值的遗址，但参观费用也

于田玫瑰

于田的气候孕育了一种颇为浪漫的特产——玫瑰。每年5~6月的花期里,老城街头便弥漫着玫瑰花的馥郁芬芳。作为国内玫瑰的主要产地,于田人更懂玫瑰,在他们的生活中,玫瑰可赏、可闻、可食,一系列的玫瑰制品层出不穷。有些遗憾的是,出于安全考虑,近年来大规模的玫瑰花节和玫瑰巴扎已经停办。不过"花痴"们还是有两个地方可以去:位于县城以南5公里的阿热勒乡(去普鲁村时会路过)是玫瑰的主要种植基地,可以买到村民自制的玫瑰制品;县城以东16公里的"天津工业园"(去民丰时会路过)则生产、出售精油等高端玫瑰制品。⑩

非常昂贵。你需要向和田地区文物局提出申请,并缴纳一笔费用,然后在于田租越野车深入沙漠,道路不通时可能还需要租用骆驼,全程最少需要6天,费用也不可能低于10,000元。

普鲁

今天的人们似乎已经将这个位于昆仑腹地的小村庄遗忘。其实,普鲁这个名字,早在20世纪初探险家们的日志里就开始闪闪发光,斯坦因、普热瓦尔斯基、橘瑞超——地理大发现的先驱都曾被它吸引而来。早在古代,这里就是连接西域和藏北的隐秘通道,高山两侧的居民驱赶驼队,不可思议地翻越昆仑火山口和严酷的高寒地带进行贸易往来。由于当地人以羊毛织造的"氆氇毯"深受山那头吐蕃人的喜爱,村庄也因此得名。如今,这条"克里雅古道"依然吸引着一代又一代的探险者。就算你只是普通的观光客,无论是站在高山草甸仰望昆仑雪顶的震撼,还是村居小住感受质朴清新的民风,都会感觉不虚此行。

普鲁的旅程从一开始就充满精彩。从于田出发向南,沿克里雅河而上,不久后你就会离开绿洲和舒适的柏油路。驶上砂石路,旁边的克里雅河切开旷野,形成陡峭的河岸悬崖。越是接近,昆仑山的身形越发伟岸起来。32公里的曲折迂回之后,群山脚下柳暗花明——拥有250户人家、1000多人口的普鲁村到了。这里宽阔的街道和整齐的房屋似乎和"原始"不沾边,村民热情又好奇的笑容却十分本真。

继续前行,村尾有一处遗迹,那是1950年解放军独立骑兵师进藏先遣连的誓师之处,136名战士在誓师后艰难的行军中牺牲了68人,足见克里雅古道之险。离开村庄沿着机耕道路向南上山,风光越来越好,大片的高山草甸散落着吃草的牛羊,远方的背景正是巍峨的昆仑雪顶。9公里之后,翻过山口,下降到河谷中,右手边有一座颇具规模的建筑遗迹,当地人称这里为"阿拉叫依",有人说是古代驿站,也有说是晚清民国时期的税务检查站。从这里开始,便是激动人心的进藏之路,一路要翻越硫磺迭坂,经过昆仑山"亚洲一号"火山口,最终抵达西藏北部的邦达错。不过,这条穿越线路需要专业的装备和携带补给的骡队,普通游客难以企及。另一个现实原因是,有人承包了上游的金矿,所以将这条路封了起来。

普鲁村在于田以南100公里,自驾越野车无疑是最佳选择,特别是对于普鲁村到阿拉叫依这段精华却艰难的路途来说。自助旅行者也别丧气,你可以在于田客运站拼出租车

于田客运站车次时刻表

目的地	发车时间/班次	票价(元)	行程(小时)	备注
和田	9:30~23:30(30分钟1班)	38	3	
喀什	14:00(每周一)	124	12	
民丰	10:00~19:00(2小时1班)	24	1.5	
且末	12:00	79/124	8	坐票/卧铺
乌鲁木齐	14:00、16:00、18:00	368	24	

克里雅河。

到普鲁村（30元/人，包车200元），不过去阿拉叫依的10公里山路只能徒步了。村委会旁边有两家餐馆，可以吃些简单的拉面。这里没有经营性的旅店，可以请村干部帮忙联系住在村民家。

达里雅布依

如果说中国土地上还有遗世孤立的地方，这里绝对算是一个——于田以北250公里、塔克拉玛干深处的达里雅布依。

相传400年前两个游牧人发现了这里，他们以克里雅河为界，举家定居在河流两岸——因此这里还有一个名字"大河沿"。另外一种说法是这里本来与于田绿洲连在一起，后因克里雅河断流而与外界失去了联系。总之直到1982年，一支石油勘探队的偶然造访，才重新发现了这个村庄。

如今，这里已经拥有乡的建制，通信基站、太阳能发电站等现代设施也一应俱全，但在沙漠与村庄的交界处，你依然可以看到用红柳和胡杨树搭建的房子，粗的胡杨木起到房屋框架的作用，细的红柳则被用来编成一排作为围墙。冬天，人们为了防寒会在柳枝间糊上泥巴，到了夏天再去掉泥巴以便通风，房门通常是半根空心的胡杨木。克里雅人的食物以烤肉和一种叫"库麦其"的大饼为主，而对于蔬菜——他们认为那是羊吃的。

10~11月最适合来达里雅布依，天气不冷不热，沙漠里也没有肆虐的风沙，克里雅河两岸的胡杨林火红中闪着金光。村庄进入了一年一度的结婚季，在这个古朴的村落，一个家庭的婚礼便是全村的节日，妇女会穿上传统的箭服、头戴太力拜克参加婚礼。新娘在被送往夫家前要坐在毯子上被人抬过火塘。

前往达里雅布依没有公路，从于田县城出发，只能乘越野车循着克里雅河河床一路向北，一些于田个体包车司机为这条线路喊出6000~8000元两日往返的报价。路况艰险，但有壮观的胡杨风景和野生动物相伴。一切顺利的话8个小时可以到达。我们不建议自驾旅行者自行进入达里雅布依,即使你的车况很好,来自克里雅河的风险也是不可预知的。

从达里雅布依到麻扎塔格有一条当年西域探险者穿越塔克拉玛干沙漠的经典路线,直线距离80公里,需要租骆驼走上8天,若算上从于田出发以及从麻扎塔格返回和田的时间,全程需要至少两周时间。位于和田的丝路南线旅行社(见389页)经营上述两条线路,可提前致电咨询。

喀拉墩古城

从达里雅布依乡继续向北边的沙漠深处进发20公里,便是全国重点文物保护单位——喀拉墩古城,前往喀拉墩古城需向和田地区文物局申请。喀拉墩意为"黑沙丘",在玄奘的《大唐西域记》中,记载了一座一夜之间被沙漠掩埋的城市,指的便是这里。古城兴建于公元前3世纪,公元7世纪初被废弃。

遗址以喀拉墩城堡为中心。城堡的占地面积为5625平方米,呈正方形,边长75米,墙垣高约8米,顶宽8米左右,以泥土、树枝混筑而成。城堡内的房屋是木构建筑,但都已坍塌,地表散落着灰陶片、残木器、石磨残片、玻璃残片、钱币以及写有古于阗文的木板等。城堡四周有多处民居建筑、灌溉渠、佛教寺院等。遗址被连绵起伏的沙丘包围,枯死的红柳和胡杨林立其间。

在20世纪90年代的清理和挖掘工作中,这里出土了一些壁画、钱币、陶器、木器等文物。专家将佛像壁画残片修复后,发现其中佛的形象是犍陀罗式,从而推断这里是佛法初传之地。

前往喀拉墩古城,除了在于田包越野车,还可以在达里雅布依尝试看能不能租到骆驼,沙漠中需要行进一天。

圆沙古城

圆沙古城是新疆境内发现的年代最早

正在切胡萝卜的达里雅布依乡民。

张耀东 摄

的一座古城。根据考古推测，古城建立于西汉年间，是当时的扜弥国所在地，距今至少有2200年历史。这座古城是在1994年被发现的，因当地人称这里为"尤木拉克库木"，维吾尔语意为圆沙，故将其命名为圆沙古城，2001年被列为全国重点文物保护单位。

圆沙古城为不规则的四边形，周长995米，南北最长距离330米，东西最宽处为270米。因水蚀或风蚀的原因，转角处的城垣大多已不复存在，残存的城垣长473米，平均高3～4米，最高处达11米。建造者在两排竖直的胡杨棍间沿纵向铺叠了厚厚的红柳枝，以此作为城垣的墙体骨架，墙外则用泥土块垒砌，护坡用胡杨枝、芦苇、淤泥和畜粪堆积而成。在南墙中部和东墙北段各有一道城门，其中南门规模较大，保存也较完整，城门两侧有两排立柱，即门道，门框和胡杨柱拼成的门板尚存。城内已基本被流沙覆盖，尚存6处建筑遗址暴露于地表。地上散落着残陶器、石器、铜铁小饰件及少量动物骨骸，这些动物骨骸主要是家畜骨，说明当时的社会以畜牧业为主。考古队在此清理出20座古墓，古墓以胡杨树棺葬为主，也有竖穴土坑墓。圆沙古城出土了石雕花纺轮、狼食羊圆形铜饰、毛纺织物残片、玛瑙料珠、彩绘陶罐、铜帽盔和石镰石笔等古物。

圆沙古城在塔克拉玛干沙漠的中心、达里雅布依西北70公里处，骑骆驼需5天，进出非常不便，并且同样需要提前向和田地区文物局申请批文。

民丰

民丰有个更好听的曾用名：尼雅。这里曾是西域三十六国的精绝国所在地，也是丝绸之路上的重要驿站。如今，作为中线沙漠公路（S165省道）与G315国道的交会之处，这里也成了旅行者无法跳过的一站。

民丰县城很小，也没有太多民族风情。看完尼雅文物馆，就尽快到沙漠中去吧，在远离绿洲城市的民丰大麻扎、亚通古孜、安迪尔乡，或许你还能找到一些"尼雅"的印记。

◎ 景点

尼雅文物馆 博物馆

（买迪尼也提东路；免费）这个博物馆由日本友人小岛康誉赞助修建，于1999年开放。展出的文物主要出土自尼雅遗址，也有一些挖掘自安迪尔古城和民丰大麻扎，共计500余件。在这里，你可以看到在尼雅河源头发现的细石器和青铜器时代留下的珍贵印记，以及尼雅遗址出土的汉～晋代的磨刀石、石范、铜刀、五铢钱、贝壳、木函、陶罐和壁画等，还有当时的茶叶、棉花、大米等农作物，串珠首饰即使在今天看来依然亮丽如新——如果不是放在博物馆，你不会想到它们距今已有2000多年的历史了。安迪尔古城所出土的主要是唐代的一些文物。

尼雅文物馆平时大门紧闭，它并不对所有人开放，满3人才能参观，并会有工作人员一路陪同，但并不负责讲解——当然，你有问题还是可以向他咨询的。

博物馆位于买迪尼也提东路，距离客运站约500米。文管所也在这里，如要前往尼雅遗址或安迪尔古城遗址就需要在这里办理申请手续。

民丰县的**清真寺**就在博物馆旁边，这座清真寺的风格比较独特，它不同于我们常看到的砖雕立面，而是一座以白色为主基调，绘有金、黄、蓝等颜色的彩色清真寺。墙面上的雕花和树叶图案都非常精致，斑驳的木制大门显得古朴而庄严。

食宿

在民丰，想找到一个称心的落脚地不太容易。客运站附近落成不久的**帝皇国际酒店**（☏681 9099；胜利西路2号；标双208元起；❄ 🛜 🅿）几乎是唯一一家称得上"不错"的，即使离市中心比较远，也常常爆满。中心环岛南侧的**山水大酒店**（☏675 1888；胜利西路北端；标双130元，家庭房160元；❄ 🛜 🅿）是个地段不错，还算干净的经济之选。

餐馆都集中在索达西路上，路北侧有条小美食街，其中**自然风味红柳烤肉店**（☏187 199 51939；索达西路东段；⏰10:00～23:00）只有两种食物，醇厚的羊肉汤和丰腴的羊肉串，做法也十分粗犷质朴，特来打包带走的当地食客络绎不绝。旁边的农贸市场里还有几家汉餐可以选择。

ℹ 到达和当地交通

在南疆混乱嘈杂的众多客运站中，**民丰客运站**显得清新可人，干净明亮的候车大厅里甚至配有饮水处和重点旅客服务区。

民丰周边

民丰大麻扎

民丰大麻扎又叫伊玛目·加帕·沙迪克麻扎，据说埋葬着公元11世纪来自阿拉伯的传教士伊玛目·加帕·沙迪克。这里成为南疆最著名的圣陵之一，也许是因为很多没钱前往麦加朝圣的穆斯林信徒认为朝拜民丰麻扎具有同样的意义，因此这里又有"穷人的麦加"之称。

麻扎是一幢木结构房屋，里面有一座坟墓，高5.3米，建筑面积达200多平方米，原始建筑的年代尚无确切考证。麻扎东边是尼雅河的断流处，有茂密的胡杨、红柳等植物，东边山脚下有一组土木结构的建筑群。麻扎以西100米是一座民国时所建的木结构诵经堂。

这座麻扎位于沙漠中尼雅乡喀帕克阿斯干村北5公里。民丰县客运站外有发往喀帕克阿斯干村的小车（30元；1.5小时），从这里继续向沙漠深处行驶28公里，便是尼雅古城。

亚通古孜

沙漠公路第一村——有人这样称呼这个在民丰北方100公里、沙漠正中的村庄，也有人叫它"牙通古斯"，维吾尔语意为"野猪出没的地方"。冲入沙漠的亚通古孜河再也无力前行，它的尽头就是这片绿洲。从地理位置上看，它似乎有和于田达里雅布依村近似的孤立感，但由于通有柏油公路，这座村庄已一派"社会主义新农村"的模样。

离开沙漠公路向东，穿行在起伏的沙丘之间，轮下的公路不时被流沙掩盖，两旁还有不少枯死的胡杨，更显悲壮。通过村子的检查站后，植被开始丰富起来——绿洲到了。进村后右手边是一排饭馆和商店——你没看错，这个孤独的村庄竟然有5家餐厅和10家商店。慵懒的午后，悠闲的村民就坐在这儿的凉棚下啜着饮料（酒类依然是禁忌）。如果闻到一旁的烤炉和馕坑里正在烹制美味，你可不要错过，60元/公斤的烤羊肉货真价实。亚通古孜出产的甜瓜也闻名遐迩，别忘了尝一尝。街对面的巷子里，有一座非常古朴的小清真寺，可以请村民带你参观一番。出村向东（安迪尔乡方向）5公里的路旁有一座小水库，夏秋季节水色呈现魔幻般的蓝绿色，与沙漠公路相配极其容易"出片"，可以请村民骑摩托送你过去（30元）。

村里没有经营性旅店，多数人选择当天离开。民丰客运站往返亚通古孜的合乘出租车坐满就走，全程最多2小时。

尼雅遗址

1901年，斯坦因由一块佉卢文木牍找到了汉代精绝国遗址，即尼雅古城遗址。这次发现轰动了全世界，西方考古学家称其为"东方庞贝城"。

遗址南北长25公里，东西宽7公里，地表

民丰客运站车次时刻表

目的地	发车时间/班次	票价（元）	行程（小时）	备注
和田	10:00~18:00（100分钟1班）	61	7	
于田	10:00~19:00（1.5小时1班）	26/34	2.5	依车况价格不同
且末	14:30	80	6.5	过路车
库尔勒	18:00	218	18	过路车
乌鲁木齐	17:30	355	24	

建筑遗存丰富，一座近2000年前的房屋门框赫然耸立在眼前，曾经的房屋柱梁虽已残缺不全，但依然傲然矗立。遗址中心是一座6米高的佛塔，与楼兰、米兰等地发现的佛塔形制相同，塔周围分布着各种房屋、寺院、古墓、畜舍、果园、陶窑等。寺院是"回"字形布局，平面基本呈正方形，室内有回廊，中心为方形台座，上置佛像，信徒们进入大门后绕佛像右旋进行朝拜。

尼雅遗址是塔克拉玛干沙漠中迄今为止发现的最大遗址群，也是塔克拉玛干沙漠最重要的考古发现之一，是研究丝绸之路文明兴衰的重要依据。出土的大量珍贵文物，如木简、纺织品、壁画、陶器、木制品、铜镜、玻璃器等，生动再现了尼雅人的生活形态和宗教信仰。据考证，尼雅古城是在公元3世纪左右被废弃的。

遗址在被斯坦因发现时很多建筑还保存得相当完整，遗憾的是，斯坦因带走了大量有价值的文物，并引发更多掠夺者慕名而来。中国政府直到新疆和平解放后才对尼雅遗址进行抢救性挖掘，并于1959年发掘了东汉夫妇合葬墓，出土了两具干尸和中国最早的棉织物。1995年又在3号墓地和8号墓地出土了男女合葬的箱式棺木，随葬品中有著名的"五星出东方利中国""王侯合昏（婚）千秋万岁宜子孙"的织锦，现存于新疆维吾尔自治区博物馆，考古学家推测墓中的男尸极有可能是当时的精绝王。

尼雅遗址位于民丰大麻扎向北28公里的沙漠深处，是全国重点文物保护单位，如需前往得先去民丰县文管所进行申请，并缴纳2000元/人的费用。文管所会派工作人员陪同前往，两天的行程，车费约5000元。到达遗址所在地要穿越巨大的沙丘，而且极易迷路，需要改装过的沙漠越野车和专业向导，自驾者切勿自行进入。另外，尼雅遗址只在每年的2月、3月、9月、10月和11月沙漠气候最稳定的时候开放参观。

安迪尔古城

安迪尔古城由夏央塔克、道孜勒克、阿其克考其克和安迪尔方城四部分组成，遗址

另辟蹊径

沙漠小环线

如果你没有足够时间完整地自驾车穿越沙漠公路，不妨看看我们为你设计的沙漠小环线。从民丰到安迪尔兰干（兰干意为"驿站"）全程250公里左右，一路上沙丘、胡杨、水库、村庄一个不少。

从民丰出发，沿沙漠公路（S165）向北，顺路标拐向西北，先到喀帕克阿斯干村拜访**伊玛目·加帕·沙迪克麻扎**。回到主路上，见路标右转，去往**亚áo古孜**，甜瓜、羊肉大快朵颐后，去村东5公里的水库玩水拍照。继续向东前进30公里就到了**安迪尔乡**。之后向南沿安迪尔河行驶50公里就回到了G315国道上，这个地方叫**安迪尔兰干**，你可以选择回到民丰或去往且末。

是古代于阗至鄯善交通要道上的中间站，也有学者认为这里是唐代的兰城镇。从安迪尔古城发掘出的文物包括由西亚传入的玻璃、1~4世纪罗马产的带花玻璃片、和田马钱等，反映了当时西域和中原及西亚各国之间繁荣的贸易往来，对于研究丝绸之路人文地理变迁也有重要价值。

夏央塔克遗址位于民丰县安迪尔牧场东南约21公里的沙漠腹地，面积为3.5平方公里，有两处古城址和一处佛塔。古城由主城与耳城组成，主城城墙以碎石和河泥筑成，最高达6米，厚8米，耳城城墙用土坯砌筑，厚约3.5米，高度同主城，而今城内建筑已不存在。古城以西500米有一座11米高、用土坯砌筑的三级覆钵式佛塔。古城附近另有民居遗址，还可见古河床的痕迹。周围曾出土陶片、木器、吐蕃文木简、纺轮、毛织物、五铢钱、核桃、地毯残片和石磨盘等。

道孜勒克古城与夏央塔克遗址相距1.5公里，是一处用土坯砌筑的城堡，但多被流沙掩埋，城内仍残存着一小半墙垣，西北角有一栋木柱林立的厅屋，东南角则残留着模糊不清的壁画。这里曾发掘出棉、毛、丝织品

以及陶片等文物。

阿其克考其克古城位于安迪尔牧场以西9.4公里处。古城为椭圆形，直径约200米，城墙用淤泥混合树枝筑成，内外壁用原木加固，东南方开门。城内残存一些简陋的土木结构建筑。这里曾出土过宝石戒指、金耳环、棉毛纺织品残片、纺轮、纺锭、木器、玉片、铜环、谷物等。据考古学家推测是和田早期屯垦遗迹。

安迪尔方城位于安迪尔牧场东南24公里处，周围是高大的红柳沙包。方城用黄土分段夯筑而成，有两重城门，南墙中部开门，在门外侧又用土坯修砌了一道"L"形墙，与南墙一同构成了简易的"瓮城"。城内散落木柱，现城门左侧的门柱还残留在原地，东侧大多已被流沙淹埋，南侧有房屋基址痕迹。方城被发现时，地表还散落着夹砂红陶片、灰陶片、绿釉陶片、铜片、铁块、炼渣、残断圆形石磨盘、羊骨和桃核等。

前往安迪尔古城需在和田地区文物局或民丰县文管所提出申请，许可和车费与尼雅遗址大致相同。一天即可往返。首先会沿着柏油路行驶两小时，进入沙漠后再行驶3小时。4个遗址中，只有阿其克考其克古城全年开放参观，其他3处因处沙漠深处，与尼雅遗址一样只在2月、3月、9月、10月和11月开放参观。

克孜勒苏柯尔克孜自治州

电话区号 0908

克孜勒苏的版图环抱喀什地区，你中有我，我中有你，大部分的景点我们将其排入了中巴公路章节（见358页），因为那样更容易到达，也是旅行者常用的路线。它的全称"克孜勒苏柯尔克孜自治州"长而拗口，人们更多地简称它为"克州"。这里是中国的最西端，90%以上为山区，世代生活着"山里游牧人"——柯尔克孜族，跨过边境的同一民族就被称作了"吉尔吉斯"。克州最著名的当属它的红色山水，在我们看来，边境线其实不重要，靠近边境的几个景观却不容错过。

阿图什及周边

阿图什也被叫作图市，这个克州的行政中心距离喀什仅44公里。阿图什最值得前往的几个景点分散在三个不同的方向，对于短时间逗留的旅行者，都会选择从喀什出发，除了能享受更繁华热闹的城区，还有省时省力的拼团克州游。

但如果你时间充裕，作为柯尔克孜族聚居的城市，这里有着另一番民族风情值得停留。在这里，刺绣的花帽被高耸穹顶的白毡帽代替，男子大多不蓄胡子，妇女们则偏爱红色的头巾。

住宿

订房网站上的阿图什酒店寥寥无几，事实上也是如此。即便网上看来可以将就的照片，实物也会打破你的底线。市区不大，宾馆大多集中在靠近汽车站的天山路、幸福路和松他克路。这里并没有成熟的旅游接待水平，大多数宾馆的条件也实在不敢恭维。

克州宾馆　　　　　　　　　酒店¥¥
[☎4221 151；帕米尔路，近克州文化中心；标间320元，大床480元（含早）；❄️📶🅿️]这家是阿图什的特例，但无疑是当地条件最好的宾馆，四星配备，硬件皆为接待级水平。同时位置也较为隐蔽，需从克州文化中心旁的大道向内200米。大堂和主宾楼分开，隔着小花园，环境宜人，通常是领导和商务人士的下榻之处，自助早餐非常丰盛，工作人员服务态度也相当专业。酒店在网上无法预订，在有接待任务时需要清场，不接待任何外来宾客，因此建议提前致电询问。

星河大酒店　　　　　　　　酒店¥
[☎4224 888；松他克南路2号，群众路交叉路口；标间165元（含早）；❄️📶🅿️]属于中心地带条件最让人满意的酒店了。内饰虽然偏老式，但保养还算不错，房间宽敞，床还特别大，床铺、卫浴都比较干净。电吹风、热

水壶之类的日用品也都齐全。

亚星大酒店　　　　　　　　　　酒店¥

(☎4236 888; 松他克路南, 近团结路; 标间190元; ❄️🛜🅿️)另一家新开的酒店, 条件与星河大酒店相当, 但是离中心路段稍有距离。

🍴 就餐

北山坡烤肉一条街　　　　　　　美食街

阿图什的当地维吾尔餐厅比较分散, 基本上大小街道都能遇上几家, 并且装修得都还有几分华丽, 不过内容上大同小异。最值得尝试的是当地引以为豪的"格达良羊肉"。格达良是阿图什市的一个乡, 据说当地生长一种含有大量盐分的香草, 牲畜吃了之后, 渗入体内, 使它的肉质自带独特的咸香。吃格达良羊肉最好的去处当属北山坡, 只要和当地人一提没有不知道的。不过这条街在电子地图上根本找不到。你可以沿城东的友谊北路, 上行至北山坡警务室右转入环城北路前行至交警将你拦下就到了。没有公交, 出租车10元即可。

这里有一排颇具气势的烤肉店, 每家都主营格达良羊肉, 或者说这里只有格达良羊肉。一般要到入夜后开始热闹, 最受欢迎的是一家叫作"第二家"的烤肉店, 馕坑烤肉100元/公斤, 一般够两人吃。不过因为是馕坑烤, 需要有点耐心。

ℹ️ 实用信息

克州行政服务中心(帕米尔路东9院, 近克州政府; ⏰10:30~12:50, 16:30~19:30)大厅的办事体系让人满意, 需要在大厅按照办理业务领取号码。办理边境通行证免费, 需要提供身份证复印件(现场有收费服务)。通常外来旅行者只能获得3天(从办理当天开始计算)的有效期, 因为克州需要边境通行证的地方很多, 务必告知业务员所有你需要去到的区域, 有时还可以适当放宽1~2天。自驾或包车不需要为车辆另外办理通行证。

旅行社

克州天门国际旅行社(☎180 9908 6606; 天

克州地区

山路，农业小区对面；10:30~19:30）因为大多数旅行者都直接从喀什去往阿图什周边的景点，这个旅行社少有外地游客光顾。一般主要发三种线路：阿图什大峡谷一日游、天门一日游，以及吐尔尕特口岸一日游（阿图什—五彩山—贝壳山—乌恰—77号界碑），也提供包车服务。驻地的接待员十分热情健谈，可以获得不少资讯。

到达和离开

长途汽车

克州客运汽车总站（4224 451；天山东路16号）克州只有一个客运站，除了去往上阿图什乡的班车，其余都在这里发车，每天10:00~19:00，坐满发车。喀什（13元；1小时），乌恰（35元；2小时），吐古买提乡（18元；1.5小时），哈拉峻乡（37元；2小时）。还有到阿克苏的拼车，四人轿车，270元/人，4小时。

去往上阿图什乡的班车（10元；1小时），在幸福路到底，克孜勒苏人民医院（当地人叫州院，听起来是"九院"）附近，找到车身上写有"上阿图什乡客运"的白色小轿车就是，人满即走。

火车

由东边而来的列车都会在喀什之前先经过**阿图什站**，反之亦然。以喀什为终点的列车每天4趟，到喀什只需32分钟。每天上午还有一趟经过喀什抵达和田的列车，行程约6个小时。

火车站位于市区东边，友谊路到底，4路公交车可抵达，乘出租车10元，10分钟可达。

苏里唐麻扎

免费 这座陵园始建于公元955年，它比喀什艾提尕尔清真寺要早880多年，比香妃墓也还要早680多年，被认定为至今在新疆发现的最古老的伊斯兰建筑。同时，它是中国第

正在织地毯的柯尔克孜人。

一位穆斯林的陵墓。墓葬的主人苏里唐·萨图克·博格拉汗，是喀喇汗王朝的第三代汗王，也是该王朝中第一个接受伊斯兰教的汗王。据说千年以来这里被修缮了37次。现在的陵室、陵园是1996年根据收藏在英国历史博物馆的图片原型重建的。但是麻扎结构造型看起来都和香妃墓颇为相似，也感受不到历经千年的沧桑感。但不妨查阅一下这段历史，这是使得"伽蓝百所，僧徒万人"的西域寺庙佛塔荡然无存的开始，也是新疆1000多年伊斯兰文化的源头。

麻扎位于阿图什市东南郊两公里松它克乡买谢特村（也叫麦西提村），乘出租车约15元可达。

阿图什大峡谷

（门票45元）南疆大峡谷无数，每条都有自己的特色，阿图什的这一条需要你亲自涉水进入。大峡谷长约6公里，宽度不过3～5米，两侧的山崖峭壁上分布着不计其数的泉眼，在谷底汇成了一个个深深浅浅的水潭。景区的前3公里有区间车代步，之后就要开始涉水了。单线来回，看你的兴致和体力能进入多远了。注意这里水位最深处有将近1米，记得备好替换的衣物和鞋子。

因为涉水的特殊情况，阿图什大峡谷最适合夏天前往。每年的9～11月水流已经冰凉刺骨。不过所幸到了冬季，溪水结了冰，这里又是另外一幅白雪覆盖冰柱林立的景象了。

阿图什大峡谷位于图市以北38公里，吐古买提乡的西南边，驱车单程约2小时，包车往返300元，提前商量好等候时间。注意，去往阿图什大峡谷（吐古买提乡）需要边境通行证。

天门大峡谷

（门票40元）1940年英国探险家艾瑞克·希普顿最先发现了这座天然的拱门，正如他在《鞑靼之山》里描述的，这是"一块从顶部到底部完全被掏空的巨石"。他曾经三次试图登上拱门但都失败了。直到1990年美国国家地理团队才登上它，并实际测出了拱门的高度——360米。

不要错过
"糖包子"的故乡

新疆的无花果长相有点特别，它通体青黄色，形状扁圆，很像是蟠桃，它们总是被层层叠起，驻足购买的食客都是连皮一起送进嘴里。这是新疆特有的无花果品种，早黄，也叫黄蟠。地处帕米尔高原东部的阿图什正是新疆无花果的最大产地，这里日照充裕，昼夜温差大，降雨量小、蒸发量大，十分有利于水果糖分的积累，其美味程度在新疆全境都极受追捧，当地人把它叫作"糖包子"。

新疆的无花果分两季，7月是夏果盛季，10月为秋果旺季，如果这两个时间来到阿图什，一定要来这里的菜巴扎采购一些。巴扎位于幸福路中段，博拉格市场内。询问一下当地人都能给你指路。果实上市旺季时这里沿街都是堆满无花果的小摊，3元一个，运到喀什可就卖5元了。

现在，对于游客来说近距离接触它已经不是难事，一条长长的石梯直直通到天门之下，但为此你需要爬1个多小时。如果天气晴朗，站在天门口的位置可以看到下方的盖孜河谷，和远处帕米尔高原的连绵雪山。待到日落，夕阳照射在拱门的景象将更为精彩。

天门位于上阿图什乡向西约30公里处，可以先坐班车到上阿图什乡，再包车往返，约200元。自驾车从上阿图什乡，S309省道向西约18公里，可以看见天门的指示牌，由此向南进山17公里即可到达。进入天门区域并不需要边境通行证。喀什旅行社拼团99元/人。

怪树林

（门票40元）这片怪树林也被叫作仙木园，指的自然是它的年龄和形态。树林位于哈拉峻群峰林立的峡谷中，面积不大，其中最老的一棵，树龄近千年，需四人才能合抱，树

☑ 不要错过

免费的风景——中国红层大道

"克孜勒苏"就是红色河流的意思，而这条红色河流就源自这里无处不在的红色山脉。人们把它叫作丹霞、彩丘、红层，或赤砂山。这些形成于白垩纪至新近纪的红色砂砾和泥岩，一旦下雨就会被雨水裹挟而下，形成汹涌的红色之河——克孜勒苏河。

在新疆这种红色的景观不在少数，主要集中在乌鲁木齐以西、吐鲁番鄯善一带、温宿库车以及阿克苏至乌恰。其中S309省道从阿图什至伊尔克什坦(口岸)，正是这种红色地貌最集中的区域。而阿克苏至乌恰沿途的红色山脉的面积是前几处的10倍。可以说这里是被红岩包围的大道。因此，从阿图什到乌恰，享受"在路上"更重要，沿途高达几十米的沙丘非常壮观，最经典的景致被称作**五彩山**，岩层呈现异常分明的红色、灰色、黄色、青色的纹理，地貌摄影爱好者绝对不可错过。⑩

身已经干枯，而树冠却依然一头翠绿。其余的树干皆贴地而长，形成各种奇异的造型。经鉴定，这片古树林的平均年龄至少有800年。不过要知道，通常能在干旱地区如此顽强生长的都是胡杨，而这片却是柳树林。

怪树林位于离阿图什120公里的哈拉峻乡，包车往返约400元。自驾车沿S306省道抵达哈拉峻乡后向西北前行18公里可达，单程约2.5小时。在电子地图上或许用"巴什苏盖提古树林"能找到它的位置。

乌恰及周边

别看乌恰离阿图什、喀什不过2小时路程，但喀什还是大太阳的短袖夏天，这里已经需要穿上薄羽绒了。乌恰，是柯尔克孜语"乌鲁克恰提"的简称，意思是大山沟的分岔口。克孜勒苏河谷就是在这里分岔成了三道沟。乌恰外部和吉尔吉斯斯坦接壤，已接近中国版图的最西端，不少人是冲着两大口岸而来，而其实，这里独特的地貌更值得你探访。

乌恰的县城小而规整，但大多数时候都显得有些荒凉，不过每周三、周六，在城的西南边都会有个临时的巴扎。

◉ 景点

乌恰云峰滑雪场　　　　　　　　　　滑雪场

(☏183 0908 3333) 这个滑雪场2015年才正式建成，官方称其为南疆首家4S级滑雪场。其实它就位于进城的公路边，在群山的对比下怎么看都觉得面积很小。这里每年的11月至次年3月开放，也就是乌恰的冬季，靠的是这里天然的降雪。雪场配有缆车自由上下，全天不限时200元/人，120元/2小时，都包含滑雪装备。服装可另外租(50元)。逗留整天的话最好自行准备些餐食，这里只有拉面和抓饭。

🍴 食宿

乌恰县城的构成很简单，中间一个大十字，是团结路和波斯坦铁烈克路。餐馆大多集中在十字的西侧，酒店则在东侧。

十字的团结路向南，被叫作迎宾路，**桦林商务酒店**(☏4622 215; 迎宾路40号; 标间160元; ❄ 🛜 🅿) 开业不久，设施崭新，老板是四川人，大堂就可以吃到川菜、火锅。前台各种酒水充足。

县城里有不少特别本土的餐厅，主路最西端的**迪力夏提抓饭**(☏135 7957 5957; 波斯坦铁烈克路, 近黑孜苇路) 在我们调研期间刚刚开张，抓饭美味，也算是镇上最整洁亮丽的餐厅了。

ℹ 到达和离开

乌恰客运中心(003乡道与S309省道交叉路口北50米) 距离县城约2公里，乘出租车3元。这里空空荡荡，大多数时间只有来往喀什(33元)和阿图什(35元)的小面包车，坐满发车。

玉其塔什草原

玉其塔什草原的位置已经靠近西部边境，被起伏的山峦围绕，除了拥有3000米以上的海拔，它还继承了克州独有的红色土层。玉其塔什是指有三块石头的地方，也就是这里的三座雪山。它们海拔均在4500米以上，夏季冰雪融化，三座天然的水库便形成潺潺溪流，灌溉了这片南疆海拔最高、面积最大的夏牧场。7月是玉其塔什放牧的黄金季节，各乡的牧民们如同赶"巴扎"一样云集到这里，这是草原最生机勃勃的时刻。到了9月下旬，气温下降，瑞雪纷飞，整个牧场也就进入了冬眠。

牧场位于乌鲁克恰提乡，距离阿图什约150公里，需要办理边境通行证，沿途有多次安检。因为是山路，单程可能就需要一天，自驾车可以在牧场露营，会是非常棒的体验，但需注意草原早晚巨大的温差。如果包车建议将行程分为两天，从阿图什、喀什都能找到车，约1300元/天。注意牧场和沿途的无线信号都较弱。

泉华

泉华也属于喀斯特地貌的一种，含大量碳酸钙的泉水溢出地面后，在岩石表面发生氧化，使地表的岩石上出现了结晶体，从而形成这种独特的沉积地貌。乌恰的北边就有这种有趣的地貌，泉华主要有两处，一处为阿依浪苏河床泉华，另一处为克姆孜苏河泉华群。阿依浪苏河床泉华面积不大，夹在两山中间，形成的泉华是雪白的结晶物，形似珊瑚，由于地势从高到低的变换，又酷似小型的梯田。在离阿依浪苏河西边10公里的地方是克姆孜苏河泉华，这里的面积更大，最大的一处位于一块巨石之下。形成泉华的泉水口味独特，你不妨尝试一下，和苏打水类似，已经有工厂在此打了泉眼。

吐尔尕特口岸和伊尔克什坦口岸

乌恰县有两个口岸连接着吉尔吉斯斯坦，但它们都已经向内迁址，并非在国境线上，也没有特别的集市。

伊尔克什坦口岸

乌恰当地人口中那个"打个车起步费就到了"的口岸是2011年内迁的口岸新址。而你脑中的真正的国境线"口岸"是在离乌恰120公里的吉根乡斯姆哈纳村，当地人叫作老口岸，是中国最西部的一个口岸。那里几乎荒凉，乌恰没有班车到达。而那个77号界碑在通过口岸大楼之后的3公里处。一般即便有写着伊尔克什坦的边境通行证（只能在克州办理）也无法再继续深入。如果一定想要碰一下运气，乌恰找个出租车包车300元。或者用跟旅行团的方式可以到达。

吐尔尕特口岸

原吐尔尕特口岸地处吉尔吉斯斯坦边境吐尔尕特山口，海拔约3700米，由于气候恶劣，条件艰苦，1995年下迁至托帕，所以现在也叫托帕口岸。口岸距离乌恰县城42公里，到吐尔尕特前沿国境线还有100公里左右。所以没有签证你是无法看到51号界碑的。

乌恰和阿图什没有国际班车，都必须从喀什（见355页）出发。吉尔吉斯斯坦没有落地签，须在国内提前办理好签证。

泉华距离阿图什约160公里，自驾车可由S212省道一路向北，到达托云乡后向西北30公里，最后需要走一段土路。从喀什或者阿图什包车可当日来回，往返约1300元。

南疆索引地图

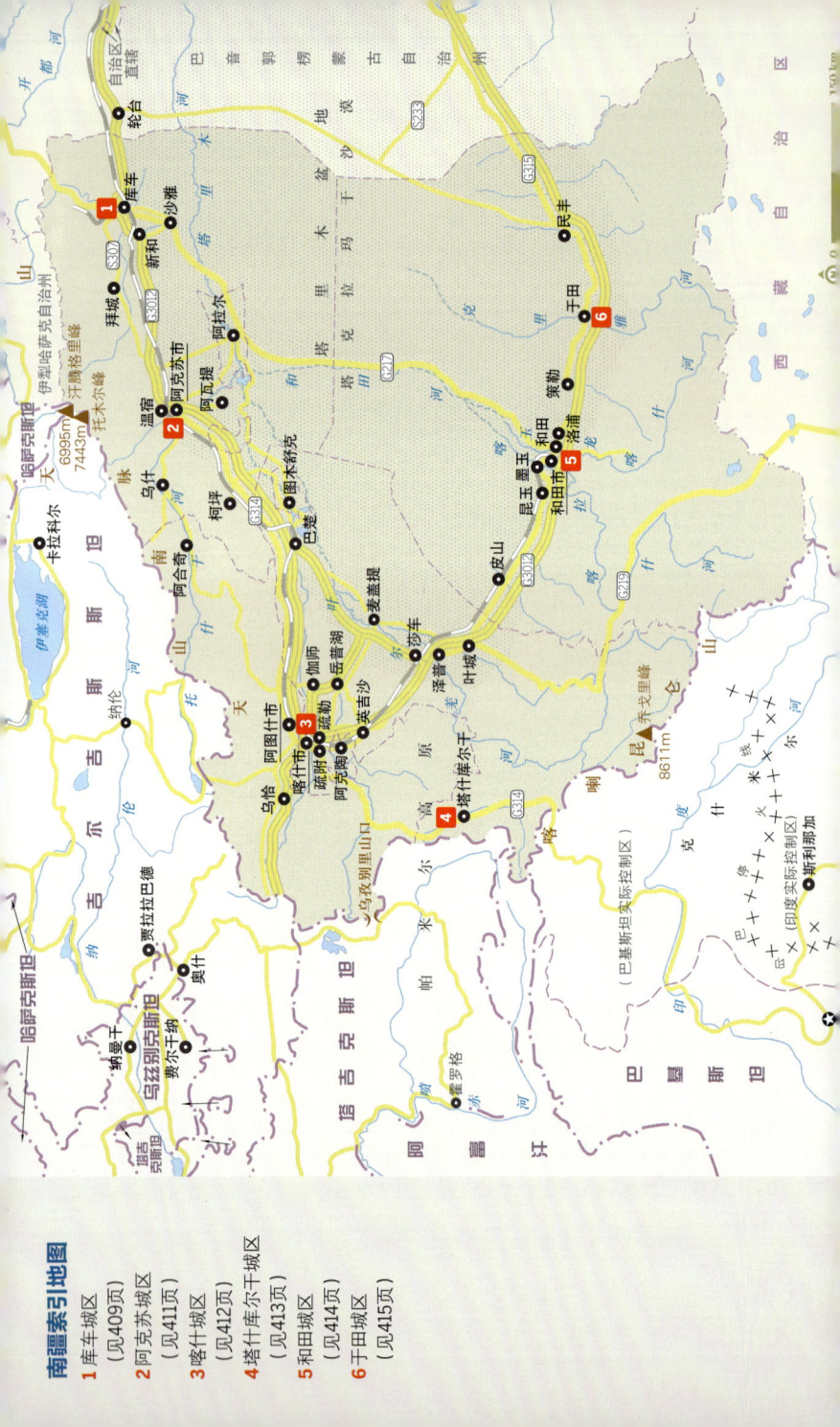

1 库车城区（见409页）
2 阿克苏城区（见411页）
3 喀什城区（见412页）
4 塔什库尔干城区（见413页）
5 和田城区（见414页）
6 于田城区（见415页）

库车城区

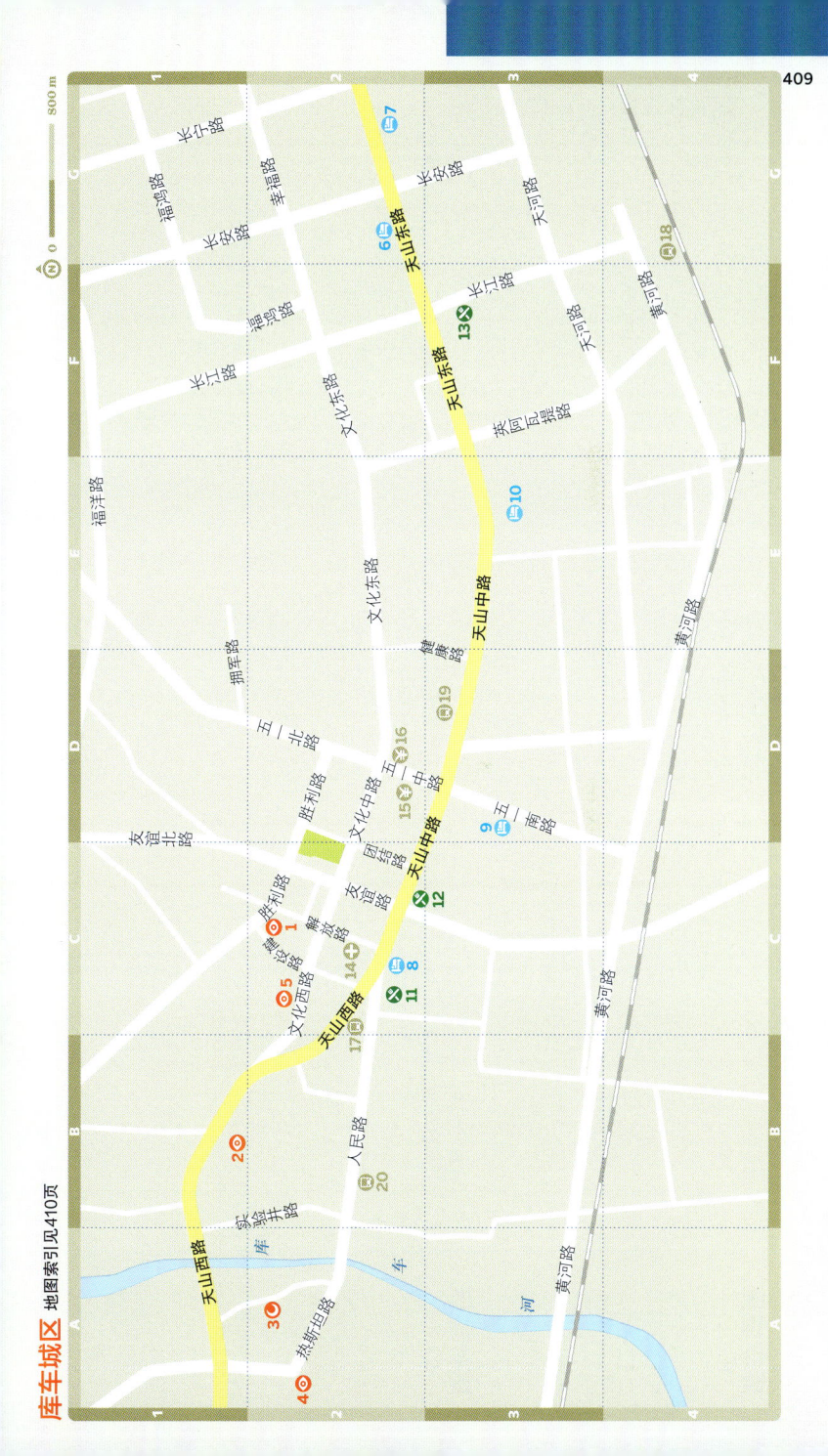

地图索引见410页

库车城区

地图见409页

◎ 景点 (见320页)
1 大馕城................................C2
2 龟兹故城............................B1
3 库车清真大寺....................A2
4 库车王府............................A2
5 默拉纳额什丁麻扎............C2

◎ 住宿 (见322页)
6 三和商务宾馆....................G2

7 浮尘青年旅舍................G2
8 古杨树宾馆........................C2
9 金色阳光宾馆....................D3
10 库车饭店..........................E3

◎ 餐饮 (见323页)
11 海尔巴格美食城..............C2
12 卡依木·巴拉提抓饭馆....C2

13 老尔沙馕坑肉..................F3
乌恰农贸市场
 (维吾尔族夜市)..........(见13)

◎ 实用信息 (见323页)
14 库车县人民医院..............C2
15 中国工商银行..................D2
16 中国银行..........................D2

◎ 交通 (见324页)
17 金鹿汽车站......................C2
18 库车火车站......................G4
19 库车汽车站......................D3
20 龟兹客运站......................B2

喀什城区

地图见412页

◎ 重要景点
艾提尕尔清真寺................C3

◎ 景点 (见343页)
1 喀什地区博物馆................E3
2 喀什中西亚国际
贸易市场............................D2
3 盘橐城 (班超纪念公园) D4
4 香妃墓 (阿帕克霍加墓) E1
5 玉素甫·哈斯·哈吉甫陵墓....C4

6 蜂巢酒店 (见346页) B3
6 蜂巢酒店............................C3
7 汉庭喀什解放北路店........C2
8 丽豪大酒店........................C3
9 其尼瓦克宾馆....................C2
10 色满宾馆..........................B3
11 苏力担大饭店..................C3
12 速8喀什老城店................D3
13 天缘商务酒店..................C3
14 西域假日酒店..................B3

◎ 餐饮 (见350页)
15 百年老茶馆......................C3
16 古丽莱坊..........................C3
17 金喀尔达饮食..................B3
18 凯麦尔丁蓝鸽子店..........C3
19 麦合丽亚抓饭店..............B3
20 塔瓦肉克快餐..................C3
吾斯唐布依好汉烤包子...(见15)
21 夏木西丁抓饭王..............B3

◎ 到达和离开 (见354页)
22 北大桥临时客运站..........C2
23 喀什火车站......................G1
24 喀什客运站......................G1

阿克苏城区

景点 (见336页)
1 阿克苏博物馆 A3

住宿 (见337页)
2 东方国际大酒店 B2
3 汉庭连锁酒店 B2
4 凯旋大酒店 C1
5 大百商务酒店 B2
6 鑫达商务宾馆 C3

餐饮 (见338页)
7 阿布热都合曼烤肉王 D4
8 阿尔亲餐厅 A3
9 热瓦茶餐厅 B3
10 三国水库鱼庄 D4
11 小南街抓饭王 A3

实用信息 (见338页)
12 阿克苏地区第一人民医院 B2
  北山羊户外 .... (见6)
13 飞鹰俱乐部 E2
14 解放路邮政支局 E2
15 新华路邮政所 B2

交通 (见339页)
16 阿克苏地区客运站 D3
17 阿克苏中心客运站 D4
18 新城客运站 E1

喀什城区 地图索引见410页

塔什库尔干城区

塔什库尔干城区

◎ 景点	（见363页）
1 石头城	C2
2 阿拉尔金草滩	D2

🛏 住宿	（见366页）
3 K2凯途国际青年旅舍	A2
4 K2凯途国际温泉酒店	A2
5 鸿运宾馆	A3
交通快捷酒店	见10
6 石头城宾馆	B3

✖ 餐饮	（见368页）
7 Wakkan FastFood	A3
8 迪热亚木快餐厅	A3
9 一品牦牛滋补火锅	A2

ⓘ 交通	（见369页）
10 塔什库尔干客运站	A3

和田城区

◎ 景点 (见382页)
1 艾堤卡尔大巴扎 C2
2 和田博物馆 A2

⊖ 住宿 (见384页)
3 和天下国际酒店 B3
4 皇朝假日宾馆 B2
5 江苏大酒店 C2
6 塔里木大饭店 B3
7 天津国际大酒店 B3
8 西域大酒店 A2
9 玉都大酒店 B2

⊗ 餐饮 (见386页)
10 艾里万饭馆 B2
11 海尔巴格特色火锅 B2
12 和田夜市 A3
13 刘氏大碗揪片子 B3
14 生态餐厅 B2

15 史达尼饭馆 B2
16 土耳其哆哆鸣嗯嗯冰淇淋和烤肉 B2
17 抓饭王 B2

🛍 购物 (见388页)
18 当地市场 B2

ⓘ 实用信息 (见389页)
19 和田地区公安局 B2
20 和田地区旅游局咨询、投诉 A3
21 老百姓药品超市 C2
22 丝路南线旅游 B2
23 和田地区人民医院 .... (见9)

🚌 交通 (见389页)
24 和田客运站 A3
25 墨玉车站 D3
    东郊客运站 B1
    南郊客运站 B4

于田城区

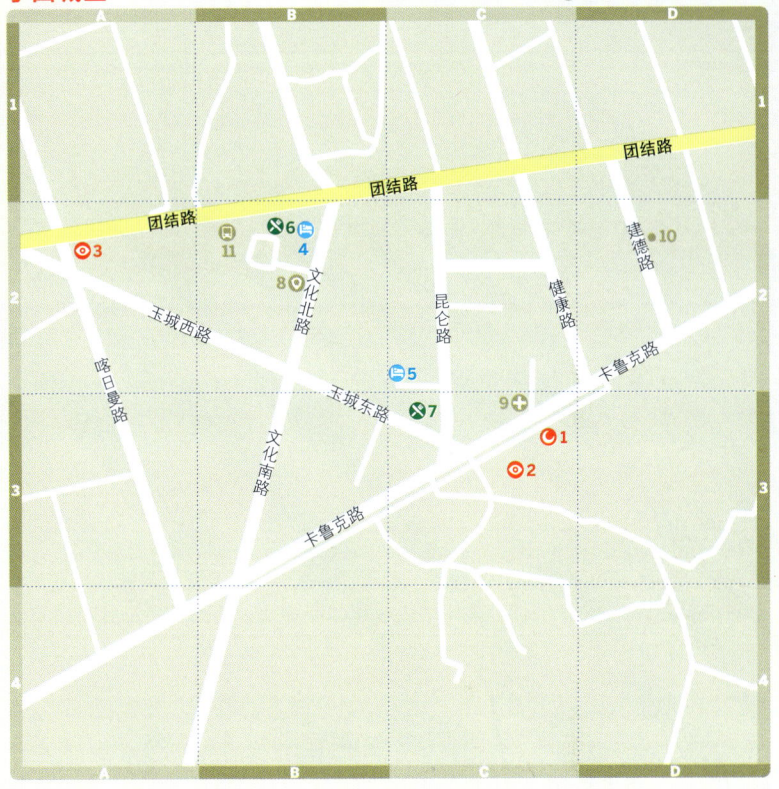

于田城区

◉ 景点 （见393页）
1 艾提卡清真大寺 C3
2 老城区 C3
3 周日巴扎 A2

🛏 住宿 （见394页）
4 天萌德隆酒店 B2
5 浙江大酒店 C2

✴ 餐饮 （见394页）
6 萨尔亥齐餐馆 B2

7 屹立齐特色抓饭 C3

ℹ 实用信息 （见394页）
8 于田县公安局 B2
9 于田县人民医院 C3
10 于田县文管所 D2

ℹ 交通 （见394页）
11 于田客运站 B2

在路上
本书作者 范佳奥

早就听说今年雨水大,但谁会想到塔克拉玛干正中能游泳?亚通古孜村北的沙丘之间酷热难耐,突然公路旁惊现足球场那么大一片碧水,我想都没想就跳了下去,一丝不……苟地投入了调研工作。

进一步了解我们的作者,见478页。

塔克拉玛干沙漠。

视觉中国提供

巴音郭楞蒙古自治州

巴音郭楞
蒙古自治州

电话区号 0996

北达天山，南抵昆仑，将半个塔克拉玛干揽入怀中。作为一个地州，巴音郭楞蒙古自治州47.11万平方公里的辖区面积冠绝华夏。

这里有丰饶的巴音布鲁克草原、博斯腾湖，也有荒芜的塔克拉玛干沙漠、罗布泊；丝路南道上的且末、若羌还是一片火洲，昆仑脚下的高山牧场已成冷酷仙境。小河墓地、米兰遗址留存下神秘的古代文明，罗布泊的演变述说着沧海桑田。蒙古、维吾尔、回、汉等民族在此混居，喇嘛庙、清真寺，信仰的居所多种多样，那达慕过完，还可以去领略古尔邦节。

在旅行者心中，"巴州"几乎是不存在的概念。人们只会在穿越独库公路时，流连于巴音布鲁克；在丝路南道上，恰好经过且末和若羌；探索罗布泊和阿尔金山的无人地带时闯入这片辖区；抑或是吃腻了乌鲁木齐的羊肉，到天山那边的库尔勒来啃一啃香梨……

如今，漫长的旅程正在被现代交通缩短。沙漠公路宽阔平坦，库尔勒至且末有航班连接，青海至若羌的火车也正在修建。行在巴州，你走过的每一步都是"最新疆"的体验。

☑ 精彩呈现

库尔勒 426页
七个星佛寺遗址 431页
轮台胡杨林公园 433页
博斯腾湖 434页
巴音布鲁克 436页
阿尔金山国家级自然保护区 ... 449页

何时去

➡ **3月至5月** 河水低落或断流，适合穿越沙漠或阿尔金山的探险。

➡ **6月至8月** 巴音布鲁克水草丰美，牛羊成群。

➡ **9月** 博斯腾湖秋色正佳。库尔勒香梨领衔，果香四溢。

➡ **10月至11月** 塔里木河沿线胡杨林进入最佳观赏期。

➡ **12月至次年2月** 天寒地冻，无畏的探险者们却开始寻访阿尔金山的野生动物。

★巴音郭楞蒙古自治州亮点（见422页）

① 巴音布鲁克　② 博斯腾湖　③ 罗布泊　④ 阿尔金山国家级自然保护区　⑤ 扎滚鲁克墓葬陈列馆　⑥ 轮台胡杨林公园

行前参考

➡ 在库尔勒你还能啃着香梨唱着歌，往南到若羌和且末，便只剩荒凉和不可预测的交通供你消化了。

➡ 且末的新机场已经投入运营，机票价格合理，往返库尔勒会节省大把时间。

➡ 巴州多数景点季节性较强，旺季与淡季费用差别较大，规划吃住行最好提前一点。

危险和麻烦

➡ 罗布泊西北方向为军事禁区，擅闯后果极为严重。

➡ 进入阿尔金山自然保护区需要提前向管理局申请，擅闯后果同上条。

➡ G315国道、G218国道区间测速、移动测速天罗地网，自驾者请自重。

➡ 在库尔勒进出城区以及各个乡镇时，都有检查站，耐心配合是正途，切记不可拍照；保管好身份证，遗失的后果非常严重。

当地人推荐
探险者的乐园

陈国权,若羌汽摩运动协会秘书长。熟悉若羌周边探险线路,有着丰富的自驾穿越、野外救援经验。

为什么说若羌是探险者的乐园?

中国四大无人区,罗布泊、阿尔金山、羌塘和可可西里,有两个在若羌境内。可以说,若羌所处的地区是目前中国最为人迹罕至、最神秘的地带。这里几乎没有经过开发的景点,多数来若羌的旅行者都是户外和探险发烧友。他们在茫茫戈壁中探访"地球之耳"罗布泊、深入高山大泽邂逅阿尔金山的野生动物。在这样的旅途中,风餐露宿、迷路找路、修车甚至弃车都是家常便饭,你需要强大的装备和一颗更为强大的内心。也正因如此,若羌才会吸引如此之多的探险者前来。

进行户外自驾探险需要做哪些方面的准备?

个人装备方面,首先你需要一辆可靠的硬派越野车。离地间隙升高到350mm、配有绞盘最好。另外GPS导航(包含轨迹文件)、睡袋、帐篷、应急食品也必不可少。接下来,你要参加一支车队,虽然有不少人号称"单车勇闯无人区",但这样无法相互救援,是非常危险的行为。如果你没有成熟的旅伴,可以提前联系汽摩运动协会,随队出发。

之后,最重要的就是相关手续的申请了。严格地说,罗布泊地区除了S235省道之外,都属于军事管理区,一些地方如果擅闯会有非常阿尔金山自然保护区里的藏野驴。

严重的后果。进入阿尔金山自然保护区需要先到管理局申请，获批不易，费用也很高昂。参加汽摩运动协会组织的自驾游，手续上会轻松很多。

如果你是没有车的个人旅行者，可以选择经营特种旅游的旅行社，选好线路并付费之后，一切交由他们打理。

有没有不那么"极限"、普通人也能造访的地方？

秋天若羌北边的G218国道有漂亮的胡杨风光；从若羌沿G315国道一路向东，米兰遗址，离公路不远，之后从花土沟进入青海，一路车少路好，雅丹地貌非常惊艳；如果你追求"罗布泊"三个字，钾盐生产基地所在的罗布泊镇食宿俱全，从若羌沿S235省道开车370公里就到了，柏油和宽阔的砂石路一半一半。

☑ 不要错过

◎ 最佳遗迹

➡ **扎滚鲁克墓葬陈列馆** 2600多年历史的完整家族墓穴，一人一故事。（见440页）

➡ **米兰遗址** 楼兰博物馆的建筑灵感就来自于此，也是整个南疆最便宜且容易到达的重量级古代遗址。（见445页）

➡ **G218国道34团附近** 曾经世界最长的"红砖公路"如今保留下2.2公里，供人凭吊那激情燃烧……呃……激情烧砖的岁月。（见448页）

➡ **七个星佛寺遗址** 近百座破残的建筑物，讲述着古焉耆国曾经的辉煌。（见431页）

◎ 最佳摄影点

➡ **罗布人村寨西沙山上** 塔里木河环绕沙丘，金色胡杨林倒映水面。

➡ **博斯腾湖岸边** 拍摄野生睡莲群以及一望无际的白色芦苇。

➡ **台特玛湖** G218国道如细线般穿过广阔水面。

➡ **米兰遗址** 也许是你近距离拍摄遗址的最佳机会。

◎ 最佳自驾路线

➡ **青海道** 历史上丝绸之路一条隐秘的支线，如今是重要的进疆通道，拥有奇幻的雅丹地貌。（见450页）

➡ **库尔勒—若羌** G218国道沿线有壮观的沙漠胡杨林和塔里木河流经形成的丰美湖泊。（见444页）

➡ **若羌—罗布泊镇** 连接哈密和若羌的S235省道路况越来越好。200多公里的砂石路还是为它增添了一些"探险"意味。

巴音郭楞蒙古自治州亮点

❶ 巴音布鲁克

海拔2500米的高山牧场被天山环抱,东归的土尔扈特英雄被赐予这片福地繁衍生息。夕阳的余晖中,九曲十八弯的开都河流过翠绿的草原——它就是巴音郭楞州最广为人知的名片。这里刚好位于独库公路中间位置,一路风尘的自驾者刚好在这里邂逅醉人的夕阳,一夜好梦,第二天又闻着晨露的芬芳踏上旅途。

❷ 博斯腾湖

洁白的沙滩、辽阔的水面,难怪博斯腾湖在古代被称为"西海"。这里有庞大的野生睡莲群与40万亩自然芦苇,夏季可以乘船深入芦苇荡中,欣赏盛开的睡莲以及一望无际的白色芦苇。博斯腾湖的看点主要集中在南岸的莲花湖、阿洪口和白鹭洲。如果你不想玩得这么"常规",可以沿乡村公路绕湖而行,沿途在村庄补给新鲜蔬果,最后找到"一半海水,一半沙漠"的惊艳景观,保证你笑傲朋友圈。

❸ 罗布泊

它是卫星照片上壮观的"地球之耳",它是讳莫如深的军事禁区,它是探险家余纯顺、彭加木的魂归之处,它是人们心中真正的不毛之地。数十年前,这里还是一片泽国,如今却滴水皆无,作为"会移动的湖泊",这样的轮回在茫茫历史中又何止一次。如今,这里的"水"以另外一种方式呈现,钾盐生产基地的地下卤水又为罗布泊带来一抹奇幻的蓝色。罗布泊镇食宿一应俱全,S235省道南北贯通,罗布泊这三个字没你想得那么遥远。

❹ 阿尔金山国家级自然保护区

有人说,如果在羌塘看到野牦牛,你会兴

(左图)巴音布鲁克草原;
(右图)博斯腾湖。

奋尖叫,但在阿尔金山,这只是家常便饭。总面积达4.68万平方公里、平均海拔超过4000米的阿尔金山国家级自然保护区是世界上不可多得的"高原野生动物基因库"。每年只有少部分人获准进入保护区,这更增添了人们对它的向往。中国最大的沙子泉景观、世界海拔最高的沙漠,还有逐湖泊水源而生的万千生灵,这片与世隔绝的天堂遥远而美好。如果你已经准备好金钱和胆识向阿尔金山进发,最后别忘带上你对环境的责任心。

❺ 扎滚鲁克墓葬陈列馆

车尔臣河以西的戈壁上,千余座上古墓葬散落在13万平方米的荒原中,其中最具价值的一座被保护起来,供人参观。扎滚鲁克——也许你已经在新疆各地的博物馆中瞻仰过它的出土珍品。现在,你要亲自看到这座墓穴了。从2600年前开始,同一家族的成员陆续在此下葬。男、女、小孩共14人依次序排列,他们年龄、体态各异,服饰、首饰也不相同,专家于是解读出他们生前的经历——厚重的生命力量穿越历史,依然鲜活。

❻ 轮台胡杨林公园

死了的,或活着的——塔克拉玛干沙漠就像一座胡杨博物馆。如果你想以最轻松的方式看最美的胡杨景观,就来轮台胡杨林公园吧。进门第一眼,巨大的胡杨树王就能一下子震撼到你,里面的一株株胡杨也有绝不雷同的造型。一年中最美的风光只在10月1日至20日之间的短暂时刻,抓住它吧。

卫星图上看到的罗布泊——地球之耳。

阿尔金山自然保护区大沙泉。

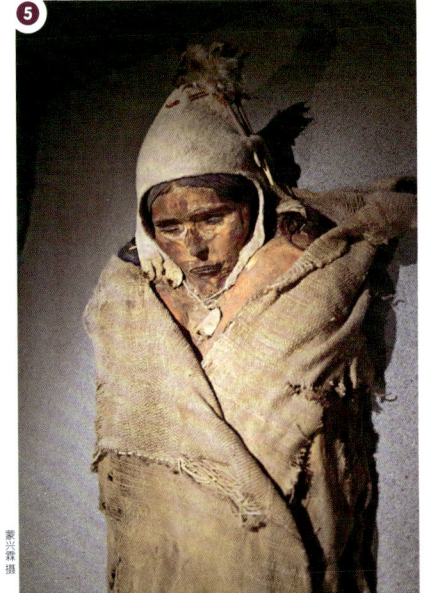

扎滚鲁克墓葬陈列馆里的干尸。

轮台胡杨林公园。

库尔勒

丝绸之路中线穿过吐鲁番盆地，翻过苍茫天山，就进入了天山以南和塔克拉玛干沙漠之间的一片绿洲——库尔勒，这片富饶之地为往来者提供了最好的休憩机会。它曾经是西域三十六国之尉犁国的一部分，汉代被纳入西域都护府，当年张骞出使西域的驼队走过了铁门关曲折的羊肠小道，唐玄奘西去取经也曾在七个星佛寺见证过古焉耆国佛教兴盛的辉煌。游牧到伏尔加河下游的土尔扈特部在1771年东归祖国，最终在库尔勒落叶归根。至今，这片土地上生活着蒙古族、维吾尔族、回族等十多个少数民族，悠久的历史也为这里留下了诸多文化遗迹以及仍在沙漠中流传的神秘故事。

库尔勒，是维吾尔语"看、眺望"的发音，或许当年人们长途跋涉走过铁门关口，看到远处的那片城镇时，不由自主地惊呼出的，正是"库尔勒！库尔勒！"作为巴音郭楞蒙古自治州州府所在地，库尔勒同时也是重要的交通枢纽，旅行者可以安心地以这里为基地探索周边，或是向西去往南疆，向南走沙漠公路，往北沿独库公路去巴音布鲁克。这座城市本身也值得你停留几日。清澈的孔雀河穿过城区，河滨花园随处可见，在团结路一带的老城区，街边小店的美食简单却令人难忘，在郊外的果园，你可以亲手摘下葡萄、大枣和香梨，体验塞外"梨城"的甜蜜。

◎ 景点

巴音郭楞蒙古自治州博物馆　　博物馆
（见454页地图；📞268 8007; 石化大道迎宾路口; 凭有效身份证件免费参观; ⏰10:00~18:00, 周一闭馆）古尉犁国的历史何处寻觅，不妨来巴州博物馆看看，它以丝绸之路上的烽燧为设计灵感，一层至三层分别是巴州通史厅、丝路楼兰厅和东归壮举厅。在**巴州通史厅**中，以历代西域疆域图为线索并配以大量珍贵文物，串起了巴州乃至整个新疆地区的历史变迁和在丝绸之路上的重要地位。**丝路楼兰厅**中复原的楼兰遗址、营盘墓地、古墓沟墓地以及小河墓地等，为人们揭开了湮灭于沙漠之中的丝路古国的神秘面纱，这些墓地中出土的文物及干尸等都堪称国宝级文物。**东归壮举厅**则详细描述了土尔扈特部历经艰辛东归故土的那段历史。

市区乘坐1路、9路、26路、101路公交车在邮政大厦站下车，步行可到博物馆。

铁门关　　遗址
（库尔勒市北郊；门票8元，关楼门票3元，历史讲解5元/人）铁门关位于孔雀河上游铁关小峡谷，地势险要，是中国古代26名关之往西最后一个关口。这里是丝绸之路中线必经之地，相传张骞出使西域曾两度经过铁门关，班超曾途经此地在孔雀河饮马，唐玄奘也是经这里前往西天取经⋯⋯如今的关楼屡经重建，"铁门关"三字为王震将军所题，走过关楼，有一块"丝绸古道"石碑，一条羊肠小道蜿蜒向前，一边是怪石嶙峋，一边是溪水清清，据说这是保存下来的唯一的丝绸古道。再往前就是人工修建的水上乐园、丝绸之路驿站等景点，有1000多级石阶通向峡中山峰，上有一座附会着一段凄美爱情传说

天鹅飞来天鹅河

2016年10月，库尔勒天鹅河景区孔雀河段游船再次停航，因为随着气温降低，天鹅又飞回梨城过冬了，它们仍然选择住在狮子桥至葵花桥之间的水域，同时在此越冬的还有野鸭、银鸥等禽类。游船停航，就是为它们让出安全过冬的区域。

天鹅河在库尔勒城区蜿蜒十余公里，连接起健身步道、公园、游船码头、城市雕塑和梦幻音乐喷泉等。可乘坐游船（30元；梨香湖码头至梦幻喷泉码头）欣赏两岸美景，尤其是在4月间，河边梨花盛开，分外漂亮。而每年冬天都会飞来的数百只天鹅、野鸭、银鸥、鸬鹚、鸳鸯等野生鸟类，更为天鹅河增添了一分生机。

的公主坟，有体力者不妨走上去看看。离开铁门关时可凭门票在入口处换一张通关文牒，也算一个别致的纪念品。

铁门关位于市区以北约8公里，没有公交车可达，可乘出租车往返（约50元）。

😊 节日

香梨文化旅游节 文化旅游节

通常在4月中旬梨花开放时举行，在库尔勒各地都有以香梨为主题的赏花、文艺演出、全民健身等活动。

🛏 住宿

库尔勒住宿选择很多，从豪华五星级酒店到普通宾馆都有，但仍然缺乏针对背包客的特色客栈。在巴州汽车客运总站至人民路和火车东站至迎宾路一带，有不少性价比较高的经济型快捷酒店，到达后可就近入住、购物、就餐比较方便。

龙行青年旅社 青年旅舍 ¥

[见454页地图；211 2366；新华路益民小区公交站后面；标双100元，铺40元（公卫）；📶 P]背包客中口碑很好的一家旅店，虽然硬件设施一般，却是库尔勒为数不多的一家涉外旅店。老板是当地最早玩户外运动的驴友，对库尔勒周边景点和户外探险及自驾都非常熟悉，有较好的行程建议，也提供包车、带路服务。如果聊得开心，还能享受到老板开车带你去香梨园吃梨和逛维吾尔族夜市的免费待遇。旅社就在火车东站对面，门口有公交车可到巴州汽车客运总站，出行方便。

库尔勒园林宾馆 酒店 ¥¥

（见454页地图；210 8188；迎宾路3号；标双300元起；❄ 📶 P）位于天鹅河公园边，环境幽静，最奇妙的是整个大堂就是一座植物园，穿过茂密的植物才是客房区。房间按四星级标准布置，设施齐全。距火车东站和博物馆等也都很近。

麒麟宾馆 酒店 ¥

[见454页地图；222 1888；天山西路，州

香梨园中采香梨

库尔勒号称"梨城"，香梨是这里的特产，但这里却并非香梨原产地。相传西汉时张骞凿空西域，将香梨由中原带至新疆。随后，库尔勒香梨又通过丝绸之路传至印度，被称为"西域圣果"。香梨在库尔勒生长2000年，早就适应了这里的沙漠气候，个头较小，汁多爽口，曾在1924年法国万国博览会上获得银奖，有"梨后"之称。9月上旬正是香梨成熟时节，可去库尔勒西郊的**沙依东园艺场**（市区16路公交车可到；2元；7:50~20:20）或**阿瓦提农场香梨园**（市区6路公交车可到；1元；7:50~20:40）尝个鲜，一般30元/人即可亲手采摘树上的香梨，现摘现吃。顺便普及一下：库尔勒香梨有"公母"之分，公梨尾部突出，母梨尾部则凹陷成圆窝状，母梨比公梨肉质更细，更好吃。不过，香梨好吃别贪嘴，一般吃超过4个就容易引发轻微腹泻。🆙

香梨园里采摘香梨。
视觉中国 提供

消防局对面；标双118元起（含早）；❄ 📶 P]距客运总站步行约3分钟，大厅有旅游服务点，房间设施中规中矩，提供简单早餐，对在库尔勒中转的旅行者来说比较划算；在门口坐公交车4站就可吃到著名的六队馕坑肉。

UP精品酒店 精品酒店 ¥¥

[见454页地图；869 5555；梨乡路12号河畔世家4~5楼；标双218元起（含早）；❄ @ 📶 P]房间区域功能分明，有会客区和舒适的阅读区；浴室干湿分离，设施精致；酒

东归英雄传

东归英雄指的是17世纪离开卫拉特蒙古，游牧到伏尔加河下游的土尔扈特部。乾隆年间，清廷军队击败了叛乱的准噶尔部，土尔扈特部头领渥巴锡决定带领整个部落东归清廷。1771年，土尔扈特部众人踏上了漫漫归途。沙俄不甘土尔扈特部的逃离，派兵围追堵截，渥巴锡带领的队伍损失惨重。出发时的17万人，最后只剩下一半在该年春天回到西域。乾隆皇帝下旨把他们分散安置在新疆各地，渥巴锡的驻地就在现在的巴州和静县。这一历史事件被看作爱国主义和民族统一的象征。今天，库尔勒市**龙山公园**（G314国道与G218国道交会处，龙山立交桥侧）同时也是东归纪念园，著名的东归塔就矗立在这里，塔前是策马扬鞭的东归英雄渥巴锡汗像。在和静县**东归博物馆**（和静县东归科技文化中心；◎9:30~13:30，16:00~19:30）可以看到更多与东归历史相关的展出。⓪

店提供的早餐不错，不过你也可以到对面的七星广场美食街尝尝地道的当地早餐。

苏格拉底咖啡主题酒店　　　酒店¥¥

[见454页地图；📞292 6111；人民东路京中翡翠苑；标双278元，套房480元（含早）；❄@🛜P]库尔勒首家主题酒店，所有房间都以咖啡为主题进行布置，色调典雅，陈列有各式咖啡器皿，可以在房间里享受自己现磨现煮咖啡的乐趣。入住者可自主挑选房型和布置风格，还可享受西餐厅营养早餐。

如家派柏@云酒店　　　　　　酒店¥

[见454页地图；📞869 5888；天山东路10号（梨城小区南门）；标双139元起；❄@🛜P]2016年7月开业，房间设施全新，床上用品品质不错。距客运总站约1公里，到天山友好百货购物中心也很方便。

😋 就餐

库尔勒的美食与这座城市一样富有包容性，众多外来者带来了四面八方的美食，北方的面食、南方的川菜与当地的民族特色美食和谐相处，城区各种档次的饭店都有，萨依巴格路、香梨大道一带集中了不少中高档饭馆，要想品尝当地街头美食则可去团结路一带的老城区，如果是在晚上，去维吾尔族夜市吃吃喝喝一般都不会让你失望。

六队馕坑肉　　　　　　　　新疆菜¥

（见454页地图；地质六队站路边；人均50元）不吃六队馕坑肉，不算到过库尔勒。馕坑肉其实是一种烤肉的做法，与普通烤肉串在炭火架上烤不同的是，馕坑肉是把铁扦串好的肉串或羊排放进平时烤馕的土坑里烤熟，肉质特别鲜美。城北天山西路地质六队一带的馕坑肉最为出名，路边一字排开，有十几家店，记住，像当地人一样点上几串馕坑肉（5元），再来1公斤烤羊排（70元），完全可以满足大口吃肉的爽感，再配一份酸辣凉皮最好。市区2路、12路公交车可到。

疆土印象　　　　　　　　　新疆菜¥

（见454页地图；📞211 1181；新华路大峡谷一楼；人均35元；◎12:00~23:00）就在火车东站对面，装修蛮有味道，包间都以新疆美景为名，招牌菜有馕坑肉(5元)、椒麻鸡(36元)、黄面烤肉(50元)和各种拌面(12~18元)等，此外也提供各种炒菜，比较适合外地旅行者。

识途抓饭馕坑肉烤羊排　　　新疆菜¥

[见454页地图；梨乡路圣果名苑后门（鑫华市场对面）；人均50元；◎12:00~22:00]这家店的招牌菜都在店名里了，店门口就是一排工作台，厨师动作麻利地从馕坑里取出烤好的肉串，直接端上桌来，肉香四溢，热气腾腾。想吃羊肉就来这里，烤羊腰、烤羊排都不错。

麻一把椒麻鸡火锅　　　　　新疆菜¥

（见454页地图；📞269 1658；索克巴格路千城中门对面；人均40元；◎11:00~22:00)

把经典的凉菜发展为火锅,椒麻鸡汤锅里可以烫各种蔬菜,香鲜麻辣,别有一番味道。这家在库尔勒人气很旺,饭点时记得早去。

白星美食城　　　　　　　　　新疆菜¥

（见454页地图；☎201 9817；天山东路12号；人均35元；⏰5:30~22:00）距客运总站约1公里,以维吾尔族特色美食为主,酸奶、冰淇淋、抓饭和大盘土鸡都很受欢迎,维吾尔族服务人员态度亲切。门口有露天桌位,绿植茂盛,夏天坐在这里吃饭很舒服。

一甸牛肉面　　　　　　　　　　小吃¥

（见454页地图；团结北路24号；人均20元；⏰24小时营业）老城区一家不错的面馆,装修舒适,既有咖啡、面包等西式早点,也有油馕、奶茶等当地早点；招牌是大碗牛肉面,面条筋道,牛肉非常入味。

地窝堡国际大排档　　　　　　美食街

（见454页地图；人民东路凤凰影城旁负一层；⏰12:00~24:00）2016年新开张的美食街,有焉耆老家羊杂、罗布村炭烤鱼、邓公椒麻鸡等当地食店入驻,也有凉皮、臊子面、砂锅米线等小吃摊,场内还有一座小舞台,周末会有现场演出。

❶ 实用信息

紧急求助

库尔勒市公安局（见454页地图；☎220 2000；团结路45号）

医疗服务

巴州人民医院（见454页地图；☎202 1856；人民东路56号）

银行

　　库尔勒城区遍布各大银行网点,24小时自助银行随处可见,非常方便。

邮局

中心邮局（见454页地图；☎221 3201；石化大道邮政大厦；⏰夏季9:30~19:30,冬季10:00~

老城区体验当地人生活

　　库尔勒市区**团结路**一带,是维吾尔族聚居的老城区,有时间可以在这里逛逛,体验一下当地人的生活日常。**加麦清真寺**（见454页地图；团结北路49号）是老城区的地标建筑,它是库尔勒最大的清真寺,也是新疆四大清真寺之一。寺前的两株小叶白蜡树枝繁叶茂,见证了库尔勒300余年的风云历史。清真寺旁边的**民族市场**从清晨起就热闹非凡,门口的羊肉店前一口大锅随时炖煮着大扇羊肉,不少人买了肉之后就围着大锅吃起来。市场内小店密布,干果店前一排排的蜜饯、果干还有黄冰糖色泽诱人,带有异域风情的围巾、花帽看得你眼花缭乱,小块的祈祷地毯图案精美,做工也很不错,可以选购一点带回家。

　　沿团结北路向南,走到英下路上,然后拐进**其兰巴格路**,这是最富有维吾尔族生活气息的一条小街,两边全是维吾尔族饭馆,烤包子、抓饭和馕包肉都非常好吃。馕包肉就是将大块羊肉炖得烂烂的,放在馕上,肉汤浸进馕里,混着香味,口感更好。

　　其兰巴格路最北端有**其兰巴格市场**,白天这里是农贸市场,到了晚上就是热闹的夜市,各种小吃摊摆了出来,旁边空地是临时舞场,有小乐队现场演唱节奏欢快的维吾尔族歌曲,维吾尔族男女两人一对翩翩起舞,舞技高超者往往还会互相比拼舞姿,其精彩程度不亚于内地街舞爱好者之间的斗舞。舞场一般晚上10点左右才开,可以先吃点烤肉串,喝杯酸梅汤,等待舞曲响起。⑩

19:00）提供信函、包裹、快递等服务。

❶ 到达和离开

飞机

库尔勒机场（☎236 4033；市区西南迎宾路17公里处）有飞往乌鲁木齐、喀什、克拉玛依等地的区内航班以及重庆、成都、北京、上海、武汉、青岛等地的区外航班。

长途汽车

巴州汽车客运总站（见454页地图；☏2076390；北山路15号）是最主要的长途客运站，每天有发往州内及区内各地的班车。售票处设有旅游包车点（☏158 9901 6253），可以咨询散客拼车。**库尔勒市客运站**（见454页地图；☏203 4228；团结北路74号）主发去往尉犁县的班车（10元，小车15~20元；9:00始发，流水发车；约1小时）。

火车

每天有行经南疆铁路、格库铁路及吐库线的大约20多趟列车经停**库尔勒火车东站**（见454页地图；☏864 2222；新华路北端）。26路、29路和101路公交车可到火车东站。

❶ 当地交通

抵离机场

库尔勒机场距市区约17公里，有机场专线大巴（10元；6:30至午夜）往返于机场与市区之间，途经巴州汽车客运总站、巴州宾馆、邮政大厦、库尔勒园林宾馆等地。从市区乘出租车过去约50元。

公交车

市区开通了十余趟公交车，线路基本覆盖城区（1元；8:00~21:00）。对背包客比较重要的是26路、29路公交车，往返于巴州汽车客运总站和火车东站之间。101路公交车可到老城区。

出租车

出租车起步价8元，3公里之后1.5元/公里，夜间2.1元/公里。

库尔勒周边

穿过库尔勒的G218国道和G314国道，以及其他公路，使得从库尔勒出发去往周边的旅行非常方便。春夏时节，巴音布鲁克大草原上鲜花盛开、牛羊成群，而西

巴州汽车客运总站车次时刻表

目的地	发车时间/班次	票价（元）	行程（小时）	备注
乌鲁木齐	10:00、12:00、14:00、16:30、20:00（卧铺）	135/130（上铺）/140（下铺）	8	
吐鲁番	10:30、12:30	84/109（豪华）	6	
轮台	10:00首发，约30分钟1班	38	2.5	
和静	9:40首发，约40分钟1班	19	1.5	
焉耆	9:40首发，约40分钟1班	17	1	
且末	10:00、14:00、19:00（卧铺）	195/204（上铺）/225（下铺）	13	早班车可更好地欣赏沙漠公路风光
塔河	12:00、16:00	57	5	
库车	10:00、11:30、12:30、13:30、14:30	76	3.5	
阿克苏	11:00、13:00、17:30、19:30（卧铺）	127/114（上铺）/137（下铺）	7	
若羌	10:00、11:00、12:00、14:00、16:00、18:00	94/116（豪华）	6	
喀什	19:30（卧铺）	224（上铺）/247（下铺）	16	逢双日发车

边的博斯腾湖烟波浩渺，人们正享受着内陆深处难得一见的蓝天碧海、阳光沙滩；秋天的塔里木河流域，化身金色的世界，从东边的尉犁到西边的轮台，都吸引着摄影者赶赴这场天地间最绚丽的色彩盛宴。如果你是历史爱好者，不妨来一次探险之旅，向南深入沙漠，探访米兰遗址、小河墓地甚至罗布泊，亲身寻找楼兰古国的传奇——但请一定先做好功课，不可贸然孤身前往。

七个星佛寺遗址

（见本页地图；七个星镇，G218国道边郊外；免费）2016年5月，经历3年修复的七个星佛寺遗址首次对公众短暂开放，向人们展示了古焉耆国佛寺曾经的辉煌。

★ 值得一游

罗布泊大裂谷

从库尔勒出发，沿G218国道往尉犁方向行驶约25公里，路边有"罗布泊大裂谷"的路牌，从这里拐进去再行驶约16公里，就到了罗布泊大裂谷（见本页地图；门票20元）。站在地面上看，前方一片平坦，要走到跟前才发现脚下竟然是一条藏在地下的峡谷。沿步道缓慢下到谷底，目前开发的步行距离约3公里，峡谷上窄下阔，两旁的石壁被流水侵蚀为各种奇怪的形状，有点类似库车天山神秘大峡谷，只是石体颜色少了些火红。Ⓛ

西域三十六国之一的古焉耆国曾是古丝绸之路上的重镇,地处龟兹和高昌两大佛教昌盛的国家之间。历史上这里是古焉耆国的佛寺,唐朝著名高僧法显和玄奘都曾驻留此地,七个星佛寺遗址出土的吐火罗文《弥勒会见记》,也记载了古焉耆国佛教的兴盛。据记载,焉耆佛教艺术早期受犍陀罗影响,雕塑多为木骨泥塑,有佛像、武士和供养人等。他们大多形态典雅,面庞圆润,敛眉低眼。遗憾的是,19世纪末至20世纪初,一些外国探险家到此考察,掠走许多文物,有部分佛像和壁画如今收藏在俄罗斯圣彼得堡的埃尔米塔日博物馆中。

七个星佛寺遗址位于G218国道边,在面积逾4万平方米的缓坡上,分布着近百座破残的大小建筑,也就是俗称的"千间房"。遗址修复工作据说是由高昌故城修复团队完成,在遗址上建起了游览步道供人参观,重要遗址处还修建了玻璃展厅,既可让参观者清楚地看到全景,又能对遗址起到保护作用。细细观看,在残存的室内墙角处还保留着少量佛像残部。在新建的**七个星佛寺遗址展厅**中,可以详细了解到佛寺的建筑布局和形制,以及雕塑和壁画的艺术特征等。在遗址以北小丘上还有残存的11座**石窟**,可惜佛像与壁画毁坏殆尽,暂不对外开放。

去七个星佛寺遗址可以在巴州汽车客运总站乘坐去七个星镇的班车(票价9元,人满即走;约40分钟),在七个星佛寺遗址前下车。回程可在路边搭乘返回库尔勒的班车。

巴仑台黄庙

(见431页地图;503 0136;和静县巴仑台镇巴仑台沟;门票15元;夏季8:00~20:00,冬季9:00~19:00)和静是南路土尔扈特旧部的赐封地,土尔扈特众部信奉藏传佛教,他们的喇嘛总庙就藏身于和静巴仑台沟的天山南麓。这座规模宏大的寺院始建于1888年,是新疆最大的黄庙。走进黄庙,参天古树中掩映着白塔、经幡和黄墙金顶的殿堂。**显宗学院**小巧玲珑,但通常不开放;

(左图)巴仑台黄庙；(左上图)七个星佛寺遗址；(右上图)罗布人村寨胡杨林。

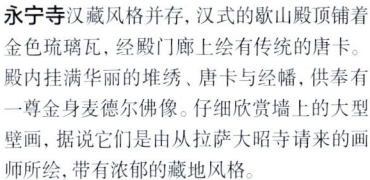

永宁寺 汉藏风格并存，汉式的歇山殿顶铺着金色琉璃瓦，经殿门廊上绘有传统的唐卡。殿内挂满华丽的堆绣、唐卡与经幡，供奉有一尊金身麦德尔佛像。仔细欣赏墙上的大型壁画，据说它们是由从拉萨大昭寺请来的画师所绘，带有浓郁的藏地风格。

巴仑台黄庙原有15座寺庙，后在"文化大革命"中被毁，现在看到的永宁寺是1998年西藏哲蚌寺捐款重修的；2014年以后又修建了新山门。每年正月十五，四面八方的信众都会聚集到黄庙，参加一年一度的盛大法会。

去巴仑台黄庙可以在巴州汽车客运总站乘坐去和静的班车（大车23元，小车38元；9:30~20:00，半小时一班；约1.5小时），然后转乘去和静钢铁厂的班车（大车13元，小车18元，约1小时），下车后可在桥头包车前往黄庙（往返40元）。

轮台胡杨林公园

[见431页地图；494 7765；轮台县沙漠公路70公里处；门票 旺季（5月1日至11月30日）45元，淡季（12月1日至次年4月30日）30元，区间车 往返/单程 30/20元； 夏季9:30~20:00；冬季10:00~19:30]在塔克拉玛干沙漠周围分布着大片胡杨林，轮台胡杨林公园则是最美、最为集中的一片胡杨林。进入大门，迎面可见一株巨大的胡杨王。直行是一条大道，路两侧的胡杨造型无一相同，且有不同的名字，如树魂、胡杨爷爷、胡杨奶奶、怪树林等。如果自己有车，或者脚力够好，可以沿着这条路边玩边拍，寻找独特的画面。不过，多数人还是选择乘坐区间车进入公园深处。胡杨林最美的时间段是10月1日至20日，过了这个时候，公园的风景就会逊色许多。

从库尔勒前往轮台胡杨林公园，可在巴州汽车客运总站乘坐去轮台县的班车（10:00~21:00流水班车，约30分钟一班；票价38元；约2.5小时），然后在轮台客运站转去塔河桥镇的班车（10:00~18:00，每2小时一班；票价18元），在公园门口下车；或在客

博斯腾湖

（见431页地图；博湖县和和硕县境内）

在古代，博斯腾湖被称为"西海"，辽阔的水域和洁白的沙滩，对身处内陆的新疆来说，的确有难得一见的海一般的迷人景色，阳光沙滩、湖滨湿地和烟波浩渺的水面，都吸引着人们前往，乘船游湖，观鸟赏花，品尝渔家美食。

环湖一周，有许多人工打造的景区，如位于北岸和硕县的金沙滩和银沙滩景区，以沙滩度假休闲为主；大河口景区又名西海渔村（门票45元），位于博湖西岸，以观鸟和吃湖鱼为主。阿洪口景区和莲花湖、扬水站、白鹭洲景区则组成了博湖南岸旅游区（四个景点一票制，45元/人），这里有庞大的野生睡莲群与40万亩自然芦苇，夏季可以乘船深入芦苇荡，欣赏盛开的睡莲以及一望无际的白色芦苇。不过，这些景区季节性太强，一年中有多数时间都处于无人管理状态，各种娱乐设施也日渐老化。但这并不影响当地对博湖的开发。2016年7月，又一处新景区孔雀海滩及加勒比海盗水上乐园在博斯腾湖扬水站孔雀河源头开张，主打以加勒比海盗为主题的各种水上游乐项目。

博湖各个景区景色大同小异，最佳游玩季节是夏季和秋季，阳光明媚，湖水清澈。南岸景区设施相对完善，是游玩博湖的主要去处。南岸目前的景点由西向东主要有莲花湖、阿洪口、扬水站、白鹭洲几处，全部游玩下来大约需要一天时间。最好从库尔勒包车前往，可以在一天内将几个景区都玩到。

罗布人村寨

（见431页地图；尉犁县墩阔坦乡；门票40元，区间车10元；8:00~21:00）尉（yù）犁，位于塔克拉玛干大沙漠边缘，曾是三十

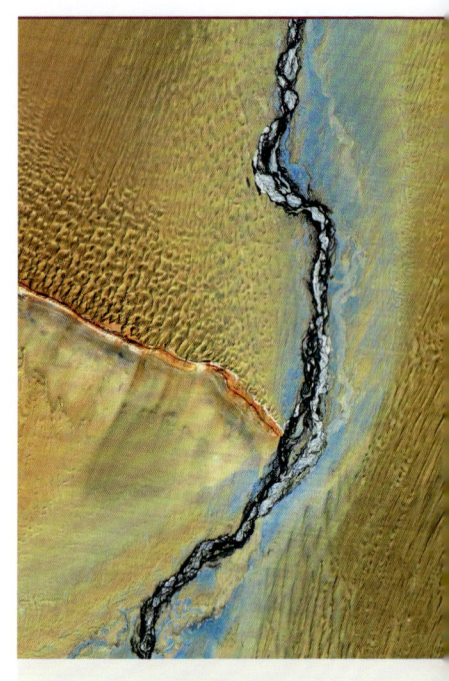

细水长流的死亡之海

顾磊

天山以南，大片的沙漠被周围群山环绕，只留下东边一个口子与茫茫戈壁相连，这就是中国最大的沙漠：塔克拉玛干沙漠，在古语中有"荒废之地"的意思，也是世界第二大流动性沙漠，因此常被人称为"死亡之海"。死亡之海的另一面则是塔里木河，而"塔里木"一词的原意就是河川支流，它发源于群山，流经山谷与草原，为沙漠带来了营养的泥土，滋润了丰饶的绿洲。这些河流就是南疆的生命线，著名的有阿克苏河、叶尔羌河、车尔臣河、开都河与孔雀河等。千百年来，受人为和自然因素的影响，河道如无缰野马行迹不定，河流尾闾也变化无常，有的终结于湖泊或水库，也有的逐渐消逝在沙漠中，最终渗入地下。与河流一同消失的，还有曾经的沙漠文明。

水是维系生态系统与生物多样性的重

(左图)卫星图上看到的塔克拉玛干沙漠;(上图)塔里木河环绕沙漠。(左图)视觉中国 提供;(上图)袁亮 摄

要一环。开都河流经的巴音布鲁克有丰富的沼泽草地,每年的6月到9月是最佳的赏鸟季节,大天鹅、黑鹳等大批水鸟飞到此地繁殖。近年来,这里也因牧民的撤离而出现更多狼的踪迹,草原逐渐恢复了它的原始面貌。流经沙漠的塔里木河孕育了世界上面积最大的原始胡杨林,在轮台县和尉犁县有一整片的胡杨林自然保护区。胡杨耐旱、防风沙,能生存在盐碱化较重的土壤中,也被维吾尔族寓意为长寿的象征。胡杨林、柽柳林及河流湿地也是很多动物的栖息地,如沙漠土著白尾地鸦和塔里木兔,此外,水里还生存着塔里木特色的大头鱼(新疆扁吻鱼)和尖嘴鱼(塔里木裂腹鱼),但近年来因为滥捕、水利建设与生物入侵,野生鱼群已实属罕见,目前大多通过人工繁育来维持种群。同样罕见的还有野生双峰驼,在塔里木东端极干旱的罗布泊野骆驼自然保护区,仍有一些泉眼和稀疏的植被维持着野骆驼的生存。

水也关乎每个人的生产生活。对于新疆的蒙古族来说,水草丰美的地方是他们的优良牧场,如巴音郭楞、巴音布鲁克、罗布泊等,这些美丽的名字都与水有关。对以农耕为主要产业的维吾尔族而言,水则是绿洲农业的必需。据说早期的罗布人在有水流过的河漫滩上撒上一些作物种子然后等到秋天就能满载而归。人们还创造出特色灌溉设施坎儿井,更有不少地名来源于维吾尔语,如阿克苏(白色的水)、库车(此地有井)等,酸奶乐队的一首歌唱出了维吾尔族人与塔里木河深厚而复杂的情感,"再见爱人/我会回到塔里木河边/付出我最辛勤的劳动/假如你要来塔里木/我会手捧鲜花迎接你"。20世纪五六十年代的生产建设兵团,以及八九十年代的大量内地移民,把塔里木绿洲农业推向了高潮。"荒漠中的一片绿洲"的确充满希望,但迅猛增长的人口消耗了过多的水资源,塔里木河中上游长期开荒垦殖,增建水利设施,迫使河流改道,尾闾的湖泊或消退或消失,曾经广袤的罗布泊在20世纪70年代彻底干涸,

← 导致了大量植被干枯死亡,再加上人为砍伐,巴州的胡杨林从20世纪50年代的780万亩,下降到约400万亩,后来国家通过立法、调水、生态补偿等手段,方延缓了塔里木河及其支流沿岸生态的恶化,塔里木河下游台特玛湖在消失近30年后,因人工调水措施重新恢复水面。尽管国家越来越重视塔里木河流域的生态治理,但地方上开荒造田的行为多年来仍屡禁不止,"边治理边开荒、边节水边耗水"的现象始终未能遏制,上下游之间、地方与兵团之间的用水矛盾也未能得到根本的解决。在这样的情况下,大漠深处的罗布泊也注定难以恢复到从前的景象,卫星图上大耳朵状的古湖盆或将成为罗布泊长久的地标。⑲

六国之一焉耆国属地,传说沙漠中最后的罗布人就生活在这里。不过,在罗布人村寨中看到的都是人工打造出来的罗布人生活场景,那些木头搭建的罗布人房屋,以及模仿太阳墓地的环形木桩群,只适合拍拍照片。更多人来到这里,只为体验在号称"死亡之海"的中国最大的沙漠塔克拉玛干沙漠边缘行走的感觉。景区提供骑骆驼、滑沙、沙漠冲浪车等娱乐项目,可以尽情地在沙漠里撒点野。

建议花一点时间登上西边远离景区的西沙山,等待夕阳西下的时刻。站在高大的沙丘上,环顾四周,塔里木河几乎环绕了大部分沙丘,浅浅的水面生长着形态各异的胡杨树,如果是秋天,金色胡杨倒映在水面,再加上落日余晖的晕染,让人仿佛置身梦幻世界。景区区间车最晚20:30收车,如果想拍摄夕阳沙漠,自驾车在19:00以后可以驶入景区,事先跟工作人员说明一下,就能晚点出景区。

罗布人村寨距库尔勒约85公里,可在库尔勒市客运站乘坐前往尉犁的班车(见430页),再在当地包车前往(往返约100元)。若真正想了解最后的罗布人的生活,建议顺道

巴音布鲁克草原牧归。

去尉犁县城的**罗布淖尔博物馆**(和平路18号)看看,内有关于小河墓地、太阳墓地的发掘情况介绍。

巴音布鲁克

巴音布鲁克是天山山脉中部的山间盆地,这片雪山环抱的高山牧场海拔2500米,曾经是蒙古的土尔扈特部落东归时定居的肥美草原,如今它是独库公路上最有人气的停靠点。每年6月开始,整个镇子就成了天然的景区,食宿的价格一路飙升,大多数旅行者只会在此停留一天。若有余兴,沿着镇上唯一的十字路口向北,爬上那个带凉亭的山坡俯瞰一下宽阔的巴音布鲁克草原也别有一番风味。

◎ 景点
巴音布鲁克草原 草原

(门票65元,区间车90元;⏰5月至10月7:00~19:00)虽然门票和区间车价格分列,

巴音布鲁克 437

但对于无法用双脚丈量的草原，区间车等于是打包价。私家车不得入内，整个游览过程必须依赖于区间车，沿途包含三处景点：天鹅湖、巴润库热庙以及九曲十八弯。只有最后一站才能隐约值回票价，但要想看到九曲十八弯的全貌还需步行3公里爬上山坡，愿意再加20元就有区间车代劳。不论用什么方法，上山获得的景色是值得的，尤其在日落时分（约21:30）最为上镜。不少人会因留恋此景色选择住在这里的毡房（200元/顶；可住5~8人，有火炉，不含餐），但其实日出的场景逊色很多。

景区入口和售票处就在巴音布鲁克镇口的游客集散中心，只出售当天票，且只能单次进出。进入景区的班车就在门口，坐满发车，从九曲十八弯回程的末班车为22:30。草原夜间寒冷，售票处租借军大衣（租金50元/件，押金100元）。除此之外，白天在非景区的草原范围内也有机会体验骑马驰骋草原的乐趣，150元/时，半小时起。

☑ 不要错过
一半是海水一半是沙漠

其实，博斯腾湖的美，更在于它的野趣。这里推荐一条避开景区的自驾线路，可以欣赏到博湖野性的一面。

下午从库尔勒市区出发，沿省道S206前往博斯腾湖，在快到扬水站景区时，从博斯腾乡拐入乡村公路，往东行驶，沿途经过大片棉花地、向日葵田和番茄地。夏秋时节正是丰收季，农民在地里忙碌着，采摘棉花，或将成熟的番茄装袋打包。沿乡村公路行驶约17公里之后车子就驶入一条沙漠公路，两旁都是起伏的沙丘。这条沙漠公路通往湖边，近两年因为风沙掩埋，路况不是太好。接下来基本沿博湖南岸往西行驶，一边是沙漠，一边是海水，景色非常漂亮。湖边湿地长满植物，秋天白色的芦苇、紫色的红柳和金黄的胡杨把湖边变成了色彩斑斓的世界。站在沙丘上眺望湖面，会看到湖中间有座巨大的海心山。在这里来一张与海水和沙山的合影，绝对可以刷爆朋友圈。离开沙山继续往前，沿途可以停下来慢慢欣赏免费的湖景。傍晚时分经过白鹭洲海滨游乐园，通常此时景区已经无人查票，可以沿小路下到湖边拍摄波光粼粼的一刻。接下来，沿着景区公路到达扬水站景区，结束愉快的博湖自驾行。 ⓛⓟ

❀ 节日和娱乐

《东归·印象》大型实景剧　　　　　舞台剧
（☎133 2563 8161）景区开放期间，只要有观众）每晚10:30都会在镇外的土尔扈特民俗文化村上演大型实景剧，几百名演员带领路上百匹马重现东归场面。根据座位票价168~398元不等，开场前游客集散中心会有班车接送。

那达慕蒙古族　　　　　　　　　　　节日
农历六月初四至初六来到巴音布鲁克，

可以参加草原民族最盛大的节日"那达慕"。当然作为景区,这里的那达慕表演性更强,会有《东归·印象》的演员们组成的方阵参加开幕式,以及赛马、摔跤、歌舞等。

食宿

巴音布鲁克镇只有一条主街,从头到尾也不到2公里,酒店基本都集中在大街两边,越靠近景区入口价格越高。不在意多走几步的话,镇尾的宾馆相对更便宜(旺季200元左右),离餐馆集中的十字路口也更近。不过这里的所有饭店都是景区价,野蘑菇是这里的特色,野蘑菇炒肉138元,野蘑菇拌面50元,烤肉13元/串,炒饭25元。早餐包子一笼5个10元。

每年6~8月这里的房价最高,9~10月的价格会折去将近一半,我们在此列出的为旺季价格。旺季时游客量巨大,最好提前预订,而9月下旬开始大多数酒店会从预订网站上下线,但实际营业会坚持到十一黄金周结束,建议提前致电,同时确认景区是否开放。

白天鹅大酒店　　　　　　　　酒店¥¥¥
(☏5350369;巴音布鲁克镇尾;标双/大床400元;❄🛜🅿)在镇子最尾端的多家酒店中最大最正规的一家,有老式饭店的风格,设施不算崭新,但房间宽敞,卫生间、床铺都十分整洁。不过部分房间没有空调。

龙兴国际大酒店　　　　　　　酒店¥¥¥
(☏5350333;巴音布鲁克镇游客集散中心旁;标双880元,景观房1080元;❄🛜🅿)全镇条件最好的酒店,位置紧贴景区。挂牌四星,硬件无可挑剔,服务也热情到位,可以为你提供各种游玩信息。9月下旬开始价格对折,性价比提高不少。

山中游招待所　　　　　　　　　招待所¥
(☏158 8668 2832;巴音布鲁克镇十字

那达慕上的摔跤比赛。

路口旁；双人间100元，三人间120元；🌐）背包客的福音，全镇最便宜的住处，但依然可以住得安心，床铺虽简易但非常干净，卫生间为公用，随时可以提供热水，店主相当热情周到，能给你力所能及的帮助。

❶ 到达和离开

巴音布鲁克只与和静有互通班车，在游客集散中心对面，每天9:00~16:30，坐满发车，大车65元，小车80元。

十字路口有不少个人司机凑人拼车去那拉提（50元/人；20分钟）。也可以在这里包车去库车（800元/车）、库尔勒（1600元/车）。

且末

且末在行政上隶属巴音郭楞蒙古自治州，但在文化属性和旅行线路层面，却与丝路南线的和田联为一体。离开和田地区，沿塔克拉玛干南缘越往东，绿洲的间距越大，且末就是荒漠中那片被车尔臣河赐予生命的地方。这里混居着维吾尔族、回族、柯尔克孜族、锡伯族、蒙古族等少数民族。河流上游、昆仑山脚的玉石与金沙也吸引了众多来自内地的"淘金者"。

从东汉至清代，这里先后为鄯善、于阗、吐谷浑、突厥、沙洲、察合台、叶尔羌汗国兼并或统治。纷繁复杂的历史在附近留下了诸多遗址，但目前开放参观的仅有3处。

⦿ 景点

且末县博物馆　　　　　　　博物馆

（📞762 5259；教育巷；⏰夏季9:30~13:20，16:00~19:00，冬季10:00~13:40，15:30~19:00）[免费]堂皇的且末县博物馆与同样堂皇的县政府办公楼隔着广场面对面。这里的展品算不得丰富，但设计比较用心。

进入展厅，首先映入眼帘的是一个古城式的门楼，玻璃地板下是沙漠。展览从且末的四大地貌开始，你可以在这里了解到阿尔金山中的大脚野人和雪豹、盘羊、牦牛等珍稀野生动物。历史部分图文罗列了从

🔄 另辟蹊径

塔里木河，流淌的金色胡杨

无论是轮台胡杨林公园，还是罗布人村寨，都只展现了塔里木河流域胡杨林千分之一的美丽。整个塔里木河流域，在金秋时节向人们展示着天地之间最为绚烂的色彩。塔里木河全长2179公里，由叶尔羌河、和田河、喀什噶尔河、阿克苏河等汇合而成，是中国最大的内流河。因为有了它，塔克拉玛干沙漠才有了绿洲，才有了美丽的胡杨林。

在轮台塔河桥镇有座著名的塔里木河大桥，全长605米，是通向塔克拉玛干大沙漠的必经之桥，也是欣赏塔里木河的最佳地点，大桥周边的野生胡杨林，美丽度绝不逊色于胡杨林公园。

如果你是自驾旅行，从罗布人村寨景区后门出去，沿乡村公路前行，会一直沿着塔里木河走，河边都是茂盛的胡杨林，不少胡杨树还长在水中，蓝天白云与金色枝叶一起倒映水面，令整个画面多了一份灵动，随便拍拍都是一张风光大片。 ⓛⓟ

西周开始的各朝代重大历史事件，以及玄奘、马可·波罗、斯坦因等人途经且末时的故事。

馆中所陈列的文物主要出土于扎滚鲁克墓葬，年代自春秋至宋代。最具特色的是毛纺织品，其色泽艳丽、工艺精美，证明当时的纺织业和扎染技术已具极高水平。出土于扎滚鲁克14号墓葬的两件木竖箜篌是博物馆的镇馆之宝（尽管看起来非常不起眼），这是中国最古老的拨弦乐器，距今已有2700多年的历史了，填补了中国音乐史的空白。当然还少不了新疆各个博物馆的保留节目——扎滚鲁克墓葬出土的两具干尸，可以留意下展板上对当地彩色文面的习俗、墓葬方式等内容的详细讲解。

"玉石之路"部分介绍了且末玉的资源

分布和特色等，并有一些从民间搜集的玉器展品，质量良莠不齐，有的简直像刚从纪念品商店买来的。

民俗风情展里的一张婴儿床值得你留意一下，它有针对男女婴儿的导尿管和排便洞，这种婴儿床至今仍被维吾尔族和哈萨克族使用着。

且末县文物局与博物馆在一起，如需去周边遗址参观需要在此申请并购买门票。

★ 扎滚鲁克墓葬陈列馆　　陵墓

(762 5259；门票30元) 丝路南线上的遗址要么遥远昂贵，要么无甚看点，要么二者兼而有之。在这里，你终于可以找到一个既轻松可达，又大有看头的遗址。

该墓群位于车尔臣河以西的戈壁上，距今1500年至3000年间的千余墓葬广阔分布于13万平方米的荒原中。自1985年以来，共进行过4次挖掘，发现墓葬169座。随之出土的纺织品、乐器、陶器、生活用品以及干尸都成为研究古代这一地区文化和人种的重要物证。

你将造访的扎滚鲁克墓葬陈列馆指的是一号墓地的24号墓葬，为全国重点文物保护单位。这座被建筑物罩起来的长方形墓坑距今已有2600多年的历史了。整个家族、不同时期的亡人依时间顺序从右上至左下呈"C"形排列，共有男、女、小孩14人。墓中随葬的陶、木、铜、铁、毛丝织物都已出土，保存在且末县博物馆里，这里只留下14具尸体，无声地述说着家族历史。

尸体呈仰身双腿弯曲姿势，耳、鼻、嘴填充有羊毛，双目覆盖石片，脸上有彩绘纹面，这是当时人们信奉萨满教的风俗。请注意左下角身材高大、身着红色裤子的男性，这是唯一没有屈腿而葬的家庭成员，据推测此人应是在外非正常死亡，被发现时身体已僵硬，所以无法再将他的腿屈起。此外，右下角的两具干尸离奇地叠放在一起，这显示出盗墓者在寻宝时曾有过翻动尸体的行为。

扎滚鲁克墓葬群位于且末县城以西6公里处，从县城包车往返的费用约60元。前往参观需要到博物馆购买门票，一位文物局工作人员（大多是美丽的维吾尔族姑娘）会陪同你参观，她们友善又健谈，会是你很好的向导。

来利勒克遗址　　遗址

(762 5259；门票50元) 如果你是考古发烧友，可以从扎滚鲁克墓葬继续深入沙漠约2.5公里，之后你会看到一片雅丹地貌，这里便是来利勒克遗址。总面积约1890平方公里，历史年代为春秋至中唐时期。

与大多数遗址的文物都被收入博物馆不同，来利勒克遗址地表散落着大量陶片，陶片最密集处每平方米有116块，其中以红褐色和灰褐色的陶片为最多。

来利勒克遗址曾被认为是西域三十六国之一的且末古城的遗址，后经考证否认了这种说法，真正的且末古城至今尚未找到。据史料记载，曾有上万楼兰人为躲避战乱逃到且末，玄奘抵达这里时却已是人去城空。且末古城到底在哪里，只能期待考古学者们尽早为我们揭开神秘面纱。

前往该遗址必须乘坐越野车。你需要先去博物馆购买门票，在文物局工作人员的陪同下前往参观，文物局也可为旅行者安排越野车，价格为500元/车。

托格拉克勒克庄园　　故居

(762 5259；门票20元) 这是一座有百年历史的维吾尔族地主庄园，位于且末县城以西2.5公里处，去扎滚鲁克墓葬群会路过这里。庄园建于1911年，是庄园主人为其第三任妻子所建，总建筑面积达780平方米。庄园的平面布局呈正方形，包含一组土木结构的住宅和园地，住宅分前院、后院，有大小房屋17间。

参观区域主要是回廊及其周围相连的房间。回廊由八角形木柱支撑，严格区分男女客人、舞者、乐师、用人的席位。回廊左侧是男客厅，再往里是备菜室，用人不能走正门，只能将菜从备菜室的后门送入。正对回廊的是念经堂，装饰古朴典雅，四周精美的壁龛是用蛋清、冰糖水和石膏混合涂制的，可见当时主人生活的奢侈程度，屋内还存有一个当时留下的油灯。念经堂旁边是洗礼间,也就是念经前洗小净的地方。再往里便是女主人的卧室,这间房里没有窗户,仅有一扇小天窗,屋内非常阴暗——按照当时的习俗,房屋内是不可以同时有天窗和窗户的。回廊右侧与男客厅相对的是女客厅,值得注意的是,男客厅门口有台阶,女客厅则没有,代表了封建社会里男尊女卑的世俗观念。院子里还留有当时的木制榨油机。

和上面两处遗址一样,参观这里需要先到博物馆购票。去扎滚鲁克墓葬群会路过这里,花上20元了解一下维吾尔族土豪的生活还是值得的。

🛏 住宿

位于中心地带的**州际酒店**(📞762 1888;团结北路中段;标双158元;❄ 🛜 🅿)房间宽大,装修得体,设施也很新。出门不远就是玉器市场。住在丝绸东路到玉泉河畔的地带也是好主意,周边有很多不错的汉餐。**凯悦大酒店**(📞860 1888;丝绸东路东段;标双168元,家庭房238元;❄ 🛜 🅿)是这条街上最好的一家。河畔的**玉泉湾商务宾馆**(📞793 0999;团结路337号;标双120元;❄ 🛜 🅿)要便宜一些,别忘了选一间"河景房"。

🍴 就餐

家宴私房菜　　　　　　　　清真餐¥
(📞762 3188;丝绸西路东段,人均40元;🕐10:00~22:00)这是家颇具规模的餐厅,菜品的照片就在进门右手的灯箱墙上,一目了然。价格不算便宜,但能尝出是来自正宗厨师的手艺。依然推荐牛羊肉类的菜品,腊牛肉蘸酱(58元)和辣爆牛肚(68元)都是点击率较高的。

巴哈尔曼美食馆　　　　　　清真餐¥¥
(📞762 7155;丝绸西路东段;人均40元;🕐10:00~22:00)继承了中档维吾尔餐厅的风格:装修得煞有介事,售卖的却还是抓饭烤肉等平民美食,除了常规动作,推荐你尝尝28元的肉馕。

小白杏干锅　　　　　　　　清真餐¥
(丝绸西路东段,人均30元;🕐10:00~22:00)内地流行的麻辣香锅在新疆也已开花结果。你可以把这当作一次实惠的快餐,肉类9元/100g,蔬菜6元/100g,在冰柜里挑好肉、蔬菜并称重。不一会儿,鲜香下饭的干锅就端上来了。

金达莱饺子　　　　　　　　　饺子¥
(丝绸西路东段,人均20元;🕐10:00~23:00)就在凯悦大酒店旁边,人气很旺。8毛钱一个的饺子皮薄馅大,足以慰藉那些来自北方的客人。

ℹ 到达和离开

飞机
且末没有火车站,却有机场。位于市区以北12公里处崭新的**且末玉都机场**,于2016年8月通航,执飞且末—库尔勒—乌鲁木齐的航线,每天一班。从市区乘出租车去机场需要60元。

长途汽车
且末客运站(客运路与胜利路交叉口)发往

ℹ 在且末逛巴扎

且末大巴扎和**玉巴扎**隔着埃塔路东西对望。大巴扎的门楼是高耸的维吾尔砖雕建筑,巴扎里很像内地的步行街,井然有序又不失热闹。两侧是出售各种日用品、地毯、水果、干果的店铺。玉巴扎里的露天铺位大多是卖原石和最简单的小挂件,挂件品质很差,周围的玉器店大多是生产、加工、销售三位一体的综合店铺。

周日大巴扎在县城北部的"昆玉农贸市场"。巴扎分服装区域和果蔬区域,所有商品都是以摆地摊的方式售卖,摊位都非常质朴,你还可以在这里看到一些内地已不容易见到的购物形式。

州府库尔勒的班车最为频繁。10:00、11:00、12:00、14:00、16:00、18:00,共6班,全程7小时,依车型不同,价格从97元至119元不等。

到若羌有10:00和16:00两班车,5小时,64元。此外,每天19:00还有一班发往乌鲁木齐的班车,全程19小时,卧铺262元。

且末周边
莫勒切河谷岩画

这处岩画位于且末县西南约180公里、莫勒切河的深山河谷中。岩画主要分布在莫勒切河东岸的山腰上,绵延一公里长,据推测是3000年前在此居住的羌人所画。岩画共有数千幅之多,尽管历经数千年风沙吹打,大多数画面仍可辨认。岩画取材广泛,内容包含野生动物、家畜、居所、狩猎场景、原始舞蹈、日月星辰、部落战争及各种神秘符号等,其中鹰的图案首次出现在中国岩画中。河西岸还有一处古人类生活的洞穴遗迹,附近还有一些古墓。

河谷的入口在G315国道上的38团驻地,这个食宿完备的小镇刚好位于民丰与且末的中点。从这里逆莫勒切河而上,70公里左右(好路、坏路各占一半)到达奥依牙依拉克乡(乡政府竟然远在G315国道旁、38团对面),再步行5公里才能看到岩画。自助旅行者——如果你决意要来的话,可以搭往返于且末和民丰之间的班车在38团下车,然后到路口试试能否搭到当地村民的车进入河谷。从民丰、且末两个方向来的自驾者可以选择在38团停留一晚,第二天一早进入河谷。

吐拉牧场

如果你被沙漠的烈日晒晕了头,那就来这个高山牧场凉爽一下吧。吐拉牧场位于阿尔金山与中昆仑之间,车尔臣河穿其而过,牧场的平均海拔在3000米以上,夏季凉爽宜人。这里矿产资源丰富,也有峡谷、草原、湖泊等自然景观,更可俯瞰车尔臣河及眺望两大山脉,视角辽阔,景色令人叹为观止。因此处地广人稀,生活在此的牧民为方便放牧,彼此居住得很分散,两户人家之间相距一两公里。

斯文·赫定与罗布泊

范佳奥

如果你正在新疆旅行,瑞典探险家斯文·赫定的精彩游记无疑是最佳旅行读物。100多年前,中亚大部分地区还是一片未知的神秘地带,从1890年开始,斯文·赫定带着一个探险家的使命正式踏足这片土地。在他的游记中,那是一个严酷又美丽、荒芜又辉煌的世界,似乎每一步都要面对奇遇和未知,生死考验更是家常便饭。之后的十余年中,以楼兰古城和罗布泊为代表的一系列伟大发现震惊世界,却也让斯文·赫定背上掠夺者的名号。

1885年,斯文·赫定的首次塔克拉玛干之旅就险象环生。由于携带饮水不足,在离和田河还有3天路程的时候整个队伍就完全断水。仆人、骆驼一个个倒下,赫定不得不抛下所有辎重蹒跚前行,最终一个神奇的水潭拯救了他。

罗布泊里的遗址。黄侃淳 摄

　　次年春天他重整旗鼓，成为首个南北横穿塔克拉玛干沙漠的探险家。这也是他首次到达罗布泊——当时那里还是一片水乡泽国，在罗布人首领的帮助下，赫定调查了孔雀河、塔里木河下游水系，并抛出了一个极具想象力的论点：此前俄国探险家普热瓦尔斯基认为清朝官方地图中对罗布泊位置的描述是"大错特错"，而赫定则认为未必，因为罗布泊是一个会移动的"游移湖"。这一说法引起了世界范围内的广泛讨论，至今学界尚无定论。

　　1899年，斯文·赫定的队伍从喀什附近出发，乘大船沿叶尔羌河和塔里木河航行。当时宽阔河道如今大多已是荒凉沙漠。1900年3月28日，赫定的仆人、罗布人奥尔德克将铲子遗忘在了罗布泊西北方向的一座废墟中，返回取铲的过程中，他遭遇了风暴，却误打误撞也发现了一座有着"精美雕刻木板"的古城——这就是楼兰。赫定只发现了冰山一角，差点与这座伟大的古城失之交臂！转年，他按图索骥重回楼兰，发掘出大量佛像、地毯、生活用品……其中最为珍贵的是诸多带有文字的木简和纸张，深邃宏大的"楼兰学"研究随之展开。

　　此后的1927年和1934年，赫定先后以"西北科学考察团""铁道部顾问"的身份重访罗布泊考察研究。

　　他从不认为自己是个考古学家，而是把"探险家"的职责发挥到极致。数十年间，斯文·赫定绘制了大量的塔里木河流域、罗布泊地区的地图，无不精准细腻，连同大批笔记、照片和速写，被后世斯坦因等科学家和探险家奉为圭臬。

　　1952年，这位伟大的探险家以88岁高龄谢世。在诸多荣誉中，恐怕只有"最后一位古典探险家"和"第一位现代探险家"最能概括他的传奇一生。在楼兰古城被发现的整整100年后，罗布泊钾盐生产基地正式投产。丰饶、干涸、重生，罗布泊则继续演绎着沧海桑田。

米兰遗址。

　　牧场距离且末县城210公里,驱车约4小时可达,旅行者可住宿在场部。10月进入冬季后极为寒冷,大多数牧民会下山入住政府设立的安居点。

若羌

　　"青海长云暗雪山,孤城遥望玉门关。黄沙百战穿金甲,不破楼兰终不还。"唐代诗人王昌龄在《从军行》中提到的"楼兰"本是西域三十六国之一,但在今天,这两个字已经远远超出了它的本意,成为谜一样的意向。

　　楼兰是公元前2世纪就出现的一个沙漠绿洲国家,位于塔克拉玛干大沙漠的罗布泊边,曾是丝绸之路上重要的驿站,连接着敦煌与且末、吐鲁番之间的漫漫旅程。直到今天,人们依旧会不远千里地来到这里,只为一探楼兰。

　　楼兰的今天,就是若羌。早在西汉年间就已建国,曾是西域与中原多种文化交流、传播的重要孔道。这里有4处全国重点文物保护单位,分别是楼兰古城、米兰佛教遗址、海头古城和小河墓地。

　　若羌县是中国面积最大的县,199,222平方公里的辖区,大概相当于两个浙江省的大小!北方广袤的沙漠中,由塔里木河的尾闾湖泊形成的台特玛湖水草茂盛,野鸟出没,与G218国道两旁的胡杨林共同组成了一道绵延数十公里的美景。南方绵延的山脉下,中国最大的国家级自然保护区——阿尔金山国家级自然保护区横穿整个县境。中国唯一的国家级野骆驼自然保护区——阿尔金山罗布泊双峰野骆驼自然保护区也在若羌。

　　在这里,你很难轻松游览什么成熟景区,一切都需要你花费更多的时间与金钱才能到达。大片未开发土地的神秘气息,当然对背包客和探险者极具诱惑。

◉ 景点

楼兰博物馆 　　　　　　　　　　　博物馆

(☏ 710 2984; 团结路楼兰广场; 免费;

自驾"金三角"

若羌和它东边的米兰遗址、北边的台特玛湖构成了一个单边长80公里的等边三角形。对自驾旅行者来说,这无疑是一条理想的1~2日游线路。

清晨从若羌出发,沿G315国道向东,左侧是茫茫戈壁,右边的天际线就是白雪皑皑的阿尔金山。到达米兰镇吃饭补给后,参观**米兰遗址**。之后转向西北方向的S214省道,这条穿行于戈壁、车迹罕至的道路会告诉你什么是荒凉。80多公里后转上G218国道向南,迎接你的是一片让人惊喜的水面。从20世纪70年代起干涸了30多年的**台特玛湖**在2002年后涅槃重生,每年5~10月这里都是水鸟的天堂。穿行在浩瀚碧波之间的公路,更是难得的驾驶体验。最后,在沙漠、胡杨、火红落日的陪伴下再行80公里,你就回到了若羌。

(9:30~13:00, 16:00~19:00; 每周一闭馆)进入楼兰广场,先别急着去博物馆。远观一下这座建筑吧,它的外形设计源自著名的米兰佛寺,外墙有巨大的楼兰美女浮雕与佛像,曾入选中国最具潜力十大遗址博物馆。相比惊艳的外观和名气,这座博物馆的藏品要逊色不少——据说70%的当地珍品都被送入自治区、自治州两级博物馆。一进门,迎接你的是一个极具震撼力的高挑大厅,可以通过中央的沙盘和墙上的灯箱对若羌文物的分布、亮点有个宏观了解。馆内展厅分为**文物展示厅**、**矿产资源展示厅**和**红枣展示厅**,展出了出土于楼兰遗址、米兰遗址、小河墓地等处的607件文物。最值得一看的是地下一层的文物展厅,展示了木简、陶器、武士像、玉石、弓箭、皮靴、麻鞋、船形木棺、五铢钱、金戒指、铜耳环等文物实品。最吸引游客的当然是"干尸"展区,也许是这一地区出土的干尸实在太多,陈列上给人感觉颇为随意。镇馆之宝是单独展示的**楼兰女尸**,这具出土于2004年的干尸有着披肩的长发、深深的眼窝和高高的鼻梁,眼睫毛清晰可见,头戴一顶插有羽毛的毛线帽,她比20世纪80年代出土的"楼兰美女"的保存状况还要好。

在二楼展厅的墙上,你能看到米兰佛教遗址出土的"有翼天使"壁画的复制品,这个古铜色皮肤、留着"朋克"发型的帅天使简直像游戏主人公一样酷。二楼展厅还以比较客观的笔触介绍了曾到过若羌的外国探险家,是他们找到了罗布泊,发现了消失千年的楼兰古国,也是他们的掠夺使多数珍品流落海外。

走出博物馆,别忘了到广场上的两道展示墙细细观赏,上面列出了若羌县境内所有的遗址和重要文物。

博物馆在县城南端,从客运站步行最多20分钟就够了。

米兰遗址   遗址

(710 2984; 米兰镇36兵团团部以东7公里处;文物管理费300元,需提前在若羌县文物局办理登记许可手续并缴纳费用)在丝路南线诸多遗址中,像米兰遗址这样路途、价格都亲民的可不多见。这是一处大型的复合型遗址，最早曾是西域三十六国之鄯善国的属地伊循城的所在地，是当时的丝绸之路南线重镇。鄯善国尚佛，当年这里曾建有佛寺和高大的佛塔。唐朝中期，这里被吐蕃所占，建有戍堡。现在的米兰遗址占地40余平方公里，从大门处走到最远的戍堡遗址，直线距离超过4公里（所以建议包车进入，步行参观不太现实）。沿途可以见到佛寺、佛塔、烽燧、唐代戍堡、屯田灌溉渠道等遗址，其中佛塔尚存高大的柱体塔身，是米兰遗址的象征。楼兰博物馆的外形设计正是借鉴于此。唐代戍堡尚保存有城墙、望楼等，墙体中镶嵌的红柳枝仍然清晰可见，它们具有加固夯土墙体的功能，等同于现代混凝土中的钢筋。新疆考古人员曾多次对米兰遗址进行发掘，大量珍贵文物出土，其中包括吐蕃文木简、佛头像、壁画、钱币、青铜器等。2012年的最近一次考古挖掘又有36间民居出土，对考察古人的屯垦戍边生活具有重要意义。

米兰镇在若羌以东80公里，包越野车往返需要一天，费用在800~1000元，遗址入口处有时还要收取400元/团的带路费。若不得不在米兰镇住一晚，可下榻米兰宾馆（☎751 2133；米兰镇36兵团团部对面）。

🛏 食宿

若羌的酒店集中在两个区域：市中心客运站附近和博物馆附近。无论住哪儿，都有不错的餐馆供你选择。

祥云商务宾馆（☎701 0099；团结路337号；标双120元；❄🛜🅿）离客运站不到5分钟脚程，房间很大，卫生良好。博物馆对面的**荣华精品酒店**（☎710 6766；团结路博物馆对面；标双148元；❄🛜🅿）新晋开张，硬件设施极具竞争力，还有极其夸张的圆床可供选择。旁边老牌的**花儿酒店**（☎710 3333；标双100元；❄🛜🅿）清静温馨，价格更是让人难以拒绝。

客运站附近**金鹰烤肉王**（建设路402号；人均40元；⏰12:00~24:00）门口的烤炉总是热火朝天。不用看菜单，十个肉串（5元/串）加一个馕（2元），是肉食动物的不二之

🎓 西域探险大事记

范佳奥

19世纪末至20世纪初，一场"大博弈"在英国和沙皇俄国之间展开。它们一个是南亚次大陆的宗主，另一个是中亚地区的实际控制者，在地缘上，新疆地区无疑是两国利益的交叉点与冲突点。对地理和军事信息的收集成为早期西域探险的主旋律。在此过程中，一些被带回西方的古代文本引起了考古学界的注意，那些掩埋在西域黄沙之下的古代文明和珍贵文物继而成为列强觊觎的焦点。刚好，一批不世出的探险家生逢其时，英国的斯坦因，瑞典的斯文·赫定，日本的大谷光瑞、橘瑞超，法国的伯希和……他们纷纷在这片土地留下了深刻的足迹，其是非功过也在此后的时光中任由评说。但毫无疑问——也许是人类最后一波的地理大发现，就这样展开了。

1870年，英国福赛斯使团从印度列城出

小河墓地。视觉中国 提供

发进入喀什噶尔,与阿古柏政权进行最初的接触。

1876~1877年,沙俄军官普热瓦尔斯基翻越天山经库尔勒,进入塔里木盆地,并抵达罗布泊。

1893~1897年,斯文·赫定第一次赴西域,抵达丹丹乌里克、喀拉墩和麻扎塔格戍堡。

1900年,斯文·赫定在一次偶然中发现楼兰古城,并挖掘出大量汉语、佉卢文文书、古钱和木雕佛像。同时,他还考察了罗布泊,提出"游移湖"的推断。

1900~1901年,斯坦因第一次进入西域探险,集中在和田周边,发现了约特干古城、热瓦克佛寺和尼雅等遗址。

1902~1914年,日本大谷探险队先后三次来到西域,其中最大的收获是1908年橘瑞超在楼兰发现的"李柏文书"。

1902~1914年,德国吐鲁番探险队先后四次的考察中,带走高昌故城、克孜尔千佛洞、苏巴什、吐峪沟等地壁画、刻写本、雕像共计300余箱。

1905~1908年,伯希和在喀什、库车、吐鲁番等地收集带走经书、绢本和纸本画共计10大箱5000余本。

1906~1908年,斯坦因的第二次探险,横穿塔克拉玛干沙漠,考察楼兰、米兰遗址。

1909~1910年,俄国探险家奥登堡在吐鲁番盆地考察了苏巴什佛寺、克孜尔千佛洞,并部分发掘了高昌故城、交河故城和柏孜克里克千佛洞。

1913~1915年,斯坦因在第三次探险中发掘了尼雅、楼兰等遗址;在吐鲁番发掘了阿斯塔那古墓,揭取柏孜克里克千佛洞壁画。

★ 值得一游

"又红又砖"的沙漠公路

1966年,新疆建设兵团奉命修建尉犁到若羌、连接南北疆的公路。2000多名知青(多数来自北京)立刻奔赴沙漠投入建设。在物资短缺的年代,他们决定就地取材,以土烧砖作为路面材料。手打砖坯、土制砖窑、以沙漠中的风干胡杨作为燃料,硬是用6年时间,以6120多万块红砖铺就了102公里长、7米宽的沙漠公路。2001年,G218国道改建,这条被吉尼斯认定为"世界上最长砖砌国道公路"的红砖路结束了它的通行使命,只在新路基旁保留下2.2公里路面作为纪念。

红砖路位于若羌以北170公里处的农二师34团附近,走过G218国道时别忘了凭吊一番这段历史。LP

红枣节。

选。不远处的**蜀都食府**(建设路388号;人均40元)则提供比较正宗的川味炒菜。

生活在若羌的川渝人士还常到**古今一家火锅城**(☎701 0099;团结路962号,人均50元;⊙10:00~24:00)一解乡愁,可见其水准。羊肉片22元,肥牛28元,味道足够鲜美,没必要染指菜单上48元的鲜羊肉。

✈ 活动

若羌楼兰文化旅游节暨红枣节　文化节

每年10月举行的若羌楼兰文化旅游节暨红枣节(具体时间可关注微信公众号"若羌零距离"),以楼兰文化和红枣产地为宣传点,一般会举办各种主题活动。届时,你可以在楼兰博物馆前品尝到本地美食,尤其是包括红枣酒在内的各类红枣制品(在博物馆对面团结路上的若羌特产专卖店可以买到)。在县城周围的枣园里,经过主人允许,你还可以亲手摘枣品尝。

ℹ 实用信息

若羌县人民医院(☎710 2345;胜利路与建设路交叉口)

若羌县文物局(☎710 2984;团结路楼兰博物馆内)去楼兰、米兰遗址前需要在此办理相关手续。

若羌县第一秘境旅行社(☎710 6088;团结路楼兰博物馆内)大概是丝路南线上最专业的户外探险旅游机构,门前一字排开的高性能越野车可以说明这一点。目前主要经营一般游客难以自行抵达的小河墓地、楼兰古城、罗布泊湖心、阿尔金山自然保护区等目的地,行程1~3日不等。包括准入许可、越野车、露营装备、随队厨师在内的一价全包价格9000~20000元/人。由于一些线路需要提前申请手续,并提供健康证明,因此建议出行前两周就联系旅行社。

阿尔金山自然保护区管理局(☎710 2000;若羌客运站对面)进入阿尔金山自然保护区需要先在这里咨询并办理相关手续。通常6人以下的团队每人收费5000元,12人以上的团队降至每人3000元。不过保护区管理规定多有

阿尔金山自然保护区里的藏羚羊。

变化,并非每次申请都会获批。

❶ 到达和离开

若羌客运站(客运路与胜利路交叉口)发往州府库尔勒的班车最为频繁。10:00、11:00、12:00、14:00、16:00、18:00,共6班,全程7小时,依车况不同,价格从97元至119元。

到且末有10:00和16:00两班车,5小时,64元。此外,每天19:00还有一班发往乌鲁木齐的班车,全程19小时,卧铺262元。

阿尔金山国家级自然保护区

罗布泊、可可西里、羌塘、阿尔金山——中国四大无人区,若羌竟坐拥其二。如果说罗布泊是浩瀚的生命禁区,那么夹在昆仑山与阿尔金山之间的这片自然保护区则是野生动物的天堂。阿尔金山国家级自然保护区东西长370.8公里,南北宽192.2公里,总面积达4.68万平方公里,平均海拔超过4000米,是世界上不可多得的"高原野生动物基因库"。这里是野牦牛、野骆驼、藏野驴、藏羚羊和雪豹的家园,散布其间的十几个高原湖泊还聚集了众多珍贵的鸟类。多数旅行者会利用2~4天的时间造访如下景观。

高原沙漠

面积达2000多平方公里的库木库里沙漠,横卧在祁漫塔格山南麓,海拔4000米左右,以壮观的金字塔形沙丘而著称。鲸鱼湖以东的积沙滩沙丘,更是以5000米的海拔战胜了南美洲阿塔卡马沙漠(海拔3000米),荣膺"世界最高沙漠"。

沙子泉

在海拔4000米、库木库里沙山北麓的坡脚,三个巨大泉眼并排而立,最大的泉口直径200米,面积达3万多平方米。三口泉眼汇聚成一条蔚为壮观的沙河,在沙漠中形成了一小片奇幻的微型湿地景观。

另辟蹊径

青海道

与人们耳熟能详的河西走廊相比，丝绸之路青海道似乎很少为人所提及。其实早在两汉时期，青海进入西域的通道就已开拓，张骞出使西域，归国途中为避免与北部的匈奴相遇，"并南山，欲从羌中归"（翻越阿尔金山，欲从青海南部返回）。后来逐步形成了从西宁经青海湖，穿越柴达木盆地到达若羌的路径。南北朝时局动荡，河西走廊成为纷争之地，东西往来者更多取青海道，这条道路也迎来全盛时期。此后，国力强盛的唐朝保障了河西走廊的畅通，又开通了青海河源地区至吐蕃的唐蕃古道，"青海道"便随之没落。

时至今日，连接青海、新疆的G315国道成为新时代的"青海道"。如果你是自驾车从河西走廊进入新疆，那么离开时不妨走一下青海道。从若羌到德令哈，1050公里的无人地带路况优良，戈壁、雅丹、湖泊美景一路相伴。中途涩北加油站的建立更使自驾者再无后顾之忧。如此美景，别着急赶路，在省界附近的花土沟住宿一晚是惬意的选择。

高原湖泊

祁漫塔格山下的阿雅克库木湖距离最近，536平方公里的面积也是保护区中最大的。蓝水、金沙、黑山汇聚在一幅画面中，极具视觉冲击力。西南方向更远一些的是阿克其库勒湖，352平方公里的广阔湖面被沙漠包围，使矿化程度本来就高的湖水更显幽兰，像是放大版的"月牙泉"。湖中两个小岛上还栖息着数万只鸟类。鲸鱼湖位于保护区最南端的雪山之下，其中有一天然形成的高出湖面2米到4米的沙砾堤坝，湖水依此分界，形成了"东淡西咸"的奇特现象。

这片宁静而辽远的地带长期以来处于隔绝状态，每年获准进入保护区的游客极其有限，正因如此，它更令户外探险爱好者心驰神往。进入这一地区前，应先到若羌县的**阿尔金山自然保护区管理局**（见448页）备案并缴纳费用。考虑到手续的烦琐和行程的风险性，还是建议一般旅行者参加**若羌县第一秘境旅行社**（见448页）经营的相应线路。如果你是有一定经验的自驾探险者，也可以联系**若羌楼兰汽摩运动协会**（186 9963 6668），看看能否加入他们的车队进入保护区。这个若羌当地的民间组织，不但组织自驾活动，还经常无私地提供免费野外救援。最后要严肃地告诫一下，任何擅自进入保护区的行为都是违法的，后果严重，同时这也是对自身安全不负责任的做法。

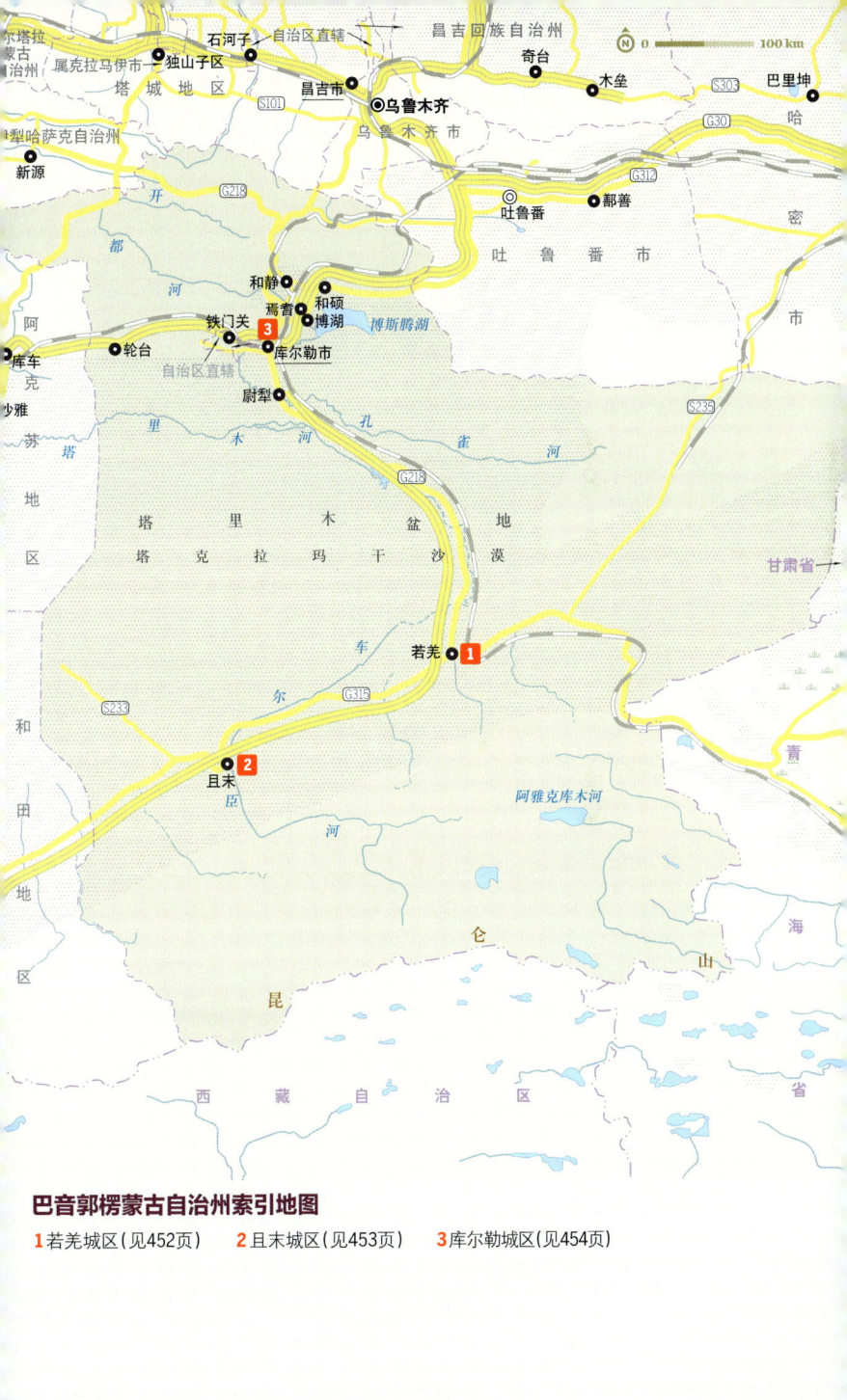

巴音郭楞蒙古自治州索引地图

1 若羌城区（见452页）　　**2** 且末城区（见453页）　　**3** 库尔勒城区（见454页）

若羌城区

若羌城区

◎ 景点 (见444页)
1 楼兰博物馆 B4

🛏 住宿 (见446页)
2 花儿酒店 B5
3 荣华精品酒店 B4
4 祥云商务宾馆 B2

✕ 餐饮 (见446页)
5 古今一家火锅城 B4
6 金鹰烤肉王 B2
7 蜀都食府 B2

ℹ 实用信息 (见448页)
8 阿尔金山自然保护区管理局 C1
  若羌县第一秘境旅行社 .... （见1）
9 若羌县人民医院 C2
  若羌县文物局 .... （见1）

ℹ 交通 (见449页)
10 若羌客运站 C1

且末城区

且末城区

◎ 景点 （见439页）
1 且末县博物馆 B1

🛏 住宿 （见441页）
2 凯悦大酒店 D2
3 玉泉湾商务宾馆 D2
4 州际酒店 C2

✕ 餐饮 （见441页）
5 巴哈尔曼美食馆 C3
6 家宴私房菜 B2
7 金达莱饺子 D2
8 小白杏干锅 B3

🔒 购物 （见441页）
9 且末大巴扎 C2
10 玉巴扎 C2

ⓘ 交通 （见441页）
11 且末客运站 C4

454 库尔勒城区

库尔勒城区

◎ 景点 （见426页）
1 巴音郭楞蒙古自治州博物馆................... C5
2 加麦清真寺 A4

🏠 住宿 （见427页）
3 UP精品酒店... B3
4 库尔勒园林宾馆...................................... C6
5 龙行青年旅社.. D5
6 麒麟宾馆... A2
7 如家派柏@云酒店 B2
8 苏格拉底咖啡主题酒店 B2

⊗ 餐饮 （见428页）
9 白星美食城 B2
10 地窝堡国际大排档..................................B3
11 疆土印象 D5
12 六队馕坑肉 A1
13 麻一把椒麻鸡火锅................................... B4
14 识途抓饭馕坑肉烤羊排 C4
15 一甸牛肉面 A5

ⓘ 实用信息 （见429页）
16 巴州人民医院.. B3
17 库尔勒市公安局...................................... A4
18 中心邮局 C5

ⓘ 交通 （见429页）
19 巴州汽车客运总站 A2
20 库尔勒火车东站...................................... D4
21 库尔勒市客运站...................................... A4

游牧人居住的蒙古包。

视觉中国 提供

生存指南

出行指南.................457
住宿 457
证件 458
保险 458
银行 459
购物 459
邮政 459
电话 459
气候 460
上网 460
工作时间 461
旅行信息 461
团队游 461
摄影和摄像 461
危险和麻烦 461

独自旅行者 462
无障碍旅行 463
女性旅行者 463
同性恋旅行者 463
志愿服务 463
活动 463

交通指南.................464
到达和离开 464
飞机 464
火车 465
长途汽车 465
区内交通 466
飞机 465
火车 466

长途汽车 466
自驾车和包车 467
当地交通 467
公交车 467
快速公交（BRT）.......467
出租车 467
搭便车 467
摩托车 468
骑马 468

健康指南.................468
幕后.........................472
索引.........................473
如何使用本书.........477
我们的作者.............478

出行指南
住宿

新疆各地从廉价小旅馆、青年旅舍、特色客栈民宿,到连锁酒店和高级酒店都有,大部分知名景区都配有住宿设施。乌鲁木齐是新疆最发达的城市,也是旅行者前往各地的主要中转站,住宿条件较好,各档次宾馆遍布,既有星级酒店,也有平价的快捷酒店。在喀纳斯、吐鲁番、喀什、伊宁等传统旅游城市,背包客能找到干净整洁的青年旅舍,也可以入住各种经济型酒店,还有民族特色浓郁的传统民居客栈可选。其他城市和县城的住宿会相对单调,以廉价小旅馆和经济型商务酒店为主。若想深入探索森林、草原与湖泊,可能要做好住木屋和毡房、蒙古包的心理准备。

新疆风光迷人,民族节日和旅游活动较多,每年7~9月的旅游旺季,以及十一黄金周,都是住宿最贵的时候。例如,喀什肉孜节和古尔邦节、8月吐鲁番葡萄节、10月的轮台胡杨节期间,当地住宿会非常拥挤,价格也会一路上涨,如要前往,请一定提前预订并接受涨价的现实,否则会陷入一床难求的境地。而在寒冷的冬季,一些季节性景区的宾馆常常会暂时歇业,如喀纳斯和以看草原为主的伊犁州。

新疆是劳务输出输入大省,在用工特定时段(如采棉花、收枣、春运)会出现交通高峰,住宿同样紧张,在乌鲁木齐、库尔勒、阿克苏等交通枢纽城市,火车站、客运站周边的住宿会有拥挤、涨价情况出现。请尽量避开这些时段前往。

新疆本地时间和北京时间有2小时时差,一般酒店的退房时间是下午2点。退房时请向前台确认已经将你的身份证信息登出系统,否则将无法在下一家酒店办理入住。

在我们调研时,新疆比较好用的订房网站是**携程旅行**(www.ctrip.com)、**美团网**(www.meituan.com)、**去哪儿网**(www.qunar.com)的资源也比较丰富。

青年旅舍

青年旅舍是我们一直提倡的首选住宿,但在新疆,正式加盟**国际青年旅舍组织**(YHA China; www.yhachina.com)的旅舍不多,甚至可以说新疆真正高品质的青年旅舍并没有加盟YHA。乌鲁木齐、喀什、库车、伊宁、吐鲁番、喀纳斯、布尔津、特克斯等地都有不错的青年旅舍,一般宿舍铺位40~120元。持有YHA会员卡(年费50元)可以享受会员价,通常是每个铺位便宜5元,或者每个房间便宜10~30元。在青年旅舍的公共活动空间往往能约到旅伴,店内通常会提供旅游咨询、订票、上网、自助洗衣等服务,有些会有熟悉靠谱的包车/拼车司机。

除了乌鲁木齐,其他大多数地方的青旅冬季会歇业。

客栈和民宿

吐鲁番、喀什、伊宁、特克斯、喀纳斯、禾木、白哈巴等地的特色住宿是具有当地民族风情的客栈或民宿。它们或是维吾尔庭院改造而成,拥有一个夏季布满葡萄藤的院子,或是图瓦人的木屋改造而成,都装饰得贴合本地本民族传统特色,一般也能提供就餐,设施和价格因主人的资金投入和经营理念而异。入住这类住宿的最大优势,是可以近距离接触本地人,是体验本地生活和文化的绝佳途经,但要记得尊重主人家的作息和生活习惯。

另一类更具现代设计感的民宿广泛分布在伊犁草原,尤

住宿和餐饮价格范围

本书所列的住宿价格皆为旺季价格,其中标间价格为带卫生间的双床或大床房的房价,普间价格为不含卫生间的房型价格,青年旅舍则加标床位价格。除非特别注明,否则房价不含早餐。

分类	房价范围	餐饮价格范围
¥(经济)	200元以下	50元以下
¥¥(中档)	200~500元	50~100元
¥¥¥(高档)	500元以上	100元以上

以琼库什台多，十分应景地相融于大自然，内部又十分现代化。喀什和伊犁的薰衣草场还有一批摩洛哥风的网红民宿。

连锁快捷酒店

在新疆旅行，保守一点的选择是品牌连锁快捷酒店，能在网上提前预订，价格符合预期，服务与硬件设施都有保障，不会有失望但也没有什么惊喜。设点比较多的有如家、7天、锦江之星、汉庭、速8、星程酒店等，全季、丽枫、亚朵等中高端品牌也能在较大的城市找到。这类酒店的位置往往靠近城中心，交通便利。

酒店宾馆

乌鲁木齐不乏五星级酒店。各州府都能找到星级酒店，三星级到四星级一般在300~500元，热门景区通常也有四星级标准的酒店，价格更高一些。在普通县城的住宿以商务酒店占主流，价位在250元左右。小县城以县名命名的宾馆很可能就是当地最好的政府宾馆，而且住宿条件都比较舒适。酒店宾馆的新旧程度通常比星级更值得注意，一家新开的商务酒店和一家10年前装修的四星级酒店相比，前者可能更干净、舒适。

精品酒店

在乌鲁木齐、伊宁、喀什等旅游热点城市，注重设计感的精品酒店日益增多。它们的规模一般不大，但在细节与服务上用心，要么由历史建筑改造而成，要么有一个吸引人的主题，价位相对较高，一般在500元以上。当下新疆最奢华的酒店是赛里木湖附近的温泉克鲁格野奢营地，不但占尽环境地势之优，夏季还有直升机接送。

小旅馆和招待所

在很多小城镇，这类住宿在所难免，价格一般在百元左右，房间能有基本设施。住客的来源可能比较复杂，入住前最好用你的江湖经验判断一下。特别是随身物品和证件还得小心看管。各地客运站旁边的可以作为首选，出行方便。

露营

除非是为了徒步，或到无人区探险，背着帐篷在新疆旅行确实有些累赘。在冬季人迹罕至的天山深处或是没有信号的沙漠戈壁中露营，很可能遭遇不测。若有需求，建议选择正规的宿营地或是就近找当地人家借宿。

如果只是想体验露营的感觉，各大草原类景区都有大量哈萨克毡房和蒙古包提供住宿，还能顺便体验一番游牧民族的生活。有时毡房甚至是景区唯一的住宿选择，不过温饱和安全全都有保障。

如今，一种新型的露营方式非但不辛苦，硬件设施还称得上享受，既有酒店化的管理，又能满足抬头就见璀璨星河的野营愿望。星空帐篷营地、房车营地等就是这类流行的宿营方式，在赛里木湖、江布拉克、鄯善沙漠等景区都能找到。哈密大海道景区内太空舱式的火星基地也是近来的网红，条件称不上好，价格十分昂贵，胜在体验独特。这类野营地都只在夏季营业。

证件

在新疆，身份证必须随身携带，在一些公共场所可能会遇到身份证检查。参观博物馆一般也需要身份证登记。如果要走中巴公路去往喀拉库勒湖、塔什库尔干、红其拉甫口岸，或从叶城走新藏线去阿里，或从喀纳斯、哈巴河前往白哈巴，从乌恰前往玉其塔什草原，你还需要凭身份证去当地边防大队办理边境通行证。

此外，学生证、军人证、教师证和记者证都要带上，能在部分景区享受门票优惠。

如果你有心将旅行延伸到中亚地区，请带上护照，并提前办理签证，各个口岸的开放时间不同，请提前咨询。此外，在伊犁霍城县中哈霍尔果斯口岸，凭护照可以免费进入中哈霍尔果斯国际边境合作中心，身份证则需要办个单次通行证（15元）。在我们调研期间因疫情防控，大多数口岸皆为关闭状态，有些甚至不得靠近拍照。

保险

购买保险是旅游计划的一个重要组成部分。不少保险公司都有旅游意外险的险种，能够对旅行者在旅行中因人身意外、财物丢失、医疗急救等造成的损失进行一定比例的赔偿，尽可能地降低旅行的风险。

如果你在旅行中需要参团游览，团费中一般都已包含旅行社给你购买的旅行社责任保险，但这个险种只承担因旅行社的过错给旅行者带来的损失，却不包括因意外或旅行者自身过错造成的损失，因此，即使在团游的时候，也别忘了自行购买旅游意外险。

如果是自助游的话，由于去很多景点都需要包车，而大多数车辆为私人运营，这意味着一旦出事就没有任何保障可言，所以一份旅游意外险十分必要。喜欢户外的旅行者需要注意，传统的旅游意外险一般都不包含极限运动造成的损失，所以旅行者需要另行购买人身伤害险。至于自驾游的旅行者，建议为汽车购买全车盗抢险或车辆损失险，比较昂贵的相机之类的装备也可以考虑购买财产险。

旅行者在购买火车票、长途汽车票的时候，不少车站在售票时会主动搭售保险，根据保险自愿的原则，旅客有权拒绝（最好购票时提前声明）。即使没有另外购买保险，票面也已经包含了承运者的保险责任，因此如果发生意外，依然有权进行索赔，所以一路上的各种票据请妥善保管，以备不时之需。另外，旅游意外险通常包括了航空意外，有时候比购买航空意外险更加优惠，而且保额更高。

银行

新疆的银行机构在乌鲁木齐和各州府比较完备，一般国有四大银行都设有分理处。各地县城一般也都有邮政储蓄银行、农业银行、建设银行或工商银行营业网点，附有24小时营业、有银联标志的ATM。离开了县城，农村信用社与邮政储蓄是你最后的救命稻草。手机支付在新疆也非常普遍，但如果要深入一些偏远地区、无信号地区，就要预先准备好足够的现金。

购物

在新疆旅行，总会遇到不少富有当地特色的东西，请控制你的购买欲望，否则荷包与行囊都将不堪重负。

喜欢各地土特产的定会有收获。新疆的干果、雪菊都值得购买，但在挑选时请到正规市场，不要盲目相信路边掮客的推荐。在乌鲁木齐、库尔勒、吐鲁番、喀什等地的瓜果、干果市场，许多店家都提供快递和物流服务，买再多的干果甚至时令水果，都不用担心增加旅行负担。

每个城市的巴扎，都值得去逛，都可能发现喜欢的手工制品。喀什的商品贸易堪称新疆之最，老城内的各种巴扎中都有不少经营时间很久的手工艺店铺值得淘宝。地毯、艾德莱斯绸、英吉沙小刀、乐器和民族服饰，除了相应的产地之外，乌鲁木齐的二道桥是一站式购物的好去处。

乌鲁木齐、伊宁都有大量来自哈萨克、俄罗斯和土耳其的舶来品。中哈霍尔果斯国际边境合作中心（见283页）有中免商场，是新疆首个免税购物中心，有很多哈萨克纪念品出售。

和田玉市场价格一路飙升，产业链条讳莫如深，与其做"待宰羔羊"，不如加入捡玉大军，再到加工店花二三十块钱做个挂饰。其实除了玉，和田的地毯也闻名遐迩。

在某些偏远地区，可能会有人向你兜售各种野生动植物，甚至是受保护的动植物，这属于违法行为，请不要购买，也不要购买任何由珍稀野生动植物制成的产品。没有购买就没有杀戮，更何况等同于支持非法捕杀的买卖行为也可能触犯法律。

邮政

县城一级都有邮局，寄包裹不是问题。**国家邮政局**（www.chinapost.gov.cn）的网站上可以查到可供参考的邮政资费。旅游景区内也有普包、快包、EMS等多种服务。在较大的城市和县城能找到顺丰、申通、韵达等民营快递的网点，具体请参照快递官网。有些酒店、旅舍的前台也可代办快递业务。

电话

无论是移动、联通还是电信，手机信号基本都已覆盖至各村镇，县城一级的地方基本都有这些运营商的营业厅。在热门的旅游景区一般都有手机信号，但深入草原牧区、原始森林、高山、沙漠戈壁依然有很大可能失联，有些乡间公路的信号也是时断时续。旅行时间较长或者通话频繁的，可以申请一个包含若干免费通话时间和全国漫游免费拨打的套餐。

因为手机太方便，公用电话和IP话吧正在不断减少。如果你是拨打报警电话，尽量使用座机，方便警方迅速定位。有些宾馆、旅馆和运营商有合作，在客房有免费畅打国内长途的座机。

气候

新疆面积广阔，因南北跨度和地形高差，南北疆气候差异很大，东西疆则有明显的干湿之别。普遍而言，新疆冬冷夏热，昼夜温差大，大部分区域干燥、风沙大、太阳辐射强。请参见24页"行前参考"了解新疆的最佳旅行时间。**中国天气网**（www.weather.com.cn）能查到未来3~7天新疆各市县的天气情况，"墨迹天气"App也很实用，可预告未来10天的天气变化。

上网

智能手机如此普及，多数旅行者已不必一路寻找网吧。外地手机卡在新疆也有4G信号。

不少宾馆和连锁酒店都提供免费无线网络和宽带上网，带电脑客房也正在增加，资讯查询和网上办公都不是难事。当然，如果你确有去网吧的需要，在大多数城镇也能找到网吧，它们基本为当地网游爱

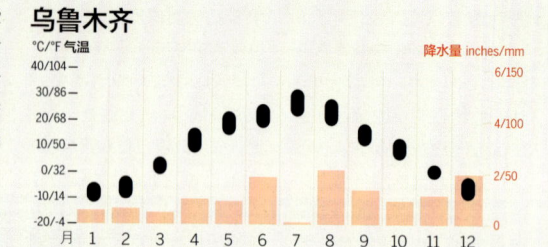

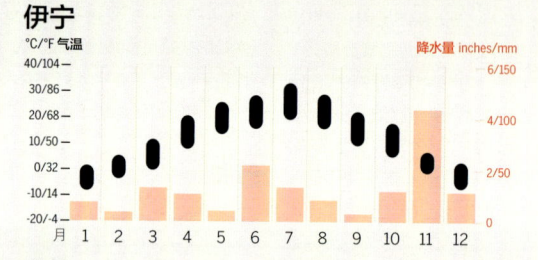

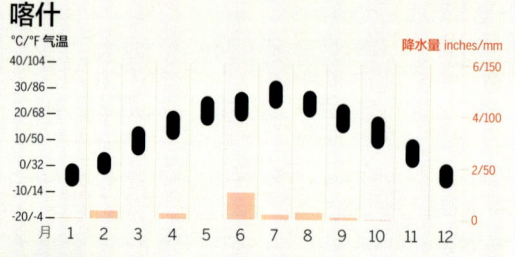

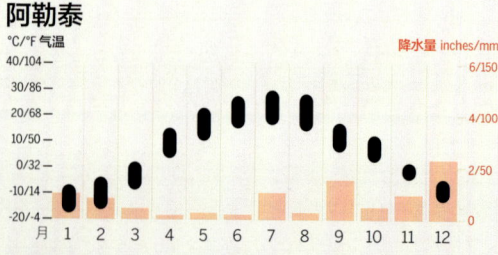

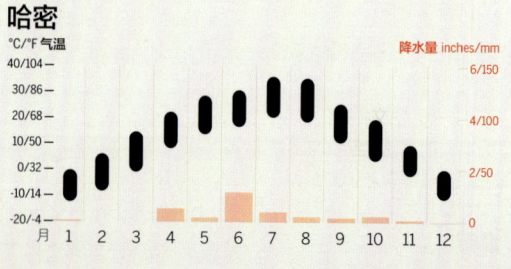

乌鲁木齐

伊宁

喀什

阿勒泰

哈密

好者而设。记得带上二代身份证,否则有可能被拒绝入内。

工作时间

如果用北京时间计时,新疆的工作时间一般是10:00~13:00,15:00~19:00,夏季午休时间较长。去银行、邮局等机构办事一定要注意。此外,你的胃也要适应新的作息时间,中午12点之前去饭馆可能吃不上东西。在新疆少数民族习惯说"新疆时间",在乘车时要注意确认是否北京时间,否则容易误点。不少景点和酒店冬季会歇业,若在11月至次年4月前往,最好先致电了解下。即便冬季仍然营业的景点,也有可能关停区间车,甚至前往景区的公共交通也不再运行,非自驾者可能会非常不便。

旅行信息

微信公众号"新疆旅游协会"是最权威的旅游信息来源,信息发布非常及时,疫情期间尤为有用。各州的旅游局通常都有专门的宣传网站和官方微博、微信公众号,著名景区和博物馆也都有各自的微信公众号,提前关注能获取很多及时有用的信息。在一些旅游不太发达的小县城,旅游局、文旅局会向普通旅行者提供更多的咨询和帮助,南疆各县有时能求助文物局。

一般来说,当地最贵的酒店,一楼的大堂常有丰富的旅游资料免费供人取阅。在开发较好的旅游景点,售票处旁边的游客信息中心常常会提供免费或收费的资料和地图,也能打听到一些实用信息。最直接的办法是跟当地人沟通,出租车司机、导游、户外向导、商贩,大都会热情地向你提供信息。此外,青年旅舍的公共区域和布告板也是交换旅游信息的好地方。在普通话不通用的地区不妨询问当地的中小学生。

团队游

旅行者可以在当地报名参加旅行社组织的团队游,以一日游、二日游为主。乌鲁木齐、伊宁、喀什、库尔勒等大中城市和热门景区所在地都能找到旅行社,很多酒店前台旁也设有旅行社的柜台。特别是每年7~8月和十一黄金周的旺季,去往那拉提、赛里木湖、天山天池、喀纳斯的路线非常多。团队游最大的好处是可以简单解决交通及相对优惠的门票。但普遍的问题是,可能浪费不少时间在导游安排的无聊购物环节上,所以报名之前,多咨询几家和了解确切的线路很重要,并且务必签订正规的合同。

跟旅行社组织的团队游相比,一些户外俱乐部组织的团队活动更符合背包客的口味,除了传统的户外项目,还常有摄影、自驾等主题线路。

摄影和摄像

新疆的大美风光和绚丽的民族风情历来是摄影者的最爱,一年四季都有非常出色的拍摄地点。但请注意,在拍摄和摄影时一定要清楚哪些地方不能拍照,尤其是清真寺这样的宗教场所和国门的边界线旁边,不要触犯法律、宗教及民族的禁忌。在丝路沿途的古城遗迹和佛教遗址,连一寸黄土都非常珍贵,不要为了取景而随意践踏。很多博物馆禁止拍摄展品,即使允许拍摄,最好也不要使用闪光灯,以免对展出的文物造成影响。此外,新疆的很多公路都有令人惊喜的风景,自驾者的最大福利便是能实现停车自由,但一定要注意路况,尤其是在独库公路、伊昭公路等明星公路沿途,切忌随意停车,以免造成交通堵塞,甚至交通事故。

在少数民族地区拍摄人物照时,要先征得对方同意,拍摄后赠送小礼物或者记下对方地址,寄回照片是很有风度的事情,但不提倡动不动就给钱,特别是对小朋友。在那拉提、独库公路等热门景点,经常有穿着民族服饰的当地人牵着猎鹰或小羊等待与旅行者有偿合影,一般要价不太高,若有兴趣可以一试。

有关摄影技术的建议,可以参考Lonely Planet的《经典摄影旅程》和《史上最佳摄影贴士》。

危险和麻烦

整体来说,新疆当地人对旅行者都很友好。大部分城镇的治安都没有问题。不过在一些人迹罕至的路段和地方,以及未开发地区,最好是结伴同行。在南疆地区旅行,你或许会听到甚至遭遇到暴恐问题,我们的建议是晚上尽早回酒店,不要评论对方的宗教信仰,不要讨论民族关系问题,不要触犯当地人的风俗禁忌。另外,新疆有些军事禁区或自然保护区是不得进入的,擅闯后果极为严重。

交通安全

公路交通基本安全,大部分国道设施健全,路况较好。通往热门景区的道路通常是近几年铺砌的,路况很好。但新疆的省道、县道、乡道也有很多石子路、水毁路面,部分下坡路段用非铺装路面作为缓冲减速带,还有可能出现危险的断头路,千万要留心。新疆有一种特殊的公路:牧道,如果你没有一定经验,千万不要贸然驶入。理论上普通轿车可以应付大部分路段,但如果做长距离旅行,建议选择高底盘车辆。

在新疆那些笔直平坦、两旁景色单调的国道上行驶时,自驾者既不能忽视几乎无处不在的测速,还要避免疲劳驾驶。冬季多数道路会有暗冰,请小心驾驶;某些路段会因为冰雪天气封路,客运班车也会取消,如果是包车或者乘车,请提前咨询当地交通部门,以免耽误行程。

掮客

在各大市县和旅游景区,游客模样的人只要一抵达机场、火车站、客运站、景点售票处等游客集散地,就难免遭到掮客的打扰。少数情况下他们是有帮助的,更多情况下,是将你引向一处偏僻的客栈、一趟耽误你时间的班车或者物无所值的一日游。简单地谢绝,是合适的处理方式。如果一位出租车司机过分努力地向你推荐某一家宾馆,同时诋毁你已经预订的住处,通常是期望从宾馆获得一份回扣而已。也要避免让初次认识的本地朋友(如司机、导游、客栈主人等)带你去购买昂贵的玉器首饰、昂贵药材或手工制品。

盗窃和欺诈

和在其他省份一样,在一些人流复杂的区域闲逛时要时刻提防被盗窃或遭遇抢劫。一般来说,车站和景点是偷窃高发地,需格外留意。人流量较大的商业区也需要注意防盗。青年旅舍的多人间也成了小偷、骗子喜欢下手的新地点,现金和贵重物品不要随意留在房内,新认识的室友也不要太过信任。

单身女性最好避免夜晚单独出行,不要将装有值钱物品的手提袋轻松拎于手上,旅行途中也不要佩戴大件贵重首饰。

无论购物还是餐饮,对于没有明码标价的商品,一定要明确单价和计价单位才可消费。

长途汽车站和火车站周边有较多的消费欺诈行为,尽量避免在此消费。去各个景点尽量坐班车,不要坐黑车。如果包车,上车前一定要讲清楚总价,讲清楚目的地,有些会需要另付空返费。

独自旅行者

独自旅行可以和当地有

负责任的徒步旅行者

新疆是徒步者的天堂,但徒步者的涉足也不可避免地给自然、人文环境造成一定影响、甚至破坏。一个负责任的徒步旅行者,应时刻注意自己的行为举止,致力于保护自然生态。

➡ 如需生火做饭,自带燃料,而不是砍伐林木就地取材。徒步露营过程中,避免对当地森林资源造成破坏。

➡ 将自己的垃圾和产生的废物随身带走,尤其是塑料瓶、电池等自然环境难以分解的人工物品。若力所能及,不妨沿路清理这类垃圾,带回城市处理。

➡ 不要在水源附近大小便或倾倒脏物,减少徒步行为带来的污染破坏。

➡ 拔营离开前,请熄灭各种有可能产生隐患的火源,如烟头、营火等,尤其在自我恢复能力较弱的草甸或林场。

更多的互动，也有更多思考和感受的时间，不过需要独自解决路上所遇到的问题，对旅行经验和应变能力的要求更高。在前往一些偏僻的景区时，独自旅行者会吃点儿亏，因为这需要你付出更多包车费用。一个人在路上，记得及时把自己的行踪告知家人或亲友。

无障碍旅行

在乌鲁木齐和部分成熟景区，有一些并不完善的无障碍设施，残障人士在这些地方旅行勉强可行。但就大部分地区而言，无人陪护的残障人士，在旅行中受限很多，新疆的公路交通还不能完全保障残障者的自助旅行。建议当地后雇请旅行社协助，尽量选择乘坐飞机和入住高级酒店。

女性旅行者

整体来说，新疆对女性旅行者是友好、尊重的，甚至还会提供更多的关照。但在一些少数民族地区还得小心，尤其在伊斯兰教地区，在进入清真寺、麻扎之前请先征求同意。在着装方面也请遵循当地风俗，在穆斯林生活区衣着暴露毫无疑问是不得体的。在南疆，女性旅行者不要独自进入偏僻的地方，最好不要夜里单独出行，和陌生男性打交道时，态度不能轻浮。

旅途容易让人产生浪漫的感觉，人与人的距离也很容易拉近，但和陌生人打交道，还得留个心眼，注意事项跟你平时生活中一样。

同性恋旅行者

相对东南部经济发达地区，新疆对同性恋的态度比较保守。考虑到当地的宗教信仰，同性恋旅行者在途中做到不张扬的话，一般不会遇到太多麻烦。

志愿服务

把你的旅行和公益活动结合起来，会让你的旅行更有意义，也会使你加深对旅行目的地的了解。如果有兴趣了解更多有关环保、扶贫、救灾等各方面志愿者工作的相关信息，可关注以下微信公众号：

新疆志愿公益救援联盟（xjzygy）可关注联盟与壹基金合作推出的温暖包活动。
新疆红石慈善基金会（xjhongshi）有一系列助学帮困的公益项目。

活动
徒步

新疆的徒步路线基本都围绕着雪山、草原、湖泊展开，有狼塔C线（见112页）、乌孙古道（见294页）、夏塔古道（见299页）、托木尔峰徒步（见341页）、从喀拉库勒到慕士塔格（见361页）等经典路线。对新手而言，贾登峪—禾木—喀纳斯—白哈巴是不错的入门级线路。如果你自认有一定徒步经验，想挑战难度，博格达峰传统穿越（见114页）可以带你进入天山深处。更勇敢的选择则是穿越天山古道，目前开发出来的天山古道穿越据说有10条以上的线路，可以根据自己的能力走一走。这需要专业装备和良好体能，而且在徒步之前请向当地户外俱乐部寻求帮助。小羊军团（微信公众号"小羊军团户外探险"）是新疆地区最大的户外运动网络平台，微信公众号上有新疆各地的徒步路线和活动信息。

自驾

新疆多交通不便的山区、荒漠，且大量景点不通班车，自驾无疑是最佳的旅行方式。独库公路（见332页）、中巴公路（见358页）是公认的经典自驾路线，不过也存在相当大的风险和难度，如有意前往，要做好充分的前期准备工作。**神州租车**（www.zuche.com）、**一嗨租车**（www.1hai.cn）在乌鲁木齐都提供租车服务，具体信息见官网。此外新疆较大的市县都有一些本地的租车公司，一些酒店、青旅也可以代为安排租车。更多信息可参见58页"自驾游"。

沙漠探险

鄯善、库尔勒、和田都有沙漠徒步穿越活动，可与当地户外俱乐部联系，切勿独自深入沙漠，会有生命危险。

观鸟

巴音布鲁克天鹅湖自然保护区（见436页）栖息着中国最大的野生天鹅种群，库尔勒天鹅河景区（见426页）每年冬天都会飞来数百只天鹅、野鸭、银鸥、鸬鹚、鸳鸯等野生鸟类。观鸟是一项季节性非常强的活动,需要对鸟类习性有一定掌握度,还得有运气。

骑马

几乎可以这样说,夏季来新疆,在任何有哈萨克族放牧的草原、森林、景区,都能找到骑马项目,例如喀纳斯、禾木和伊犁州的各片草原,骑马通常按小时收费(80~150元/小时)。而在喀纳斯、禾木,还有马队在徒步路线上提供服务。

登山

在新疆,登山是一种挑战。巍峨的天山山脉与昆仑山脉贯穿新疆全境,雪峰众多。其中难度最高的非乔戈里峰(K2)莫属,攀登死亡率超过27%。慕士塔格峰则相对容易,每年7月的登山季都会迎来大量挑战者,即便如此,你仍必须有一定的登山经验,配备专业的登山装备,并事先与专业户外团队取得联系。

滑雪

北疆冬季有2~3个月的滑雪季,乌鲁木齐、阿勒泰、赛里木湖、可可托海、哈密等地都有各种档次的滑雪场。并以阿勒泰的将军山滑雪场(见208页)和乌市南山的丝绸之路国际滑雪场(见105页)最受疆外游客欢迎,后者有条件最好的滑雪场和高山雪道,还常用作专业比赛场地,你有机会在专业的比赛场地上体验极速滑行的快感。

交通指南
到达和离开

新疆自古就是沟通亚欧的重要门户。古丝绸之路一直是东方与西方之间进行经济、政治、文化交流的重要道路,然而无论是跨越天山的艰难险阻,还是穿过戈壁的漫长征途,对于每个旅行者而言都是严酷的身心考验。相比之下,如今的交通方便了许多,航空、铁路、公路的快速发展,让你在新疆的旅行变得快捷轻松。

飞机
机场

新疆是全国机场最多的省份,包括在建中一共26个,以下14个机场都有航班连通内地。

乌鲁木齐地窝堡机场 无疑是新疆最重要的门户航空港,承担着新疆境内其他机场的中转任务。机场运营国内航线183条,可以抵达15个国家、27个国外城市和81个国内城市。冬季,起降乌鲁木齐国际机场的航班常受大雾、降雪等因素影响而延误。

喀什机场 位于塔克拉玛干沙漠西部边缘,是新疆第二大航空港和第二个口岸机场。目前有南方航空、海南航空、东方航空和国际航空等航空公司的49条航线,常年有往返乌鲁木齐、北京、广州、兰州、成都、西安、郑州等地的航班。每周五中午还有一班飞往西藏阿里。

伊宁机场 位于伊犁河谷,每天有多班飞机往返于伊宁与乌鲁木齐之间,通常提前订票不过两三百元。还有直飞成都和兰州、西安、南京的航班,但不是每天都有。

哈密机场 开通有哈密至乌鲁木齐、库尔勒、西安、兰州、敦煌等地的对开航班。

吐鲁番交河机场 是乌鲁木齐地窝堡机场的备降机场。每周有航班往返乌鲁木齐、哈密、北京、上海等地。

阿勒泰机场 有飞往乌鲁木齐、库尔勒、克拉玛依、阿苏、西安、重庆等地的航班。

库车龟兹机场 有飞往乌鲁木齐、西安、郑州、成都等地的航班。

石河子花园机场 有飞往兰州、哈密、西安、成都等地的航班。

克拉玛依机场 有飞往乌鲁木齐、北京、上海、西安、成都等地的航班,旅游旺季飞克拉玛依常出现比飞乌鲁木齐更低的票价。

库尔勒机场 有飞往乌鲁木齐、喀什、克拉玛依和重庆、成都、北京、上海、武汉、青岛等地的航班。

阿克苏机场 位于塔里木盆地北沿,每天都有往返乌鲁木齐的航班,已开通的国内航线还有往返北京、西安、成都、重庆、青岛的航班。

和田机场 每天有多趟飞往乌鲁木齐的航班,也有直飞或经停乌鲁木齐前往成都、北京、西安、郑州、合肥等地的航班。

莎车机场 有飞往乌鲁木齐、西安、上海、兰州、喀什、和田等地的航班。

若羌楼兰机场 有飞往乌鲁木齐、库尔勒和北京、郑州、西安等地的航班。

北疆的机场在冬季偶尔会因降雪等因素而暂时关闭,乘机前需留意相关信息。

机票

除了可以在各航空公司的官方网店订票外,还可以通过**去哪儿**(www.qunar.com)、**飞猪旅行**(www.fliggy.com)、**携程旅行**(www.ctrip.com)进行机票的查询、比价和预订。提前在线预订机票,通常能获得较大折扣。通常航空公司会不定期在官方网站推出1~3折的低价机票,但是,订到这样的低价机票需要一点点运气和耐心。在淡季订票通常可以获得较大的优惠。相对于国内其他各省,新疆的机票不便宜,暑期尤其居高不下,如果你出行频率较高,近两年各大航空公司推出的"随心飞"值得关注,有时候一趟新疆的旅行就接近回本了。

值得一提的是,每年7月、8月和十一长假的旅游旺季,不妨考虑借道兰州中转乌鲁木齐。查询一下飞往兰州的机票,常有惊喜价格。从兰州到乌鲁木齐的机票即使旺季也常有折扣,由此中转两程航班加起来的票价通常比直飞乌市便宜很多。如果你有计划游览新疆东部,从兰新线高铁进疆是一个顺路又省钱的方案。

火车

兰新线、临哈铁路、南疆铁路、北疆铁路构成了新疆铁路里通内地、外连中亚的格局,其中的枢纽自然是乌鲁木齐。2022年通车的南疆环线铁路,串起库尔勒与青海格尔木,意味着除了兰新铁路和临哈铁路外,又多了一条进疆铁路。

抵离乌鲁木齐的车票在旅游旺季十分紧俏,需尽量提前预订。新疆的火车站安检程序复杂费时,建议使用网络(www.12306.cn)或手机App"铁路12306"购票。

动车

兰新高铁是新疆的首条高速铁路,在新疆境内途经哈密、鄯善、吐鲁番,终点为乌鲁木齐。从乌鲁木齐到兰州的行程缩短到约11小时。不管是游览新疆东部,还是接驳其他列车前往内地城市,都很方便。

普通列车

从内地沿铁路进入新疆的主要路线是兰新线。此外,从喀什至和田的喀和铁路将来可连接规划中的新藏铁路,延伸至西藏拉萨,是重要的边境铁路;由和田至若羌的和若铁路则会连上格库铁路,通往青海格尔木。

长途汽车

G312国道起点为上海,终点为新疆霍尔果斯口岸,是横贯全国的重要干线,连通了上海、江苏、安徽、河南、陕西、甘肃和新疆7个省市区。

G30连霍高速公路连接江苏连云港和新疆霍尔果斯,途经江苏、安徽、河南、陕西、甘肃和新疆6个省区,横贯中国的东、中、西部,是中国高速公路网的横向骨干之一。

G30连霍高速与G312国道经星星峡进入新疆的路线,基本与古丝绸之路相吻合。沿线的重要城市,如洛阳、西安、兰州、乌鲁木齐均有省际班车连接。兰州、西安与乌鲁木齐之间均有不定期的班车。武威、张掖、敦煌都有定期开往乌鲁木齐的班车。

原G219国道即新藏公路,北起新疆喀什叶城县,南至西藏日喀则拉孜县,重新规划后的G219国道始于阿勒泰喀纳斯,终点在广西东兴。连接新疆、西藏两省的路段虽然已铺设完好,但海拔(平均4500米以上)依然是一大考验,沿线需要翻越5000米以上的大山5座,冰山达坂16个,目前仍无班车通行两地,只能自驾或包车,且禁止八座以上客车通行。

G315国道起点为青海西宁,终点为新疆喀什,沿途有塔里木河流域、阿尔金山、昆仑山北侧、柴达木盆地无人区、野生动物保护区等，风光苍凉壮美。库尔勒—若羌—格尔木之间有长途班车互通。

区内交通

新疆的区内交通以长途汽车为主，飞机和火车路线有限，但对于伊宁、喀什、和田等路途遥远的地方，长途汽车非常费时，飞机和火车往往更合适。新疆的公路四通八达，乌鲁木齐到各地（州）行政中心都已实现二级以上高等级公路连接，全疆85个县（市）通柏油路。但由于地广人稀，还是要做好舟车劳顿的准备。

飞机

新疆地域辽阔，城市、景点之间往往距离遥远，飞机成为必不可少的交通工具。疆内24个机场几乎都与乌鲁木齐机场有航班往返。去往伊犁河谷、喀纳斯、喀什的旅行者很多都会选择飞机，既省时间又避免了长途颠簸，机票也常有折扣，尤其是淡季。

除前文所述机场（见464页）外，**塔城机场、于田万方机场、富蕴机场、新源那拉提机场、博乐阿拉山口机场、且末玉都机场和布尔津喀纳斯机场**等，都是民用支线机场，只有省内航线，部分机场冬季会减少或取消航班。

此外，在建的还有塔什库尔干红其拉甫机场、昭苏天马机场和轮台塔中机场，预计于2022~2024年间相继建成，同样会开通往返乌鲁木齐的航班。

火车

兰新铁路的西延线直抵中哈交界的阿拉山口，属于欧亚大陆桥的一部分，继续往西可至哈萨克斯坦等中亚国家。乌伊铁路连通了乌鲁木齐和伊宁，5个半小时的城际列车使得前往伊犁河谷旅行更加便捷。前往北疆的铁路还有经克拉玛依至塔城、富蕴县的两条线路。

南疆铁路东起乌鲁木齐，沿兰新铁路到吐鲁番，折转向西穿越天山山脉，经库尔勒、阿克苏、阿图什，到达喀什。这条路线基本沿古"丝绸之路"的中路延伸，沿途既有沙漠戈壁，也有冰川达坂，还要经过常年强风的风口。此外，随着2022年和若铁路的通车，从喀什至若羌塔克拉玛干沙漠南缘各县也都有铁路连通。而连通南北疆、几乎南北向垂直的伊阿铁路（伊宁至阿克苏）也已启动定测工作，建成后，旅行者在南北疆之间切换将不必再绕道库尔勒。

长途汽车

乌鲁木齐是新疆最大的交通枢纽，乌鲁木齐高铁汽车站、南郊客运站和军供客运站3个长途客运站基本涵盖了发往新疆各州市和主要县、镇的班车。乌鲁木齐站内的长途班车管理比较规范，车型多为大巴和中巴，发车准时。新疆各州、市、县的主要长途汽车站都可通过微信公众号"新疆客运联网售票"或"出行365"购买车票，但需要注意的是，公众号上常出现所列班次不全的状况，最保险的方案还是致电各客运站咨询。

除了在车站购票上车之外，有些县城内通常还有几个固定的上客点。车站的大巴和中巴发车比较准时，而私人小车则大多是客满发车。具体信息参见各景点或目的地的"到达和离开"。

由于各市县间的路途遥远，去往除了新疆中部和东部之外大部分城市的班车都有夜班，往喀什、且末等地甚至需要24小时。虽然是卧铺车，司机也会在中途停车让乘客休息和吃饭，但旅程依然缓慢而辛苦。如遇堵车或修路等情况，可能被困在前不着村后不着店的地方。建议乘车之前备足干粮和水，以应付不时之需。不过此类长途班车沿线的风光旖旎，或许秀色可餐。

另外，北疆和伊犁的"线路车"（停在客运站外）、南疆的"小车"（停在客运站内）是新疆公路运输的一大特色，这类车通常为座位比较少的商务车，发车目的地与客运站内班车一致，但是车次更多更灵活，一般坐满发车，票价也要比班车更贵一些。

虽为同样的目的地,但线路车的路线比班车丰富,例如夏季伊宁发往昭苏的"线路车"会走伊昭公路,一些班车不到的景区,线路车往往加点钱就可以直接送达。

自驾车和包车

由于绝大多数景点都在城镇以外,且很多并无班车到达,自驾和包车是游玩新疆最省时的方式了,可以按个人喜好规划行程和节奏,减少其他因素的限制。

新疆地形和路况复杂多变,而且常年修路。通往景区的道路多为曲折蜿蜒的山路,还有些主干道由于货运大车常年通行,路面坑洼不平,再加上大量的省道、县道为非铺装路面,如果不是对自己的驾驶技术十分自信,包车比租车自驾更安心。当地司机不仅熟悉车况路况、地形方位,还对景点、食宿有一定了解,他们可以给出建议或方法节约一些费用。甚至有些风景美丽的地方,由当地司机带领才能进入。

一般而言,在各地客运站附近比较容易找到包车司机,不妨问问跑固定长途路线的私营小车的司机。路上拦招的出租车也乐意带你去周边景点。在北疆,哈萨克族司机更为热情、实在。包车大多按距离估算费用,也可按天数计算。在同一地区内,同一车型差价不大。请提前跟司机讲好在景点等候的时间。

在新疆行车时,时常碰见牛羊群、野生动物占道或横穿马路。请时刻注意前方路况,并缓慢行驶,耐心地等候它们让出道路。若是撞伤了它们,可能会引致大额的赔偿。冬天时有冰雾能见度低,大部分路面结冰容易打滑,自驾车出行应谨慎。

有关自驾车和包车的具体信息可参见58页"自驾游",以及各目的地的"到达和离开"。

当地交通

在新疆,公交车、出租车都是有效的代步工具,目前仅乌鲁木齐开通了一条地铁线。不过在少数中心城市之外,公交车线路和班车较少,当地人都会推荐你乘坐出租车。在小乡镇内的话,最简单保险的方法还是走路。

公交车

在乌鲁木齐及较大规模的地市,公交车几乎可以抵达市内任何景点。公交车多为无人售票,票价1元。部分郊区线路实行分段收费,票价1~3元。城市公交通常都可以使用支付宝、微信或云闪付的电子交通卡支付。

快速公交(BRT)

乌鲁木齐市有9条BRT专线,票价均为1元,在站内可以转乘其他线路。BRT沿线覆盖乌鲁木齐市内的主要街区。可以利用BRT转接其他公共交通系统。

出租车

新疆大多数城镇都有出租车。起步价5~10元,运行约3公里,超出起步里程后,每公里1.2~1.5元。部分城市实行阶梯价,夜间略贵一点。除了喀什,大多数城市网约车很普遍。在县市级城市的市区,出租车费用一般在10~15元。大多数县城和乡镇乘出租车通常是一口价,不打表也不提供车票,随时上下,出城则需讨价还价,你可以根据相应的里程算出合理的车费。出租车超载和绕道现象时有发生,更为常见的是拒载和混载。有些司机只懂方言(南疆尤为普遍),交流有障碍。如果你去的地方非常规目的地,并且担心与司机存在沟通问题,可以事先在旅馆、政府机构或大型的商场打听路线和费用,这样可以避免很多不必要的误会与麻烦。

搭便车

我们并不推荐你以搭车的方式出行,不论何时何地,搭便车与逃票都是不安全的行为。但是在部分交通不便的地区,有时搭便车会减少很多麻烦,甚至是唯一的选择。如果你确实需要搭便车,我们建议你先记录下车辆的牌号并发送给朋友,搭便车时尽量不要暴露财富,不要过多要求对方停车拍照。适当的交流有利于提升融洽的气氛,并减少司机的孤独感。不过,新疆为多民族聚居地区,应尊重对方的文化、习俗、价值观以及生活习惯，不要讨论敏感话题。比较容易搭车的地点通常是加油站、村镇的主要路口、较大型的餐馆旅馆。上车前应先确认是否同一方向并确定费用等细节。不管对方是否收费，最好备点小礼品或可为司机提神解乏的食品、饮料作为答谢。在为你赢得好感的同时也为下一位像你一样搭便车的旅行者提供了方便。

摩托车

在偏远的村镇和景区，搭乘当地牧民的摩托车是你唯一的选择。通常按里程收费，距离短的话，也有牧民愿意免费载你一程。

骑马

一般只有在徒步探险时才会需要骑马，或是用马匹驮行李，如贾登峪—禾木、夏塔峡谷穿越。不过如今在不少景区骑马也作为娱乐项目出现，如乌鲁木齐南山、那拉提草原。骑马看上去帅气潇洒，其实并不轻松。所以策马奔腾之前，千万评估一下自己的能力。

健康指南

新疆境内涉及各种环境、气候，对于健康问题不可掉以轻心。大城市的医疗设施比较完善，县乡也不缺药店、卫生所，能买到常规药品。但若深入偏远的沙漠、牧区等，沿途医疗条件非常有限。如有意外发生，请及时赶回乌鲁木齐或医疗条件完备的地方就医，以免耽误病情。旅行者最可能遇到的问题包括：食品卫生造成的肠胃病，饮食缺少蔬菜而导致体内上火，温差大引起的风寒感冒，在高海拔地区发生高山反应等。

截至本书出版，新型冠状病毒（COVID-19）疫情尚未结束，建议旅行者结合实际情况谨慎出行，自觉做好自身防护，并遵守当地的防疫要求。出行前可关注微信公众号"乌鲁木齐本地宝"和小程序"新疆政务"，关于疆内防疫政策、防疫热线、核酸采集点等信息全面而及时。

出发前

保险

由于事故和疾病发生的可能性随时存在，尤其是在特殊区域开展特殊活动时，如高山攀登、沙漠穿越、古道徒步等，即使体格健壮、身手敏捷者，旅行前的一份相关保险仍必不可少。具体内容可参见"出行指南"章节中保险部分（见458页）。

其他准备

在出发前一定要确认自身的健康情况。如果打算长期旅行，最好启程前去看一下牙医。如果你需要特殊药物，一定要多准备一些，因为在当地很可能买不到。在你的行囊中应该多带些常用药品。为避免一切麻烦，处方或医生提供的证明文件一定要字迹清晰，以证明你用药的合法性、经常性。

常备药品

推荐放入行李中的医疗物品：

➤ 乙酰氨基酚（泰诺）或阿司匹林——用于止痛或退烧

➤ 创可贴、绷带、纱布和其他创伤敷料——小创伤

➤ 百多邦、达克宁——各种细菌、真菌性皮肤感染

➤ 多种维生素—— 在长途旅行过程中，饮食中的维生素含量可能不足

➤ 剪刀、温度计（电子温度计）、镊子——急救用品

➤ 镇痛药（如布洛芬）

➤ 驱蚊剂和风油精

➤ 喷涂于衣物、帐篷和床单的、含氯菊酯成分的杀虫剂

➤ 感冒和流感药

➤ 藿香正气水和十滴水、仁丹——防中暑

➤ 黄连素——防腹泻

➤ 晕海宁——防晕车

➤ 防晒霜、保湿唇膏——防止晒伤、干燥

旅行健康提示

2020年，新型冠状病毒（COVID-19）疫情全球大流行。截至本书出版时，疫情尚未结束。我们建议旅行者结合实际情况谨慎出行，在做好自身防护的同时遵守当地的防疫要求，保持良好的卫生习惯。针对疫情期间的个人防护，可参考世界卫生组织（www.who.int/zh）的详细建议：

- 勤洗手。经常用含酒精成分的免洗洗手液清洁手或用肥皂和清水洗手。
- 保持安全距离。与他人保持至少1米的距离，尤其是与咳嗽、打喷嚏和发热的人保持距离。
- 避免触摸眼、鼻、口。如果用被污染的手触摸眼、鼻、口，就可能会被留在物体表面的病毒感染。
- 保持良好的呼吸卫生习惯。打喷嚏或咳嗽时，须用弯曲的肘部或纸巾遮挡口鼻，并立即妥善处理用过的纸巾。
- 如果发热、咳嗽和呼吸困难，请及早就医。发热、咳嗽和呼吸困难可能是呼吸道感染或其他严重疾病导致的症状，因此，及时就医很重要。伴有发热的呼吸道症状可能有多种原因，应根据个人旅行经历和环境具体分析。
- 随时了解情况并遵循医务人员的建议。遵循医务人员、国家和地方公共卫生部门或雇主提供的关于你和他人如何防范新型冠状病毒的建议。

- 红景天、高原安、肌苷片等——缓解高原反应
- 避孕药具

旅途中
传染性疾病
流感

多见于冬季，症状包括高烧、肌肉疼痛无力、流鼻涕、咳嗽和咽喉肿痛。对于65岁以上的老人及心脏病、糖尿病患者可能会有严重威胁，目前没有针对流感的有效治疗方法，只能静养，服用感冒药减轻痛苦。高海拔会加重上呼吸道感染（包括流感）的危险性。新疆昼夜温差大，夜里须格外注意保暖。

细菌性痢疾

细菌性痢疾是多发于夏秋季节的一种肠道传染病，该病主要是通过被痢疾患者的粪便污染的食物、餐具感染痢疾杆菌所引起。患者的主要症状是突发高热、腹痛、里急后重、排含黏液或脓血粪便，并伴有恶心、呕吐，全身乏力，精神不佳，食欲减退。夏秋季节，草原丰茂、瓜果成熟，此时苍蝇较多，其脚上有许多携带大量痢疾杆菌的毛，带菌率极高，旅行者需防范"病从口入"。

口蹄疫

口蹄疫是猪、牛、羊等主要家畜和其他家养、野生偶蹄动物共患的一种急性高度接触性传染病。该病传播途径多、速度快，被世界动物卫生组织（OIE）列为A类传染病之首。新疆牧场上牛羊遍野，牛，尤其是犊牛对口蹄疫病毒最易感。病畜的水疱液、乳汁、尿液、口涎、泪液和粪便中均含有病毒。由于本病具有流行快、传播广、发病急、危害大等流行病学特点，并可经呼吸道传染及多种途径感染到人类，所以在牧区旅行时需提高防范。

肝炎

各种肝炎的症状基本相似，包括发烧、感觉寒冷、头痛、虚弱、周身不适、食欲不振、恶心、呕吐、腹痛、尿色发暗、粪便颜色浅、皮肤和眼白发黄。患者在生病后一段时间内不能饮酒。被污染的水和食物能够传播甲型肝炎。

戊型肝炎的传播途径相同，孕妇易感性较高。新疆肝炎发病率高于全国，旅行者在饮食上一定要注意卫生，做好餐具消毒，饭前便后勤洗手。

狂犬病

新疆乡间和牧区养狗的不多，但万一被咬，可自行用肥皂和水清洗伤口至少30分钟，并使用碘基抗化脓药物，伤口较小时不要包扎或遮盖，需将伤口裸露，除非伤及大的血管才要包扎止血。无论伤口大小，都要以最快的速度去医院治疗，并注射狂犬疫苗。

人体免疫缺陷病毒/艾滋病（HIV/AIDS）

感染人体免疫缺陷病毒可能导致致命的艾滋病。血液、血产品或体液都能传播这种疾病。需要注意的是，新疆的艾滋病患者高居全国前列，并呈逐年上升态势。

艾滋病一般通过性接触或受污染的针头传播，因此接种疫苗、针刺疗法、文身、输血以及注射毒品都有感染艾滋病的潜在危险。尽量不要去小型的私人诊所打针，如果你确实需要注射，应该要求护士当面打开密封的注射器，或者自备针头和注射器。

环境引发的疾病和不适

高原反应

在新疆旅行经常需要翻越高山达坂，最大的危险可能来自高原反应。

高原反应的症状一般包括头痛、胸闷、气短、心悸、恶心呕吐、口唇紫绀、失眠和血压升高等，这些症状通常第一天、第二天比较明显，以后就会逐渐减轻或消失。但也有少数人因劳累、受寒和上呼吸道感染等原因，症状可能逐渐加重，发展成为高原肺水肿或脑水肿。

建议在到达高海拔地区后，多喝水，不要急速行走或奔跑，避免暴饮暴食，以免加重消化器官负担，尽量不要饮酒和吸烟，多吃蔬菜和水果等富含维生素的食品，注意保暖，少洗澡以避免受凉感冒和消耗体力。不要一感觉不适就吸氧，防止产生依赖性。

如果出现高原反应症状，建议就地休息一到两天，直至症状减轻。之后便可以继续升高，但我们建议，到达海拔3000米或以上时，每天上升的海拔以不超500米为宜；假如症状不减或者加重，应迅速下撤到海拔较低的地方。

旅途腹泻

水土不服以及饮食和气候上的变化都能导致轻微腹泻。腹泻的主要危险是脱水，儿童和老人应该特别注意。红茶加少许糖、苏打水或软饮料能补充水分。用量至少应该与你在排便和呕吐中所损失的量相当。恢复期间坚持饮食清淡。

严重的腹泻要及时补充

旅途中的饮食注意事项

即使舟车劳顿，在旅途中保持饮食均衡仍很重要。新疆的饮食以肉食和面食为主，蔬菜较少，不过丰富的水果通常可以提供大量维生素，但瓜类果肉容易隐匿细菌，肠胃敏感人士慎食。鲜榨果汁、鲜牛奶和没有消毒包装的冰淇淋也可能不卫生。如果你的饮食不均衡或食物摄取不足的话，通过服用维生素和含铁、钙的药片加以补充也是个不错的选择。

在极端干燥的气候条件下，一定要保证饮水，不要等到渴了才去喝。不想排尿或尿液呈暗黄色都是危险的标志。长途旅行时最好随身携带水瓶。不要喝生水，包括自来水。高山中貌似纯净的水源也可能会被牛羊粪便污染。最简单的净化水的办法是：煮沸。瓶装饮料一般来说比较可靠，购买时要检查瓶盖是否封好。

新疆的美食令人难以抗拒。但不要太过放纵口腹之欲，注意适度。对生肉、半生不熟的肉说"不"。

身体损失的矿物质和盐,可以将6茶匙糖和半匙盐加入1升的开水或瓶装水中。出发时记得带上点诺氟沙星或环丙沙星。

皮肤晒伤

新疆大多数地方紫外线都很强烈,长袖衣裤、头巾、帽子和墨镜必备,皮肤暴露在外的部分,须涂抹SPF值高于30的防晒霜,并及时补涂。尽量避免在每天最热的时候(中午12点到下午4点)在太阳下暴晒,如果皮肤不幸晒伤,应冷敷和使用相关药物以减轻不适,并补涂防晒修复液,直至晒伤恢复。另外,由于干燥,嘴唇很容易开裂,因此带一支保湿滋润的润唇膏也很必要。

中暑

行走在干燥炎热、太阳辐射强烈的地区如塔克拉玛干沙漠,人体很容易出现中暑现象。中暑是一种严重的急症,症状来得很突然,伴有虚弱、恶心、体热且燥、体温超过41℃、晕眩、迷糊、失去协调性、抽搐甚至昏迷失去知觉。人体感觉到有中暑症状时,要立即转移到通风、凉爽的地方休息。如有人中暑昏迷,应给他们脱衣服、扇风,用凉的湿毛巾敷在他们身上,特别是腹股沟和腋窝下。中暑后可服用藿香正气水、藿香正气丸、仁丹、十滴水等药物,并在太阳穴、人中处涂抹风油精。

体温过低

体温过低与中暑的危险性同样严重,体温降到32℃以下时可能会致命。症状包括:肢体皮肤(尤其手指、脚趾)麻木、颤抖、言语含混、神志不清、晕眩、虚脱,等等。救治轻度体温过低症的办法是:转移到能避风雨的地方,脱去湿冷衣物换上干的,服用热饮(无酒精),吃些易消化的食物。及时发现、判断并救护,是防止进一步恶化的唯一途径。在高海拔山区进行徒步、登山活动或在户外露营时,需注意保暖防寒,否则可能发生体温过低的危险。

预防很简单,你必须随时做好防寒、防风、防雨雪的准备,这些都可以通过合适的衣物装备来实现。请记住,进行户外运动要避免穿棉质的贴身衣物,它们容易吸汗造成湿冷,并带走体热,最好穿保暖隔水、并帮助排汗的速干衣。另外,帽子也很重要,因为身体热量会通过头部散失。外衣要牢固防水。随身带一些食物和水,含糖的食品可以快速补充热量。

风沙

风沙对于人体各个部位都会造成不同程度的损害。如飘进眼睛,可能引起干涩、疲劳,甚至引起各种炎症。随身备瓶眼药水能有效缓解风沙的伤害。一副防风沙的护目镜同样能有效保护眼睛。

食物

食用蔬菜和水果应用清水洗净,可能的话应该去皮。如果吃饭的地方看起来干净且经营状况良好,经营人员看上去也显得干净、健康的话,食物通常会比较安全。一般来说,买卖兴隆的地方应该比较卫生,而生意萧条的餐馆必然有其原因,至少在客流量大的餐馆中,食物更新较快,被长时间放置的过期食品出现的概率较小。

蛇

在穿越森林或荒漠时一定要穿靴子、袜子和长裤,并可用树枝或登山杖打草惊蛇。不要将手伸进洞穴和裂缝中。一旦被咬,应立即将被咬的肢体从近心端包扎紧,在伤口上划开十字,挤出毒血。然后用夹板将其固定,就像处理脚踝扭伤一样。让受伤的人保持静止,同时寻求医疗帮助,如果可能的话,可以拿死蛇去做鉴定。使用止血带和吸出蛇毒等方法如今看来并不可靠。

女性健康

在大城市旅行,女性卫生用品容易买到。小县城计生用品的选择有限,应携带适量的自用避孕品。保持良好的个人卫生习惯、穿宽松的衣服和纯棉内裤有助于预防阴道真菌感染。尿道感染可能由脱水或者长时间乘坐汽车而没有机会上厕所所致,可携带适当的抗生素。

幕后

作者致谢

黎瑾
感谢将我生在新疆的父母。感谢其他作者和小可，与你们合作是一段愉快的回忆。感谢乌鲁木齐的张教授、张东、吴娱，以及喀什的阿布，你们对此次调研给予了很大帮助。感谢一路上照顾我的当地人，昌吉的冷月夫妇、石河子的李叔叔、南山不知名的哈萨克族司机、英吉沙老城的维吾尔阿姨、色力布亚请我喝饮料的爷爷、巴里坤让我搭车的大哥、哈密班车上的甘肃小哥和淖毛湖的工作人员。感谢陪伴我调研的朋友沉浮和张侃。感谢纪韩和飞毯，因为你们，我才能探索很多偏远的地方。

董驰迪
感谢新疆调研之行让我们这些分散各地的作者得以在路上相聚。尤其感谢张耀东教授在此次新疆调研中给予的大力帮助。感谢殷实在乌鲁木齐热情慷慨的接待。感谢所有为这本书提供支持的人，以及在旅途中帮助过我的人。感谢一路牺牲的羊，以及陪我吃羊肉的人，将我的6万字送给我的"西游记"。

范佳奥
感谢乌鲁木齐的张耀东教授、吐鲁番的李雨蒙、喀什的阿穆、莎车的巴图尔、和田的李昌益、阿羌乡的蔡书记、若羌的陈国权，你们的热情帮助一路与我相伴。感谢一万三千公里与我"同车共济"的好友张蒂诺和蒙兴霖。

何望若
感谢乌鲁木齐的吴娱和巴哈，在疫情期间调研受阻的情况下，代我实地勘察、更新、完善信息，并倾囊奉献你们私藏的店家。感谢虎牙，为我详细介绍伊犁州的最新变化和靠谱资源，感谢特克斯文旅局的沈老师，感谢阿苍提供的夏季伊犁旅游信息。感谢调研期间不断被我电话"骚扰"的各个景区、车站、酒店、旅游局、私营业主等，疫情之下你们很不容易，你们的热情与友好深深感动了我。

尼佬
关于伊犁和新疆的调研，要感谢王童鹤、大白菜、艾则孜·凯利、阿丽娅、晋五、杨光焰等诸位朋友的帮助和提点，同时感谢在旅途中一并租车穿越天山的各位朋友。

袁亮
谢谢LP封面男神范师傅与他的神车、张帝诺与小狗乐凯，伴我走过独库公路。谢谢美女吴娱、鄯善的雪狐大哥和库尔勒龙行青年旅舍的李涛杰大哥，此次重逢，再次让我感受到了朋友之间的真诚。最后感谢父母与猫宝贝，你们是我出行的动力与牵挂。

声明

本书地图由中国地图出版社提供，审图号GS（2017）1229号。

封面图片：哈萨克人牧归，@视觉中国。

关于本书

这是Lonely Planet "IN"系列《新疆》的第1版。本书的作者为黎瑾、董驰迪、范佳奥、何望若、尼佬、袁亮、楼学和谢滢。

本书由以下人员制作完成：

项目负责	关媛媛
项目执行	丁立松
内容策划	李小可
视觉设计	李小棠　庹桢珍
协调调度	高 原
总　　编	朱 萌
执行出版	马 珊
责任编辑	马 珊
地图编辑	刘红艳
流　　程	孙经纬
排　　版	北京梧桐影电脑科技有限公司

感谢罗霄山、马红治、向阳、范磊、张本秀、巫殷昕、武海龙、临川子和龙梅对本书的帮助。

说出你的想法

➡ 我们很重视旅行者的反馈——你的评价将鼓励我们前行，把书做得更好。我们同样热爱旅行的团队会认真阅读你的来信，无论是表扬还是批评都很欢迎。虽然很难一一回复，但我们保证将你的反馈信息及时交到相关作者手中，使下一版更完美。我们也会在下一版特别鸣谢来信读者。

➡ 请把你的想法发送到**china@cn.lonelyplanet.com**，谢谢！

➡ 请注意：我们可能会将你的意见编辑、复制并整合到Lonely Planet的系列产品中，例如旅行指南、网站和数字产品。如果不希望书中出现自己的意见或不希望提及你的名字，请提前告知。请访问lonelyplanet.com/privacy了解我们的隐私政策。

索 引

A

阿尔金山国家级自然保护区 449
阿克苏博物馆 336
阿克苏市 336,**411**
阿拉尔金草滩 363
阿拉山口 285
阿勒泰地区博物馆 207
阿勒泰市 206,**200,250**
阿曼尼莎汗纪念陵墓 374
阿斯塔那古墓 174
阿图什大峡谷 405
艾丁湖 175
艾青诗歌馆 122
艾提尕尔清真寺 342
艾提卡大巴扎 383
艾提卡清真大寺 393
安迪尔古城 401
安集海大峡谷 245
敖包特库热庙 235
奥达木麻扎 357
奥依塔克森林公园 358

B

八卦公园 288
巴楚 369
巴楚胡杨林国家森林公园 370
巴尔达库岩画群 232
巴克图口岸 228
巴里坤 154,**185**
巴里坤古城 154,**159**
巴里坤湖 157
巴仑台黄庙 432
巴依木扎 233
巴音布鲁克 436
巴音布鲁克草原 436
巴音沟景区 244
巴音郭楞蒙古自治州博物馆 426
白哈巴 221

白桦林景区 225
白沙湖 359
白沙湖景区 224
白沙山 359
白石头 152
白水涧道 107
白杨沟佛寺遗址 154
白杨河峡谷景区 241
柏孜克里克千佛洞 174
拜城 332
拜火教遗址 363
拜吐拉清真寺 269
班禅沟景区 302
北庭故城遗址 111
博尔塔拉蒙古自治州博物馆 285
博格达峰 106,**114**
博乐 285
博乐滨河公园 285
博斯腾湖 434
布尔根河狸自然保护区 201
布尔津 209
布尔津县博物馆 210

C

草原石城地质公园 226
察布查尔 280
柴窝堡湖 108
昌吉 110
昌吉恐龙馆 110

D

达坂城 106
达里雅布依 397
大馕城 321
大小龙池 332
丹丹乌里克遗址 395
道尔本厄鲁特森木古城遗址 235
地藏寺 155
点将台 215
东白杨沟 105
东大塘 246
东天山风景区 151
独山子 243,**332**

独山子大峡谷 243
独山子泥火山 243

E

额尔齐斯大峡谷 202
额敏 233
额敏博物馆 233

G

高昌故城 173
格登山记功碑 296
公格尔峰 359
公格尔九别峰 359
公主堡 365
巩乃斯国家森林公园 302
古尔图镇胡杨林 242
古海温泉 114
怪石山 156
怪石峪 285
怪树林 405
观鱼台 213
硅化木—恐龙国家地质公园 117

H

哈巴河 224
哈密 142,**184**
哈密博物馆 142
哈密回王府 144
哈密回王墓 143
哈萨克民俗博物馆 155
寒气沟 151
罕诺依古城遗址 357
喊泉 251
汉家公主纪念馆 271
汉人街 269
禾木 218
和布克赛尔 234
和田博物馆 382
和田地毯博物馆 384
和田市 382,**381,414**
黑油山景区 236
红海湾景区 369
红楼博物馆 227

地图页码 **000**

红其拉甫口岸 362
红山公园 89
呼图壁 110
桦林公园 207
惠远古城 281
火焰山 174
霍尔果斯口岸 283

J

界碑 223
吉木乃 226
吉木乃口岸 226
吉木萨尔 111
加米清真寺 378
贾登峪 212
江布拉克 116
江格尔博物馆 234
交河故城 162
靖远寺 280

K

喀尔苏沙漠 377
喀拉墩古城 398
喀拉峻草原 288
喀拉库勒湖(卡拉库里湖) 360
喀拉塔斯风景区 207
喀纳斯 212, **213**
喀什地区博物馆 345
喀什噶尔古城 318
喀什市 342, **351, 412**
喀什中西亚国际贸易市场(东巴扎) 343
喀赞其民俗旅游区 267
卡拉苏口岸 362
康家石门子岩画 110
科桑溶洞国家森林公园 293
可可托海 202
可可托海地质陈列馆 204
克拉玛依 235, **227, 253**
克拉玛依河 236
克拉玛依展览博物馆 236

克一号井 236
克孜尔尕哈烽燧 331
克孜尔魔鬼城 330
克孜尔千佛洞 328
肯斯瓦特水库 111
库车 320, **325, 410**
库车老城 320
库车清真大寺 321
库车王府 321
库尔勒 426, **431, 454**
库木塔格沙漠 176
库木吐拉石窟 330
阔库玛日木石窟 390

L

拉甫却克古城 155
来利勒克遗址 440
兰州湾子古人类遗址群 156
林则徐纪念馆 271
林则徐戍所 282
硫磺沟 109
柳中古城 181
六星街 270
楼兰博物馆 444
鹿角湾 245
轮台胡杨林公园 433
罗布泊大裂谷 431
罗布人村寨 434

M

麻赫穆德·喀什噶里麻扎 356
麻扎塔格山 392
马蹄山 371
玛利克瓦特故城 390
米兰遗址 445
庙尔沟 109
民丰 399
民丰大麻扎 400
鸣沙山 225
莫尔佛塔 357
莫勒切河谷岩画 442
默拉纳额什丁麻扎 321
慕士塔格冰川公园 361

慕士塔格峰 359

N

那拉提草原 301
纳达奇牛录关帝庙 281
那仁牧场 223
南山风景区 103
尼雅文物馆 399
尼雅遗址 400
泥火山 242

P

盘橐城(班超纪念公园) 345
葡萄长廊 393
葡萄沟 164
普鲁 396

Q

七个星佛寺遗址 431
奇台 116
奇台魔鬼城 117
棋盘千佛洞 378
且末 439, **453**
且末县博物馆 439
青河 200
青河博物馆 201
琼库什台 291
龟兹故城 321
龟兹石窟 330
泉华 407

R

热瓦克佛寺遗址 391
人民公园 89
人民公园 271
若羌 444, **452**

S

赛里木湖 264
三道海子 201
三号矿脉 203
三仙洞 357
森木塞姆石窟 331
沙湾 245

沙湾温泉旅游区 246
莎车 374
陕西大寺 88, 268
鄯善 176, **187**
神仙湾 215
圣佑庙 294
石河子 119, **129**
石头城 363
世界魔鬼城 240
水磨沟风景区 90
四苏木喇嘛庙 242
松树塘 152
苏巴什达坂 361
苏巴什佛寺遗址 326
苏公塔 163
苏里唐麻扎 404
速檀·歪思汗麻扎 284

T

塔城市 226, **228, 252**
塔合曼湿地 360
塔玛牧道 230
塔什库尔干 362, **413**
塔斯提河谷 232
特克斯 288, 307
天马文化园 295
天门大峡谷 405
天山大峡谷 105
天山庙 152
天山神秘大峡谷 327
天山神木园 341
天山天池 82
铁门关 426
铁热克温泉 332
吐达洪巴依大院 268
吐尔加辽草原 232
吐虎鲁克·铁木尔汗麻扎 284
吐拉牧场 442

吐鲁番 160, **188**
吐鲁番博物馆 161
吐鲁番周边 172, **175**
吐鲁克岩画 214
吐峪沟 180
托格拉克勒克庄园 440
托里 233
托里文博物馆 233

W

瓦罕走廊 364
温宿大峡谷 341
文丰泰商号旧址 269
卧龙湾 214
乌尔禾 240
乌拉泊古城 90
乌鲁木齐 84, **126**
乌恰云峰滑雪场 406
乌苏 242
乌苏佛山森林公园 242
乌兹别克清真寺 268
五彩城 114
五彩滩风景区 209
五彩湾 113
五指泉 208

X

锡伯民族博物院 280
夏塔古道国家级森林公园 297
仙姑庙 155
香妃墓(阿帕克霍加墓) 344
小白杨哨所 231
小东沟森林公园 207
小佛寺(达玛沟遗址) 395
小洪纳海草原石人 295
新疆地质矿产博物馆 86
新疆国际大巴扎 88
新疆民街 88

新疆维吾尔自治区博物馆 84
新源 300

Y

鸭泽湖 215
亚通古孜 400
亚洲大陆地理中心 110
盐湖 108
也迷里古城遗址 233
叶城 378
叶尔羌国际大巴扎 370
伊犁边防史馆 282
伊犁哈萨克自治州博物馆 271
伊犁河湿地 266
伊犁将军府 282
伊宁 266, **279, 304**
伊吾胡杨林景区 153
英吉沙 373
于田 393, **415**
玉其塔什草原 407
玉石巴扎 383
玉素甫·哈斯·哈吉甫墓 344
裕民 231
圆沙古城 398
月亮湾 214

Z

泽普金湖杨森林公园 378
扎滚鲁克墓葬陈列馆 440
昭苏 294
中巴公路 358, **358**
中哈边界大峡谷 223
中哈霍尔果斯国际边境合作中心 283
中华弓箭文化博物馆 281
中苏航运纪念馆 210
周恩来总理纪念碑纪念馆 120

如何使用本书

以下符号能够帮助你找到所需内容:

- ◉ 景点
- ✚ 活动
- ➲ 课程
- ✪ 团队游
- ✹ 节日和活动
- 🛏 住宿
- ✘ 就餐
- 🍸 饮品
- ☆ 娱乐
- 🛍 购物
- ℹ 实用信息和交通

这些图标代表了我们的推荐和特别策划,帮助你获得最佳体验:

- 🔍 当地人推荐
- ☑ 不要错过
- ↪ 另辟蹊径
- ★ 值得一游
- 🎓 深度了解
- 🚶 步行游览
- ℹ 实用信息

下列符号所代表的都是重要信息:

- ★ 作者的大力推荐
- 🍃 绿色或环保选择
- **免费** 不需要任何费用

- ☎ 电话号码
- ✲ 空调
- ✿ 素食菜品
- 🚌 巴士
- ⌚ 营业时间
- @ 上网
- 🅔 英语菜单
- ⛴ 轮渡
- Ⓟ 停车场
- 📶 无线网络
- 👪 适合家庭
- 🚈 轻轨
- 🚭 禁止抽烟
- ⛱ 游泳池
- 🐾 允许携带宠物
- 🚆 火车

景点
- 佛寺
- 城堡
- 教堂
- 清真寺
- 纪念碑
- 孔庙
- 道观
- 世界遗产
- 博物馆
- 遗址
- 酒窖
- 动物园
- 温泉
- 剧院
- 一般景点

活动、课程和团队游
- 潜水/浮潜
- 划艇
- 滑雪
- 冲浪
- 游泳/游泳池
- 蹦极
- 徒步
- 帆板
- 其他活动、课程、团队游

住宿
- 酒店
- 露营

就餐
- 就餐

饮品
- 酒吧
- 咖啡

娱乐
- 娱乐

购物
- 购物

实用信息
- 银行
- 使馆
- 医院/药店
- 网吧
- 公安局
- 邮局/邮筒
- 公共电话
- 卫生间
- 旅游信息
- 无障碍通道
- 其他信息

交通
- 机场
- 过境处
- 公共汽车
- 渡船
- 地铁
- 停车场
- 加油站
- 自行车租赁
- 出租车
- 火车站
- 有轨电车
- 索道缆车
- 其他交通工具

境 界
- 国界
- 未定国界
- 省界
- 未定省界
- 特别行政区界
- 地级界
- 县级界
- 海洋公园界
- 城墙
- 悬崖

行政区划
- 首都
- 省级行政中心
- 地级市行政中心
- 自治州行政中心
- 县级行政中心
- 乡、镇、街道
- 村

道 路
- 高速公路
- G213 国道
- S203 省道
- X013 县、乡道
- 铁路
- 地铁
- 收费公路
- 高速公路
- 一级公路
- 二级公路
- 三级公路
- 小路
- 未封闭道路
- 广场/商业街
- 台阶
- 隧道
- 步行天桥

水 系
- 河流、小溪
- 间歇性河流
- 沼泽
- 礁石
- 运河
- 湖泊
- 干/盐/间歇性湖
- 冰川

地区特征
- 海滩/沙漠
- 基督教墓地
- 其他墓地
- 公园/森林
- 运动场所
- 重要景点(建筑)
- 一般景点(建筑)

地 理
- 海滩
- 灯塔
- 瞭望台
- 山峰
- 栖身所、棚屋

注: 并非所有图例都在此显示。

我们的作者

李小可
内容策划 长在西部的她迷恋西域的一切,曾经为了看一场杏花就奔赴伊犁的山里,在落雨后的夜晚看到了迄今为止最美的星空。加入Lonely Planet多年,《新疆》一直是她的夙愿,如今终于可将地图上的这一角补全。

黎瑾
统筹作者；新疆中部；喀什；哈密和吐鲁番 生于则克台,长于那拉提,很幸运能在自驾穿越亚欧的旅行结尾和数年之后,两次为新疆这遥远的故乡调研与书写。从丝路中线转入丝路南线,虽然旅途漫长,但偶有奇遇。至今走过许多国家和地区,对陌生的民族与文化总有好奇心与探索欲,喜欢所有不切实际的东西和人。目前以撰稿和编辑为生,参与了20本Lonely Planet旅行指南的制作。平常在微信公号"2Lunatics"记录一些在路上的故事。

董驰迪
阿克苏；喀什；克孜勒苏柯尔克孜自治州；巴音布鲁克 身陷魔都,心系西北,无感"顶级体验",专注"另辟蹊径",在孤独星球跑腿四年,参与了10多本指南的撰写。从《内蒙古》《西藏》到这次的《新疆》,每一年的生日都"在路上"越过越"大"。

范佳奥
和田；且末；若羌；莎车和叶城；阿尔金山国家级自然保护区；自驾游 为了调研新疆,范师傅留好一副大胡子才动身。但他不知道一路上盛情的邀请、意外的打折、比别人多出几倍的公安检查——哪些和胡子有关。

何望若
新疆北部；新疆中部；伊犁和博尔塔拉；摄影之旅 这是她第三次来新疆、第二次到阿勒泰,上一次是秋色最美的9月,这次是夏天。出发前她曾以为此趟视觉惊喜不再,没想到满眼绿色的阿尔泰山同样令她频按快门。她一直觉得新疆是她的福地,因为出门总被雨"眷顾"的她,只有在新疆如愿摘掉了"雨神"的帽子。

尼佬
伊犁和博尔塔拉；徒步游 参与创制超过20本Lonely Planet旅行指南的撰稿人,也曾经是南方都市报等十余家纸媒的专栏作者。他同时在撰写一个名叫"再见布莱妮"的个人网站和微信订阅号。

袁亮

哈密和吐鲁番；库尔勒 网名刀哥，渣图党、伪球迷、高级猫奴和终身减肥未遂者。曾参与多本Lonely Planet旅行指南的调研与写作。此次重走新疆，没有了上次丝绸之路的冰天雪地，晒了好多天太阳，吃了好多回抓饭，幸福而苦恼地复胖了。

特约作者

楼望皓

出生在浙江的新疆人，当过报社的编辑记者，也在人大工作过，至今已出版有关新疆民俗的书籍20余本，走遍天山南北，在新疆所有的县都有他的足迹。

昆仑

新疆大学退休教师，曾任乌鲁木齐登山探险协会秘书长，已出版《寻梦冰山》等地理探险著作。

顾磊

来自江南，现居于西北偏北，爱花鸟，也爱鱼虫，爱山川，也爱湖海，更爱生长于斯的人。好奇心比猫强，刨根问底比鼠兔还勤快，有时更像一个侦探，乐此不疲地探寻旅途中不为人知的蛛丝马迹，寻找背后的真相与奥义。

谢滢

时隔8年，她以作者的身份，故地重游。10月的北疆，大地已被初雪披覆，泰加林仍未褪去金色的针叶。虽遗憾于曾住过的一座座青旅皆人去楼空，但好客的当地人、多元开放的氛围使她相信，这里依然是背包客最好的选择之一。平日在码字与纪录片工作之间游走，已参与20余本Lonely Planet的调研撰写或内容策划。

楼学

这一次他如愿完成环绕塔克拉玛干沙漠的旅行——没有遭遇沙尘暴，没有太多语言困扰，一路得到了热情朋友的帮助，饮食和"时差"更是完美适配，旅途远比想象中顺利。当然，新冠时代的困扰无处不在，但假如把这当作独一无二的时代印记，却也成就了另一种观察的趣味。在遭遇太多忐忑、说过种种气话之后，新疆还是那么浪漫可爱。

新 疆
XINJIANG

中文第一版

© Lonely Planet 2017
本中文版由中国地图出版社出版

© 书中图片由图片提供者持有版权，2017

版权所有。未经出版方许可，不得擅自以任何方式，如电子、机械、录制等手段复制，在检索系统中储存或传播本书中的任何章节，除非出于评论目的的简短摘录，也不得擅自将本书用于商业目的。

图书在版编目（CIP）数据

新疆 / 澳大利亚Lonely Planet公司编. -- 北京：中国地图出版社, 2017.8（2022.7重印）

（IN）

ISBN 978-7-5204-0100-5

Ⅰ.①新… Ⅱ.①澳… Ⅲ.①旅游指南-新疆 Ⅳ.①K928.945

中国版本图书馆CIP数据核字(2017)第187750号

出版发行	中国地图出版社
社　　址	北京市白纸坊西街3号
邮政编码	100054
网　　址	www.sinomaps.com
印　　刷	北京华联印刷有限公司
经　　销	新华书店
成品规格	197mm×128mm
印　　张	15
字　　数	816千字
版　　次	2017年8月第1版
印　　次	2022年7月北京第11次印刷
定　　价	99.00元
书　　号	ISBN 978-7-5204-0100-5
审 图 号	GS（2017）1229号
图　　字	01-2017-4721

*如有印装质量问题，请与我社发行部（010-83543963）联系

虽然本书作者、信息提供者以及出版者在写作和储备过程中全力保证本书质量，但是作者、信息提供者以及出版者不能完全对本书内容之准确性、完整性做出任何明示或暗示之声明或保证，并只在法律规定范围内承担责任。

Lonely Planet 与其标志系Lonely Planet之商标，已在美国专利商标局和其他国家进行登记。
不允许如零售商、餐厅或酒店等商业机构使用Lonely Planet之名称或商标。如有发现，急请告知：lonelyplanet.com/ip。